U0667577

编 委 会

主要编写人员（以姓氏笔画为序）：

王常凯　吉中会　巩在武　吕　红　刘　军

孙　薇　李廉水　吴　优　吴敏洁　余菜花

张三峰　张芊芊　张丽杰　张泓波　张慧明

陈玉林　季良玉　周飞雪　周彩红　郑　伟

钟　念　徐常萍　唐保庆　盛济川　谢宏佐

蔡银寅

2013年度教育部哲学社会科学发展报告建设项目

江苏高校哲学社会科学重点研究基地"中国制造业发展研究院"项目（2010JDXM028）资助

教育部人文社会科学重点研究基地"清华大学技术创新研究中心"资助

国家自然科学基金项目（71173116）资助

江苏高校优势学科建设工程资助项目

2013

中国制造业发展研究报告

主　编　李廉水

副主编　周彩红　刘　军

科学出版社

北　京

内 容 简 介

　　本书是 2013 年度教育部哲学社会科学发展报告建设项目，是教育部哲学社会科学研究重大课题攻关项目（03JZD0014）和国家自然科学基金项目"基于资源约束和自主创新的中国制造业发展路径研究"（70573045）、"全球气候变暖的碳减排压力下我国制造业发展研究"（70873063）的后期研究成果，是国家自然科学基金项目"环境规制下我国制造业转型升级研究"（71173116）的重要成果，是《中国制造业发展研究报告》系列成果的第十辑。

　　本书共分为发展篇、省市篇以及热点篇三大部分。发展篇：主要评价了中国制造业近 10 年来的发展轨迹和制造业新型化的总体状况，分析了发展转折点，并进行了周期的划分；研究了中国制造业发展的区域特征，排出了制造业的"十大强省"和"十大强市"；分析了中国制造业的产业发展状况和产业结构以及中国制造业企业的发展特征，评选出规模最大的 50 家制造业企业、效益最优的 50 家制造业企业、成长最快的 50 家制造业企业以及最受尊敬的 30 家制造业上市企业；从经济创造能力、科技创新能力与资源环境保护能力等方面比较了中国与世界其他主要国家的制造业发展水平。省市篇：选取我国制造业发展比较典型的江苏省、广东省、山东省、浙江省以及上海市，分别分析了其制造业的发展现状、发展能力、上市公司情况、企业产业结构以及发展趋势等方面。热点篇：判断了中国制造业发展的"世界工厂"地位，分析了维持"世界工厂"地位的可能性，以及由"世界工厂"走向"世界制造业中心"的策略；探讨了中国制造业发展过程中的污染治理，实证分析了中国如何走出"低端锁定"，探讨了中国制造业的竞争优势还能持续多久。

　　本书是一部汇集中国制造发展数据的权威工具书，是一部解析中国制造业发展的年度报告，是一部研究制造业发展动态的学术导读资料。

　　本书适合政府机关工作人员、企业领导、相关专业的研究人员以及关注中国制造业发展的所有人员阅读。

图书在版编目（CIP）数据

中国制造业发展研究报告. 2013 / 李廉水主编. —北京：科学出版社，2013.12
ISBN 978-7-03-039502-3

Ⅰ. ①中⋯　Ⅱ. ①李⋯　Ⅲ. ①制造工业-经济发展-研究报告-中国-2013
Ⅳ. ①F426.4

中国版本图书馆 CIP 数据核字（2013）第 315812 号

责任编辑：伍宏发／责任校对：邹慧卿　李　影
责任印制：肖　兴／封面设计：许　瑞

科 学 出 版 社出版
北京东黄城根北街16号
邮政编码：100717
http://www.sciencep.com

北京天时彩色印刷有限公司印刷
科学出版社发行　各地新华书店经销

*

2013 年 12 月第 一 版　　开本：787×1092　1/16
2013 年 12 月第一次印刷　　印张：35 1/4
字数：840 000

定价：**129. 00 元**
（如有印装质量问题，我社负责调换）

2013 Ministry of Education Philosophy and Social Science Development Report Project
"China's Manufacturing Industry Development Academy" Project (No:2010JDXM028)
—A Key Philosophy and Social Science Research Center of University in Jiangsu Province
"Technological Innovation Research Center of Tsinghua University"
—A Key Humanity and Social Science Research Center of China Education Ministry
National Natural Science Foundation Project (No: 71173116)
A Project Funded by the Priority Academic Program Development of Jiangsu Higher Education Institions (PAPD)

2013

Research Report on the Development of China's Manufacturing Industry

Chief Editor: Li Lianshui

Deputy Editors: Zhou Caihong   Liu Jun

Science Press

Beijing

序　言

　　众所周知，制造业是人类社会赖以生存发展的基础性产业，其发展程度直接体现着国家的生产力水平，直接决定着人们的生存与发展方式。改革开放以来，中国经济保持了 30 多年的高速增长，经济总量逐步攀升到世界第二的位置，人民生活水平得到明显提升，国家实力得到显著增强，"中国奇迹"成为 20 世纪 80 年代以来全球最广泛关注的重要事件之一。中国经济增长的动力是否依然强劲？"中国奇迹"能否延续？中国的竞争优势能否进一步增强？……这些问题的解答都要依赖于中国制造业能否保持规模的迅猛扩张、质量的不断提升和结构的不断优化！

　　中国已经成为举世瞩目的制造业大国。2006 年，中国制造业增加值超过日本成为世界第二制造业大国；2009 年，中国制造业增加值达到 16 123 亿美元，略高于美国，从而首次占据（美国从 1895 年开始并持续垄断的）制造业世界第一的位置；2011 年中国钢铁、水泥、煤炭、空调、手机、彩色电视机、棉布等 220 种工业品产量居世界第一，其中粗钢、电解铝、水泥、精炼铜、船舶、计算机、空调、冰箱等产品产量都超过世界总产量的一半。2012 年，中国制造业增加值已经是美国的 126%，高居世界第一已经 4 年。

　　中国正在加速建设创新驱动的"智造"强国。在研发经费投入方面，2007 年，中国制造业 R&D 投入 516 亿美元，超过德国位居全球第三；2009 年，中国制造业 R&D 投入增加到 949 亿美元，超过日本位居全球第二；2011 年，中国制造业 R&D 投入 968 亿美元，与美国的差距已经从 2003 年的 1∶24.08 减小到 1∶1.94。在"三方专利"拥有数量上，2001 年，中国 913 件，居全球第 16 位；2007 年，中国 6520 件，居全球第 6 位；2011 年，中国 17 679 件，居全球第 3 位，仅次于美国和日本，与美国的差距也从 2001 年的 1∶43.84 缩减为 1∶2.54，增长速度全球第一。在数控和智能化产品领域，中国企业已经开始在世界竞争格局中占据重要位置。2011 年，我国研制成功世界上最大的 3D 打印机，上天、入地、下海、高铁、输电、国防等也纷纷显示出中国"智造"的辉煌成就。

　　中国制造业面临着日益严峻的资源环境挑战。能源消耗，2000 年中国制造业能源消耗总量为 80 771.97 万吨标准煤，2011 年消耗总量达到 200 403.37 万吨标准煤，以煤炭为主的能源结构在相当长时期内难以改变。能源供应，2000 年中国进口能源 14 334 万吨标准煤，2011 年进口 62 262 万吨标准煤，增长了 3.34 倍，而且从 2011 年开始，中国已经变成能源纯进口国。环境生态，"三废"的排放量保持较高的增长率，其中 CO_2 的排放量呈大幅上升趋势，2001～2010 年的升幅为 139.73%，中国生态环境急剧恶化的势头尚未得到遏制。

中国制造业必须走"新型制造业"道路。全球制造网络中，中国制造业长期滞留在附加值较低的加工组装环节；技术创新能力方面，中国制造业关键核心技术自给率低，专利和标准受制于人，多数行业研发仍处于跟随模仿状态；经济增长方式上，高能耗、高污染、高排放的粗放方式亟待转变。面向未来，中国制造业必须彻底改变现在的发展方式，发挥科技创新的支撑和引领作用，突破资源约束瓶颈，减轻环境压力，走兼顾经济创造、科技创新、资源环境保护的新型制造业道路，持续提升发展质量。

《中国制造业发展研究报告 2013》[①] 即将出版，倍感欣喜！转眼间，《中国制造业发展研究报告 2004》出版至今，已经十载光阴。十本研究报告，承载着故事，培养着人才，验证着预测，扩大着影响。每年的编辑过程，总有诸多值得回顾的往事；每年的出版发行，都有得到重视和关注的兴奋。《中国制造业发展研究报告 2004》出版伊始，便引起学术界、新闻媒体和政府部门的广泛关注，被选为"2004 年度工业经济学科优秀著作"，并在《管理世界》、《科研管理》等著名期刊的论文以及清华大学、复旦大学、吉林大学等著名高校的硕博学位论文中被反复引作参考文献。《科技日报》发表题为《新型制造业透析中国制造业发展》的书评，科技网、中华制造业网、中国技术与投资网等 20 多个网站转载，新华网、CCTV、大公网、台湾南科、东亚经贸新闻、世界华人网、中企联合网等 200 多个网站介绍或转载了《报告》中"最受尊重的中国制造业企业"及关于中国制造业就业人数预测等内容。从 2004 年到 2008 年的《中国制造业发展研究报告》由我和杜占元同志联合主编，全国人大常委会副委员长周光召院士、全国政协副主席宋健院士、中国人民大学纪宝成校长、清华大学顾秉林校长分别为前四本报告写了序言，我和占元同志为第五本报告写了序言。2008 年，杜占元同志担任科技部副部长后，主动提出不宜再参与研究撰写工作，我们也觉得，前五本的序言足以说明了这本报告的特点和价值，因此，从 2009 年开始，已经四年没有为报告专门写序言了。

《中国制造业发展研究报告 2013》即将出版之际，我们在思考：十年的收获是什么？未来十年还能做什么？十年前，占元同志就提出，希望我们的研究从概念到内容都有所创新，至少十年不落后，并且可以一直做下去。《中国制造业发展研究报告 2004》（首辑）提出"新型制造业"概念，设计了从经济、科技和资源环境三维评价制造业发展的框架结构，连续十年客观记录和研究着中国制造业发展轨迹，分析利弊得失，预测变化趋势，开展比较研究，汇集统计数据，白描发展事实，述评学术动态，至今，我们的研究基础、研究思路和研究方法仍然连贯，确实值得庆幸。十年，确实没有落后，而且，《中国制造业发展研究报告》已经成为品牌：中国制造业相关数据资料最全的资料手册（数据工具书），全球研究制造业发展的学术述评文献（学术导读书），中国制造业发展轨迹的年度描述报告（进展白描书）。未来十年，在原有框架结构基础上，如何创新？2013 年 9 月，《中国制造业发展研究报告》经过教育部专家严格评审，从 100 多部

---

① 严格地说，这是第十一本，因为在 2009 年出版了英文版《A Research Report on the Development of China's Manufacturing Industry》（参加法兰克福中国图书展，并向英国某著名出版商转让了英文版权）。

研究报告中脱颖而出，成功获批"教育部哲学社会科学发展报告"建设项目（总共批准五个项目）。更高的要求、更高的追求，我们会更多关注全球制造业的进展，更加深入分析中国制造业发展的机会，更具针对性地提出我们的理解和建议。我相信，未来十年，《中国制造业发展研究报告》会写得更好，影响会更大，功能发挥会更加充分，水平一定会再上台阶。

　　感谢所有关心和支持《中国制造业发展研究报告》的读者们！感谢科学出版社为本书出版发行付出辛勤劳动的总编和各位编辑！

李廉水

2013 年 11 月

前　　言

　　2013 年，《中国制造业发展研究报告》获得教育部哲学社会科学发展报告建设项目立项，这是对我们十年坚持不懈努力的认可与肯定。从《中国制造业发展研究报告 2004》开始，我们的研究始终贯穿着"新型制造业"理念，不断探索科技支撑和引领中国制造业发展的路径和方式。经过十年研究，我们的报告已经连续出版了九辑（2009 年既有中文版，也有英文版），在此过程中，我们深切感受到中国制造业的快速发展，见证了中国制造业经济创造能力、科技创新能力和资源环境保护能力等的快速提升。我们希望这份研究报告能够在建设创新型国家、推进自主创新进程中，成为准确地反映中国制造业自主创新能力提升轨迹的报告。

　　《中国制造业发展研究报告 2013》是教育部哲学社会科学研究重大课题攻关项目（03JZD0014）和国家自然科学基金项目"基于资源约束和自主创新的中国制造业发展路径研究"（70573045）、"全球气候变暖的碳减排压力下我国制造业发展研究"（70873063）的后期研究成果，是国家自然科学基金项目"环境规制下我国制造业转型升级研究"（71173116）的重要成果，由江苏高校哲学社会科学重点研究基地"中国制造业发展研究院"和教育部人文社会科学重点研究基地"清华大学技术创新研究中心"的研究人员为主体进行研究并编写，继续贯穿了科技创新引领中国制造业发展的主线，倡导新型制造业的发展路径，既延续了前九辑的风格，保持了规范研究的内容（总体评价、区域研究、产业研究、企业研究、国际比较和学术动态综述），又增加了省市及热点的研究，并加大了每一部分内容的深度，体现了较高的学术价值。今年研究报告的特色和创新之处主要体现在以下几个方面：

　　"总体评价"部分从经济创造、科技创新以及资源环境保护三个方面，分析了中国制造业在 2002～2011 年的总体发展现状。利用灰色关联分析方法，确定中国制造业发展时间序列改变点，研究制造业发展规律，分析制造业发展制约因素。结果显示，中国制造业发展大致可以分为三个阶段：1991 年之前、从 1991 年到 2003 年、2003 年之后。1991 年之前制造业发展比较缓慢；从 1991 年到 2003 年，传统制造业发展加快，但对环境保护和资源节约关注不足。在此期间，受 1997 年亚洲金融危机的影响，制造业发展速度放缓，但在 1999 年金融危机结束后，制造业又迅速发展；2003 年之后，制造业向新型化发展，在经济发展的同时注重环境的保护。

　　"区域研究"部分排出了区域制造业发展的重要名次：①2011 年中国制造业"十大强省"依次是：江苏、广东、山东、浙江、上海、北京、天津、安徽、湖南、吉林。②2011 年中国制造业"十大强市"依次是：苏州、无锡、深圳、长春、青岛、广州、沈阳、杭州、石家庄、长沙。

　　"产业研究"部分根据新型制造业的发展特点，基于中国制造业行业分类并结合以往评价标准，首次设置了产业发展的经济创造能力、科技创新能力和可持续发展能力三维综合评价指标，分析了我国制造业发展现状；并从我国制造业 30 个行业分类中选取 5 个最具代表性的典型行业，包括食品制造业、纺织业、黑色金属冶炼及压延加工业、医药制造业和通信设备、计算机及其他电子设备制造业进行了具体产业分析。结果显示，高端制造业比重还有待进一步提高，产业结构需要进一步优化，技术创新能力需要进一步加强，资源环境的约束需要进一步强化，区域发展不平衡的局面需要进一步改观。

　　"企业研究"部分评选出规模最大的 50 家制造业企业，并主要从总资产与主营业务收入两个方面分析制造业上市企业的规模特征；评选出效益最优的 50 家制造业企业，并主要从盈利能力、偿债能力和营运能力三个方面分析中国制造业企业的效益；评选出成长最快的 50 家制造业企业，并对其成长较快的原因进行深入分析；评选出最受尊敬的 30 家制造业上市企业。

　　"国际比较"部分从经济创造能力、科技创新能力与资源环境保护能力等方面比较了中国与世界其他主要国家的制造业发展水平。结果显示，从制造业增加值来看，中国在 2009 年首次超过美国，成为世界制造业第一大国；从 R&D 投入来看，2009 年中国 R&D 投入首次超过日本，位居第二位，但与排名第一的美国相比，差距还比较大；从能源消耗看，煤炭仍然是中国制造业最主要的能源品种，2001～2010 年中国的 CO_2 排放量呈大幅上升趋势，升幅为 139.73%，中国制造业仍面临严峻的节能减排压力。

　　"省市研究"部分选取我国制造业发展比较典型的江苏省、广东省、山东省、浙江省以及上海市，分别分析了其制造业的发展现状、发展能力、上市公司情况、企业产业结构以及发展趋势等方面。

　　"研究热点"部分主要围绕中国制造业发展研究的热点话题展开，分析了中国制造业发展的"世界工厂"地位以及由"世界工厂"走向"世界制造业中心"的策略；探讨了如何治理好中国制造业发展过程中的污染问题，分析了中国如何走出"低端锁定"，剖析了中国制造业的竞争优势。

　　我们愿与更多关注中国制造业发展的朋友们共同研究、探索中国制造业发展的轨迹和路径，为中国制造业涌现更多"中国创造"而努力奋斗。由于水平所限，本研究报告难免会出现错误或不当之处，敬请各位专家和读者批评指正。

目　　录

第二部分 省 市 篇

第三部分 热 点 篇

第一部分
发展篇

第1章
总体评价

制造业是人类社会赖以生存发展的基础性产业，其发展程度直接体现了一个国家的生产力水平，是经济社会发展的重要依托。随着世界经济一体化进程的加快，伴随着原材料成本上升、生产资料短缺以及环境承载力逐步削弱等困境的出现，制造业从发展理念到发展模式都发生了翻天覆地的变化。制造业改变了过去仅仅依靠低廉的劳动力和丰富的资源的发展模式，向着技术升级、产业升级和创新驱动的方向发展。建立一套完善的制造业评价与预测体系来管理和引导制造业按照新的发展模式来运行迫在眉睫。本章重点旨在分析 2002～2011 年 10 年来中国制造业在经济、科技和资源环境方面的总体状况。本章基本的分析方法与历年报告类似，梳理中国制造业总体新型化状况在 2002～2011 年 10 年间的发展脉络，即在"新型制造业"概念正式提出来之后，依据中国制造业总体新型化发展的轨迹，揭示当前中国制造业总体发展的状况。为了进一步了解中国制造业 10 年来的发展轨迹，本文采用灰色关联算法，研究了中国制造业总产值增长率数据列的改变点。研究表明，1987～2011 年中国制造业发展可分为三个阶段，第一阶段从 1987 年到 1991 年，这一阶段制造业发展比较缓慢；第二阶段从 1991 年到 2003 年，这一阶段传统制造业发展加快，但对环境保护和资源节约关注不足；第三阶段从 2003 年到 2011 年，这一阶段制造业向新型化发展，在经济发展的同时注重环境的保护。多年来，制造业在迅速发展的同时，走的仍然是高耗能、高排放之路，产生了大量的二氧化碳排放，本章还希望通过研究制造业发展周期与制造业碳排放周期的相互关系，为我国制造业走低能耗、高创新之路提供参考建议。

1.1　制造业 10 年（2002～2011）的发展轨迹

本节着重勾画中国制造业在 2002～2011 年这 10 年的概貌。在经济创造、科技创新以及资源环境保护方面，中国制造业在这 10 年的总体发展现状表现出如下特点：制造业经济总量迅速增长，制造业就业人数增长较平稳，制造业科技投入增长较快，制造业能耗强度持续降低。

1.1.1　制造业经济总量迅速增长

近 10 年中国制造业依旧保持快速的增长势头，制造业对中国经济总量增长的贡献进一步增强，中国制造业上市公司发展迅速。近 10 年（2002～2011）中国制造业在经济总量上取得了较大的增长。制造业上市公司是制造业发展到一定阶段出现的一种较为先进的企业组织形式，是我国制造业在 WTO 背景下参与国际竞争力的主力军。近 10 年制造业增加值占 GDP 比重的变化情况如图 1-1 所示，2002 年制造业增加值占 GDP 比重约为 15％，2011 年制造业增加值占 GDP 比重达到 26％。中国制造业上市公司通过上市这种形式，可以有效地组织生产资源，促进制造业产业结构调整和产业化水平的提高。近 10 年（2002～2011）制造业利润总额的变化情况如图 1-2 所示，2011 年制造业利润总额达到 47843.1 亿元。

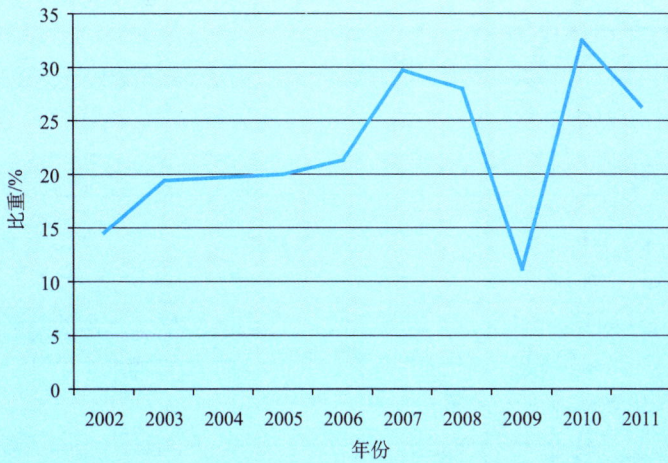

图 1-1　制造业增加值占 GDP 比重

数据来源：历年《中国统计年鉴》

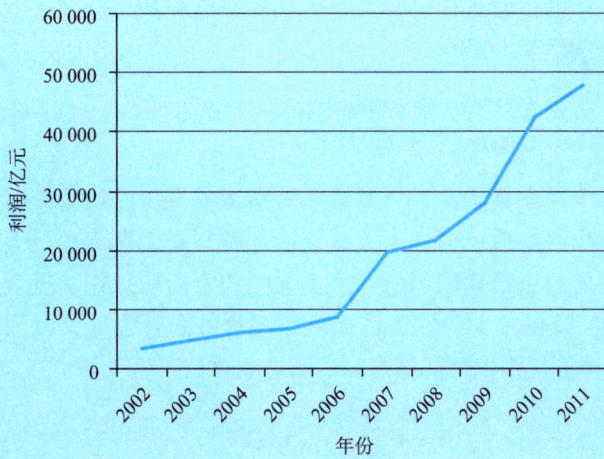

图 1-2　中国制造业利润总额

数据来源：历年《中国统计年鉴》

1.1.2　制造业就业人数增长较平稳

　　制造业涉及物料、能源、设备、工具、资金、技术、信息和人力等多个领域，按照市场要求，通过制造，转化为可供人们使用和利用的工业品与生活消费品。制造业主要包括扣除采掘业后的所有 30 个行业。中国制造业吸纳的就业人数情况变化率如图 1-3 所示，2002 年制造业就业人数约为 2907 万人，从 2002 年到 2006 年中国制造业的就业人数不断增加，2007 年到 2009 年随着制造业的迅速发展，制造业就业人数增速加快，2010 年和 2011 年制造业就业人数开始减少，2011 年制造业吸纳的就业人数为 8053.96 万人。目前，制造业作为我国国民经济的支柱产业，是我国经济增长的主导部门和经济转型的基础；同时，制造业作为经济社会发展的重要依托，也是我国城镇就业的主要渠道和国际竞争力的集中体现。

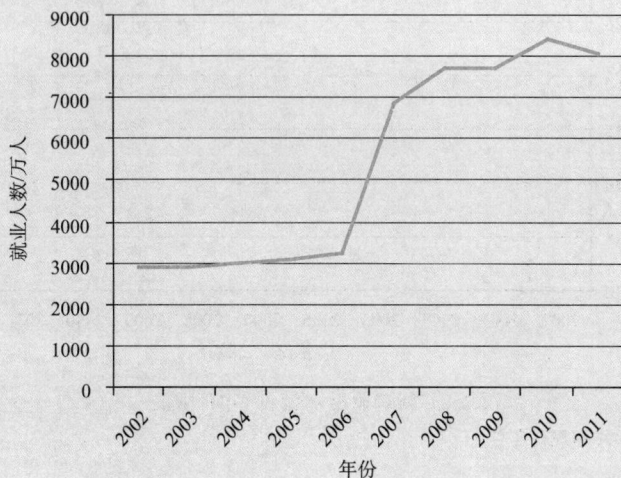

图 1-3　中国制造业吸纳的就业人数

数据来源：历年《中国统计年鉴》

1.1.3　制造业能耗强度持续降低

制造业发展需要消耗大量资源，资源短缺对制造业发展的约束必将越来越强。从资源消耗的角度，当前我国制造业消耗了大量资源，特别是能源消耗过大，已经成为发展的突出问题。但这种局面也给我国制造业解决能源约束问题提供了有效途径，即理论上通过降低能耗强度，可以在减少我国制造业能源需求的同时确保其发展不受影响。近年来，中国制造业的总体能耗强度呈降低态势。制造业单位产值能源消耗如图 1-4 所示。

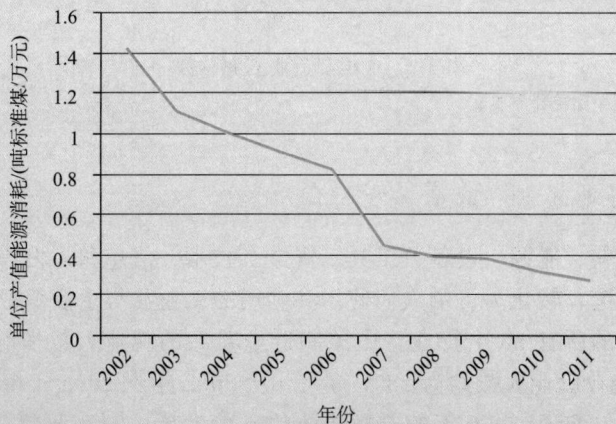

图 1-4　中国制造业单位产值能源消耗

数据来源：历年《中国统计年鉴》

2002 年制造业单位产值能源消耗指数约为 1.4 吨标准煤/万元，2003 年制造业单位产值能源消耗指数约为 1.1 吨标准煤/万元，之后制造业单位产值能源消耗逐渐降低，2010 年制造业单位产值能源消耗指数约为 0.3 吨标准煤/万元。这从一定程度上反映了中国制造业产业结构的优化和制造技术水平的提高。

总体而言，近年来以制造业为支柱，中国已经成为世界经济贸易大国。但是中国仍然处于国际产业链的较低环节，中国制造业还未产生世界一流的跨国公司。制造业缺乏规模，导致国内企业技术创新能力不高。由于技术创新不足，中国制造业远离"世界技术创新中心"。

1.2 中国制造业新型化 10 年总体评价

我国现行制造业评价体系适用于一般的评价，没有针对制造业的行业特殊性设立评价指标，存在重经济绩效、轻环境保护和社会绩效的缺点。这些缺点使得现行制造业评价体系有可能误导有关部门作出错误的发展决策，对制造业的可持续发展产生影响。制造业评价是经济体系中的核心部分之一，也是政府部门进行宏观调控的工具，为企业所有者、政策制定者以及其他利益相关者所关注。

因此，本报告依据新型制造业的概念内涵对我国制造业的综合发展状况展开评价。本研究报告构建了针对中国制造业总体的三维评价指标体系。本报告同样关注中国新型制造业整体最新的发展态势，为此我们将评价的时间定为近 10 年，即 2002～2011 年，以求反映中国制造业"新型化"的最新特点，以便更好地为中国制造业未来的发展把脉。

本研究报告从经济、科技、环境三个角度全面分析制造业发展程度评价指标体系，如表 1-1 所示。

表 1-1 区域制造业发展程度评价指标体系

总指标	序号	主指标	序号	子指标
区域制造业新型化程度	A	经济创造能力	A1	制造业总产值
			A2	就业人口
			A3	制造业增加值占 GDP 比重
			A4	全员劳动生产率
			A5	利润总额
			A6	制造业效益指数
	B	科技创新能力	B1	大中型企业 R&D 经费
			B2	制造业 R&D 人员全时当量
			B3	专利申请件数
			B4	人均专利申请量
			B5	新产品产值率

续表

总指标	序号	主指标	序号	子指标
区域制造业新型化程度	C	资源环境保护能力	C1	制造业废水排放指数
			C2	单位产值废水排放指数
			C3	制造业废气排放指数
			C4	单位产值废气排放指数
			C5	单位产值固体废弃物排放指数
			C6	能源消耗总量
			C7	单位产值能源消耗指数

第一类　经济创造能力评价指标

衡量制造业的经济创造能力是评价制造业整体"新型化"程度的重要一维。只有中国制造业经济创造能力保持长期稳定的提升，才能为制造业乃至整个中国经济在各方面的发展提供物质支撑。反映制造业经济创造能力的主要指标包括制造业总产值、就业人口、制造业增加值占 GDP 比重、全员劳动生产率、利润总额、制造业效益指数，如表 1-2 所示。

表 1-2　制造业经济创造能力指标集

序号	新型制造业经济指标	单位
A1	制造业总产值	亿元
A2	就业人口	万人
A3	制造业增加值占 GDP 比重	%
A4	全员劳动生产率	万元/（人·年）
A5	利润总额	亿元
A6	制造业效益指数	%

注：全员劳动生产率＝制造业总产值/制造业就业人口；制造业效益指数＝制造业利润总额/制造业总产值。

第二类　科技创新能力评价指标

历年报告中也充分重视制造业发展过程中的科技作用。未来制造业的发展必然要走新型制造业道路，必须依靠科技创新能力的提升来实现自身的跨越式发展。反映制造业科技水平的主要指标包括大中型企业 R&D 经费、制造业 R&D 人员全时当量、专利申请件数、人均专利申请量、新产品产值率，如表 1-3 所示。

表 1-3　制造业科技创新能力指标集

序号	新型制造业科技指标	单位
B1	大中型企业 R&D 经费	亿元
B2	制造业 R&D 人员全时当量	万人/年

续表

序号	新型制造业科技指标	单位
B3	专利申请件数	件
B4	人均专利申请量	件/万人
B5	新产品产值率	%

注：新产品产值率＝制造业新产品产值/制造业总产值。

第三类 资源环境保护能力评价指标

制造业的发展必须要充分考虑资源环境因素，在发展的同时必须考虑节约资源及保护生态环境，从而实现制造业的长期可持续发展。在资源日益短缺、环境日益恶化的情况下，资源环境对制造业发展的约束作用日益凸显。反映制造业资源环境状况的主要指标包括制造业废水排放指数、单位产值废水排放指数、制造业废气排放指数、单位产值废气排放指数、单位产值固体废弃物排放指数、能源消耗总量、单位产值能源消耗指数，如表 1-4 所示。

表 1-4 制造业影响资源环境状况指标集

序号	新型制造业环境指标	单位
C1	制造业废水排放指数	万吨
C2	单位产值废水排放指数	吨/万元
C3	制造业废气排放指数	亿标立方米
C4	单位产值废气排放指数	立方米/元
C5	单位产值固体废弃物排放指数	吨/万元
C6	能源消耗总量	万吨标准煤
C7	单位产值能源消耗指数	吨标准煤/万元

注：固体废弃物排放量指的是固体废弃物产生量。

这些指标分别体现了制造业生产活动过程中产生三废（废水、废气和固体废弃物）的强度以及资源消耗的强度。资源环境指标从环境污染总量、单位产值环境污染量和资源消耗率三个方面研究评价不同维度 2002～2011 年中国制造业整体的"新型化"状况。

1.2.1 中国制造业经济创造评价

根据多元统计分析方法，采用统计软件 SPSS 19.0，针对中国 2002～2011 年相关数据，处理结果的置信度达到 100%，前 2 个主成分的累计方差贡献率达到 85.736%。主成分与指标相关系数矩阵如表 1-5 所示。

根据主成分与相关指标的系数（如表 1-5 所示）可以发现，第一主成分中 A1、A5 的系数较大；第二主成分中 A6 的系数明显大于同列中其他指标的系数。表明第一主成分主要代表制造业的规模情况；第二主成分主要代表制造业的经济效益水平。根据两个主成分的综合，地区制造业经济创造能力综合评价如表 1-6 所示。

表 1-5 主成分与指标相关系数矩阵

指标	序号	主成分 1	主成分 2
总产值/亿元	A1	0.9262	0.3004
就业人口/万人	A2	0.8811	0.3737
制造业增加值占 GDP 比重/%	A3	0.7470	−0.1833
全员劳动生产率/[万元/(人·年)]	A4	0.8343	0.4288
利润总额/亿元	A5	0.9182	0.2902
制造业效益指数/%	A6	−0.1508	−0.9266

表 1-6 制造业经济创造能力综合评价

年份	F1	F2	综合	排名
2011	2.9121	0.4071	1.9283	1
2010	2.9491	−0.0795	1.8397	2
2009	2.0662	0.2129	1.3507	3
2008	1.9413	0.0193	1.2275	4
2007	1.3889	1.2764	1.1686	5
2006	0.5454	0.5333	0.4663	6
2005	0.5979	0.2279	0.4291	7
2004	0.8784	−0.9117	0.3437	8
2003	1.2056	−2.3536	0.2182	9
2002	0.0150	0.6679	0.1631	10

由此可见，2011 年制造业经济创造能力的综合得分为 1.9283，排名第一。2010 年制造业经济创造能力的综合得分约为 1.8397，排名第二。2002 年制造业经济创造能力的综合得分约为 0.1631，排名第十。从经济创造能力的总体状况来看，2002 年至 2011 年我国制造业发展迅速，其经济创造能力处于稳步增强的态势。

1.2.2 中国制造业科技创新评价

以 B1～B5 为基础指标，处理结果前 2 个主成分的累计方差贡献率达到 99.5%，精度较高，权重指标比较均衡。主成分与指标相关系数矩阵如表 1-7 所示。

表 1-7 主成分与指标相关系数矩阵

指标	序号	主成分 1	主成分 2
R&D 经费/亿元	B1	0.7407	0.6679
R&D 人员全时当量/(万人·年)	B2	0.6702	0.7379
专利申请件数/件	B3	0.8110	0.5829
人均专利申请量/(件/万人)	B4	0.8335	0.5475
新产品产值率/%	B5	0.5439	0.8361

根据表 1-7 中主成分与指标相关系数发现，第一主成分中 B3，B4 的系数较高，表明其主要反映了专利对科技创新能力的影响；第二主成分中 B5 系数较高，说明其主要代表科技产出方面的状况。根据上述 5 个指标得到各个样本当年科技创新能力关于两个主成分综合汇总排序结果。中国制造业科技创新能力综合评价如表 1-8 所示。

表 1-8　中国制造业科技创新能力综合评价

年份	F1	F2	综合	排名
2011	2.5806	2.1221	2.3651	1
2010	0.7068	2.0310	1.3292	2
2009	−0.6544	3.1663	1.1414	3
2008	−0.6367	2.6114	0.8899	4
2007	−0.6387	2.1864	0.6891	5
2006	−0.5565	1.7097	0.5086	6
2005	−0.4351	1.2521	0.3579	7
2004	−0.2880	0.8154	0.2306	8
2003	−0.1250	0.4000	0.1218	9
2002	0.0469	0.0056	0.0275	10

由此可见，2011 年制造业科技创新能力的综合得分约为 2.3651，排名第一。2010 年制造业科技创新能力的综合得分约为 1.3292，排名第二。2002 年制造业科技创新能力的综合得分约为 0.0275，排名第十。从科技创新能力的总体状况来看，2002 年至 2011 年发展良好，我国制造业的科技创新能力处于不断增强的态势。同时我国制造业亟待转变发展方式，必须尽快走出一条强调效益和效率的内涵式增长道路。

1.2.3　中国制造业资源环境保护评价

以 C1～C7 为基础指标，处理结果前 2 个主成分的累计方差贡献率达到 98.69%，处理精度能满足要求。主成分与指标相关系数矩阵如表 1-9 所示。

表 1-9　主成分与指标相关系数矩阵

指标	序号	主成分 1	主成分 2
废水排放总量/万吨	C1	−0.5495	−0.8339
单位产值废水排放/(吨/万元)	C2	0.7046	0.7090
废气排放总量/亿标立方米	C3	0.8325	0.5493
单位产值废气排放/(立方米/元)	C4	0.6995	0.7038
单位产值固体废物产生量/(吨/万元)	C5	0.7133	0.6682
能源消耗总量/万吨标准煤	C6	−0.7982	−0.5975
单位产值能耗/(吨标准煤/万元)	C7	0.7191	0.6828

研究主成分与指标相关系数发现，第一主成分中 C3、C5、C6、C7 的系数较大，可以认为该主成分主要代表了排放和能耗总体情况，是一个综合主成分；第二主成分中

C1、C2 系数较大，主要代表废水排放情况。根据上述 7 个指标得到各个样本当年资源环境保护能力关于两个主成分综合汇总排序结果。中国制造业资源环境保护能力综合评价如表 1-10 所示。

表 1-10   中国制造业资源环境保护能力综合评价

年份	F1	F2	综合	排名
2011	2.2557	1.7532	1.9970	1
2010	2.2379	1.0031	1.6351	2
2009	2.1431	0.4707	1.3356	3
2008	2.4023	−0.3561	1.0819	4
2007	1.7007	−0.2221	0.7800	5
2006	2.5816	−1.9473	0.4272	6
2005	1.1773	−0.7846	0.2434	7
2004	0.0864	0.2690	0.1714	8
2003	0.1679	0.0193	0.0964	9
2002	0.2471	−0.2052	0.0321	10

由此可见，2011 年制造业资源环境保护能力的综合得分约为 1.9970，排名第一。2010 年制造业资源环境保护能力的综合得分约为 1.6351，排名第二。2002 年制造业资源环境保护能力的综合得分约为 0.0321，排名第十。从总体上分析，2002 年至 2011 年制造业资源环境保护能力不断加强，各方面统计指标呈良性发展态势，反映了国家控制制造业资源过度消耗、遏止环境污染状况的措施颇有成效。

1.2.4   制造业新型化程度评价

中国制造业要实现可持续发展，必须依据科学发展观，走出一条具有中国特色的新型制造业道路。通过对 2002～2011 年制造业总体"新型化"程度进行评价，我们可以把握制造业历年的现实发展水平和未来发展潜力。综合全部指标进行主成分处理，计算方法与历年研究报告基本一致，结果显示指标的相关性完全通过检验，前 3 个主成分变量的累计贡献率达到 93.547%，说明以这 3 个综合变量反映指标的信息量近 94%，各指标的权重比较均衡，其精度能满足要求。主成分与指标相关系数矩阵如表 1-11 所示。

表 1-11   主成分与指标相关系数矩阵

指标	主成分 1	主成分 2	主成分 3
A1	0.7886	0.5665	0.2110
A2	0.5928	0.6778	0.3282
A3	0.1023	0.6517	0.2085
A4	0.7059	0.4185	0.4058
A5	0.8212	0.4849	0.2182
A6	−0.1673	−0.0854	−0.9519

续表

指标	主成分 1	主成分 2	主成分 3
B1	0.8871	0.4301	0.1343
B2	0.8692	0.4746	0.1272
B3	0.9374	0.3045	0.1139
B4	0.9201	0.3129	0.0732
B5	0.7873	0.5893	0.0685
C1	0.3953	0.9068	0.0019
C2	−0.5175	−0.8492	−0.0442
C3	−0.6018	−0.7628	−0.0910
C4	−0.5081	−0.8487	0.0304
C5	−0.4800	−0.8233	−0.2048
C6	0.6282	0.7669	0.0539
C7	−0.5474	−0.8213	−0.1161

　　分析 3 个主成分变量与各指标相关系数列中较大的值，可以认为：第一主成分代表 B3，B4，主要反映了科技创造能力，其贡献率达 44.673% 以上，说明第一主成分对制造业"新型化"程度的影响比较显著；第二主成分代表 C1，C2，C4，C5，C7，主要反映了资源环境保护能力，其贡献率达 40.869%，对各年份制造业"新型化"程度的影响也比较显著；第三主成分代表 A2，A4，A6 主要反映经济发展情况。上述 3 个主成分变量的累积贡献率达 93.547%，是影响当年制造业"新型化"程度的主要因子。值得注意的是反映资源环境保护能力相关指标占据相当份额，可见资源环境保护能力已经成为区域制造业"新型化"程度评价体系中相当重要的一维。

　　根据上述 3 个主成分的得分情况，以各自的方差贡献率作为权重，可以得到近年来制造业"新型化"发展程度的综合评价状况，关于中国制造业"新型化"程度的综合评价结果如表 1-12 所示。

表 1-12　中国制造业"新型化"程度的综合评价

年份	F1	F2	F3	综合	排名
2011	3.1859	1.6345	−0.0110	2.1029	1
2010	1.1701	2.8294	0.5506	1.7306	2
2009	1.4062	2.1729	0.0111	1.5246	3
2008	0.3109	3.0560	0.5292	1.4352	4
2007	−0.0841	3.0853	0.6048	1.2755	5
2006	−0.0403	2.2158	0.0385	0.8935	6
2005	0.3566	1.8911	−2.4738	0.7379	7
2004	0.2434	1.3454	−0.8244	0.5952	8
2003	0.1548	0.7390	0.8563	0.4411	9
2002	0.2967	0.0306	0.7188	0.2036	10

由此可见，2011 年制造业"新型化"程度的综合得分约为 2.1029，排名第一。2010 年制造业"新型化"程度的综合得分约为 1.7306，排名第二。2002 年制造业"新型化"程度的综合得分约为 0.2036，排名第十。从总体排名情况看，2002 年到 2011 年中国制造业"新型化"得分持续增长，说明我国制造业总体发展态势良好，新型化程度不断提高，保持了良性的发展势头。上述三维的制造业新型化评价结果可以为政府部门加强制造业发展的宏观调控、制定相关经济政策和考核制造业企业经营业绩提供决策依据。

1.3 中国制造业发展的改变点分析及周期划分

本节采用《中国统计年鉴》(1987～2012 年) 中国制造业数据，利用灰色关联分析方法，确定中国制造业发展时间序列改变点，研究制造业发展规律，分析制造业发展制约因素。

1.3.1 方法介绍

1. 灰色关联理论

灰色关联分析通过确定参考数据列和若干个比较数据列的几何形状相似程度来判断其联系是否紧密，它反映了曲线间的关联程度 (邓聚龙，1986)。若两个曲线之变化趋势具有一致性，即可谓二者关联程度较高；反之，则较低。

设 $X_0 = (x_0(1), x_0(2), \cdots, x_0(n))$ 为系统特征序列，$X_i = \{x_i(1), x_i(2), \cdots, x_i(n)\}$，$i=1, 2, \cdots, m$ 为相关因素序列。给定实数 $\gamma(x_0(k), x_i(k))$，若实数 $\gamma(X_0, X_i) = \dfrac{1}{m} \sum_{k=1}^{n} \gamma(x_0(k), x_i(k))$ 满足规范性、整体性、偶对称性和接近性，则称 $\gamma(X_0, X_i)$ 为 X_i 与 X_0 的灰色关联度，$\gamma(x_0(k), x_i(k))$ 为 X_i 与 X_0 在 k 点的关联系数。

设系统行为序列 $X_i = \{x_i(1), x_i(2), \cdots, x_i(n)\}$，$i=1, 2, \cdots, m$ 为相应固定序列。对于 $\xi \in (0, 1)$，令

$$\gamma(x_0(k), x_i(k)) = \frac{\min_i \min_k |x_0(k) - x_i(k)| + \xi \max_i \max_k |x_0(k) - x_i(k)|}{|x_0(k) - x_i(k)| + \xi \max_i \max_k |x_0(k) - x_i(k)|}$$

$$\tag{1-1}$$

$$\gamma(X_0, X_i) = \frac{1}{n} \sum_{k=1}^{n} \gamma(x_0(k), x_i(k)) \tag{1-2}$$

式中：ξ 称为分辨系数；$\gamma(X_0, X_i)$ 称为 X_0 与 X_i，$i=1, 2, \cdots, m$ 的灰色关联度。灰色关联度 $\gamma(X_0, X_i)$ 常简记为 γ_{0i}，k 点关联系数 $\gamma(x_0(k), x_i(k))$ 简记为 $\gamma_{0i}(k)$。

灰色关联理论已经被广泛地应用到预测、决策、模式识别、聚类分析、系统指标权重确定等领域 (孙玉刚，2009)。灰关联度在短时间序列改变点的确定中也有广泛的用途。下节给出确定改变点的灰色关联度搜索算法。

2. 改变点的灰色关联度搜索算法

确定改变点的灰色关联搜索算法如下：

步骤 1：构建参考序列。从时间序列 $X = (x(1), x(2), \cdots, x(n))$，$n \geqslant 10$ 的前半列（或者后半列）中选取 $X_0 = (x(1), x(2), \cdots, x(T))$，$5 \leqslant T_s \leqslant T \leqslant T_e \leqslant [n/2]$ 作为参考序列，其中 $T_s \leqslant T_e$ 并且 T_s，T 和 T_e 都为整数。

步骤 2：构建比较序列。构建比较序列：

$$\{X_1 = (x(T+1), x(T+2), \cdots, x(2T));$$

$$X_2 = (x(T+2), x(T+3), \cdots, x(2T+1)); \cdots;$$

$$X_{n-2T+1} = (x(T+(n-2T+1)), x(T+(n-2T+2)), \cdots, x(n))\} \quad (1\text{-}3)$$

式（1-3）定义为阶数为 $n-2T+1$ 的比较序列集。

步骤 3：计算整体关联程度。分别计算 X_0 和 X_1，X_2，$\cdots$，X_{n-2T+1} 的关联度 $\gamma_1(T)$，$\gamma_2(T)$，$\cdots$，$\gamma_{n-2T+1}(T)$。然后求这些关联度的算术平均值 $\gamma(T) = \dfrac{1}{n-2T+1} \sum\limits_{i=1}^{n-2T+1} \gamma_i(T)$，不妨称 $\gamma(T)(5 \leqslant T_s \leqslant T \leqslant T_e \leqslant [n/2])$ 为 T-整体关联度。

步骤 4：确定改变点。令

$$\eta(T) = \left| \frac{\gamma(T+1) - \gamma(T)}{\gamma(T)} \right| \times 100, \quad (T = T_s, T_{s+1}, \cdots, T_e - 1), \quad \eta(T_e) = 0$$

$$(1\text{-}4)$$

称 $\eta(T)(5 \leqslant T_s \leqslant T \leqslant T_e \leqslant [n/2])$ 为相对 T-整体关联度。令

$$\eta(T^*) = \max\{\eta(T) \mid T = T_s, T_s + 1, \cdots, T_e\}$$

称相对 T-整体关联度中的最大值 T^* 为时间序列 $X = (x(1), x(2), \cdots, x(n))$ 的改变点。

需要注意的是：

（1）如果改变点出现在时间序列 $S = (s(1), s(2), \cdots, s(n))$ 的后半部分，则做如下变化：

$$x(k) = s(n-k+1), \quad k = 1, 2, \cdots, n。$$

（2）如果关联度 $\gamma(T) = 0$，公式（1-4）可改写为

$$\eta(T) = \begin{cases} \left| \dfrac{\gamma(T+1) - \gamma(T)}{\gamma(T)} \right| \times 100, & \\ \gamma(T) = 0 \text{ 并且 } \gamma(T+1) \neq 0, & T = T_s, T_{s+1}, \cdots, T_e \\ 0 \quad \gamma(T) = 0 \text{ 并且 } \gamma(T+1) = 0 & \end{cases}$$

（3）从理论上考虑，T_s 可以取 1，但是当 T_s 取非常小的值时，本文的方法将失去意义。所以，在数值应用中，我们应该合理地选择 T_s，例如 T_s 应大于等于 5。

1.3.2　数据来源与处理

本书选用《中国统计年鉴》（1988～2012 年）为中国制造业总产值主要数据源。其中 1993 年中国制造业数据缺失，这里取 1992 与 1994 年相应能源数据的平均值作为补充；由于上述增长率有负值存在，为了便于后面改变点的计算，将存在负值的列同时加上一个值，使该列所有数值为正。如 1987～2011 年中国制造业总产值增长率都加上 0.1，则该列所有的值都转换为正值。处理后的 1987～2011 年中国制造业总产值增长率如表 1-13 所示。

表 1-13　1987～2011 年中国制造业的增长率

年份	制造业总产值的增长率/%	处理后的增长率/%
1987	19.85	29.85
1988	27.55	37.55
1989	18.82	28.82
1990	8.37	18.37
1991	14.76	24.76
1992	18.57	28.57
1993	11.23	21.23
1994	29.11	39.11
1995	22.55	32.55
1996	13.76	23.76
1997	6.86	16.86
1998	−3.46	6.54
1999	2.92	12.92
2000	10.93	20.93
2001	11.5	21.50
2002	14.88	24.88
2003	21.04	31.04
2004	48.19	58.19
2005	7.27	17.27
2006	24.04	34.04
2007	10.06	20.06
2008	24.81	34.81
2009	8.57	18.57
2010	27.20	37.20
2011	20.41	30.41

1.3.3　中国制造业总产值改变点的选择和周期划分

利用表 1-13 的数据，采用灰色关联算法，确定中国制造业总产值增长率数据列的改变点，并对该数据列进行周期划分。中国制造业总产值增长率趋势如图 1-5 所示。

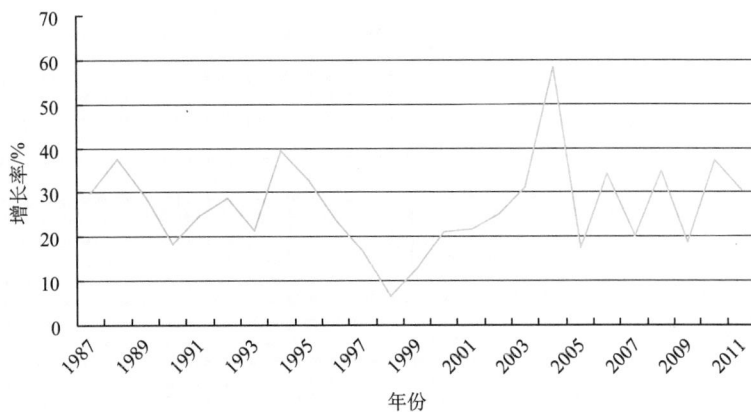

图 1-5　1987～2011 年中国制造业总产值增长率趋势图

表 1-14 和表 1-15 给出了基于灰色关联算法的中国制造业碳排放量的相对 T-整体关联度的数值结果。

表 1-14　中国制造业总产值相对 T-整体关联度的数值

T	解剖时间序列	$\eta(T)$
5	1991～2011/1987～1990	0.0946
6	1992～2011/1987～1991	0.0293
7	1993～2011/1987～1992	0.0023
8	1994～2011/1987～1993	0.0181
9	1995～2011/1987～1994	0.0007
10	1996～2011/1987～1995	0.0299
11	1997～2011/1987～1996	0.0455
T^*	5	
改变点	1991	

表 1-15　中国制造业总产值相对 T-整体关联度的数值

T	解剖时间序列	$\eta(T)$
5	1987～2005/2006～2011	0.0017
6	1987～2004/2005～2011	0.0004
7	1987～2003/2004～2011	0.0034
8	1987～2002/2003～2011	0.0043
9	1987～2001/2002～2011	0.0091
10	1987～2000/2001～2011	0.0068
11	1987～1999/2000～2011	0.0018
T^*	9	
改变点	2003	

表 1-14 中最大值点为第 5 个点，也就是该时间序列的改变点是 1991 年；表 1-15 中最大值点为第 9 个点，因为该改变点位于数列的后半部分，我们是从后半列选取参考序列，所以改变点位于该时间序列第 14 个，也就是该时间序列的改变点是 2003 年。

中国制造业发展的改变点是 1991 年和 2003 年。因此，中国制造业发展大致可以分为三个阶段：1991 年之前、从 1991 年到 2003 年、2003 年之后。1991 年之前制造业发展比较缓慢；从 1991 年到 2003 年，传统制造业发展加快，但对环境保护和资源节约关注不足。在此期间，受 1997 年亚洲金融危机的影响，制造业发展速度放缓，但在 1999 年金融危机结束后，制造业又迅速发展；2003 年之后，制造业向新型化发展，在经济发展的同时注重环境的保护。

1.3.4　中国制造业发展的改变点对碳排放的影响

制造业碳排放问题近年来受到越来越多的关注。在能源政策影响能源结构调整及技术创新研究方面，刘磊（2012）系统梳理了到目前为止我国所制定和实施的能源政策，得出我国想要达到既定的碳排放强度削减目标，仍需要有针对性的政策导向。谢治国等（2005）阐述了我国可再生能源政策的发展历程，提出了可再生能源政策的发展仍任重道远。高振宇等（2007）探讨产业结构变动和产业内效率提高对能源消费和总体单位能耗的影响，从而建议政府构建"能源分解指数体系"作为制定能源政策的依据。钱振为（2005）对我国能源消费状况进行分析，提出了在经济全球化的形势下我国应采取"后中先"的能源战略。上述政策的研究确实为促进能源消耗的降低提供了有益的见解，但关于制造业碳排放方面的具体政策研究较为缺乏。

在影响制造业碳排放因素研究方面，影响我国制造业碳排放主要因素有财富、人口、能源技术、经济总量、产业结构等，其中人口、财富、经济总量对我国制造业碳排放有正向作用，能源技术、产业结构的调整对我国制造业碳排放有负向作用。关于制造业碳排放影响因素的研究，取得了一定的成果，但针对影响我国制造业碳排放因素的具体能源消费政策研究并不多见。

刘华军在对碳排放的研究方面颇有成果，主要从影响碳排放的因素、碳排放的地区差异分析、碳排放的周期等方面展开，其研究对未来中国碳减排政策的制定提供了重要的参考意见。其中在中国二氧化碳排放的环境库兹涅茨曲线——基于时间序列与面板数据的经验估计研究中，刘华军等利用中国 27 个省 1995～2007 年时间序列数据和省际面板数据，选取排放总量、人均排放量、排放强度作为二氧化碳排放指标，很好地刻画了我国的人口规模以及经济发展水平，对中国二氧化碳排放的环境库兹涅茨曲线进行了经验估计。结论也非常清晰地阐明了二氧化碳环境库兹涅茨曲线。相对于刘华军的研究，本文在方法、结论以及政策方面的不同点有：

（1）方法的不同。刘华军等采用的是参数估计模型检验中国的二氧化碳环境库兹涅茨曲线。本文采用的是灰色关联分析方法对 1985～2011 年中国制造业能源消费产生的二氧化碳排放趋势划分周期。

（2）得出的结论不同。刘华军等通过面板数据协整检验的研究得出了大多数省份的二氧化碳排放在未来很长一段时期内将继续增加，增加了二氧化碳减排政策落实的难度。本文主要论证中国能源政策是影响制造业碳排放量趋势变化的重要因素。得出政策实施能够约束制造业的碳排放增长，进一步加快我国能源消费的高能耗高排放模式向低排放低能耗、科技型方式转化。

（3）从政策角度对中国碳减排提供参考的意见不同。刘华军等认为我国政府在制定和实施二氧化碳减排政策的同时，考虑到我国不同地区对经济发展的不同要求，从而因地制宜地制定减排政策。本文在能源政策的制定方面着重考虑能源结构的调整与优化。

本章采用灰色关联度算法，确定碳排放时间序列改变点位置，从而确定制造业碳排放趋势的周期。本章利用灰色关联分析方法，以《中国统计年鉴》（1986～2012 年）中国制造业能源消费数据为数据源，研究 1985～2011 年中国制造业能源消费产生的二氧化碳排放趋势的改变点和周期，并分析我国出台的能源政策及制造业发展对制造业二氧化碳排放的影响。

对于能源消费碳排放量的计算，国内外目前没有统一的标准。学者多依据联合国政府间气候变化专门委员会（IPCC）碳排放技术指南提供的能源消费碳排放计算方法：

$$C = \sum C_i = \sum_{i=1}^{10} E_i F_i \tag{1-5}$$

式中，C 为碳排放总量；C_i 为第 i 种能源的碳排放量；E_i 为第 i 种能源的消费量；F_i 为第 i 种能源消费的碳排放系数。各类能源消费的碳排放折算系数见表 1-16。

表 1-16　各类能源碳排放折算系数

序号	1	2	3	4	5	6	7	8	9	10
能源种类	原煤	焦炭	燃料油	原油	汽油	煤油	柴油	天然气	水电	核电
碳排放系数	0.7559	0.855	0.6185	0.5857	0.5538	0.5714	0.5921	0.4483	0	0

根据公式（1-5），中国制造业碳排放量计算步骤如下。

步骤 1：将 1985～2011 年中国制造业各类能源消费量折合成标准煤。比如 1985 年煤炭消耗量为 50660.4 万吨，折合成标准煤为 36186.72 万吨，即 50660.4 * 0.7143（其中 1 吨原煤＝0.7143 吨标准煤）。下面依次类推，得出 1985～2011 年中国制造业能源消费量如表 1-17 所示。

表 1-17　1985～2011 年中国制造业能源消费量（单位：万吨标准煤）

年份	煤炭	焦炭	原油	汽油	煤油	柴油	燃料油	天然气
2011	91 642.63	36 710.53	61 226.51	742.56	45.55	1 632.52	3 123.51	6 424.83
2010	84 874.20	32 516.45	59 562.08	869.48	52.60	2 187.59	3 171.71	4 757.41
2009	80 005.77	30 754.32	52 703.75	840.40	40.14	2 326.76	1 812.16	4 271.22
2008	77 270.69	28 773.43	48 612.09	725.08	63.95	2 460.52	2 292.77	4 494.33
2007	67 278.75	29 053.55	46 651.41	703.76	58.32	1 628.54	2 832.63	4 431.72
2006	63 150.52	26 396.54	44 141.57	568.89	62.07	1 807.29	2 876.84	3 820.39
2005	58 188.37	21 168.16	40 805.92	560.27	74.66	1 889.23	2 612.58	3 181.46

续表

年份	煤炭	焦炭	原油	汽油	煤油	柴油	燃料油	天然气
2004	52 213.42	16 360.11	39 004.33	594.29	79.21	1 848.06	2 928.42	2 643.38
2003	41 901.53	13 590.00	29 706.01	713.04	116.45	1 761.07	2 838.33	2 327.53
2002	34 998.10	11 474.90	27 013.91	735.39	115.74	1 676.34	2 645.00	1 844.31
2001	33 372.33	10 178.19	25 552.03	717.26	114.65	1 581.83	2 902.40	1 716.90
2000	33 946.01	9 634.33	25 399.28	686.63	111.89	1 550.38	2 755.00	1 607.04
1999	36 377.05	9 636.86	22 682.33	734.14	104.44	1 462.93	2 752.76	1 466.72
1998	38 247.27	10 207.10	20 828.59	793.60	84.78	1 313.78	2 846.01	1 438.66
1997	42 001.95	10 030.86	20 963.23	837.96	60.40	1 072.35	3 046.20	1 388.79
1996	44 582.58	9 899.99	19 697.97	1 065.25	54.32	1 133.36	3 074.89	1 545.06
1995	45 079.04	9 978.51	18 519.83	990.56	59.46	1 052.39	3 123.96	1 340.64
1994	40 333.61	8 329.49	17 424.79	865.61	35.49	850.20	2 998.07	1 329.87
1993	49 724.39	7 809.78	17 120.21	840.97	34.00	1 072.05	3 593.51	1 187.62
1992	59 115.18	7 290.07	16 815.62	816.33	32.52	1 293.90	4 188.94	1 045.38
1991	54 753.74	6 740.77	15 748.89	763.22	30.02	910.40	4 334.66	1 163.75
1990	51 621.75	6 531.05	15 122.87	676.99	25.01	844.97	4 212.37	1 095.92
1989	50 376.01	5 994.90	15 018.59	638.00	28.10	971.59	4 367.52	1 040.06
1988	47 591.67	5 683.87	14 543.29	653.45	29.43	1 006.56	4 180.37	1 021.44
1987	43 944.45	5 404.31	13 986.42	584.00	28.55	824.57	4 000.08	1 061.34
1986	37 109.96	4 942.78	13 436.13	526.76	26.34	777.36	3 929.79	1 094.59
1985	36 186.72	4 438.00	12 339.53	518.23	25.60	811.75	3 716.36	964.25

注：表中数据均折合成标准煤，其中 1 吨原煤＝0.7143 吨标准煤，1 吨焦炭＝0.9714 吨标准煤，1 吨原油＝1.4286 吨标准煤，1 吨汽油＝1.4714 吨标准煤，1 吨煤油＝1.4714 吨标准煤，1 吨柴油＝1.4571 吨标准煤，1 吨燃料油＝1.4286 吨标准煤，1 万立方米天然气＝13.3 吨标准煤。（数据来源：1986～2012 年《中国统计年鉴》）

步骤 2：根据公式（1-5）和表 1-17 中的折合标准煤数据，计算出 1985～2011 年中国制造业各种能源消费的碳排放量、碳排放总量及年增长率。按不同的能源碳排放系数，求出中国制造业消费的各种能源折算后的碳排放量，求和之后就是该年的碳排放总量。计算结果如表 1-18 所示。

表 1-18　1985～2011 年中国制造业碳排放总量表（单位：万吨）

年份	碳排放总量
2011	142 736.54
2010	132 744.77
2009	122 541.53
2008	116 810.14
2007	108 146.57
2006	101 070.86
2005	90 497.08

续表

年份	碳排放总量
2004	80 765.73
2003	64 994.72
2002	56 016.84
2001	52 858.47
2000	52 560.06
1999	52 714.52
1998	53 508.53
1997	56 244.01
1996	57 588.08
1995	57 192.79
1994	51 269.14
1993	58 166.25
1992	65 063.37
1991	60 557.39
1990	57 448.56
1989	56 113.48
1988	53 370.41
1987	49 807.95
1986	43 835.36
1985	41 888.40

　　步骤 3：利用 Eviews 7.0 软件，去掉以上折算后的中国制造业碳排放总量数据趋势。整理后算出去掉趋势后的 1985～2011 年中国制造业主要能源碳排放量。由于形如汽油、煤油在碳排放构成中比例较小，后面只讨论碳排放构成较大的焦炭等碳排放增长趋势（如表 1-19）。

表 1-19　1985～2011 年中国制造业主要能源碳排放量增长趋势

年份	碳排放总量/万吨	增长率/%
2011	139 689.74	6.85
2010	130 738.52	7.32
2009	121 817.76	7.82
2008	112 978.01	8.34
2007	104 277.02	8.84
2006	95 810.89	9.23
2005	87 714.40	9.40
2004	80 174.94	9.22
2003	73 407.71	8.54

续表

年份	碳排放总量/万吨	增长率/%
2002	67 633.84	7.37
2001	62 990.31	5.87
2000	59 497.96	4.24
1999	57 076.26	2.70
1998	55 575.36	1.41
1997	54 801.75	0.48
1996	54 541.27	−0.10
1995	54 594.18	−0.36
1994	54 791.20	−0.36
1993	54 989.05	−0.04
1992	55 009.23	0.56
1991	54 704.99	1.25
1990	54 030.14	1.95
1989	52 997.02	2.60
1988	51 652.13	3.15
1987	50 073.16	3.55
1986	48 354.96	3.79
1985	46 589.75	—

由于上述增长率有负值存在，为了便于后面改变点的计算，将存在负值的列同时加上一个值，使该列所有数值为正。如 1986～2011 年碳排放总量增长率都加上 0.01，则该列所有的值都转换为正值。处理后的 1985～2011 年中国制造业主要能源去掉趋势的碳排放量的增长率如表 1-20 所示。

表 1-20　1985～2011 年中国制造业去掉趋势的碳排放量增长率

年份	总量增长率/%
2011	7.85
2010	8.32
2009	8.82
2008	9.34
2007	9.84
2006	10.23
2005	10.40
2004	10.22
2003	9.54
2002	8.37
2001	6.87
2000	5.24

年份	总量增长率/%
1999	3.70
1998	2.41
1997	1.48
1996	0.90
1995	0.64
1994	0.64
1993	0.96
1992	1.56
1991	2.25
1990	2.95
1989	3.60
1988	4.15
1987	4.55
1986	4.79
1985	—

利用表 1-20 的数据，采用灰色关联算法，确定中国制造业碳排放总量增长率数据列的改变点，并对该数据列进行周期划分。

中国制造业碳排放总量增长率趋势如图 1-6 所示。

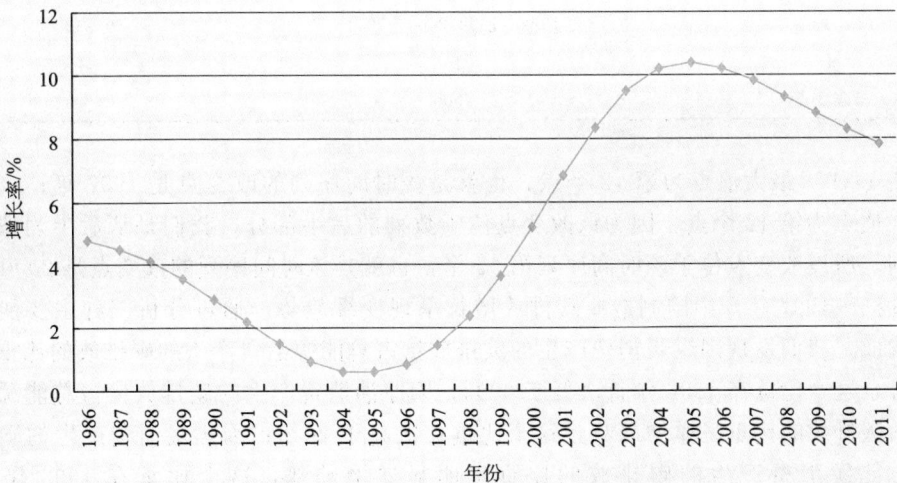

图 1-6 1986～2011 年中国制造业碳排放量增长率趋势图

表 1-21 和表 1-22 给出了基于灰色关联算法的中国制造业碳排放量的相对 T-整体关联度的数值结果。

表 1-21　中国制造业碳排放量相对 T-整体关联度的数值

T	解剖时间序列	$\eta(T)$
5	1991～2011/1986～1990	0.0227
6	1992～2011/1986～1991	0.0265
7	1993～2011/1986～1992	0.0236
8	1994～2011/1986～1993	0.0054
9	1995～2011/1986～1994	0.0213
10	1996～2011/1986～1995	0.0425
11	1997～2011/1986～1996	0.0345
12	1995～2011/1986～1994	0.2100
T^*	12	
改变点	1997	

表 1-22　中国制造业碳排放量相对 T-整体关联度的数值

T	解剖时间序列	$\eta(T)$
5	1986～2005/2006～2011	0.0580
6	1986～2004/2005～2011	0.0285
7	1986～2003/2004～2011	0.0075
8	1986～2002/2003～2011	0.0252
9	1986～2001/2002～2011	0.0300
10	1986～2000/2001～2011	0.0442
11	1986～1999/2000～2011	0.0152
12	1986～1999/2000～2011	0.2430
T^*	10	
改变点	2000	

　　表 1-21 中最大值点为第 12 个点，也就是该时间序列的改变点是 1997 年；表 1-22 中最大值点为第 12 个点，因为该改变点位于数列的后半部分，我们是从后半列选取参考序列，所以改变点位于该时间序列第 15 个，也就是该时间序列的改变点是 2000 年。

　　1985～1997 年，中国制造业碳排放增长呈现变缓趋势，通过分析三种主要能源碳排放构成，我们发现因煤炭消费产生的碳排放量占总能源消费产生的碳排放的比重呈递减趋势，这个比重在 1996 年首次低于 60%；因原油消费产生的碳排放量占总能源消费产生的碳排放的比重呈递增趋势，这个比重首次高于 20%；因焦炭消费产生的碳排放量占总能源消费产生的碳排放的比重呈明显递增趋势，这个比重在 1996 年达到 13.62%（这是一个很有趣的数据，因为根据黄金分割原理，我们计算出焦炭消费碳排放量数据列的两个黄金分割点分别为 13.52% 与 16.69%。第一个数字与 13.62% 极为接近；而第二个数字与下面第二个改变点对应的数值 16.68% 较为接近）。

　　1998～2000 年，中国制造业碳排放增长呈现加速趋势，通过分析三种主要能源碳排放构成，我们发现因煤炭消费产生的碳排放量占总能源消费产生的碳排放的比重呈递减趋势，这个比重在 2001 年降至 50.35％，而 2002 年已经低于 50％；因原油消费产生的碳排放量占总能源消费产生的碳排放的比重呈递增趋势，这个比重在 2001 年达到 25.8％，达到整个比重的 1/4；因焦炭消费产生的碳排放量占总能源消费产生的碳排放的比重在 2001 年达到 16.69％。前面的分析指出，这个数据实际上是该序列的黄金分割点。

2001～2011 年，中国制造业碳排放尽管仍然延续高速增长趋势，但 2005 年以后，这种高速增长趋势已经发生了重大改变。通过分析三种主要能源碳排放构成，我们发现因焦炭消费、煤炭消费、原油消费产生的碳排放量占总能源消费产生的碳排放的比重呈减少趋势。

1.3.5 制造业发展周期对碳排放的影响分析

中国制造业发展的改变点是 1991 年和 2003 年，而制造业碳排放的改变点是 1997 年和 2000 年。1991 年之前，制造业发展比较缓慢，碳排放量增长也较慢。从 1991 年到 1997 年制造业发展加快，但国家还处于工业发展初期，制造业还没有完全发展到成熟的阶段，虽然能源的碳排放量一直在增长，但其增长率却呈下降趋势。这段时间中国处于制造业发展粗放初期，主要制造业能源消费产生的碳排放中，煤炭碳排放比重一直居高不下。我国的制造业发展刚处于起步的水平，对能源的消耗和依赖性较低，国家对能源的流通与消费也采取严格的管制政策，同时国家也开始对低水平重复建设进行治理，关停高能耗、高污染、低效率的"十五小"，以控制能源消费的过快增长，带来了能源效率的提高。

1998～2000 年，制造业快速发展，也从而产生了对能源的大量需求，二氧化碳排放量的增长率一直都是上升的趋势，经济发展的同时对环境形成了一定的污染与破坏。随着中国经济的快速发展，能源消费的急剧增长，而煤炭消费产生的碳排放量占总能源消费产生的碳排放的比重持续下降，煤炭与原油消费碳排放量比重迅速增长，以煤炭为主的能源结构已经发生了改变，因此，碳排放不可避免地会出现一定幅度的增加。这也说明该段时期，能源消费结构调整已经引起中国政府部门的重视。1997 年以后，我国政府改革了严格控制能源消费的政策，在适当控制生产的同时，采取优化能源消费结构、鼓励消费清洁能源的政策。节能政策从控制能源消费，转向促进能源合理消费。1996～2001 年，我国相继发布了一系列能源政策。例如 1996 年的《中华人民共和国煤炭法》；1997 年的《中华人民共和国节约能源法》；1998 年实现了石油企业的战略性重组，建立了上下游一体化的新型石油工业管理体制；1999 年的《煤炭经营管理办法》；同时国家计委、科技部发布关于进一步支持可再生能源发展有关问题的通知；2000 年的《民用建设节能管理规定》、《关于进一步鼓励外商投资勘查开采非油气矿产资源的若干意见》，进一步开放非油气资源的探矿权、采矿权市场等。政策的激励与支持对于制造业碳排放产生了十分重要的影响，1998～2000 年我国制造业碳排放总量增长率开始趋于上升。同时能源消费政策的变化，开始引导能源消费向高效、优质、环保方向发展。

2000 年后制造业发展开始转型，注重节约资源与环境保护。2001 年后"新型制造业"迅速发展。2001~2011 年，国际油价高位运行，碳减排压力增大，中国政府颁布了大量的能源相关文件，根据自身能源特点（煤炭资源丰富，石油对外依赖度增加等），一方面加大了对煤炭消费的引导，降低高碳排放焦炭消费的比重；另一方面，通过政策引导，尽量使得三种能源消费比率趋于稳定。这段时期国家密集发布了一批能源政策法规。如 2001 年发布《对外合作开采海洋石油资源条例》和《对外合作开采陆上石油资源条例》；2002 年按照电力体制改革方案，电力工业实现了政企分开、厂网分开；煤炭工业市场化改革后，2002 年发布《中华人民共和国清洁生产促进法》（2012 年修正）、《指导外商投资方向规定》；2004 年发布《节能中长期专项规划》；2005 年又按照国务院《关于促进煤炭工业健康发展的若干意见》、《国家中长期科学和技术发展规划纲要》、《中华人民共和国可再生能源法》等深化改革和发展。中国正在按照观念创新、管理创新、体制创新和机制创新的要求，进一步深化能源体制改革，提高能源市场化程度，完善能源宏观调控体系，不断改善能源发展环境。为实现经济社会可持续发展目标，中国又发布了能源发展"十一五"（2006~2010 年）规划，这些政策进一步约束了制造业的碳排放增长。国家执行的种种政策措施，也收到了较好的成效。进入新世纪，核电、风电等新兴能源发展进入了快行道。节能也受到前所未有的重视，并取得了显著成效。近年来，随着制造业新型化的提高，不仅制造业发展迅速，而且碳排放增长速度下降，实现了经济发展和环境保护的双重目标。

1.4 本章小结

21 世纪是工业化的世纪，制造业作为工业化指标的核心基础产业，已成为世界各国竞相发展的重点领域。改革开放以来，中国制造业迅速发展，创造了一个又一个奇迹。然而，在经济危机过后，全球经济及市场还处于低迷期，国际贸易大幅下降，我国制造业发展面临严重挑战，制造业企业之间的竞争也越来越激烈。

中国制造业近 10 年以来，经济总量和就业人数增长较平稳，科技投入较快增长，制造业能耗强度持续降低。2002 年至 2011 年，我国制造业发展迅速，其经济创造能力和科技创新能力处于稳步增强的态势，资源环境保护能力不断加强，各方面统计指标呈良性发展态势。而且，中国制造业"新型化"得分持续增长，说明我国制造业总体发展态势良好，新型化程度不断提高，保持了良性的发展势头。

我国是制造业世界第一大国，制造业的发展不仅带动着我国的经济增长，还伴随着高能耗、高污染、高排放的问题。制造业的发展对能源的消耗和依赖颇为严重，能源消耗导致的温室气体的排放特别是二氧化碳排放（以下简称碳排放）不断增加。目前，我国制造业碳排放占据了碳排放总量的 80% 以上。在国家节能减排和应对全球气候变化双重压力下，我国政府出台的能源消费及温室气体减排政策对我国制造业能源利用效率的提高和能源结构的转变有重要影响。本章研究了国家政策与制造业能源消费特征、消费强度及温室气体减排之间的关联。本章采用灰色关联算法，确定中国制造业总产值增长率数据列的改变点，并对该数据列进行周期划分。在此基础上，本章进一步分析了制造业发展周期与制造业碳排放周期的相互关系。本章通过搜集制造业的相关数据进行计算、分析与研究，从而发现制造业发展存在的优势以及缺陷、问题，为政府部门等对制造业的管理提供良好的参考。

初稿提供者：巩在武，孙薇，张欢欢，陈彩芹
统稿：李廉水，巩在武，周彩红

参 考 文 献

艾明晔，毕克新，李婉红等. 2012. 我国制造业发展模式动态演进及产业结构优化研究——基于 1993～2009 年的碳排放. 经济问题探索，(1)：48-54.

邓聚龙. 1986. 灰色预测与决策. 长沙：华中理工大学出版社.

丁焕峰，周月鹏. 2010. 能源消费与经济增长关系——基于中国 1953～2007 年的实证研究. 工业技术经济. 29 (7)：71-76.

高振宇，王益. 2007. 我国生产用能源消费变动的分解分析. 统计研究，24 (3)：52-57.

国家统计局. 1987. 中国统计年鉴-1987. 北京：中国统计出版社.

国家统计局. 1988. 中国统计年鉴-1988. 北京：中国统计出版社.

国家统计局. 1989. 中国统计年鉴-1989. 北京：中国统计出版社.

国家统计局. 1990. 中国统计年鉴-1990. 北京：中国统计出版社.

国家统计局. 1991. 中国统计年鉴-1991. 北京：中国统计出版社.

国家统计局. 1992. 中国统计年鉴-1992. 北京：中国统计出版社.

国家统计局. 1993. 中国统计年鉴-1993. 北京：中国统计出版社.

国家统计局. 1994. 中国统计年鉴-1994. 北京：中国统计出版社.

国家统计局. 1995. 中国统计年鉴-1995. 北京：中国统计出版社.

国家统计局. 1996. 中国统计年鉴-1996. 北京：中国统计出版社.

国家统计局. 1997. 中国统计年鉴-1997. 北京：中国统计出版社.

国家统计局. 1998. 中国统计年鉴-1998. 北京：中国统计出版社.

国家统计局. 1999. 中国统计年鉴-1999. 北京：中国统计出版社.

国家统计局. 2000. 中国统计年鉴-2000. 北京：中国统计出版社.

国家统计局. 2001. 中国统计年鉴-2001. 北京：中国统计出版社.

国家统计局. 2002. 中国统计年鉴-2002. 北京：中国统计出版社.

国家统计局. 2003. 中国统计年鉴-2003. 北京：中国统计出版社.

国家统计局. 2004. 中国统计年鉴-2004. 北京：中国统计出版社.

国家统计局. 2005. 中国统计年鉴-2005. 北京：中国统计出版社.

国家统计局. 2006. 中国统计年鉴-2006. 北京：中国统计出版社.

国家统计局. 2007. 中国统计年鉴-2007. 北京：中国统计出版社.

国家统计局. 2008. 中国统计年鉴-2008. 北京：中国统计出版社.

国家统计局. 2009. 中国工业经济年鉴-2009. 北京：中国统计出版社.

国家统计局. 2009. 中国统计年鉴-2009. 北京：中国统计出版社.

国家统计局. 2010. 中国科技统计年鉴-2010. 北京：中国统计出版社.

国家统计局. 2010. 中国统计年鉴-2010. 北京：中国统计出版社.

国家统计局. 2011. 中国统计年鉴-2011. 北京：中国统计出版社.

国家统计局. 2012. 中国统计年鉴-2012. 北京：中国统计出版社.

韩智勇，魏一鸣，焦建玲等. 2004. 中国能源消费与经济增长的协整性与因果关系分析. 系统工程，22（12）：17-21.

孔婷，孙林岩，何哲等. 2008. 能源价格对制造业能源强度调节效应的实证研究. 管理科学，21（3）：2-8.

李廉水，杜占元. 2004. 中国制造业发展研究报告 2004. 北京：科学出版社.

李廉水，杜占元. 2005. "新型制造业"的概念、内涵和意义. 科学学研究，23（2）：184-187.

李廉水，杜占元. 2005. 中国制造业发展研究报告 2005. 北京：科学出版社.

李廉水，杜占元. 2006. 中国制造业发展研究报告 2006. 北京：科学出版社.

李廉水，杜占元. 2007. 中国制造业发展研究报告 2007. 北京：科学出版社.

李廉水，杜占元. 2008. 中国制造业发展研究报告 2008. 北京：科学出版社.

李廉水. 2009. 中国制造业发展研究报告 2009. 北京：科学出版社.

李廉水. 2010. 中国制造业发展研究报告 2010. 北京：科学出版社.

李廉水. 2011. 中国制造业发展研究报告 2011. 北京：科学出版社.

李廉水. 2012. 中国制造业发展研究报告 2012. 北京：科学出版社.

李廉水，周勇. 2005. 中国制造业"新型化"状况的实证分析. 管理世界，（6）：76-88.

李龙全，魏晓平，张炎治等. 2007. 中国能源需求的预测. 统计与决策，（9）：98-100.

刘磊. 2012. 中国碳减排目标的可达性：能源政策与经济发展. 生态经济，（2）：52-55，119.

潘雄锋，舒涛，徐大伟等. 2011. 中国制造业碳排放强度变动及其因素分解. 中国人口•资源与环境，21（5）：101-105.

钱振为. 2005. 单位 GDP 的能源消费与经济增长模式. 中国能源，27（5）：10-14，40.

宋杰鲲. 2011. 基于 STIRPAT 和偏最小二乘回归的碳排放预测模型. 统计与决策，24：19-21.

孙宁. 2011. 依靠技术进步实行制造业碳减排——基于制造业 30 个分行业碳排放的分解分析. 中国科技论坛，（4）：44-48.

孙玉刚. 2009. 灰色关联分析及其应用的研究. 南京：南京航空航天大学.

唐葆君，石小平. 2011. 中国能源消费和经济增长关系实证研究. 中国能源，33（11）：34-38.

王建林，赵佳佳. 2008. 能源消费和经济增长的因果关系测度与分析——基于中国样本. 工业技术经济，27（1）：86-91.

王瑛. 2008. 中国可再生能源消费与经济增长的时间序列分析——以水电、核电、风电为例. 工业技术经济，27（11）：96-99.

谢治国，胡化凯，张逢等. 2005. 建国以来我国可再生能源政策的发展. 中国软科学，（9）：50-57.

徐盈之，徐康宁，胡永舜等. 2011. 中国制造业碳排放的驱动因素及脱钩效应. 统计研究，28（7）：55-61.

杨斐，任保平. 2011. 中国经济增长质量：碳排放视角的评价. 软科学，25（11）：89-93.

原鹏飞，吴吉林. 2011. 能源价格上涨情景下能源消费与经济波动的综合特征. 统计研究，28（9）：57-65.

第2章

中国制造业区域发展研究

中国以世界工厂之称闻名于世界，制造业凭借强大的实力，成为国家经济增长的主要动力。区域制造业是国家制造业的组成部分，本章以区域制造业为单位，以客观数据为基础，从经济创造、科技创新、环境保护三个方面全面系统地展现了制造业局部现状、区域制造业对国家整体制造业的贡献、区域制造业内部以及区域制造业之间失衡与差异状况。有助于从内部组成开始了解中国制造业，把握中国制造业发展的规律因素。另外还有利于总结先进区域发展经验，引导欠发达地区结合自身优势，明确目标，缩小差距。

2.1　区域制造业发展总体评价

本章延续《中国制造业发展研究报告》的风格，继续按照相应的指标体系，评选出中国制造业[①]的"十大强省"和"十大强市"，以便深入认识中国制造业的发展状况和发展趋势。

2.1.1　区域发展协调性增强

2011年我国制造业领域区域发展协调性增强，中西部地区对制造业增长贡献率继续上升。图2-1显示了2009～2011年区域制造业产值比重。2011年东、东北、中、西部制造业产值同比分别增长了15.41%、20.76%、33.28%和30.25%（表2-1），较低的增长速度使得东部地区制造业产值份额进一步下降到61.44%，而中、西部地区分别上升到18.29%和12.15%。

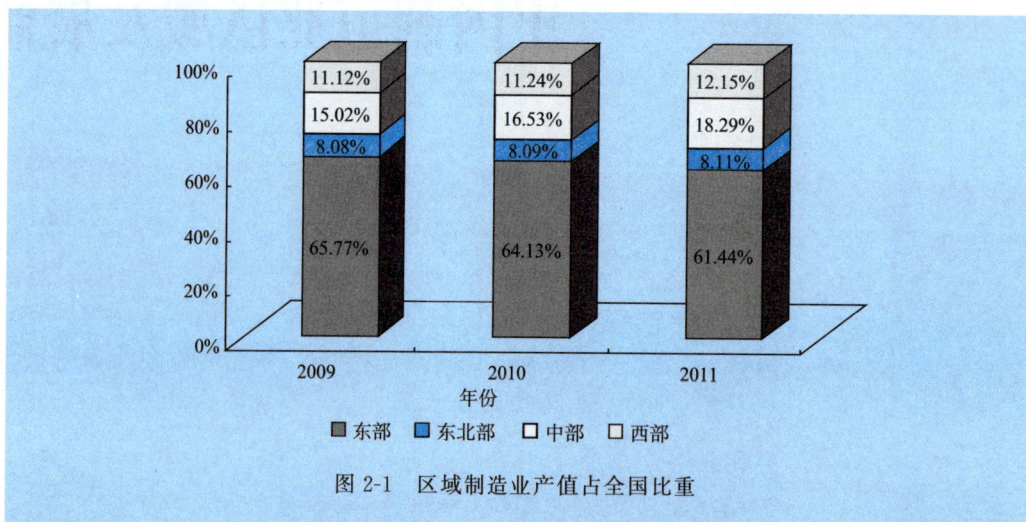

图2-1　区域制造业产值占全国比重

表2-1　区域制造业产值与利润同比增长情况

	东部	东北部	中部	西部
制造业产值增长率/%	15.41	20.76	33.28	30.25
制造业利润增长率/%	10.13	5.42	22.72	17.99

---

① 本书涉及中国部分，如未特殊说明均不包括港澳台地区。

观察区域制造业利润比重（图 2-2），东、东北、中、西部制造业利润同比分别增长了 10.13％、5.42％、22.72％和 17.99％，东部地区制造业利润份额下降到 60.72％，中、西部则分别上升到 19.83％和 12.11％，中、西部区域利润增长明显，反映了地区制造企业良好的盈利能力。

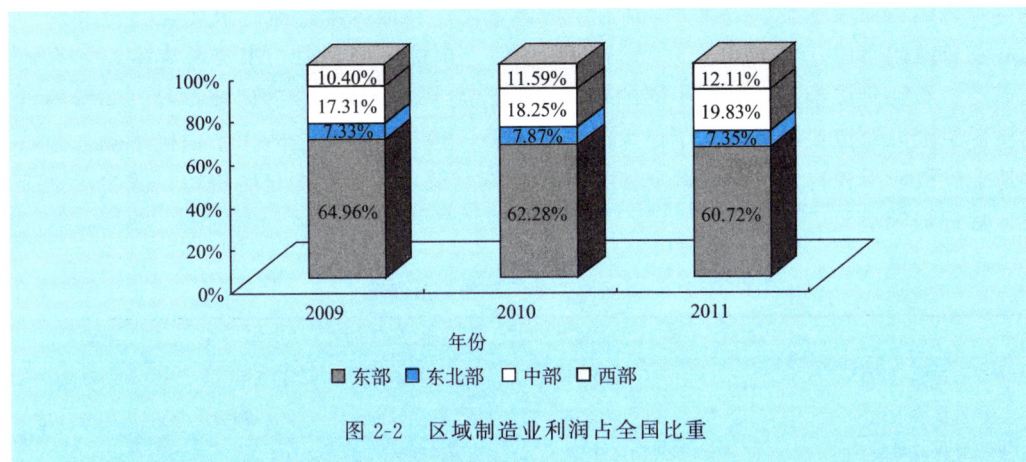

图 2-2 区域制造业利润占全国比重

上述制造业产值、利润的份额与增速数据明显地反映出中部、西部区域制造业近年来强劲的增长势头，继续深化改革，扩大制造业要素投入，优化产业结构，未来将成为中国制造业增长的新的动力源泉，区域制造业发展趋向平衡。

2.1.2 中、西部地区制造业投资增速加快

据国家统计局统计，2011 年，在完成的 10.27 万亿制造业固定资产投资中，东部地区投资 4.65 万亿，同比增长 13.70％，增幅比上年降低了 7.26 个百分点，占比 45.25％；东北部地区投资 1.12 万亿，增长仅为 1.57％，占比 10.90％；中部地区投入 2.76 万亿，增长 19.38％，增幅比上年降低了 14.17 个百分点，占比 26.92％；相比东、东北和中部区域的投资增速放缓，西部地区加快了投资速度，2011 年固定资产投资 1.74 万亿，比上年增长 28.26％，增幅提高 5.56 个百分点，见表 2-2。

表 2-2 区域制造业固定资产投资情况

	东部	东北	中部	西部
固定资产投资额/亿元	46 480.25	11 196.25	27 649.41	17 386.94
区域固定资产投资占比/%	45.25	10.90	26.92	16.93
2011 年同比增速/%	13.70	1.57	19.38	28.26
2010 年同比增速/%	20.96	30.81	33.54	22.70

可以看出国家频繁推出的区域振兴计划成效初步显现，中西部投资热潮渐起，这解决了中西部区域制造业长期以来的资金短缺困难，固定资产的大量投入将有效改善区域基础设施建设，迅速改变区域在信息技术和相关配套设施上的落后状况，提升本地产业基础和集聚水平。

2.1.3　制造业污染物排放区域差异显著

由于区域污染物排放并没有细化至制造业，工业污染排放数据具有较好的代表性，表 2-3 显示了 2011 年各区域工业废水、二氧化硫和固体废弃物的排放情况。可以看出东部地区制造业废水排放占比 50.68％，份额最大；西部区域工业二氧化硫排放和固体废弃物排放居首位，分别是 35.67％和 78.49％。东部区域临海，水资源丰富，西部地区矿产、石油资源丰富，区域不同的资源禀赋造成了污染物排放的区域差异。丰富的自然资源给地区制造业发展带来了巨大的经济利益，但过度利用也产生了消极影响，区域制造业发展应重视自然资源，既要节约使用自然资源，又要保护自然资源，减少污染排放，规避资源诅咒。

表 2-3　区域工业污染物排放情况

	东部	东北部	中部	西部
工业废水排放/万吨	1 169 973	176 413	521 867	440 489
工业废水排放占比/％	50.68	7.64	22.60	19.08
工业二氧化硫排放/吨	6 338 373	1 827 566	4 809 969	7 196 357
工业二氧化硫排放占比/％	31.42	9.06	23.84	35.67
工业固体废弃物倾倒丢弃量/万吨	5.65	14.9	72.65	340.11
工业固体废弃物倾倒丢弃量占比/％	1.30	3.44	16.77	78.49

2.2　中国制造业"十大强省"

中国制造业强省评价，强调通过数字说话，力求内容的权威性、客观性、科学性、完整性，所用指标的数据均来自于全国和各省市的统计年鉴及行业年鉴，所用方法是因子分析法。

2.2.1　制造业强省评价方法与指标

1. 中国制造业"十大强省"评价方法

中国制造业强省的评价采用因子分析法。因子分析是一种多元统计分析方法，主要用来浓缩数据，即采用较少的概括性公因子来反映原本众多的观测变量所代表的信息。具体来说，它从研究相关矩阵内部的依赖关系出发，把一些具有错综复杂关系的变量归纳为少数几个公因子，当这几个公因子特征值都大于 1 或者累计贡献率达到某一百分比时，就说明它们能够集中反映问题的大部分信息；而公因子之间的相关性很小，信息重叠率低。可见，利用因子分析方法来评价各省份制造业竞争力是合适的。

因子分析的任务一是构造一个因子模型，确定模型中的参数，然后根据分析结果进行因子分析；二是对公因子进行估计，并作进一步分析。因子分析的一般模型为

$$\begin{cases} X_1 = a_{11}F_1 + a_{12}F_2 + \cdots + a_{1n}F_n + \varepsilon_1 \\ X_2 = a_{21}F_1 + a_{22}F_2 + \cdots + a_{2n}F_n + \varepsilon_2 \\ \qquad\qquad \cdots\cdots \\ X_m = a_{m1}F_1 + a_{m2}F_2 + \cdots + a_{mn}F_n + \varepsilon_m \end{cases}$$

其中，X_1，X_2，$\cdots$，X_m 为实测变量；$a_{ij}(i=1, 2, \cdots, m; j=1, 2, \cdots, n)$ 为因子载荷；$F_i(i=1, 2, \cdots, n)$ 为公共因子；$\varepsilon_i(i=1, 2, \cdots, m)$ 为特殊因子。

因子载荷 a_{ij} 是第 i 个变量在第 j 个主因子上的载荷，或者说是第 i 个变量与第 j 个因子的相关系数。载荷越大，则说明第 i 个变量与第 j 个因子关系越密切；载荷越小，则说明第 i 个变量与第 j 个因子的关系越疏远。因子载荷矩阵中各行数值的平方和，称为各变量对应的共同度，各个变量的共同度是衡量因子分析效果的一个指标，某变量的共同度刻画了所有公共因子对该变量信息的解释程度，进而可以把握该变量的信息有多少被丢失了。一般来说，如果大部分变量的共同度高于 0.8，则说明提取的公共因子已经基本反映了各原始变量 80% 以上的信息，仅有较少的信息丢失，因子分析效果较好；如果每个变量的共同度都为 1，则说明提取的公共因子能刻画各原始变量的所有信息，没有信息丢失。

公共因子是在各个变量中共同出现的因子，在高维空间中，它们是相互垂直的坐标轴。特殊因子实际上就是实测变量与估计值之间的残差值。公共因子方差与特殊因子方差之和为 1。特殊因子方差越小，则公共因子方差越大，说明公共因子能说明较多的原始信息。

为了使找到的主因子能更易于解释，往往需要采用最大方差旋转法对因子载荷矩阵旋转。旋转的目的在于使因子载荷矩阵中的因子载荷的平方和向 0 和 1 两个方向分化，使大的载荷更大，小的载荷更小。将因子表示为变量的线性组合时，所得到的计算结果称为因子得分，它是对公共因子的估计值，利用它可以作进一步分析。

制造业强省评价所采取的具体步骤为：①从经济创造、科技竞争、环境资源三方面确定评价指标变量。②将指标变量建立评价矩阵，分析该矩阵中变量的相关性，从而验证因子分析的准确性。③采用主成分法对评价矩阵进行初始因子求解，确定公因子个数，并通过最大方差旋转（正交旋转法）计算因子变量的负载值，给予因子解释。④将公因子作为自变量进行回归分析，计算各省市的因子值，并以因子贡献率为权重计算每个省份制造业的综合竞争力得分并排序。

2. 中国制造业十大强省评价指标

关于各省市制造业发展的评价方法，通常局限于制造业的经济指标方面，主要是规模和效益两个板块，重点是描述单项和总量指标。虽然这些评价方法可以一定程度上反映地区制造业发展状况，尤其是对国民经济发展和地区经济发展方面的贡献。然而，越来越多的资源、能源超限耗费，越来越严重的环境污染，已经说明这样的评价存在缺陷。我们认为，对于各个地区制造业发展程度的评价，应当从"新型制造业"角度，即应当从经济、科技和环境三大指标进行系统性评价，通过经济指标反映制造业对国民经济当前的贡献，通过科技指标反映制造业未来的竞争能力，通过环境指标反映制造业的持续发展能力和长期效益。

在初选 60 个指标的基础上，采用专家调查和实际数据分析方法，对现阶段中国各省份制造业发展状况进行了模拟计算和评价。由于考虑到评价指标应尽可能与国家统计年鉴中现有指标同步，满足科学性、可比性、系统性和可操作性的评价原则，我们构建了一套由 3 个主指标、32 个子指标构成的制造业强省排名评价指标体系（见表 2-4）。

表 2-4 中国制造业强省评价指标体系

总指标	序号	主指标	序号		子指标
制造业强省指标体系	A	经济创造能力	A1	产值	制造业总产值
			A2		制造业总产值占工业总产值比重
			A3		制造业企业利润总额
			A4	利润	制造业就业人员人均利润率
			A5	效率	制造业就业人员劳动生产率
			A6	就业	制造业就业人员人数占就业人数比重
			A7	税收	制造业企业利税总额
			A8		制造业就业人员人均利税率
			A9	市场	制造业产品销售率
	B	科技创新能力	B1	R&D	制造业 R&D 经费支出
			B2		制造业 R&D 人员全时当量
			B3		制造业 R&D 投入强度
			B4		制造业 R&D 人员占就业人员人数比重
			B5		制造业 R&D 项目数
			B6	产品开发	制造业新产品开发经费
			B7	专利	制造业专利申请数
			B8		制造业有效发明专利数
			B9		制造业新产品产值
			B10	技术转化	制造业新产品产值率
			B11		制造业技术创新投入产出系数
	C	环境资源保护能力	C1		制造业能源消耗量
			C2	能源	制造业单位产值能耗
			C3		制造业污染排放量（废水）
			C4	废水	制造业单位产值污染排放量（废水）
			C5		制造业废水治理设施处理能力
			C6		制造业污染排放量（废气）
			C7	废气	制造业单位产值污染排放量（废气）
			C8		制造业废气治理设施处理能力
			C9		制造业固体废弃物排放量
			C10	固体废物	单位产值制造业固体废弃物排放量
			C11		制造业固体废弃物倾倒丢弃率
			C12	综合利用	制造业固体废弃物综合利用量

1）经济创造能力

经济创造能力是区域制造业发展的重要组成部分。对于处于工业化发展阶段的国家来说，经济效益就更为重要；只有具有经济效益才会有持续发展的动力，才能为发展科技、提高效率、保护环境提供支持（见表 2-5）。

表 2-5 制造业经济创造能力指标集

序号		制造业强省经济指标	单位
A1	产值	制造业总产值	亿元
A2		制造业总产值占工业总产值比重	％
A3	利润	制造业企业利润总额	亿元
A4		制造业就业人员人均利润率	万元/人
A5	效率	制造业就业人员劳动生产率	万元/人
A6	就业	制造业就业人数占地方就业人数比重	％
A7	税收	制造业企业利税总额	亿元
A8		制造业就业人员人均利税率	万元/人
A9	市场	制造业产品销售率	％

表 2-5 中，A1、A2 为产值指标，用来反映制造业的规模水平（一般而言，规模大的企业年产值指标也大）和制造业生产活动的财富创造对国民经济的贡献。A3、A4 为利润指标，用来反映制造业企业经营活动的利润水平。A5 为效率指标，用来反映制造业企业的劳动生产效率。A6 为就业指标，反映制造业企业吸纳就业的能力。A7、A8 为税收指标，反映制造业企业对国家的纳税贡献。A9 为市场指标，反映制造业产品已实现销售情况，以及制造业产品满足社会需要的程度和产品的社会竞争力。另外，单项指标还需考察制造业单位企业产值，各项指标的计算方法如下：

$$制造业总产值 = \sum_{j=1}^{m} TVP_j$$

$$制造业总产值占工业总产值比重 = \frac{\sum_{j=1}^{m} TVP_j}{TP} \times 100\%$$

$$制造业单位企业产值 = \frac{\sum_{j=1}^{m} TVP_j}{N}$$

其中，TVP_j 为第 j 个制造业行业工业总产值，$m \in 1 \sim 30$；TP 为工业总产值；N 为国有及规模以上制造业企业个数。

$$制造业就业人员人均利润率 = \frac{S \times 10\ 000}{L}$$

$$制造业就业人员人均利税率 = \frac{T \times 10\ 000}{L}$$

$$\text{制造业产值利润率} = \frac{S}{\sum_{j=1}^{m} \text{TVP}_j} \times 100\%$$

$$\text{制造业产值利税率} = \frac{T}{\sum_{j=1}^{m} \text{TVP}_j} \times 100\%$$

$$\text{制造业就业人员劳动生产率} = \frac{\sum_{j=1}^{m} \text{TVP}_j}{L} \times 100\%$$

$$\text{制造业就业人员人数占地方就业人员人数比重} = \frac{L}{L_q} \times 100\%$$

其中，S 为制造业企业利润总额；T 为制造业企业利税总额；L 为制造业企业就业人员人数；L_q 为地方就业人员人数。

$$\text{制造业产品销售率} = \frac{\sum_{k=1}^{m} \text{SR}_k}{\sum_{j=1}^{m} \text{TVP}_j} \times 100\%$$

其中，SR_k 为第 k 个制造业行业产品销售收入，$k \in 1 \sim 30$。

2）科技创新能力

在表 2-6 中，B1、B2、B3、B4 为 R&D 指标，反映了制造业企业研发活动的总量和强度。B5、B6 为产品开发指标，一定程度上揭示了目前制造业企业在新产品开发上的力度。B7、B8 为专利指标，反映了制造业企业科技创新活动的活跃性程度。B9、B10、B11 为技术转化指标，是制造业企业技术应用能力的体现。这 11 项指标分别从研发投入、科研人员投入、科技产出和科技进步等几个侧面反映了制造业科技力量、科技投入和科技产出的状况，是检验制造业强省程度的重要指标。其具体计算方法为：

$$\text{制造业 R\&D 投入强度}^{①} = \frac{\text{R\&D}}{\text{主营业务收入}} \times 100\%$$

$$\text{制造业 R\&D 人员占就业人员人数比重} = \frac{L'}{L} \times 100\%$$

其中，L' 为制造业 R&D 人员数；L 为制造业就业人员人数。

$$\text{制造业新产品产值率} = \frac{\text{NPV}}{\sum_{j=1}^{m} \text{TVP}_j} \times 100\%$$

其中，NPV 为制造业新产品产值（亿元）；TVP_j 为第 j 个制造业行业工业总产值，$j \in 1 \sim 30$。

---

① 由于统计口径的变化，根据第二次全国科学研究与试验发展（R&D）资源清查主要数据公报（第二号）所定义，制造业 R&D 投入强度由原先 R&D 经费与 GDP 之比变为 R&D 经费与主营业务收入之比。

表 2-6　制造业科技创新能力指标集

序号	制造业科技创新能力指标		单位
B1	R&D	制造业 R&D 经费支出	万元
B2		制造业 R&D 人员全时当量	人·年
B3		制造业 R&D 投入强度	%
B4		制造业 R&D 人员占就业人数比重	%
B5	产品开发	制造业新产品开发项目数	项
B6		制造业新产品开发经费	万元
B7	专利	制造业专利申请数	项
B8		制造业有效发明专利数	项
B9	技术转化	制造业新产品产值	万元
B10		制造业新产品产值率	%
B11		制造业技术创新投入产出系数	

$$制造业技术创新投入产出系数 = \frac{NPV}{NPR} \times 10\ 000$$

其中，NPR 为制造业新产品开发经费（万元）。

3）环境资源保护能力

本报告研究的资源主要指与制造业发展相关的自然资源以及其他作为工业原料的生物资源。自然资源是工业生产所需能源、原材料和场地等条件的主要源泉。自然资源是制造业生产活动的物质基础，具有有限可利用的特性，即资源具有不可再生性；同时，随着人类认识能力的提高、科学技术的进步，可利用资源的范围将不断扩大，资源利用的效率将不断提高。不合理的资源利用会造成资源短缺和环境恶化。环境和生态保护是实现经济社会可持续发展的前提。传统制造业高发展、高消耗、高污染的粗放型生产造成中国资源严重匮乏、生态急剧恶化。因此，环境资源效率指标是衡量制造业"绿化"程度的重要标准。必须寻找资源消耗低、环境污染小的新型生产方式。

环境资源指标主要从能耗总量、单位产值能耗、环境污染总量、单位产值污染量四个方面研究（见表 2-7）。其中，C1、C2 反映了制造业企业在生产活动中的能源消耗；C3～C12 则分别体现了制造业生产活动中产生"三废"（废水、废气和固体废物）的强度以及资源消耗的强度。其具体计算方法为：

$$制造业单位产值能源消耗 = \frac{CC}{\sum_{j=1}^{m} TVP_j}$$

其中，CC 为制造业能源消耗量。

$$制造业单位产值废水排放 = \frac{WWD}{\sum_{j=1}^{m} TVP_j}$$

其中，WWD 为报告期制造业废水排放量。

表 2-7   制造业环境资源状况指标集

序号	制造业环境资源状况指标		单位
C1	能源	制造业能源消耗量	万吨标准煤
C2		制造业单位产值能耗	万吨标准煤/亿元
C3	废水	制造业污染排放量（废水）	万吨
C4		制造业单位产值污染排放量（废水）	万吨/亿元
C5		制造业废水治理设施处理能力	万吨/日
C6	废气	制造业污染排放量（废气）	亿标立方米
C7		制造业单位产值污染排放量（废气）	亿标立方米/亿元
C8		制造业废气治理设施处理能力	万立方米/时
C9	固体废物	制造业固体废弃物排放量	万吨
C10		单位产值制造业固体废弃物排放量	吨/亿元
C11	综合利用	制造业固体废弃物倾倒丢弃率	%
C12		制造业固体废弃物综合利用量	万吨

$$单位制造业产值废气排放 = \frac{WGD}{\sum_{j=1}^{m} TVP_j}$$

其中，WGD 为报告期制造业废气排放量。

$$制造业单位产值固体废弃物排放 = \frac{WSD}{\sum_{j=1}^{m} TVP_j}$$

其中，WSD 为报告期制造业固体废弃物排放量。

由于本报告用到的主成分分析法要求样本数据具有同向性，即越大越好或越小越好，经济指标和科技指标均有向上性，即越大越好，而环境指标是向下性，即越小越好，故对环境资源指标进行处理，转为向上性，方法为：

$$y_i = \max x_i - x_i, \quad i = 1 \sim 9,$$

其中，x_i 为原数据，$\max x_i$ 为数据列的最大值，y_i 为转向后数据，即除 C5、C8 和 C12 以外的其他各项环境指标。

2.2.2   各省（市、区）单项指标排名

1. 经济创造能力排名

1）制造业总产值排名

制造业总产值反映了一个地区一定时间内制造业生产的总规模和总水平。结合表 2-8 和上年数据，2011 年全国各地区制造业产值普遍较上年度有所增长。各地区平均制造业产值由 2010 年 19 649.3962 亿元提高到 23 670.4838 亿元，上升了 20.4642%。31 个地区中，高于平均制造业产值的地区为 11 个，其余 20 个地区低于平均值，制造业产值贡献呈帕累托式分布（图 2-3），前五位的累计产值比重超过了 50%，而后 16 位的产值累计不到总体的 15%。另外，制造业产值排名情况较为稳定，与上年度基本一

致，江苏仍然稳居制造业产值第一的位置，个别地区名次略有 1～2 个位置的小幅调整。

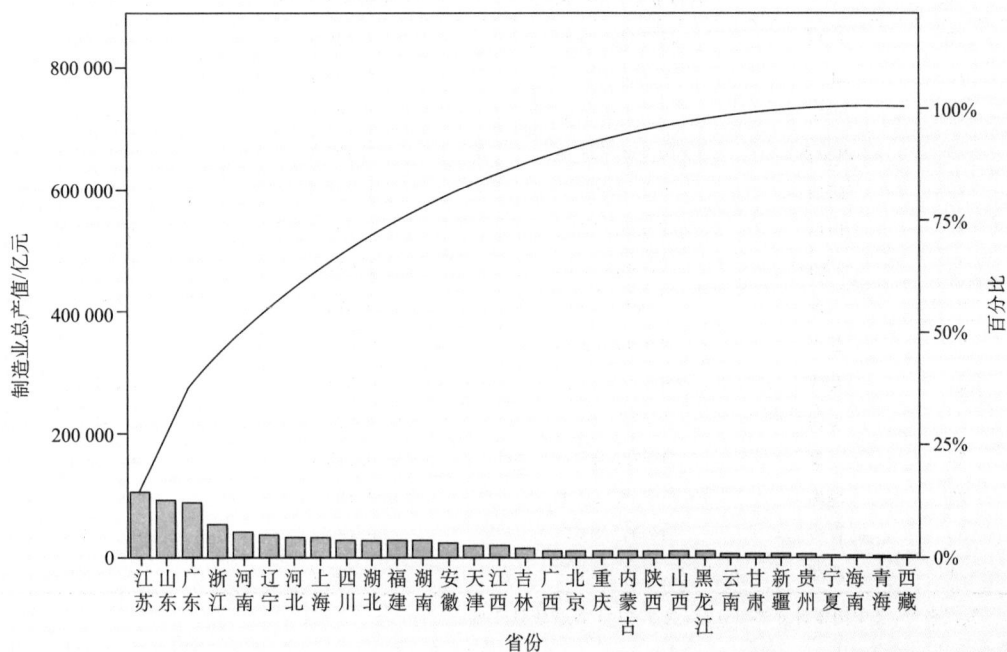

图 2-3　2011 年各省市自治区制造业总产值帕累托分布图

表 2-8　2011 年各省市自治区制造业总产值与占比

名次	地区	制造业总产值/亿元	占总体制造业比重/%	累计比重/%
1	江苏	103 114.890 0	14.052 5	14.052 5
2	山东	89 644.735 6	12.216 8	26.269 2
3	广东	87 690.910 0	11.950 5	38.219 7
4	浙江	52 166.730 0	7.109 3	45.329 0
5	河南	38 890.596 2	5.300 0	50.629 0
6	辽宁	37 149.286 8	5.062 7	55.691 7
7	河北	33 056.710 0	4.505 0	60.196 6
8	上海	30 687.330 0	4.182 1	64.378 7
9	四川	25 605.120 0	3.489 5	67.868 2
10	湖北	25 422.210 0	3.464 5	71.332 7
11	福建	24 997.050 8	3.406 6	74.739 3
12	湖南	23 245.820 0	3.167 9	77.907 2
13	安徽	22 402.820 0	3.053 0	80.960 3
14	天津	17 233.207 0	2.348 5	83.308 8
15	江西	16 257.346 9	2.215 5	85.524 3
16	吉林	14 916.644 9	2.032 8	87.557 2

续表

名次	地区	制造业总产值/亿元	占总体制造业比重/%	累计比重/%
17	广西	11 302.146 1	1.540 3	89.097 4
18	北京	10 880.158 9	1.482 7	90.580 2
19	重庆	10 738.876 4	1.463 5	92.043 7
20	内蒙古	10 298.234 8	1.403 4	93.447 1
21	陕西	9 524.398 5	1.298 0	94.745 1
22	山西	7 999.055 9	1.090 1	95.835 2
23	黑龙江	7 468.270 0	1.017 8	96.853 0
24	云南	6 088.610 0	0.829 8	97.682 7
25	甘肃	4 736.132 9	0.645 4	98.328 2
26	新疆	4 457.034 2	0.607 4	98.935 6
27	贵州	3 597.340 0	0.490 2	99.425 8
28	宁夏	1 578.017 7	0.215 1	99.640 9
29	海南	1 388.989 0	0.189 3	99.830 2
30	青海	1 204.288 7	0.164 1	99.994 3
31	西藏	42.036 2	0.005 7	100.000 0

数据来源:《中国统计年鉴 2012》及 2012 年各省统计年鉴。

2) 制造业总产值占工业总产值的比重排名

制造业总产值占工业总产值的比重,反映了地区制造业在工业中的地位,从中可以得出制造业发展对地区工业发展的贡献大小。从表 2-9 可以看出,制造业是工业的绝对主体,有 9 个省市的制造业总产值占工业总产值比重超过了 90%,制造业总产值占工业总产值的比重超过 80% 的有 19 个省市。2011 年各地区制造业总产值占工业总产值的比重与排名和上年度基本一致,反映出制造业对工业发展贡献稳定。需要指出的是江苏、上海、浙江、广东等领先地区发展稳定,重庆则从 2010 年的第 15 名一跃跻身第 6 位。而山西、西藏、宁夏、内蒙古、青海等落后区域则稳中有落,差距进一步拉大。

表 2-9　2011 年各省市自治区制造业总产值与工业总产值及占比

名次	地区	制造业总产值/亿元	工业总产值/亿元	制造业总产值占工业总产值比重/%
1	江苏	103 114.890 0	107 680.680 0	95.759 9
2	上海	30 687.330 0	32 445.150 0	94.582 2
3	浙江	52 166.730 0	56 410.480 0	92.477 0
4	广东	87 690.910 0	94 860.790 0	92.441 7
5	福建	24 997.050 8	27 443.900 0	91.084 2
6	重庆	10 738.876 4	11 847.060 0	90.645 9
7	江西	16 257.346 9	17 949.380 0	90.573 3
8	湖北	25 422.210 0	28 073.070 0	90.557 3
9	山东	89 644.735 6	99 504.980 0	90.090 7

续表

名次	地区	制造业总产值/亿元	工业总产值/亿元	制造业总产值占工业总产值比重/%
10	辽宁	37 149.286 8	41 776.730 0	88.923 4
11	吉林	14 916.644 9	16 917.610 0	88.172 3
12	湖南	23 245.820 0	26 386.580 0	88.097 1
13	广西	11 302.146 1	12 836.570 0	88.046 5
14	海南	1 388.989 0	16 00.130 0	86.804 8
15	安徽	22 402.820 0	25 875.870 0	86.578 0
16	四川	25 605.120 0	30 485.090 0	83.992 3
17	河北	33 056.710 0	39 698.800 0	83.268 8
18	河南	38 890.596 2	46 856.140 0	83.000 0
19	天津	17 233.207 0	20862.740 0	82.602 8
20	云南	6 088.610 0	77 80.830 0	78.251 4
21	甘肃	4 736.132 9	61 75.240 0	76.695 5
22	北京	10 880.158 9	14 513.630 0	74.965 1
23	陕西	9 524.398 5	14 283.480 0	66.681 2
24	新疆	4 457.034 2	6 720.850 0	66.316 5
25	贵州	3 597.340 0	5 519.960 0	65.169 7
26	黑龙江	7 468.270 0	11 514.560 0	64.859 4
27	青海	1 204.288 7	1 893.540 0	63.599 9
28	宁夏	1 578.017 7	2 491.440 0	63.337 6
29	内蒙古	10 298.234 8	17 774.820 0	57.937 2
30	西藏	42.036 2	74.850 0	56.160 6
31	山西	7 999.055 9	16 013.830 0	49.950 9

数据来源：《中国统计年鉴 2012》及 2012 年各省统计年鉴。

3）制造业就业人员劳动生产率排名

制造业产值反映了地区制造业产出，制造业产值与就业人员的比值可以精确地反映出一个地区制造业的劳动生产率水平。从表 2-10 可以看出，江苏制造业就业人员人均产值为 291.5370 万元/人，继续稳居榜首位。安徽、内蒙古、河北、山东紧随其后，分别为 261.9432 万元/人、257.3844 万元/人、253.1595 万元/人、240.8224 万元/人，从数值上可以看出，相比前五名中的其他地区，江苏的领先优势明显。对比上年，制造业就业人员人均产值排名变化幅度不大，仅部分地区有小幅波动：安徽上升 4 位列第 2，北京、辽宁则都下降了 3 个位次。总体上，全国各个区域制造业人均产值呈连续上升趋势。

表 2-10　2011 各省市自治区制造业就业人员人均产值

名次	地区	制造业总产值/亿元	制造业就业人数/万人	制造业就业人员人均产值/(万元/人)
1	江苏	103 114.890 0	353.694 0	291.537 0
2	安徽	22 402.820 0	85.525 5	261.943 2

续表

名次	地区	制造业总产值/亿元	制造业就业人数/万人	制造业就业人员人均产值/(万元/人)
3	内蒙古	10 298.234 8	40.011 1	257.384 4
4	河北	33 056.710 0	130.576 6	253.159 5
5	山东	89 644.735 6	372.244 2	240.822 4
6	吉林	14 916.644 9	64.945 7	229.678 7
7	辽宁	37 149.286 8	167.572 4	221.691 0
8	河南	38 890.596 2	193.820 4	200.652 7
9	江西	16 257.346 9	87.776 4	185.213 2
10	四川	25 605.120 0	141.622 5	180.798 4
11	湖南	23 245.820 0	129.041 8	180.141 8
12	广东	87 690.910 0	518.965 5	168.972 5
13	广西	11 302.146 1	67.789 8	166.723 4
14	海南	1 388.989 0	8.366 5	166.017 9
15	上海	30 687.330 0	186.825 5	164.256 6
16	天津	17 233.207 0	112.659 8	152.966 8
17	湖北	25 422.210 0	168.216 9	151.127 6
18	新疆	4 457.034 2	30.071 5	148.214 6
19	宁夏	1 578.017 7	10.751 5	146.771 9
20	甘肃	4 736.132 9	33.860 8	139.870 7
21	浙江	52 166.730 0	376.747 6	138.466 0
22	重庆	10 738.876 4	79.616 9	134.881 9
23	山西	7 999.055 9	70.194 0	113.956 4
24	黑龙江	7 468.270 0	65.668 8	113.726 3
25	陕西	9 524.398 5	85.129 1	111.881 8
26	北京	10 880.158 9	107.774 5	100.953 0
27	青海	1 204.288 7	12.086 8	99.636 7
28	云南	6 088.610 0	63.244 3	96.271 3
29	贵州	3 597.340 0	39.878 2	90.208 2
30	福建	24 997.050 8	282.983 8	88.333 9
31	西藏	42.036 2	0.664 3	63.278 9

数据来源:《中国统计年鉴 2012》及 2012 年各省统计年鉴。

4)制造业单位企业产值排名

制造业单位企业产值反映了地区制造业企业的规模大小情况,较大的制造业单位产值表明该地区制造业企业规模较大,行业集中度高,容易形成规模效应;而较小的制造业单位产值表明该地区存在大量中小型规模的制造业企业,竞争比较激烈。该项指标并不真正反映区域制造业的实力,例如,江苏、广东、山东、上海等制造业优势区域,该项指标排名均不靠前。排名靠前说明地区制造业企业规模大,相反排名靠后反映其私有、民营中小型企业很多，有行业集聚规模的大中型制造业企业相对较少，其单位企业产值也较低。浙江省是此类小规模制造业集聚的典型代表。表 2-11 显示，2011 年全国各地区制造业单位企业的产值平均为 2.8009 亿元/个，东部区域中仅有海南、河北、天津、北京超过平均水平，排名最前的海南和甘肃地区的制造业单位企业产值是西藏与浙江 3 倍多。与上年度相比，各地区市场竞争激烈程度变化不大，但产值呈不断上升态势，因此拉动了各地区制造业单位企业产值的不断提高。

需要注意的是单位企业产值过高或过低都不利于制造业的发展，过低的单位企业产值，有可能带来技术工艺水平不高、劳动生产率低下等不利影响，并且由于产业集中度低，市场竞争过于激烈，会抑制超大规模企业的出现，难以形成规模效应。而当竞争企业数量少，单位企业产值量很大时，容易产生行业垄断，不利于市场竞争，更不利于区域经济。

表 2-11　2011 年各省市自治区制造业单位企业产值

名次	地区	国有及规模以上制造业企业个数/个	制造业单位企业产值/(亿元/个)
1	海南	294	4.724 5
2	甘肃	1 059	4.472 3
3	青海	312	3.859 9
4	山西	2 176	3.676 0
5	天津	4 885	3.527 8
6	内蒙古	2 929	3.516 0
7	吉林	4 501	3.314 1
8	新疆	1 351	3.299 1
9	陕西	2 896	3.288 8
10	河北	10 225	3.232 9
11	云南	1 919	3.172 8
12	上海	9 887	3.103 8
13	北京	3 619	3.006 4
14	江西	5 571	2.918 2
15	黑龙江	2 795	2.672 0
16	山东	34 354	2.609 4
17	重庆	4 145	2.590 8
18	湖北	9 818	2.589 3
19	四川	10 175	2.516 5
20	广西	4 521	2.499 9
21	辽宁	15 079	2.463 6
22	宁夏	645	2.446 5
23	江苏	42 832	2.407 4
24	广东	37 371	2.346 5
25	河南	16 680	2.331 6
26	湖南	10 633	2.186 2

续表

名次	地区	国有及规模以上制造业企业个数/个	制造业单位企业产值/(亿元/个)
27	福建	12 857	1.944 2
28	安徽	11 782	1.901 4
29	贵州	2 267	1.586 8
30	浙江	33 739	1.546 2
31	西藏	39	1.077 9

数据来源：《中国统计年鉴 2012》及 2012 年各省统计年鉴。

5）制造业就业人数占地方就业人数的比重排名

制造业就业人数占地方就业人数的比重反映了地区制造业在吸纳就业方面的贡献。从表 2-12 可以看出排名前五位的是福建、江苏、天津、广东、浙江，分别吸纳了当地 47.4540%、43.5973%、41.9993%、41.9121%、37.8387% 的就业人口，说明这些地区制造业吸纳就业贡献大，而新疆、海南和西藏仍居末位，也反映出制造业在这些地区产业结构中比重低。对比上年情况，该项指标排名较为稳定，仅部分地区出现了明显的位次调整：湖南上升 4 位列 13。从数值上看，制造业就业人数比重呈波动趋势，2009 年各地区就业比重平均为 23.82%，2010 年为 23.66%，2011 年为 24.07%。

表 2-12　2011 年各省市自治区制造业就业人数占地方就业人数比重

名次	地区	制造业就业人数/万人	制造业就业人数占地方就业人数比重/%
1	福建	282.983 8	47.454 0
2	江苏	353.694 0	43.597 3
3	天津	112.659 8	41.999 3
4	广东	518.965 5	41.912 1
5	浙江	376.747 6	37.838 7
6	上海	186.825 5	37.566 2
7	山东	372.244 2	35.436 9
8	辽宁	167.572 4	28.912 9
9	湖北	168.216 9	28.703 4
10	江西	87.776 4	25.486 9
11	重庆	79.616 9	23.611 1
12	河北	130.576 6	23.509 4
13	湖南	129.041 8	23.401 2
14	吉林	64.945 7	23.373 9
15	河南	193.820 4	23.098 9
16	四川	141.622 5	23.064 7
17	陕西	85.129 1	21.623 0
18	安徽	85.525 5	20.781 2
19	青海	12.086 8	19.948 3

名次	地区	制造业就业人数/万人	制造业就业人数占地方就业人数比重/%
20	广西	67.789 8	19.842 8
21	云南	63.244 3	18.066 4
22	宁夏	10.751 5	17.667 5
23	山西	70.194 0	17.133 6
24	甘肃	33.860 8	16.990 4
25	贵州	39.878 2	16.543 7
26	北京	107.774 5	15.712 8
27	内蒙古	40.011 1	15.248 6
28	黑龙江	65.668 8	14.086 0
29	新疆	30.071 5	10.763 5
30	海南	8.366 5	9.828 3
31	西藏	0.664 3	2.849 1

数据来源:《中国统计年鉴 2012》及 2012 年各省统计年鉴。

6) 制造业企业利润总额

制造业企业利润总额反映了区域制造业的盈利能力,是衡量制造业经济创造能力的重要指标。江苏、山东、广东、河南、浙江依然位列排行前五,这些均为历年制造业综合表现突出的地区。制造业企业利润总额呈上升趋势,且提速明显,2010 年全国各地区平均利润为 1370.9747 亿,2011 年为 1556.4153 亿,提升了 13.53%。再看排名变化情况,排名整体稳定,部分省市排名波动较小(表 2-13)。

表 2-13 2011 年制造业企业利润总额

名次	地区	制造业企业利润总额/亿元
1	江苏	6 800.050 0
2	山东	5 937.230 6
3	广东	5 001.850 0
4	河南	3 489.560 0
5	浙江	3 096.780 0
6	上海	2 213.530 0
7	辽宁	2 080.990 0
8	福建	1 930.661 2
9	河北	1 916.000 0
10	四川	1 750.290 0
11	湖北	1 678.270 0
12	湖南	1 634.080 0
13	安徽	1 431.390 0
14	天津	1 072.527 1

续表

名次	地区	制造业企业利润总额/亿元
15	北京	1 071.907 5
16	广西	1 041.702 5
17	江西	1 039.613 2
18	吉林	1 018.676 6
19	内蒙古	740.611 3
20	陕西	683.783 5
21	重庆	596.359 6
22	云南	483.220 0
23	黑龙江	428.300 0
24	贵州	320.990 0
25	山西	247.466 6
26	新疆	140.420 8
27	海南	109.550 8
28	甘肃	101.833 7
29	青海	98.896 1
30	宁夏	83.451 0
31	西藏	8.883 1

数据来源:《中国统计年鉴 2012》及 2012 年各省统计年鉴。

7) 制造业企业利税总额

制造业企业利税总额反映了区域制造业对于国家税收的贡献能力,也是衡量制造业经济创造能力的重要指标。通过对各省、自治区、直辖市制造业企业利税总额进行分析,排名前五位的地区分别为:江苏、山东、广东、浙江、河南,与利润排名情况基本一致(表 2-14)。对比上年排名变化明显的是:湖北下降 4 位,位列 12 位次。虽然位次下降,但这些地区的利税总量均比上年大幅提高,各区域制造业对国家税收的贡献也在不断增加,整体平均水平比 2010 年增长了 13.33%。

与全国平均水平相比,制造业税收的支出较高,反映国家对高耗能、高污染、低增长制造业企业加大税收力度的政策实施,改变这种被动局面,需要当地政府的积极引导。促使企业转变落后经营观念与生产方式,在当前的经济形势下寻求新一轮的经济增长点。

表 2-14　2011 年制造业企业利税总额排名

名次	地区	制造业企业利税总额/亿元
1	江苏	10 523.200 0
2	山东	9 184.871 9
3	广东	8 323.260 0
4	浙江	5 058.850 0
5	河南	5 019.770 0

名次	地区	制造业企业利税总额/亿元
6	上海	3 718.950 0
7	辽宁	3 647.050 0
8	湖南	3 187.840 0
9	四川	3 071.860 0
10	河北	2 930.720 0
11	福建	2 812.212 9
12	湖北	2 736.860 0
13	安徽	2 335.420 0
14	天津	1 797.313 2
15	吉林	1 730.546 2
16	北京	1 667.047 6
17	江西	1 660.274 4
18	云南	1 351.470 0
19	广西	1 335.024 1
20	陕西	1299.437 5
21	内蒙古	1 071.465 4
22	重庆	1 034.135 6
23	黑龙江	863.300 0
24	贵州	629.280 0
25	山西	520.862 3
26	甘肃	444.998 5
27	新疆	444.654 3
28	海南	255.379 3
29	青海	143.116 0
30	宁夏	133.286 4
31	西藏	12.425 6

数据来源:《中国统计年鉴 2012》及 2012 年各省统计年鉴。

2. 科技创新能力排名

科技创新能力是评价制造业区域发展的重要指标,它为区域制造业提供了动力支撑,但历年的统计年鉴并未将制造业科技指标从工业数据中剥离,为保证数据的客观准确性,这里的制造业科技指标统一采用工业数据口径。

1) 制造业企业 R&D 活动经费支出排名

制造业企业 R&D 活动经费支出,直接反映了制造业科技经费投入状况,也间接反映出一个地区制造业的增长潜力和科学实力。表 2-15 数据显示,江苏超越广东列第一,广东掉至第二,山东、浙江、上海仍稳居 3、4、5 位。与 2010 年相比,排名基本一致,2011 年天津位次略有回调,上升了 1 个名次进入前八,北京也回升了 2 个位次,列 12。

中部地区在前十中占据了两个席位，分别为河南与湖北；西部地区位次最高的四川仅排第 15 位。

表 2-15　2011 年各省市自治区制造业规模以上企业 R&D 经费支出

名次	地区	制造业 R&D 经费/万元	制造业 R&D 经费占整体 R&D 经费比重/%
1	江苏	8 998 944	15.013 7
2	广东	8 994 412	15.006 2
3	山东	7 431 254	12.398 2
4	浙江	4 799 069	8.006 7
5	上海	3 437 627	5.735 3
6	辽宁	2 747 063	4.583 2
7	河南	2 137 236	3.565 7
8	天津	2 107 772	3.516 6
9	湖北	2 107 553	3.516 2
10	福建	1 943 993	3.243 3
11	湖南	1 817 773	3.032 8
12	北京	1 648 538	2.750 4
13	安徽	1 628 304	2.716 6
14	河北	1 586 189	2.646 4
15	四川	1 044 666	1.742 9
16	陕西	966 768	1.612 9
17	重庆	943 975	1.574 9
18	山西	895 891	1.494 7
19	黑龙江	838 042	1.398 2
20	江西	769 834	1.284 4
21	内蒙古	701 635	1.170 6
22	广西	586 791	0.979 0
23	吉林	488 723	0.815 4
24	云南	299 279	0.499 3
25	贵州	275 217	0.459 2
26	甘肃	257 916	0.430 3
27	新疆	223 352	0.372 6
28	宁夏	118 879	0.198 3
29	青海	81 965	0.136 7
30	海南	57 760	0.096 4
31	西藏	1 637	0.002 7

数据来源：《中国统计年鉴 2012》及 2012 年各省统计年鉴。

2）制造业企业 R&D 人员全时当量排名

制造业规模以上企业 R&D 人员全时当量反映了制造业科技人员的投入现状。观察表 2-16，排名前五位的省市是广东、江苏、浙江、山东、河南。与 2010 年相比，排名较为稳定，波动相对明显的是：河北和北京的位次都有所上升，分别位列 11 和 12 名。前十位排名中，东部地区占了 6 席，中部地区占 4 席，西部地区无一入围。而最后的十个地区，西部占了 8 个。制造业科技人员的投入是制造业发展的动力，对其投入的不足恐进一步拉大东西部地区的差距。

表 2-16 2011 年各省市自治区制造业规模以上企业 R&D 人员全时当量

名次	地区	制造业 R&D 人员全时当量/(人·年)	占整体比重/%
1	广东	346 260	17.857 0
2	江苏	287 447	14.823 9
3	浙江	203 904	10.515 6
4	山东	180 832	9.325 7
5	河南	938 33	4.839 1
6	上海	79 147	4.081 7
7	福建	75 503	3.893 8
8	湖北	71 281	3.676 1
9	湖南	57 478	2.964 2
10	安徽	56 275	2.902 1
11	河北	51 498	2.655 8
12	北京	49 829	2.569 7
13	天津	47 828	2.466 5
14	辽宁	47 513	2.450 3
15	黑龙江	39 661	2.045 4
16	四川	36 839	1.899 8
17	山西	32 476	1.674 8
18	陕西	30 829	1.589 9
19	重庆	27 652	1.426 0
20	江西	23 969	1.236 1
21	广西	20 155	1.039 4
22	吉林	17 884	0.922 3
23	内蒙古	17 645	0.910 0
24	云南	10 335	0.533 0
25	贵州	9 564	0.493 2
26	甘肃	9 307	0.480 0
27	新疆	6 723	0.346 7
28	宁夏	3 967	0.204 6
29	青海	1 833	0.094 5
30	海南	1 587	0.081 8
31	西藏	22	0.001 1

数据来源：《中国统计年鉴 2012》及 2012 年各省统计年鉴。

3) 制造业新产品开发项目数排名

制造业新产品开发项目数反映出制造业的新产品开发状况和科技实力。从表 2-17 可以看出，江苏、浙江、广东、山东、上海排前五，排名前五位省份的新产品开发项目数比重过半，达到了 54%，且都为东部沿海省份，这些地区的制造业中高新技术产业占有较大的比重，经济实力和科技投入也远高于其他区域。对比 2010 年，湖北出现了明显的回落，从第 6 位次降为第 10。辽宁降低了 6 个席位，列 13 位，四川上升较快，由第 11 名跻身进入前八。其他区域排名相对稳定。

表 2-17　2011 年各省市自治区制造业新产品开发项目数

名次	地区	制造业企业新产品开发项目数/项	占整体百分比/%
1	江苏	38 009	14.276 6
2	浙江	34 186	12.840 7
3	广东	32 879	12.349 8
4	山东	23 040	8.654 1
5	上海	15 726	5.906 9
6	天津	14 658	5.505 7
7	安徽	11 174	4.197 1
8	四川	10 035	3.769 3
9	北京	9 238	3.469 9
10	湖北	8 633	3.242 7
11	河南	7 880	2.959 8
12	湖南	7 525	2.826 5
13	辽宁	7 416	2.785 5
14	福建	6 721	2.524 5
15	河北	6 292	2.363 4
16	陕西	5 035	1.891 2
17	重庆	4 612	1.732 3
18	黑龙江	4 148	1.558 0
19	广西	3 468	1.302 6
20	江西	2 870	1.078 0
21	吉林	2 631	0.988 2
22	山西	2 171	0.815 5
23	贵州	1 749	0.656 9
24	云南	1 485	0.557 8
25	内蒙古	1 314	0.493 6
26	甘肃	1 192	0.447 7
27	宁夏	887	0.333 2
28	新疆	731	0.274 6
29	海南	426	0.160 0
30	青海	94	0.035 3
31	西藏	7	0.002 6

数据来源：《中国统计年鉴 2012》及 2012 年各省统计年鉴。

4）制造业有效发明专利数排名

制造业有效发明专利数反映出制造业的科技创新活动成效，从一定程度上反映着制造业的科技产出，从表 2-18 可以看出，排名前五位依次是广东、江苏、浙江、上海、山东。广东稳居排名第一的位置，2011 年有效发明专利数占整体 33.05%，遥遥领先于前五位中其他四个省份，这主要得益于广东对科技人才的重视及科技创新奖励政策。排前五名的省市有效发明的专利数比重达 67.13%，表明科技创新主要集中于少数重点区域。从排名变动上看，湖南掉落 3 位排第 6，四川由第 12 位上升到第 8，其他省市排名相对稳定。

表 2-18　2011 年各省市自治区制造业有效发明专利数

名次	地区	制造业有效发明专利数	占整体比重/%
1	广东	66 453	33.046 6
2	江苏	26 720	13.287 6
3	浙江	18 091	8.996 5
4	上海	12 530	6.231 1
5	山东	11 207	5.573 2
6	湖南	7 432	3.695 9
7	北京	7 342	3.651 1
8	四川	5 618	2.793 8
9	湖北	5 379	2.674 9
10	天津	5 193	2.582 4
11	安徽	5 092	2.532 2
12	辽宁	4 207	2.092 1
13	河南	4 049	2.013 5
14	福建	3 847	1.913 1
15	河北	2 601	1.293 5
16	重庆	2 532	1.259 1
17	陕西	2 464	1.225 3
18	山西	1 659	0.825 0
19	黑龙江	1 532	0.761 9
20	云南	1 208	0.600 7
21	吉林	1 006	0.500 3
22	贵州	990	0.492 3
23	江西	975	0.484 9
24	广西	932	0.463 5
25	甘肃	493	0.245 2
26	内蒙古	467	0.232 2
27	海南	379	0.188 5
28	新疆	325	0.161 6
29	宁夏	221	0.109 9
30	青海	87	0.043 3
31	西藏	58	0.028 8

数据来源：《中国统计年鉴 2012》及 2012 年各省统计年鉴。

5）制造业 R&D 投入强度排名

制造业 R&D 投入强度等于制造业企业 R&D 经费与主营业务收入的比值，它反映了制造业 R&D 的投入力度。表 2-19 数据显示与其他科技指标东部地区压倒性优势有所不同，R&D 投入强度指标排名中中西部皆有区域进榜，西部重庆该项指标一如既往排名突出，位列第 7，中部地区中，湖北表现最佳列第 8。前十五的区域中，中西部区域占据了五席，反映一些中西部地区对科技的重视，加大 R&D 的投入力度。此外，主营业务收入基数小，对该指标反映较为显性，也从一定程度上影响了排名。但需要注意的是，较小的营业收入基数并未改变西藏、吉林、新疆、四川等地区排名落后的状况，说明支撑制造业发展的科技动力缺乏，这些地区需要警惕制造业陷入未来发展的困境。

表 2-19　2011 年各省市自治区制造业 R&D 投入强度

名次	地区	制造业 R&D 投入强度/%
1	北京	1.0465
2	上海	1.0022
3	天津	0.9988
4	广东	0.9673
5	浙江	0.8669
6	江苏	0.8408
7	重庆	0.8293
8	湖北	0.7782
9	山东	0.7449
10	黑龙江	0.7316
11	福建	0.7240
12	湖南	0.7066
13	陕西	0.7011
14	安徽	0.6524
15	辽宁	0.6412
16	贵州	0.5480
17	山西	0.5331
18	宁夏	0.4901
19	广西	0.4803
20	青海	0.4758
21	河南	0.4486
22	江西	0.4143
23	内蒙古	0.4000
24	河北	0.3946
25	云南	0.3927
26	甘肃	0.3926
27	海南	0.3606
28	四川	0.3495
29	新疆	0.3293
30	吉林	0.2919
31	西藏	0.2254

数据来源：《中国统计年鉴 2012》及 2012 年各省统计年鉴。

6) 制造业新产品产值排名

制造业新产品产值反映出制造业的新产品开发状况和科技创新转化成效。从表 2-20 来看,广东、江苏、山东、浙江、上海排在前列,这些地区的 R&D 经费、科技人员投入均排在前列。相比 2010 年,变化幅度较大的地区有:湖南、安徽分别上升 3、4 个位次,进入前 10,重庆从第 7 滑至 12,福建、重庆跌出前十,分别列 11、12 名,内蒙古下降 2 个名次,排 24 位。可以看出波动明显区域多为中西部地区,或多或少反映出这些区域科技政策改革和策略的不断调整。

表 2-20　2011 年各省市自治区制造业新产品产值

名次	地区	企业新产品产值/万元
1	广东	146 943 021
2	江苏	137 552 098
3	山东	109 198 091
4	浙江	107 495 792
5	上海	71 420 544
6	湖南	38 733 739
7	天津	37 965 079
8	北京	35 483 108
9	安徽	33 593 180
10	湖北	32 337 155
11	福建	31 947 073
12	重庆	31 697 481
13	辽宁	28 466 489
14	河南	26 064 850
15	吉林	22 882 999
16	四川	20 640 382
17	河北	19 899 159
18	广西	12 187 918
19	陕西	10 916 566
20	江西	9 526 524
21	贵州	9 503 771
22	山西	8 907 109
23	黑龙江	5 719 207
24	内蒙古	5 424 867
25	甘肃	5 100 638
26	云南	3 568 221
27	新疆	2 686 043
28	宁夏	1 531 043
29	海南	1 410 460
30	青海	85 004
31	西藏	16 973

数据来源:《中国统计年鉴 2012》及 2012 年各省统计年鉴。

7）制造业新产品产值率排名

制造业新产品产值率是各地制造业新产品产值与制造业总产值的比值，反映制造业企业科技转化效果和技术的创新程度。2011 年具体数据见表 2-21，与以往一样该项指标的排名起伏波动较大，贵州上升了 10 个名次，宁夏上升了 3 位，福建上升 2 位。下降幅度较大的区域有：山东下降了 3 位，广西、江西均下跌 2 位。东、中、西地区均出现了较大的波动，说明短期内制造业企业科技转化具有偶然性。

表 2-21　2011 年各省市自治区制造业新产品产值率

名次	地区	新产品产值率/%
1	重庆	26.7556
2	北京	24.4481
3	上海	22.0127
4	浙江	19.0560
5	天津	18.1976
6	贵州	17.2171
7	广东	15.4904
8	湖南	14.6793
9	吉林	13.5261
10	安徽	12.9824
11	江苏	12.7741
12	福建	11.6409
13	湖北	11.5189
14	山东	10.9741
15	广西	9.4947
16	海南	8.8147
17	甘肃	8.2598
18	陕西	7.6428
19	辽宁	6.8140
20	四川	6.7706
21	宁夏	6.1452
22	河南	5.5627
23	山西	5.5621
24	江西	5.3074
25	河北	5.0125
26	黑龙江	4.9669
27	云南	4.5859
28	新疆	3.9966
29	内蒙古	3.0520
30	西藏	2.2675
31	青海	0.4489

数据来源：《中国统计年鉴 2012》及 2012 年各省统计年鉴。

8）制造业企业新产品开发经费排名

制造业企业新产品开发经费反映了制造业企业对于制造业新产品的经费投入情况。从表 2-22 可以看出，排名前五的均为东部省份，一方面因为东部地区经济基础高，另一方面与这些地区注重科技创新、重视新产品开发不无关系。中部地区湖北、安徽、湖南仍然在前十中占据了三席，反映中部地区对新产品开发的重视，保持对新产品开发的稳定经费投入。相比 2010 年，排名基本稳定。唯一波动明显的区域是江西省，下降了 3 个位次，位列 21 名。

表 2-22　2011 年各省市自治区制造业企业新产品开发经费

名次	地区	新产品开发经费/万元
1	江苏	11 824 447
2	广东	10 662 949
3	山东	6 623 255
4	浙江	6 014 674
5	上海	4 476 248
6	辽宁	2 866 543
7	湖北	2 435 245
8	安徽	2 363 512
9	北京	2 135 861
10	湖南	2 089 970
11	河南	2 053 205
12	福建	1 997 710
13	天津	1 848 538
14	河北	1 496 755
15	四川	1 485 843
16	重庆	1 073 308
17	陕西	1 065 457
18	山西	900 093
19	黑龙江	745 311
20	广西	740 604
21	江西	738 567
22	吉林	709 348
23	内蒙古	534 739
24	云南	390 303
25	贵州	362 492
26	新疆	318 627
27	甘肃	273 986
28	宁夏	120 351
29	海南	73 969
30	青海	34 745
31	西藏	2 776

数据来源：《中国统计年鉴 2012》及 2012 年各省统计年鉴。

9）制造业技术创新投入产出系数排名

制造业技术创新投入产出系数是制造业新产品产值与制造业企业新产品开发经费的比值，反映了制造业企业技术创新转化的效率。观察表 2-23 数据，吉林、重庆、贵州、天津、海南排前五位，反映了这些地区技术创新转化效率突出，另外，与新产品开发经费较小，对该指标反应显性也有着一定的关联，但即便如此，仍未改变青海、西藏、黑龙江、新疆、云南、山西等区域排位靠后的局面，说明这些地区的转化效率处于低水平，当地政府需要尽快采取措施，改变当前状况，为制造业发展提供科技创新原动力。

表 2-23　2011 年各省市自治区制造业技术创新投入产出系数

名次	地区	投入产出系数
1	吉林	32.2592
2	重庆	29.5325
3	贵州	26.2179
4	天津	20.5379
5	海南	19.0683
6	甘肃	18.6164
7	湖南	18.5332
8	浙江	17.8723
9	北京	16.6130
10	山东	16.4871
11	广西	16.4567
12	福建	15.9919
13	上海	15.9554
14	安徽	14.2133
15	四川	13.8914
16	广东	13.7807
17	河北	13.2949
18	湖北	13.2788
19	江西	12.8987
20	宁夏	12.7214
21	河南	12.6947
22	江苏	11.6329
23	陕西	10.2459
24	内蒙古	10.1449
25	辽宁	9.9306
26	山西	9.8958
27	云南	9.1422
28	新疆	8.4301
29	黑龙江	7.6736
30	西藏	6.1147
31	青海	2.4465

数据来源：《中国统计年鉴 2012》及 2012 年各省统计年鉴。

3. 环境资源保护能力指标排名

环境资源保护方面，除了能源消耗情况，大部分地区制造业废水、废气和固体废弃物排放数据未从工业数据中剥离，本部分制造业数据同科技数据一样采用工业数据口径。虽然，采掘业和电力等非制造行业占工业能源消耗及废水、废气、废料排放的一部分，但作为制造业上游行业，采掘业、电力等行业的投入、产出均为制造业提供服务，因此，上述处理方式可以较准确反映地区相关数据情况。

1）制造业能耗量排名

我国是个能源消耗大国，石油、电力、煤炭等均为我国常见的能源消耗种类，有些直接来自自然界，有些经过再次转换生成。各类能源的转化效率存在差异，仅以某一类能源实物消耗量衡量能源消耗情况一方面有失全面性，另一方面，若对实物消耗量简单累加，计算单位难以统一。这里将能耗量统一折算为标准煤后进行衡量。表 2-24 显示，河北成为能源消耗最大的区域，其后是江苏、山东、广东、河南，前五个区域制造业能耗累计值达到了总体的 36.48％。西藏、海南、北京、青海、重庆列最后 5 位，制造业能耗累计值约为总体的 3.34％。大幅降低能源消耗，减少污染物排放，关键还在于少数高耗能区域能源的节约。

表 2-24　2011 年各省市自治区制造业能源消耗量

名次	地区	制造业综合能源消耗量/万吨标准煤
1	河北	23 275.370 0
2	江苏	20 455.610 0
3	山东	19 051.000 0
4	广东	17 561.140 0
5	河南	16 396.580 9
6	四川	13 781.000 0
7	浙江	12 502.572 9
8	内蒙古	11 338.240 0
9	山西	11 297.010 0
10	湖北	11 195.000 0
11	辽宁	10 966.990 0
12	湖南	10 288.540 0
13	安徽	7 443.840 0
14	福建	7 094.370 0
15	广西	6 227.220 0
16	云南	6 149.930 0
17	上海	6 008.400 0
18	陕西	5 695.480 0
19	黑龙江	5 608.447 8
20	吉林	5 385.490 0

续表

名次	地区	制造业综合能源消耗量/万吨标准煤
21	天津	5 367.600 0
22	贵州	5 187.820 0
23	新疆	5 027.820 0
24	江西	4 738.060 0
25	甘肃	4 417.690 0
26	宁夏	3 832.762 4
27	重庆	3 554.642 9
28	青海	2472.830 0
29	北京	2 058.620 0
30	海南	776.307 7
31	西藏	0.000 0

数据来源:《中国统计年鉴 2012》及 2012 年各省统计年鉴。

2) 制造业单位产值能耗排名

制造业单位产值能源消耗量反映了地区制造业对能源的使用效率。单位产值能源消耗量越小,表明使用的效率越高,但也有可能是由于替代能源的使用而降低了煤炭的消耗量。从表 2-25 中可以看出,北京的制造业单位产值能耗最少,0.1418 万吨标准煤/亿元,比上年 0.1560 万吨/亿元降低了 9.1%,其余各区域的单位产值能耗皆出现了不同程度的下降,山西省下降最多,从 3.0533 万吨标准煤/亿元下降至 0.7055 万吨标准煤/亿元,可见山西在过去的一段时间内制造业低增长高耗能的趋势得到有效遏制。制造业单位产值能源消耗量最高的五个地区依然是:宁夏、青海、贵州、云南、新疆。这些地区的制造业能源使用效率低,且各项经济和科技指标表现也欠佳。相反,北京、广东、上海、江苏、山东则是单位产值能耗最低的五个区域,皆属东部的制造业强势区域,凭借突出的产值优势,弱化了其能耗总量影响,单位产值的能源消耗较小。

表 2-25 2011 年各省市自治区制造业单位产值能源消耗量

名次	地区	制造业单位产值能耗/(万吨标准煤/亿元)
1	宁夏	1.5384
2	青海	1.3059
3	贵州	0.9398
4	云南	0.7904
5	新疆	0.7481
6	甘肃	0.7154
7	山西	0.7055
8	内蒙古	0.6379
9	河北	0.5863
10	黑龙江	0.4871

续表

名次	地区	制造业单位产值能耗/(万吨标准煤/亿元)
11	海南	0.4852
12	广西	0.4851
13	四川	0.4521
14	湖北	0.3988
15	陕西	0.3987
16	湖南	0.3899
17	河南	0.3499
18	吉林	0.3183
19	重庆	0.3000
20	安徽	0.2877
21	江西	0.2640
22	辽宁	0.2625
23	福建	0.2585
24	天津	0.2573
25	浙江	0.2216
26	山东	0.1915
27	江苏	0.1900
28	上海	0.1852
29	广东	0.1851
30	北京	0.1418
31	西藏	—

数据来源:《中国统计年鉴 2012》及 2012 年各省统计年鉴。

3）制造业工业废水排放量排名

制造业工业废水排放量反映地区制造业对水环境的污染程度。从表 2-26 可以看出，江苏是中国制造业工业废水排放量最多的省份，山东、浙江、广东、福建列在其后，重庆下降 8 位列 22 名，工业废水排放改善明显，其他地区排名与 2010 年相比较，变化不大。总体来看，东部制造业强势区域废水排放量明显高于其他地区，经济的高速发展，加大了污染的排放，广西依然表现特殊，制造业废水排放大，各项经济、科技表现却落后，地方政府需警惕这一状况的继续恶化，强化对高污染行业的管理与监督，采取手段加强对废水的治理，积极引导产业机构调整，降低制造业中高污染、低效率产业的比重。

表 2-26　2011 年各省市自治区制造业废水排放量

名次	地区	制造业废水排放量/万吨
1	江苏	246 298
2	山东	187 245
3	浙江	182 240
4	广东	178 626

续表

名次	地区	制造业废水排放量/万吨
5	福建	177 186
6	河南	138 654
7	河北	118 505
8	湖北	104 434
9	广西	101 234
10	湖南	97 197
11	辽宁	90 457
12	四川	80 420
13	江西	71 196
14	安徽	70 720
15	云南	47 228
16	上海	44 626
17	黑龙江	44 072
18	吉林	41 884
19	陕西	40 806
20	山西	39 665
21	内蒙古	39 409
22	重庆	33 954
23	新疆	28 769
24	贵州	20 626
25	天津	19 795
26	甘肃	19 720
27	宁夏	19 285
28	青海	8 677
29	北京	8 633
30	海南	6 820
31	西藏	363

数据来源：《中国统计年鉴 2012》及 2012 年各省统计年鉴。

4）制造业单位产值污染排放量（废水）排名

制造业单位产值污水排放值是制造业污水排放值与产值的比，反映了地区制造业生产所付出的水环境代价。从表 2-27 中可以看出，北京、天津、上海、山东、广东五个地区的制造业单位产值废水排放量较低，排最后 5 名。这些均为东部区域，制造业表现强势，其单位产值污染排放（废水）却较低，反映了单位制造业生产付出的水环境代价相对较低，但庞大的废水总量排放不容忽视。广西、宁夏、福建、云南、西藏等地单位产值制造业牺牲的水环境代价较大，当地政府应重视地方产业结构优化，限制那些高污染、高排放企业的数量，积极采取相关措施对水污染进行处理。

表 2-27　2011 年各省市自治区制造业单位产值废水排放量

名次	地区	制造业单位产值废水排放量/(万吨/亿元)
1	广西	7.8864
2	宁夏	7.7405
3	福建	6.4563
4	云南	6.0698
5	西藏	4.8497
6	青海	4.5824
7	新疆	4.2806
8	海南	4.2622
9	江西	3.9665
10	黑龙江	3.8275
11	贵州	3.7366
12	湖北	3.7201
13	湖南	3.6836
14	浙江	3.2306
15	甘肃	3.1934
16	河北	2.9851
17	河南	2.9591
18	重庆	2.8660
19	陕西	2.8569
20	安徽	2.7330
21	四川	2.6380
22	山西	2.4769
23	吉林	2.4758
24	江苏	2.2873
25	内蒙古	2.2171
26	辽宁	2.1652
27	广东	1.8830
28	山东	1.8818
29	上海	1.3754
30	天津	0.9488
31	北京	0.5948

数据来源：《中国统计年鉴 2012》及 2012 年各省统计年鉴。

5）制造业废气排放量排名

制造业废气排放量反映地区制造业对空气的污染程度。从表 2-28 中可以看出，制造业废气排放量较大的是河北、山东、江苏、山西、河南，除山西省，其余四地区制造业经济创造力较强，同时也带来了大量的制造业废气排放。而同为制造业强势区域的天津、北京废气排放量不高，反映了制造业发展虽然与环境保护存在矛盾，但若政府合理引导，企业有效控制，能够从一定程度上缓解这一背反。

表 2-28　2011 年各省市自治区制造业废气排放量

名次	地区	制造业废气排放量/亿标立方米
1	河北	77 184.900 0
2	山东	50 451.700 0
3	江苏	48 182.500 0
4	山西	42 195.200 0
5	河南	40 790.900 0
6	辽宁	31 700.800 0
7	广东	31 464.900 0
8	安徽	30 410.800 0
9	内蒙古	30 062.800 0
10	广西	29 852.600 0
11	浙江	24 790.300 0
12	四川	23 171.800 0
13	湖北	22 840.800 0
14	云南	17 545.000 0
15	湖南	16 778.500 0
16	江西	16 102.000 0
17	陕西	15 704.300 0
18	福建	14 972.900 0
19	上海	13 704.300 0
20	甘肃	12 891.900 0
21	新疆	11 868.000 0
22	贵州	10 820.400 0
23	吉林	10 636.700 0
24	黑龙江	10 377.000 0
25	宁夏	10 055.900 0
26	重庆	9 121.100 0
27	天津	8 919.300 0
28	青海	5 226.300 0
29	北京	4 896.500 0
30	海南	1 675.500 0
31	西藏	113.700 0

数据来源:《中国统计年鉴 2012》及 2012 年各省统计年鉴。

6) 制造业单位产值污染排放量（废气）排名

制造业单位产值废气排放量是制造业废气排放值与产值的比,反映了地区制造业生产所付出的大气环境代价。表 2-29 数据显示,广东、北京、上海、天津、浙江的制造业单位产值废气排放量较小,位居最后五位。这些均为制造业经济强省,而宁夏、青海、山西、广西、云南的制造业单位产值废气排放量较大,但宁夏和山西两省该项指标数据较上年有所改善。纵观 31 个地区的单位产值废气排放量并未呈现较以往下降的趋势，说明制造业废气排放状况并未得到地方的重视，抑或政府现有手段只起到短期遏制作用，并未有效引导，建立长期改善机制。

表 2-29　2011 年各省市自治区制造业单位产值废气排放量

名次	地区	制造业单位产值废气排放量/(亿标立方米/亿元)
1	宁夏	4.0362
2	青海	2.7601
3	山西	2.6349
4	广西	2.3256
5	云南	2.2549
6	甘肃	2.0877
7	贵州	1.9602
8	河北	1.9443
9	新疆	1.7658
10	内蒙古	1.6913
11	西藏	1.5190
12	安徽	1.1753
13	陕西	1.0995
14	海南	1.0471
15	黑龙江	0.9012
16	江西	0.8971
17	河南	0.8706
18	湖北	0.8136
19	重庆	0.7699
20	四川	0.7601
21	辽宁	0.7588
22	湖南	0.6359
23	吉林	0.6287
24	福建	0.5456
25	山东	0.5070
26	江苏	0.4475
27	浙江	0.4395
28	天津	0.4275
29	上海	0.4224
30	北京	0.3374
31	广东	0.3317

数据来源：《中国统计年鉴 2012》及 2012 年各省统计年鉴。

7）制造业固体废弃物排放量排名

制造业固体废弃物排放量是固体废弃物产生量减去综合利用量、储存量、处置量后的余额，即排放到污染防治设施以外的固体废弃物数量，又称固体废弃物丢弃量。制造业固体废弃物排放量反映了地区制造业对空间环境的污染程度。但固体排放量越低，往往不一定是因为该地区的制造业固体废弃物产生量少,还可能是该地区固体废物的回收利用处理效率较高的缘故。从表 2-30 可以看出,北京、天津、吉林、江苏、安徽五个地区固体废弃物排放量均为 0,反映了这些区域高水平的固体废弃物处置能力,降低了制造业生产造成的空间环境污染,与此相对应云南、新疆、山西、贵州、重庆是排放量最大的区域,这些区域自然资源禀赋优越,为制造业创造了良好的条件,但给空间环境带来了沉重的压力。

表 2-30   2011 年各省市自治区制造业固体废弃物排放量

名次	地区	制造业固体废弃物排放量/万吨
1	云南	168.7020
2	新疆	88.7290
3	山西	29.1040
4	贵州	28.8820
5	重庆	24.1520
6	湖北	16.6410
7	江西	15.4370
8	湖南	9.3230
9	陕西	9.1470
10	辽宁	8.1780
11	黑龙江	6.7190
12	甘肃	6.5860
13	四川	6.0190
14	广东	3.4090
15	内蒙古	3.0990
16	广西	2.5740
17	河南	2.1420
18	宁夏	1.7160
19	福建	0.8690
20	青海	0.4930
21	上海	0.4710
22	浙江	0.4420
23	河北	0.4040
24	海南	0.0540
25	西藏	0.0150
26	山东	0.0020
27	北京	0
28	天津	0
29	吉林	0
30	江苏	0
31	安徽	0

数据来源:《中国统计年鉴 2012》及 2012 年各省统计年鉴。

8) 制造业单位产值固体废弃物排放量排名

制造业单位产值固体废弃物排放量，是制造业固体废弃物排放量与制造业产值的比，反映了制造业生产所付出的空间环境代价。从表 2-31 可以看出，云南、新疆、贵州、重庆、山西单位产值固体废弃物排放量高，这些省份地域上处中西部区域，矿产资

表 2-31　2011 年各省市自治区制造业单位产值固体废弃物排放量

名次	地区	制造业单位产值固体废弃物排放量/(吨/亿元①)
1	云南	216.8175
2	新疆	132.0205
3	贵州	52.3228
4	重庆	20.3865
5	山西	18.1743
6	甘肃	10.6652
7	江西	8.6003
8	宁夏	6.8876
9	陕西	6.4039
10	湖北	5.9277
11	黑龙江	5.8352
12	湖南	3.5332
13	青海	2.6036
14	广西	2.0052
15	西藏	2.0040
16	四川	1.9744
17	辽宁	1.9575
18	内蒙古	1.7435
19	河南	0.4571
20	广东	0.3594
21	海南	0.3375
22	福建	0.3166
23	上海	0.1452
24	河北	0.1018
25	浙江	0.0784
26	山东	0.0002
27	北京	0.0000
28	天津	0.0000
29	吉林	0.0000
30	江苏	0.0000
31	安徽	0.0000

数据来源：《中国统计年鉴 2012》及 2012 年各省统计年鉴。

① 固体废弃物排放量原单位为万吨，产值单位为亿元，由于相除后数据值较小，将分子扩大 10 000 倍，因此这里的制造业单位产值固体废弃物排放量单位不再是万吨/亿元，而是吨/亿元。

源丰富，制造业产业构成上黑色金属冶炼及压延加工业、石油加工及炼焦业、化学原料及化学制品制造业比重较高，这些都是废弃物污染较重、附加值较低的制造业行业，制造业单位经济贡献付出的环境成本较大。北京、天津、吉林、江苏、安徽制造业单位产值固体废弃物排放量为 0，其余制造业经济强省这项指标表现普遍较好，说明制造业经济实力的提升反过来有助于制造企业改进技术，加大在固体废弃物排放环节的改善。

9）制造业固体废弃物综合利用量排名

制造业固体废弃物综合利用量指通过回收、加工、循环、交换等方式，从固体废物中提取或者使其转化为可以利用的资源、能源和其他原材料的固体废物量，它反映了制造业生产对固体废弃物的循环利用能力。表 2-32 中综合利用量前五的区域是河北、山东、山西、内蒙古和河南，结合固体废弃物产生量指标可以得到这些区域的固体废弃物利用率分别为 41.70％、93.68％、57.40％、58.09 和 75.23％，制造业强省山东表现突出。而排名末尾的西藏制造业固体废弃物综合利用率仅为 2.66％，与其他区域相比，存在一定的差距。

表 2-32   2011 年各省市自治区制造业固体废物综合利用量

名次	地区	一般工业固体废物综合利用量/万吨
1	河北	18 821
2	山东	18 298
3	山西	15 818
4	内蒙古	13 701
5	河南	10 964
6	辽宁	10 748
7	江苏	9 997
8	安徽	9 366
9	云南	8 728
10	青海	6 785
11	江西	6 305
12	湖北	6 007
13	四川	6 002
14	湖南	5 679
15	广东	5 119
16	广西	4 292
17	陕西	4 266
18	黑龙江	4 139
19	浙江	4 092
20	贵州	4 015
21	甘肃	3 342
22	吉林	3 171
23	福建	3 024
24	新疆	2 838
25	重庆	2 585
26	上海	2 358
27	宁夏	2 048
28	天津	1 749

续表

名次	地区	一般工业固体废物综合利用量/万吨
29	北京	749
30	海南	201
31	西藏	8

数据来源：《中国统计年鉴 2012》及 2012 年各省统计年鉴。

2.2.3　各省（区、市）集类指标排名

在评价的方法上，为保证强省评价的连续性和可比性，本年度研究报告仍然采用主成分分析法对相关指标进行测评。从评价的连续性与数据的可得性出发，我们确定了 32 个指标（表 2-33）进行制造业强省综合排名，同前几年的研究报告相比，由于部分数据的缺失以及指标系统凝练需要，整体指标在保持基本稳定的基础上略作调整，经济创造指标删减了制造业工业增加值及相关指标；制造业在岗职工及有关指标统一替换为制造业就业人数口径。本综合评价指标体系与制造业强省评价指标体系（表 2-4）一致。它采用总量指标和单位指标相结合，克服了单纯采用总量指标或单位指标评价的片面性，兼顾连贯性。

表 2-33　中国制造业综合评价指标体系

总指标	序号	主指标	序号		子指标
制造业强省指标体系	A	经济创造能力	A1	产值	制造业总产值
			A2		制造业总产值占工业总产值比重
			A3	利润	制造业企业利润总额
			A4		制造业就业人员人均利润率
			A5	效率	制造业就业人员劳动生产率
			A6	就业	制造业就业人员占地方就业人员比重
			A7	税收	制造业企业利税总额
			A8		制造业就业人员人均利税率
			A9	市场	制造业产品销售率
	B	科技创新能力	B1	R&D	制造业 R&D 经费支出
			B2		制造业 R&D 人员全时当量
			B3		制造业 R&D 投入强度
			B4		制造业 R&D 人员占就业人员人数比重
			B5	产品开发	制造业新产品开发项目数
			B6		制造业新产品开发经费
			B7	专利	制造业专利申请数
			B8		制造业有效发明专利数
			B9	技术转化	制造业新产品产值
			B10		制造业新产品产值率
			B11		制造业技术创新投入产出系数

续表

总指标	序号	主指标	序号		子指标
制造业 强省指 标体系	C	环境资源 保护能力	C1	能源	制造业能源消耗量
			C2		制造业单位产值能耗
			C3	废水	制造业污染排放量（废水）
			C4		制造业单位产值污染排放量（废水）
			C5		制造业废水治理设施处理能力
			C6	废气	制造业污染排放量（废气）
			C7		制造业单位产值污染排放量（废气）
			C8		制造业废气治理设施处理能力
			C9	固体废物	制造业固体废弃物排放量
			C10		单位产值制造业固体废弃物排放量
			C11		制造业固体废弃物倾倒丢弃率
			C12	综合	制造业固体废弃物综合利用量

1. 经济创造能力排名

用统计分析软件 SPSS 16.0 对各个省市 2011 年制造业经济创造相关数据进行分析，前三个主成分的累计方差贡献率为 87.111%，这一分析说明以 3 个综合变量代表原先 9 个变量的有效性达到了 87.111%。

表 2-34 经济创造能力主成分与指标相关系数矩阵

指标	序号	主成分 1	主成分 2	主成分 3
制造业总产值	A1	0.9230	0.2710	0.0270
制造业总产值占工业总产值比重	A2	0.7040	0.2700	0.0500
制造业企业利润总额	A3	0.9120	0.3180	0.0490
制造业就业人员人均利润率	A4	0.2060	0.9210	−0.0820
制造业就业人员劳动生产率	A5	0.3680	0.8140	−0.0010
制造业就业人数占地方就业人数比重	A6	0.9060	−0.1090	−0.1670
制造业企业利税总额	A7	0.9200	0.3000	0.0510
制造业就业人员人均利税率	A8	0.0960	0.9560	0.0050
制造业产品销售率	A9	0.0040	−0.0560	0.9950

根据主成分与相关指标的系数（表 2-34），可以发现，第一主成分 A1、A2、A3、A6、A7 系数高，代表制造业总产值、制造业总产值占工业总产值比重、制造业利润、制造业就业人数比重、利税指标；第二主成分 A4、A5、A8 系数高，反映制造业就业人员人均利润率、制造业就业人员劳动生产率、制造业就业人员人均利税率；第三主成分主要是 A9，代表制造业产品销售率。

将指标的标准化数值代入主成分表达式计算主因子得分，并将得分按照各自的方差贡献比例加权加总，得到各地区制造业在经济创造能力方面的综合得分。将综合得分汇总排序，得到各省份制造业经济创造能力综合排名，见表 2-35。

表 2-35 经济创造能力综合评价

排名	地区	F1	F2	F3	综合得分
1	江苏	2.4343	1.5969	0.1080	1.5955
2	山东	1.9699	0.8828	0.2289	1.1811
3	广东	2.2971	−0.7327	−0.1470	0.7863
4	河南	0.3276	1.2580	0.3240	0.5719
5	上海	0.7911	−0.1178	0.7441	0.4034
6	辽宁	0.4362	0.5120	0.4320	0.4029
7	河北	0.0153	1.0273	0.0173	0.3257
8	安徽	−0.3806	1.6544	−0.4341	0.2900
9	浙江	1.4156	−1.0459	−0.2260	0.2857
10	吉林	−0.4147	1.3155	−0.1041	0.2080
11	湖南	−0.0097	0.6435	−0.2328	0.1675
12	北京	−0.4158	−0.4801	4.1589	0.1426
13	四川	0.0232	0.4175	−0.1963	0.1166
14	江西	−0.0546	0.1843	0.5191	0.0919
15	湖北	0.3985	−0.4117	−0.4710	−0.0025
16	内蒙古	−1.2491	1.8637	−0.3295	−0.0225
17	广西	−0.4052	0.5621	−0.6105	−0.0782
18	福建	1.1844	−1.7964	−0.5300	−0.0843
19	海南	−1.1885	1.3069	0.2750	−0.0978
20	天津	0.4338	−0.6961	−1.8208	−0.2291
21	甘肃	−0.4869	−1.0335	1.9259	−0.3161
22	重庆	−0.0439	−0.8064	−0.4871	−0.3243
23	云南	−0.5564	−0.3218	−0.1702	−0.3680
24	陕西	−0.4431	−0.6981	−0.4888	−0.4699
25	黑龙江	−0.6907	−0.8172	0.0534	−0.5554
26	新疆	−0.8757	−0.6162	0.1977	−0.5597
27	宁夏	−0.7982	−0.6437	−0.3833	−0.6001
28	贵州	−0.7706	−0.6657	−0.7791	−0.6399
29	青海	−0.7148	−0.9309	−1.0503	−0.7278
30	山西	−0.6699	−1.5273	0.2554	−0.7419
31	西藏	−1.5588	0.1169	−0.7788	−0.7516

依照各地区制造业经济创造能力综合排名得分，再通过聚类分析，可以将各地区制造业按照经济创造能力分为四类，见表 2-36。

表 2-36　地区制造业经济创造能力分布情况

	东部地区	东北地区	中部地区	西部地区
经济创造能力强	江苏、山东、广东		河南	
经济创造能力较强	上海、河北、浙江、北京	辽宁、吉林	安徽、湖南、湖北、江西	四川
经济创造能力较弱	福建、海南、天津			内蒙古、广西、甘肃、重庆
经济创造能力弱		黑龙江	山西	云南、陕西、新疆、宁夏、贵州、青海、西藏

2. 科技创新能力排名

以 B1～B11 为基础指标，对各地区制造业科技竞争力进行综合评价。用统计分析软件 SPSS 16.0 对各个省市 2011 年制造业科技竞争相关数据进行分析，前三个主成分的累计方差贡献率为 94.179%，处理结果的置信度达到 100%，这一分析说明以 3 个综合变量代表原先 11 个变量的有效性达到了 94.179%。

表 2-37　科技创新能力主成分与指标相关系数矩阵

指标	序号	主成分 1	主成分 2	主成分 3
制造业 R&D 经费支出	B1	0.9620	0.1700	0.0290
制造业 R&D 人员全时当量	B2	0.9810	0.1340	0.0220
制造业 R&D 投入强度	B3	0.4760	0.7860	0.2880
制造业 R&D 人员占就业人员人数比重	B4	0.0700	0.9590	0.0080
制造业新产品开发项目数	B5	0.9350	0.2240	0.1190
制造业新产品开发经费	B6	0.9740	0.1660	0.0420
制造业专利申请数	B7	0.9680	0.1520	0.0800
制造业有效发明专利数	B8	0.8960	0.0940	0.0450
制造业新产品产值	B9	0.9560	0.1810	0.1880
制造业新产品产值率	B10	0.2620	0.4590	0.8180
制造业技术创新投入产出系数	B11	−0.0380	−0.0540	0.9700

研究主成分与指标相关系数（表 2-37）发现，在主成分 1 中，B1、B2、B5、B6、B7、B8、B9 的系数较高，说明主成分 1 主要反映了区域制造业在科技创新能力上 R&D 经费投入、R&D 劳动力投入、新产品开发、R&D 人员比例、专利情况、新产品产值。主成分 2 中，B3、B4 系数较高，说明主成分 2 主要反映了制造业 R&D 投入强度、R&D 人员比例。主成分 3 中，B10、B11 系数较高，说明主成分 3 主要反映了制造业新产品产值率和制造业技术创新投入产出情况。

　　将指标的标准化数值代入主成分表达式计算主因子得分，并将得分按照各自的方差贡献比例加权加总，得到各地区制造业在科技创新能力方面的综合得分。将综合得分汇总排序，得到各省份制造业科技创新能力综合排名（表 2-38）。

表 2-38　制造业强省科技创新能力综合评价

排名	地区	F1	F2	F3	综合得分
1	广东	3.3917	−0.2201	−0.0804	2.0033
2	江苏	2.8941	0.0420	−0.4809	1.6843
3	浙江	1.5999	0.4122	0.7199	1.1569
4	山东	1.4618	−0.1381	0.0930	0.8761
5	上海	0.3865	1.2282	0.7688	0.5735
6	北京	−0.5247	2.7363	0.6997	0.2766
7	天津	−0.2537	1.4746	0.9399	0.2564
8	重庆	−0.5503	0.2627	2.6642	0.1376
9	湖南	−0.0681	0.1471	0.6788	0.0929
10	安徽	0.0091	0.2653	0.0907	0.0668
11	湖北	−0.0892	0.7380	−0.1677	0.0495
12	福建	−0.0508	0.0224	0.2637	0.0152
13	辽宁	−0.0666	0.5638	−0.8486	−0.0761
14	河南	0.0809	−0.4454	−0.5331	−0.1146
15	吉林	−0.5061	−1.4253	2.1387	−0.2174
16	贵州	−0.6788	−0.5200	1.7517	−0.2239
17	四川	−0.0163	−1.2104	−0.1186	−0.2425
18	河北	−0.1094	−0.7630	−0.4086	−0.2661
19	陕西	−0.4674	0.6996	−0.6913	−0.2699
20	黑龙江	−0.8156	2.3910	−1.5609	−0.3209
21	广西	−0.4060	−0.8141	0.3242	−0.3380
22	山西	−0.5483	0.5999	−0.9399	−0.3761
23	江西	−0.3518	−0.8620	−0.3386	−0.4193
24	甘肃	−0.6401	−0.5006	0.3148	−0.4261
25	海南	−0.6546	−0.8378	0.4789	−0.4682
26	宁夏	−0.6356	−0.2943	−0.3710	−0.4962
27	内蒙古	−0.5278	−0.1711	−0.9425	−0.5002
28	云南	−0.4802	−0.5820	−0.8067	−0.5222
29	新疆	−0.5199	−0.6015	−0.9393	−0.5709
30	青海	−0.5041	−0.4412	−1.6900	−0.6527
31	西藏	−0.3583	−1.7561	−1.0091	−0.6879

　　按照各地区制造业科技竞争力得分，通过聚类分析，确定制造业科技竞争力强、科技创新能力较强、科技创新能力较弱、科技创新能力弱的地区（表 2-39）。

表 2-39　地区制造业科技创新能力分布

	东部地区	东北地区	中部地区	西部地区
科技创新能力强	广东、江苏			
科技创新能力较强	浙江、山东、上海、北京、天津			
科技创新能力较弱	福建、河北	辽宁、吉林	湖南、安徽、湖北、河南	重庆、贵州、四川、陕西
科技创新能力弱	海南	黑龙江	山西、江西	广西、甘肃、宁夏、内蒙古、云南、新疆、青海、西藏

3. 环境资源保护能力排名

以 C1～C12 为基础指标,对各地区制造业环境资源保护能力进行综合评价。用统计分析软件 SPSS 16.0 对各个省市 2011 年制造业环境资源保护能力相关数据进行分析,处理结果的置信度达到 100%,前四个主成分的累计方差贡献率达到 89.736%,这一分析说明以 4 个变量代表原先 12 个变量的有效性达到 89.736%。

表 2-40　环境资源保护能力主成分与指标相关系数矩阵

指标	序号	主成分 1	主成分 2	主成分 3	主成分 4
制造业能源消耗量	C1	−0.9156	0.2830	−0.0085	0.0285
制造业单位产值能耗	C2	0.4466	0.5170	0.6221	−0.1334
制造业污染排放量(废水)	C3	−0.7816	0.0831	−0.1457	0.5274
制造业单位产值污染排放量(废水)	C4	0.4547	0.3743	0.4085	0.6653
制造业废水治理设施处理能力	C5	0.7108	−0.2557	0.0335	−0.1047
制造业污染排放量(废气)	C6	−0.8749	0.3972	0.1449	−0.0594
制造业单位产值污染排放量(废气)	C7	0.4200	0.5503	0.6908	−0.0807
制造业废气治理设施处理能力	C8	0.9032	−0.3579	−0.0546	0.0498
制造业固体废弃物排放量	C9	0.3880	0.7718	−0.4536	−0.0103
单位产值制造业固体废弃物排放量	C10	0.4283	0.7693	−0.4376	0.0005
制造业固体废弃物倾倒丢弃率	C11	0.4415	0.6248	−0.5047	−0.0232
制造业固体废弃物综合利用量	C12	0.7267	−0.4960	−0.1883	0.3040

研究主成分与指标相关系数(表 2-40)发现,第一主成分中 C1、C3、C5、C6、C8、C12 的系数较高,主要代表了制造业能耗、废水和废气排放量、废水和废气治理设施处理能力以及固体废物综合利用量;第二主成分中 C9、C10、C11 系数较高,主要表示制造业固体废弃物排放(丢弃)情况,第三主成分中 C2、C7 系数较高,体现了单位产值能耗和废气排放量,第四主成分主要代表为 C4,即制造业单位产值废水排放量。依据以上 12 个指标,得到各个样本地区环境资源保护能力关于 4 个主成分综合得分汇总排序结果,如表 2-41。

表 2-41 区域制造业环境资源保护能力综合评价

排名	地区	F1	F2	F3	F4	综合得分
1	山东	2.0404	−0.4922	0.1892	0.3683	0.8122
2	江苏	1.8740	−0.2017	0.4805	−1.1655	0.7458
3	广东	1.1141	0.3032	0.7454	−0.6072	0.6219
4	辽宁	1.2925	−0.2315	0.3019	0.1404	0.5545
5	河北	2.2670	−1.5189	−1.2142	0.8635	0.4845
6	河南	1.0193	−0.1068	−0.0618	−0.1237	0.3952
7	浙江	0.7034	0.4568	0.4923	−1.3255	0.3944
8	上海	−0.1508	1.1024	0.7139	0.7134	0.3639
9	北京	−0.5310	1.4903	0.9192	1.2407	0.3638
10	天津	−0.3323	1.2216	0.6796	1.1192	0.3391
11	四川	0.3643	0.2726	0.1168	0.1839	0.2549
12	安徽	0.2819	0.3311	−0.1209	0.5050	0.2218
13	吉林	−0.3139	0.9553	0.3185	0.3654	0.1741
14	湖北	0.3467	−0.0459	0.2614	−0.5002	0.1409
15	内蒙古	0.3957	−0.2082	−0.7570	1.6164	0.1231
16	湖南	0.0435	0.3823	0.2469	−0.4922	0.1146
17	陕西	−0.3453	0.5062	0.1333	0.4064	0.0251
18	江西	−0.2296	0.3818	0.2814	−0.3418	0.0125
19	黑龙江	−0.3716	0.4635	−0.0127	−0.0561	−0.0513
20	福建	0.0258	0.5040	0.0707	−2.7715	−0.0513
21	重庆	−0.7147	0.2376	1.1156	0.3014	−0.0638
22	山西	0.4558	−1.0452	−1.0166	1.8125	−0.0826
23	海南	−0.9994	0.9831	−0.1956	−0.1923	−0.2300
24	甘肃	−0.7261	0.2447	−0.6848	0.6387	−0.3077
25	广西	−0.2219	−0.2806	−1.3097	−2.2217	−0.5163
26	贵州	−0.9071	−0.5218	−0.3140	0.5237	−0.5293
27	青海	−1.0906	−0.1201	−1.9956	0.6821	−0.7449
28	新疆	−1.4579	−2.1038	1.8754	0.1749	−0.8615
29	云南	−1.4165	−3.3389	1.7686	−0.3875	−1.2054
30	宁夏	−1.3937	−0.7510	−3.0640	−0.8880	−1.3010
31	西藏	—	—	—	—	—

　　按照各地区制造业环境资源保护能力得分，通过聚类分析，确定制造业环境资源保护能力强、制造业环境资源保护能力较强、制造业环境资源保护能力较弱、制造业环境资源保护能力弱的地区（表 2-42）。

表 2-42　区域制造业环境资源保护能力分布情况

	东部地区	东北部地区	中部地区	西部地区
环境资源保护能力强	山东、江苏、广东、河北、浙江	辽宁	河南	
环境资源保护能力较强	上海、北京、天津	吉林	安徽、湖北、湖南、江西	四川、内蒙古、陕西
环境资源保护能力较弱	福建、海南	黑龙江	山西	重庆、甘肃
环境资源保护能力弱				广西、贵州、青海、新疆、宁夏、云南

2.2.4　中国制造业"十大强省"排序

综合全部 32 个指标进行主成分处理，结果显示以 6 个综合变量代表 32 个指标的有效性达 86.084%，各指标的权重比较均衡，置信度检验为 100%，其精确度完全可信（表 2-43）。

表 2-43　主成分与指标相关系数矩阵

	主成分1	主成分2	主成分3	主成分4	主成分5	主成分6
A1	0.9727	−0.0992	−0.1200	−0.0315	−0.0568	0.0515
A2	0.6488	0.1935	0.1660	−0.4787	0.0244	−0.3030
A3	0.9611	−0.1062	−0.0681	−0.0625	−0.0495	0.0618
A4	0.4578	−0.4059	0.5883	−0.3256	−0.0529	0.2325
A5	0.5799	−0.4855	0.4077	−0.1849	0.1625	−0.0017
A6	0.7691	0.2292	−0.1113	−0.0139	−0.1395	−0.3732
A7	0.9655	−0.0863	−0.1012	−0.0757	−0.0295	0.0702
A8	0.3411	−0.3909	0.4880	−0.5376	0.1332	0.3107
A9	0.0407	0.2823	0.1136	0.2649	0.5280	0.2626
B1	0.9568	0.0672	−0.1941	0.0310	−0.0748	0.1057
B2	0.9270	0.1061	−0.2557	0.0354	−0.1595	0.1240
B3	0.5705	0.6441	−0.0995	0.2622	0.1467	−0.1347
B4	0.2450	0.4559	0.0046	0.5202	0.4868	0.0272
B5	0.9229	0.1960	−0.1720	0.0032	−0.1037	0.0700
B6	0.9443	0.1083	−0.2065	−0.0009	−0.0982	0.1443
B7	0.8903	0.1881	−0.2539	−0.0188	−0.1687	0.1532
B8	0.7580	0.2275	−0.3088	0.0240	−0.2039	0.2094
B9	0.9390	0.2099	−0.1774	−0.0381	−0.0937	0.0543
B10	0.3631	0.7528	0.1103	−0.1557	0.2148	−0.3026
B11	0.0907	0.4265	0.3371	−0.4152	0.1195	−0.5204
C1	−0.7816	0.5082	0.0698	−0.1281	−0.1074	0.1393

续表

	主成分 1	主成分 2	主成分 3	主成分 4	主成分 5	主成分 6
C2	0.5560	0.3163	0.3272	−0.2216	0.2254	0.1748
C3	−0.8675	0.2026	0.1532	0.0706	0.1584	0.1561
C4	0.4781	0.2487	0.2906	0.2009	0.5344	0.1950
C5	0.5176	−0.4584	0.0125	0.0973	0.2212	−0.2027
C6	−0.6052	0.6666	−0.0053	−0.1963	−0.1903	0.2151
C7	0.6163	0.4500	0.2782	−0.2389	0.2665	0.1021
C8	0.6809	−0.5786	−0.0608	0.2262	0.2024	−0.2077
C9	0.3257	0.1711	0.7084	0.3955	−0.3910	−0.0444
C10	0.3442	0.1622	0.7126	0.4216	−0.3582	−0.0684
C11	0.3417	0.0248	0.6463	0.4080	−0.3697	0.0099
C12	0.3792	−0.7626	−0.0018	0.2634	0.2968	−0.1302

研究 6 个载荷因子与各指标相关系数列中较大的值，可以得出：主成分 1 的 A1、A2、A3、A5、A6、A7、B1、B2、B5、B6、B7、B8、B9、C3、C8 系数较高，主要代表了制造业产值、产值比重、利润、劳动生产率、职工比重、利税、R&D 经费支出、R&D 人员全时当量、新产品开发项目数、新产品开发经费、专利申请数、有效发明专利数、新产品产值、废水排放量以及废气治理设施处理能力；主成分 2 主要反映了 B3、B10、C12，表示制造业 R&D 投入强度、新产品产值率与固体废弃物综合利用量；主成分 3 主要反映了 A4、C9、C10、C11，代表了人均利润率与固体废弃物排放情况；主成分 4 主要代表人均利润率；主成分 5 反映 A9 和 C4，即产品销售率和单位产值废水排放；主成分 6 主要代表了技术创新投入产出系数。综合上述 32 个指标，可以得到各个样本地区制造业综合竞争力排名，即制造业强省排名（表 2-44）。

表 2-44　中国制造业强省排名

排名	地区	F1	F2	F3	F4	F5	F6	综合评分
1	江苏	2.6762	−0.5745	−0.3489	−0.5587	−0.0296	1.4914	1.0321
2	广东	2.3430	0.8739	−1.9220	−0.6900	0.3205	1.4259	1.0202
3	山东	1.8277	−0.9952	0.0657	0.3654	−0.3506	−0.4409	0.6494
4	浙江	1.3679	1.0513	−0.9595	−0.4924	0.4135	−0.6552	0.6426
5	上海	0.6040	1.4591	0.5763	0.2687	−0.0870	0.1823	0.5802
6	北京	−0.1308	2.2318	0.7052	2.6551	−0.8750	1.0177	0.5553
7	天津	0.1437	1.4458	0.4546	0.1543	0.5580	−0.8804	0.3782
8	安徽	0.2729	−0.3804	1.2230	−0.0164	0.0760	0.8506	0.2109
9	湖南	0.1371	0.2466	0.7349	−0.5173	−0.0562	0.0623	0.1338
10	吉林	−0.2665	0.1866	2.2540	−1.0668	−0.0722	0.1166	0.0895
11	河南	0.4161	−1.1056	0.7565	0.1833	−0.0570	0.2906	0.0755

续表

排名	地区	F1	F2	F3	F4	F5	F6	综合评分
12	辽宁	0.5369	−0.8765	0.4786	1.0998	−0.7085	−1.2708	0.0601
13	重庆	−0.3333	1.4632	0.4943	−0.8327	−1.0751	−1.5853	0.0278
14	湖北	0.1949	0.1349	−0.2292	0.0201	−0.1219	−1.0195	0.0237
15	福建	0.0890	0.7577	−0.6377	−1.0127	0.9653	−2.3072	−0.0642
16	四川	−0.0407	−0.5731	0.5713	−0.4364	0.0436	0.0716	−0.0920
17	黑龙江	−0.6190	0.5577	−0.6572	1.8008	0.2756	0.3310	−0.1184
18	河北	0.5536	−2.5430	0.3101	0.9670	−0.1362	−1.7279	−0.1322
19	陕西	−0.5248	0.3780	−0.3359	0.6381	0.3233	0.0666	−0.1427
20	内蒙古	−0.3546	−1.4701	0.9223	0.9662	0.3031	1.5163	−0.1441
21	海南	−0.8313	0.2097	1.6224	−0.9291	0.2133	1.4408	−0.1901
22	江西	−0.3731	−0.1902	0.6723	−0.5054	−0.1737	−0.0284	−0.2202
23	甘肃	−0.9184	0.3986	−0.1006	0.5175	0.1772	0.0995	−0.2844
24	贵州	−0.9159	0.4358	−0.1752	−0.5716	0.0952	−0.5105	−0.3278
25	广西	−0.4449	−0.6255	0.3865	−1.3454	1.0347	−0.5832	−0.3495
26	山西	−0.6302	−0.7496	−1.5510	2.1055	0.1321	−0.7965	−0.3759
27	青海	−1.2416	−0.4343	−1.2115	−0.1006	1.9378	0.9314	−0.6101
28	宁夏	−1.3079	−0.3766	−1.2120	−0.6215	2.2631	0.7111	−0.6288
29	新疆	−1.1948	−0.2615	−1.4284	−0.7323	−2.6963	0.8647	−0.8546
30	云南	−1.0353	−0.6746	−1.4587	−1.3127	−2.6930	0.3353	−0.9444
31	西藏	—	—	—	—	—	—	—

通过对经济创造、科技创新、环境资源保护三大方面 32 个指标的分析,运用主成分方法,我们得到了 2011 年中国制造业十大强省:江苏、广东、山东、浙江、上海、北京、天津、安徽、湖南、吉林。综合 2011 年制造业强省排名,主要表现如下:

1) 江苏再次超越广东,制造业综合实力排名第一。江苏、广东是制造业强省综合实力榜首位置出现频率最高的区域,2005、2007、2011 年江苏排名第一,2008、2009、2010 年广东占据榜首,回顾近几年成绩,经济创造能力江苏暂处上风,科技能力广州略胜一筹,环境保护方面表现各有千秋,综合实力两者不相上下。

2) 中部四强崛起,态势直逼东部强省。中部四强省份安徽、河南、湖南、湖北在经济、科技和环境三方面均衡表现,尤其是制造业经济规模与盈利能力上引人瞩目,实力迅速提升,十强省份中安徽、湖南分列第8、第9,占据两席,另外两区域河南、湖北分列11、14,直逼十强。当然中部其余两省江西和山西表现则差强人意,制造业发展相对四强稍显乏力,需要加强对制造业传统产业的改造和升级换代,凭借中部腹地区位,承东启西,接南进北,发挥更好的承接和辐射作用,避免成为西部崛起的塌陷因素。

3) 吉林进步明显。纵览 2006~2011 年制造业综合排名,吉林从 17 到 16,再到18,2009、2010 年分别是 12、13 名,中间虽有小幅震荡,但可以看出吉林省制造业综合实力呈逐渐上升的态势，尤其是 2011 年首次进入前十。近年来，吉林加速投资拉动，能源、交通、水利等基础设施的支撑能力有了较大提高，同时，制造业总量不足的难题得到缓解，此外，吉林省粮食深加工业令人瞩目，在石油价格不断上涨的环境下，作为燃料乙醇的上游原料产业，玉米等粮食深加工业将为吉林带来新一轮的增长。

4）云南、海南出现明显退步。对比 2010 年，西部省份云南下降 5 位，制造业综合实力排在了 30 个区域的最末端（西藏除外），东部海南同样下降 5 个名次，列 21 位，在东部区域最末位。云南与海南区位不同，制造业发展战略不同，但两者都是旅游业发达区域，政府对当地旅游产业重视，从一定程度上削弱了在制造业的投入，另外，扭转两区域在科技创新上的落后局面需要重视人才引进与教育为本，开启制造业未来发展的动力源泉。

2.3　中国制造业"十大强市"

2.3.1　制造业"十大强市"的内涵

制造业强市，是指制造业具有强劲综合发展能力和自主创新能力的城市，包括强劲的经济创造能力、科技创新能力和环境资源保护能力。制造业发展是城市综合发展的基础和必要前提，将始终扮演城市经济发展基础和驱动力的角色。因此，评价制造业发展程度，必须把制造业对城市国民经济的贡献作为重要的评价内容。同时，由于城市制造业发展必须以科技创新为支撑，且必须以节约资源和环境保护为前提，故制造业强市必须具备一定的科技创新能力以及维持可持续发展的能力。

在近年来全国城市规划纲要中，一些城市本着带动周围区域经济和充分发挥区域核心领导作用的宗旨，明确提出要将城市由制造业大市建设成为制造业强市（表 2-45）。实际上，一些城市从总体上已经完成了建设成为制造业大市的任务，今后的主要任务是建设制造业强市。这对于促进和带动区域制造业的发展是一次机遇，更是一种挑战。因此，和评选制造业强省一样，评选制造业强市，首先仍然需要对于制造业强市的特征进行分析。

目前中国共有大中小城市 665 个，为了在众多城市中遴选出样本城市，我们继续沿用《中国制造业发展研究报告 2011》中"中心城市"的概念。所谓中心城市，是指在城市体系中居于核心地位，发挥主导作用的城市。在本研究报告中，我们把中心城市定位于省会城市、副省级城市和少量较大规模的城市（直辖市不包括在内）。根据制造业发展程度较高和资料可获得性的双重要求，本研究报告选择了中国 33 个城市作为样本城市进行比较研究。这 33 个城市是：南京、宁波、苏州、郑州、西安、深圳、成都、南昌、济南、杭州、呼和浩特、乌鲁木齐、昆明、长沙、广州、无锡、东莞、武汉、银川、福州、长春、沈阳、厦门、青岛、大连、南宁、石家庄、哈尔滨、海口、合肥、太原、兰州和贵阳。而北京、天津、上海、重庆等城市是直辖市，属于省级排名范围，因此，尽管这些城市的制造业综合发展能力很高，但不参与制造业强市的排名。

表 2-45　制造业大市与制造业强市的特征比较

制造业大市的基本特征	制造业强市的基本特征
制造业经济总量大，已成为本市的支柱产业	制造业经济总量巨大，经济效益显著，成为城市重要的支柱产业
制造业总产值高，居于全国城市前列	制造业基本实现新型工业化，具有很好的可持续发展能力
制造业增加值高，对全市国民经济贡献大	制造业对城市所在区域经济增长带动作用明显
城市制造业从业人员多，已成为富民产业，在社会就业总量中占有较高比例	制造业发展对城市自身和周边环境污染小，形成"绿色制造"
制造业企业多，产业集群优势明显	制造业能源消耗集约，形成"节能制造"
高资质企业多	制造业产业结构优化，适应经济发展和市场竞争
制造业先进企业、知名企业多	制造业产业集中度高，核心竞争力强
拥有一批制造业大型企业集团	在所在区域市场占有率高，国际市场占有份额处于全国前列
制造业产品市场占有率高，市场诚信度高	企业结构合理，拥有一批资本雄厚、技术先进、人才齐备、管理现代化的国内、国际知名大企业、大集团
市场份额大，拥有一批传统重点市场	行业人才结构优化，拥有一批国内、国际知名的企业家、专家和高层次经济管理人才、工程技术人才
占所在区域国际市场营业额比例较高	职工队伍整体素质较好，拥有一大批工种齐全、结构合理、文化较高、技术精湛的高级操作技工
行业整体素质较好，管理水平较高	科学技术已成为重要的生产力，科技进步贡献率在全国城市处于先进水平
制造业门类比较齐全，主业优势明显	制造业市场规范有序
制造业市场开放，管理比较规范	建成了比较完善的社会主义市场经济体制下的制造业管理体系
制造业历史悠久，是重要的传统产业	

2.3.2　制造业强市评价方法与指标

1. 评价方法

根据新型制造业的要求，为了保证强市评价的连续性，今年仍然选用主成分分析法对相关指标进行测评。主成分分析法可以在保证数据信息丢失最少的原则下，对高维变量空间进行降维处理。此外，其繁杂的矩阵运算工作可以借助计算机应用软件 SPSS 和 Excel 来完成。

在多变量（经济指标、因素）分析中，为了尽可能完整的搜集信息，对每个样品（城市）往往要测量许多项指标，以避免重要信息的遗漏。然而，以变量形式体现的诸多指标很可能存在着很强的相关性，则信息可能重叠，问题也变得较为复杂。因此，人们自然想到用少数几个不相关的综合变量来反映原变量提供的大部分信息。从数学角度来看，这就是降维的思想，把多指标转化为少数几个综合指标。上述思想可进一步解释为：用较少的综合指标 $Z_i(i=1, 2, \cdots, p, p \leqslant m)$ 反映 m 个原指标 $X_j(j=1, 2, \cdots, m)$ 所包含的信息：

$$Z_1 = b_{11} \cdot x_1 + b_{12} \cdot x_2 + \cdots b_{1m} \cdot x_m$$

$$Z_2 = b_{21} \cdot x_1 + b_{22} \cdot x_2 + \cdots b_{2m} \cdot x_m$$

$$\cdots$$

$$Z_p = b_{p1} \cdot x_1 + b_{p2} \cdot x_2 + \cdots b_{pm} \cdot x_m$$

其中，Z_1，Z_2，$\cdots$，Z_p 分别称为第一主成分，第二主成分，$\cdots$，第 p 主成分。Z_1 包含原有指标的总信息最多，即方差最大，且与其他的 $Z_i(i=2, 3, \cdots, p)$ 无关；Z_2 是除 Z_1 外的方差最大者，且与其他 $Z_i(i=1, 3, \cdots, p)$ 无关；其余类推。

该方法的核心就是通过主成分分析，选择 m 个主成分 X_1，X_2，$\cdots$，X_m，以每个主成分 Z_i 的方差贡献率 a_i 作为权数，构造综合评价函数：

$$X = a_1 \cdot Z_1 + a_2 \cdot Z_2 + \cdots + a_p \cdot Z_p \qquad (2\text{-}1)$$

其中，$Z_i(i=1, 2, \cdots, p)$ 为第 i 个主成分的得分。当计算出每个城市主成分得分后，可由主成分得分衡量每个城市在第 i 个主成分分别代表的经济创造能力、科技创新能力和资源环境保护能力综合得分。当把 p 个主成分得分代入式（2-1）后，即可计算出每个城市综合评价函数得分，根据这个得分的大小排序，即可得出每个城市发展能力的综合名次。

在指标构架上，经济与环境数据从一定程度能较为有效反映科技转化成果，本报告在以往基础上进行了调整，采用两个主指标——经济创造能力和资源环境保护能力来综合测评 33 个样本城市的综合发展能力。同时，为了尽可能使城市制造业综合发展能力评价客观可信，样本原始数据主要采自各城市的统计年鉴、《中国环境统计年鉴》及《中国科技统计年鉴》，其中个别数据残缺，通过相关数据估算获得。同时，从评价的连续性与数据的可得性出发，为了更加可信地客观反映城市制造业综合发展能力，在 2005 年制造业报告强市评价所选择指标的基础上，个别指标作了一定调整。但是，由于城市科技创新能力指标数据缺失太多，很多城市已经取消大中型企业科技指标的统计，所以强市的科技创新能力的综合排名无法给出。

科技创新的作用力转化为生产力传递给经济和资源环境，因此，在缺失科技和部分环境指标的情况下，为客观准确反映城市制造业实力，我们最终确定进行了经济创造能力集类排名并对环境单项指标进行排名，以反映中国城市制造业的现状。

2. 中国制造业十大强市评价指标

制造业城市评价指标设置的原则见制造业强省评价指标设计的原则，两者具备一致性，区别仅仅表现在个别指标的选择上（表 2-46）。

表 2-46　城市制造业综合发展能力评价指标体系

制造业强市指标体系	A	经济创造能力	A1	制造业工业利润
			A2	制造业工业利润占 GDP 的比重
			A3	制造业从业人数占全部从业人数的比重
			A4	全员劳动生产率
			A5	资产贡献率
			A6	市场占有率
			A7	制造业总产值占城市工业总产值的比重
	B	环境资源保护能力	B1	工业废水排放达标率
			B2	工业二氧化硫去除率
			B3	工业固体废弃物处理率
			B4	单位产值废水排放量
			B5	单位产值二氧化硫排放量
			B6	单位产值固体废弃物产生量

1）经济创造能力

经济创造能力是城市制造业综合发展能力的重要组成部分。只有具有经济效益，城市才会有持续发展的可能，才能为科技创新、提高效率、保护环境提供支持，表 2-47 列出了反映城市经济创造力的 7 个指标。

表 2-47　城市制造业经济创造能力指标集

序号	经济创造力指标	单位
A1	制造业工业利润	亿元
A2	制造业工业利润占 GDP 的比重	%
A3	制造业就业人数占全部就业人数的比重	%
A4	全员劳动生产率	万元/（人·年）
A5	资产贡献率	%
A6	市场占有率	%
A7	制造业总产值占城市工业总产值的比重	%

表 2-47 中，A1 为总量指标，用来反映制造业的利润规模水平；A2 和 A3 指标反映了制造业对国民经济的贡献能力以及吸纳就业的能力；A4、A5 指标反映了制造业的经济效率和经营效率；A6 指标揭示了城市制造业企业在所在行业的竞争地位和获取利润能力；A7 指标反映了制造业总产值占城市工业总产值的比重。

在以前历年的制造业强市评价体系中，我们均采用"制造业行业增加值"指标来作为基本统计指标。但随着国家统计指标的调整，大多数城市只统计工业增加值，而不再统计行业增加值。因此，本报告相应作了调整，具体的计算公式如下：

$$全员劳动生产率 = \frac{制造业总产值}{L}$$

其中，L 为制造业从业人员数。

$$资产贡献率 = \frac{制造业利润总额}{\sum_{i=1}^{n} TVC_i}$$

其中，$\sum_{i=1}^{n} TVC_i$ 为制造业固定资产合计。

2）环境资源保护能力

环境资源保护能力指标主要从环境治理情况、单位产值污染量、废物循环利用情况等方面，反映城市制造业综合发展能力。表 2-48 列出了反映制造业环境资源状况的 6 个评价指标。

表 2-48 城市制造业影响环境资源状况指标集

序号	城市制造业环境指标	单位
C1	工业废水排放达标率	%
C2	工业二氧化硫去除率	%
C3	工业固体废弃物处理率	%
C4	单位产值废水排放量	吨/亿元
C5	单位产值二氧化硫排放量	吨/亿元
C6	单位产值固体废弃物产生量	吨/亿元

其中，C1、C2、C3 反映了制造业企业的污染处理情况，即制造业发展过程中对环境保护的力度；C4、C5、C6 分别体现了制造业生产活动中产生"三废"的强度。

由于主成分分析法要求样本数据具有同向性，即越大越好或越小越好，经济指标和科技指标均有向上性，即越大越好，而环境指标中的 C4～C6 是向下性，即越小越好，故对环境资源指标进行处理，转为向上性，方法为：

$$y_i = \max x_i - x_i，其中 i = 4 \sim 6，$$

其中，x_i 为原数据，$\max x_i$ 为数据列的最大值，y_i 为转向后数据，即 C4～C6。

2.3.3 中国制造业强市指标排名

本篇通过经济创造能力和资源环境保护能力进行单独测评，从不同侧面反映 33 个样本城市制造业三个方面的能力。

1. 经济创造能力集类排名

经济创造能力指标数据主要来自于各市的统计年鉴，制造业及城市从业人员数据则取自中国城市统计年鉴，由于部分城市统计年鉴指标调整，其中个别指标数据根据去年数据估算而得。另外，郑州和东莞统计年鉴缺失，因此样本城市中剔除这两个城市。用统计分析软件（SPSS 16.0）对 31 个样本城市 2011 年制造业环境资源保护能力相关数据进行分析处理，巴特利特球度检验统计量的观测值为 171.435，相应的概率 p 接近 0。同时，KMO 值为 0.737，因子分析结果可以接受。通过统计，处理结果的置信度达到 100%，前三个主成分的累计方差贡献率达到 87.126%，可以接受（表 2-49）。

表 2-49　主成分与指标相关系数矩阵

指标	序号	主成分 1	主成分 2	主成分 3
制造业工业利润/万元	A1	0.9452	−0.2161	0.0866
制造业工业利润占城市 GDP 的比重/%	A2	0.8996	0.2337	0.0738
制造业就业人数占城市就业人数的比重/%	A3	0.7386	−0.5079	0.2138
全员劳动生产率/[万元/(人·年)]	A4	0.7972	0.1151	−0.3709
资产贡献率/%	A5	0.4150	0.7415	0.5106
市场占有率/%	A6	0.8613	−0.3336	0.0982
制造业总产值占城市工业总产值的比重/%	A7	0.6393	0.4020	−0.4802

这里采用方差最大法对因子载荷矩阵实施正交旋转以使因子具有命名解释性，并指定按第一因子载荷降序的顺序输出旋转后的因子载荷，分析结果如表 2-50 所示。

表 2-50　旋转后的主成分与指标相关系数矩阵

指标	序号	主成分 1	主成分 2	主成分 3
制造业工业利润/万元	A1	0.8692	0.4000	0.1792
制造业工业利润占城市 GDP 的比重/%	A2	0.5716	0.5578	0.4811
制造业就业人数占城市就业人数的比重/%	A3	0.9184	0.0757	−0.0118
全员劳动生产率/[万元/(人·年)]	A4	0.4286	0.7715	0.0858
资产贡献率/%	A5	0.0417	0.1621	0.9771
市场占有率/%	A6	0.8765	0.2974	0.0771
制造业总产值占城市工业总产值的比重/%	A7	0.1105	0.8704	0.1765

研究主成分与指标相关系数发现，第一主成分中 A1、A2、A3 和 A6 系数绝对值较高，反映制造业获利能力、制造业利润、就业、市场占有率的贡献率；第二主成分中 A4、A7 系数较高，反映制造业的全员劳动生产率与制造业产值贡献率；第三主成分主要与 A5 相关，反映制造业的资产贡献率。综合上述 7 个指标得到各个样本城市经济创造能力排序结果，如表 2-51 所示。

表 2-51　城市制造业经济创造能力综合评价

	主成分 1	主成分 2	主成分 3	得分	排名
苏州	3.2580	0.5614	(0.6009)	1.3933	1
无锡	1.7627	0.9642	0.2634	1.0435	2
深圳	1.6624	(0.1615)	(0.2032)	0.6052	3
长春	0.1702	0.6864	1.8042	0.5864	4
青岛	1.3139	0.0006	0.0246	0.5474	5

续表

	主成分 1	主成分 2	主成分 3	得分	排名
广州	0.9418	(0.3385)	0.6584	0.4138	6
沈阳	(0.1220)	1.7011	(0.0707)	0.4094	7
杭州	0.6370	0.2808	0.2739	0.3905	8
石家庄	(0.2338)	1.3935	0.2895	0.3427	9
长沙	(0.0426)	0.0855	1.6809	0.3094	10
厦门	0.7035	(0.5196)	0.7101	0.2744	11
南京	0.3120	0.6005	(0.2462)	0.2513	12
大连	0.4059	0.4107	(0.5236)	0.1873	13
宁波	0.4951	(0.0819)	(0.0879)	0.1659	14
合肥	(0.3162)	0.9018	0.1280	0.1430	15
福州	0.0842	(0.1985)	0.6486	0.0966	16
成都	(0.1275)	0.3171	(0.4375)	(0.0435)	17
呼和浩特	(1.0429)	(1.2053)	3.7639	(0.0866)	18
武汉	(0.0637)	0.1068	(0.5469)	(0.0953)	19
济南	(0.5330)	0.2941	(0.4377)	(0.2174)	20
南昌	(0.6591)	0.0628	(0.1257)	(0.2775)	21
南宁	(1.0283)	0.2729	0.3912	(0.2784)	22
昆明	(0.9367)	0.1813	(0.0392)	(0.3436)	23
西安	(0.5349)	(0.4150)	(0.4385)	(0.4153)	24
海口	(1.4702)	0.3321	0.4806	(0.4283)	25
贵阳	(0.7684)	(0.1411)	(0.5312)	(0.4524)	26
哈尔滨	(1.0295)	0.2712	(0.8190)	(0.4977)	27
太原	(0.6881)	(0.1300)	(1.0266)	(0.5056)	28
银川	(0.7968)	(0.5154)	(0.4429)	(0.5522)	29
乌鲁木齐	(0.8928)	0.1892	(1.3120)	(0.5529)	30
兰州	(1.1369)	0.5442	(1.7719)	(0.6381)	31
东莞	—	—	—	—	—
郑州	—	—	—	—	—

　　由表 2-51 可知，进入 2011 年制造业经济创造能力 10 强的城市是：苏州、无锡、深圳、长春、青岛、广州、沈阳、杭州、石家庄和长沙。纵观经济创造能力 10 强城市，只有长春和长沙分属东北、中部地区，其余 8 城市均居于东部地区，显示出东部地区强大的制造业经济创造能力。另外值得注意的是以往长沙制造业经济创造实力在各城市中处于中游位置，经过近些年的快速赶超，制造业经济实力显著提升；而兰州制造业利润集体跳水，呈现为负利润，影响其经济创造实力排名。

　　2. 环境资源保护能力排名

　　由于官方统计数据在制造业废水达标率、二氧化硫排放达标率两方面数据缺失，且

无相关替代数据，为保证排名数据的相对客观、准确，2011 年环境保护能力不进行集
类排名，而是就单位产值废水排放量、单位产值二氧化硫排放量、单位产值固体废弃物
产生量以及固体废弃物综合利用率四个方面进行单项排名。各城市环境保护能力数据没
有细化至制造业，这里统一采用工业口径，制造业是工业的主要组成部分，工业口径数
据能够较好代表制造业环境保护状况。

　　1）城市制造业单位产值废水排放量排名

　　城市制造业单位产值废水排放量是制造业废水排放值与产值的比，反映了地方制造
业生产所付出的水环境代价。表 2-52 数据显示，33 个城市中，深圳制造业生产单位产
值付出水环境代价最小，南宁表现最弱，单位产值制造业废水排放量是深圳的 15 倍。
此外发达城市东莞与杭州在这方面均表现欠佳。

表 2-52　2011 年各城市制造业单位产值废水排放量

名次	城市	2010 年制造业废水排放量/吨	2011 年制造业废水排放量/吨	制造业废水排放增速/%	单位产值制造业废水排放量/(吨/亿元)
1	深圳	9 000	11 715	0.301 7	0.573 4
2	沈阳	6 141	7 239	0.178 8	0.665 3
3	长沙	4 343	4 051	−0.067 2	0.677 9
4	长春	5 815	6 335	0.089 4	0.898 4
5	青岛	10 800.37	11 289	0.045 2	0.927 9
6	太原	2 557	2 453	−0.040 7	1.010 5
7	福州	4 933	5 492	0.113 3	1.032 1
8	合肥	3 290	6 039	0.835 6	1.072 9
9	海口	513	620	0.208 6	1.269 0
10	贵阳	2 380	1 986	−0.165 5	1.354 4
11	广州	23 586	24 579	0.042 1	1.564 3
12	济南	5 594	6 396	0.143 4	1.587 7
13	宁波	18 970	19 797	0.043 6	1.643 7
14	成都	12 259	12 845	0.047 8	1.697 2
15	无锡	35 846	26 976.77	−0.247 4	1.851 7
16	郑州	13 484	14 454	0.071 9	1.947 3
17	兰州	2 529	4 094	0.618 8	2.161 5
18	哈尔滨	3 283	5 838	0.778 3	2.276 8
19	乌鲁木齐	5 174	4 820	−0.068 4	2.404 2
20	昆明	3 225	6 264	0.942 3	2.405 8
21	南京	33 784	25 379	−0.248 8	2.451 0
22	苏州	65 055	71 441	0.098 2	2.532 2
23	南昌	10 534	9 367	−0.110 8	2.824 1
24	武汉	22 465	23 389	0.041 1	3.186 2
25	东莞	29 742	28 240	−0.050 5	3.334 2

续表

名次	城市	2010 年制造业废水排放量/吨	2011 年制造业废水排放量/吨	制造业废水排放增速/%	单位产值制造业废水排放量/(吨/亿元)
26	呼和浩特	2 637	2 650	0.004 9	3.354 5
27	石家庄	19 254	25 591	0.329 1	3.524 7
28	西安	12 330	13 274	0.076 6	3.736 8
29	大连	27 421.39	31 487	0.148 3	3.809 8
30	杭州	80 468	47 890	−0.404 9	3.876 8
31	银川	5 894	6 448	0.094 0	5.242 4
32	厦门	4 457.41	31 542	6.076 3	7.169 4
33	南宁	12 426	14 690	0.182 2	8.514 5

数据来源：中国统计局 2011 年环境统计数据及 2012 年各城市统计年鉴。

2）制造业单位产值二氧化硫排放量排名

空气中的二氧化硫很大部分来自制造业生产，在各类排放废气中属影响面广、影响重大气体，特别是对人体健康的损害。城市制造业单位产值二氧化硫排放量是制造业二氧化硫排放值与产值的比，反映了地方制造业生产所付出的大气环境代价。表 2-53 中，深圳仍然表现突出，单位产值制造业二氧化硫排放量是第二名的八分之一，最末位呼和浩特的千分之四，总体上，东部发达城市该项指标排名均靠前。

表 2-53　2011 年各城市制造业单位产值二氧化硫排放量

名次	城市	2010 年制造业二氧化硫排放量/吨	2011 年制造业二氧化硫排放量/吨	制造业二氧化硫排放增速/%	单位产值制造业二氧化硫排放量/(吨/亿元)
1	深圳	32 642	10 435	−0.680 3	0.510 7
2	海口	92	2 002	20.760 9	4.097 8
3	厦门	44 454	19 108	−0.570 2	4.343 2
4	广州	85 871	68 295	−0.204 7	4.346 5
5	长沙	54 690	26 116	−0.522 5	4.370 4
6	青岛	86 190	75 777	−0.120 8	6.228 6
7	无锡	99 857	96 415	−0.034 5	6.618 1
8	苏州	179 393	191 925	0.069 9	6.802 8
9	成都	61 928	52 576	−0.151 0	6.946 9
10	杭州	88 682	91 688	0.033 9	7.422 4
11	沈阳	77 333	95 199	0.231 0	8.749 4
12	合肥	31 988	49 497	0.547 4	8.793 6
13	长春	60 528	68 978	0.139 6	9.781 8
14	南昌	30 636	35 000	0.142 4	10.552 1
15	南京	115 507	125 653	0.087 8	12.134 9
16	宁波	109 840	152 601	0.389 3	12.669 8

续表

名次	城市	2010年制造业 二氧化硫排放量/吨	2011年制造业二氧 化硫排放量/吨	制造业二氧化 硫排放增速/%	单位产值制造业二氧 化硫排放量/(吨/亿元)
17	武汉	87 256	108 694	0.245 7	14.807 1
18	郑州	116 857	110 969	−0.050 4	14.950 1
19	东莞	99 913	132 444	0.325 6	15.637 4
20	大连	78 866	132 003	0.673 8	15.971 8
21	福州	93 639	91 320	−0.024 8	17.161 6
22	南宁	65 696	32 444	−0.506 1	18.804 9
23	石家庄	137 974	196 763	0.426 1	27.100 2
24	济南	70 296	109 299	0.554 8	27.131 5
25	西安	81 503	97 884	0.201 0	27.555 8
26	哈尔滨	53 941	90 208	0.672 8	35.180 6
27	昆明	77 461	104 340	0.347 0	40.073 1
28	太原	94 233	108 234	0.148 6	44.586 7
29	兰州	94 557	92 722	−0.019 4	48.953 6
30	贵阳	84 508	81 625	−0.034 1	55.667 8
31	银川	24 150	75 355	2.120 3	61.266 0
32	乌鲁木齐	94 146	129 445	0.374 9	64.566 9
33	呼和浩特	82 813	107 187	0.294 3	135.681 8

数据来源：中国统计局 2011 年环境统计数据及 2012 年各城市统计年鉴。

3）制造业单位产值固体废弃物产生量排名

制造业单位产值固体废弃物产生量，是制造业固体废弃物产生量与制造业产值之比，反映了制造业生产所付出的空间环境代价。表 2-54 显示，延续前两项优势，深圳制造业万元产值固体废弃物产生量仅 0.0047 吨，是昆明的千分之三，是与其制造业产值相当的苏州的十七分之一。与制造业经济实力相当的长三角强市相比，珠三角强市的该项表现要略胜一筹。

表 2-54　2011 年各城市制造业单位产值固体废弃物产生量

名次	城市	2010年制造业固体 废弃物产生量/万吨	2011年制造业固体 废弃物产生量/万吨	制造业固体废弃 物排放增速/%	单位产值制造业固体 废弃物产生量/(吨/万元)
1	深圳	146.4400	95.7700	−0.3460	0.0047
2	海口	4.2000	4.7700	0.1357	0.0098
3	厦门	135.1300	119.1800	−0.1180	0.0271
4	长沙	149.0193	177.5900	0.1917	0.0297
5	广州	692.0948	659.3500	−0.0473	0.0420
6	南昌	216.8774	185.2500	−0.1458	0.0559
7	杭州	707.2262	763.2600	0.0792	0.0618

续表

名次	城市	2010 年制造业固体废弃物产生量/万吨	2011 年制造业固体废弃物产生量/万吨	制造业固体废弃物排放增速/%	单位产值制造业固体废弃物产生量/(吨/万元)
8	大连	378.9200	528.6700	0.3952	0.0640
9	沈阳	895.4000	704.6100	−0.2131	0.0648
10	成都	513.4396	518.0200	0.0089	0.0684
11	东莞	313.0000	581.3400	0.8573	0.0686
12	无锡	922.0000	1031.3700	0.1186	0.0708
13	青岛	908.1400	887.9000	−0.0223	0.0730
14	西安	248.4627	277.9700	0.1188	0.0783
15	苏州	2204.5403	2297.7859	0.0423	0.0814
16	长春	474.2000	616.8900	0.3009	0.0875
17	宁波	1154.0600	1421.8600	0.2321	0.1181
18	福州	693.3000	693.6800	0.0005	0.1304
19	郑州	958.8768	1249.3000	0.3029	0.1683
20	南京	1656.5032	1759.4000	0.0621	0.1699
21	武汉	1324.8000	1379.6700	0.0414	0.1879
22	合肥	339.5000	1065.9600	2.1398	0.1894
23	南宁	407.7000	348.7500	−0.1446	0.2021
24	石家庄	1567.6000	1520.2300	−0.0302	0.2094
25	哈尔滨	1442.8000	564.4700	−0.6088	0.2201
26	济南	1011.6900	1126.3500	0.1133	0.2796
27	兰州	507.3000	604.5500	0.1917	0.3192
28	乌鲁木齐	691.7548	1000.7000	0.4466	0.4991
29	银川	197.7000	624.7200	2.1599	0.5079
30	贵阳	1167.7000	1140.0500	−0.0237	0.7775
31	呼和浩特	826.1111	892.1400	0.0799	1.1293
32	太原	2554.6000	3153.5200	0.2344	1.2991
33	昆明	2284.0215	3669.9200	0.6068	1.4095

　　数据来源：中国统计局 2011 年环境统计数据及 2012 年各城市统计年鉴。

4）制造业固体废弃物综合利用率排名

　　制造业固体废弃物综合利用率是综合利用制造业固体废物的总量与制造业固体废弃物产生量和综合利用往年储存量总和的比值，反映了制造业减少空间排放以及对废弃资源的利用效率。从表 2-55 可知，33 个城市中大部分城市制造业综合利用水平较高，23个城市制造业固体废弃物综合利用率在 90%以上，仅昆明和呼和浩特两城市在 50%以下。

表 2-55　2011 年各城市制造业固体废弃物综合利用率

名次	城市	制造业固体废弃物综合利用率/%
1	石家庄	99.7652
2	武汉	99.5767
3	长春	99.3597
4	青岛	99.3265
5	济南	99.1512
6	成都	98.7684
7	长沙	98.4402
8	南昌	98.3320
9	苏州	97.9321
10	西安	97.6005
11	深圳	96.1992
12	大连	96.1072
13	广州	94.8677
14	合肥	93.8900
15	沈阳	93.7582
16	厦门	93.6986
17	兰州	92.8228
18	杭州	92.7050
19	哈尔滨	91.8437
20	无锡	91.1564
21	南宁	90.5520
22	海口	90.1468
23	宁波	90.1242
24	福州	89.8137
25	南京	85.5093
26	银川	83.7959
27	乌鲁木齐	80.9303
28	郑州	73.5372
29	东莞	68.0015
30	贵阳	56.3563
31	太原	53.0414
32	昆明	45.8541
33	呼和浩特	40.1899

数据来源：中国统计局环境 2011 年统计数据及 2012 年各城市统计年鉴。

2.4　本章小结

  本章首先以东部、东北部、中部和西部四大区域为单位对我国制造业区域发展进行了总体评价，通过数据对比研究，分析了四大区域制造业 2011 年三个方面的主要表现，分别是区域发展协调性增强，中、西部地区制造业投资增速加快和制造业污染物排放显著的区域差异。

  其次，通过运用经济创造能力、科技创新能力以及环境资源保护能力三维指标体系对我国 31 个省份的制造业发展水平进行了评价，研究结果指出：江苏、广东、山东、浙江、上海、北京、天津、安徽、湖南、吉林是中国制造业最强的十个省。各区域中，东部地区制造业竞争优势明显，东北和中部地区次之，中部区域追赶势头强劲，差距缩小，西部表现最弱且无明显改善。高速的投资拉动和优势产业拉动了吉林制造业发展，吉林进步明显，而海南和云南两省则出现了明显退步。

  最后，沿用强省区域的三维指标体系对我国 33 个城市制造业 2011 年的发展水平进行评价，由于数据缺失仅在经济创造能力指标上进行了集类，得到：苏州、无锡、深圳、长春、青岛、广州、沈阳、杭州、石家庄和长沙是经济创造能力最强的十个城市。10 强城市排名，东部地区占绝对优势。传统强市济南经济创造力显著下滑，由 2010 年的第 14 名降至 20 名。中部长沙由上年的 15 位提高 5 个名次，挤入前十。

初稿提供者：吴敏洁，张芊芊，武翠，杨浩昌
统稿：李廉水，吴敏洁，周彩红

参 考 文 献

安徽省统计局. 2012. 安徽统计年鉴-2012. 北京：中国统计出版社.
北京市统计局. 2012. 北京统计年鉴-2012. 北京：中国统计出版社.
长春市统计局. 2012. 长春统计年鉴-2012. 北京：中国统计出版社.
长沙市统计局. 2012. 长沙统计年鉴-2012. 北京：中国统计出版社.
成都市统计局. 2012. 成都统计年鉴-2012. 北京：中国统计出版社.
重庆市统计局. 2012. 重庆统计年鉴-2012. 北京：中国统计出版社.
大连市统计局. 2012. 大连统计年鉴-2012. 北京：中国统计出版社.
福建省统计局. 2012. 福建统计年鉴-2012. 北京：中国统计出版社.
福州市统计局. 2012. 福州统计年鉴-2012. 北京：中国统计出版社.
甘肃省统计局. 2012. 甘肃统计年鉴-2012. 北京：中国统计出版社.
广东省统计局. 2012. 广东统计年鉴-2012. 北京：中国统计出版社.
广西统计局. 2012. 广西统计年鉴-2012. 北京：中国统计出版社.
广州市统计局. 2012. 广州统计年鉴-2012. 北京：中国统计出版社.
贵阳市统计局. 2012. 贵阳统计年鉴-2012. 北京：中国统计出版社.
贵州省统计局. 2012. 贵州统计年鉴-2012. 北京：中国统计出版社.
国家统计局. 2012. 中国城市统计年鉴-2012. 北京：中国统计出版社.
国家统计局. 2012. 中国科技统计年鉴-2012. 北京：中国统计出版社.

国家统计局. 2012. 中国统计年鉴-2012. 北京：中国统计出版社.

哈尔滨市统计局. 2012. 哈尔滨统计年鉴-2012. 北京：中国统计出版社.

海南省统计局. 2012. 海南统计年鉴-2012. 北京：中国统计出版社.

杭州市统计局. 2012. 杭州统计年鉴-2012. 北京：中国统计出版社.

河北省统计局. 2012. 河北统计年鉴-2012. 北京：中国统计出版社.

河南省统计局. 2012. 河南统计年鉴-2012. 北京：中国统计出版社.

黑龙江省统计局. 2012. 黑龙江统计年鉴-2012. 北京：中国统计出版社.

呼和浩特市统计局. 2012. 呼和浩特统计年鉴-2012. 北京：中国统计出版社.

湖北省统计局. 2012. 湖北统计年鉴-2012. 北京：中国统计出版社.

湖南省统计局. 2012. 湖南统计年鉴-2012. 北京：中国统计出版社.

吉林省统计局. 2012. 吉林统计年鉴-2012. 北京：中国统计出版社.

济南市统计局. 2012. 济南统计年鉴-2012. 北京：中国统计出版社.

江苏省统计局. 2012. 江苏统计年鉴-2012. 北京：中国统计出版社.

江西省统计局. 2012. 江西统计年鉴-2012. 北京：中国统计出版社.

昆明市统计局. 2012. 昆明统计年鉴-2012. 北京：中国统计出版社.

兰州市统计局. 2012. 兰州统计年鉴-2012. 北京：中国统计出版社.

李廉水, 杜占元. 2004. 中国制造业发展研究报告 2004. 北京：科学出版社.

李廉水, 杜占元. 2005. 中国制造业发展研究报告 2005. 北京：科学出版社.

李廉水, 杜占元. 2006. 中国制造业发展研究报告 2006. 北京：科学出版社.

李廉水, 杜占元. 2007. 中国制造业发展研究报告 2007. 北京：科学出版社.

李廉水, 杜占元. 2008. 中国制造业发展研究报告 2008. 北京：科学出版社.

李廉水. 2009. 中国制造业发展研究报告 2009. 北京：科学出版社.

李廉水. 2010. 中国制造业发展研究报告 2010. 北京：科学出版社.

李廉水. 2011. 中国制造业发展研究报告 2011. 北京：科学出版社.

辽宁省统计局. 2012. 辽宁统计年鉴-2012. 北京：中国统计出版社.

南昌市统计局. 2012. 南昌经济社会统计年鉴-2012. 北京：中国统计出版社.

南京市统计局. 2012. 南京统计年鉴-2012. 北京：中国统计出版社.

南宁市统计局. 2012. 南宁统计年鉴-2012. 北京：中国统计出版社.

内蒙古统计局. 2012. 内蒙古统计年鉴-2012. 北京：中国统计出版社.

宁波市统计局. 2012. 宁波统计年鉴-2012. 北京：中国统计出版社.

宁夏统计局. 2012. 宁夏统计年鉴-2012. 北京：中国统计出版社.

青岛市统计局. 2012. 青岛统计年鉴-2012. 北京：中国统计出版社.

青海统计局. 2012. 青海统计年鉴-2012. 北京：中国统计出版社.

山东省统计局. 2012. 山东统计年鉴-2012. 北京：中国统计出版社.

山西省统计局. 2012. 山西统计年鉴-2012. 北京：中国统计出版社.

陕西省统计局. 2012. 陕西统计年鉴-2012. 北京：中国统计出版社.

上海市统计局. 2012. 上海统计年鉴-2012. 北京：中国统计出版社.

深圳市统计局. 2012. 深圳统计年鉴-2012. 北京：中国统计出版社.

沈阳市统计局. 2012. 沈阳统计年鉴-2012. 北京：中国统计出版社.

石家庄市统计局. 2012. 石家庄统计年鉴-2012. 北京：中国统计出版社.

四川省统计局. 2012. 四川统计年鉴-2012. 北京：中国统计出版社.

苏州市统计局. 2012. 苏州统计年鉴-2012. 北京：中国统计出版社.

太原市统计局. 2012. 太原统计年鉴-2012. 北京：中国统计出版社.

天津市统计局. 2012. 天津统计年鉴-2012. 北京：中国统计出版社.

乌鲁木齐市统计局. 2012. 乌鲁木齐统计年鉴-2012. 北京：中国统计出版社.

无锡市统计局. 2012. 无锡统计年鉴-2012. 北京：中国统计出版社.

武汉市统计局. 2012. 武汉统计年鉴-2012. 北京：中国统计出版社.

西安市统计局. 2012. 西安统计年鉴-2012. 北京：中国统计出版社.

西藏统计局. 2012. 西藏统计年鉴-2012. 北京：中国统计出版社.

厦门市统计局. 2012. 厦门统计年鉴-2012. 北京：中国统计出版社.

新疆统计局. 2012. 新疆统计年鉴-2012. 北京：中国统计出版社.

银川市统计局. 2012. 银川统计年鉴-2012. 北京：中国统计出版社.

浙江省统计局. 2012. 浙江统计年鉴-2012 北京：中国统计出版社.

郑州市统计局. 2012. 郑州统计年鉴-2012. 北京：中国统计出版社.

第3章

产业发展篇

本章共分为四部分：第一部分为制造业产业发展总体情况分析，分别从经济创造能力、科技创新能力和可持续发展能力三个方面分析中国制造业产业发展的总体状况；第二部分为制造业产业结构分析研究，分别从制造业所有制结构、产值结构、投入产出结构、环境影响结构、空间结构等方面分析我国现阶段制造业的发展情况，并对未来制造业结构调整方向进行了预测；第三部分是典型产业发展研究，选取了 5 个最具代表性的典型行业分别从经济能力、科技创新能力、可持续发展能力角度进行了进一步的分析；第四部分是本章总结，提出了对我国制造业未来发展的建议。

3.1　产业发展状况

本章根据新型制造业的发展特点，基于中国制造业行业分类并结合以往评价标准，设置了产业发展的三维综合评价指标，分别从制造业的经济创造能力、科技创新能力和可持续发展能力 3 个角度分析了我国制造业发展现状，同时分析了过去"十五"和"十一五"期间我国制造业整体发展情况。

根据《国家统计局关于执行新国民经济行业分类国家标准的通知》（国统字〔2011〕69 号）要求，新《国民经济行业分类》（GB/T4757—2011）从 2012 年定报统一开始使用。而本章数据内容截止时间为 2011 年 12 月 31 日，因此还是选取《国民经济行业分类》（GB/T4757—2002）作为行业分类标准依据。

根据《国民经济行业分类》（GB/T4754—2002）的规定，将三次产业划分为：第一产业是指农、林、牧、渔业；第二产业是指采矿业，制造业，电力、燃气及水的生产和供应业，建筑业；第三产业是指除第一、二产业以外的其他行业。其中，制造业属于第二产业。同时，中国制造业的分类根据国家统计局的标准[①]，国民经济三次产业按照门类、大类、中类、小类依次划分，其中制造业属于门类 C，下属 30 个大类。本章制造业行业分类与采用此标准，具体如表 3-1 所示。

表 3-1　中国制造业行业分类

行业代码	行业名称
C	制造业
C13	农副食品加工业
C14	食品制造业
C15	饮料制造业
C16	烟草加工业
C17	纺织业
C18	服装及其他纤维制品制造业
C19	皮革毛皮羽毛（绒）及其制品业
C20	木材加工及竹藤棕草制品业
C21	家具制造业

---

① 国家统计局，国民经济行业分类与代码（GB/T4754—2002）。

续表

行业代码	行业名称
C22	造纸及纸制品业
C23	印刷业和记录媒介的复制
C24	文教体育用品制造业
C25	石油加工及炼焦业
C26	化学原料及化学制品制造业
C27	医药制造业
C28	化学纤维制造业
C29	橡胶制品业
C30	塑料制品业
C31	非金属矿物制品业
C32	黑色金属冶炼及压延加工业
C33	有色金属冶炼及压延加工业
C34	金属制品业
C35	通用设备制造业
C36	专用设备制造业
C37	交通运输设备制造业
C39	电气机械及器材制造业
C40	通信设备、计算机及其他电子设备制造业
C41	仪器仪表及文化办公用机械制造
C42	工艺品及其他制造业
C43	废弃资源和废旧材料回收加工业

资料来源：国家统计局，三次产业划分规定，2003。

　　根据研究的需要和对研究成果可比性的要求，本报告主要运用经济、科技和环境三大指标集进行评价分析，具体的研究指标如表 3-2 所示。

表 3-2　中国制造业产业研究指标

指标类别	指标名称	指标单位
经济类指标[①] （规模与绩效）	工业总产值	亿元
	工业增加值	亿元
	销售收入	亿元
	职工人数	万人
	利润总额	亿元
	全员劳动生产率	万元/(人·年)
科技类指标[②] （科技投入与产出）	R&D 经费	万元
	R&D 人员全时当量	人·年
	新产品开发项目数	项
	申请发明专利数	项
	新产品产值	万元

续表

指标类别	指标名称	指标单位
环境类指标[3] （能源与环境）	能源消耗总量	万吨标准煤
	工业废水排放总量	万吨
	工业废气排放总量	吨
	工业固体废弃物排放总量	万吨

①经济类指标统计口径为行业内"国有及规模以上非国有工业企业"。
②科技类指标统计口径为行业内"规模以上制造业企业"。
③环境类指标统计口径为全行业。

3.1.1　制造业经济创造能力分析

衡量制造业的最重要指标就是经济创造能力，经济效益是企业乃至行业发展中最关注的问题。本部分将从制造业产业规模入手，分别从总体规模、进出口规模、就业规模进行考量，见表 3-3。

表 3-3　制造业产业规模相关指标

指标名称	2010 年数值	2011 年数值	增长率
制造业工业总产值/亿元	609 558.50	733 984.01	20.41％
制造业产品销售收入/亿元	606 299.61	729 263.69	20.28％
制造业利润总额/亿元	42 550.45	47 843.10	12.44％
货物出口总额/亿美元	15 777.54	18 983.81	20.32％
工业制成品金额/亿美元	14 960.69	17 978.36	20.17％
制造业就业人数/万人	8 391.47	8 053.96	−4.02％
	"十五"计划合计数	"十一五"计划合计数	增长率
制造业工业总产值/亿元	719 107.14	2 158 319.09	200.14％
制造业产品销售收入/亿元	699 200.98	2 129 297.01	204.53％
制造业利润总额/亿元	32 602.14	124 630.34	282.28％
货物出口总额/亿美元	23 851.98	63 994.54	168.30％
工业制成品金额/亿美元	22 059.30	60 595.79	174.69％
制造业就业人数/万人	25 210.29	37 044.96	46.94％

数据来源：根据相关年份《中国统计年鉴》整理计算所得。

总体规模。由表 3-3 可以看出，2011 年按行业分规模以上制造业工业总产值为 733 984.01 亿元，利润总额为 47 843.10 亿元，2010 年数值分别为 609 558.50 亿元与 42 550.45 亿元，2011 年分别比 2010 年增长了 20.41％和 12.44％。此外在过去十年中，"十一五"期间（2006～2010 年）制造业工业总产值为 2 158 319.09 亿元，比"十五"期间（2001～2005 年）719 107.14 增长了 200.14％，达到了期间内制造业工业总产值总数的翻一番。同时，"十五"期间（2001～2005 年）制造业利润总额为 32 602.14 亿元，"十一五"期间（2006～2010 年）为 124 630.34 亿元，相比增长了 282.28％，期间内制造业利润总额总数增长接近 3 倍。从图 3-1 来看，2001～2011 年我国按行业分规模以上制造业工业总产值呈稳步态势增长。在图中可以看出，"十一五"期间的增长速度比"十五"期间的增长速度明显提升。

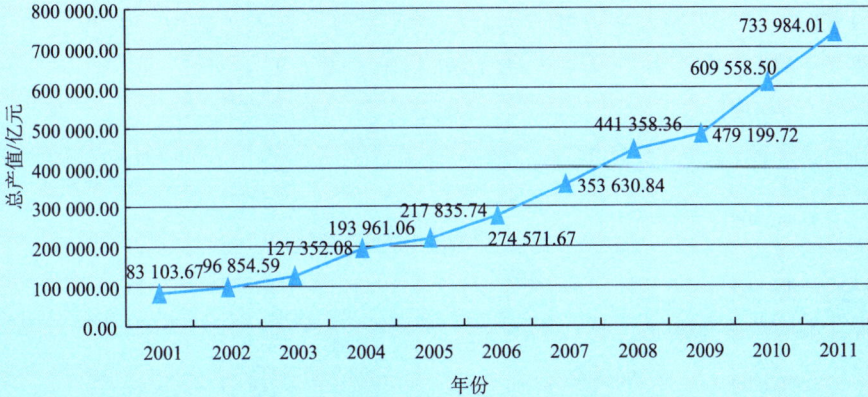

图 3-1　2001～2010 中国按行业分规模以上制造业工业总产值变化情况

进出口规模。自 2001 年以来，中国的制造业出口规模呈波动增长态势。其中，"十五"期间工业制成品占出口总额的比例由 2001 年的 90.10％逐年增长到 2005 年的 93.57％，但在随后"十一五"期间，由于受到 2008 年全球金融危机的影响导致外需出口的下降，在 2008 年制造业制成品出口比例相对 2007 年的 94.74％下降到 94.55％，随着全球金融危机的减缓，2009 年和 2010 年的比例略有上升，分别为 94.75％、94.82％，但 2011 年此比例又下降为 94.70％。从总体来看，"十五"期间的相对增长速度明显高于"十一五"期间，"十一五"期间工业制成品占出口总额的比例增长逐渐平缓，如图 3-2 所示。

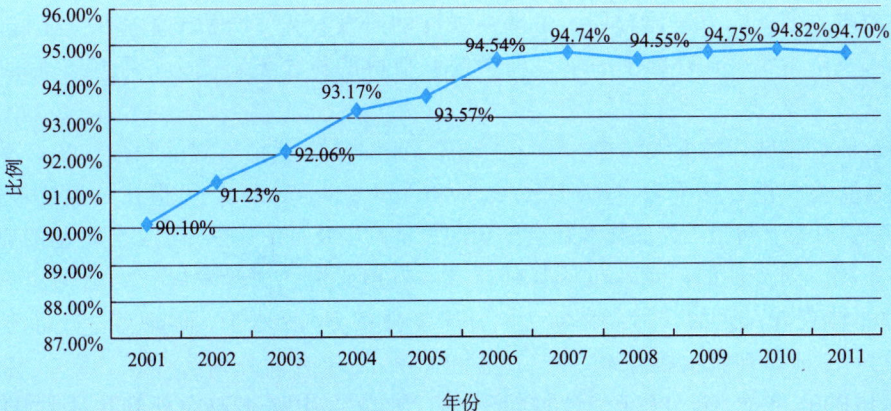

图 3-2　2001～2011 年中国工业品占制造业出口总额的比例变化

　　就业规模。如图 3-3 所示，鉴于中国于 2001 年加入 WTO 组织，受产业调整等原因影响，2002 年中国制造业人数由 2001 年的 3000.98 万人下降到 2907.00 万人。随后，在 2002～2008 年，中国制造业就业人数又呈逐年增长态势，由 2002 年的 2907.00 万人增长到 2008 年的 7731.56 万人。在 2008 年金融危机的冲击下，2009 年中国制造业人数下降到 7719.53 万人，之后在 2010 年回升到 8391.47 万人。总体来看，"十五"至"十一五"期间，中国制造业就业人数呈增长态势，且逐步稳定。但 2011 年制造业就业人数又下降到 8053.96 万人，与 2010 年相比下降了 4.02％。

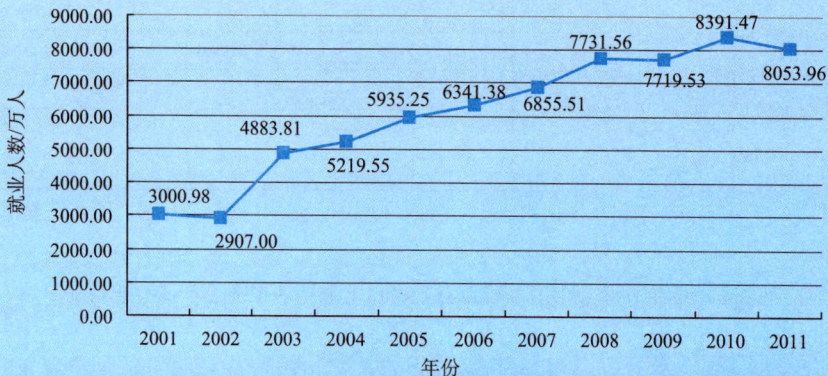

图 3-3　历年中国制造业就业人数变化

3.1.2　制造业科技创新能力分析

　　在现代，创新是经济发展的主要推动力，世界级的大企业如苹果、三星等的发展都离不开创新。促进创新的因素也被视为至关重要，因此，产业创新能力是评价制造业竞争力的核心要素。然而目前，中国制造业处于核心重大装备仍需进口的尴尬局面。中国制造业的自主创新能力还比较弱，欠缺高强度的研发投入。分析制造业科技创新的现状、投入及产出状况，有助于了解目前中国制造业的科技创新能力，明确今后的发展方向。

　　制造业科技创新的投入结构。国际上通常采用 R&D 活动的规模和强度指标反映一国的科技实力和核心竞争力。R&D（research and development），指在科学技术领域，为增加知识总量（包括人类文化和社会知识的总量）以及运用这些知识去创造新的应用而进行的系统、创造性的活动，包括基础研究、应用研究、试验发展三类活动。一国的 R&D 水平体现着一国的政治经济实力，一个企业的 R&D 水平，体现着一个企业的竞争力。

　　鉴于 2006 年之前，国家统计局没有按行业分大中型工业企业研究与试验发展（R&D）活动情况的统计口径，为了便于对统计结果的对比分析，中国制造业科技创新投入数据选取于 2006 年至 2011 年。由表 3-4 可知，中国制造业在 2011 年 R&D 经费为 56 923 792 万元，而 2010 年这一数值为 37 713 267 万元，增长率为 50.94％。中国制造业 R&D 人员全时当量 2011 年数值为 1 823 783 人·年，相比 2010 年的 1 275 445 人·年增长了 42.99%。由图 3-4 可以看出 2011 年中国制造业 R&D 经费增长幅度相对较大，"十一五"期间 R&D 经费呈稳定增长态势。图 3-5 中，中国制造业 R&D 人员全时当量变化在"十一五"期间逐年增长，2011 年相对于 2010 年增长幅度较大。

表 3-4   2006~2011 年中国制造业科技创新投入

指标	2006 年	2007 年	2008 年	2009 年	2010 年	2011 年	增长率
R&D 经费/万元	15 513 884	20 095 641	25 463 702	30 142 351	37 713 267	56 923 792	50.94%
R&D 人员全时当量/(人·年)	621 991	777 570	922 833	1 207 550	1 275 445	1 823 783	42.99%

数据来源：根据历年《中国统计年鉴》相关数据计算、整理所得。

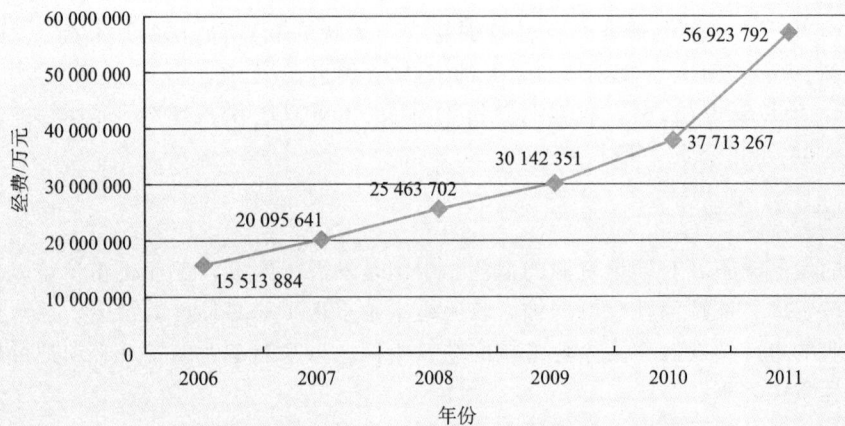

图 3-4   2006~2011 年中国制造业 R&D 经费变化

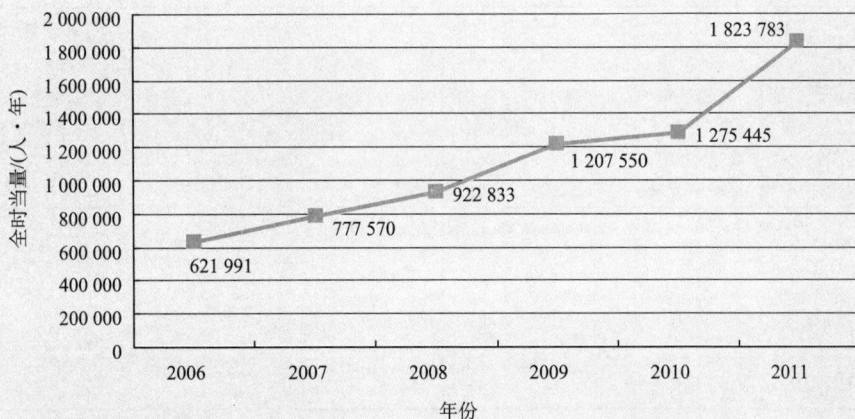

图 3-5   历年中国制造业 R&D 人员全时当量变化

制造业科技创新的产出结构。对应科技创新投入结构选取了 R&D 经费（万元）、R&D 人员全时当量（人·年）作为指标，本节在科技创新产出结构选取了新产品开发项目数（项）、发明专利数（项）、新产品产值（万元）作为指标。由于国家统计局 2006 年之前没有按行业分大中型工业企业专利情况的统计口径，同时 2008 年之前没有按行业分大中型工业企业新产品开发及生产情况的统计口径，因此，为了分析结果的连续性和可比性，数据选取自 2008 年开始，见表 3-5。

表 3-5　大中型制造业企业科技创新产出情况

科技创新产出指标	2008 年	2009 年	2010 年	2011 年	增长率
新产品开发项目数/项	117 825	147 778	155 072	261 564	68.67%
发明专利数/项	42 706	61 470	70 688	130 898	85.18%
新产品产值/万元	510 857 359	578 707 859	729 658 232	988 687 652	35.50%

数据来源：根据《中国统计年鉴 2012》相关数据计算、整理所得。

2011 年中国大中型制造业企业科技创新产出无论在新产品开发项目数、发明专利数，还是新产品产值上，相对 2010 年都有大幅提升。其中，新产品开发项目数为 261 564 项，增长率为 68.67%；发明专利数为 130 898 项，增长率为 85.18%；新产品产值为 988 687 652 万元，增长率为 35.50%。

3.1.3　制造业可持续发展能力分析

工业的发展离不开对环境资源的消耗。中国是发展中国家，工业正在日益成长，近年来对矿产资源、能源消耗急剧增加。政府越来越重视工业对环境的污染，逐渐把环境保护、企业的可持续发展作为企业考核的绩效指标。未来制造业的发展必须把可持续发展能力作为重中之重。

本部分主要从能源消费、环境污染、资源环境保护能力方面对制造业近年来发展评估。制造业资源消耗和"三废"排放情况见表 3-6。

表 3-6　制造业资源消耗和"三废"排放情况

指标名称	2010 年	2011 年	增长率
能源消耗总量/万吨标准煤	188 497.85	200 155.58	6.18%
每万元产值能耗/吨标准煤	0.31	0.27	-12.90%
工业废水排放总量/万吨	1 766 872	1 731 735	-1.99%
工业二氧化硫排放量/万吨	760.38	968.03	27.31%
工业固体废弃物排放量/万吨	99.79	—	—
指标名称	十五期间合计数	十一五期间合计数	增长率
能源消耗总量/万吨标准煤	487 600.37	840 470.6	72.37%
每万元产值能耗/吨标准煤	0.68	0.39	-42.65%
工业废水排放总量/万吨	7 716 986	8 782 547	13.81%
工业二氧化硫排放量/万吨	3 428.02	3 721.77	8.57%
工业固体废弃物排放量/万吨	3 427.54	1 149.91	-66.45%

数据来源：根据《中国统计年鉴 2011》、《中国能源统计年鉴 2012》、《中国环境统计年鉴 2012》数据计算、整理所得。

每万元产值能耗是反映工业能源经济效益高低的综合指标，它是以吨标准煤来衡量制造业每万元总产值消耗的能源数，该数值越低越好。从表 3-6 可以看出，2011 年我国制造业能源消耗总量和每万元产值能耗分别为 200 155.58 万吨标准煤、0.27 吨标准煤，同比 2010 年的 188 497.85 万吨标准煤、0.31 吨标准煤，上涨了 6.18% 和下降了12.90%。"十一五"期间每万元产值能耗 0.39 比"十五"期间 0.68 下降了 42.65%，说明整个制造业在过去的"十一五"五年里比之前"十五"的五年里产值能耗几乎降了一半，这无疑是政府重视企业环保发展、企业提高自身经济效率等原因带来的良好结果。此外，在三废排放中，工业废水排放量 2011 年为 1 731 735 万吨，比 2010 年的1 766 872 万吨下降了 1.99%，基本保持持平。工业二氧化硫排放量 2011 年为 968.03 万吨，2010 年为 760.38 万吨，相比增长 27.31%。从总体来看，"十一五"期间内工业废水排放量、工业二氧化硫排放量、工业固体废弃物排放量分别为 8 782 547 万吨、3721.77 万吨、

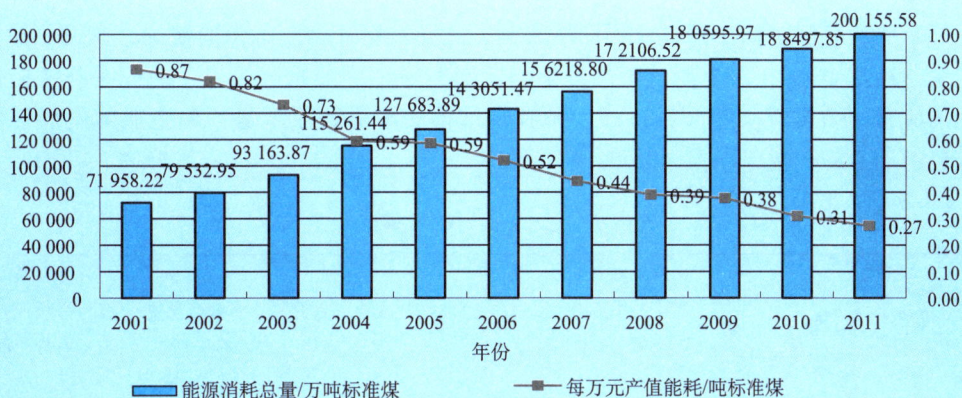

图 3-6　历年中国制造业能源消耗总量和每万元产值能耗变化

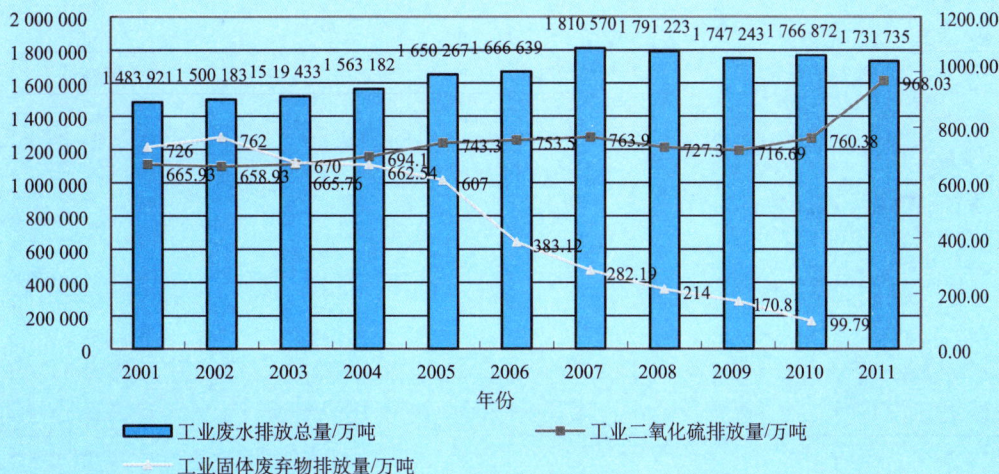

图 3-7　历年中国制造业"三废"排放量变化

1149.91 万吨，"十五"期间则为 7 716 986 万吨、3428.02 万吨、3427.54 万吨，分别增长了 13.81%、8.57%、−66.45%，基本达到了控制和减排的目标。

由图 3-6 可以看出，过去的"十五"和"十一五"期间内，中国制造业能源消耗总量逐年稳步递增，但对应的每万元产值能耗呈现递减趋势，体现了产业内资源生产效率的提高。从图 3-7 可以看出，"十一五"期间中国制造业工业废水排放量和工业二氧化硫排放量相比"十五"期间呈缓慢波动上升趋势，而工业固体废弃物排放量则是逐年呈快速下降趋势。这说明我国制造业在发展过程中，降低污染（固体废弃物）排放方面取得了一定的进展。

3.2　产业结构分析

3.2.1　制造业所有制结构分析

制造业所有制结构是指各种不同所有制形式在一定社会形态中的地位、作用及其相互关系。经过 30 多年所有制改革的理论创新与实践，我国原有的单一的公有制结构被多元的所有制结构所取代（表 3-7），所有制结构的渐进式改革也为制造业的发展提供了重要的动力。

表 3-7　制造业所有制结构分析

制造业所属的 30 个行业	国有及国有控股企业工业总产值/亿元	国有及国有控股企业工业总产值占比/%	私营企业工业总产值/亿元	私营企业工业总产值占比/%	外商和港澳台商投资企业工业总产值/亿元	外商和港澳台商投资企业工业总产值占比/%
制造业合计	144 158.59	—	236 462.48	—	211 520.61	—
农副食品加工业	2 397.24	5.43	20 023.54	45.38	8997.1	20.39
食品制造业	815.56	5.81	4 849.75	34.53	4 606.39	32.79
饮料制造业	1 949.39	16.47	3 336.42	28.19	3 556.62	30.05
烟草制品业	6761.21	99.35	4.30	0.06	4.78	0.07
纺织业	769.96	2.36	16 464.33	50.42	6 857.41	21.00
服装及其他纤维制品制造业	183.59	1.36	6 039.93	44.61	4 843.71	35.78
皮革毛皮羽绒及其制品业	26.60	0.30	3 540.62	39.66	3 918.84	43.90
木材加工及竹藤棕草制品业	206.83	2.30	6 023.59	66.91	949.8	10.55
家具制造业	88.85	1.75	2 593.18	50.95	1 496.35	29.40
造纸及纸制品业	838.64	6.94	4 604.78	38.12	3 418.27	28.30

续表

制造业所属的 30 个行业	国有及国有控股企业工业总产值/亿元	国有及国有控股企业工业总产值占比/%	私营企业工业总产值/亿元	私营企业工业总产值占比/%	外商和港澳台商投资企业工业总产值/亿元	外商和港澳台商投资企业工业总产值占比/%
印刷业记录媒介的复制业	444.21	11.51	1 643.03	42.55	905.11	23.44
文教体育用品制造业	37.17	1.16	1 134.53	35.32	1 651.8	51.42
石油加工及炼焦业	25 302.84	68.59	4 614.74	12.51	4 586.08	12.43
化学原料及化学制品制造业	11 348.64	18.66	19 401.86	31.90	15 927.35	26.19
医药制造业	1 767.66	11.83	3 924.00	26.26	3 702.04	24.78
化学纤维制造业	545.33	8.17	2 330.14	34.92	1 955.77	29.31
橡胶制品业	889.96	12.14	2 701.66	36.85	2 123.41	28.97
塑料制品业	413.24	2.65	7 438.82	47.75	4 586.57	29.44
非金属矿物制品业	4 275.25	10.64	19 530.13	48.61	5 281.96	13.15
黑色金属冶炼及压延加工业	23 652.24	36.92	16 469.26	25.71	8 214.57	12.82
有色金属冶炼及压延加工业	10 353.45	28.83	11 109.94	30.94	4 852.38	13.51
金属制品业	1 346.28	5.77	11 590.82	49.64	5 687.7	24.36
通用设备制造业	5137.43	12.53	18 379.86	44.84	9 207.12	22.46
专用设备制造业	5 355.91	20.48	8 866.02	33.91	6 069.12	23.21
交通运输设备制造业①	27 818.46	—	11 901.36	—	27 856.36	—
电气机械及器材制造业	4 588.29	8.92	16 732.15	32.54	15 428.63	30.00
通信设备、计算机及其他电子设备制造业	5 317.58	8.34	4 801.83	7.53	48 549.93	76.10
仪器仪表及文化办公用机械制造业	788.76	10.33	2 082.20	27.28	3 511.88	46.01

---

①　2011 年交通运输业的总产值为 63 251.30 亿元，其中，国有及国有控股企业的工业总产值 27 818.46 亿元，私营工业企业的工业总产值 11 901.36 亿元，外商投资和港澳台商投资企业的工业总产值 27 856.36 亿元。可能有错误，因此，未计算所占比重。

续表

制造业所属 的 30 个行业	国有及国有控 股企业工业 总产值/亿元	国有及国有控 股企业工业总 产值占比 /%	私营企 业工业总产值 值/亿元	私营 企业工业总 产值占比 /%	外商和港 澳台商投资 企业工业 总产值/亿元	外商和港 澳台商投资企 业工业总产值 占比/%
工艺品及其 他制造业	639.44	8.89	3 071.54	42.72	2 264.32	31.49
废弃资源和废旧 材料回收加工业	98.58	3.76	1 258.15	47.94	509.24	19.41

数据来源:《中国统计年鉴 2012》中相关数据计算、整理所得。

注:从所有制来看,未统计计算集体所有制企业,故加总不为 100%。

从制造业的各个行业分别在国有及国有控股企业、私营企业、外商及港澳台投资企业所占的比重中可以看出,烟草制造业,石油加工及炼焦业,交通运输设备制造业的工业总产值在国有及国有控股企业所占比例较大;木材加工及竹藤棕草制品业,家具制造业,纺织业的工业总产值在私营企业中所占比重较大;通信设备、计算机及其他电子设备制造业,文教体育用品制造业,仪器仪表及文化办公用机械制造业的工业总产值在外商及港澳台投资企业所占比重最大。

3.2.2　制造业产值结构分析

制造业的产业结构分析对于研究制造业发展有着重要的意义,制造业内部的产业分布结构、利润结构以及就业结构等是分析制造业产业结构的主要指标。表 3-8 列出了 2011 年中国制造业所属 30 个行业的工业总产值、各行业在制造业中所占的比重及名次,并与 2010 年制造业各行业在制造业中的排名进行了比较。

表 3-8　2011 年中国制造业各产业总产值、比重及名次

制造业所属的 30 个行业	2011 年工业 总产值/亿元	占比/%	2011 年名次	2010 年名次
制造业合计	733 984.01	—	—	—
农副食品加工业	44 126.10	6.01	6	7
食品制造业	14 046.96	1.91	16	17
饮料制造业	11 834.84	1.61	19	19
烟草制品业	6 805.68	0.93	25	24
纺织业	32 652.99	4.45	11	10
服装及其他纤维制品制造业	13 538.12	1.84	17	15
皮革毛皮羽绒及其制品业	8 927.54	1.22	21	20
木材加工及竹藤棕草制品业	9 002.30	1.23	20	21

续表

制造业所属的30个行业	2011年工业总产值/亿元	占比/%	2011年名次	2010年名次
家具制造业	5 089.84	0.69	27	27
造纸及纸制品业	12 079.53	1.65	18	18
印刷业记录媒介的复制业	3 860.99	0.53	28	28
文教体育用品制造业	3 212.38	0.44	29	29
石油加工及炼焦业	36 889.17	5.03	9	9
化学原料及化学制品制造业	60 825.06	8.29	4	4
医药制造业	14 941.99	2.04	15	16
化学纤维制造业	6 673.67	0.91	26	26
橡胶制品业	7 330.66	1.00	23	23
塑料制品业	15 579.54	2.12	14	14
非金属矿物制品业	40 180.26	5.47	8	8
黑色金属冶炼及压延加工业	64 066.98	8.73	1	3
有色金属冶炼及压延加工业	35 906.82	4.89	10	11
金属制品业	23 350.81	3.18	13	13
通用设备制造业	40 992.55	5.58	7	6
专用设备制造业	26 149.13	3.56	12	12
交通运输设备制造业	63 251.30	8.62	3	1
电气机械及器材制造业	51 426.42	7.01	5	5
通信设备、计算机及其他电子设备制造业	63 795.65	8.69	2	2
仪器仪表及文化办公用机械制造业	7 633.01	1.04	22	22
工艺品及其他制造业	7 189.51	0.98	24	25
废弃资源和废旧材料回收加工业	2 624.21	0.36	30	30

数据来源:《中国统计年鉴2012》中相关数据计算、整理所得。

　　制造业的产值结构,反映了制造业各产业部门在制造业总量规模中所占的比重。由表 3-8 可见,制造业各行业的工业总产值所占比重前十的产业在 2010 年和 2011 年基本没有变化,只是名次上稍有上下。图 3-8 是 2011 年制造业工业总产值的产业分布图,主要是所占比重前十的产业。可以看出,2011 年在制造业所属的 30 个行业中,工业总产值比重最高的是黑色金属冶炼及压延加工业,达 64 066.98 亿元,在制造业中所占比例为 8.73%。规模前十的产业工业总产值占了制造业工业总产值总额的 68.32%,相比 2010 年规模前十的产业工业总产值占制造业工业总产值总额的 67.82% 略有上升。各产业利润情况见表 3-9。

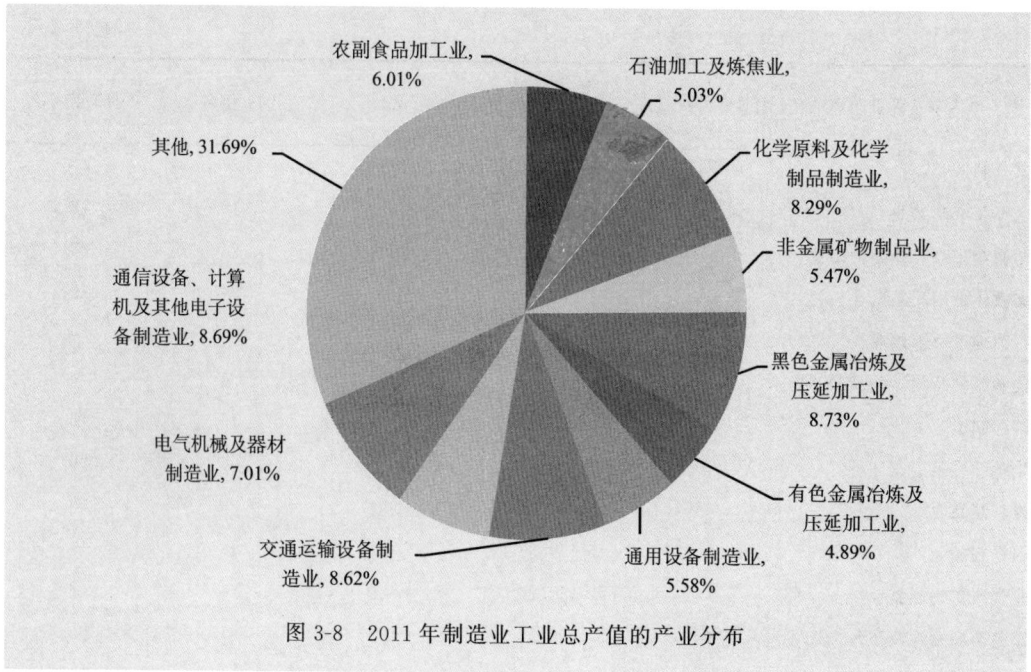

图 3-8　2011 年制造业工业总产值的产业分布

表 3-9　2011 年中国制造业各产业利润额、比重及名次

制造业所属的 30 个行业	2011 年利润额/亿元	占比/%	名次		
			2011 年	2010 年	2009 年
制造业合计	47 843.1	—	—	—	—
农副食品加工业	2 795.22	5.84	7	7	7
食品制造业	1 232.25	2.58	15	15	16
饮料制造业	1 315.37	2.75	14	16	15
烟草制品业	840.52	1.76	18	19	17
纺织业	1 956.81	4.09	11	10	10
服装及其他纤维制品制造业	951.98	1.99	17	18	18
皮革毛皮羽绒及其制品业	714.7	1.49	20	21	21
木材加工及竹藤棕草制品业	643.39	1.34	21	23	23
家具制造业	341.04	0.71	28	28	27
造纸及纸制品业	760.41	1.59	19	20	20
印刷业记录媒介的复制业	349.78	0.73	27	27	26
文教体育用品制造业	175.93	0.37	29	29	29
石油加工及炼焦业	423.1	0.88	25	14	12
化学原料及化学制品制造业	4 432.13	9.26	2	2	2
医药制造业	1 606.02	3.36	12	13	11

续表

制造业所属的 30 个行业	2011 年利润额/亿元	占比/%	名次		
			2011 年	2010 年	2009 年
化学纤维制造业	368.07	0.77	26	26	28
橡胶制品业	435.74	0.91	24	24	24
塑料制品业	1 016.68	2.13	16	17	19
非金属矿物制品业	3 587.25	7.50	3	5	4
黑色金属冶炼及压延加工业	2 239.48	4.68	8	8	8
有色金属冶炼及压延加工业	2 067.38	4.32	10	11	13
金属制品业	1 545.71	3.23	13	12	14
通用设备制造业	3 054.92	6.39	5	6	5
专用设备制造业	2 154.43	4.50	9	9	9
交通运输设备制造业	5 478.38	11.45	1	1	1
电气机械及器材制造业	3 310.13	6.92	4	3	3
通信设备、计算机及其他电子设备制造业	2 827.42	5.91	6	4	6
仪器仪表及文化办公用机械制造业	612.83	1.28	22	22	22
工艺品及其他制造业	445.46	0.93	23	25	25
废弃资源和废旧材料回收加工业	160.57	0.34	30	30	30

数据来源：根据《中国统计年鉴 2012》的相关数据整理、计算所得。

3.2.3 效益结构

从制造业各行业创造效益的角度分析，2011 年制造业的利润总额为 47 843.1 亿元，较 2010 年有所上升。与前两年相比，2011 年制造业各行业中利润排名前十位的行业基本没有改变，但个别行业排名有所变化。如非金属矿物制品业，其排名从 2010 年的第 5 位上升至第 3 位。有色金属冶炼及压延加工业，从 2009 年的第 13 位、2010 年的第 11 位上升至 2011 年的第 10 位，通信设备、计算机及其他电子设备制造业，其排名从第 4 位下降至第 6 位，通用设备制造业由 2010 年的第 6 位下降至 2011 年的第 5 位。排名第一位的仍然是交通运输设备制造业。产业分布情况见图 3-9。

3.2.4 就业结构

在劳动就业方面，2011 年制造业的职工总人数为 8053.96 万人，比 2010 年减少了 337.51 万人（表 3-10）。吸纳就业人数前十位的产业职工人数占制造业职工总人数的 63.78%。其中吸纳就业人数最多的前六个产业为：通信设备、计算机及其他电子设备制造业（10.17%）、电气机械及器材制造业（7.45%）、纺织业（7.31%）、交通运输设备制造业（7.19%）、非金属矿物制品业（6.42%）、通用设备制造业（6.14%）。这也与制造业各产业的分布结构和效益结构相对应的。

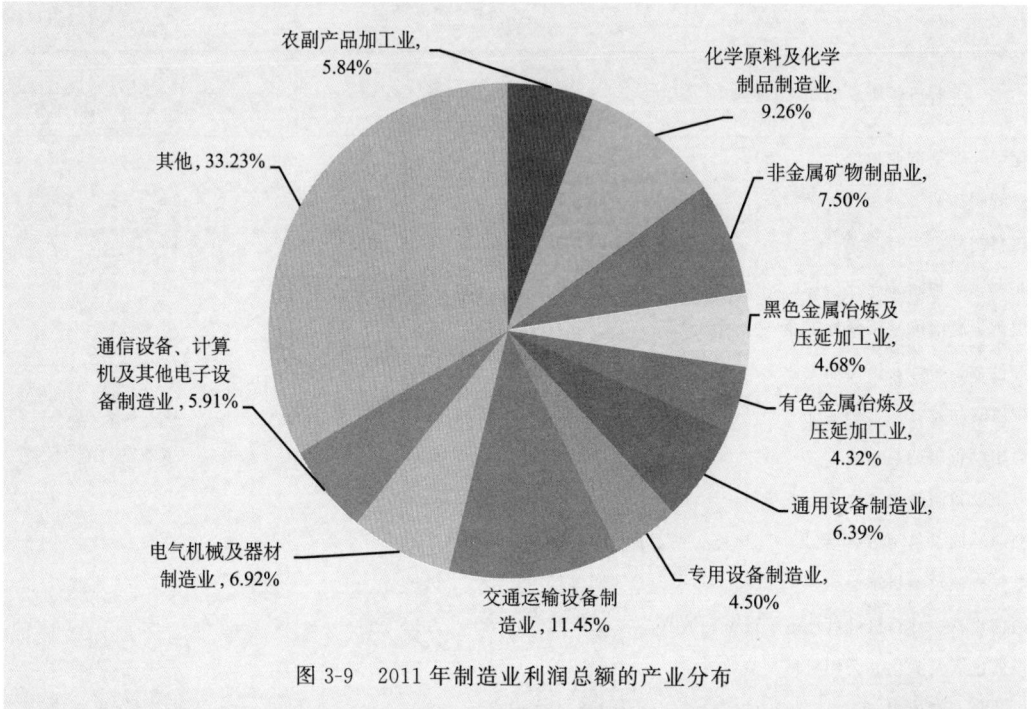

图 3-9 2011 年制造业利润总额的产业分布

表 3-10 制造业就业结构

	总人数/万人	占比/%	排名
制造业分类	8 053.96	—	—
农副食品加工业	360.71	4.48	9
食品制造业	176.86	2.20	17
饮料制造业	136.76	1.70	19
烟草制品业	19.93	0.25	29
纺织业	588.83	7.31	3
纺织服装、鞋、帽制造业	382.41	4.75	8
皮革、毛皮、羽毛（绒）及其制品业	259.75	3.23	13
木材加工及木、竹、藤、棕、草制品业	128.68	1.60	20
家具制造业	106.42	1.32	24
造纸及纸制品业	146.75	1.82	18
印刷业和记录媒介的复制	70.98	0.88	27
文教体育用品制造业	110.32	1.37	23
石油加工、炼焦及核燃料加工业	96.12	1.19	25
化学原料及化学制品制造业	454.86	5.65	7
医药制造业	178.6	2.22	16
化学纤维制造业	46.27	0.57	28
橡胶制品业	93.53	1.16	26

续表

	总人数/万人	占比/%	排名
塑料制品业	254.19	3.16	14
非金属矿物制品业	517.03	6.42	5
黑色金属冶炼及压延加工业	339.92	4.22	10
有色金属冶炼及压延加工业	192.62	2.39	15
金属制品业	311.51	3.87	12
通用设备制造业	494.52	6.14	6
专用设备制造业	323.41	4.02	11
交通运输设备制造业	579.48	7.19	4
电气机械及器材制造业	599.61	7.45	2
通信设备、计算机及其他电子设备制造业	819.48	10.17	1
仪器仪表及文化、办公用机械制造业	124.49	1.55	21
工艺品及其他制造业	124.29	1.54	22
废弃资源和废旧材料回收加工	15.63	0.19	30

资料来源：根据《中国工业经济统计年鉴 2012》相关数据计算、整理所得。

3.2.5 制造业科技创新的投入与产出结构

产业创新能力是决定制造业竞争力的核心要素。目前，中国制造业的自主创新能力还比较弱，研发投入严重不足，一大批国民经济所需重大装备和高技术制造业所需装备仍需进口，劳动生产率、工业增加值率、能源消耗等方面与发达国家的差距较大。分析制造业科技创新的现状、投入及产出状况，有助于了解目前中国制造业的科技创新能力，明确今后的发展方向。

1. 制造业科技创新的投入结构

国际上通常采用 R&D 活动的规模和强度指标反映一国的科技实力和核心竞争力。R&D（research and development），指在科学技术领域，为增加知识总量（包括人类文化和社会知识的总量），以及运用这些知识去创造新的应用进行的系统的创造性的活动，包括基础研究、应用研究、试验发展三类活动。一国的 R&D 水平体现着一国的政治经济实力，一个企业的 R&D 水平，体现着一个企业的竞争力。

表 3-11 2009～2011 年中国制造业科技创新投入

制造业各行业名称	科技创新投入/万元		
	2009 年	2010 年	2011 年
农副食品加工业	368 044	478 254	920 658
食品制造业	314 094	388 737	626 131
饮料制造业	393 206	460 381	693 436
烟草制品业	125 802	138 549	159 702

续表

制造业各行业名称	科技创新投入/万元		
	2009 年	2010 年	2011 年
纺织业	691 790	846 399	1 360 233
服装及其他纤维制品制造业	149 512	165 556	289 534
皮革毛皮羽绒及其制品业	81 635	103 530	154 417
木材加工及竹藤棕草制品业	52 031	56 274	144 700
家具制造业	55 908	40 365	90 341
造纸及纸制品业	319 798	366 697	558 877
印刷业记录媒介的复制业	77 071	103 068	190 130
文教体育用品制造业	84 309	73 566	136 993
石油加工及炼焦业	338 368	438 266	625 447
化学原料及化学制品制造业	1 972 899	2 475 264	4 699 215
医药制造业	996 221	1 226 262	2 112 462
化学纤维制造业	323 849	409 735	587 560
橡胶制品业	368 097	523 273	631 281
塑料制品业	299 203	409 582	726 377
非金属矿物制品业	589 794	813 327	1 397 206
黑色金属冶炼及压延加工业	3 054 462	4 021 200	5 126 475
有色金属冶炼及压延加工业	973 899	1 188 581	1 901 947
金属制品业	461 071	618 559	1 112 914
通用设备制造业	2 099 680	2 373 243	4 066 679
专用设备制造业	1 978 241	2 348 941	3 656 608
交通运输设备制造业	4 599 870	5 821 997	7 852 546
电气机械及器材制造业	3 296 018	4 250 969	6 240 088
通信设备、计算机及其他电子设备制造业	5 496 059	6 862 561	9 410 520
仪器仪表及文化办公用机械制造业	485 201	573 806	1 208 653
工艺品及其他制造业	96 222	136 326	242 662

从表 3-11 可以看出，近年来，我国制造业创新投入不断增加，继 2010 年经费支出略有回落之后，2011 年的活动经费有了较大幅度的增长。2010 年我国制造业 R&D 活动经费支出为 37 713 267 万元，比 2009 年下降约 1 个百分点；制造业 R&D 活动人员全时当量为 1 292 153 人·年，比 2009 年下降 4.58%，见表 3-12。2011 年我国制造业 R&D 活动经费支出为 56 923 791 万元，比 2010 年增长了约 51%；制造业 R&D 活动人员全时当量为 1 823 783 人·年，比 2010 年增长了约 41%。

表 3-12   2011 年中国制造业科技创新投入

指标	2009 年	2010 年	2011 年	增长率
R&D 活动经费支出/万元	38 111 525	37 713 267	56 923 791	51%
R&D 活动人员全时当量/(人·年)	1 354 195	1 292 153	1 823 783	41%

数据来源：根据《中国科技统计年鉴 2012》相关数据计算、整理所得。

从科技创新的行业投入结构来看，2011 年中国制造业科技创新产业的投入在行业间呈现出不平衡的局面（图 3-10）。2011 年制造业的科技创新产业分布主要集中在通信设备、计算机及其他电子设备制造业（16.53%）、交通运输设备制造业（13.79%）、电气机械及器材制造业（10.96%）、黑色金属冶炼及压延加工（9.01%）、化学原料及化学制品制造业（8.25%）、通用设备制造业（7.14%）、专用设备制造业（6.42%）等几个主要行业上，排名前十的行业研发经费内部支出额占了制造业总额的 81.62%。同时也有很多行业的研发经费投入不足，如家具制造业（0.16%）、文教体育用品制品业（0.24%）等产业。

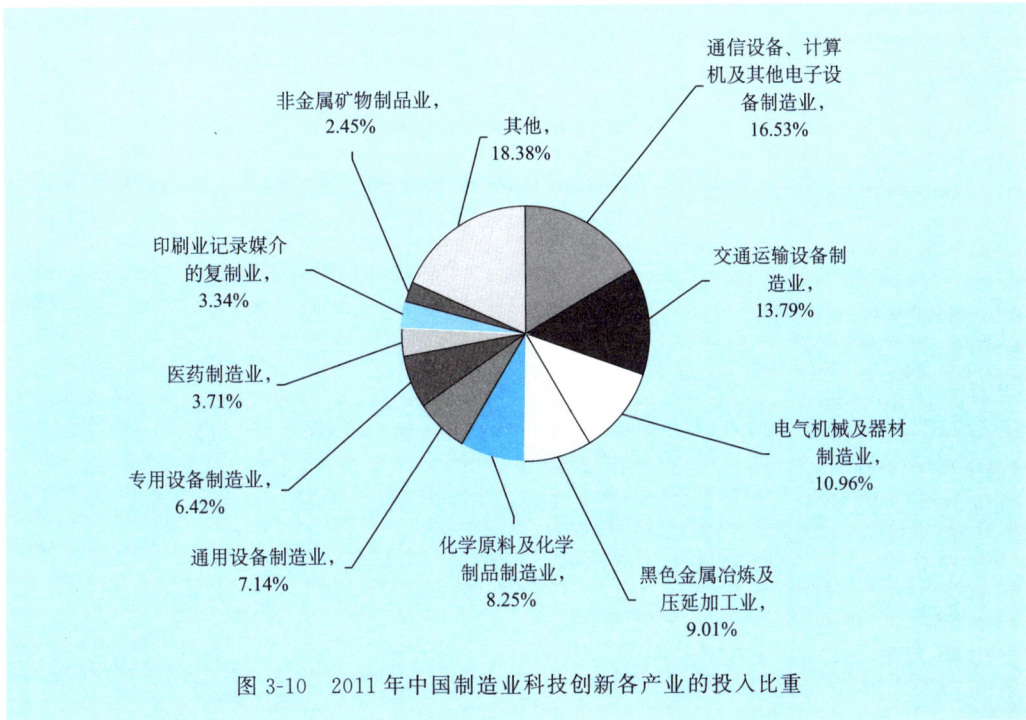

图 3-10　2011 年中国制造业科技创新各产业的投入比重

2. 制造业科技创新的产出结构

从总量指标（表 3-13、表 3-14）上来看，2011 年制造业的科技创新水平有了很大的提高，其中新产品的开发项目数达到了 261 564 项，比 2010 年增长了 40.71%；有效发明专利数为 196 521 项，比 2010 年增长了 178%。

表 3-13　2010~2011 年大中型制造业企业科技创新产出情况

制造业各行业名称	2010 年		2011 年	
	新产品开发项目数/项	发明专利数/项	新产品开发项目数/项	发明专利数/项
全国总计	155 072	70 688	261 564	130 898
农副食品加工业	1 792	558	3 947	1 613

续表

制造业各行业名称	2010 年		2011 年	
	新产品开发项目数/项	发明专利数/项	新产品开发项目数/项	发明专利数/项
食品制造业	1 810	834	3 007	1 435
饮料制造业	1 502	272	2 628	1 239
烟草制品业	662	245	800	490
纺织业	4 861	809	7 822	1 962
纺织服装、鞋、帽制造业	920	197	1 452	686
皮革、毛皮、羽毛（绒）及其制品业	633	114	1 049	377
木材加工及木、竹、藤、棕、草制品业	344	172	821	583
家具制造业	710	215	1 134	1 102
造纸及纸制品业	1 186	294	1 512	809
印刷业和记录媒介的复制	490	183	1 081	578
文教体育用品制造业	1 234	248	1 690	1 229
石油加工、炼焦及核燃料加工业	1 000	345	1 578	1 228
化学原料及化学制品制造业	6 952	2 902	17 353	11 917
医药制造业	9 410	3 705	16 440	10 506
化学纤维制造业	1 038	365	1 563	733
橡胶制品业	2 520	404	3 310	999
塑料制品业	1 726	785	9 438	3 393
非金属矿物制品业	3 026	1 800	6 238	6 366
黑色金属冶炼及压延加工业	6 363	2 102	7 371	4 119
有色金属冶炼及压延加工业	2 564	1 194	4 041	4 651
金属制品业	3 123	1 170	6 520	4 780
通用设备制造业	16 451	3 330	27 985	13 464
专用设备制造业	12 679	4 027	22 362	16 358
交通运输设备制造业	21 277	5 391	31 329	12 071
电气机械及器材制造业	19 529	8 339	32 603	24 052
通信设备、计算机及其他电子设备制造业	25 850	28 913	34 672	62 159
仪器仪表及文化、办公用机械制造业	4 463	1 485	9 802	6 759
工艺品及其他制造业	957	290	2 016	863

数据来源：根据《中国科技统计年鉴 2012》相关数据计算、整理所得。

表 3-14   2011 年大中型制造业企业科技创新产出情况

科技创新产出指标	2010 年	2011 年	增长率
新产品开发项目数/项	155 072	261 564	40.71%
发明专利数/项	70 688	196 521	178%

数据来源：根据《中国统计年鉴 2012》相关数据计算、整理所得。

2011 年制造业新产品开发主要集中在通信设备计算机及电子设备制造业（13.26％）、电气机械及器材制造业（12.46％）、交通运输设备制造业（11.98％）、通用设备制造业（10.70％）、专用设备制造业（8.55％），这五个行业开发的新产品占整个制造业的 56.95％。新产品开发数量位居前十的行业，其新产品产出占了制造业总数的 80.21％。

从专利数上看，通信计算机及其他电子设备制造业以 62 159 件申请发明专利数遥遥领先于其他制造业行业，电气机械及器材制造业以 24 052 件申请发明专利数排名第二；而皮革毛皮羽绒及其制品业和烟草制造业有效发明专利数分别为 377 件和 490 件，排名倒数第一和第二位。2011 年排名前十位的制造业有效发明专利数如图 3-11 所示。从图 3-11 中可以看出，制造业科技创新的产出结构与投入结构基本是一致的，并且在行业中呈现出不平衡的特点。

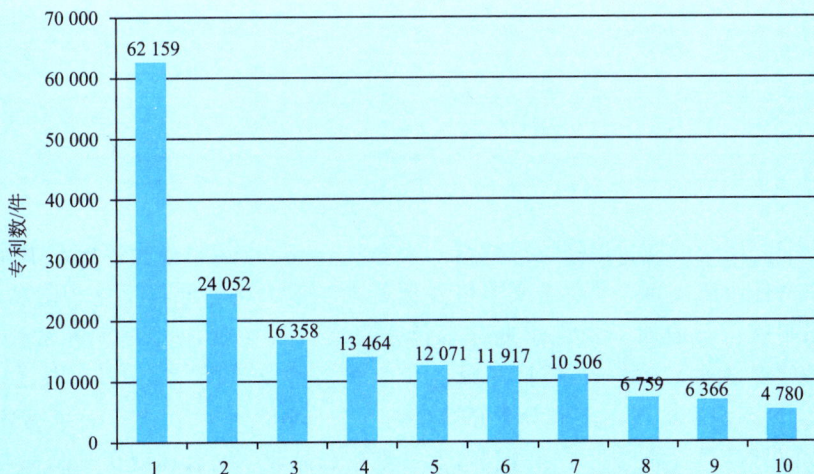

图 3-11　2011 年排名前十位的制造业产业的有效发明专利数

1. 通信计算机及其他电子设备制造业 2. 电气机械及器材制造业 3. 专用设备制造业 4. 通用设备制造业 5. 交通运输设备制品业 6. 化学原料及化学制品制造业 7. 医药制造业 8. 仪器仪表及文化办公用机械制造业 9. 非金属矿物制品业 10. 金属制品业

3.2.6　制造业对环境影响的结构分析

目前，中国正处于工业化加速发展期，对矿产资源、能源消耗急剧增加。而随着全球日益变暖，制造业对环境的污染也越来越引起人们的关注。未来 20 年制造业的增长，如果单纯依靠数量，这是资源、能源和环境所不能承受的。因此，制造业的发展必须统筹考虑经济、资源、环境三大因素的优化，由粗放型发展模式向可持续发展模式转变。

在本部分对我国制造业可持续发展能力的分析过程中，主要针对其能源消费、环境污染和资源环境保护能力等方面进行研究。

1. 制造业能源消耗和对环境影响的总体状况

通过制造业总体的能源消耗和环境污染状况与全国总体状况的比较，可以看出制造业的资源使用概况和对环境的污染程度。

2011 年能源消耗总量比 2010 年增加了 5.80%，为 200 403.4 万吨标准煤；2011 年工业废水排放总量为 1 730 425 万吨，与 2010 年相比，减少了 2.06%；工业二氧化硫的排放量为 9 678 707 吨，与 2010 年相比增加了 27.29%（表 3-15）。说明我国在经济增长的同时还要有更多的措施来保护环境，才能实现社会的可持续发展。

表 3-15　制造业资源消耗和"三废"排放量

能耗及环境指标	2010 年	2011 年	增加率
能源消耗总量/万吨标准煤	189 414.85	200 403.4	5.80%
工业废水排放总量/万吨	1 766 871	1 730 425	−2.06%
工业二氧化硫排放量/吨	7 603 823	9 678 707	27.29%

数据来源：根据《中国环境统计年鉴 2012》数据计算、整理所得。

2. 制造业各行业对环境影响程度的结构分析

制造业能源耗费结构。根据统计数据（表 3-16），2011 年制造业各行业中能源消耗最大的前 5 个行业依次为：黑色金属冶炼及压延加工业、化学原料及化学制品制造业、非金属矿物制品、石油加工及炼焦业、有色金属冶炼及压延加工业，与 2010 年以及 2009 年的排名都相同。这 5 个行业占制造业能源消费总量的 77.18%，与 2010 年的 76.57% 相比没有明显提高，而消费能源最少的 5 个行业也和 2010 年一样，依次为：废弃资源和废旧材料回收加工业、家具制造业、烟草制品业、文教体育用品制造业、仪器仪表及文化办公用机械制造业，仅占 0.56%（图 3-12）。可见制造业各行业对能源的消耗是很不平衡的。

表 3-16　制造业能源消耗（万吨标准煤）

能源消耗	2010 年	2011 年
合计	189 414.85	200 403.4
农副食品加工业	2 644.27	2 663.79
食品制造业	1 508.52	1 517.97
饮料制造业	1 130.42	1 197.41
烟草制品业	228.89	272.31
纺织业	6 204.53	6 269.05
纺织服装、鞋、帽制造业	748.42	753.44
皮革、毛皮、羽毛（绒）及其制品业	392.19	371.37
木材加工及木、竹、藤、棕、草制品业	1 035.62	1 097.31
家具制造业	209.66	201.99

续表

能源消耗	2010 年	2011 年
造纸及纸制品业	3 961.92	3 983.51
印刷业和记录媒介的复制	390.97	389.6
文教体育用品制造业	210.84	232.76
石油加工、炼焦及核燃料加工业	16 044.66	17 057.01
化学原料及化学制品制造业	31 353.93	34 713.14
医药制造业	1 427.68	1 523.16
化学纤维制造业	1 440.91	1 530.4
橡胶制品业	1 461.17	1 521.16
塑料制品业	2 097.51	2 016.73
非金属矿物制品业	27 473.24	30 014.96
黑色金属冶炼及压延加工业	57 533.71	58 896.58
有色金属冶炼及压延加工业	12 841.45	13 991.13
金属制品业	3 627.75	3 533.37
通用设备制造业	3 270.81	3 823.13
专用设备制造业	1 851.2	1 887.05
交通运输设备制造业	3 748.85	3 995.63
电气机械及器材制造业	2 121.53	2 276.48
通信设备、计算机及其他电子设备制造业	2 525.15	2 623.39
仪器仪表及文化、办公用机械制造业	346.47	318.39
工艺品及其他制造业	1 505.08	1 641.89
废弃资源和废旧材料回收加工	77.49	89.29

数据来源：根据《中国环境统计年鉴2012》数据计算、整理所得。

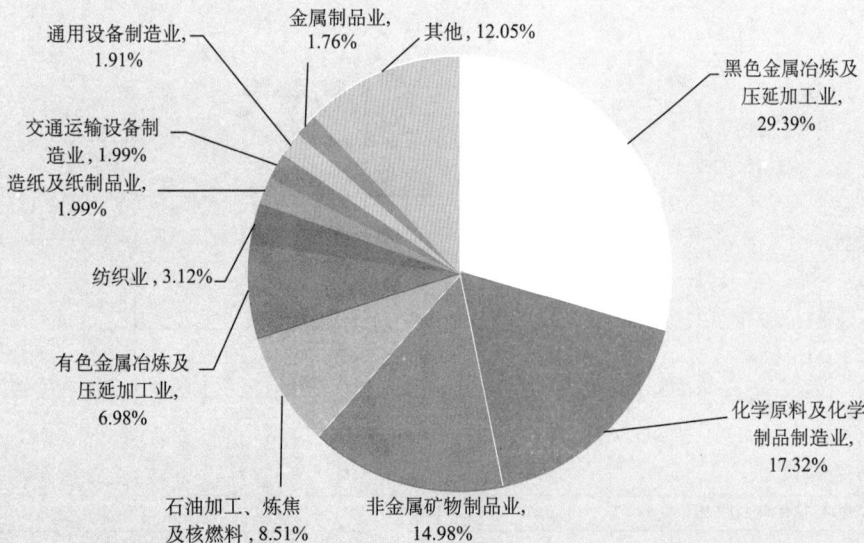

图 3-12 2011 年制造业工业能源消耗总量的行业分布

　　从 2011 年制造业各行业废水排放及处理情况的统计数据看（表 3-17、图 3-13），造纸及纸制品业（22.09％）、化学原料及化学制品制造业（16.66％）、纺织业（13.92％）、农副食品加工业（7.98％）、黑色金属冶炼及压延加工业（6.99％）是排放废水最多的五个行业，它们排放的废水总量占制造业废水排放总量的 67.64％。

表 3-17　制造业工业废水排放量（万吨）

工业废水排放	2010 年	2011 年
总量	1 766 871	1 730 425
农副食品加工业	143 100	138 116
食品制造业	54 549	51 950
饮料制造业	75 519	71 664
烟草制品业	2 673	2 090
纺织业	245 470	240 802
纺织服装、鞋、帽制造业	12 039	19 878
皮革、毛皮、羽毛（绒）及其制品业	28 173	25 785
木材加工及木、竹、藤、棕、草制品业	5 036	3 522
家具制造业	2 146	735
造纸及纸制品业	393 699	382 265
印刷业和记录媒介的复制	1 578	1 303
文教体育用品制造业	1 071	1 937
石油加工、炼焦及核燃料加工业	70 024	79 587
化学原料及化学制品制造业	309 006	288 331
医药制造业	52 606	48 586
化学纤维制造业	42 371	41 428
橡胶制品业	7 042	12 155
塑料制品业	4 962	—
非金属矿物制品业	32 313	26 075
黑色金属冶炼及压延加工业	116 948	121 037
有色金属冶炼及压延加工业	31 118	33 545
金属制品业	30 152	29 912
通用设备制造业	13 055	11 973
专用设备制造业	9 714	6 454
交通运输设备制造业	26 219	28 395
电气机械及器材制造业	11 652	9 631
通信设备、计算机及其他电子设备制造业	35 965	44 961
仪器仪表及文化、办公用机械制造业	4 965	2 242
工艺品及其他制造业	2 559	3 997
废弃资源和废旧材料回收加工	1 147	2 069

　　数据来源：根据《中国环境统计年鉴 2012》数据计算、整理所得。2011 年没有塑料制品业的数据。

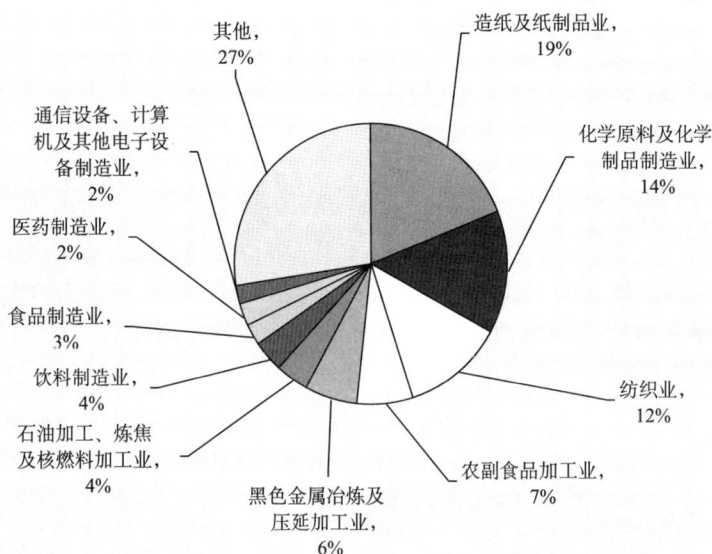

图 3-13 2011 年工业废水排放总量的行业分布

2011 年二氧化硫排放集中在黑色金属冶炼及压延加工业（25.98％）、非金属矿物制品业（20.84％）、化学原料及制品制造业（13.17％）、有色金属冶炼及压延加工业（11.84％）、石油加工炼焦及核燃料加工业（8.35％）、造纸及纸制品业（5.61％）六个行业中，占制造业排放总量的 85.79％（表 3-18、图 3-14）。

表 3-18 制造业二氧化硫排放量（吨）

工业二氧化硫排放总量	2010 年	2011 年
总量	7 603 823	9 678 707
农副食品加工业	169 325	239 869
食品制造业	115 646	141 630
饮料制造业	111 783	134 222
烟草制品业	10 013	11 074
纺织业	247 218	272 288
纺织服装、鞋、帽制造业	11 193	19 266
皮革、毛皮、羽毛（绒）及其制品业	14 016	25 602
木材加工及木、竹、藤、棕、草制品业	32 566	47 070
家具制造业	2 212	2 873
造纸及纸制品业	508 206	542 812
印刷业和记录媒介的复制	2 995	4 083
文教体育用品制造业	1 095	2 321
石油加工、炼焦及核燃料加工业	635 334	808 113
化学原料及化学制品制造业	1 040 040	1 274 718

续表

工业二氧化硫排放总量	2010 年	2011 年
医药制造业	79 395	104 078
化学纤维制造业	106 884	121 463
橡胶制品业	39 475	81 120
塑料制品业	29 452	—
非金属矿物制品业	1 686 183	2 016 894
黑色金属冶炼及压延加工业	1 766 511	2 514 490
有色金属冶炼及压延加工业	803 326	1 146 272
金属制品业	35 033	58 336
通用设备制造业	50 475	27 042
专用设备制造业	39 112	16 430
交通运输设备制造业	33 874	30 259
电气机械及器材制造业	13 488	9 429
通信设备、计算机及其他电子设备制造业	6 523	7 954
仪器仪表及文化、办公用机械制造业	1 401	923
工艺品及其他制造业	8 828	13 982
废弃资源和废旧材料回收加工	2 221	4 094

数据来源：根据《中国环境统计年鉴 2012》数据计算、整理所得。2011 年没有塑料制品业的数据。

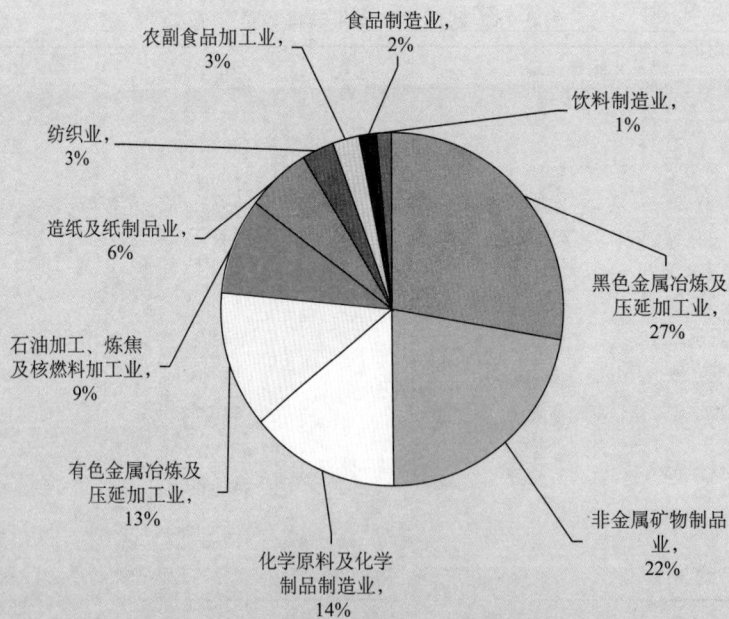

图 3-14　2011 年工业二氧化硫排放量的行业分布

3.2.7　制造业空间结构分析

改革开放以来，中国经济持续高速增长，与此同时，地区差距也在不断扩大。以 2011 年为例，全国人均 GDP 高于 4 万元的 10 个省（市）中，东部地区占 9 个。人均 GDP 最高的是天津，达到 85 213 元，上海和北京分别为 82 560 和 81 658 元。人均 GDP 低于 30 000 元的共有 10 个省（市），其中 9 个分布在中西部地区。人均 GDP 最低的三个省份是贵州、云南和甘肃，分别为 16 413、19 265 和 19 595 元，与东部地区省份的差距是非常大的。

产业聚集是指同一产业在某个特定地理区域内高度集中，产业资本要素在空间范围内不断汇聚的一个过程。产业的聚集可以在一定程度上带来创新效益、竞争效益等效益优势。与区域的人均 GDP 水平存在差异相对应，区域间的产业聚集水平也存在明显差异。为了反映这种差异，我们以区位熵方法计算各省（市）的制造业聚集指数。

区位熵是用来衡量产业聚集的一种常用方法，其优点是能较好地从区域的角度分析产业聚集程度。

t 时刻地区 i 的制造业聚集指数为

$$Agglo_{it} = (M_{it}/M_t)/(P_{it}/P_t)$$

其中，M_{it} 为地区 i 在 t 时刻的制造业人口；P_{it} 为地区 i 在 t 时刻的就业人口；M_t 和 P_t 分别为 t 时刻的全国制造业人口和全国总就业人口。

制造业聚集指数的本质是各地区制造业人口占全国份额与各地区就业人口占全国份额之比。一般而言，这一指标的数值越大，表明制造业在该地区的聚集程度越高。2011 年各地区制造业聚集指数如表 3-19 所示。

表 3-19　2011 年各地区制造业聚集指数

地区	制造业就业人数/万人	地区就业人数/万人	区位熵	排名
北京	107.8	685.9	0.554	26
天津	112.7	268.2	1.481	3
河北	130.6	555.4	0.829	12
山西	70.2	409.7	0.604	23
内蒙古	40.0	262.4	0.538	27
辽宁	167.6	579.6	1.019	8
吉林	64.9	277.9	0.824	14
黑龙江	65.7	466.2	0.497	28
上海	186.8	497.3	1.324	6
江苏	353.7	811.3	1.537	2
浙江	376.7	995.7	1.334	5
安徽	85.5	411.6	0.733	18
福建	283.0	596.3	1.673	1
江西	87.8	344.4	0.899	10

续表

地区	制造业就业人数/万人	地区就业人数/万人	区位熵	排名
山东	372.2	1 050.4	1.249	7
河南	193.8	839.1	0.814	15
湖北	168.2	586.1	1.012	9
湖南	129.0	551.4	0.825	13
广东	519.0	1 238.2	1.478	4
广西	67.8	341.6	0.700	20
海南	8.4	85.1	0.346	30
重庆	79.6	337.2	0.832	11
四川	141.6	614.0	0.813	16
贵州	39.9	241.0	0.583	25
云南	63.2	350.1	0.637	21
西藏	0.7	23.3	0.100	31
陕西	85.1	393.7	0.762	17
甘肃	33.9	199.3	0.599	24
青海	12.1	60.6	0.703	19
宁夏	10.8	60.9	0.623	22
新疆	30.1	279.4	0.379	29

数据来源：根据《中国统计年鉴 2012》整理计算。

　　由表 3-10 可以看出，中国的制造业聚集已表现出明显的地区差异。东部沿海各省份的聚集程度最高。以 2011 年为例，东部地区 10 个省（市）中，有 8 个聚集指数大于 1，福建的制造业聚集指数达到 1.673，江苏达到了 1.537，天津和广东分别达到了 1.481 和 1.478。中部地区各省的制造业聚集程度相对较低，西部地区则处于非常低的水平，比如西藏的聚集指数为 0.100，新疆为 0.379。

3.2.8　未来制造业结构调整方向预测

　　从所有制结构来看，国有工业企业主要集中于资源垄断型的制造业及装备制造业，外商及港澳台投资企业集中于技术能力较强、利润较高的行业，私营企业主要从事一般性竞争激烈的行业，且所占产值比重最高。从长远来看，一方面要理顺、建立合适的资源型产业定价机制；另一方面通过引入民营资本进入资源垄断型的制造业，形成市场化条件下的资源优化匹配最优，提升资源的集约化效率。另外，通过政策引导、资本市场创新、产权交易市场完善等方面的合力，鼓励、扶持国有、私营工业企业从事附加值高、技术含量高的新兴制造业发展，提升技术创新能力和国际竞争力，促进行业效益的提升。

　　从产值和效益结构来看，一方面，传统劳动密集型、低端制造业的产值和利润依然占据重要地位，产业结构不合理；另一方面，制造业所涵盖的 30 个行业产值、利润比重和排名 2011 年与 2010 年相比，变化不大，创新能力不足。因此，要通过政策、市场、行政等各种手段鼓励制造业企业加大研发和技术创新的力度，引导产业资本进入竞争力强、利润高的高端制造业领域，在全球化产业分工中占据有利地位。

从就业结构来看，虽然以通信设备计算机及其他电子设备制造业（10.17%）、电气机械及器材制造业（7.45%）为代表的新兴资本密集型产业吸纳的就业人口占据前两名的位置，但总体上和传统劳动密集型产业吸纳的就业人数仍然不能相比，既反映了当前制造业从业人员的总体平均水平较低，也反映了产业结构升级的重要性和迫切性。

从制造业的科技创新投入与产出结构来看，制造业创新的投入不断增加，创新投入主要投在技术密集的高科技产业和部分传统制造业，创新的产出有很大增加，创新水平有很大提高。从长远来看，制造业创新的投入与产出都会不断增加。但对比制造业的产值和利润结构来看，各行业变化不大，保持相对稳定，说明技术创新能力还没有形成关键性的突破，还没有将技术创新的投入转化为强大的产业升级优势。

从对环境影响的结构方面来看，能源消耗总量和二氧化硫排放增加而工业废水排放减少，环境污染来源主要是与石油、矿物化工以及金属方面的初级制造业相关，其产业的产值和利润比重与其形成的资源和环境成本严重不相匹配。从未来来看，应加大环境规制的约束力度，通过环境法规来促进落后产能、技术的淘汰，促进技术创新，以增强资源的利用效率和降低对环境的不利影响，加大产业的调整、转换升级力度，提升资源环境的承载能力。

从制造业的空间结构来看，中国制造业的聚集程度在区域间差异明显，形成东中西的产业梯度，经济发展水平存在较大的区域差距，地区发展不平衡成为制约经济社会协调发展的重大阻力，促进产业的转移、构建东中西部地区和谐发展成为未来产业区域调整的重要发展方向。

因此，未来中国制造业结构调整的主要方向是：一是调整产业结构，通过技术创新政策、制度以及资本产权、环境法规等政府手段，鼓励区域产业的升级、调整，鼓励国有、私营工业企业从事附加值高、技术含量高的新兴制造业发展，在关键领域和战略性新兴产业领域形成技术突破并形成强大的产业制造能力和国际竞争优势，提高资源的利用效率，降低对环境的影响，提升环境资源的承载能力；二是调整区域差异，鼓励区域间的产业转移和产业结构升级，注重与区域的环境、资源承载能力的对接，推动区域间的平衡发展和产业分工。另外，加大基础教育和技能培训教育的投入力度，培育更多适应未来产业发展的产业从业人员。

3.3 典型产业分析

我国制造业有 30 个行业分类，我们从中选取 5 个最具代表性的典型行业进行进一步的分析：中国是农业大国，工业发展水平和经济发展水平与发达国家有一定的差距，因此我们选取食品制造业、纺织业作为这一典型的样本；黑色金属冶炼及压延加工业在我国制造业中产值比重最大且是传统的重要制造业，具有很强的传统产业代表性；医药制造业具有一定的相对独立性和区域的特殊性，可作为一般性产业的代表；通信设备、计算机及其他电子设备制造业是我国具有一定比较优势、产值规模大、技术创新活跃的产业，可作为面向未来的优势产业发展的典型代表。

本部分从经济能力、科技创新能力、可持续发展能力三个方面对我国食品制造业、纺织业、黑色金属冶炼及压延加工业、医药制造业和通信设备、计算机及其他电子设备制造业五个典型产业发展现状进行描述。具体指标选取如表 3-20 所示。

表 3-20　2011 年中国制造业各产业经济、科技、环境指标

指标类别	指标名称
经济类指标① （规模与绩效）	工业总产值（亿元）
	工业增加值（亿元）
	销售收入（亿元）
	职工人数（万人）
	利润（亿元）
科技类指标② （科技投入与产出）	R&D 活动经费支出（万元）
	R&D 活动人员全时当量（人年）
	新产品开发项目数（项）
	申请发明专利数（项）
	新产品产值（万元）
环境类指标③ （能耗与环保）	能源消耗总量（万吨标准煤）
	工业废水排放总量（万吨）
	工业废气（SO_2）排放总量（吨）
	工业固体废弃物排放总量（万吨）

①经济类指标统计口径为行业内"规模以上工业企业"。
②科技类指标统计口径为行业内"规模以上制造业企业"。
③环境类指标统计口径为全行业。

3.3.1　食品制造业

食品制造业，包含烘焙食品制造，糖果、巧克力及蜜饯制造，方便食品制造，液体乳及乳制品制造，罐头制造，调味品、发酵制品制造和其他制品制造等 7 个子行业。

1. 经济创造能力

2011 年，食品制造业总产值为 14 046.96 亿元，占全部工业比重为 1.66％；销售收入为 13 875.73 亿元，占全部工业比重为 1.65％；职工总人数为 176.86 万人，占全部工业比重为 1.93％；利润为 1232.25 亿元，占全部工业比重为 2.01％（表 3-21）。食品制造业总体规模较小，职工人数较少。

2000～2011 年，食品制造业呈现稳定增长的趋势（如图 3-15 所示），其中 2000 年食品制造业的工业总产值、销售收入和就业人数分别是 1442.52 亿元、1353.07 亿元和 91.77 万人。2011 年的工业总产值、销售收入和就业人数分别是 2000 年的 9.7 倍、10.3 倍和 1.9 倍，利润额从 2000 年的 54.79 亿元，增长到 2011 年的 1232.25 亿元。与 2000 年相比，2011 年各项经济指标有了显著的增长，值得注意的是 2011 年的利润总额是 2000 年利润总额的 22.5 倍，但 2011 年的职工人数却是 2000 年的 1.9 倍。

表 3-21　2011 年食品制造业经济创造能力指标

指标类别	指标名称	数值	占全部工业比重
经济类指标 （规模与绩效）	工业总产值/亿元	14 046.96	1.66%
	工业增加值/亿元	2 696.32	1.85%
	销售收入/亿元	13 875.73	1.65%
	职工人数/万人	176.86	1.93%
	利润/亿元	1 232.25	2.01%

数据来源：根据《中国工业经济统计年鉴 2012》计算整理。

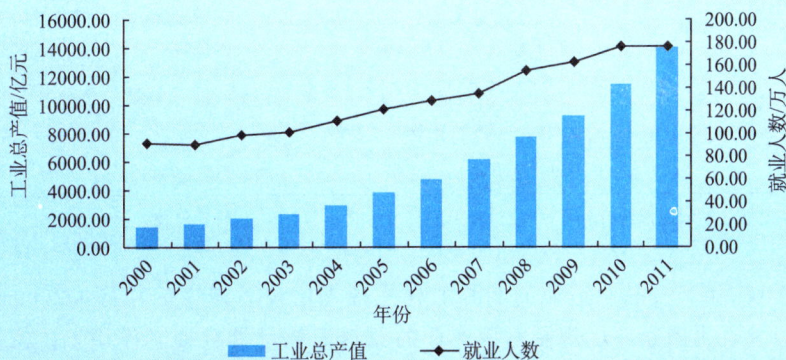

图 3-15　2000～2011 年食品制造业工业总产值和就业人数情况

2. 科技创新能力

2011 年中国食品制造业研究与开发机构 R&D 活动经费支出为 515 653 万元，占全部工业比重为 1.02%；R&D 活动人员全时当量为 25 866 人·年，占全部工业比重为 1.15%。表 3-22 中数据表明中国食品制造业基础研究明显偏少，对科技人员的重视不够，导致中国食品行业缺乏深入的基础研究，在技术创新方面潜力不足，特别缺乏自主知识产权。

表 3-22　2011 年食品制造业科技创新能力指标

指标类别	指标名称	数值	占全部工业比重
科技类指标 （科技投入与产出）	R&D 活动经费支出/万元	515 653	1.02%
	R&D 活动人员全时当量/(人·年)	25 866	1.15%
	新产品开发项目数/项	3 007	1.13%
	申请发明专利数/项	3 870	1.00%

数据来源：《中国科技统计年鉴 2012》数据整理。

2011 年中国食品制造业新产品开发项目数 3007 项，占全部工业比重为 1.02%；申请发明专利 3870 项，占全部工业比重为 1.00%。数据表明食品制造业的研发产出占全部工业比重和该产业在工业比重不相匹配，明显偏少。

3. 可持续发展能力

2011 年，食品制造业能源消耗总量为 1517.97 万吨标准煤，占全部工业比重为 0.62%；工业"三废"分别排放 51 950 万吨、141 630 吨和 610.1 万吨，占全部工业比重分别为 2.44%、0.75% 和 0.20%（表 3-23）。数据表明食品制造业主要排放物为废水。

表 3-23   2011 年食品制造业环保、能耗指标表

指标类别	指标名称	数值	占全部工业比重
环境类指标 （能耗与环保）	能源消耗总量/万吨标准煤	1 496.89	0.65%
	工业废水排放总量/万吨	51 950	2.44%
	工业废气（SO_2）排放总量/吨	141 630	0.75%
	工业固体废弃物排放总量/万吨	610.1	0.20%

数据来源：根据《中国能源统计年鉴 2012》、《中国环境统计年鉴 2012》数据整理。

2000～2011 年，食品制造业的能源消耗呈现先增长后减少的趋势，2009 年出现拐点（图 3-16）。表明国家环境规制对该产业的原料消耗量具有抑制作用，国家环境规制政策已初具成效。

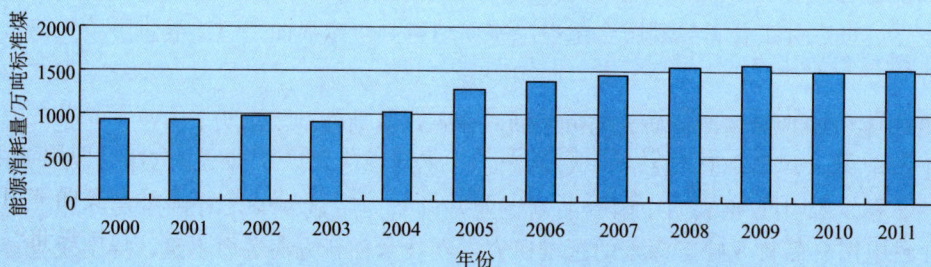

图 3-16   2000～2011 年食品制造业能源消费总量

3.3.2 纺织业

纺织产业是中国最传统的产业之一，也是中国国民经济的重要支柱和出口创汇的重要来源。它包括纤维原料初步加工业、棉纺织业、毛纺织业、麻纺织业、丝绢纺织业、针织品业、其他纺织业（包括废旧纤维纺织业、特种纺织品业及非织造布业）等。

1. 经济创造能力

2011 年，纺织业工业总产值为 32 652.99 亿元，占全部工业比重的 3.87%；销售收入为 32 288.52 亿元，占全部工业比重为 3.84%；职工人数为 588.83 万人，占全部

工业比重为 6.42％；利润为 1956.81 亿元，占全部工业比重为 3.19％（表 3-24）。表明纺织业在我国工业经济占有重要地位，更是吸纳职工就业的重要渠道。

表 3-24 纺织业经济创造能力指标

指标类别	指标名称	数值	占全部工业比重
经济类指标 （规模与绩效）	工业总产值/亿元	32 652.99	3.87％
	工业增加值/亿元	4 145.07	2.85％
	销售收入/亿元	32 288.52	3.84％
	职工人数/万人	588.83	6.42％
	利润/亿元	1 956.81	3.19％

资料来源：根据《中国工业经济统计年鉴 2012》数据整理。

2000～2011 年，纺织业工业总产值稳步上升，但就业人数 2010 年出现拐点（图 3-17）。

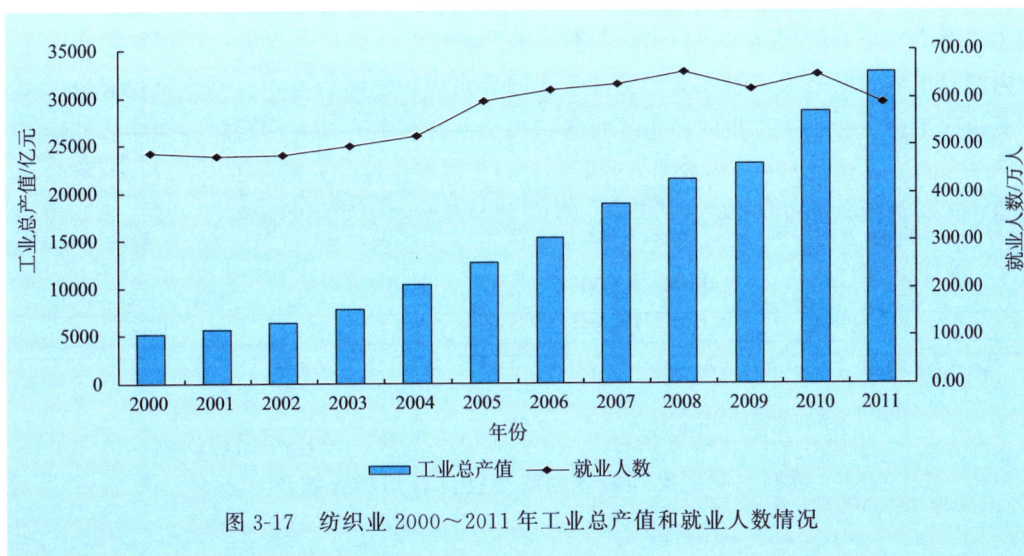

图 3-17 纺织业 2000～2011 年工业总产值和就业人数情况

2. 科技创新能力

2011 年，纺织业 R&D 活动经费支出 1 143 311 万元，占全部工业比重为 2.26％；R&D 活动人员全时当量为 65 530 人·年，占全部工业比重为 2.91％。与纺织业在国民经济中的地位和就业人数的重要性不匹配，当然这和纺织业的本身技术含量不高的行业特征有关。

2011 年，纺织业的新产品开发项目数 7822 项，占全部工业比重为 2.91％；申请发明专利数 12 711 项，占全部工业比重为 3.29％（表 3-25）。数据表明纺织业投入的研发经费产出效益较高。

表 3-25   2011 年纺织业科技创新能力指标

指标类别	指标名称	数值	占全部工业比重
科技类指标 （科技投入与产出）	R&D 活动经费支出/万元	1 143 311	2.26%
	R&D 活动人员全时当量/(人·年)	65 530	2.91%
	新产品开发项目数/项	7 822	2.94%
	申请发明专利数/项	12 711	3.29%

数据来源：根据《中国科技统计年鉴 2012》数据整理。

3. 可持续发展能力

2011 年，纺织业的能源消耗总量为 6269.05 万吨标准煤，占全部工业比重为 2.54%；工业"三废"排放量分别为 240 802 万吨、272 288 吨、673.3 万吨，其占全部工业比重分别为 11.31%、1.44% 和 0.22%（表 3-26）。数据表明纺织业的主要污染物为工业废水，这和纺织业本自身的生产特点有关。

表 3-26   2011 年纺织业环保、能耗指标表

指标类别	指标名称	数值	占全部工业比重
科技类指标 （能耗与环保）	能源消耗总量/万吨标准煤	6 257.45	2.70%
	工业废水排放总量/万吨	240 802	11.31%
	工业废气（SO_2）排放总量/吨	272 288	1.44%
	工业固体废弃物排放总量/万吨	673.3	0.22%

数据来源：根据《中国能源统计年鉴 2012》、《中国环境统计年鉴 2012》数据整理。

2000～2011 年，纺织业能源消耗 2007 年前稳步上升，2007 年出现拐点，消耗量逐步下降（图 3-18）。数据表明国家环境规制政策已具有初步成效。

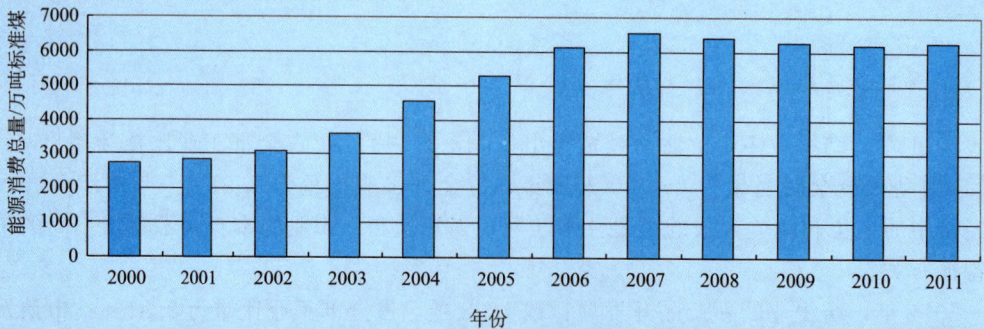

图 3-18   2000～2011 年纺织业能源消费总量

3.3.3 黑色金属冶炼及压延加工业

1. 经济创造能力

2011 年，黑色金属冶炼及压延加工业的工业总产值为 64 066.98 亿元，占全部工业比重为 7.59％；销售收入为 65 909.31 万元，占全部工业比重为 7.83％；职工人数 339.92 万人，占全部工业比重为 3.71％；利润为 2239.48 亿元，占全部工业比重为 3.65％（表 3-27）。数据表明黑色金属冶炼及压延加工业的利润创造能力相对较弱。

表 3-27 黑色金属冶炼及压延加工业经济创造能力指标

指标类别	指标名称	数值	占全部工业比重
经济类指标（规模与绩效）	工业总产值/亿元	64 066.98	7.59％
	工业增加值/亿元	12 233.4	8.40％
	销售收入/亿元	65 909.31	7.83％
	职工人数/万人	339.92	3.71％
	利润/亿元	2 239.48	3.65％

资料来源：根据《中国工业经济统计年鉴 2012》数据整理。

2000～2011 年，黑色金属冶炼及压延加工业的工业总产值整体呈现增长趋势，就业人数呈现增长趋势，但 2011 年就业人数比 2010 年略降（图 3-19）。

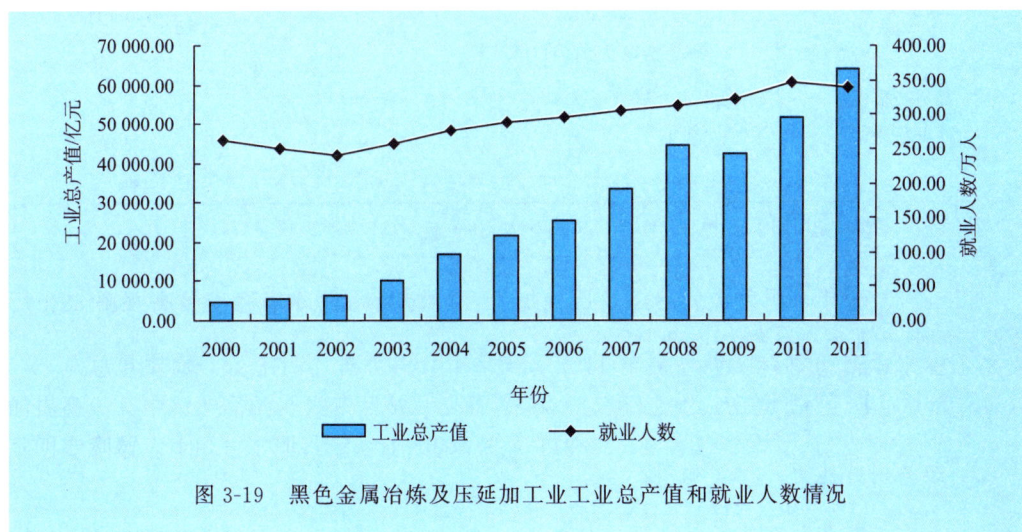

图 3-19 黑色金属冶炼及压延加工业工业总产值和就业人数情况

2. 科技创新能力

2011 年，黑色金属冶炼及压延加工业的 R&D 活动经费支出为 4 318 181 万元，占全部工业比重为 8.55％；R&D 活动人员全时当量为 98 945 人·年，占全部工业比重为 4.40％（表 3-28）。表明在黑色金属冶炼及压延加工业投入了较多研发经费和人员。

2011 年，黑色金属冶炼及压延加工业新产品开发项目数（项）7371 项，占全部工业比重的 2.77%；申请发明专利数 8381 项，占全部工业的比重为 2.17%。数据表明尽管该产业投入的研发经费和人员都比较多，但是其科技产出却难以与其匹配。

表 3-28   2011 年黑色金属冶炼及压延加工业科技创新能力指标

指标类别	指标名称	数值	占全部工业比重
科技类指标（科技投入与产出）	R&D 活动经费支出/万元	4 318 181	8.55%
	R&D 活动人员全时当量/（人·年）	98 945	4.40%
	新产品开发项目数/项	7 371	2.77%
	申请发明专利数/项	8 381	2.17%

数据来源：根据《中国科技统计年鉴 2012》数据整理。

3. 可持续发展能力

2011 年，黑色金属冶炼及压延加工业能源消耗总量为 30 014.96 万吨标准煤，占全部工业的 12.18%；工业"三废"排放分别为 121 037 万吨、2 514 490 吨、42 344.2 万吨，分别占全部工业比例的 5.69%、13.26% 和 13.83%（表 3-29）。数据表明该产业属于高能耗、高污染产业。

表 3-29   2011 年黑色金属冶炼及压延加工业环保、能耗指标表

指标类别	指标名称	数值	占全部工业比重
环境类指标（能耗与环保）	能源消耗总量/万吨标准煤	62 490.32	12.18%
	工业废水排放总量/万吨	121 037	5.69%
	工业废气（SO₂）排放总量/吨	2 514 490	13.26%
	工业固体废弃物排放总量/万吨	42 344.2	13.83%

数据来源：根据《中国能源统计年鉴 2012》《中国环境统计年鉴 2012》数据整理。

2000～2011 年，黑色金属冶炼及压延加工业能源消耗量逐年稳步升高（图 3-20）。数据表明此产业属于高能耗产业。

3.3.4   医药制造业

1. 经济创造能力

2011 年，医药制造业的工业总产值为 14 941.99 亿元，占全部工业比重为 1.77%；销售收入为 14 484.38 亿元，占全部工业比重为 1.72%；职工人数为 178.6 万人，占全部工业比重为 1.95%；利润为 1606.02 亿元，占全部工业比重为 2.62%（表 3-30）。数据表明医药制造业的利润水平相对较高。

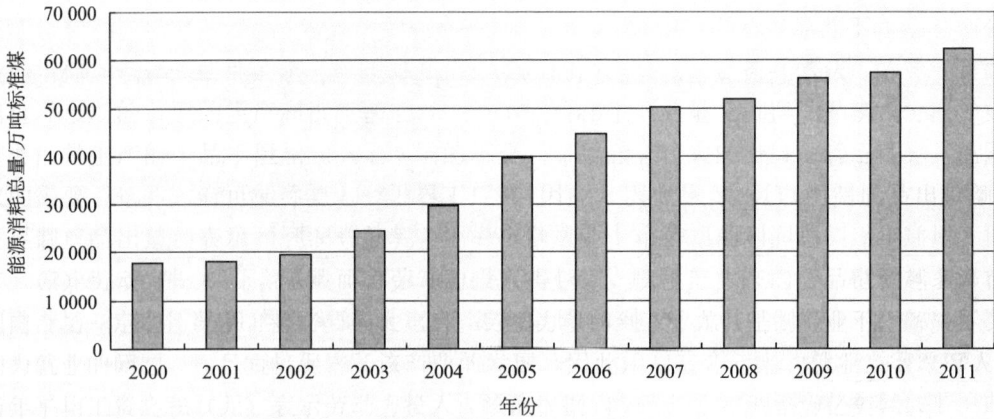

图 3-20　2000～2011 年黑色金属冶炼及压延加工业能源消耗总量

表 3-30　医药制造业经济创造能力指标

指标类别	指标名称	数值	占全部工业比重
经济类指标 （规模与绩效）	工业总产值/亿元	14 941.99	1.77%
	工业增加值/亿元	3 200.68	2.20%
	销售收入/亿元	14 484.38	1.72%
	职工人数/万人	178.6	1.95%
	利润/亿元	1 606.02	2.62%

数据来源：根据《中国工业经济统计年鉴 2012》数据整理。

2000～2011 年，医药制造业工业生产总值和就业人数都稳步增长（图 3-21），说明其在中国国民经济中占有重要地位并逐步吸纳更多的就业人员。

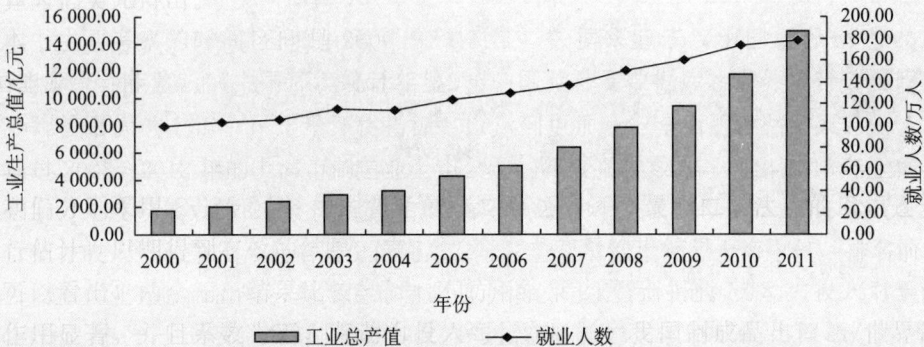

图 3-21　医药制造业工业生产总值和就业人数情况

2. 科技创新能力

2011 年，医药制造业 R&D 活动经费支出为 1 809 267 万元，占全部工业比重为 3.58％；R&D 活动人员全时当量为 104 459 人・年，占全部工业比重为 4.64％（表 3-31）。数据表明医药制造业的科技投入较多，比较重视新技术的开发。

表 3-31　2011 年医药制造业科技创新能力指标

指标类别	指标名称	数值	占全部工业比重
科技类指标 （科技投入与产出）	R&D 活动经费支出/万元	1 809 267	3.58％
	R&D 活动人员全时当量/(人・年)	104 459	4.64％
	新产品开发项目数/项	16 440	6.18％
	申请发明专利数/项	11 115	2.88％

数据来源：根据《中国科技统计年鉴 2012》数据整理。

2011 年，医药制造业新产品开发数为 16 440 项，占全部工业比重为 6.18％；申请发明专利数为 11115 项，占全部工业比重为 2.88％。数据表明医药制造业的科技产出主要体现在新产品开发项目上。

3. 可持续发展能力

2011 年，医药制造业能源消耗总量为 34 713.14 万吨标准煤，占全部工业比重为 14.09％；工业"三废"分别为 48 586 万吨、104 078 吨和 308.9 万吨，各自占全部工业比重为 2.28％、0.55％和 0.10％（表 3-32）。数据表明医药制造业属于低能耗低污染的产业。

表 3-32　2011 年医药制造业环保、能耗指标表

指标类别	指标名称	数值	占全部工业比重
环境类指标 （能耗与环保）	能源消耗总量/万吨标准煤	1 500.64	0.65％
	工业废水排放总量/万吨	48 586	2.28％
	工业废气（SO_2）排放总量/吨	104 078	0.55％
	工业固体废弃物排放总量/万吨	308.9	0.10％

数据来源：根据《中国能源统计年鉴 2012》《中国环境统计年鉴 2012》数据整理。

2000～2011 年，医药制造业能源消耗总量呈现稳步上升趋势（图 3-22）。

3.3.5　通信设备、计算机及其他电子设备制造业

1. 经济创造能力

2011 年，通信设备、计算机及其他电子设备制造业的工业总产值为 63 795.65 亿元，占全部工业比重为 7.56％；销售收入为 63 474.89 亿元，占全部工业比重为 7.54％；

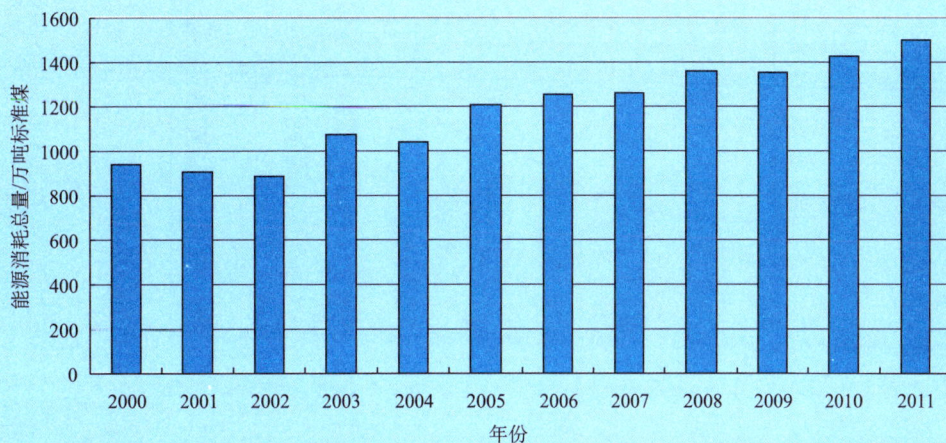

图 3-22　2000～2011 年医药制造业能源消耗总量

职工人数为 819.48 万人，占全部工业比重为 8.94％；利润为 2827.42 亿元，占全部工业比重为 4.61％（表 3-33）。数据表明通信设备、计算机及其他电子设备制造业在国民经济中占比较重要地位，是重要的吸收就业的渠道。

表 3-33　通信设备、计算机及其他电子设备制造业经济创造能力指标

指标类别	指标名称	数值	占全部工业比重
经济类指标（规模与绩效）	工业总产值/亿元	63 795.65	7.56％
	工业增加值/亿元	8 824.98	6.06％
	销售收入/亿元	63 474.89	7.54％
	职工人数/万人	819.48	8.94％
	利润/亿元	2 827.42	4.61％

数据来源：根据《中国工业经济统计年鉴 2012》数据整理。

2000～2011 年，通信设备、计算机及其他电子设备制造业工业生产总值和就业人数都整体呈现稳步增长（图 3-23），说明其在中国国民经济中占有重要地位并逐步吸纳更多的就业人员。

2. 科技创新能力

2011 年，通信设备、计算机及其他电子设备制造业 R&D 活动经费支出为 8 405 436 万元，占全部工业比重为 16.64％；R&D 活动人员全时当量为 338 641 人·年，占全部工业比重为 15.04％（表 3-34）。数据表明通信设备、计算机及其他电子设备制造业的科研投入的人力物力都很大，比较重视产品研发。

2011 年，通信设备、计算机及其他电子设备制造业的新产品开发项目数为 34 672 项，占全部工业比重为 13.02％；申请发明专利数为 71 890 项，占全部工业比重为 18.62％。数据表明通信设备、计算机及其他电子设备制造业的科研产出与其科研投入相匹配。

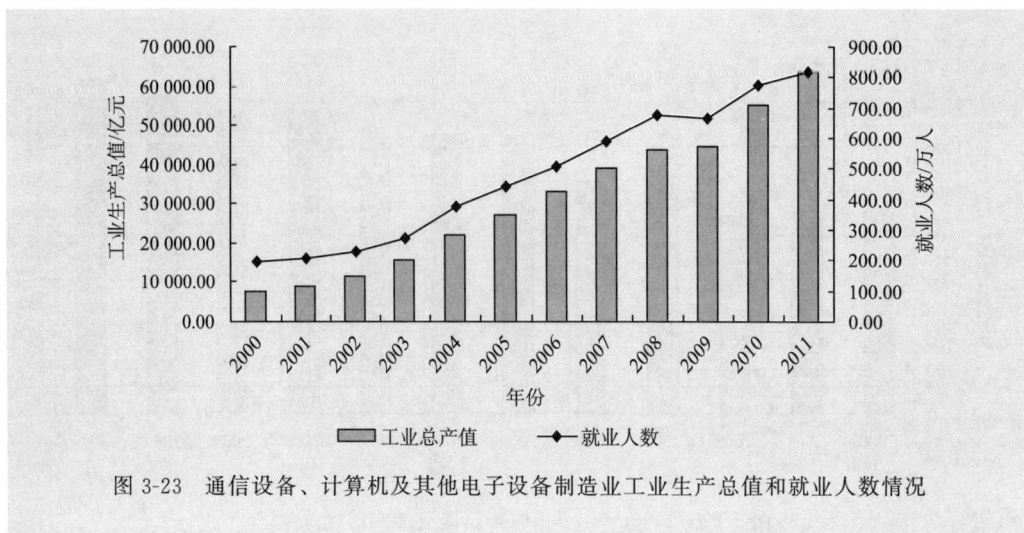

图 3-23　通信设备、计算机及其他电子设备制造业工业生产总值和就业人数情况

表 3-34　2011 年通信设备、计算机及其他电子设备制造业科技创新能力指标

指标类别	指标名称	数值	占全部工业比重
科技类指标 （科技投入与产出）	R&D 活动经费支出/万元	8 405 436	16.64%
	R&D 活动人员全时当量/(人·年)	338 641	15.04%
	新产品开发项目数/项	34 672	13.02%
	申请发明专利数/项	71 890	18.62%

数据来源：根据《中国科技统计年鉴 2012》数据整理。

3. 可持续发展能力

2011 年，通信设备、计算机及其他电子设备制造业的能源消耗总量为 2276.48 万吨标准煤，占全部工业比重为 0.92%；工业"三废"排放分别为 44961 万吨、7954 吨和 96.7 万吨，占全部工业比重分别为 2.11%、0.04% 和 0.03%（表 3-35）。说明该产业属于低能耗、低污染产业，对环境影响不大。

表 3-35　2011 年通信设备、计算机及其他电子设备制造业环保、能耗指标表

指标类别	指标名称	数值	占全部工业比重
环境类指标 （能耗与环保）	能源消耗总量/万吨标准煤	2 623.39	0.92%
	工业废水排放总量/万吨	44 961	2.11%
	工业废气（SO_2）排放总量/吨	7 954	0.04%
	工业固体废弃物排放总量/万吨	96.7	0.03%

数据来源：根据《中国能源统计年鉴 2012》、《中国环境统计年鉴 2012》数据整理。

2000~2011 年，通信设备、计算机及其他电子设备制造业能源消耗总量稳步上升（图 3-24）。这与产业发展程度有关。

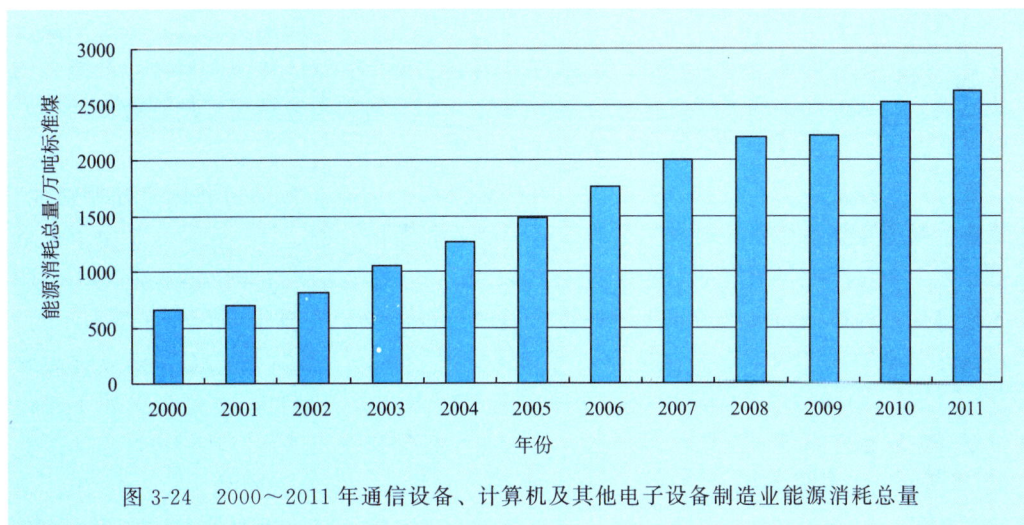

图 3-24　2000～2011 年通信设备、计算机及其他电子设备制造业能源消耗总量

3.4　本章小结

本章首先研究了我国制造业产业发展的总体情况，从经济创造能力、产业创新能力及可持续发展能力等方面对我国制造业发展进行总体评价。总体来说，我国制造业取得了较大的成绩和长足的发展，产值和效益明显提高，效率也得到进一步提高，创新能力逐步提升，可持续发展能力进一步增强，环境约束压力不容忽视。2011 年，工业总产值、产品销售收入、出口额等经济类指标与 2010 年相比均有所增长，但就业人数略有下降，人均经济创造能力有提升；2011 年，我国制造业科技创新投入大幅增加，新开发产品项目数、专利等科技创新产出更是大幅增加，产业创新能力有提高；2011 年，我国制造业发展过程中，能源消耗总量、废水、工业二氧化硫排放有所增加，但单位能耗降低，在减少环境污染和降低能源消耗方面取得了一定的进展。

其次，对我国制造业的产业结构进行了研究，分别从所有制、产值、效益、就业、科技创新投入与产出、空间、环境影响等几个方面进行了分析，并对产业结构调整进行了预测。从所有制结构来看，国有企业主要集中于资源垄断型制造业及装备制造业，外商及港澳台投资企业集中于技术能力较强的行业，私营企业主要从事一般性竞争激烈的行业，且所占产值比重最高；从产值、效益、就业结构来看，制造业所涵盖的 30 个行业产值比重 2011 年与 2010 年相比，变化不大，保持相对稳定；从科技创新的投入与产出来看，均有明显的增长，新兴制造业科技创新活跃，传统制造业活力不足；从对环境影响的结构方面来看，能源消耗总量和二氧化硫排放增加而工业废水排放减少，环境污染来源主要是与石油、矿物化工以及金属方面的初级制造业相关；从制造业的空间结构来看，东中西的产业梯度依然明显。未来中国制造业结构调整的主要方向是：一是调整产业结构，通过技术创新政策、制度以及资本产权、环境法规等政府手段鼓励区域产业的升级、调整，鼓励国有、私营工业企业从事附加值高、技术含量高的新兴制造业，在关键领域和战略性新兴产业领域形成技术突破并形成强大的产业制造能力和国际竞争优势，提高资源的利用效率，降低对环境的影响，提升环境资源的承载能力；二是调整区域差异，鼓励区域间的产业转移和产业结构升级，注重与区域的环境、资源承载能力的对接，推动区域间的平衡发展和产业分工。另外，加大基础教育和技能培训教育的投入力度，培育更多适应未来产业发展的产业从业人员。

最后，从经济能力、科技创新能力、可持续发展能力三个方面对我国食品制造业、纺织业、黑色金属冶炼及压延加工业、医药制造业和通信设备、计算机及其他电子设备制造业五个典型产业发展现状进行描述。2011 年，中国食品制造业总体规模较小，职工人数较少；科技创新投入较少，对科技人员的重视不够，在技术创新方面潜力不足，特别缺乏自主知识产权；食品制造业能源消耗相对较少，主要的"三废"排放物为废水。2011 年，中国传统产业纺织业在我国工业经济占有重要地位，更是吸纳职工就业的重要渠道；由于行业本身特性的原因，纺织业科技创新投入不足但其科技产出的效益高；纺织业能源消耗一般，"三废"排放主要为废水排放，且排放量较大。2011 年，中国黑色金属冶炼及压延加工业是我国传统产业也是我国国民经济重要的支柱产业，在我国国民经济中占有非常重要的地位，但利润创造能力相对较弱；尽管黑色金属冶炼及压延加工业投入的研发经费和人员都比较多，但其科技产出却难以与其匹配，创新能力不足；该产业属于典型性的高能耗高污染产业，须进一步降耗减污。2011 年，医药制造业工业生产总值和就医药制造业的科技投入较多，比较重视新技术的开发；医药制造业的科技投入较多，比较重视新技术的开发，科技产出主要体现在新产品开发项目上；医药制造业属于低能耗、低污染的产业，主要污染物为废水。2011 年，通信设备、计算机及其他电子设备制造业在国民经济中占比较重要地位，是重要的吸收就业的渠道；通信设备、计算机及其他电子设备制造业的科研投入的人力物力都很大，比较重视该产业的研发，科研产出与其科研投入相匹配；属于低能耗、低污染产业，对环境影响不大。

总体来说，我国制造业取得了较大的成绩和长足的发展，产值和效益明显提高，效率也得到进一步提高，创新能力逐步提升，可持续发展能力进一步增强，环境约束压力不容忽视，产业结构进一步调整升级。

参 考 文 献

国家统计局. 2001～2012. 中国工业经济统计年鉴 2001～2012. 北京：中国统计出版社.

国家统计局. 2001～2012. 中国环境统计年鉴 2001～2012. 北京：中国统计出版社.

国家统计局. 2001～2012. 中国科技统计年鉴 2001～2012. 北京：中国统计出版社.

国家统计局. 2001～2012. 中国能源统计年鉴 2001～2012. 北京：中国统计出版社.

国家统计局. 2001～2012. 中国统计年鉴 2001～2012. 北京：中国统计出版社.

李廉水等. 2012. 中国制造业发展研究报告 2012. 北京：科学出版社.

第4章

中国制造业发展：企业特征分析

本章内容共分为五部分：第一部分主要从地区、行业分布两方面分析中国制造业上市企业的总体特征；第二部分评选规模最大的 50 家制造业企业，并主要从总资产与主营业务收入两个方面分析制造业上市企业的规模特征；第三部分评选效益最优的 50 家制造业企业，并主要从盈利能力、偿债能力和营运能力三个方面分析中国制造业企业的效益；第四部分评选成长性最快的 50 家制造业企业，并对其成长较快的原因进行深入分析；第五部分评选出最受尊敬的 30 家制造业上市企业。

4.1   中国制造业上市企业发展总体特征

本部分主要从地区、行业分布两方面对中国制造业上市企业的总体情况进行分析。

4.1.1   中国制造业企业地区分布

从中国制造业上市公司的地区分布（表 4-1）来看，广东、江苏、浙江、山东位列前四，制造业上市公司数量都在 100 家以上。其中广东省最多，有 245 家制造业上市企业，占全国的 14.99%；江苏有 182 家，占全国的 11.14%；浙江有 182 家，占全国 11.14%；山东有 123 家，占全国 7.53%；四省市共有 732 家，占全国 44.80%。排名前十的依次还有上海、北京、四川、安徽、湖北，河南，前十个省市共有制造业上市公司 1162 家，占全国总数的 71.11%。全国 31 个省市自治区中，西藏的制造业上市公司数量最少，仅有 5 家，占全国总数的 0.31%；青海有 7 家，占 0.43%；海南有 8 家，占 0.49%；宁夏有 11 家，占 0.67%。排名后十位的还有云南（16 家）、贵州（16 家）、天津（18 家）、黑龙江（18 家）和内蒙古（20 家）。

表 4-1   2012 年 1634 家中国制造业企业省市自治区分布

序号	省市自治区	企业数/家	所占比例/%	累计比例/%
1	广东	245	14.99	14.99
2	江苏	182	11.14	26.13
3	浙江	182	11.14	37.27
4	山东	123	7.53	44.80
5	上海	113	6.92	51.71
6	北京	87	5.32	57.04
7	四川	62	3.79	60.83
8	安徽	58	3.55	64.38
9	湖北	56	3.43	67.81
10	河南	54	3.30	71.11
11	福建	50	3.06	74.17
12	湖南	47	2.88	77.05
13	辽宁	40	2.45	79.50
14	河北	37	2.26	81.76

续表

序号	省市自治区	企业数/家	所占比例/%	累计比例/%
15	吉林	28	1.71	83.48
16	江西	26	1.59	85.07
17	陕西	23	1.41	86.47
18	新疆	23	1.41	87.88
19	重庆	22	1.35	89.23
20	广西	21	1.29	90.51
21	山西	21	1.29	91.80
22	内蒙古	20	1.22	93.02
23	黑龙江	18	1.10	94.12
24	天津	18	1.10	95.23
25	贵州	16	0.98	96.21
26	云南	16	0.98	97.18
27	甘肃	15	0.92	98.10
28	宁夏	11	0.67	98.78
29	海南	8	0.49	99.27
30	青海	7	0.43	99.69
31	西藏	5	0.31	100.00
	总计	1634	100	—

数据来源：根据上海证券交易所（www.sse.com.cn）、深圳证券交易所（wwws.szse.cn）2012 年度年报相关资料整理、计算得出。

从东中西部分布来看，东部广东、浙江、江苏、上海、山东、北京、福建、河北、辽宁、天津、海南等 11 个省市共有 1085 家上市的制造业企业，占全国的 66.44%；中部安徽、湖北、河南、湖南、江西、吉林、山西、黑龙江 8 省共有制造业上市企业 308 家，占全国的 18.86%；西部的四川、内蒙古、云南、重庆、贵州、广西、新疆、陕西、甘肃、宁夏、青海、西藏等 12 个省市区共有制造业上市企业 241 家，占全国的 14.70%。

4.1.2 中国制造业企业行业分布

根据《上市公司行业分类指引》，制造业上市企业共分为机械设备仪表、石油化学塑胶塑料、金属非金属、医药生物制品、纺织服装皮毛、食品饮料、电子、通信及相关设备、造纸印刷、计算机制造、木材家具和其他制造业等 12 个行业。

从行业分布（表 4-2）来看，机械设备仪表行业上市公司数量最多，共有 493 家，占全部制造业行业的 30.17%；石油化学塑料塑胶行业第二，拥有 260 家制造业上市企业，占全部行业 15.91%；金属非金属行业第三，有 196 家企业，占全部行业 12.00%。前三位行业共有制造业上市公司 949 家，所占比重为 58.08%。制造业上市公司数量后三位的行业分别是木材家具行业（13 家，占比 0.80%）、计算机及相关设备制造业（14 家，占比 0.86%）及造纸、印刷（46 家，占 2.82%）。

表 4-2　2012 年 1634 家中国制造业企业行业分布

序号	行业	企业家/家	所占比例/%	累计比例/%
1	机械、设备、仪表	493	30.17	30.17
2	石油、化学、塑胶、塑料	260	15.91	46.08
3	金属、非金属	196	12.00	58.08
4	电子	156	9.55	67.63
5	其他	78	4.77	72.40
6	医药、生物制品	144	8.81	81.21
7	食品、饮料	95	5.81	87.03
8	纺织、服装、皮毛	79	4.83	91.86
9	造纸、印刷	46	2.82	94.68
10	木材、家具	13	0.80	95.47
11	通信及相关设备制造业	60	3.67	99.14
12	计算机及相关设备制造业	14	0.86	100.00
	总计	1634	100	—

数据来源：根据上海证券交易所（www.sse.com.cn）、深圳证券交易所（www.szse.cn）2012 年度年报相关资料整理、计算得出。

4.1.3　中国制造业企业地区行业分布

表 4-3 反映的是省、自治区、直辖市及东中西三大经济地带的 1634 家制造业上市企业行业分布情况。在省区市层面看，制造业上市企业行业分布与表 4-2 的行业分布大体一致，但是广东省在电子（63 家）、造纸印刷（14 家）、医药生物制品（15 家）等行业上市企业数量相比其他省区市来说为最多的；浙江省则在服装纺织皮毛（17 家）等行业上市企业数量是最多的；江苏省在机械设备仪表（67 家）、石油化学塑胶塑料（34家）、金属非金属（23 家）等行业上市企业数量是最多的。

表 4-3　2012 年 1634 家中国制造业上市企业地区行业分布

东中西地区	省、自治区、直辖市	机械、设备、仪表	石油、化学、塑胶、塑料	金属、非金属	医药、生物制品	电子	食品、饮料	纺织、服装、皮毛	造纸、印刷	通信及相关设备制造业	计算机及相关设备制造业	木材家具	其他	地区总计
东部地区	广东	57	26	16	15	63	13	6	14	15	5	3	12	245
	浙江	62	25	18	13	20	4	17	5	6	1	3	8	182
	江苏	67	34	23	8	17	3	13	0	10	1	2	4	182
	山东	35	30	13	9	4	9	7	7	1	2	0	6	123
	上海	44	19	7	9	8	5	6	3	3	1	0	8	113
	北京	24	4	13	2	10	3	1	1	10	2	0	10	87
	福建	15	3	6	1	5	3	7	5	3	0	0	2	50
	辽宁	20	5	8	1	0	1	1	1	1	0	1	1	40
	河北	8	11	4	4	3	2	1	0	0	0	0	2	37
	天津	7	0	0	5	2	0	2	0	0	0	0	2	18
	海南	1	0	2	3	0	1	1	0	0	0	0	0	8
	行业总计	340	157	110	78	132	44	62	36	50	12	9	55	1085

续表

东中西地区	省、自治区、直辖市	机械、设备、仪表	石油、化学、塑胶、塑料	金属、非金属	医药、生物制品	电子	食品、饮料	纺织、服装、皮毛	造纸印刷	通信及计算机相关设备制造业	计算机及相关设备制造业	木材家具	其他	地区总计
中部地区	安徽	19	16	10	2	2	5	2	1	1	0	0	0	58
	河南	19	6	13	4	3	4	2	1	0	0	0	2	54
	湖北	15	14	5	5	8	2	2	0	4	0	0	1	56
	湖南	17	7	5	5	1	7	2	1	0	1	0	1	47
	江西	11	2	6	4	1	2	0	0	0	0	0	0	26
	吉林	6	2	3	7	1	1	0	1	0	0	0	6	28
	黑龙江	8	4	0	3	0	1	0	1	0	0	1	0	18
	山西	2	7	5	4	0	1	0	0	0	0	0	2	21
	行业总计	97	58	47	34	16	23	8	5	6	1	1	12	308
西部地区	广西	4	5	1	4	0	3	0	1	0	0	0	1	21
	贵州	4	4	1	3	2	0	0	0	0	0	0	2	16
	甘肃	3	2	3	2	1	3	1	0	0	0	0	0	15
	内蒙古	2	5	3	4	0	2	3	0	0	0	0	1	20
	宁夏	2	2	4	1	0	0	1	1	0	0	0	0	11
	陕西	11	1	4	1	2	0	0	1	0	0	0	2	23
	四川	14	16	7	3	3	7	3	1	3	1	2	2	62
	新疆	3	3	6	0	0	7	1	0	0	0	0	2	23
	青海	1	2	1	2	0	1	0	0	0	0	0	0	7
	西藏	0	0	1	2	0	2	0	0	0	0	0	0	5
	重庆	9	2	1	7	0	0	0	0	0	0	0	1	22
	云南	3	3	7	3	0	0	0	0	0	0	0	0	16
	行业总计	56	45	39	32	9	28	9	5	4	1	3	10	241
总计		493	260	196	144	155	95	80	46	60	14	13	77	1634

数据来源：根据上海证券交易所（www.sse.com.cn）、深圳证券交易所（www.szse.cn）2012 年度年报相关资料整理、计算得出。

东部地区各个行业的制造业上市企业在数量上具有明显优势，占比超 60％以上，其中机械设备仪表、石油、化学、塑胶、塑料，金属、非金属，电子，医药、生物制品等行业占比超 70％以上；中西部地区相比较而言，中部地区在较多行业中制造业上市企业数量具有一定优势，而西部地区则在食品饮料（占其行业数量 29.47％）、木材家具（占其行业数量 23.08％）及医药、生物制品（占其行业数量 22.22％）等行业上具有一定优势。

4.2　规模最大的 50 家制造业企业

企业规模从广义上可以理解为企业从事经济活动的空间广度，也可以从投入的角度理解为生产诸要素在企业的积聚、集中水平，或者从产出的角度理解为企业的总产出水平。本年度研究报告将其定义为劳动力、生产资料和产品在企业集中的程度。企业规模及其结构是否合理，是关系到国民经济发展全局的重要战略问题，因为它直接影响资源配置效率、技术进步以及社会分工协作体系的完善。对企业规模进行分析是研究各个行业以及制造业现状、竞争力和发展趋势的重要途径。当前我国制造业企业规模有所扩大，但平均规模比发达国家小得多，规模组织程度较低，达到合理规模的较少，而且产业集中度也比较低。本年度研究报告的目的在于介绍中国制造业企业目前的规模情况，从行业、区域、历史的角度进行分析，可以为我国制造业今后的发展提供一定的借鉴。

4.2.1　样本选择与排名方法

在本年度研究报告中，我们仍然沿用 2012 年度的评价指标，即"主营业务收入"、"资产总计"、"净资产"和"总股本"四个指标，力求从业务规模、资产规模、股本规模这三个角度全面综合地评价企业规模。

1. 指标选择和解释

主营业务收入是指企业为完成其经营目标而从事的日常活动中的主要活动收入，可根据企业营业执照上规定的主要业务范围来确定。例如工业、商品流通企业的主营业务收入是销售商品收入，银行的主营业务是贷款收入和为企业办理结算收入等。这一指标与企业的经营业绩直接挂钩，反映了市场占有率的多少，同时间接地体现了企业生产力各要素的投入，反映了企业投入状况。因此，这个指标不仅可以反映同类企业的规模，也可以进行不同行业企业规模的比较。

资产总计和净资产这两个指标组成了企业的资产规模。企业资产规模是指企业所占用的除人力资源以外的各种社会资源价值的总和，包括物质形态资产、货币形态资产和无形资产，这里"占用"是指包括企业所有者自己的资产和负债形成的资产。资产规模的大小可以反映一个公司抗击市场风险的能力和盈利能力。资产规模会随着企业的发展有所增长，同时资产规模的扩大也会促进企业的进一步发展。因此资产总计和净资产这两个重要的财务指标在表示企业发展边界方面有着重要的意义。

总股本是上市公司的总股票数量。上市公司与其他公司比较，最显著的特点就是将自身的全部资本划分为等额股份，并通过发行股票的方式来筹集资本。股本规模可以反映企业发展的阶段，在资本市场上，股本规模大的上市公司具有更高的信誉度，可以获得更多的投资，得到进一步发展。这个指标从资本市场上对制造业企业进行了规模比较。

2. 样本范围

按照中国证监会 2001 年 4 月颁布的《上市公司行业分类指引》中对制造业的行业划分，并且同《中国制造业发展研究报告 2012》一致，本年度研究报告中制造业行业共 12 个，即食品、饮料业，纺织、服装、皮毛业，木材、家具业，造纸、印刷业，石油、化学、塑胶、塑料业，电子业，金属、非金属业，机械、设备、仪表业，医药、生物制品业，其他制造业，还有通讯及相关设备制造业、计算机制造业。

本年度研究报告中企业选自中国制造业行业中在深圳证券交易所或上海证券交易所公开上市的 A 股上市公司。选取的理由是：①选择 A 股，因为本年度研究报告是针对国内制造业的情况。②选择上海和深圳两家证券交易所，是因为其涵盖行业范围广，制造业中的上市公司全部囊括其中。③选择上市公司为研究对象，是因为其年报数据易获取，且公布的数据是按照国家有关法规、企业会计制度和相关规定处理和披露的，具有一定的可信性和可比性。

另外，鉴于近年来 S 股、ST 股炙手可热，连续涨停个股比比皆是；且其中有一部分属于规模、实力较强的企业，它们一旦获得财政补助或进行资产重组，摘帽的可能性很大。因此，暂将其列入样本的选择中，以保证研究结果的全面性和准确性。遴选后共 1634 家制造业上市公司进入规模最大 50 家制造业企业排名。

3. 排名方法

主观赋权法是基于决策者主观偏好信息或经验给出指标权重。由于制造业企业数量较多，对不同行业、不同规模的制造业进行主观赋权工作量很大，而且专家的经验和偏好可能产生较大的偏差。本年度研究报告中采用客观赋权法，继续采用主成分分析方法对制造业企业规模进行综合评价，通过建立一定的数理推导计算出权重系数，能够有效地传递评价指标的数据信息与差别，使得排名更为科学和具有说服力。根据最终排名，着重对前 50 家的企业进行分析。此外，在具体分析不同地区或不同行业的企业规模情况时，会有针对性地选择不同指标进行说明。

4. 方法步骤

主成分分析法是一种常用的多元统计分析方法，是一种化繁为简，将指标尽可能压缩的降维技术。该方法通过对原始变量相关矩阵或协方差矩阵内部结构关系的研究，利用原始变量的先行组合形成几个综合指标（主成分），在保留原始变量主要信息的前提下，起到降维与简化问题的作用。

主成分方法分析问题时，大体上可分为以下六个步骤（洪楠，2000）：

步骤一，输入样本观测值：$X = (X_{ij})_{n \times p}$；

步骤二，计算各个指标的样本均值和样本标准差：

$$\overline{X_j} = \frac{1}{n} \sum_{i=1}^{n} X_{ij}, \quad S_j = \sqrt{\frac{1}{n-1} \sum_{i=1}^{n} (X_{ij} - \overline{X_j})^2}, \quad j = 1, 2, \cdots, p$$

步骤三，对 X_{ij} 标准化，计算样本相关阵：

令
$$Y_{ij} = \frac{X_{ij} - \overline{X_j}}{S_j}, \ i = 1, 2, \cdots, p$$

得标准化数据阵

$$Y = (Y_{ij})_{nxp}$$

$$r_{ij} = \frac{1}{n-1} \sum_{i=1}^{n} Y_{ij} Y_{ik}$$

$$= \frac{1}{n-1} \sum_{i=1}^{n} \frac{X_{ij} - \overline{X_j}}{S_j} \cdot \frac{X_{ik} - \overline{X_k}}{S_k}$$

由于 $r_{jj} = 1$，$r_{ik} = r_{ki}$，即 R 为对称阵，对角线上元素全为 1。故只需计算

$$\begin{pmatrix} r_{21} \\ \vdots \\ r_{p1} \cdots r_{p, p-1} \end{pmatrix}$$

步骤四，求 R 的特征值和特征向量。

若能通过正交换 Q，使得

$$Q'RQ = \begin{pmatrix} \lambda_1 & & \\ & \ddots & \\ & & \lambda_p \end{pmatrix}$$

则 λ_1，λ_2，$\cdots$，λ_p 即为 R 的 P 个特征值。

不妨设 $\lambda_1 \geqslant \lambda_2 \geqslant \cdots \geqslant \lambda_p > 0$，则 Q 的各列 $l_j = \begin{pmatrix} l_{ij} \\ \vdots \\ l_{pj} \end{pmatrix}$，$j = 1, 2, \cdots, p$ 即为 λ_j 所对

应的正则化特征向量。

步骤五，建立主成分。

按累计方差贡献率 $\dfrac{\sum\limits_{j=1}^{k} \lambda_j}{\sum\limits_{j=1}^{p} r_{ij}} = \dfrac{\sum\limits_{j=1}^{k} \lambda_j}{p} > 85\%$（或 90%）的准则，确定 k，从而建立前 k

个主成分：

$$Z_j = l_j Z = l_{1j} Y_1 + \cdots + l_{pj} Y_p, \ j = 1, \cdots, k$$

其中，Y_1，$\cdots$，Y_p 为标准化指标变量。

步骤六，计算前 k 个主成分的样本值。

$$Z_{ij} = \sum_{t=1}^{p} Y_{it} l_{ij} \quad i = 1, 2, \cdots, n, \ j = 1, 2, \cdots, k$$

从而可得到新指标（主成分）样本值 $(Z_{ij})_{nxp}$ 以之代替原样本值 $(X_{ij})_{nxp}$ 作统计分析，便可将问题简化。

在求得主成分后，计算各上市公司在主成分上的得分，然后采用各主成分的方差贡

献率作为权数，对各主成分得分加权求和，即可得到各上市公司综合规模的总得分，然后依此排名。本年度研究报告中所有运算及输出结果皆由计算机应用 SPSS 19.0 统计软件实施完成。具体计算步骤不再累述，直接给出最后的结果。

4.2.2 规模最大 50 家制造业企业排名

根据上市公司 2012 年年报数据，从业务规模、资产规模、股本规模的角度，对主营业务收入、资产总计、净资产和总股本这四个指标，利用主成分分析法，得到中国制造业 1634 家上市公司的规模排名，其中前 50 强排行如表 4-4 所示。

表 4-4 2012 年中国制造业上市公司规模 50 强排名

序号	证券代码	证券简称	行业	所属地	主营业务收入/万元
1	600104.SH	上汽集团	机械、设备、仪表	上海市	47 843 257.634 3
2	600019.SH	宝钢股份	金属、非金属	上海市	19 113 553.682 8
3	601600.SH	中国铝业	金属、非金属	北京市	14 947 882.100 0
4	000709.SZ	河北钢铁	金属、非金属	河北省	11 162 979.572 0
5	600362.SH	江西铜业	金属、非金属	江西省	15 855 620.652 5
6	601766.SH	中国南车	机械、设备、仪表	北京市	9 045 624.224 8
7	601989.SH	中国重工	机械、设备、仪表	北京市	5 850 138.187 1
8	601299.SH	中国北车	机械、设备、仪表	北京市	9 243 130.100 0
9	601727.SH	上海电气	机械、设备、仪表	上海市	7 707 674.300 0
10	000898.SZ	*ST 鞍钢	金属、非金属	辽宁省	7 774 800.000 0
11	000825.SZ	太钢不锈	金属、非金属	山西省	10 351 528.441 3
12	000063.SZ	中兴通讯	通讯及相关设备制造业	广东省	8 421 935.800 0
13	600808.SH	马钢股份	金属、非金属	安徽省	7 440 436.403 8
14	600688.SH	S 上石化	石油、化学、塑胶、塑料	上海市	9 307 225.400 0
15	000100.SZ	TCL 集团	电子	广东省	6 944 835.100 0
16	000157.SZ	中联重科	机械、设备、仪表	湖南省	4 807 117.000 0
17	600585.SH	海螺水泥	金属、非金属	安徽省	4 576 620.336 2
18	600022.SH	山东钢铁	金属、非金属	山东省	7 330 368.397 6
19	000527.SZ	美的电器	机械、设备、仪表	广东省	6 807 120.064 0
20	000725.SZ	京东方 A	电子	北京市	2 577 158.338 6
21	600690.SH	青岛海尔	机械、设备、仪表	山东省	7 985 659.781 1
22	600005.SH	武钢股份	金属、非金属	湖北省	9 157 939.316 3
23	000651.SZ	格力电器	机械、设备、仪表	广东省	9 931 619.626 5
24	600031.SH	三一重工	机械、设备、仪表	湖南省	4 683 053.500 0
25	000066.SZ	长城电脑	计算机及相关设备制造	广东省	7 975 162.459 8
26	000630.SZ	铜陵有色	金属、非金属	安徽省	7 725 877.049 9
27	600307.SH	酒钢宏兴	金属、非金属	甘肃省	6 370 044.845 9
28	600741.SH	华域汽车	机械、设备、仪表	上海市	5 788 922.305 8
29	000039.SZ	中集集团	金属、非金属	广东省	5 433 405.700 0

续表

序号	证券代码	证券简称	行业	所属地	主营业务收入/万元
30	000932.SZ	华菱钢铁	金属、非金属	湖南省	5 925 613.415 0
31	600839.SH	四川长虹	电子	四川省	5 233 414.913 4
32	000876.SZ	新希望	食品、饮料	四川省	7 323 832.640 1
33	000338.SZ	潍柴动力	机械、设备、仪表	山东省	4 816 539.485 0
34	002594.SZ	比亚迪	其他制造业	广东省	4 685 377.400 0
35	601992.SH	金隅股份	金属、非金属	北京市	3 405 409.600 3
36	000778.SZ	新兴铸管	金属、非金属	河北省	5 881 632.485 4
37	600010.SH	包钢股份	金属、非金属	内蒙古自治区	3 693 360.603 9
38	601633.SH	长城汽车	机械、设备、仪表	河北省	4 315 996.664 8
39	600875.SH	东方电气	机械、设备、仪表	四川省	3 807 920.251 0
40	000761.SZ	本钢板材	金属、非金属	辽宁省	4 459 173.130 6
41	000858.SZ	五粮液	食品、饮料	四川省	2 720 104.595 1
42	601238.SH	广汽集团	机械、设备、仪表	广东省	1 287 401.055 0
43	600166.SH	福田汽车	机械、设备、仪表	北京市	4 097 330.847 9
44	000625.SZ	长安汽车	机械、设备、仪表	重庆市	2 946 258.875 4
45	600519.SH	贵州茅台	食品、饮料	贵州省	2 645 533.515 3
46	000425.SZ	徐工机械	机械、设备、仪表	江苏省	3 213 244.647 6
47	600282.SH	南钢股份	金属、非金属	江苏省	3 203 205.224 7
48	000878.SZ	云南铜业	金属、非金属	云南省	4 082 585.954 1
49	600887.SH	伊利股份	食品、饮料	内蒙古自治区	4 199 069.210 2
50	000895.SZ	双汇发展	食品、饮料	河南省	3 970 454.821 3

数据来源：根据上海证券交易所（www.sse.com.cn）、深圳证券交易所（www.szse.cn）2012 年年报相关资料整理、计算得出。

4.2.3　中国制造业企业规模分析

1．中国制造业企业总规模结构

从主营业务收入方面，2012 年中国制造业全部 1634 家上市公司总规模达到 8.14 万亿元，最高为 4784.33 亿元，最小为 376.49 万元，平均规模为 52.66 亿元，比 2011 年增加 1.44%。这说明 2012 年中国制造业企业的规模与上年相比有较明显的扩大。

从地区分布来看，上海位列第一，其 113 家制造业上市公司的主营业务收入达到 12 644.6 亿元；广东排第二，主营业务收入达到 9854.35 亿元；北京排第三，主营业务收入达到 7623.59 亿元。

从东中西部来看，东部 1085 家制造业上市企业主营业务收入达到 52 826.9 亿元，占全国 64.88%；中部 308 家制造业上市企业主营业务收入达到 16 893.6 亿元，占全国 20.75%；西部 241 家制造业上市企业主营业务收入达到 1170.26 亿元，占全国 14.37%。由此可以看出，东部地区上市企业规模总量最大，中部次之，西部最小。

从行业来看，机械设备仪表行业的规模最大，2012 年行业 493 家上市企业主营业务收入达到 26 758.5 亿元，占 32.86％；金属、非金属行业第二，2012 年行业主营业务收入达到 23 170.5 亿元，占 28.50％；石油、化学、塑胶、塑料业排第三，2012 年行业主营业务收入达到 8618.65 亿元，占 10.59％；木材家具行业最小，2012 年主营业务收入只有 287.44 亿元，仅占全部行业的 0.35％。

2. 中国制造业企业规模（总资产）分布

我国国家统计部门以销售收入和资产总额两个指标为标准，将工业企业划分为特大型（50 亿元以上）、大型（5 亿元以上）、中型（5000 万元以上）和小型（5000 万元以下）四种类型；规模以上的门槛为 500 万元。我们分别以总资产和主营业务收入为标准对 2011 年中国制造业 1634 家上市公司的规模进行了统计，结果见表 4-5 与表 4-6。

表 4-5　2011～2012 年 1634 家中国制造业上市公司企业规模比较（总资产）

类别	企业数		所占比例/％		规模/亿元		所占比例/％	
	2011	2012	2011	2012	2011	2012	2011	2012
特大型	281	369	20.23	22.58	63 234.55	72 894.2	75.22	76.85
大型	1 053	1 176	75.81	71.97	20 624.27	23 332.3	24.53	22.9
中型	55	75	3.96	4.59	209.35	251.87	0.25	0.25
小型	0	5	0.00	0.31	0.00	1.5	0.00	0.00
总计	1 389	1 625	100.00	99.45	84 068.17	101 880	100.00	100
规模以上	1 389	1 625	100.00	99.45	84 068.17	101 880	100.00	100

数据来源：根据《中国制造业发展研究报告 2012》、上市公司 2012 年年度年报数据整理得出。

注：2012 年数据中，9 家企业数据不详。

表 4-6　2011～2012 年 1634 家中国制造业上市公司规模比较（主营业务收入）

类别	企业数		所占比例/％		规模/亿元		所占比例/％	
	2011	2012	2011	2012	2011	2012	2011	2012
50 亿元以上	237	281	17.06	17.2	56 627.27	63 515.7	78.56	78.01
5 亿～50 亿元	850	973	61.20	59.55	14 524.40	16 811.1	20.15	20.65
0.5 亿～5 亿元	302	359	21.74	21.97	933.11	29.37	1.29	0.04
0.5 亿元以下	0	19	0.00	1.16	0.00	3.88	0.00	0.00
总计	1 389	1 632	100.00	99.9	72 084.78	81 423.1	100.00	100
规模以上	1 389	1 632	100.00	99.9	72 084.78	81 423.1	100.00	100

数据来源：根据《中国制造业发展研究报告 2012》、上市公司 2012 年年度年报数据整理得出。

注：2012 年数据中，有 2 家企业数据不详。

表 4-5 是按总资产对制造业上市公司的规模进行了统计，可以发现，我国制造业上市公司的总趋势是规模扩大的，规模以上企业几乎达到百分之百，特大型企业出现了明显增长。特大型企业规模所占比例明显增加，增加比例达到 1.63％，特大型企业的规模也超过总规模的 2/3，达到 76.85％。2011 年特大型企业平均规模为 225.03 亿元，2012 年下降到 197.54 亿元。大型企业的数目所占比例有所减少，减少了 3.84％；而特

大型企业的数目所占比例则上升了 2.35%。2011 年 1389 家制造业总资产的平均规模为 60.52 亿元，2012 年 1634 家制造业总资产的平均规模上升到 62.70 亿元。2012 年平均规模的上升说明我国制造业出现了增长的趋势。

3. 中国制造业企业规模（主营业务收入）分布

表 4-6 是按主营业务收入排序的制造业上市公司规模情况。2011 年主营业务收入 50 亿元以上的制造业企业有 237 家，2012 年有 281 家，企业数量所占比例上升了 0.14%。2012 年，50 亿元以上的企业规模占全部制造业企业的 78.01%，比上年减少了 0.55%，主营业务收入比上年增加了 6888.43 亿元。从表 5-6 中数据可知，5 亿～50 亿元企业的规模占总数的 20.65%，比上年增加了 0.5 个百分点，平均规模下降 0.18 亿元；0.5 亿～5 亿元以下的企业数量从 2011 年的 302 家增加至 2012 年的 359 家，平均规模减少 0.65 亿元。

从主营业务收入看，2012 年中国制造业全部 1634 家上市公司主营业务收入的平均规模为 49.89 亿元，所占比例比 2011 年少 0.55%。中位数为 12.66 亿元，平均规模远远高于中位数，可见，全部 1634 家上市公司的行业集中度较高。图 4-1 为按主营业务收入排名的制造业上市公司分布情况，图 4-2 为用总资产排名后的制造业上市公司分布情况。其中主营业务收入分布图表明前 50 强企业的主营业务收入占全部企业的 45.29%，前 100 强企业的主营业务收入占全部企业的 58.95%，总资产分布图表明前 50 强企业的总资产占全部企业的 39.32%，这也说明我国制造业上市公司的行业集中度较高。

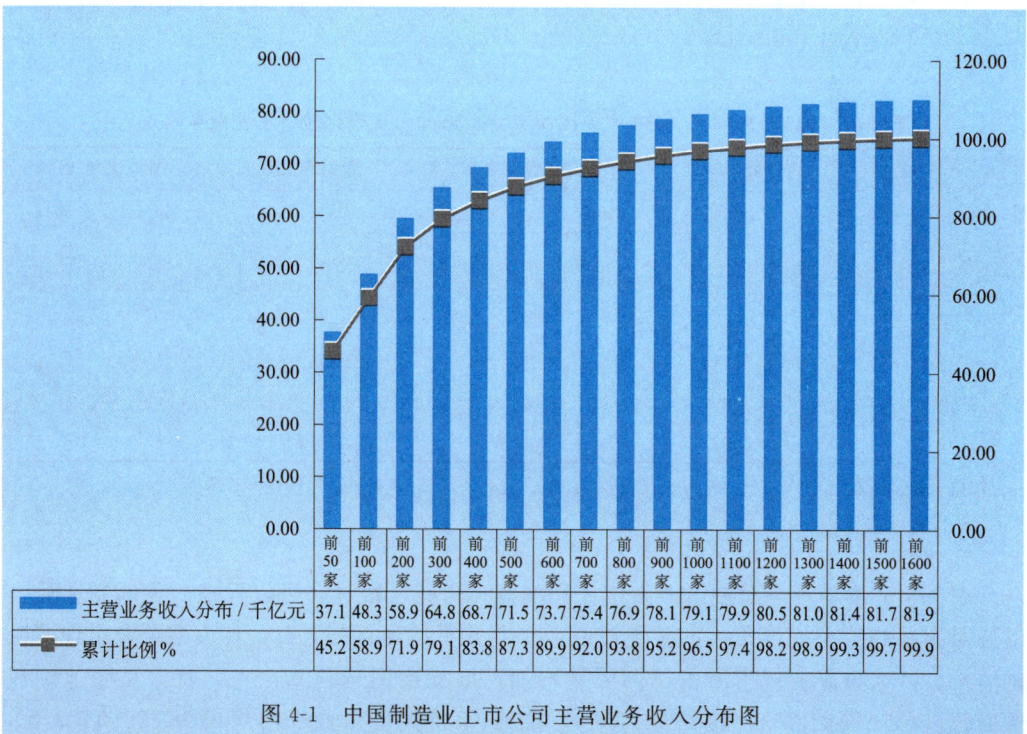

	前50家	前100家	前200家	前300家	前400家	前500家	前600家	前700家	前800家	前900家	前1000家	前1100家	前1200家	前1300家	前1400家	前1500家	前1600家
主营业务收入分布/千亿元	37.1	48.3	58.9	64.8	68.7	71.5	73.7	75.4	76.9	78.1	79.1	79.9	80.5	81.0	81.4	81.7	81.9
累计比例%	45.2	58.9	71.9	79.1	83.8	87.3	89.9	92.0	93.8	95.2	96.5	97.4	98.2	98.9	99.3	99.7	99.9

图 4-1　中国制造业上市公司主营业务收入分布图

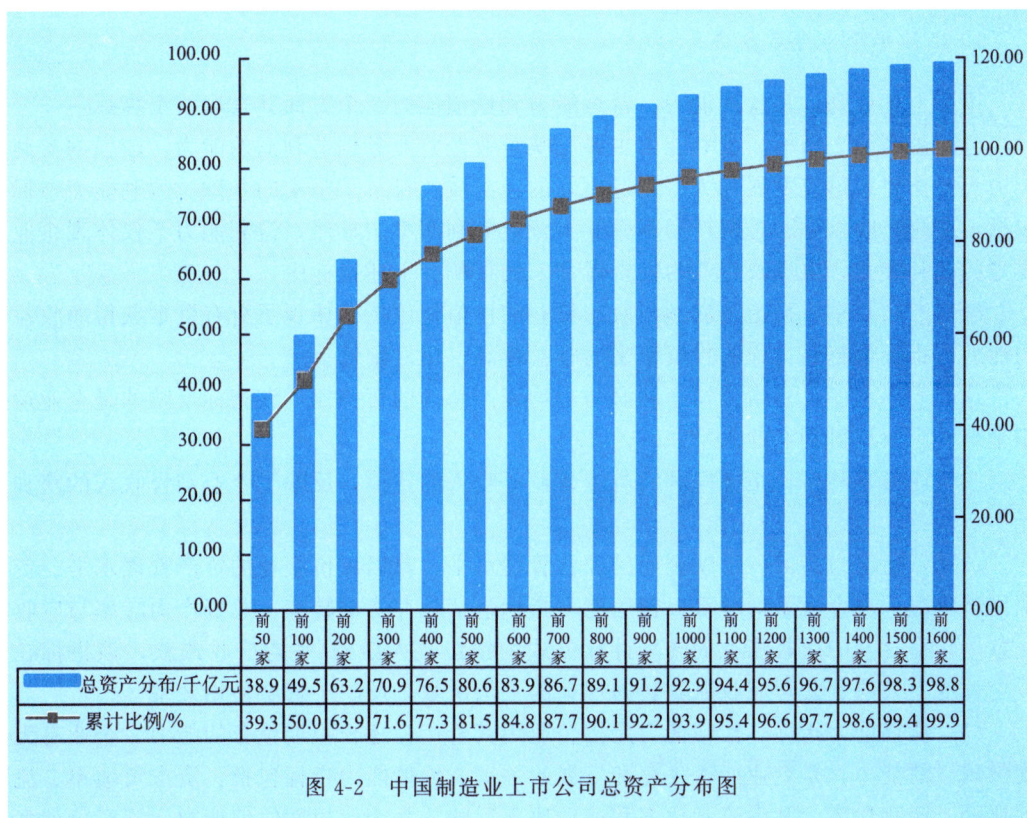

	前50家	前100家	前200家	前300家	前400家	前500家	前600家	前700家	前800家	前900家	前1000家	前1100家	前1200家	前1300家	前1400家	前1500家	前1600家
总资产分布/千亿元	38.9	49.5	63.2	70.9	76.5	80.6	83.9	86.7	89.1	91.2	92.9	94.4	95.6	96.7	97.6	98.3	98.8
累计比例/%	39.3	50.0	63.9	71.6	77.3	81.5	84.8	87.7	90.1	92.2	93.9	95.4	96.6	97.7	98.6	99.4	99.9

图 4-2　中国制造业上市公司总资产分布图

4.3　效益最优的 50 家制造业企业

经济效益即指企业的劳动耗费与劳动成果的关系。企业的经济效益是企业一切经济活动的根本出发点，提高企业的经济效益有助于增强企业的竞争力，也有助于缓解资源的不足、提升人民的生活水平。

4.3.1　样本选择与排名方法

本年度的研究报告依据以下原则设计评价的指标体系：①综合性。综合性体现为指标设计应以利益相关者为中心，凸显企业从多个维度为员工、股东、债权人带来经济效益的能力，因此指标的设计可着力于盈利能力、营运能力、偿债能力三个维度。其中盈利能力是企业经济效益的核心内容，盈利能力、营运能力、偿债能力三方面紧密联系、互相影响。盈利能力较强的企业，可以获得较多的销售利润与现金流量，有助于提升企业的营运能力与偿债能力；而营运能力与偿债能力较强则意味着企业有足够的现金支付各项费用，资产管理质量高，有助于提高企业的盈利能力；②可操作性。评价方法是否可以操作、指标能否量化、资料是否可以获取，直接关系到评价的准确性。指标可操作性强，便于选择统计方法和一定的数学分析方法进行定量评价。

1. 指标解释与排名方法

按照上述原则，从盈利能力、营运能力和偿债能力 3 个方面共选取 9 个指标：

（1）盈利能力指标。盈利能力主要反映企业经营业务创造利润的能力，较强的盈利能力为公司将来迅速发展壮大、创造更好的经济效益打下了坚实的基础。盈利能力指标包括：净资产收益率、总资产净利率、主营业务利润率。显然，盈利能力不仅体现企业本身的获利能力，也反映企业为投资者带来的报酬。上述指标中：

净资产收益率，是指利润额与股东权益的比值，该指标体现了自有资本获得净收益的能力；指标值越高，说明投资带来的收益越高，反之则低。

总资产净利率，是指公司净利润与平均资产总额的百分比，该指标反映的是企业运用全部资产所获得利润的水平。

主营业务净利率，是指净利润与主营业务收入的比值，反映了企业销售收入的获利能力。

（2）营运能力指标。反映企业的经营管理水平，藉以评价企业的资产管理水平、资金周转状况、现金流量情况等。营运能力指标包括：存货周转率、总资产周转率与应收账款周转率，其中应收账款周转率计算公式为销售收入净额/平均应收账款，该指标在一定程度上表明了公司应收账款转为现金的平均次数，反映了资金使用效率。

（3）偿债能力指标。偿债能力是指企业用其资产偿还长短期债务的能力，企业有无支付现金的能力，是企业能否生存和发展的关键。偿债能力指标包括：资产负债率、流动比率、速动比率，其中流动比率和速动比率反映的是企业短期偿债能力，资产负债率反映的是企业长期偿债能力。

2. 样本选择及数据来源

本年度研究报告中企业选自中国制造业行业中在深圳证券交易所或上海证券交易所公开上市的 A 股上市公司。选取的理由与分析规模最大 50 家制造业企业基本相同，即：①选择 A 股，因为本年度研究报告是针对国内制造业的情况。②选择上海和深圳两家证券交易所，是因为其涵盖行业范围广，制造业中的上市公司全部囊括其中。③选择上市公司为研究对象，是因为其年报数据易获取，且公布的数据是按照国家有关法规、企业会计制度和相关规定处理和披露的，具有一定的可信性和可比性。同时剔除了S、ST 股，对剩余 1569 家制造业上市公司进入效益最优 50 家制造业企业排名。

3. 方法步骤

采用综合分析方法，对样本内不同企业的相同指标进行横向比较。主要借助多元比率指标，对样本进行因子分析，藉以从中提取反映样本财务状况的相关性较低的少数主要因子，并据其所得分值对样本进行综合解释分析。使用的统计软件为 SPSS 20.0。具体评价方法与规模最大 50 家制造业企业相同。

4.3.2　效益最优 50 家制造业企业排名

根据上市公司 2012 年年报数据，从营运能力、盈利能力、偿债能力的角度，对净资产收益率、总资产净利率、主营业务利润率、存货周转率、总资产周转率、应收账款周转率、资产负债率、流动比率和速动比率 9 个指标，利用主成分分析法，得到中国制造业 1569 家上市公司的效益排名，其中前 50 强排行如表 4-7 所示。

表 4-7　2012 年中国制造业企业效益综合评价

序号	证券代码	证券简称	行业	所属地	净利润/万元
1	600678.SH	四川金顶	金属非金属	四川	41 589.39
2	300223.SZ	北京君正	电子	北京	4 787.56
3	600079.SH	人福医药	医药生物制品	陕西	56 334.08
4	300067.SZ	安诺其	石油化学塑胶塑料	上海	2 305.51
5	000669.SZ	领先科技	通信及相关设备制造业	吉林	29 255.12
6	002399.SZ	海普瑞	医药生物制品	广东	61 655.13
7	002568.SZ	百润股份	石油化学塑胶塑料	上海	7 698.76
8	002082.SZ	栋梁新材	金属非金属	浙江	9 094.30
9	600771.SH	东盛科技	医药生物制品	青海	35 622.41
10	000819.SZ	岳阳兴长	石油化学塑胶塑料	湖南	6 157.93
11	002550.SZ	千红制药	医药生物制品	江苏	15 872.24
12	600462.SH	石岘纸业	造纸印刷	吉林	60 349.06
13	600988.SH	赤峰黄金	有色金属矿采选业	内蒙古	23 790.14
14	300053.SZ	欧比特	电子	广东	2 566.43
15	002581.SZ	万昌科技	石油化学塑胶塑料	山东	8 627.09
16	300294.SZ	博雅生物	医药生物制品	江西	7 514.62
17	000637.SZ	茂化实华	石油化学塑胶塑料	广东	3 950.19
18	002693.SZ	双成药业	医药生物制品	海南	6 799.86
19	600338.SH	西藏珠峰	金属非金属	西藏	7 846.80
20	300107.SZ	建新股份	石油化学塑胶塑料	河北	1 188.05
21	300206.SZ	理邦仪器	机械设备仪表	广东	5 357.42
22	002540.SZ	亚太科技	金属非金属	江苏	9 794.63
23	002622.SZ	永大集团	机械设备仪表	吉林	5 442.91
24	300305.SZ	裕兴股份	石油化学塑胶塑料	江苏	11 124.92
25	002414.SZ	高德红外	电子	湖北	6 017.80
26	300079.SZ	数码视讯	通信及相关设备制造业	北京	26 921.71
27	002038.SZ	双鹭药业	医药生物制品	北京	47 997.86
28	002588.SZ	史丹利	石油化学塑胶塑料	山东	29 171.90
29	002566.SZ	益盛药业	医药生物制品	吉林	9 730.96
30	000895.SZ	双汇发展	食品饮料	河南	306 895.97

续表

序号	证券代码	证券简称	行业	所属地	净利润/万元
31	300214.SZ	日科化学	石油化学塑胶塑料	山东	9 744.94
32	002287.SZ	奇正藏药	医药生物制品	西藏	18 779.98
33	300326.SZ	凯利泰	机械设备仪表	上海	5 552.38
34	300078.SZ	中瑞思创	电子	浙江	6 848.45
35	300194.SZ	福安药业	医药生物制品	重庆	8 950.39
36	300179.SZ	四方达	金属非金属	河南	3 432.98
37	002495.SZ	佳隆股份	食品饮料	广东	4 816.12
38	300306.SZ	远方光电	机械设备仪表	浙江	7 247.74
39	002653.SZ	海思科	医药生物制品	西藏	44 306.09
40	300039.SZ	上海凯宝	医药生物制品	上海	24 219.20
41	600276.SH	恒瑞医药	医药生物制品	江苏	115 140.69
42	300186.SZ	大华农	农林牧渔服务业	广东	18 090.40
43	000587.SZ	金叶珠宝	木材家具	黑龙江	17 972.19
44	300351.SZ	永贵电器	电子	浙江	5 233.93
45	002515.SZ	金字火腿	食品饮料	浙江	3 557.39
46	300003.SZ	乐普医疗	机械设备仪表	北京	40 332.70
47	300267.SZ	尔康制药	医药生物制品	湖南	15 305.19
48	300286.SZ	安科瑞	机械设备仪表	上海	4 450.37
49	300199.SZ	翰宇药业	医药生物制品	广东	8 979.90
50	002603.SZ	以岭药业	医药生物制品	河北	18 580.64

数据来源：根据上市公司 2012 年年度年报数据整理、计算得出。

4.3.3　中国制造业企业效益分析

经济效益是企业投入与产出的比例，它是企业一切经济活动的根本出发点，提高经济效益有利于增强企业的竞争力。由于企业是以盈利为目的而从事生产经营活动的组织，因此盈利能力是衡量企业经济效益好坏最重要的因素之一。同时企业经济效益的衡量不仅包括企业的盈利能力，还需要考虑企业偿债能力和营运能力。这三种能力共同决定了企业投入与产出的比例，决定了企业经济效益的好坏，因此下面将分别从盈利能力、偿债能力和营运能力三个方面对中国制造业效益进行分析和研究。

1. 中国制造业企业盈利能力分析

盈利能力主要反映企业经营业务创造利润的能力，较强的盈利能力为公司将来迅速发展壮大、创造更好的经济效益打下了坚实的基础。利润是企业内外有关各方都关心的中心问题，是投资者取得投资收益、债权人收取本息的资金来源，是经营者经营业绩和管理效能的集中表现，也是职工集体福利设施不断完善的重要保障。因此，企业盈利能力分析十分重要。

反映企业盈利能力的主要指标有总资产净利率、主营业务净利率和净资产收益率等。下面将根据上述三个指标对 2012 年中国制造业的企业盈利能力进行分析。

1）行业分析

按行业分类，2012 年中国制造业的企业盈利能力如表 4-8、图 4-3 所示。

表 4-8　行业盈利能力指标

行业	企业数量	总资产净利率/%	主营业务净利率/%	净资产收益率/%
电子	152	4.37	8.04	4.78
纺织服装皮毛	74	3.70	5.93	6.59
机械设备仪表	477	4.63	7.39	8.11
计算机及相关设备制造业	25	5.23	9.02	7.73
金属非金属	186	3.08	23.00	10.41
木材家具	14	4.30	5.97	7.17
石油化学塑胶塑料	246	4.57	5.41	4.71
食品饮料	94	6.97	8.83	12.44
通信及相关设备制造业	59	4.25	7.77	8.48
医药生物制品	137	8.02	27.12	16.52
造纸印刷	43	6.36	10.74	10.18
其他制造业	62	5.42	8.35	18.42
总计平均值	—	4.87	12.64	8.91

数据来源：根据上市公司 2012 年年度年报数据整理、计算得出。

2012 年 12 个制造业行业的平均总资产净利率为 4.87%，其中医药生物制品行业的 137 家上市公司的平均总资产净利率最高，为 8.02%；金属非金属行业的 186 家上市公司的平均总资产净利率最低，仅为 3.08%。制造业中计算机及相关设备制造业、食品饮料、医药生物制品、造纸印刷和其他制造业等 5 个行业的平均总资产净利率高于全行业平均水平，表明这 5 个行业的制造业企业投入产出水平较高，资产运营相比全行业平均水平更有效，成本费用的控制水平更高。

2012 年 12 个制造业行业平均主营业务净利率为 12.64%，其中医药生物制品行业的 137 家上市公司的平均主营业务净利率最高，为 27.12%；石油化学塑胶塑料行业的 246 家上市公司的平均主营业务净利率最低，为 5.41%。制造业中金属非金属、医药生物制品等 2 个行业的平均主营业务净利率高于全行业平均水平，表明这 2 个行业制造业企业从主营业务收入中获取利润的能力高于全行业平均水平。

2012 年 12 个制造业行业平均净资产收益率为 8.91%，其中其他制造业行业的 62 家上市公司的平均净资产收益率最高，为 18.42%；石油化学塑胶塑料行业的 246 家上市公司的平均净资产收益率最低，为 4.71%。制造业中金属非金属、食品饮料、造纸印刷、医药生物制品和其他制造业 5 个行业的平均净资产收益率高于全行业平均水平，表明这 5 个行业的制造业企业投资所带来的收益高于全行业平均水平。

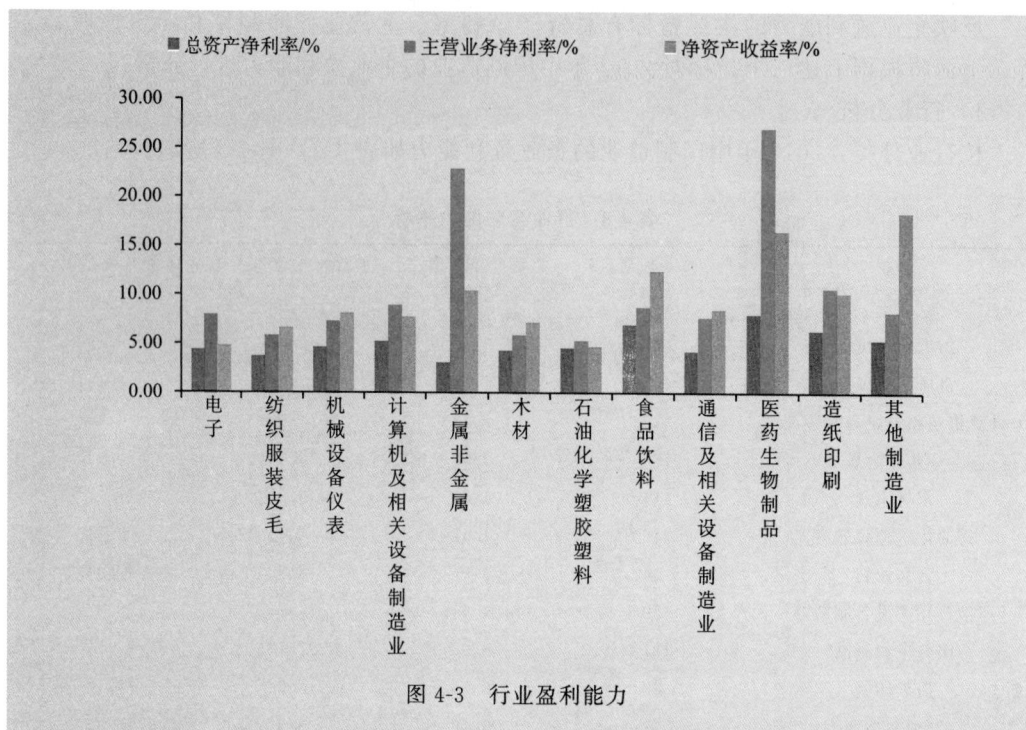

图 4-3 行业盈利能力

2）地区分析

按地区分类，2012 年中国制造业的企业盈利能力如表 4-9、图 4-4 所示。

表 4-9 地区盈利能力指标

地区	企业数量	总资产净利率/%	主营业务净利率/%	净资产收益率/%
安徽	58	4.59	6.58	10.64
北京	85	5.57	10.73	8.34
重庆	20	4.64	8.63	9.08
福建	49	5.03	9.41	8.22
甘肃	15	3.27	8.23	7.22
广东	236	5.01	8.53	8.17
广西	16	2.08	2.19	−5.72
贵州	16	6.39	10.04	11.34
海南	6	6.01	15.24	9.76
河北	36	4.60	5.02	10.50
河南	53	3.86	6.76	0.97
黑龙江	17	5.81	11.33	9.44
湖北	54	3.75	6.24	8.11
湖南	44	5.29	9.12	7.45
吉林	27	6.78	15.90	28.98

续表

地区	企业数量	总资产净利率/%	主营业务净利率/%	净资产收益率/%
江苏	179	4.28	5.48	6.39
江西	26	4.54	6.34	3.53
辽宁	36	3.60	7.41	7.07
内蒙古	19	7.99	11.67	13.36
宁夏	9	2.16	6.89	4.76
青海	7	6.10	16.00	12.30
山东	115	5.13	7.71	7.74
山西	17	3.32	3.44	7.35
陕西	22	2.20	1.10	4.94
上海	109	6.17	5.65	7.44
四川	58	5.75	9.20	9.30
天津	18	4.83	8.93	10.00
西藏	5	14.45	20.74	19.10
新疆	22	1.17	2.39	1.73
云南	15	1.55	2.99	−2.09
浙江	180	5.08	7.84	7.99
总计平均值	—	4.87	12.64	8.91

数据来源：根据上市公司 2012 年年度年报数据整理、计算得出。

2012 年全国 31 个地区制造业的平均总资产净利率为 4.87%，其中西藏的 5 家上市公司平均总资产净利率最高，为 14.45%；云南的 15 家上市公司平均总资产净利率最低，仅为 1.55%。北京、福建、广东、贵州、海南、黑龙江、湖南、吉林、内蒙古、山东、上海、四川、西藏、浙江等 14 个地区的平均总资产净利率高于整个行业的平均水平，表明这 14 个地区的制造业企业投入产出水平较高，资产运营相比全国平均水平更有效，成本费用的控制水平更高。

2012 年全国 31 个地区制造业的平均主营业务净利率为 12.64%，其中西藏的 5 家上市公司的平均主营业务净利率最高，为 20.74%；陕西的 22 家上市公司的平均主营业务净利率最低，仅为 1.10%。31 省市自治区中仅海南、吉林、青海、西藏等 4 个地区的平均主营业务净利率高于整个行业的平均水平，表明这 4 个地区制造业企业从主营业务收入中获取利润的能力高于全国平均水平。

2012 年全国 31 个地区制造业的平均净资产收益率为 8.91%，其中吉林的 27 家上市公司的平均净资产收益率最高，为 28.98%；广西的 16 家上市公司的平均净资产收益率最低，仅为 −5.72%。安徽、贵州、河北、黑龙江、吉林、内蒙古、青海、四川、天津、西藏、重庆等 11 个地区的平均净资产收益率高于整个行业的平均水平，表明这 11 个地区的制造业企业投资所带来的收益高于全国平均水平。

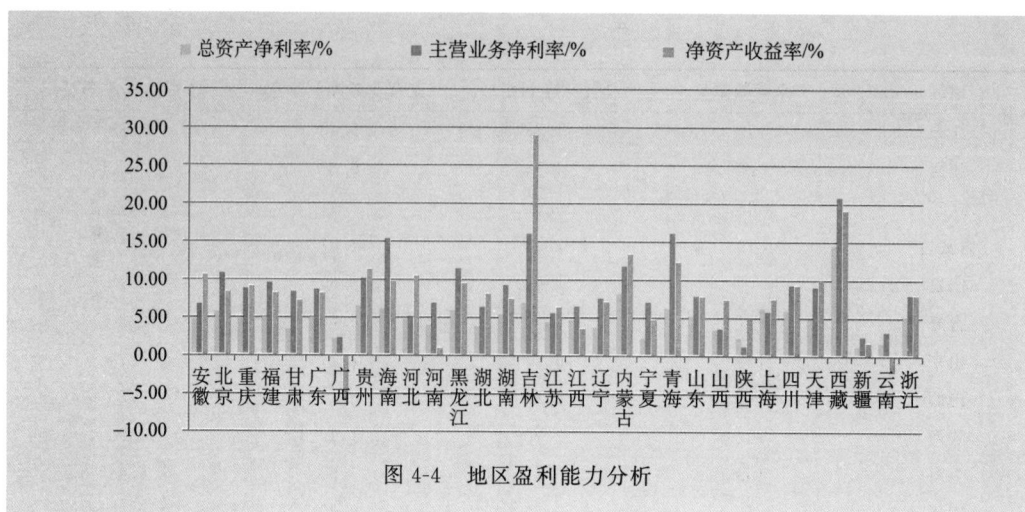

图 4-4　地区盈利能力分析

2. 中国制造业企业偿债能力分析

偿债能力是指企业用其资产偿还长短期债务的能力。企业有无支付现金的能力，是企业能否生存和发展的关键。企业偿债能力是反映企业财务状况和经营能力的重要标志，是企业偿还到期债务的承受能力或保证程度。

反映企业偿债能力的主要指标有存货周转率、应收账款周转率和总资产周转率等。下面将根据上述三个指标对 2012 年中国制造业的企业偿债能力进行分析。

1）行业分析

按行业分类，2012 年中国制造业的企业偿债能力如表 4-10、图 4-5 所示。

表 4-10　行业偿债能力指标

行业	企业数量	流动比率	速动比率	资产负债比率/%
电子	152	4.68	3.84	32.50
纺织服装皮毛	74	2.51	1.55	39.83
机械设备仪表	477	3.23	2.53	38.98
计算机及相关设备制造业	25	5.05	4.26	29.16
金属非金属	186	2.07	1.48	48.59
木材家具	14	3.53	2.50	35.13
石油化学塑胶塑料	246	2.99	2.24	41.68
食品饮料	94	3.01	2.08	38.54
通信及相关设备制造业	59	3.68	2.96	35.97
医药生物制品	137	5.28	4.29	32.13
造纸印刷	43	2.35	1.69	40.58
其他制造业	62	3.59	2.85	42.46
总计平均值	—	3.33	2.56	39.36

数据来源：根据上市公司 2012 年年度年报数据整理、计算得出。

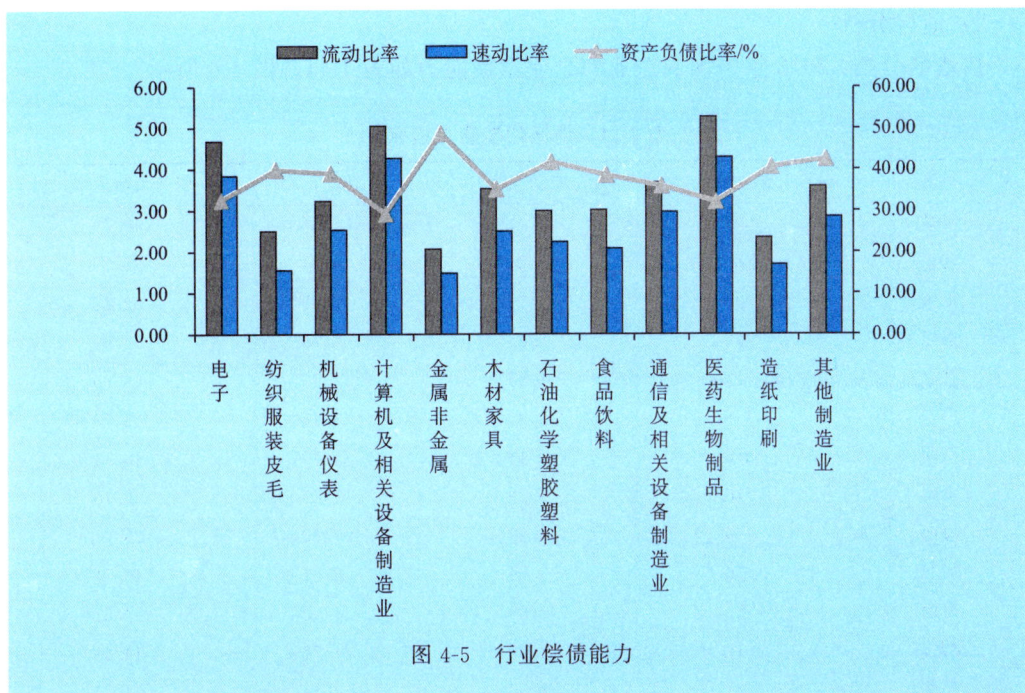

图 4-5　行业偿债能力

2012 年中国 1569 家制造业上市公司平均流动比率为 3.33，平均速动比率为 2.56，平均资产负债率为 39.36%。总体而言，中国制造业企业的平均流动比率较高，表明中国制造业企业总体财务状况稳定可靠，除了满足日常生产经营的流动资金需要外，还有足够的财力偿付到期短期债务；同时中国制造业企业的平均速动比率偏高，表明中国制造业企业短期偿债能力很好，但是同时制造业企业拥有较多的货币性资产，因此可能失去一些有利的投资和获利机会；中国制造业企业的平均资产负债率比较适宜，表明中国制造业企业偿债能力较好，风险较低。

2012 年 12 个制造业行业的平均流动比率为 3.33，大部分行业的平均流动比率都比较合理，反映该行业财务状况稳定可靠，偿债能力较好；而计算机及相关设备制造业、医药生物制品这 2 个行业的流动比率较高，其数值都大于 5，表明这些行业流动资产占用较多，可能会影响资金的使用效率和企业的获利能力，这可能是由于应收账款占用过多，以及产成品积压所造成的。

2012 年 12 个制造业行业平均速动比率为 2.56，整个制造业速动比率偏高，其中电子、医药生物制品和造纸印刷这 3 个行业的速动比率都较高，其数值都大于 3，这说明这些行业拥有的货币性资产过多，这很可能会失去一些有利的投资和获利机会。

2012 年 12 个制造业行业平均资产负债率为 39.36%，大部分行业的平均资产负债率都处于 30%～50%，其资产结构都比较合理；而电子、计算机及相关设备制造业、木材家具、通信及相关设备制造业和医药生物设备 5 个行业的资产负债率略低，这些行业可在资本利润率、负债利息率、增加负债所增加的风险之间进行权衡，适当增加对债权人资金的利用，提高盈利水平。

2）地区分析

按地区分类，2012 年中国制造业的企业偿债能力如表 4-11、图 4-6 所示。

表 4-11 地区偿债能力指标

地区	企业数量	流动比率	速动比率	资产负债比率/%
安徽	58	2.11	1.56	43.59
北京	85	5.24	4.34	35.39
重庆	20	3.45	2.83	52.18
福建	49	3.84	2.79	34.99
甘肃	15	1.85	1.17	46.90
广东	236	3.94	3.18	32.75
广西	16	2.43	1.70	49.11
贵州	16	2.29	1.45	39.10
海南	6	8.49	7.63	28.07
河北	36	3.84	2.61	46.71
河南	53	2.69	1.95	45.51
黑龙江	17	2.57	1.77	44.21
湖北	54	3.02	2.14	44.75
湖南	44	3.18	2.50	38.25
吉林	27	3.74	2.86	46.91
江苏	179	3.53	2.73	36.52
江西	26	3.55	2.74	41.13
辽宁	36	2.80	2.14	47.86
内蒙古	19	2.01	1.28	47.30
宁夏	9	1.77	1.05	49.15
青海	7	1.70	1.16	57.34
山东	115	2.83	2.09	40.12
山西	17	1.49	1.01	52.70
陕西	22	2.64	1.89	40.89
上海	109	3.69	2.98	38.75
四川	58	2.40	1.76	41.97
天津	18	4.41	3.39	34.12
西藏	5	5.95	5.12	38.66
新疆	22	1.68	1.10	54.05
云南	15	1.27	0.70	58.40
浙江	180	3.23	2.46	34.58
总计平均值	—	3.33	2.56	39.36

数据来源：根据上市公司 2012 年年度年报数据整理、计算得出。

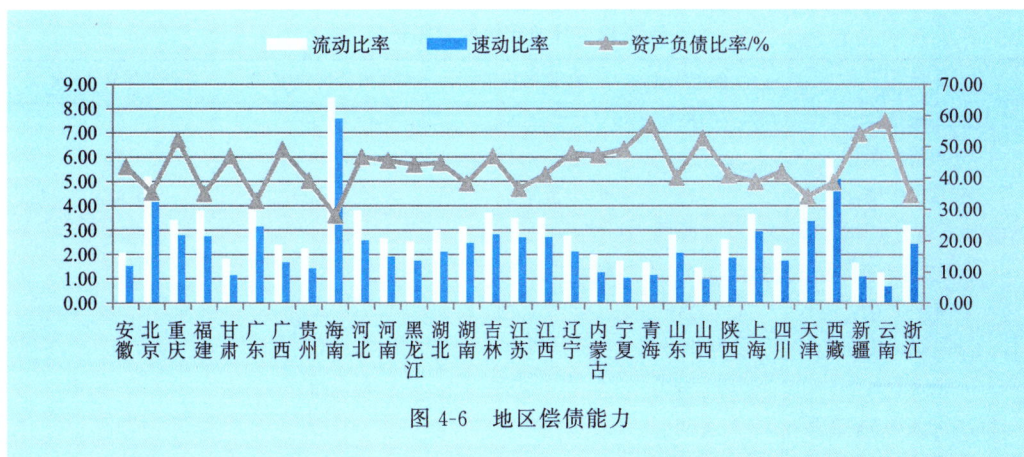

图 4-6　地区偿债能力

2012 年全国 31 个地区制造业的平均流动比率为 3.33，其中大部分地区的平均流动比率都比较合理，反映这些地区制造业上市公司的财务状况稳定可靠，偿债能力较好；北京、海南和西藏 3 个地区的流动比率较高，其数值都大于 5，表明这些地区制造业企业流动资产占用较多，可能会影响资金的使用效率和企业的获利能力。而宁夏等省区的流动比率数值略小，表明该地区偿债能力略显薄弱。

2012 年全国 31 个地区制造业的平均速动比率为 2.56，整体水平偏高，其中大部分省份的平均速动比率都比较合理；北京、海南、天津、广东和西藏 5 个地区的速动比率较高，其数值都大于 3，这说明这些地区制造业企业拥有的货币性资产过多；宁夏等省区制造业企业速动比率略低，表明该地区制造业企业短期偿债能力略显不足。

2012 年全国 31 个地区制造业的平均资产负债率为 39.36%，其中大部分地区制造业企业的平均资产负债率处于 30%～50%，资产结构都比较合理；青海、山西、新疆、云南和重庆 5 个地区平均资产负债率略高，表明这些地区制造业企业的债务负担略重，资金实力不是太强；北京、福建、广东、贵州、海南、湖南、江苏、上海、天津、西藏、浙江 11 个地区制造业企业平均资产负债率略低，可适当提高负债水平，从而提高该地区制造业企业的盈利水平。

3. 中国制造业企业营运能力分析

营运能力是通过企业生产经营资金周转速度的有关指标所反映出来的企业资金利用效率，反映企业管理人员经营管理、运用资金的能力。企业生产经营资金周转的速度越快，表明企业资金利用的效果越好，效率越高，企业管理人员的经营能力越强。

反映企业营运能力的主要指标有存货周转率、应收账款周转率、总资产周转率等。下面将根据上述 3 个指标对 2012 年中国制造业的企业营运能力进行分析。

1) 行业分析

按行业分类，2012 年中国制造业的企业营运能力如表 4-12、图 4-7 所示。

表 4-12 行业营运能力指标

行业	企业数量	存货周转率/次	应收账款周转率/次	总资产周转率/次
电子	152	5.87	5.51	0.61
纺织服装皮毛	74	4.64	17.58	0.73
机械设备仪表	477	4.94	8.45	0.64
计算机及相关设备制造业	25	7.89	6.19	0.84
金属非金属	186	6.58	175.50	0.86
木材家具	14	5.64	48.55	0.88
石油化学塑胶塑料	246	8.37	318.83	0.80
食品饮料	94	6.66	853.20	0.99
通信及相关设备制造业	59	8.76	21.42	0.62
医药生物制品	137	7.11	11.16	0.63
造纸印刷	43	4.94	9.96	0.62
其他制造业	62	5.53	16.96	0.74
总计平均值	—	6.26	129.09	0.72

数据来源：根据上市公司 2012 年年度年报数据整理、计算得出。

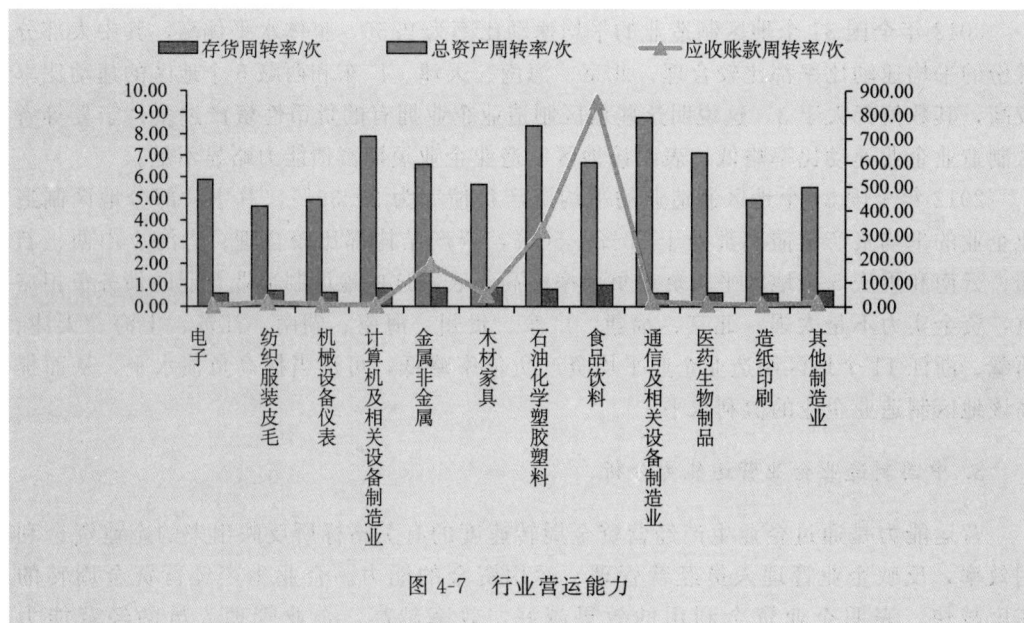

图 4-7 行业营运能力

2012 年中国 1569 家制造业上市公司平均存货周转率为 6.26 次，平均应收账款周转率为 129.09 次，平均总资产周转率为 0.72 次。总体而言，中国制造业企业的平均存货周转率较高，表明中国制造业企业总资产由于销售顺畅而具有较高的流动性，存货转换为现金或应收账款的速度快，存货占用水平低；中国制造业企业的平均应收账款周转率非常高，说明中国制造业企业收账速度快，平均收账期短，坏账损失少，资产流动快，偿债能力强；同时中国制造业企业的平均总资产周转率比较适宜，表明中国制造业企业营运能力较好。

2012 年 12 个制造业行业的平均存货周转率为 6.26 次，其中计算机及相关设备制造业、金属非金属、石油化学塑胶塑料、食品饮料、通信及相关设备制造业、医药生物制品 6 个行业的平均存货周转率高于全行业的平均水平，表明这些行业的制造业企业的销货成本数额较行业平均水品高，产品销售的数量大，企业的销售能力较强；其余 6 个行业的平均存货周转率低于全行业的平均水平，表明这些行业的制造业企业销售能力较弱。

2012 年 12 个制造业行业的平均应收账款周转率为 129.06 次，其中金属非金属、石油化学塑胶塑料、食品饮料 3 个行业的平均应收账款周转率远高于全行业的平均水平，表明这些行业的制造业企业收账速度快、平均收账期短、坏账损失少、资产流动快、偿债能力强；其余 9 个行业的平均应收账款周转率低于全行业的平均水平，表明这些行业的制造业企业资金使用率低于行业整体平均水平。

2012 年 12 个制造业行业平均总资产周转率为 0.72 次，其中服装纺织毛皮、计算机及相关设备制造业、金属非金属、木材家具、其他制造、石油化学塑胶塑料和食品饮料 7 个行业的平均总资产周转率高于全行业的平均水平，表明这些行业的制造业企业总资产周转速度高于全行业平均水平，其销售能力更强，资产利用效率更高。而其余 5 个行业的平均总资产周转率低于全行业的平均水平，表明这些行业的制造业企业周转速度较慢，资产利用效率较低。

2）地区分析

按地区分类，2012 年中国制造业的企业营运能力如表 4-13、图 4-8 所示。

表 4-13　地区营运能力指标

地区	企业数量	存货周转率/次	应收账款周转率/次	总资产周转率/次
安徽	58	6.96	38.30	0.85
北京	85	5.61	10.89	0.64
重庆	20	6.53	91.89	0.65
福建	49	5.14	356.20	0.73
甘肃	15	5.57	30.34	0.54
广东	236	6.48	12.45	0.72
广西	16	6.20	41.13	0.69
贵州	16	5.59	171.84	0.68
海南	6	10.78	32.18	0.53
河北	36	5.63	178.51	0.71
河南	53	5.94	33.95	0.74
黑龙江	17	5.56	46.08	0.95
湖北	54	4.95	12.42	0.65
湖南	44	7.53	62.20	0.76
吉林	27	13.04	22.28	0.52

续表

地区	企业数量	存货周转率/次	应收账款周转率/次	总资产周转率/次
江苏	179	5.93	14.00	0.68
江西	26	7.52	29.11	0.99
辽宁	36	5.53	36.60	0.68
内蒙古	19	8.28	28.88	0.65
宁夏	9	3.07	6.88	0.46
青海	7	4.53	111.99	0.49
山东	115	6.05	599.20	0.75
山西	17	7.18	40.24	0.88
陕西	22	4.30	6.40	0.52
上海	109	7.01	13.68	0.76
四川	58	6.15	42.54	0.75
天津	18	4.99	17.41	0.56
西藏	5	15.14	690.14	1.03
新疆	22	5.63	139.83	0.61
云南	15	5.27	32.25	0.87
浙江	180	5.83	13.70	0.76
总计平均值	—	6.26	129.09	0.72

数据来源：根据上市公司 2012 年年度年报数据整理、计算得出。

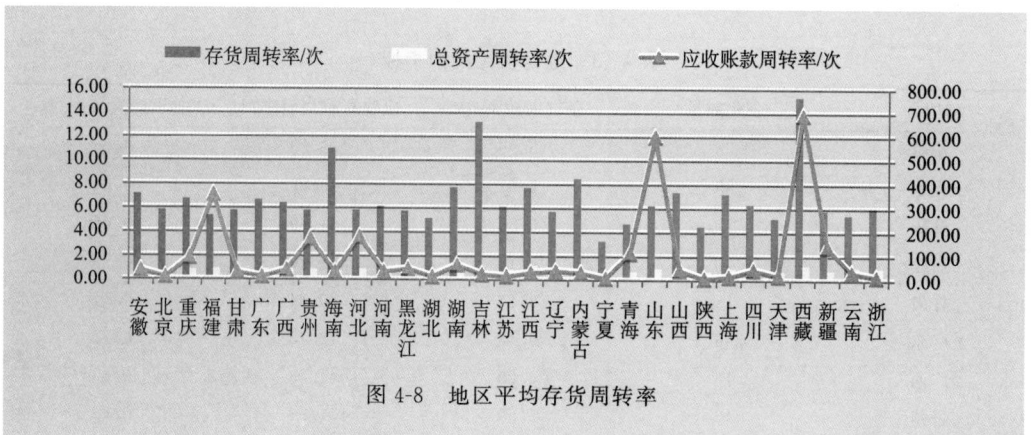

图 4-8　地区平均存货周转率

2012 年全国 31 个地区制造业的平均存货周转率为 6.26 次，其中安徽、广东、海南、湖南、吉林、江西、内蒙古、山西、上海、西藏、新疆、重庆 11 个地区制造业企业的平均存货周转率高于全国平均水平，表明这些地区的制造业企业的销货成本数额较全国平均水品高，产品销售的数量大，企业的销售能力较强；而其余 20 个地区的平均存货周转率低于全行业的平均水平，表明这些地区的制造业企业销售能力较弱。

2012 年全国 31 个地区制造业的平均应收账款周转率为 129.09 次，其中福建、贵州、河北、山东、西藏、新疆 6 个地区的平均应收账款周转率远高于全国平均水平，表明这些地区的制造业企业收账速度快、平均收账期短、坏账损失少、资产流动快、偿债能力强；其余 25 个地区的平均应收账款周转率低于全国平均水平，表明这些地区的制造业企业资金使用率低于全国整体平均水平。

2012 年全国 31 个地区制造业的平均总资产周转率为 0.72 次，其中安徽、福建、广东、河南、黑龙江、湖南、江西、山东、山西、上海、四川、西藏、云南、浙江 14 个地区制造业企业的平均总资产周转率高于全国平均水平，表明这些地区的制造业企业的销售能力更强，其资产利用效率更高；而其余 17 个地区的平均总资产周转率低于全国平均水平，表明这些行业的制造业企业周转速度较慢，资产利用效率较低。

4.4　成长最快的 50 家制造业企业

企业的成长性，就是企业所具有的不断挖掘未利用资源而持续实现潜在价值的能力。概括而言，我们将企业的成长性理解为一个企业或集团在较长的时间内所表现出的由小到大、由弱到强的发展历程，也是企业与外部环境相协调、相适应的过程。有增长而无持续性或有持续性而无增长的企业都不能称之为成长型企业。一个成长型企业有以下三方面的特征：首先，一个成长型企业不仅体现在"量"上由小到大，而且在"质"上表现为由弱到强。成长型企业不单纯追求规模上的不断扩张，使自己不断壮大，更应该注重企业自身盈利能力的增强，注重对自身发展潜力的挖掘，注重企业自身抗风险能力的增强以及对企业外部不确定性环境的适应。不难理解，一个缺乏核心竞争力和成长内在驱动能力的企业是难以做大、做强的。其次，企业的成长性表现为企业发展过程中的持续性。持续成长是企业在日益激烈的市场竞争中得以不断发展和壮大的必需条件。企业的可持续性成长不单纯追求企业成长的速度，更重要的是在与外部环境相协调的前提下，通过对产品、技术、管理方法等的创新，增强企业得以持续成长的内在特质。最后，企业的成长性还意味着创新性。只有创新的成功，才能使企业盈利的持续增长有实现的可能，才能使企业具有不断增强的抗风险能力。

4.4.1　成长最快企业的涵义及评价意义

成长最快企业的评价主要是对成长速度、成长质量和成长潜力等综合因素的评价（李廉水，2010）。一些学者也对企业成长性进行了定性的界定，认为成长型企业是指目前还处在创业阶段，但由于自身的某些优势（如行业领先、技术垄断和管理高效等）而可能在将来迸发出潜力的，在主营业务方面具有可持续发展能力、具有较强的市场开发能力，能得到高投资回报的创业型企业（王向阳，徐鸿，2001）。还有一些国内的学者构建了一种基于突变级数理论的中小企业成长性评价模型，并且运用该模型进行了实证分析（陈晓红等，2004），该模型涉及二层指标，第一层是财务类指标和一般性指标，财务类指标包括成长能力、盈利能力、资金营运能力，一般性指标包括市场预期和企业规模；第二层分别对应的小指标是主营业务收入增长率、近三年每股净利润平均增长率、近三年每股净资产平均增长率、主营业务毛利率、近三年加权平均净资产收益率、本期每股经营性现金流量、资产负债率、本期资本周转率、净资产倍率、利润增长率与市盈率之比、本期资产总额和本期企业员工总数。因此，这些研究从定性和定量等视角说明了企业成长性的基本内涵。

评价企业成长最快的主要目标，就是在考察企业现有发展水平的基础上判断企业今后是否具有较强的发展后劲，最终判断出不同企业各自的成长状况和成长潜力，而最终显见性的成长性目标应归结到企业财务上的成长性，既需要反映出主营业务的经营成果，又要体现出其财务状况持续增长情况（陆正飞，施瑜，2002）。

在企业发展过程中，企业始终面临着成长问题。无论是新兴企业还是传统企业，如何更好发展，实现自身转型升级和可持续发展，适应快速变化的经济环境，这将是企业成长过程中需要不断思考的问题。尤其是在这个全球竞争的时代，成长性已成为衡量企业发展的客观标志。因此对企业的成长性进行科学、客观的评估具有极其重要的意义。

4.4.2　指标与样本选择说明

企业成长性的指标选择需要从其基本内涵出发。因此在进行制造业企业最具成长性评价的过程中，依旧需要坚持评价指标选择的几个基本原则：①目的性原则。评价目的在于了解上市制造业企业的成长性，即判断企业利用潜在的资源优势发展主营业务的能力。②综合性原则。成长性问题是一个综合性的发展问题，既需充分考虑到企业现实的竞争实力，又考虑到其潜在的增长能力，从而能够比较完整、多角度地反映上市公司的成长能力，比较全面地反映上市公司的真实情况。③简明性原则。由于反映上市企业的相关指标数据较多，为抓住企业成长的主要矛盾，提高评价结论的参考性，因此评价成长性指标设计应尽量简化，突出重点，选择有针对性的核心指标，这样也可使其在实际工作中易于操作，切实可行。④科学性原则。科学性原则主要是指标的选取应能够准确反映上市企业的实际情况，有助于企业通过该指标体系的评议明确自身在行业中的位置，并能够切实采取措施增强其发展能力。具体而言，数据应具有易得性，尽量使其能从公开的报表中得到，并以客观的定量指标为主，便于运用统计方法进行相对准确的分析评价。

因此根据成长性内涵以及其评价指标选择的基本原则，本节拟选择以主营业收入、主营业收入同比增长率等主要指标来衡量企业的成长性。主营业收入和主营业收入同比增长率等指标不仅可以反映企业规模，还可以衡量企业成长性，反映出企业在一定时期内经营能力的发展变化趋势。最终，我们构建出以连续三年的主营业收入同比增长率（销售额增长率）均值作为评价企业成长性的成长指数。

$$成长指数(2012) = \frac{\left(\dfrac{2010\,年销售额}{2009\,年销售额}-1\right) + \left(\dfrac{2011\,年销售额}{2010\,年销售额}-1\right) + \left(\dfrac{2012\,年销售额}{2011\,年销售额}-1\right)}{3}$$

企业样本的选择是在深沪两市 A 股上市的制造业企业（2013 年 4 月 25 日查询，总数为 1573 家）范围内，去除 61 家需要股改而尚未股改的 S、SST 类企业和因有退市风险而被特殊处理的 ST 类企业，再选出 2008 年 12 月 31 之前上市的 853 家制造业作为本节研究范围。考虑到成长型企业所具有的持续性和增长性特征，删除最近四年（2009～

2012 年）中有任何一年亏损的企业 234 家、主营业务收入无法连续三年（2010～2012 年）增长的企业 313 家，最后确定候选样本企业 299 家。

4.4.3　成长最快的 50 家制造业企业排名

针对所选样本数据，采用成长指数计算规则得到制造业企业成长性排名，其中最具成长性 50 强制造业企业如表 4-14 所示。

表 4-14　最具成长性 50 强制造业企业表

排名	证券代码	证券简称	省份	行业	成长指数/%
1	600667.SH	太极实业	江苏省	电子	122.8786
2	002226.SZ	江南化工	安徽省	石油、化学、塑胶、塑料	115.0714
3	600703.SH	三安光电	湖北省	电子	92.8189
4	002241.SZ	歌尔声学	山东省	电子	88.9201
5	600518.SH	康美药业	广东省	医药、生物制品	68.8604
6	002237.SZ	恒邦股份	山东省	金属、非金属	66.2004
7	000799.SZ	酒鬼酒	湖南省	食品、饮料	65.6582
8	600086.SH	东方金钰	湖北省	其他	64.7017
9	002236.SZ	大华股份	浙江省	电子	62.3173
10	002271.SZ	东方雨虹	北京市	金属、非金属	61.3977
11	600078.SH	澄星股份	江苏省	石油、化学、塑胶、塑料	58.9412
12	600459.SH	贵研铂业	云南省	金属、非金属	57.4371
13	002229.SZ	鸿博股份	福建省	造纸、印刷	56.0669
14	002258.SZ	利尔化学	四川省	石油、化学、塑胶、塑料	53.2339
15	002121.SZ	科陆电子	广东省	电子	53.2263
16	600104.SH	上汽集团	上海市	机械、设备、仪表	51.3804
17	600587.SH	新华医疗	山东省	机械、设备、仪表	50.8546
18	000523.SZ	广州浪奇	广东省	石油、化学、塑胶、塑料	49.8196
19	002011.SZ	盾安环境	浙江省	机械、设备、仪表	49.5767
20	002192.SZ	路翔股份	广东省	石油、化学、塑胶、塑料	48.7719
21	002273.SZ	水晶光电	浙江省	电子	47.9583
22	002066.SZ	瑞泰科技	北京市	金属、非金属	47.6985
23	000596.SZ	古井贡酒	安徽省	食品、饮料	47.6023
24	000982.SZ	中银绒业	宁夏回族自治区	纺织、服装、皮毛	47.2161
25	002157.SZ	正邦科技	江西省	食品、饮料	45.5318
26	600141.SH	兴发集团	湖北省	石油、化学、塑胶、塑料	45.5211

续表

排名	证券代码	证券简称	省份	行业	成长指数/%
27	600362.SH	江西铜业	江西省	金属、非金属	45.4968
28	600809.SH	山西汾酒	山西省	食品、饮料	44.6233
29	002009.SZ	天奇股份	江苏省	机械、设备、仪表	43.5650
30	000795.SZ	太原刚玉	山西省	金属、非金属	43.2132
31	002101.SZ	广东鸿图	广东省	机械、设备、仪表	42.4491
32	600519.SH	贵州茅台	贵州省	食品、饮料	40.7502
33	000878.SZ	云南铜业	云南省	金属、非金属	40.4846
34	600061.SH	中纺投资	上海市	石油、化学、塑胶、塑料	40.0737
35	600702.SH	沱牌舍得	四川省	食品、饮料	39.9735
36	002094.SZ	青岛金王	山东省	其他	39.1153
37	002037.SZ	久联发展	贵州省	石油、化学、塑胶、塑料	39.0167
38	000568.SZ	泸州老窖	四川省	食品、饮料	38.9767
39	002038.SZ	双鹭药业	北京市	医药、生物制品	38.3702
40	002247.SZ	帝龙新材	浙江省	其他	36.9821
41	000630.SZ	铜陵有色	安徽省	金属、非金属	36.9666
42	002068.SZ	黑猫股份	江西省	石油、化学、塑胶、塑料	36.9297
43	600525.SH	长园集团	广东省	电子	36.6633
44	002190.SZ	成飞集成	四川省	机械、设备、仪表	36.4806
45	002223.SZ	鱼跃医疗	江苏省	机械、设备、仪表	36.2872
46	600458.SH	时代新材	湖南省	石油、化学、塑胶、塑料	36.2204
47	002228.SZ	合兴包装	福建省	造纸、印刷	36.0179
48	002055.SZ	得润电子	广东省	电子	35.6404
49	600309.SH	烟台万华	山东省	石油、化学、塑胶、塑料	35.6011
50	600741.SH	华域汽车	上海市	机械、设备、仪表	35.3267

数据来源：根据上市公司 2012 年年度年报数据整理、计算得出。

在表 4-14 中最具成长性 50 强制造业企业平均成长率为 0.510977，这也表明了 50 强企业连续三年保持了快速成长。

4.4.4　中国制造业企业成长分析

1. 行业分布

从中国制造业企业成长最快 50 强的行业分布来看，共涉及其他制造业、纺织服装皮毛、造纸印刷、金属非金属、食品饮料、医药生物制品、石油化学塑胶塑料、电子、机械设备仪表 9 个行业，如图 4-9 所示。

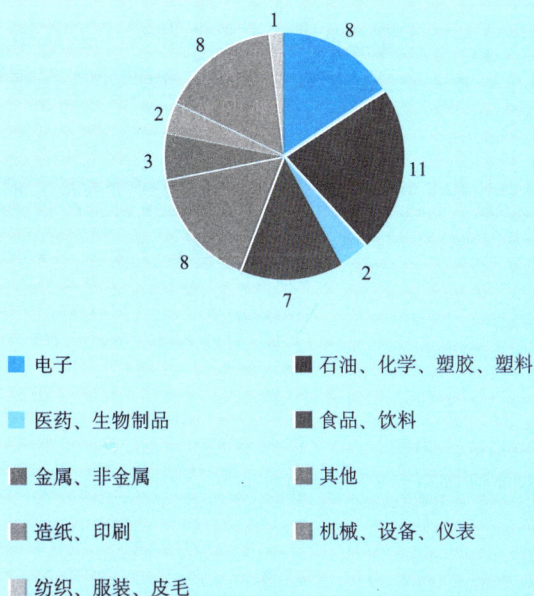

图 4-9　成长最快 50 强制造业企业行业分布图

其中石油、化学、塑料、塑胶类入选企业最多，为 11 家，占所有入围 50 家企业的 22％；电子类、金属非金属类以及机械设备仪表类企业各有 8 家入选，比例均为 16％。这 4 个行业入选企业数占所有入围 50 家企业的 70％，集中度相对较高。

★机械、设备、仪表业

从表 4-15 可以简单看出，上汽集团（600104）在总排名中处在第 16 名，而排名相对靠后的是第 50 名的华域汽车（600741）；另外从入选的机械设备仪表类分行业看，包括专用设备制造业、电器机械及器材制造业、交通运输设备制造业和普通机械制造业。

表 4-15　2012 年进入 50 强企业的机械设备仪表行业企业排名情况

排名	证券代码	证券简称	省份	成长指数/%
16	600104.SH	上汽集团	上海市	51.3804
17	600587.SH	新华医疗	山东省	50.8546
19	002011.SZ	盾安环境	浙江省	49.5767
29	002009.SZ	天奇股份	江苏省	43.5650
31	002101.SZ	广东鸿图	广东省	42.4491
44	002190.SZ	成飞集成	四川省	36.4806
45	002223.SZ	鱼跃医疗	江苏省	36.2872
50	600741.SH	华域汽车	上海市	35.3267

★电子业

从表 4-16 可以看出，太极实业（600667）在总排名中处在第 1 名，而排名相对靠后的是第 48 名得润电子（002055）；从分行业看，电子元器件制造业入选企业多达 6 家，而其他电子设备制造业仅有 2 家。

表 4-16　2012 年进入 50 强企业的电子行业企业排名情况

排名	证券代码	证券简称	省份	成长指数/%
1	600667.SH	太极实业	江苏省	122.8786
3	600703.SH	三安光电	湖北省	92.8189
4	002241.SZ	歌尔声学	山东省	88.9201
9	002236.SZ	大华股份	浙江省	62.3173
15	002121.SZ	科陆电子	广东省	53.2263
21	002273.SZ	水晶光电	浙江省	47.9583
43	600525.SH	长园集团	广东省	36.6633
48	002055.SZ	得润电子	广东省	35.6404

★石油、化学、塑胶、塑料业

从表 4-17 可以看出，江南化工（002226）在总排名中处在第 2 名，而排名相对靠后的是第 49 名烟台万华（600309）；从分行业看，涉及化学原料及化学制品制造业、化学纤维制造业和橡胶制造业。

表 4-17　2012 年进入 50 强企业的石油、化学、塑胶、塑料行业企业排名情况

排名	证券代码	证券简称	省份	成长指数/%
2	002226.SZ	江南化工	安徽省	115.0714
11	600078.SH	澄星股份	江苏省	58.9412
14	002258.SZ	利尔化学	四川省	53.2339
18	000523.SZ	广州浪奇	广东省	49.8196
20	002192.SZ	路翔股份	广东省	48.7719
26	600141.SH	兴发集团	湖北省	45.5211
34	600061.SH	中纺投资	上海市	40.0737
37	002037.SZ	久联发展	贵州省	39.0167
42	002068.SZ	黑猫股份	江西省	36.9297
46	600458.SH	时代新材	湖南省	36.2204
49	600309.SH	烟台万华	山东省	35.6011

★医药、生物制品业

从表 4-18 可以看出，康美药业（600518）在总排名中处在第 5 名，而排名相对靠后的是第 39 名双鹭药业（002038）；另外从分行业看，有生物制品业企业。

表 4-18　2012 年进入 50 强企业的医药、生物制品行业企业排名情况

排名	证券代码	证券简称	省份	成长指数/%
5	600518.SH	康美药业	广东省	68.8604
39	002038.SZ	双鹭药业	北京市	38.3702

★食品、饮料业

从表 4-19 可以看出，酒鬼酒（000799）在总排名中处在第 7 名，而排名相对靠后的是第 38 名泸州老窖（000568）；从入选的食品饮料类分行业看，主要集中在酿酒业。

表 4-19　2012 年进入 50 强企业的食品、饮料行业企业排名情况

排名	证券代码	证券简称	省份	成长指数/%
7	000799.SZ	酒鬼酒	湖南省	65.6582
23	000596.SZ	古井贡酒	安徽省	47.6023
25	002157.SZ	正邦科技	江西省	45.5318
28	600809.SH	山西汾酒	山西省	44.6233
32	600519.SH	贵州茅台	贵州省	40.7502
35	600702.SH	沱牌舍得	四川省	39.9735
38	000568.SZ	泸州老窖	四川省	38.9767

★金属、非金属

从表 4-20 可以看出，恒邦股份（002237）在总排名中处在第 6 名，而排名相对靠后的是第 41 名铜陵有色（000630）；从入选的金属非金属类分行业看，涉及非金属矿物制品业、有色金属冶炼及压延加工业。

表 4-20　2012 年进入 50 强企业的金属、非金属行业企业排名情况

排名	证券代码	证券简称	省份	成长指数/%
6	002237.SZ	恒邦股份	山东省	66.2004
10	002271.SZ	东方雨虹	北京市	61.3977
12	600459.SH	贵研铂业	云南省	57.4371
22	002066.SZ	瑞泰科技	北京市	47.6985
27	600362.SH	江西铜业	江西省	45.4968
30	000795.SZ	太原刚玉	山西省	43.2132
33	000878.SZ	云南铜业	云南省	40.4846
41	000630.SZ	铜陵有色	安徽省	36.9666

★造纸、印刷业

从表 4-21 可以看出，鸿博股份（002229）在总排名中处在第 13 名，而排名相对靠后的是第 47 名合兴包装（002228）。

表 4-21 2012 年进入 50 强企业的造纸印刷行业企业排名情况

排名	证券代码	证券简称	省份	成长指数/%
13	002229.SZ	鸿博股份	福建省	56.0669
47	002228.SZ	合兴包装	福建省	36.0179

★纺织、服装、皮毛业和其他制造业

从表 4-22 可以看出，羊绒制品业企业中银绒业（000982）在总排名中处在第 24 名；其他入选的 3 家企业分别是东方金钰（600086）、青岛金王（002094）和帝龙新材（002247），排名分别是 8、36、40。

表 4-22 2012 年进入 50 强企业的纺织、服装、皮毛等行业企业排名情况

排名	证券代码	证券简称	省份	行业	成长指数/%
24	000982.SZ	中银绒业	宁夏回族自治区	纺织、服装、皮毛	47.2161
8	600086.SH	东方金钰	湖北省	其他	64.7017
36	002094.SZ	青岛金王	山东省	其他	39.1153
40	002247.SZ	帝龙新材	浙江省	其他	36.9821

2. 成长速度

主营业务收入同步增长率体现制造业企业的成长速度。

$$主营业务收入同步增长率 = \frac{当期主营业务收入}{上期主营业务收入} - 1$$

通过计算，在最具成长性 50 强制造业企业中，企业各年主营业务收入同比增长率（表 4-23）反映了企业各年成长速度。排名所在列反映的是最具成长性总排名，而表 4-23 中企业顺序是以 2012 年主营业务收入同比增长率降序排列的。

表 4-23 最具成长性 50 强企业各年成长速度表

排名	证券代码	证券简称	2012 年主营业务收入同比增长率/%	2010 年主营业务收入同比增长率/%	2011 年主营业务收入同比增长率/%
3	600703.SH	三安光电	92.4761	83.4196	102.5609
5	600518.SH	康美药业	83.6221	39.1913	83.7677
4	002241.SZ	歌尔声学	77.9054	134.6956	54.1593
7	000799.SZ	酒鬼酒	71.7695	53.5990	71.6060
13	002229.SZ	鸿博股份	68.8090	56.1387	43.2530
39	002038.SZ	双鹭药业	61.6992	17.3880	36.0234
9	002236.SZ	大华股份	60.1307	81.3852	45.4359
18	000523.SZ	广州浪奇	57.5136	33.1596	58.7855
8	600086.SH	东方金钰	55.0079	40.7586	98.3385
35	600702.SH	沱牌舍得	54.3837	23.6618	41.8749

排名	证券代码	证券简称	2012 年主营业务收入同比增长率/%	2010 年主营业务收入同比增长率/%	2011 年主营业务收入同比增长率/%
19	002011. SZ	盾安环境	50.4589	61.9474	36.3238
11	600078. SH	澄星股份	46.8228	65.7483	64.2525
26	600141. SH	兴发集团	46.3351	49.8166	40.4116
2	002226. SZ	江南化工	46.1202	24.6312	274.4628
28	600809. SH	山西汾酒	44.3527	40.7368	48.7804
17	600587. SH	新华医疗	44.1297	51.5216	56.9125
32	600519. SH	贵州茅台	43.7606	20.3028	58.1871
12	600459. SH	贵研铂业	41.5469	72.3235	58.4410
38	000568. SZ	泸州老窖	37.1200	22.8914	56.9188
21	002273. SZ	水晶光电	36.8098	76.5505	30.5146
14	002258. SZ	利尔化学	36.5471	12.9635	110.1912
27	600362. SH	江西铜业	34.7797	47.8128	53.8980
24	000982. SZ	中银绒业	34.0759	53.8367	53.7358
36	002094. SZ	青岛金王	30.3161	50.2957	36.7341
40	002247. SZ	帝龙新材	29.2529	51.5921	30.1012
37	002037. SZ	久联发展	27.8674	33.8623	55.3205
23	000596. SZ	古井贡酒	26.8768	39.8948	76.0354
1	600667. SH	太极实业	26.1502	313.3483	29.1374
25	002157. SZ	正邦科技	26.0795	66.5856	43.9303
15	002121. SZ	科陆电子	25.1556	113.8746	20.6487
43	600525. SH	长园集团	24.3485	62.3785	23.2628
10	002271. SZ	东方雨虹	20.4118	138.9541	24.8273
42	002068. SZ	黑猫股份	17.9818	62.2865	30.5208
49	600309. SH	烟台万华	16.6869	45.2317	44.8847
33	000878. SZ	云南铜业	15.8401	95.9477	9.6660
20	002192. SZ	路翔股份	13.1356	94.8030	38.3770
6	002237. SZ	恒邦股份	12.7788	98.9775	86.8449
45	002223. SZ	鱼跃医疗	12.1054	64.3300	32.4262
29	002009. SZ	天奇股份	11.2991	75.4783	43.9177
50	600741. SH	华域汽车	10.6894	78.6238	16.6668
16	600104. SH	上汽集团	10.4682	125.0114	18.6617
47	002228. SZ	合兴包装	10.2413	71.6823	26.1301
44	002190. SZ	成飞集成	10.1008	67.0106	32.3304
41	000630. SZ	铜陵有色	9.2141	66.8135	34.8723

续表

排名	证券代码	证券简称	2012年主营业务收入同比增长率/%	2010年主营业务收入同比增长率/%	2011年主营业务收入同比增长率/%
46	600458.SH	时代新材	8.4904	52.4523	47.7185
34	600061.SH	中纺投资	7.9270	48.9766	63.3176
22	002066.SZ	瑞泰科技	6.4106	71.3655	65.3193
31	002101.SZ	广东鸿图	4.3969	78.8507	44.0998
48	002055.SZ	得润电子	2.9201	48.8616	55.1395
30	000795.SZ	太原刚玉	2.8747	41.8391	84.9258

3. 空间布局（省市、三大经济板块）

★三大经济板块分布

三大经济板块分为东部、中部和西部。成长最快 50 强制造业企业三大经济板块分布数量如图 4-10 所示。

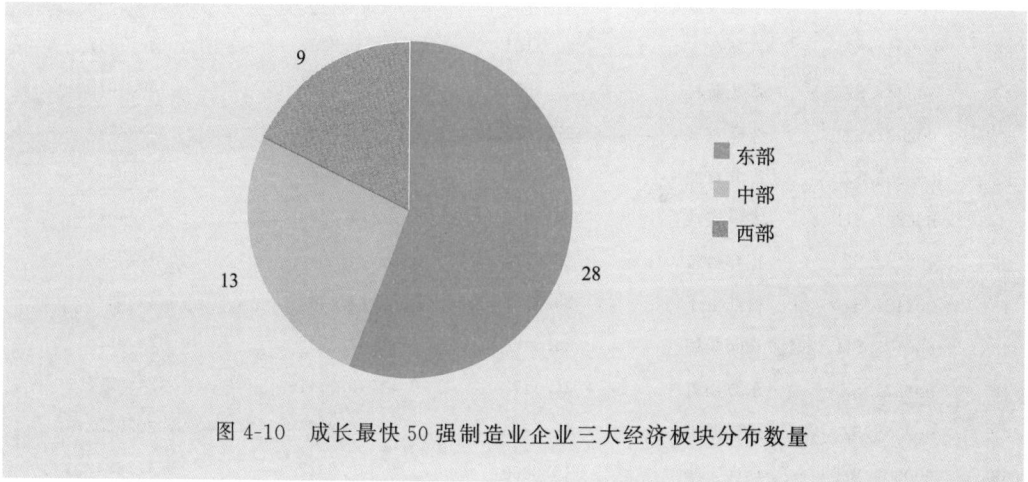

图 4-10 成长最快 50 强制造业企业三大经济板块分布数量

表 4-24 和图 4-10 反映了制造业企业的经济板块分布，从所属经济板块带来看，2012 年东部地带入选企业数为 28 家，比重为 56%；中部地带入选企业数为 13 家，比重为 26%；西部地带入选企业数为 9 家，比重为 18%。

表 4-24 成长最快 50 强制造业企业三大经济板块分布比例

区域	2012 年个数	2012 年百分比/%
东部	28	56.00
中部	13	26.00
西部	9	18.00
合计	50	100.00

表 4-25 和图 4-11 则反映了三大经济板块入选企业的行业分布，东部地带的企业主要集中在电子，机械、设备、仪表业等，此类行业具有明显优势；中部地带入选企业主要集中在食品、饮料，石油、化学、塑胶、塑料制造业等行业，而西部入选企业的行业分布则相对少而分散。

表 4-25 2012 年成长最快 50 强制造业企业三大经济板块行业分布数量

行业	东部	中部	西部
电子	7	1	0
石油、化学、塑胶、塑料	5	4	2
医药、生物制品	2	0	0
食品、饮料	0	4	3
金属、非金属	3	3	2
其他	2	1	0
造纸、印刷	2	0	0
机械、设备、仪表	7	0	1
纺织、服装、皮毛	0	0	1

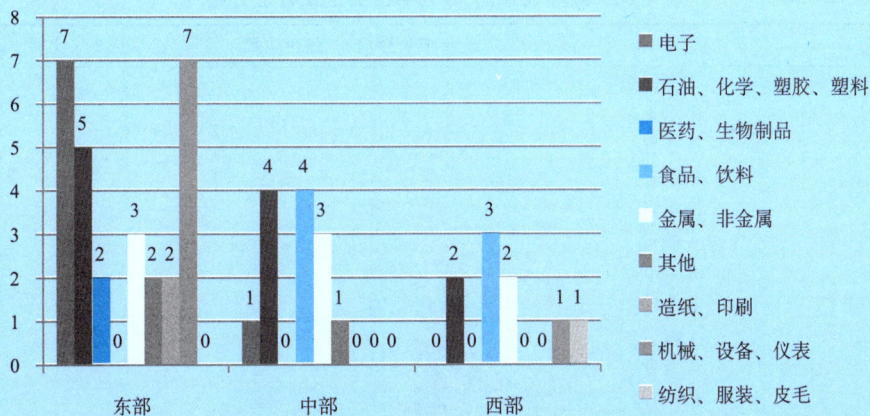

图 4-11 2012 年成长最快 50 强制造业企业三大经济板块行业分布图

★省份分布

图 4-12 和表 4-26 反映了成长最快 50 家制造业企业的省份分布状况，从总的分布来看，50 家企业分布在 31 个省、自治区、直辖市的 16 个省区，有 15 个省区的企业没能进入 50 强最具成长性企业中。

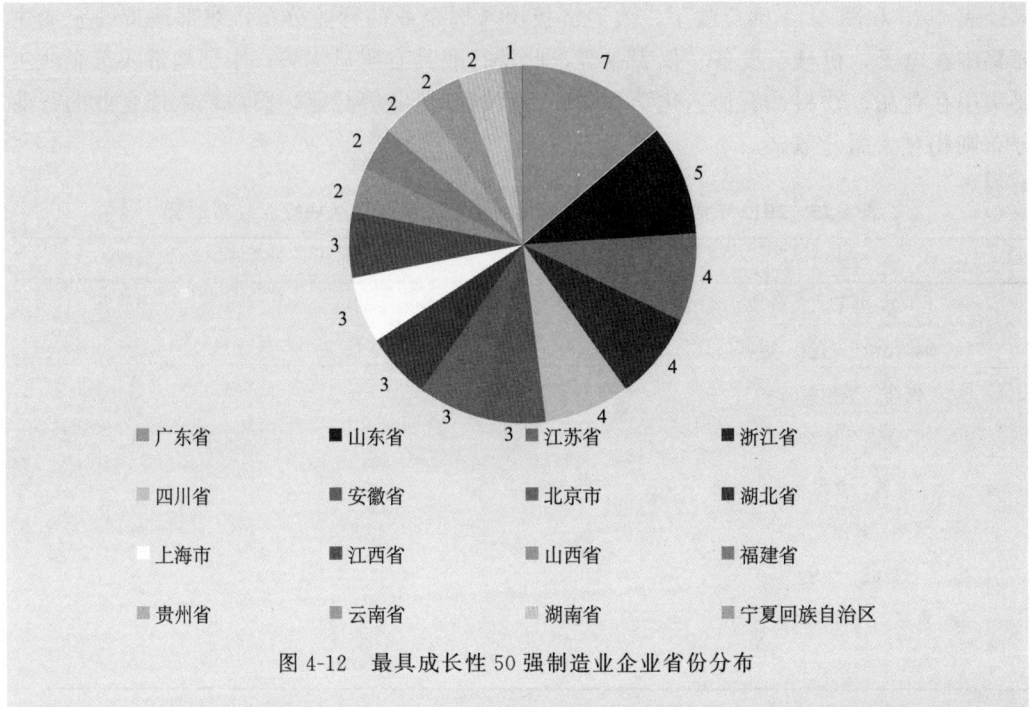

图 4-12　最具成长性 50 强制造业企业省份分布

表 4-26　最具成长性 50 强制造业企业省份分布

序号	省份	2012 年成长性前 50 强企业数	2012 年比例/%
1	广东省	7	14
2	山东省	5	10
3	江苏省	4	8
4	浙江省	4	8
5	四川省	4	8
6	安徽省	3	6
7	北京市	3	6
8	湖北省	3	6
9	上海市	3	6
10	江西省	3	6
11	山西省	2	4
12	福建省	2	4
13	贵州省	2	4
14	云南省	2	4
15	湖南省	2	4
16	宁夏回族自治区	1	2

　　从排名来看，前 4 位的广东、山东、江苏、浙江入选企业数达到 20 个，所占比例高达 40%，这也显示了东中部省市的制造业企业成长性表现突出，然而西部地区的制造业企业成长性表现不足，仅宁夏回族自治区、四川省、云南省和贵州省四省市区共 9 家企业进入 50 强，所占比例仅为 18%，较于去年相比有明显的提升。

4. 历史分析

（1）根据成长指数和样本选择规则还可以得到 2011 年我国制造业最具成长性的 50 家企业的相关数据。表 4-27 是 2011 年和 2012 年中国制造业最具成长性前 50 强排名情况。

表 4-27　2011 年和 2012 年中国制造业最具成长性 50 家企业比较

排名	2011 年最具成长性 50 家企业			2012 年最具成长性 50 家企业		
	证券代码	证券简称	省份	证券代码	证券简称	省份
1	002042.SZ	华孚色纺	安徽省	600667.SH	太极实业	江苏省
2	000529.SZ	广弘控股	广东省	002226.SZ	江南化工	安徽省
3	000425.SZ	徐工机械	江苏省	600703.SH	三安光电	湖北省
4	600873.SH	梅花集团	西藏	002241.SZ	歌尔声学	山东省
5	000885.SZ	同力水泥	河南省	600518.SH	康美药业	广东省
6	600703.SH	三安光电	湖北省	002237.SZ	恒邦股份	山东省
7	002226.SZ	江南化工	安徽省	000799.SZ	酒鬼酒	湖南省
8	002450.SZ	康得新	北京市	600086.SH	东方金钰	湖北省
9	600487.SH	亨通光电	江苏省	002236.SZ	大华股份	浙江省
10	300124.SZ	汇川技术	广东省	002271.SZ	东方雨虹	北京市
11	000020.SZ	深华发 A	广东省	600078.SH	澄星股份	江苏省
12	002456.SZ	欧菲光	广东省	600459.SH	贵研铂业	云南省
13	002118.SZ	紫鑫药业	吉林省	002229.SZ	鸿博股份	福建省
14	601989.SH	中国重工	北京市	002258.SZ	利尔化学	四川省
15	002192.SZ	路翔股份	广东省	002121.SZ	科陆电子	广东省
16	002304.SZ	洋河股份	江苏省	600104.SH	上汽集团	上海市
17	002237.SZ	恒邦股份	山东省	600587.SH	新华医疗	山东省
18	300146.SZ	汤臣倍健	广东省	000523.SZ	广州浪奇	广东省
19	002241.SZ	歌尔声学	山东省	002011.SZ	盾安环境	浙江省
20	600086.SH	东方金钰	湖北省	002192.SZ	路翔股份	广东省
21	000862.SZ	银星能源	宁夏	002273.SZ	水晶光电	浙江省
22	002246.SZ	北化股份	四川省	002066.SZ	瑞泰科技	北京市
23	002271.SZ	东方雨虹	北京市	000596.SZ	古井贡酒	安徽省
24	002157.SZ	正邦科技	江西省	000982.SZ	中银绒业	宁夏回族自治区
25	600031.SH	三一重工	湖南省	002157.SZ	正邦科技	江西省
26	002493.SZ	荣盛石化	浙江省	600141.SH	兴发集团	湖北省
27	002231.SZ	奥维通信	辽宁省	600362.SH	江西铜业	江西省

续表

排名	2011 年最具成长性 50 家企业			2012 年最具成长性 50 家企业		
	证券代码	证券简称	省份	证券代码	证券简称	省份
28	600983.SH	合肥三洋	安徽省	600809.SH	山西汾酒	山西省
29	600375.SH	华菱星马	安徽省	002009.SZ	天奇股份	江苏省
30	600862.SH	南通科技	江苏省	000795.SZ	太原刚玉	山西省
31	002341.SZ	新纶科技	广东省	002101.SZ	广东鸿图	广东省
32	600518.SH	康美药业	广东省	600519.SH	贵州茅台	贵州省
33	300128.SZ	锦富新材	江苏省	000878.SZ	云南铜业	云南省
34	600079.SH	人福医药	湖北省	600061.SH	中纺投资	上海市
35	002236.SZ	大华股份	浙江省	600702.SH	沱牌舍得	四川省
36	300048.SZ	合康变频	北京市	002094.SZ	青岛金王	山东省
37	000788.SZ	西南合成	重庆市	002037.SZ	久联发展	贵州省
38	601607.SH	上海医药	上海市	000568.SZ	泸州老窖	四川省
39	600990.SH	四创电子	安徽省	002038.SZ	双鹭药业	北京市
40	300138.SZ	晨光生物	河北省	002247.SZ	帝龙新材	浙江省
41	002066.SZ	瑞泰科技	北京市	000630.SZ	铜陵有色	安徽省
42	000401.SZ	冀东水泥	河北省	002068.SZ	黑猫股份	江西省
43	300011.SZ	鼎汉技术	北京市	600525.SH	长园集团	广东省
44	000157.SZ	中联重科	湖南省	002190.SZ	成飞集成	四川省
45	300056.SZ	三维丝	福建省	002223.SZ	鱼跃医疗	江苏省
46	300115.SZ	长盈精密	广东省	600458.SH	时代新材	湖南省
47	002369.SZ	卓翼科技	广东省	002228.SZ	合兴包装	福建省
48	600458.SH	时代新材	湖南省	002055.SZ	得润电子	广东省
49	002121.SZ	科陆电子	广东省	600309.SH	烟台万华	山东省
50	002313.SZ	日海通讯	广东省	600741.SH	华域汽车	上海市

（2）排名变化比较。在 2011 年和 2012 年两年最具成长性 50 强制造业企业中，包括三安光电（600703.SH）和歌尔声学（002241.SZ）等 11 家制造业企业连续两年保持着最具成长性前 50 强，见表 4-28。

表 4-28　2012 年与 2011 年最具成长性 50 强制造业企业排名变化表

证券代码	证券简称	省份	2011 年排名	2012 年排名
600667.SH	太极实业	江苏省	—	1
002226.SZ	江南化工	安徽省	7	2
600703.SH	三安光电	湖北省	6	3
002241.SZ	歌尔声学	山东省	19	4

续表

证券代码	证券简称	省份	2011 年排名	2012 年排名
600518. SH	康美药业	广东省	32	5
002237. SZ	恒邦股份	山东省	17	6
000799. SZ	酒鬼酒	湖南省	—	7
600086. SH	东方金钰	湖北省	20	8
002236. SZ	大华股份	浙江省	35	9
002271. SZ	东方雨虹	北京市	23	10
600078. SH	澄星股份	江苏省	—	11
600459. SH	贵研铂业	云南省	—	12
002229. SZ	鸿博股份	福建省	—	13
002258. SZ	利尔化学	四川省	—	14
002121. SZ	科陆电子	广东省	—	15
600104. SH	上汽集团	上海市	—	16
600587. SH	新华医疗	山东省	—	17
000523. SZ	广州浪奇	广东省	—	18
002011. SZ	盾安环境	浙江省	—	19
002192. SZ	路翔股份	广东省	15	20
002273. SZ	水晶光电	浙江省	—	21
002066. SZ	瑞泰科技	北京市	41	22
000596. SZ	古井贡酒	安徽省	—	23
000982. SZ	中银绒业	宁夏回族自治区	—	24
002157. SZ	正邦科技	江西省	24	25
600141. SH	兴发集团	湖北省	—	26
600362. SH	江西铜业	江西省	—	27
600809. SH	山西汾酒	山西省	—	28
002009. SZ	天奇股份	江苏省	—	29
000795. SZ	太原刚玉	山西省	—	30
002101. SZ	广东鸿图	广东省	—	31
600519. SH	贵州茅台	贵州省	—	32
000878. SZ	云南铜业	云南省	—	33
600061. SH	中纺投资	上海市	—	34
600702. SH	沱牌舍得	四川省	—	35
002094. SZ	青岛金王	山东省	—	36
002037. SZ	久联发展	贵州省	—	37
000568. SZ	泸州老窖	四川省	—	38
002038. SZ	双鹭药业	北京市	—	39
002247. SZ	帝龙新材	浙江省	—	40
000630. SZ	铜陵有色	安徽省	—	41
002068. SZ	黑猫股份	江西省	—	42
600525. SH	长园集团	广东省	—	43

续表

证券代码	证券简称	省份	2011年排名	2012年排名
002190.SZ	成飞集成	四川省	—	44
002223.SZ	鱼跃医疗	江苏省	—	45
600458.SH	时代新材	湖南省	48	46
002228.SZ	合兴包装	福建省	—	47
002055.SZ	得润电子	广东省	—	48
600309.SH	烟台万华	山东省	—	49
600741.SH	华域汽车	上海市	—	50

从表 4-28 中还发现澄星股份（600078.SH）和酒鬼酒（000799.SZ）等 38 家制造业企业在 2012 年由于自身的努力取得很大的成长，进入了 50 强，同时也有如华孚色纺（002042.SZ）和广弘控股（000529.SZ）等 38 家制造业企业在 2012 年未能进入最具成长性前 50 强，表明此 38 家制造业企业在 2012 年制造业领域方面的成长性表现欠佳。

最具成长性 50 强制造业企业从所处行业及其所在三大经济板块分布情况来看如图 4-13 所示，2011 年与 2012 年的行业分布和三大经济板块分布总体情况都基本一致，即电子，机械、设备、仪表等行业成长性要稍好于其他行业，而东部成长性则明显好于中部和西部。

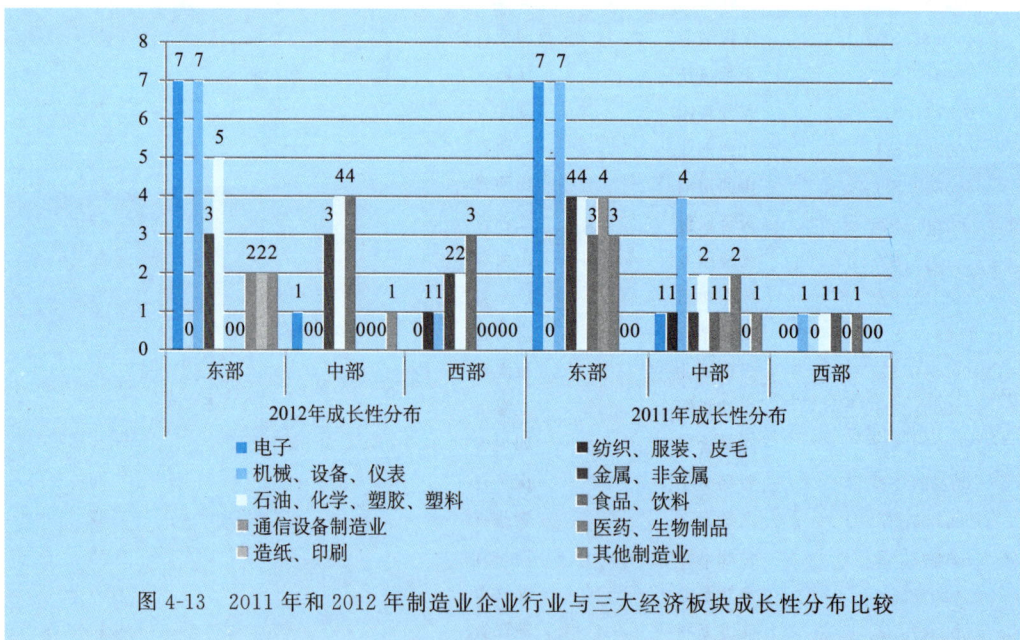

图 4-13　2011 年和 2012 年制造业企业行业与三大经济板块成长性分布比较

2011 年和 2012 年成长性 50 强制造业企业在行业和三大经济板块之间的分布变化如表 4-29 所示。

表 4-29　2011 年和 2012 年制造业企业行业与三大经济板块成长性分布比较

行业	2012 年成长性分布			行业分布	2011 年成长性分布			行业分布
	东部	中部	西部		东部	中部	西部	
电子	7	1	0	8	7	1	0	8
纺织、服装、皮毛	0	0	1	1	0	1	0	1
机械、设备、仪表	7	0	1	8	7	4	1	12
金属、非金属	3	3	2	8	4	1	0	5
石油、化学、塑胶、塑料	5	4	2	11	4	2	1	7
食品、饮料	0	4	3	7	3	1	1	5
通信设备制造业	0	0	0	0	4	1	0	5
医药、生物制品	2	0	0	2	3	2	1	6
造纸、印刷	2	0	0	2	0	0	0	0
其他制造业	2	1	0	3	0	1	0	1
三大经济板块分布	28	13	9	—	32	14	4	\
	56.00%	26.00%	18.00%	—	64.00%	28.00%	8.00%	\

从表 4-29 可以看出，在行业分布方面，2012 年电子、纺织、服装、皮毛制造行业与 2011 年相比其进入 50 强的企业数量相对保持不变，机械、设备、仪表和通信设备制造业进入 50 强数目有所减少，其他行业如金属、非金属、石油、化学、塑胶、塑料、造纸、印刷和其他制造业等企业的成长性得到提升，其数目均有所增加。在三大经济板块中，前 50 强中部地区制造业企业 2012 年所占比例比 2011 年下滑了 2%，东部地区在 2012 年的最具成长性所占比例比 2011 年下滑了 8%，西部地区的比例却提升了10%，说明了西部地区制造业行业的成长性在 2012 年得到了加强，而东部地区的成长性在制造业行业面上有所减弱。

4.5　最应受到尊敬的 30 家制造业上市企业

企业的受尊敬度表示了企业在全社会范围内的价值认同感，不仅仅体现物质财富的创造，也体现在社会责任感、企业形象、创新能力、管理水平、企业绩效等方面的提升，强调对民族、对国家、对公众等利益相关者利益贡献水平。制造业企业作为社会重要组成部分，在经济创造、技术创新以及环境保护等方面都会体现出其应有的责任，在努力"做大"、"做强"的同时，还应该利用制造业企业自身的影响力并回馈社会，在诸如社会责任感、企业形象等方面创造和谐的可持续发展环境。因此，通过制造业上市企业最应受到尊敬的推荐活动，一些受到社会尤其是利益相关者主体认可的制造业上市企业能被凸显出来，进而成为社会最受尊敬的标杆，有助于正确平衡社会各种利益相关者的关系，也能帮助企业明确可持续发展的方向。

4.5.1 最应受到尊敬制造业上市企业的内涵

本年度研究报告最应受到尊敬的制造业上市企业内涵沿用 2010 年研究报告所述，即制造业企业的受尊敬程度是通过其产品和服务的提供来满足社会的各种需求，使用户满意、员工满意、政府满意以及其他利益相关者满意来获得，这也是"最受尊敬企业"的基本要求。本次考察企业设定为制造业上市企业，涉及以下几个利益相关者：

第一，企业的员工。员工对于企业的"尊敬"程度来自于支付给职工的工资或者为职工提供的福利及其设施建设等。

第二，政府。政府主要从企业缴纳的税收、解决就业以及技术创新等维度评价企业是否"最应受到尊敬"。

第三，用户。用户对企业的尊敬来源于企业提供的产品、服务以及其他社会公益。用户对于企业产品服务品牌价值认知越高，意味着企业更有可能受到用户的尊敬；企业对于社会公益事业贡献度越高，用户更有可能对其予以关注与尊敬，同样也给企业带来相应的荣誉。

第四，债权人。企业与其债权人之间的借贷关系决定了信用是债权人评价企业受尊敬的重要标准。相应地，负债较少、资金周转较快就成为受尊敬的内涵构成条件。

第五，股东。作为投资者，企业的股东重视的是投资所带来的收益。因此，净资产收益率、每股收益两个能在一定程度上反映股东投资收益的指标就成为了"最应受到尊敬的制造业上市企业"内涵分析的要点之一。另一方面，在全球化和区域经济一体化的今天，企业的全球反应敏锐程度正越来越受到全社会的关注，全球反应相对敏锐的企业国际化程度也相对较高，更有可能利用国内、国外两种资源、两个市场为投资者带来收益。正是基于这一点，我们认为，从股东的角度出发，全球反应敏锐程度也应是"最应受到尊敬"的推荐标准之一。

4.5.2 制造业上市企业最应受到尊敬的评价指标体系设计

基于最应受到尊敬的含义的理解，我们在推荐最应受到尊敬的制造业上市企业时须从评价目标、评价的主体、评价的数据来源和方法等方面作出更加明确完整的诠释，只有这样才能构建好合理可信服的评价指标体系。

1. 体系目标

最应受到尊敬制造业上市企业评价指标体系设计需要符合时代发展背景要求，切合最应受到尊敬的内涵，彰显"以人为本"的理念。时代发展要求制造业上市企业在追求利润的同时，更要投身到社会工程中去，满足各类社会需求。因此，评价指标体系的目标是全面挖掘出嵌入在社会工程中能体现制造业企业社会责任及内在贡献价值的评价要素。

2. 评价主体

根据上述评价体系目标，评价主体应该涵盖社会各类有密切关系的主要参与群体

（上市制造业企业的利益相关群体即用户、政府、员工、股东、债权人等）。这些群体对最应受到尊敬的理解有不同的价值倾向，直接感受着企业行为，其给予的评价更能准确反映出制造业上市企业实际最应受到尊敬的程度。

3. 评价指标体系

依据上述体系目标及体系准则要求，按照指标体系的基本原则，设计出最应受到尊敬制造业上市企业评选指标体系。以最应受到尊敬的内涵为基础，设立 15 个评价指标来综合评价并以此为基础推荐最应受到尊敬的制造业上市企业，其中资产负债率相对债权人来说是负向指标，创新管理指标表示为费用指标也是负向指标，其他指标是正向指标，各指标具体含义及计算见表 4-30。

表 4-30 最应受到尊敬的制造业上市企业推选评价指标体系

目标层	准则层	指标层	指标含义及计算方法
制造业企业最受尊敬程度	员工视角	职工所得贡献率（+）	（支付给职工以及为职工支付的现金/主营业务收入）×100%
		人均公益金（+）	盈余公积/在职员工人数（万元/人）
		全员劳动生产率（+）	营业收入/在职员工人数（万元/人）
		创新管理（−）	［（销售费用＋管理费用＋财务费用）/营业收入］×100%
	政府视角	政府所得贡献率（+）	［支付的各项税费－收到的税费返还)/经营活动现金流入］×100%
		资产就业贡献水平（+）	在职员工人数/资产总计（资产总计以 10 万元为单位）
		技术创新（+）	（技术人员数/在职员工人数）×100%
	债权人视角	资产负债率（−）	（负债总额/资产总计）×100%
		流动比率（+）	流动比率×100%
		速动比率（+）	速动比率×100%
	用户视角	捐赠收入比（+）	（捐赠支出/主营业务收入）×100%（主营业务收入以万元为单位）
		产品品牌价值（+）	（无形资产净额/资产总计）×100%
		净资产收益率（+）	（净利润/股东权益）×100%
	股东视角	每股权益（+）	税后利润与股本总数的比率
		全球业务反应敏锐程度（+）	（产品境外收入/主营业务收入）×100%

4.5.3 样本选取和评价方法

本次制造业上市企业最应受到尊敬的推选活动采取两个阶段来推选。第一阶段从制造业上市企业中根据最应受到尊敬的内涵推选出"最应受到尊敬"的制造业上市企业候选企业；第二阶段依据指标体系用客观数据从候选的制造业上市企业中得出最应受到尊敬的优先推荐次序。

第一阶段，推选出最应受到尊敬的制造业上市企业候选企业，主要推选条件及其过程为：

（1）获取并初步分析截至 2013 年 4 月底上市公司公布的年报（2008 年～2012 年）

及其相关数据样本；

（2）候选企业是在深圳证券交易所和上海证券交易所于 2012 年 12 月 31 日之前挂牌上市制造业企业。此过程根据证监会行业分类选取了所属行业为制造业的 1632 只 A 股和 B 股股票样本股（其中 A 股为 1571 只，B 股为 61 只），其中仅有 1582 家上市企业（50 家企业既有 A 股也有 B 股，11 家企业仅有 B 股）；

（3）最近 5 年内（具体时间范围为 2008 年 1 月 1 日至 2013 年 4 月 30 日）被特别处理过（ST）的企业不被推选。此过程排除了 152 家曾经被特别处理过（ST）的制造业上市企业；

（4）企业运营声誉良好，无重大负面影响消息，比如近期无产品和服务质量问题及环境问题、违规、股权冻结以及审计意见等（具体时间范围为 2008 年 1 月 1 日至 2013 年 4 月 30 日）；此过程排除了 149 家企业，经过上述步骤余下制造业上市企业数量为 1281 家；

（5）最应受到尊敬的候选企业被要求具有较好收益成长性；此过程推选要求候选企业 2010 年至 2012 年净利润为正、2012 年主营业务收入增长率为正及 2012 年净利润增长率为正，而为负数的企业不应被推选；

（6）通过上述步骤筛选出并确认在 2012 年度主营业务为制造业的 455 家制造业上市企业；在上述步骤推选出的候选企业基础上，考虑到推选出的最应受到尊敬的制造业上市企业候选企业在各行业中应被给予均等机会，因此这里按照行业主营业收入大小排序分别选取行业前 10 家企业作为最终候选企业；

（7）经过上述环节，推选小组最后筛选并确认"最应受到尊敬"的制造业上市企业候选企业范围，其中计算机及相关设备制造业有 8 家，木材家具制造业有 5 家，金属和非金属类、石油化学塑胶塑料类、机械设备仪表、电子、食品饮料、纺织服装皮毛、医药生物制品、通信及相关设备制造业、造纸印刷和其他制造业等行业可以各选取 10 家企业，最终在第一阶段推选出了 113 家企业作为最终最应受到尊敬的制造业上市企业候选企业。

第二阶段，推选小组对候选企业展开详细地数据采集和调查，将评价指标进行定量化，为便于较客观地推选最应受到尊敬的制造业上市企业，这里采用主成分综合评价法进行分析。

4.5.4 最应受到尊敬的 30 家制造业上市企业推荐

根据第一阶段推选出的候选企业以及评选小组的指标体系，通过上市公司年报和其他辅助调查工具查找分析推选过程中涉及的企业指标数据，最后运用主成分分析法获得了 113 家最应受到尊敬的制造业上市企业推选次序，其中前 30 家企业名单如表 4-31 所示。

表 4-31 最应受到尊敬的 30 家制造业上市企业推荐

股票代码	股票名称	行业	省份	排名
000568.SZ	泸州老窖	食品、饮料	四川省	1
600276.SH	恒瑞医药	医药、生物制品	江苏省	2
600809.SH	山西汾酒	食品、饮料	山西省	3

续表

股票代码	股票名称	行业	省份	排名
002293.SZ	罗莱家纺	纺织、服装、皮毛	江苏省	4
000596.SZ	古井贡酒	食品、饮料	安徽省	5
601566.SH	九牧王	纺织、服装、皮毛	福建省	6
002635.SZ	安洁科技	计算机及相关设备制造业	江苏省	7
002570.SZ	贝因美	食品、饮料	浙江省	8
002327.SZ	富安娜	纺织、服装、皮毛	广东省	9
002415.SZ	海康威视	电子	浙江省	10
002308.SZ	威创股份	计算机及相关设备制造业	广东省	11
601515.SH	东风股份	造纸、印刷	广东省	12
300076.SZ	GQY 视讯	计算机及相关设备制造业	浙江省	13
600582.SH	天地科技	机械、设备、仪表	北京市	14
000999.SZ	华润三九	医药、生物制品	广东省	15
002422.SZ	科伦药业	医药、生物制品	四川省	16
002396.SZ	星网锐捷	通信及相关设备制造业	福建省	17
600271.SH	航天信息	计算机及相关设备制造业	北京市	18
600987.SH	航民股份	纺织、服装、皮毛	浙江省	19
002312.SZ	三泰电子	计算机及相关设备制造业	四川省	20
002120.SZ	新海股份	其他制造业	浙江省	21
002678.SZ	珠江钢琴	造纸、印刷	广东省	22
002236.SZ	大华股份	电子	浙江省	23
002376.SZ	新北洋	计算机及相关设备制造业	山东省	24
600600.SH	青岛啤酒	食品、饮料	山东省	25
002029.SZ	七匹狼	纺织、服装、皮毛	福建省	26
002572.SZ	索菲亚	木材、家具	广东省	27
002154.SZ	报喜鸟	纺织、服装、皮毛	浙江省	28
600062.SH	华润双鹤	医药、生物制品	北京市	29
000538.SZ	云南白药	医药、生物制品	云南省	30

数据来源：通过整理 113 家沪深上市公司 2011 年和 2012 年度年报数据，并计算得到。

4.5.5　最应受到尊敬的 30 家制造业上市企业分析

1. 推选企业简介

1）泸州老窖股份有限公司（000568.SZ 泸州老窖）。公司成立于 1994 年 3 月 15 日，是一家以酒精及饮料酒制造为主的企业，其产品主要有国窖 1573 系列酒、泸州老窖精品特曲系列酒、百年老窖系列酒等。公司为中国白酒行业中首家建立科学能源管理体系模式的企业，其有机高粱及国窖 1573 酒获得中绿华夏"有机食品"认证，使国窖 1573 成为目前国内唯一的一家浓香型有机白酒。通过分析全行业数据，2012 年度白酒行业在全行业中净资产收益率是最高，其平均值为 14.6％，而资产负债率为 14.80％却为最低的（仅次于烟草行业 14.60％）。而泸州老窖在推荐评价指标中人均公益指标在 455 家候选企业中是最高的，净资产收益率等其他多项指标也是处在最前列位置，管理创新等指标在前十大酒品企业中的表现是最好的。

2）江苏恒瑞医药股份有限公司（600276.SH 恒瑞医药）。公司成立于 1997 年 4 月 28 日，是一家从事医药工业的企业，其主要产品包括片剂、针剂、胶囊、粉针等制剂。公司国内专利获得授权 10 件，国外专利获得授权 5 件，提交国家专利新申请 39 件，提交 PCT 新申请 17 件，其伊立替康注射液作为我国医药行业肿瘤注射液首次接受 FDA 检查。此企业入选指标表现上其资产负债率在入选 113 家样本企业中是最低的，而其流动比率和速动比率则又是最高的。

3）山西杏花村汾酒厂股份有限公司（600809.SH 山西汾酒）。公司成立于 1993 年 12 月 22 日，其主要产品为汾酒、竹叶青酒等，于 1993 年在上海证券交易所挂牌上市，为中国白酒第一股，山西第一股，是 2011 年度"中国 500 最具价值品牌排行榜"第 194 位（世界品牌实验室），是山西省唯一上榜品牌。在入选的酒类企业中，此企业的许多指标表现如人均公益金、全员劳动生产率等指标是仅次于泸州老窖的，尤其其政府所得贡献率水平在食品饮料行业是最高的。

4）罗莱家纺股份有限公司（002293.SZ 罗莱家纺）。公司成立于 2002 年 5 月 23 日，主要生产销售家用纺织品、酒店纺织品、鞋帽，其主要产品为标准套件类、被芯类、枕芯类、夏令用品类、饰品其他类，是国内渠道规模最大、品牌知名度最高、综合实力最强的家纺企业之一，拥有具有重要市场影响力的"罗莱"品牌，先后荣获"中国 500 最具价值品牌"、"中国著名畅销品牌"、"中国家纺协会床上用品知名品牌"、"中国名牌"称号。2012 年每股收益在家纺行业中排名第一，其无形资产所得贡献水平、每股权益以及净资产收益率等指标处在入选样本纺织服装皮毛企业中的第一位置。

5）安徽古井贡酒股份有限公司（000596.SZ 古井贡酒）。公司成立于 1996 年 5 月 30 日，主要从事白酒的生产与销售，主营产品包括"古井贡"牌、"古井"牌及其系列浓香型白酒，曾于 2010 年荣获"全国十大白酒最具价值品牌"。在"华樽杯"第二届中国酒类品牌价值评议活动中，古井贡的品牌价值再创历史新高，以 81.72 亿元摘得"中华白酒十大全球代表性品牌"。企业 2012 年利润总额同比增长 14.39％；净利润同比增长 28.11％；每股收益同比增长 23.08％，而且在职工所得贡献率水平在入选样本食品饮料企业中是最高的。

6）九牧王股份有限公司（601566.SH 九牧王）。公司成立于 2004 年 3 月 11 日，主要产品包括男裤、夹克及其他服饰类产品，是中华人民共和国西裤、水洗整理服装国家标准的参与制定起草单位。截至 2009 年，九牧王品牌西裤市场综合占有率连续十年位居全国第一；九牧王品牌夹克市场综合占有率连续两年位居全国第二，成为中国最具影响力、最受欢迎的行业领先男装品牌之一。公司获得的主要荣誉有中国最受消费者欢迎的休闲装品牌、品牌中国金谱奖-中国服装行业年度十佳品牌、中国家庭最受欢迎十大服装品牌、中国西裤行业最具影响力第一品牌、中国驰名商标等。2012 年其每股收益、股东权益比例及净利润等多项指标在男装行业中排名靠前，其资产负债率、流动比率、速动比率以及无形资产所得贡献水平处在入选样本纺织服装皮毛行业第二位置。

7）苏州安洁科技股份有限公司（002635.SZ 安洁科技）。公司成立于 1999 年 12 月 16 日，是一家专业为笔记本电脑和手机等消费电子产品品牌终端厂商提供功能性器件生产及相关服务的企业，其主要产品是笔记本电脑和手机等消费电子产品中使用的内部和外部功能性器件。公司被 3M 评为"工业胶带及胶粘剂产品优选加工商"，被德莎胶带评为"优选加工商"，是贝格斯的"导热界面材料特许加工商"，被索尼公司评为"Certificate Green Partner"（认证绿色合作伙伴），被富士康科技集团评为"品质最佳供应商"。公司被江苏中诚信信用管理有限公司评为 2010 年度"AAA 级资信企业"，被中国农业银行苏州分行评为"AAA 级优质客户"。2012 年其每股权益在入选样本计算机及相关设备制造业企业中表现最好，而政府所得贡献率、资产负债率、流动比率和速动比率等指标仅次于 GQY 视讯。

8）浙江贝因美科工贸股份有限公司（002570.SZ 贝因美）。公司成立于 1999 年 4 月 27 日，是一家婴幼儿食品制造企业。公司主要从事婴幼儿食品的研发、生产和销售等业务，2007 年获评浙江最具社会责任感企业，被中国食品安全年会授予"食品安全示范单位"称号；2008 年公司顺利通过国家质检总局三聚氰胺专项抽查，是少数未被检测出三聚氰胺的国内知名婴幼儿奶粉企业之一；2009 年获中国食品工业协会颁发的"2007～2008 年度中国食品工业质量效益奖"；2010 年荣获"奶粉类最受消费者信赖品牌奖"，更获评"辅食保健类最具社会责任企业奖"和"食品类最受网友喜爱品牌奖"。2012 年其每股收益、股东权益比例在乳品行业中排名第一，在其他指标上也是排名第二或第三，尤其是其资产负债率、流动比率、速动比率以及捐赠收入比等指标在入选样本食品饮料企业中表现是最好的。

9）深圳市富安娜家居用品股份有限公司（002327.SZ 富安娜）。公司成立于 1994 年 8 月 11 日，是一家中高端品牌家纺企业，主要从事以床上用品为主的家纺产品的研发、设计、生产和销售业务，是首批获得"中国名牌"产品称号的国内床上用品企业之一。公司主导产品床上用品所占市场份额近几年一直处于国内行业三甲之列，"富安娜"商标荣膺"中国驰名商标"称号，多次在国内外家纺设计大赛上获得"金榜奖"、"优质产品金奖"。首家推出代表国内床上用品行业最高水准的艺术平网印花系列产品，是目前全球仅有的实现平网印花产品规模化生产的两家厂商之一。2012 年全年实现营业利润、利润总额和归属于上市公司股东的净利润分别比上年同期增长了 30.83%、29.61%、25.78%，其每股收益在家纺行业中排名第二，而净利润同比增长排名第一，其政府所得贡献水平指标处在入选样本纺织服装皮毛企业中最前面位置，其资产就业贡献水平指标也处在第二位置。

10）杭州海康威视数字技术股份有限公司（002415.SZ 海康威视）。公司成立于 2001 年 11 月 30 日，是一家专业从事安防视频监控产品研发、生产和销售的高科技企业。其产品包括硬盘录像机（DVR）、视音频编解码卡等数据存储及处理设备，以及监控摄像机、监控球机、视频服务器（DVS）等视音频信息采集处理设备，是国内视频监控行业的龙头企业，销售规模连续数年居于国内全行业第一位。2007 年销售收入增长率在全球安防行业 50 强的视频监控专业企业中排名第一位，2009 年位列全球安防行业 50 强中的第 12 位。公司在视频监控系统核心设备 DVR 和板卡领域，连续数年国内市场占有率排名第一，是全球主流的 DVR 和板卡生产厂家之一。另外，公司分别于 2007、2008 和 2009 年度被认定为国家规划布局内重点软件企业。2012 年实现主营业务收入同比增长 37.89％，利润总额同比增长 33.94％，其人均公益金、技术创新、资产负债率、流动比率及速动比率等指标处在入选样本电子企业中第一位置。

11）广东威创视讯科技股份有限公司（002308.SZ 威创股份）。公司成立于 2002 年 8 月 23 日，是全球仅有的几家拥有超高分辨率数字拼接墙系统和交互数字平台全线产品及自主知识产权的厂商之一，是国家科技部、中华全国总工会、国务院国资委联合授名的全国首批 91 家"创新型企业"之一，并被评为"国家火炬计划重点高新技术企业"，至 2012 年连续 8 年排名中国电子视像行业销量第一，综合排名全球前三。曾荣获第六届亚太资讯科技三等奖、国家科技进步二等奖、广东省科技进步一等奖等众多奖项，在行业中处于领先地位。另外自 2008 年以来企业净利润连续增长，且在管理创新、职工所得贡献率以及人均公益金等指标上在候选企业中表现都较好。

12）汕头东风印刷股份有限公司（601515.SH 东风股份）。公司成立于 1983 年 12 月 30 日，是印刷行业中从事烟标印刷较早的企业之一，从事烟标印制及相关包装材料的设计、生产与销售，是国内综合实力领先的包装印刷服务供应商。2011 年公司获得"2010 年中国十大烟标最佳工艺创新奖"、"2010 年中国十大烟标金奖"等。公司具有较高的社会信誉，并在国内印刷行业的生产和技术装备中具有较强的行业领先性。2012 年每股收益在轻工制造包装印刷行业中排名第二。

13）宁波 GQY 视讯股份有限公司（300076.SZ GQY 视讯）。公司成立于 2001 年 3 月 29 日，是一家专业从事高科技视讯产品的研发、生产、销售以及应用解决方案的企业，其产品类别主要为大屏幕拼接显示系统以及数字实验室系统。1992 年，公司在国内第一家推出了大屏幕拼接显示系统；2006～2008 年公司在大屏幕拼接显示系统行业的市场份额一直居于前两位；2009 年，公司获得 2008 年度中国大屏幕工程金奖；2010 年，公司获得"2009 年度大屏幕行业系统工程案例大奖"，著名商业杂志《福布斯》中文版在沪发布了"2009 年福布斯最具潜力中小企榜"，公司成为唯一一家大屏幕拼接显示系统行业上榜企业。2012 年其股东权益比例在显示器件Ⅲ行业中排名第一，而其政府所得贡献率、资产负债率、流动比率和速动比率等指标在入选的样本计算机及相关设备制造业企业中表现最好。

14）天地科技股份有限公司（600582.SH 天地科技）。公司成立于 2000 年 3 月 24 日，是一家煤炭机械行业大型企业，主营矿山生产过程自动化、机械化、信息化设备开发、制造和系统集成，煤炭洗选设备开发、制造等业务。2012 年营业总收入在冶金矿采化工设备行业中排名第一。

15）华润三九医药股份有限公司（000999.SZ 华润三九）。公司成立于 1999 年 3 月 2 日，主要从事医药产品的研发、生产、销售及相关健康服务，以 OTC（非处方药）、中药处方药、免煎中药、抗生素及普药为四大制药业务模块。"999"品牌是中国驰名商标，公司核心产品在国内医药市场具有相当高的占有率和知名度，999 感冒灵系列销量连续五年居感冒药市场第一；三九胃泰和 999 皮炎平也分别位居 OTC 胃药和皮肤药的前列。在非处方药协会发布的 2012 年度中国重点医药生产企业非处方药统计排名中，公司居第二位。

16）四川科伦药业股份有限公司（002422.SZ 科伦药业）。公司成立于 2002 年 5 月 29 日，是一家专注于医药输液行业的研发和创新的企业，其主要产品涵盖了输液、粉针、小水针、片剂、胶囊剂等多种剂型，是国内输液行业的领导者，是国内产业链最为完美的大型医药集团之一。2006 年科伦药业的主导产品大输液的产销量超过 14 亿瓶袋，是中国最大的输液专业制造商。2012 年多项重大项目获专项资金立项支持，其政府补贴收入较上年同期大幅增长，每股收益在化学制药行业中排名第一。

17）福建星网锐捷通讯股份有限公司（002396.SZ 星网锐捷）。公司于 1996 年 11 月 11 日成立，其主营业务是研发、生产和销售企业级网络通讯系统设备及终端设备，是我国企业级网络通讯系统设备及终端设备的主流厂商，是国内领先的新一代网络信息技术及综合解决方案提供商。首批获选工业和信息化部、财政部联合授予的首批国家技术创新示范企业，更荣膺"2011 年度瘦客户机行业品牌价值第一名"、"2011 年度电话 POS 行业品牌价值第一名"以及"2011 年度视频应用产品行业品牌价值第一名"三大产业领域的品牌大奖，2012 年被授予"福建省捐书助学模范单位"荣誉称号。企业职工所得贡献率在其行业中较高，技术创新指标在推选企业中也处在相对较高位置，净利润指标保持了连续 6 年的增长。

18）航天信息股份有限公司（600271.SH 航天信息）。公司于 2000 年 11 月 1 日成立，是由中国航天科工集团公司控股、以信息安全为核心技术的 IT 行业高新技术国有上市公司，主业包括防伪税控系统、IC 卡、系统集成业务等，设立了信息安全、智能商务、RFID 等博士后工作站，具备信息产业部计算机系统集成一级资质，承担了"金税工程"、"金卡工程"、"金盾工程"等国家重点工程，是国家大型信息化工程和电子政务领域的主要参与者，曾在 2007 年上半年成为北京奥运会食品安全 RFID 追溯系统承建单位。企业净利润自 2006 年连续增长至今，每股净资产近三年保持增长，在同行业中在每股收益和营业收入水平保持领先，在被推选的 113 家企业中其技术创新指标处在第二位置。

19）浙江航民股份有限公司（600987.SH 航民股份）。公司成立于 1998 年 1 月 6 日，是以印染为主业，热电、织布、染料配套发展的公司，纺织印染等主营业务的各项经济技术指标在同行业中处于领先水平，连续多年在中国印染行业协会"十佳企业"排名中名列前茅。"飞航"牌多种纤维混纺面料、高仿真面料及印花面料等在国际市场上享有较高的知名度，部分产品还通过了 OeKo-Tex Standard 100 绿色环保认证，出口欧洲获准免检。企业净利润自 2006 年连续增长至今，每股净资产也保持了近三年稳定增长态势，净资产收益率在印染行业中保持领先，在 113 家候选企业中政府所得贡献率和创新管理等指标表现较好。

20）成都三泰电子实业股份有限公司（002312.SZ 三泰电子）。公司成立于 1997 年 5 月 20 日，是一家金融电子产品及服务提供商，从事电子回单系统、ATM 监控系统及银行数字化网络安防监控系统相关电子设备及系统软件的研发、生产、工程应用和技术服务，是国家密码管理局认定的商用密码产品生产和销售企业，连续四年被中国诚信信用管理有限公司评为 AAA 级信用等级。2012 年营业总收入同比增长 49.87％，其净利润同步增长 10.13％。

21）宁波新海电气股份有限公司（002120.SZ 新海股份）。公司成立于 1993 年 6 月 14 日，主要从事打火机、点火枪、模具、电器配件、电子元件、塑料制品、文具的制造。公司连续六年被中国机电进出口商会根据海关统计数据认定为打火机出口额最大的企业，每年打火机出口额均占全国当年打火机总出口额的十分之一以上，是"中国打火机十大知名品牌"。公司在 2012 年的净利润增长近 3 倍，其职工所得贡献率、捐赠收入比以及全球业务反应敏感程度等指标表现较好。

22）广州珠江钢琴集团股份有限公司（002678.SZ 珠江钢琴）。公司立于 1967 年 4 月 22 日，主要从事恺撒堡、珠江、里特米勒、京珠等自主品牌钢琴的研发、生产、销售及服务，产品包含立式钢琴、三角钢琴两大系列共三百多种型号。2010 年公司被科技部认定为"国家创新型试点企业"（乐器行业唯一一家），被国家标准化管理委员会确定为"第三批国家标准化良好行为试点企业"，并通过"国家 AAAA 级标准化良好行为企业"确认；公司 PTR 钢琴成套技术研发及产业化项目被科技部列为 2010 年"国家火炬计划项目"；在由中国轻工业联合会、中国乐器协会评价的"2010 年度中国轻工业乐器行业十强企业"中排名第一。2012 年其资产总计在文娱用品行业中排名第一。

23）浙江大华技术股份有限公司（002236.SZ 大华股份）。公司成立于 2001 年 3 月 12 日，是我国安防视频监控行业的龙头企业，主要产品为嵌入式 DVR。公司已形成音视频编解码算法技术、信息存储调用技术、集成电路应用技术、网络控制与传输技术、嵌入式开发技术五大核心技术平台和面向安防视频监控前沿领域的以前端设备、主控设备、后端设备及安防软件为主体的"大安防"产品架构，被应用于世界最大水电工程三峡葛洲坝电厂远程监控项目、国内最大直流 500kV 换流站宜昌龙泉换流站项目等重大项目，是国家火炬计划重点高新技术企业。2012 年其全员劳动生产率、技术创新、净资产收益率指标处在入选样本电子企业中第一位置。

24）山东新北洋信息技术股份有限公司（002376.SZ 新北洋）。公司成立于 2002 年 12 月 6 日，是一家专业从事专用打印机及相关产品的研发、生产、销售和服务的企业，其经营范围有计算机硬件及其外部设备、电子及通讯设备（不含无线电发射设备）、仪器仪表及文化办公用机械产品、集成电路及计算机软件、钣金、塑料制品、模具加工等。2012 年，公司实现营业收入同比增长 14.8％，实现净利润（归属于上市公司股东的净利润）2.05 亿元，同比增长 25.26％。公司自上市以来连续两年入选"央视财经50 指数"样本公司并荣获"十佳创新上市公司"称号，公司被认定为"2011～2012 年度国家规划布局内重点软件企业"，综合实力不断提升。其技术创新和捐赠收入比等指标在入选的样本计算机及相关设备制造业企业中表现最好。

25）青岛啤酒股份有限公司（600600.SH 青岛啤酒）。公司成立于 1993 年 6 月 16 日，是一家主营啤酒生产和销售的公司，前身青岛啤酒厂成立于 1903 年 8 月，已具有百年历史。公司以"名牌带动"式的资产重组，率先在全国掀起了购并浪潮，成为中国啤酒业行业整合潮流的引导者。目前，公司在国内 18 个省、市、自治区拥有 40 多家啤酒生产厂和麦芽生产厂，构筑了遍布全国的营销网络，基本完成了全国性的战略布局，啤酒生产规模、品牌价值、产销量、市场占有率、出口及创汇等多项指标均居国内同行业首位，其国内市场份额也由以前的 13％提升到 2012 年的 16％；2012 年其每股收益、营业总收入以及总资产在啤酒行业中排名第一，其无形资产贡献所得贡献水平在入选样本食品饮料企业中是最高的。

26）福建七匹狼实业股份有限公司（002029.SZ 七匹狼）。公司成立于 2001 年 7 月 23 日，是一家主要从事服装开发、生产、销售，经营七匹狼品牌休闲男装的服装及其他纤维制品制造公司，是科技厅认定高新技术企业之一，曾获得了中国服装设计的最高奖"金顶奖"、"最受消费者欢迎的休闲服装品牌"、"影响中国服装市场的十大男装品牌"、"中国驰名商标"等省级以上荣誉称号或奖项。2012 年公司实现营业收入、利润总额、净利润同比增长分别为 19.05％、54.24％、36.09％，每股收益与净利润同比增长在男装行业中排名第二，其人均公益、技术创新等指标处在入选样本纺织服装皮毛行业中最前面。

27）索菲亚家居股份有限公司（002572.SZ 索菲亚）。公司成立于 2003 年 7 月 15 日，是一家专业生产定制衣柜的企业，其生产的"索菲亚"品牌定制衣柜为中国定制衣柜行业的第一品牌。2010 年公司被易居、新浪网、中国房产信息集团评选为"2010 年度最值得推荐家居品牌"。2012 年获得了多项各级荣誉和称号，主要包括"2012 年度中国家居产业最具影响力品牌"、"最时尚家居用品奖"、"2012 福布斯中国最佳潜力企业"等，也保持了主营业务收入和利润的增长，在家具行业中每股收益排名第一，继续维持了在行业内的领先地位。

28）浙江报喜鸟服饰股份有限公司（002154.SZ 报喜鸟）。公司成立于 2001 年 6 月 20 日，主要从事报喜鸟品牌西服和衬衫等男士系列服饰产品的设计、生产和销售。公司坚持走国内高档精品男装的发展路线，在国内率先引进专卖连锁特许加盟的销售模式，目前已拥有形象统一、价格统一、服务统一、管理统一的专卖店 500 多家。公司注册商标"报喜鸟"获多个国家的国际注册，被国家工商行政管理总局认定为"中国驰名商标"，报喜鸟产品被国家质量监督检验检疫总局评为"中国名牌"和中国首批西服"国家免检产品"。2012 年每股收益与净利润同比增长在男装行业中分别排名第五和第三，其职工所得贡献率、技术创新以及净资产收益率等指标处在入选样本纺织服装皮毛企业中的第二位置。

29）华润双鹤药业股份有限公司（600062.SH 华润双鹤）。公司成立于 1997 年 5 月 16 日，是中国首家通过 GMP 认证的大型现代化医药企业。主营业务涵盖新药开发、药物制造、医药经营及制药装备等领域，在心血管、大输液、抗生素、胃药、保健品等领域建立了专业优势，拥有包括北京降压 0 号、利复星、奥复星、温胃舒、养胃舒、北京蜂王精等在内的一系列名牌产品，并形成"中国大输液第一品牌"、"中国降压药第一品牌"和"中国降糖药第一品牌"的三大品牌。2010 年华润双鹤进入位列全球 500 强的华润（集团）有限公司的旗下，成为华润集团的一级利润中心。2012 年其营业总收入在化学制药行业中排名第三。

30）云南白药集团股份有限公司（000538.SZ 云南白药）。公司成立于 1993 年 11 月 30 日，是一家主要经营化学原料药、化学药制剂、中成药、中药材、生物制品等的企业，其产品以云南白药系列、三七系列和云南民族特色药品系列为主，共 17 种剂型 200 余个。产品畅销国内市场及东南亚一带，并逐渐进入日本、欧美等发达国家市场，是云南大型工商医药企业之一，也是中国中成药五十强之一。2010 中药行业品牌峰会品牌评选活动首次发布的中药行业各领域十强企业品牌榜单上，云南白药在中药企业传统品牌榜单十强中排名第一；2012 年其营业总收入指标在中药行业中排名第一，其每股收益排名第二。

2. 行业分析

推选出的前 30 家最应受到尊敬的制造业上市企业分别属于以下十个门类，如表 4-32 所示，其行业分布则如图 4-14 所示。

表 4-32　中国最受尊敬制造企业行业分布

行业分类	企业名称	排名
计算机及相关设备制造业	002635. SZ 安洁科技	7
	002308. SZ 威创股份	11
	300076. SZGQY 视讯	13
	600271. SH 航天信息	18
	002312. SZ 三泰电子	20
	002376. SZ 新北洋	24
纺织、服装、皮毛	002293. SZ 罗莱家纺	4
	601566. SH 九牧王	6
	002327. SZ 富安娜	9
	600987. SH 航民股份	19
	002029. SZ 七匹狼	26
	002154. SZ 报喜鸟	28
医药、生物制品	600276. SH 恒瑞医药	2
	000999. SZ 华润三九	15
	002422. SZ 科伦药业	16
	600062. SH 华润双鹤	29
	000538. SZ 云南白药	30
食品、饮料	000568. SZ 泸州老窖	1
	600809. SH 山西汾酒	3
	000596. SZ 古井贡酒	5
	002570. SZ 贝因美	8
	600600. SH 青岛啤酒	25
造纸、印刷	601515. SH 东风股份	12
	002678. SZ 珠江钢琴	22

续表

行业分类	企业名称	排名
电子	002415.SZ 海康威视	10
	002236.SZ 大华股份	23
通信及相关设备制造业	002396.SZ 星网锐捷	17
机械、设备、仪表	600582.SH 天地科技	14
木材、家具	002572.SZ 索菲亚	27
其他制造业	002120.SZ 新海股份	21

数据来源：通过整理表 4-31 数据得到。

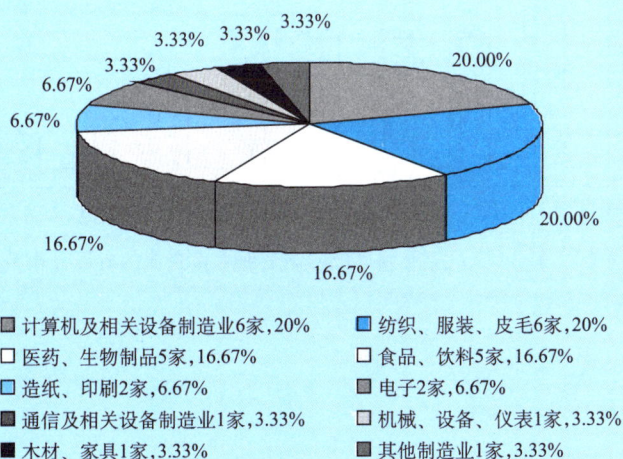

图 4-14　30 家最应受到尊敬的制造业上市企业的行业分布

由图 4-14 可知，在被优先推选出的前 30 家最应受到尊敬制造业上市企业中，计算机及相关设备制造业上市企业达到了 6 家，所占比重达到了 20%；其次为纺织服装皮毛企业为 6 家；食品饮料企业为 5 家；医药生物制品有 4 家企业被推选；电子企业有 2 家；造纸印刷企业也有 2 家被推选；通信及相关设备制造业、机械设备仪表、木材家具以及其他制造业各仅有 1 家企业被推选出，而金属非金属和石油化学塑胶塑料没有企业入选。

3. 区域分析

图 4-15 表示了最应受到尊敬前 30 家制造业上市企业所在省份直辖市自治区的数量分布。

由图 4-15 可知：被优先推选出的前 30 家最应受到尊敬的制造上市企业分布在全国 31 个省市的 10 个省市中，其中浙江省有 7 家，广东省有 6 家；北京、江苏省、四川省和福建省各有 3 家企业，山东省有 2 家企业，而山西省、云南省和安徽省各有 1 家企业入选。从图 4-15 还可以看出，东部区域的 7 个省份被推选出的企业数量最多为 24 家，占比达到了 80％，其中浙江省 7 家企业分属 5 个不同行业：电子（2 家）、服装纺织皮毛（2 家）、计算机及相关设备制造业（1 家）、食品饮料（1 家）和其他制造业（1 家）；与 2011 年报告比较，被推选出的东部省份 2011 年前 30 家最应受到尊敬的制造业上市企业也是比较多的，达到了 21 家，占比 66.7％，因此进一步说明东部省份制造业上市企业在自身经济发展的同时也很注重是否受到尊敬。

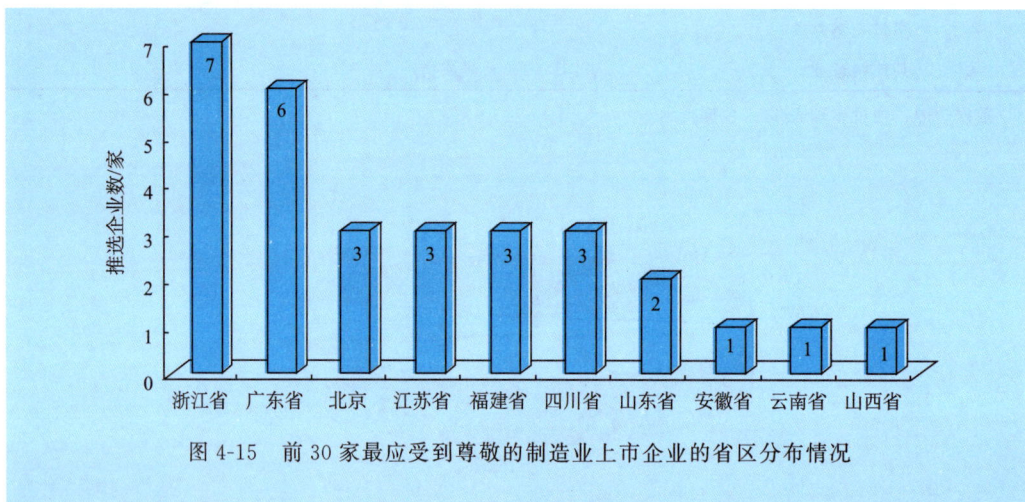

图 4-15　前 30 家最应受到尊敬的制造业上市企业的省区分布情况

4.6　本章小结

　　本部分采集国家有关部门公布的权威数据资料，主要采用定量统计分析方法，对中国制造业企业发展总体特征进行了概括，并对规模最大、效益最优、成长最快、最受尊敬的企业进行了排名和分析，主要得到了以下一些结论。

　　（1）从中国制造业上市公司的地区分布来看，上市公司主要集中在东部沿海地区，其中，广东、浙江、江苏和山东四省依旧位列前四；从行业分布来看，机械设备仪表行业上市公司的数量最多，石油化学塑料塑胶行业排名第二，金属非金属行业排名第三，制造业上市公司数量靠后的行业主要是木材家具制造业和计算机及相关设备制造业等。

　　（2）从规模情况来看，本章对主营业务收入、资产总计、净资产和总股本这四个指标，利用主成分分析法，得到中国制造业上市公司规模前 50 强，其中上汽集团（600104）和宝钢股份（600019）等上市公司规模最大。2012 年中国制造业上市公司总资产规模呈现扩大趋势，其平均规模高于 2011 年，说明我国制造业企业的规模总体上处于上升态势；从总资产和主营业收入来看，制造业上市公司的行业集中度都较高。

　　（3）从效益情况来看，利用主成分分析法对营运能力、盈利能力、偿债的角度，对净资产收益率、总资产净利率、主营业务利润率、存货周转率、总资产周转率、应收账款周转率、资产负债率、流动比率和速动比率 9 个指标进行了分析，得到中国制造业上市公司效益前 50 强排名，其中四川金顶（600678）和北京君正（300223）等上市公司效益最好。本章还从盈利能力、偿债能力和营运能力三个方面对中国制造业效益进行了分析和研究，在 12 个制造业上市企业行业中，医药生物制品行业 2012 年的平均总资产净利润率、平均主营业务净利率以及平均净资产收益率都最高；另外，中国制造业上市企业的平均流动比率、平均速动比率较高，表明中国制造业企业总体财务状况稳定可靠；而其平均资产负债率比较适宜，表明中国制造业企业偿债能力较好，风险较低；制造业上市企业的平均存货周转率较高，表明中国制造业企业总资产由于销售顺畅而具有较高的流动性，存货转换为现金或应收账款的速度快，存货占用水平低；平均总资产周转率比较适宜，表明中国制造业企业营运能力较好。

（4）在成长性方面，本章采用成长指数计算规则得到制造业企业成长性 50 强，最具成长性排名前两位的是太极实业（600667）和江南化工（002226）；石油、化学、塑料、塑胶类入选企业最多，达到 11 家；东部地区企业入选最具成长性前 50 的数量最多，达到 28 家。在最具成长性 50 强制造业企业中，利用各年主营业务收入同比增长率反映了企业各年成长速度，其中三安光电（600703）和康美药业（600518）成长速度最快。

（5）为推选出最应受到尊敬的制造业上市公司，设立了 5 个维度 15 个评价指标的指标体系，并对候选企业进行综合分析。最后 30 家企业进入榜单，其中计算机及相关设备制造业和纺织服装皮毛制造业上市企业各为 6 家，所占比重达到了 40%；30 家最应受到尊敬的制造上市企业所在地区分布于 10 个省市，东部省份入选企业达到了 24 家，占比 80%，其中浙江省的企业数就达到 7 家。

初稿提供者：张慧明，周飞雪，张华斌，梁宵

统稿：李廉水，张慧明，周彩红

参　考　文　献

陈晓红，彭佳，吴小瑾. 2004. 基于突变级数法的中小企业成长性评价模型研究. 财经研究，（11）：5-15.

李廉水. 2010. 中国制造业发展研究报告 2010. 北京：科学出版社.

李廉水. 2011. 中国制造业发展研究报告 2011. 北京：科学出版社.

李廉水. 2012. 中国制造业发展研究报告 2012. 北京：科学出版社.

陆正飞，施瑜. 2002. 从财务评价体系看上市公司价值决定——"双高"企业与传统企业的比较. 会计研究，（5）：18-23

上海证券交易所网站：www. sse. com. cn 上市公司 2008～2012 年度年报.

深圳证券交易所网站：www. szse. cn 上市公司 2008～2012 年度年报.

王向阳，徐鸿. 2001. 企业成长性标准的界定研究. 中国软科学.（7）：63-66.

中国证监会. 2001. 上市公司行业分类指引.

第5章

制造业发展的国际比较

纵观制造业发展史，英国通过三把利剑（科学技术、自由贸易和股份制）打开了现代工业的大门；美国继承了英国工业化道路上的三要素，并抓住了两次世界大战的契机，成为超越英国的工业化国家；日本在美国的扶持下，尤其是趁朝鲜战争的机会，向美国输送了大量的武器，刺激了自身的经济，同时，由于日本不断增大自身对科技的投入，开创了科技创新推动型的制造业发展模式。在今天，"中国制造"遍布全世界，中国的产品产量在多个领域位居世界第一。同时，"中国制造"也被贴上了很多标签：世界工厂、污染天堂、中国制造业大而不强等。究竟我国制造业是处于一个什么样的发展阶段呢？本章试图找到发达国家制造业发展的动因和路径，为数据使用者提供世界制造业的经济创造、科技创新以及环境保护三方面的素材。为了让读者能够全面地把握制造业在全球内的发展动态，我们除了将制造业的各项指标进行各个国家的比较之外，还从发展阶段、收入类别以及地理位置等维度对主要的制造业国家进行了分类汇总，以期能够理出制造业近十年的发展脉络。

5.1　制造业经济创造能力的国际比较

制造业是指对制造资源（物料、能源、设备、工具、资金、技术、信息和人力等），按照市场要求，通过制造过程，转化为可供人们使用和利用的工业品与生活消费品的行业。制造业直接体现了一个国家的生产力水平，是区别发展中国家和发达国家的重要因素，制造业在世界发达国家的国民经济中占有重要份额。为此，我们在制造业经济创造能力这部分构建了制造业经济创造的质量和制造业创造的产品产量两个主要指标。制造业经济创造的质量以制造业的增加值进行比较，分析制造业的增加值在各种收入国家的发展过程及趋势，以及制造业的人工成本，理出高收入国家以及中等收入国家和低收入国家的制造业的发展脉络。制造业的产品产量主要从制造业所创造的产品排名以及主要产品产量两方面来进行分析，刻画制造业经济创造能力演变进程。

5.1.1　经济创造能力比较指标体系

为了对制造业产值创造、产品生产以及就业岗位的提供这三方面的创造能力进行比较，我们进行了指标体系的设计，以期能够反映世界各国制造业的经济创造能力。制造业经济创造能力比较的目的，就是确定中国制造业在经济创造方面的发展程度。在经济创造能力的比较方面，我们选取了一系列指标，建立了比较指标体系。经济创造能力比较指标选取的原则是：①全局性原则。反映经济创造的核心指标是制造业增加值。这个指标是最核心的指标，其他的指标是辅助性指标。各个指标不是孤立的，是相互联系的。因此，必须从多角度、各层次去揭示制造业经济创造能力，从而得出全面正确的结论。②重点性原则。在指标的选择方面要考虑指标本身的性质和对整个评价体系的影响。如果缺失某个指标就不能准确把握制造业的经济创造能力，则该指标需要单独列示。③权威性原则。指标、数据要有权威性，因此我们所采用的数据绝大部分来自于国际机构的统计数据（如国际统计年鉴、中经网数据库等）。④可比性原则。采用的指标、数据要便于进行多年的纵向比较。同时为了能够看清楚中国制造业所占的地位，也要便于主要制造业国家进行横向比较，所以要保持统计口径的一致性和时间上的连续性。⑤筛选性原则。收录了人口超过 2000 万的 50 个国家，经过筛查，剔除那些人口具备 2000 万的规模但是制造业极不发达的国家，进入我们评价范围的根据比较重点的不同有 17～66 个国家，另外，受到年鉴统计数据的影响，年鉴中并未提供全部国家的数据，所以我们对某些指标的国家选择进行了重点的筛选。我们在进行比较的时候除了按照国别进行比较，同时参照了世界银行对于国家按地区、收入的分类，进行了比较，以便于读者能够全面系统地了解制造业在全世界范围内发展变化的情况和动因。我们根据世界银行按人均收入归类的标准，对主要的制造业国家按 2008 年的分类进行了经济、科技、环境保护方面的汇总，以便能够看出四类不同收入国家制造业三方面的变化①。

我们运用经济创造能力比较指标体系，分别从制造业产业质量、制造业产品数量这两个主指标切入，具体评价指标如表 5-1。

表 5-1　制造业经济创造能力国际比较指标

总指标	主指标	序号	具体指标
制造业经济 创造能力	制造业产业质量	1	制造业增加值
		2	制造业人工成本
	制造业产品数量	1	制造业产品产量排名
		2	主要制造业产品的产量

5.1.2　经济创造能力的比较

根据制造业经济创造能力的指标体系，我们将从制造业产业质量以及制造业产品数量两个总体的指标进行比较，从而看出制造业产业发展状况。制造业的产业质量主要由制造业的增加值以及制造业的人工成本来反映。制造业所生产的产品是为人们生产所需要的工业品以及生活所需要的消费品。产品数量指标主要有产品产量以及工业品排名。经济创造能力主要通过制造业增加值、制造业的人工成本、制造业主要产品产量和制造业工业品的排名等几个指标加以综合反映。

1. 制造业增加值的比较

制造业增加值，是指制造业企业在报告期内以货币形式表现的生产活动的最终成果，是企业生产过程中新增加的价值，反映了制造业生产活动创造的财富增加量。2008～2011 年主要制造业国家、地区制造业增加值见表 5-2。

---

① http：//blogs. worldbank. org/voices/ch/your-top-5-questions-about-world-bank-open-data-chinese.

表 5-2   2008～2011 年主要制造业国家、地区制造业增加值（单位：亿美元）

国家、地区	2008	2009	2010	2011
美国	17 106	15 982	16 967	—
中国	14 764.29	16 122.77	19 249.6	—
日本	9 545.97	8 907.89	10 746.53	—
德国	7 385.94	5 679.02	6 101.84	—
意大利	3 765.5	3 112.95	3 061.96	—
巴西	2 338.77	2 329.13	2 976.4	3 081.25
韩国	2 324.84	2 087.65	2 761.75	3 134.29
印度	1 779.21	1 943.68	2 372.02	2 508.44
英国	2 763.04	2 175.94	2 296.15	—
法国	3 048.62	2 536.08	2 023.54①	
俄罗斯	2 480.17	1 576.97	1 919.07	2 521.25
墨西哥	1 897.44	1 506.56	1 796.72	2 029.74
印度尼西亚	1 419.21	1 422.09	1 755.45	2 056.33
西班牙	2 112.85	1724.33	1 335.81①	
加拿大	1 691.2	1691.2①	1 691.2	—
土耳其	1 181.11	935.43	1 145.24	1 258.25
泰国	949.68	900.59	1 136.07	—
澳大利亚	989.27	805.5	983.44	—
荷兰	1 063.54	890.29	918.58	—
波兰	863.48	707.44	764.39	—
阿根廷	636.16	601.16	694.36	841.01
瑞典	753.72	545.74	656.13	—
奥地利	765.18	641.24	650.65	—
马来西亚	567.33	481.36	606.25	701.4
委内瑞拉	440.91	469.19	508.92	—
南非	410.11	388.46	481.03	492.7
波多黎各	402.34	440.19	446.41	—
新加坡	348.18	381.68	443.17	470.83
沙特阿拉伯	394.33	391.13	438.52	—
菲律宾	395.93	357.88	428.02	472.77
捷克	479.77	402.56	422.43	—
芬兰	529.21	375.57	388.51	—
哥伦比亚	339.03	307.1	368.66	422.99
挪威	366.1	325.64	341.43	—

续表

国家、地区	2008	2009	2010	2011
埃及	244.61	286.99	329.76	337.03
丹麦	416.52	349.71	328.8	—
巴基斯坦	312.1	263.19	296.21	370.94
阿拉伯联合酋长国	271.32	273.23	289.35	—
葡萄牙	310.22	274.46	267.91	—
匈牙利	287.52	232.82	252.64	—
智利	201.09	194.21	232.82	271.47
乌克兰	312.76	182.1	210.63	233.66
越南	185.33	195.23	209.43	238.29
秘鲁	184.57	164.56	203.29	225.09
哈萨克斯坦	157.11	125.37	184.18	237.39
孟加拉国	136.72	154.72	173.6	190.35
斯洛伐克	205.54	155.82	164.37	—
白俄罗斯	173.47	128.35	146.43	174.77
摩洛哥	112.25	129.09	125.04	140.47
多米尼加	98.44	105.77	114.48	127.84
斯里兰卡	73.1	76.18	89.24	107.77
斯洛文尼亚	105.92	84	86.05	—
克罗地亚	93.92	83.04	80.19	86.53
危地马拉	72.26	70.37	76.99	257.83
突尼斯	80.83	73.15	75	77.61
保加利亚	62	64.24	66.67	76.33
哥斯达黎加	54.18	47.73	57.71	65.29
厄瓜多尔	50.04	47.93	54.07	61.5
塞尔维亚	67.05	54.52	50.36	60.05
安哥拉	38.21	39.58	49.52	62.33
乌拉圭	45.39	40.08	47.39	52.78
约旦	41.33	42.62	44.31	49.09
科特迪瓦	42.19	41.87	43.83	50.64
萨尔瓦多	42.34	39.25	40.27	42.72
中国香港	40.46	37.04	39.14	—
苏丹	29.21	29.94	37.13	42.52
肯尼亚	33	30.32	31.82	32.17
乌兹别克斯坦	30.6	40.67	30.97	32.95

续表

国家、地区	2008	2009	2010	2011
卢森堡	40.64	25.6	29.14	36.92
阿塞拜疆	22.99	24.47	28.11	—
爱沙尼亚	34.3	23.81	27.97	—
黎巴嫩	23.52	26.41	26.55	29.26
拉脱维亚	32.51	23.17	26.19	—
洪都拉斯	24.64	23.8	26.18	31.08
巴拉圭	21.18	18.5	22.42	28.3
玻利维亚	18.62	20.14	22.15	24.78
坦桑尼亚	16.18	18.44	20.57	22.15
加纳	21.52	17.59	20.55	24.55
阿富汗	18.28	16.01	19.58	24.2
也门	19.04	19.51	18.81	—
波黑	21.18	18.39	18.67	18.59
柬埔寨	15.89	15	16.52	19.47
阿尔巴尼亚	20.69	18.79	16.23	17.55
毛里求斯	16.56	14.81	15.52	17.58
塞内加尔	15.9	15.04	15.44	18.16
巴拿马	14.17	14.22	14.95	15.43
文莱	19.73	14.99	14.93	19.35
纳米比亚	11.38	11.97	14.45	15.2
赞比亚	13.75	11.92	14.11	15.98
尼加拉瓜	12	12.38	13.36	15.28
乌干达	10.55	11.9	13.27	12.71
斯威士兰	9.46	10.05	12.8	13.55
格鲁吉亚	13.37	10.69	12.3	16.37
马其顿	16.87	13.16	11.78	12.66
莫桑比克	13.83	12.63	11.74	15.74
津巴布韦	7.21	9.53	11.66	14.05
牙买加	10.49	9.81	10.4	11.38
马耳他	11.79	9.4	9.65	—
埃塞俄比亚	11.49	10.72	9.59	9.98
尼泊尔	8.81	8.38	9.51	10.96
苏里南	8.94	7.85	9.17	9.2

续表

国家、地区	2008	2009	2010	2011
特立尼达和多巴哥	11.26	9.51	8.91	10.27
亚美尼亚	10.31	7.52	8.88	10.11
吉尔吉斯斯坦	6.79	6.67	8.13	11.37
科索沃	7.98	7.73	7.76	8.42
布基纳法索	6.4	6.71	6.59	6.43
摩尔多瓦	6.83	5.75	6.16	7.83
马拉维	4.94	5.64	5.92	6.09
刚果（民）	5.53	5.37	5.89	6.81
博茨瓦纳	4.56	4.67	5.68	6.96
老挝	4.56	4.71	5.06	5.92
贝宁	4.76	4.91	5.06	—
巴布亚新几内亚	4.46	4.64	4.98	6.04
塔吉克斯坦	5.49	4.79	4.82	4.86
加蓬	5.03	4.52	4.65	5.6
刚果	4.11	4.29	4.54	5.24
蒙古	3.69	2.96	3.98	5.26
斐济	4.22	3.38	3.96	4.59
卢旺达	2.9	3.35	3.73	4.2
几内亚	2.36	2.81	3.15	3.39
巴哈马	3.05	2.76	2.55	2.81
多哥	2.68	2.5	2.48	3.04
莱索托	2.84	2.48	2.48	2.53
布隆迪	1.69	1.85	1.97	2.15
黑山	2.44	2.03	1.91	2.26
不丹	1.06	1.04	1.38	1.55
毛里塔尼亚	1.24	1.13	1.2	1.32
马尔代夫	1.11	1.07	1.08	1.11
圭亚那	0.74	0.76	0.8	0.85
塞舌尔	0.9	0.66	0.78	0.76
萨摩亚	0.65	0.46	0.63	0.54
塞拉利昂	0.61	0.52	0.56	0.68
利比里亚	0.51	0.5	0.52	0.55
冈比亚	0.56	0.45	0.45	0.46

续表

国家、地区	2008	2009	2010	2011
圣卢西亚	0.45	0.4	0.38	0.39
圣基茨和尼维斯	0.45	0.36	0.37	0.39
圣文森特和格林纳丁斯	0.28	0.31	0.33	0.34
格林纳达	0.27	0.26	0.3	0.32
安提瓜和巴布达	0.22	0.25	0.23	0.19
汤加	0.23	0.21	0.22	0.25
多米尼加岛	0.14	0.11	0.11	0.1
基里巴斯	0.07	0.06	0.07	—
阿尔及利亚	74.71	73.15	71.59①	—
比利时	694.24	590.32	486.4①	—
爱尔兰	510.84	487.09	463.34①	—
立陶宛	76.6	54.32	32.04①	—
冰岛	19.09	16.12	13.15①	—
马达加斯加	12.14	11.15	10.16①	—
中国澳门	2.97	2.11	1.25①	—
厄立特里亚国	0.9	1.02	1.14①	—
所罗门群岛	0.26	0.26	0.26①	—
瓦努阿图	0.23	0.18	0.13①	—
图瓦卢	—	—	—	0.01
伯利兹	1.7	—	—	—
乍得	3.82	—	—	—
科摩罗	0.23	0.23	—	—
古巴	55.1	—	—	—
塞浦路斯	16.59	—	—	—
赤道几内亚	23.07	—	—	—

数据来源：根据世界银行数据库计算而来。①估计值。

　　2008～2011 年的数据显示，全球范围内制造业受到金融危机的影响依然存在。全球制造业的总的增加值在 2008 年达到峰值为 93 108.39 亿美元，随后在 2009 年跌入谷底，为 85 314.69 亿美元（含部分国家估计值），较 2008 年有很大降低。而在 2010 年制造业增加值又有了大规模的提升，达到 94 132.24 亿美元（含部分国家估计值），在 2011 年主要制造业国家的增加值都有提高，但因为大部分发达国家数据缺省，所以不能准确衡量，比 2008 年总值要高。尽管金融危机对全球的制造业总体上产生了巨大的影响，但是具体到每一个国家，影响的程度与结果还是有差别的。美国制造业增加值从

2008 年开始降低，2009 年进一步降低，为 15 982 亿美元，达到最低水平。2008 年美国作为制造业的领军国家制造业增加值已经开始减少，而全世界制造业增加值在 2008 年达到了最大。是哪些国家的制造业增加值为 2008 年全球制造业做出了贡献呢？数据显示，在 2008 年全球制造业进入低谷的时候，中国制造业的增加值一直保持着上升的趋势，无论是从绝对值，还是从增加值占全球增加值的比重来看，中国制造业的增加值在 2008 年依然保持全球第二位的水平，占全世界制造业增加值的比重约为 15％。日本制造业在 2008 年也达到自己的峰值为 9545.97 亿美元，随后受到冲击，到了 2010 年也有所反弹，提升至 1 万亿美元以上，比 2008 年的还要高。德国、英国、法国、意大利、墨西哥、西班牙、巴西、俄罗斯、荷兰、澳大利亚、泰国、瑞士等国 2008 年制造业的增加值均比 2007 年有所提高。这些国家的制造业在金融危机爆发的初期尚未受到严重的冲击。在 2008 年制造业同时遭受金融危机影响而发展受限的有：英国、韩国、印度、印尼、泰国、瑞典、南非等国。上述国家制造业增加值 2008 年低于 2007 年的水平，与美国的制造业走势基本相同。2009 年，当全球制造业跌入低谷的时候，美国制造业进一步收缩，大部分国家也都受到金融危机的影响，制造业发展倒退。其中乌克兰制造业增加值下降幅度最大，2009 年比 2008 年下降了 41.78％。其次是俄罗斯，比上年下降了 36％，德国比上年下降了 23％，墨西哥比上年下降了 21％，西班牙比上年下降了 18％，法国比上年下降了 17％，韩国比上年下降了 10％，菲律宾比上年下降 9.6％，日本比上年下降了 7％，巴西比上年下降了 0.4％，南非与泰国 2009 年比 2008 年制造业增加值均下降了 5％。当 2009 年全球制造业受到金融业的牵连，陷入最低谷的时候，依然有几个国家的制造业能够保持继续发展的势头。虽然速度受到了影响，但是增加值是在提高的。中国 2009 年制造业增加值比 2008 年提高了 9％，印度提高了 9％，越南提高了 5％，老挝提高了 3.3％。因此，可以看出在金融危机的巨大压力下依然保持增长的几个国家都是亚洲国家。中国制造业在金融危机前的增速一直是非常快的。2003 年的增加值比 2002 年提高 18％，2004 年比 2003 年提高 16％，2005 年比 2004 年提高 17％，2006 年比 2005 年提高 22％，2007 年比 2006 年提高 29％，2008 年比 2007 年提高 28％，随后由于金融危机的影响，增速放缓，2009 年比 2008 年提高 9％。从纵向比较看，中国制造业在金融危机爆发前，发展势头非常好，在 2007 年制造业的增加值超过日本成为全球第二大制造业大国。到了 2009 年受到全球经济走势影响，增速显著放缓。这主要是与中国制造业是外驱推动所致有关。横向看，亚洲的几个国家如泰国、老挝、越南、印度等几个国家也正在崛起。美国总统奥巴马为解决国内就业问题发表演讲欲重振制造业。从数据来看，2010 年美国制造业增加值跃升至 16 967 亿美元，一反自 2007、2008、2009 年以来制造业增加值一直是负增长的常态，比 2009 年提高了 6.2％。原本制造业就比较发达的美国等其他国家将重振制造业的决心化为现实的行为，同时也是危机后反弹的一个效应。未来中国制造业的发展，前景将出现变数。近几年来，高收入国家制造业的增加值总和由 2006～2007 年的上升趋势转入 2008 年的下降趋势；中高收入国家制造业增加值的发展状况与高收入国家相似，只不过上升和下降的速度更加平缓；中低收入国家制造业的增加值总和保持着上升趋势；其中，中国制造业的增加值一直以几近相同的增长速度升高；所以我们在图 5-1 中可以发现，排除中国，中低收入国家的制造业增加值上升缓慢；并且低收入国家制造业的增加值停滞不前，这几年的数据保持一致。图中显示制造业发展的转折发生在 2008～2009 年。2008 年金融危机从美国开始传播，首先波及的是发达国家，就业、需求和贸易急剧下滑，使得中高收入国家制造业增加值下降。所以，发达国家企业向发展中国家例如中国，这些劳动力成本更低、社会成本更低、市场更宽广的国家进行产业转移。这次金融危机刺激了发展中国家的制造业的发展，使其制造业增加值不断增高。

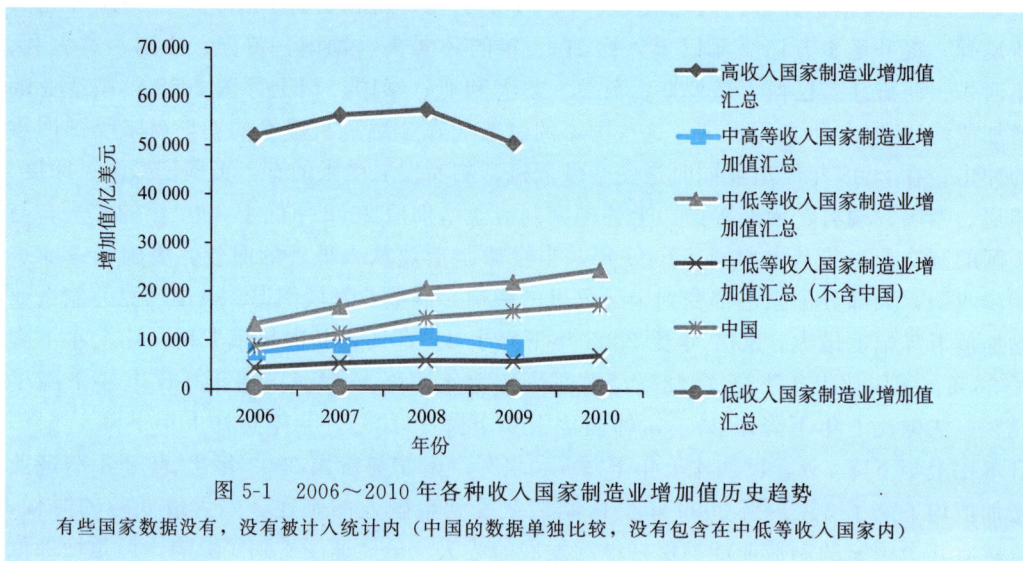

图 5-1　2006～2010 年各种收入国家制造业增加值历史趋势

有些国家数据没有，没有被计入统计内（中国的数据单独比较，没有包含在中低等收入国家内）

2. 制造业就业人口的比较

统计数据显示，中国从事制造业的人口最多，其次是美国（表 5-3）。但是美国从 2007 年的 1630 万下降到 2008 年的 1590 万。从世界范围看，各个国家的制造业就业人口总体情况是在下降的。被比较的国家中除了南非、土耳其、印尼、德国、墨西哥以及澳大利亚外，其他国家的制造业的就业人口都在下降。其中制造业人口减少最多的国家是俄罗斯，该国 2008 年制造业就业人数比 2007 年减少了 66 万。

表 5-3　2000～2008 年主要制造业国家制造业就业人口（单位：万人）

国家	2000 年	2005 年	2006 年	2007 年	2008 年
美国	1994	1625	1638	1630	1590
日本	1321	1169	1191	1198	1174
中国	—	6267	6701	7230	—
德国	854	803	816	840	852
意大利	492	483	483	487	481
英国	462	380	376	375	355
法国	—	402	399	395	388

续表

国家	2000 年	2005 年	2006 年	2007 年	2008 年
韩国	429	423	417	412	—
墨西哥	744	691	708	713	723
西班牙	292	311	310	309	306
加拿大	225	221	219	212	204
巴西	876	1234	1250	1311	—
俄罗斯	1218	1253	1247	1232	1166
印尼	1164	1195	1189	1237	1255
土耳其	364	408	419	409	424
荷兰	110	103	102	100	97
澳大利亚	113	108	107	109	110
泰国	478	535	531	559	523
菲律宾	279	304	301	306	—
越南	354	—	—	—	—
埃及	205	223	238	241	—
南非	158	171	174	180	196

数据来源：国际统计年鉴。

根据上述数据，将 2007 年与 2008 年相比，主要国家制造业就业人口数量发生的变化做了一个比较，如图 5-2 所示。

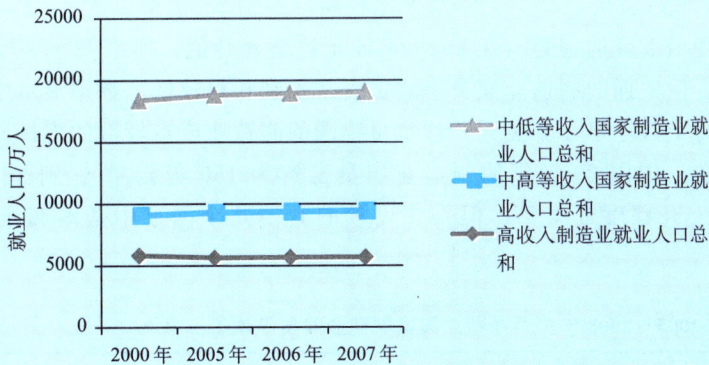

图 5-2　2000～2008 年主要制造业国家制造业就业人口图

发达国家制造业就业人口 2008 年比 2007 年共减少了 95 万，制造业就业人口下降了 2 个百分点。其中美国制造业就业人口 2008 年比 2007 年共减少了 40 万，制造业就业人口下降了 2 个百分点；日本从 2007 年的 1198 万下降到 2008 年的 1174 万，下降了 2 个百分点；英国从 2007 年的 374 万下降到 2008 年的 355 万，下降了 5 个百分点；法国从 2007 年的 395 万下降到 2008 年的 388 万,下降了 2 个百分点。在传统的制造业强国里只有德国的制造业人口一直保持着增长的趋势。德国制造业就业人口由 2007 年的 840 万提高到 2008 年的 852 万,上升了 1 个百分点。虽然韩国和巴西 2008 年数据有缺失,但从前几年数据可以看出,新兴工业化国家就业人口一直保持小幅增长,其中各国每年增幅一直保持在稳定水平。发展中国家与新兴工业化国家相类似,都是一直保持小幅波动。德国制造业就业人口的保持与德国在发展其他产业的同时一直也非常重视制造业的发展有关。其他国家就业机会的减少有三个原因,第一个原因是由于技术提高,效率提高,导致就业人口减少;第二个原因是就业岗位转移到了其他的国家,数据表明主要转移到了印度尼西亚、南非、土耳其、墨西哥。南非的就业人口增幅很快,2008 年比 2007 年增长了 9 个百分点。第三个原因是由于金融危机的影响,导致了经济的下滑,制造业吸收就业能力下降。图 5-1 显示,2000～2007 年中低等收入国家和中高等收入国家的制造业就业人口缓慢升高,高收入国家制造业的就业人口基本持平。究其原因,一方面,发达国家的科技进步代替了部分劳动力,导致就业率下降;另一方面,金融危机后发达国家产业转移到劳动密集,成本更低的发展中国家,导致高收入国家的就业状况不乐观,其他国家的就业小幅上升。

3. 制造业雇员工资比较

制造业雇员工资反映了制造业的单位劳动力成本投入。由于主要制造业国家制造业雇员平均工资水平的统计口径不一致,因此我们按不同的统计口径对主要制造业国家的制造业雇员工资水平进行比较。我们将按月工资统计的中国、日本、俄罗斯联邦进行比较,按周工资统计的埃及、加拿大进行比较,按小时工资统计的法国、德国、西班牙和英国进行比较。

结合表 5-4 可以看出,日本工资水平比较高,达到 2838.622 美元/月,虽然自 2005 年以来一直呈现出下降的趋势(在 2008 年日元对美元升值,所以高于 2007 年)。相对于日本,中国、俄罗斯的制造业雇员平均工资水平则相对较低。数据显示中国的工资水平是最低的,每个月不足 300 美元。这也是我国的制造业成本较低的直接原因,是我国制造业优势所在。中国 2005 年的制造业雇员工资为 160 美元/月,到 2008 年上升到 295 美元/月,上升幅度近 1 倍,但是在比较的其他几个国家中基本属于较低的工资水平。

表 5-4　2005～2008 年主要制造业国家制造业雇员平均工资水平(单位:美元/月)

国家	2005 年	2006 年	2007 年	2008 年
中国①	160.242 8	187.769 7	228.764 1	295.243 2
日本	2 650.197	2 576.112	2 520.519	2 838.622
俄罗斯	297.725 5	375.087 9	503.462 7	584.059 5
墨西哥	381.736	409.223 1	429.021 0	420.422 3
荷兰	3 219.270 8	—	—	—

续表

国家	2005 年	2006 年	2007 年	2008 年
菲律宾	232.735 6	—	—	
泰国	156.596 9	186.382 0	202.757 8	
南非	1 029.324	—	1 053.900 7	
加拿大	3 042.998 8	3 207.706 4	3 512.483 2	3 541.682 4
埃及	123.875 6	—	162.062 8	

注：①包括国有单位、城镇集体所有制和其他所有制单位。

数据来源：国际统计年鉴。汇率来自中国外汇管理局网站 http：//www. safe. gov. cn/model _ safe/index. html。

从表 5-5 可以看出，2004～2007 年，法国、西班牙、英国的制造业雇员平均小时工资水平一直处于上升趋势，而 2008 年，英国、德国、西班牙等国制造业人员平均工资表现为下降趋势，主要是由于金融危机的发生而导致雇员工资的下降。从欧洲地缘相近的国家看，德国制造业雇员的工资最高，西班牙制造业雇员工资最低。

表 5-5　主要制造业国家制造业雇员平均工资水平（单位：美元/小时）

国家	2004 年	2005 年	2006 年	2007 年	2008 年
法国	20.363 4	20.855 1	22.199 36	26.236 03	—
德国	19.121 8	19.400 1	19.745 6	27.994 87	24.585 6
西班牙	14.900 1	15.420 6	16.182 8	18.271 7	15.129 6
英国	19.206 1	20.291 0	20.920 5	23.977 98	18.334 38
澳大利亚	16.598 4		19.278 6		

数据来源：国际统计年鉴。汇率来自联合国统计数据库 http：//unstats. un. org/unsd/databases. htm。

4. 制造业产品产量的比较

最新统计数据显示，2010 年中国仍然是全球第一大产钢国，产量达到 6.27 亿吨。日本的钢产量为 10 960 万吨，俄罗斯为 6684 万吨。其他主要的产钢国有美国、韩国和德国等。亚洲钢产量居各大洲之首。与 2005 年相比，中国、印度两国 2010 年的钢产量是上升的。这主要得益于新兴市场的特别是亚洲的强劲需求。而其他重要的产钢国在 2010 年的钢产量却在下降。由于金融危机对于经济的冲击，美国、日本、俄罗斯、法国、意大利、加拿大、英国、澳大利亚等国的钢产量均有大幅度的下降。

在被比较的 18 个主要的国家中，中国的水泥产量最高，达到 186 390 万吨，是全世界水泥产量最高的国家。由于水泥与宏观经济正相关，中国目前城市化进程加快，保障房建设增加，这些都拉动了水泥的需求量。2010 年中国水泥的产量比 2005 年增加近 8 亿吨。印度 2010 年的产量比 2005 年提高了近 7000 万吨，越南水泥产量也提高了近 3000 万吨。这几个国家都是亚洲国家，属于新兴的发展较快的国家，因此，水泥的产量都在增加。其他重要国家如美国、日本、法国、英国、韩国、加拿大等国的水泥产量均有不同幅度的下降（表 5-6）。

表 5-6　主要制造业国家制造业主要产品产量

国家	钢/万吨		水泥/万吨	
	2005	2010	2005	2010
中国	34 806	62 650	106 885	186 390
印度	194	326	13 480	20 687
美国	9336	8059	9594	6427
俄罗斯	6614	6684	4854	5039
日本	11 248	10 960	6962	5153
越南	—	—	2771	5640
法国	1948	1542	2131	1842
英国	1328	978	1122	788
意大利	2893	2592	—	—
韩国	4782	5897	5222	5070
乌克兰	2896	1744	1217	946
南非	949	848	—	—
西班牙	1691	1631	—	—
波兰	834	799	1265	1538
罗马尼亚	628	372	704	701
马来西亚	—	—	1666	1973
澳大利亚	780	730	907	910
加拿大	1532	1301	1418	1243

数据来源：国际统计年鉴。

　　目前，中国的棉布产量位居世界第一位，从 2000 年到现在已经翻了两番还多。尽管在 2010 年棉布的产量最大，但是从市场上看，中国的纺织工业仍面临很多困难，比如，中国正在逐渐失去成本方面的优势。这些优势正在逐渐转向其他亚洲国家，如印度、越南和孟加拉国等国。从数据看，中国 2010 年棉布的产量比 2005 年提高了40.4％，而印度的 2010 年棉布的产量比 2005 年棉布的产量提高了 30.9％。可以看出，尽管中国增幅依然领先，但是印度正在快速追赶。排在世界第三位是俄罗斯。俄罗斯的棉布产量一直在逐渐下降，表明俄罗斯的产业重点从棉布上转移出来。其他产棉布的主要国家如日本、波兰等国家也在下降。从数量上看，全世界棉布的生产主要集中在中国和印度等亚洲国家。

　　2010 年，全球的汽车产量都在增加。表现突出的国家有越南、马来西亚、波兰等。这几个国家由于基础比较薄弱，所以增幅比较大。越南在 2005 年的汽车产量是 12.7 万辆，到了 2010 年汽车产量达到 20.2 万辆。中国在 2010 年成为世界上汽车产量最大的国家。其次是汽车强国日本，德国紧随其后。从 2005 年看，日本以 1803.4 万辆的优势排第一位。可以看出，世界上三大汽车强国分别是美国、德国和日本。2010 年德国的汽车产量高于 2005 年，数量有小幅的增加。中国的汽车产量比 2005 年有了飞速的发展，跃居第一位，增幅为 225.44%（表 5-7）。

表 5-7　主要制造业国家制造业主要产品产量（续一）

国家	棉布/万平方米		汽车/万辆	
	2005	2010	2005	2010
中国	4 843 900	6 805 000	593.8	1 932.5
印度	2 304 720	3 017 542	201.8	458.4
美国	—	—	1 744.4	1177.2
俄罗斯	222 467	154 194	213.6	241.9
日本	42 552	12 414	1 803.4	1 661.3
德国	—	—	1 069.9	1 108.1
越南	—	24 870	12.7	20.2
加拿大	—	—	264.0	349.4
英国	—	—	319.2	254.2
意大利	—	—	145.2	114.7
韩国	—	—	671.3	773.3
乌克兰	5299	3007	—	—
土耳其	76 566	86 236	127.0	177.1
西班牙	—	—	419.8	382.6
波兰	15 566	6473	108.0	157.0
马来西亚	—	—	84.5	95
哈萨克斯坦	3044	3577	—	—

表 5-8　主要制造业国家制造业主要产品产量（续二）

国家	新闻纸/万吨		化肥/万吨	
	2005	2010	2005	2009
中国	341.0	430.7	4149	5553
印度	89.6	97.0	1531	1593
美国	509.6	—	2096	1718
俄罗斯	198.4	195.3	1662	1463
日本	372.0	336.2	107	88
德国	271.2	256.1	470	356

续表

国家	新闻纸/万吨		化肥/万吨	
	2005	2010	2005	2009
越南	—	—	64	63
法国	—	—	362	62
英国	111.7	—	148	79
意大利	—		47	50
韩国	163.0	159.1	59	71
乌克兰	—		266	216
阿根廷	19.9	15.2	57	51
西班牙	—		177	114
波兰	22.1	15.1	233	179
罗马尼亚	—	—	119	62
马来西亚	—		63	110
澳大利亚	—		94	90

数据来源：国际统计年鉴。

从 2005 年的数据（表 5-8）看，美国是世界上产新闻纸最多的国家。我国由于新闻出版事业的发展，对新闻纸的需求呈逐年上升的趋势，但是从总量上看，目前新闻纸产量最多的国家是美国，其次是日本，排在第三位的是德国。由于电子媒体的发展，新闻纸的发展受到了一定的挑战，竞争也比较激烈，有机构预测，2013 年新闻纸的产量将进一步降低。世界上最大的化肥生产国是中国。2009 年我国化肥的产量达到 5553 万吨，比排在第二位的美国（1718 万吨），第三位的印度（1593 万吨），第四位的俄罗斯（1463 万吨）要高 3～4 倍。

5. 制造业工业品的排名

中国制造业的主要产品如粗钢、煤、原油、发电量、水泥、化肥、棉布等产量的排名一直都在提升（表 5-9）。而且有的产品提升得非常快，如粗钢、水泥、化肥等。这些产品的具体产量已经在本章前面进行过列示。从类别看，我国能源类产品的排名如原油、发电量未能排在世界首位，而我国其他的制造业产品的产量大部分都居世界首位。由于原油是所有制造业产品生产的主要能源来源，并且，原油本身在提炼的过程中也能加工成很多产品。可是，从目前的状况看，原油的产量一直未能有突破性的提高。所以，我国制造业的未来发展，将受到原油产量的制约。因此，提高原油的产量和进口量以及开发出新能源替代原油这种重要的能源产品非常必要且十分紧迫。

表 5-9　1978～2009 年中国制造业主要产品产量的国际比较

项目	1978	1980	1990	2000	2007	2008	2009	2010
粗钢	5	5	4	1	1	1	1	1
煤	3	3	1	1	1	1	1	1
原油	8	6	5	5	5	5	4	4
发电量	7	6	4	2	2	2	2	1
水泥	4	4	1	1	1	1	1	1
化肥	3	3	3	1	1	1	1	1
棉布	1	1	1	2	1	1	1	1

资料来源：联合国统计月报数据库、联合国 FAO 数据库。

5.2　制造业科技创新能力的国际比较

我们对主要制造业国家制造业科技创新能力的国际比较，主要从科技创新投入和科技创新产出两个方面进行。科技创新投入，就是要说明制造业科技创新能力的要素和基础，是评价科技创新能力最直接的指标。科技创新产出分析了制造业科技创新能力要素组合的效果，是评价科技创新能力最现实的指标。为了更好地分析全球制造业水平及其差异产生的原因，今年我们将国家按照收入不同进行分类汇总，按世界银行对国家收入分类标准将国家分为高收入国家、中高等收入国家和中低等收入国家进行比较。其中高收入国家 28 个，中高等收入国家 7 个，中低等收入国家 1 个，并通过对其科技创新能力的投入和产出的比较，得出了一些有意义的结论。

5.2.1　科技创新能力比较指标体系

科技创新投入主要包括研发经费投入和科技人员投入两部分。研发经费的投入一般用研发经费的数量反映指标体系。科技人员投入指的是企业中科研机构直接参与技术研发的人员数量，也可以用工作全时当量反映。创新产出通过制造业专利拥有数指标反映。该指标体系摒弃了传统的专利申请量、授权量指标，消除了专利有效维持期短带来的弊端，有效实现了专利数量指标与专利质量指标的统一。基于以上分析，本书数据选取遵循全局性、权威性和筛选性原则，综合考虑评价指标在主要制造业国家统计年鉴中的同步问题，我们构建出一套由两个主指标、三个子指标所组成的制造业国际比较的科技创新能力指标体系，较往年指标体系设计更为精简、科学。具体指标体系见表 5-10。

表 5-10　制造业科技创新能力的国际比较指标体系

总指标	主指标	序号	子指标
制造业科技创新能力	科技创新投入	1	制造业 R&D 投入
		2	制造业 R&D 人员全时当量
	科技创新产出	1	制造业专利拥有数

5.2.2   科技创新投入比较

主要制造业国家的科技创新投入状况的比较研究，主要从研发经费投入和科技人员投入两个方面进行。

数据主要来源于世界经济合作与发展组织（OECD）在线图书馆的主要科学技术指标和结构分析数据库以及世界银行的在线数据库。有关中国的数据，主要引自中国国家统计局出版的《中国统计年鉴》（2000～2012）以及《中国科技统计年鉴》（2000～2012）。

1. 制造业 R&D 投入

R&D 投入是反映一个国家科技实力的重要指标，主要制造业国家一直都把 R&D 投入的相关指标，作为衡量科技竞争力投入的核心指标。本书在研究 R&D 投入经费时，将其区分为两大类，即绝对指标和相对指标。绝对指标即制造业 R&D 投入总额，统一采用目前购买力平价百万美元为单位；相对指标采用 R&D 投入强度，即 R&D 经费投入总额占其他相关数量的比值，来反映 R&D 经费在其他相关数量中的比重。我们在进行国际比较时，采用 GERD（研发占国内生产总值的比重）来进行计算。

1）制造业 R&D 投入总额

受 OECD 在线图书馆的数据限制，我们选取高收入国家 28 个（包括美国、日本、德国、韩国、法国、英国、意大利、加拿大、西班牙、瑞士、荷兰、澳大利亚、芬兰、比利时、新加坡、以色列、捷克、挪威、爱尔兰、匈牙利、葡萄牙、斯洛文尼亚、新西兰、希腊、卢森堡、斯洛伐克、冰岛和爱沙尼亚），中高收入国家 7 个（包括智利、罗马尼亚、波兰、南非、墨西哥、土耳其和俄罗斯），中低收入 1 个（包括中国），如表 5-11 所示。按照投入总量数据的高低，我们将高收入、中高收入和中低收入国家各组制造业 R&D 投入进行降序排序。对于高收入国家，美国 2010 年 R&D 投入量接近 2000 亿美元；日本的 R&D 投入在 2007～2010 年有所波动，2010 年的投入量近 1000 亿美元；2010 年德国投入数量缺失，结合以往数据，本书利用插值法进行预测，估计德国实际投入量应该在 600 亿美元左右；韩国和法国的投入量接近，并高于英国；其他国家投入总量在 1 亿～100 亿美元。由此可见，高收入国家 R&D 投入差距非常明显。对于中高收入国家，2010 年的数据缺失较多，表中所列多为估算结果。从原数据相对齐全的 2008 年来看，俄罗斯、土耳其、墨西哥和南非的 R&D 投入量都大于 10 亿美元。对于中低收入国家，中国 2010 年的投入达到了 967 亿美元，从 2009 年开始就超过了日本，位居世界前列。

表 5-11   制造业国家 R&D 投入（单位：购买力平价百万美元）

国家	2000	2001	2002	2003	2004	2005	2006	2007	2008	2009	2010
美国	126 866	124 866	112 703	121 523	148 051	159 001	172 729	188 743	203 960	195 824	187 688①
日本	63 283	65 962	70 119	71 747	77 432	86 858	93 942	101 314	101 699	90 575	93 985
德国	33 601	34 373	35 620	37 691	38 957	39 824	44 173	45 939	50 516	55 093	59 670①

续表

国家	2000	2001	2002	2003	2004	2005	2006	2007	2008	2009	2010
韩国	11 505	13 418	14 434	15 612	18 820	20 869	24 555	27 761	29 306	30 241	34 926
法国	17 516	18 842	20 413	19 918	20 784	21 021	22 768	23 163	23 558①	23 953①	24 348①
英国	14 515	15 353	15 440	15 328	15 912	16 304	17 207	17 949	18 032	17 511	16 990①
意大利	6004	6389	6145	6034	6013	6476	6999	8119	9185	8921	9017
加拿大	6893	7568	6689	6689	6753	6919	7352	6987	5949	4911①	3873①
西班牙	2963	3068	3664	3824	4399	4602	5427	5721	5852	5717	5582①
瑞士	3314	—	—	—	4430	—	—	5720	5961	6202①	6443①
荷兰	3792	3942	3830	4046	4288	4451	4711	4677	4643①	4609①	4575①
澳大利亚	—	—	2537	2620	2916	3397	3685	3900	4212	4049	3886①
芬兰	2552	2572	2609	2771	3011	3185	3448	3839	4458	4302	4146①
比利时	2932	3291	2964	2851	2897	2880	3134	3393	3462	3441	3420①
新加坡	1232	1316	1333	1413	1490	1830	2076	2718	3531	2156	2281
以色列	1887	1965	2087	1820	1917	2001	2122	2491	2201	1963	2149
捷克	746	819	813	892	1033	1256	1619	1517	1527	1564	1681
挪威	695	796	784	868	838	824	945	1019	1098	1177①	1259①
爱尔兰	625	615	633	675	775	872	911	953	962	833	860
匈牙利	342	400	394	412	475	551	681	690	791	924	937
葡萄牙	184	226	219	214	254	311	420	520	690	678	666
斯洛文尼亚	208	259	287	309	383	357	429	428	540	548	556①
新西兰	—	132	—	224	—	259	—	293	—	310	—
希腊	167	255	281	291	268	264	256	246	236①	226①	216①
卢森堡	—	—	—	190	—	190	—	225	—	—	—
斯洛伐克	99	116	102	92	75	94	95	105	159	163	167①
冰岛	21	22	22	36	43	56	79	80	86	86	86①
爱沙尼亚	—	—	—	—	—	38	38	50	38	34	30①
俄罗斯	2776	2926	2699	2414	1925	2001	2930	3413	3125	2373	1621①
土耳其	787	864	747	558	738	1148	1398	1983	2196	2409①	2622①
墨西哥	505	592	1103	1109	1633	2029	1795	1877	1959	2041①	2123①
南非	—	555	593	683	775	839	1024	994	1086	909	732①
波兰	644	649	407	464	505	593	587	671	813	911	1009①
罗马尼亚	217	222	243	231	252	250	273	306	244	182①	120①
智利	—	—	—	—	—	—	—	59	79	—	—
中国	13 804	9576	12 150	5046	24 716	28 246	38 005	51 611	76 664	94 865	96 783

数据来源：经济合作发展组织．结构分析数据库（2013）；中国科学技术部．中国科技统计年鉴（2000～2012）。

注：数字经过四舍五入。①表示由于部分数据不全作插值法进行预测。

我们截取数据齐全的 2007 年各国 R&D 投入量降序排列，见图 5-3。从图中我们可以清晰地看到各国投入之间的数量差距。除了美国、日本、中国、韩国、德国、法国、英国之外，其他国家的投入量相对来说比较少。在这 7 个国家中，高收入国家占 6 个，中低收入国家占 1 个。

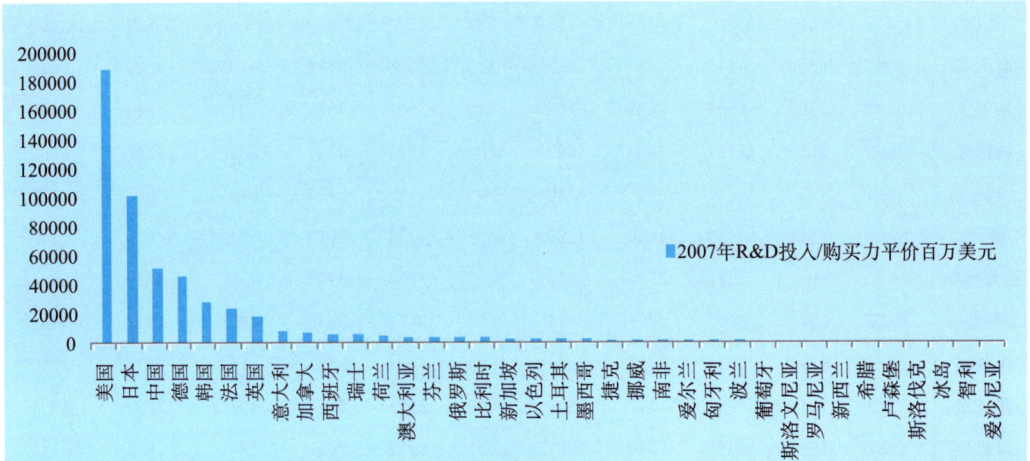

图 5-3　制造业国家 R&D 投入

数据来源：经济合作发展组织．结构分析数据库；中国科学技术部．中国科技统计年鉴．数字经过四舍五入。

2）制造业 R&D 投入强度

对国际制造业 R&D 投入强度的衡量，本书采用国际上较为广泛使用的 GERD（国内研发总支出强度），即 GERD＝R&D 经费投入／GDP。一般认为，区分创新型国家和非创新型国家的划分标准为 1％。如果研发经费投入强度不到 1％，则说明这个国家缺乏创新能力，在 1％～2％，则说明该国家 R&D 正处于中级阶段；大于 2％则说明这个国家创新能力比较强[1]。

OECD 数据库中 2011 年 GERD 数据有部分缺失，但结合历史数据的推测及分析，我们按照高收入、中高收入和中低收入分类，将各类国家投入强度数据以降序排列。从表 5-12 可以看出，在高收入国家中，2011 年各国 R&D 强度除了斯洛伐克都超过了 1％，其中在 31 个高收入国家中，有 18 个国家的 R&D 强度都超过了 2％，占总数的 58.1％。

表 5-12　制造业国家 R&D 强度（单位：％）

国家	2001	2002	2003	2004	2005	2006	2007	2008	2009	2010	2011
爱尔兰	4.58	4.57	4.29	4.29	4.43	4.51	4.86	4.77	4.49	4.34	4.38
芬兰	3.32	3.36	3.44	3.45	3.48	3.48	3.47	3.70	3.94	3.90	3.78
韩国	2.47	2.40	2.49	2.68	2.79	3.01	3.21	3.36	3.56	3.74	3.9[1]

[1]　根据美国 R&D 经费投入强度分析及对我国的启示整理。

续表

国家	2001	2002	2003	2004	2005	2006	2007	2008	2009	2010	2011
瑞典	4.13	—	3.80	3.58	3.56	3.68	3.40	3.70	3.60	3.39	3.37
日本	3.07	3.12	3.14	3.13	3.31	3.41	3.46	3.47	3.36	3.26	3.16[①]
丹麦	2.39	2.51	2.58	2.48	2.46	2.48	2.58	2.85	3.16	3.07	3.09
美国	2.72	2.62	2.61	2.55	2.59	2.65	2.72	2.86	2.91	2.83	2.77
德国	2.47	2.50	2.54	2.50	2.51	2.54	2.53	2.69	2.82	2.80	2.84
瑞士	—	—	—	2.82	—	—	—	2.87	—	—	—
奥地利	2.05	2.12	2.24	2.24	2.46	2.44	2.51	2.67	2.71	2.79	2.75
冰岛	2.95	2.95	2.82	—	2.77	2.99	2.68	2.65	2.62[①]	2.59[①]	2.56[①]
法国	2.20	2.24	2.18	2.16	2.11	2.11	2.08	2.12	2.27	2.24	2.25
澳大利亚	—	1.65	—	1.73	—	2.01	—	2.26	—	2.20	—
斯洛文尼亚	1.49	1.47	1.27	1.39	1.44	1.56	1.45	1.66	1.85	2.09	2.47
新加坡	2.06	2.10	2.05	2.13	2.19	2.16	2.37	2.65	2.24	2.09	1.94[①]
比利时	2.07	1.94	1.87	1.86	1.83	1.86	1.89	1.97	2.03	2.00	2.04
荷兰	1.93	1.88	1.92	1.93	1.90	1.88	1.81	1.77	1.82	1.85	2.04
加拿大	2.09	2.04	2.04	2.07	2.04	2.00	1.96	1.92	1.94	1.85	1.74
英国	1.79	1.80	1.75	1.69	1.72	1.74	1.77	1.78	1.84	1.80	1.77
以色列	1.09	1.10	1.16	1.23	1.25	1.25	1.29	1.46	1.76	1.71	1.72
挪威	1.59	1.66	1.71	1.57	1.51	1.48	1.59	1.58	1.76	1.68	1.64
爱沙尼亚	0.70	0.72	0.77	0.85	0.93	1.13	1.08	1.28	1.43	1.63	2.38
葡萄牙	0.77	0.73	0.71	0.74	0.78	0.99	1.17	1.50	1.64	1.59	1.49
捷克	1.16	1.15	1.20	1.20	1.35	1.49	1.48	1.41	1.47	1.55	1.84
卢森堡	—	—	1.65	1.63	1.56	1.66	1.58	1.66	1.72	1.48	1.43
西班牙	0.92	0.99	1.05	1.06	1.12	1.20	1.27	1.35	1.39	1.39	1.33
意大利	1.08	1.12	1.10	1.09	1.09	1.13	1.17	1.21	1.26	1.26	1.25
新西兰	1.12	—	1.17	—	1.14	—	1.19	—	1.30	—	—
匈牙利	0.93	1.00	0.94	0.88	0.94	1.01	0.98	1.00	1.17	1.17	1.21
希腊	0.59	—	0.57	0.56	0.60	0.59	0.60	0.61[①]	0.62[①]	0.63[①]	0.64[①]
斯洛伐克	0.63	0.57	0.57	0.51	0.51	0.49	0.46	0.47	0.48	0.63	0.68
俄罗斯	1.18	1.25	1.29	1.15	1.07	1.07	1.12	1.04	1.25	1.16	1.12
墨西哥	0.36	0.40	0.40	0.40	0.41	0.38	0.37	0.41	0.44	0.47[①]	0.50[①]
南非	0.73	—	0.79	0.85	0.90	0.93	0.92	0.93	0.87	0.82[①]	0.77[①]
土耳其	0.54	0.53	0.48	0.52	0.59	0.58	0.72	0.73	0.85	0.84	0.83[①]
波兰	0.62	0.56	0.54	0.56	0.57	0.56	0.57	0.60	0.67	0.74	0.77
罗马尼亚	0.39	0.38	0.39	0.39	0.41	0.45	0.52	0.58	0.47	0.46	0.50

续表

国家	2001	2002	2003	2004	2005	2006	2007	2008	2009	2010	2011
智利	—	—	—	—	—	—	0.31	0.37	0.41	0.42	0.43[①]
中国	0.95	1.07	1.13	1.23	1.32	1.39	1.40	1.47	1.70	1.76	1.82[①]

数据来源：经济合作发展组织．结构分析数据库；中国科学技术部．中国科技统计年鉴．

注：数字经过四舍五入。①表示部分数据不全作插值法进行预测。

3）制造业国家 R&D 投入的总数和制造业 R&D 投入强度的关系

为了更清晰地显示 R&D 投入的数量和制造业 R&D 投入强度之间的关系，我们利用数据比较充足的高收入国家和中高收入国家数据，先对每组数据的 R&D 投入和GERD 分别进行排名，然后以各国 R&D 投入排名为基准，附上各国对应的 GERD排名。

高收入国家 R&D 投入和 R&D 投入强度排名对比见表 5-13。

表 5-13　高收入国家 R&D 投入总量和 R&D 投入强度排名对比

国家	美国	日本	德国	韩国	法国	英国	意大利
R&D 投入排名	1	2	3	4	5	6	7
GERD 排名	5	4	6	3	9	16	23
国家	加拿大	西班牙	瑞士	荷兰	澳大利亚	芬兰	比利时
R&D 投入排名	8	9	10	11	12	13	14
GERD 排名	15	22	7	14	10	2	13
国家	新加坡	以色列	捷克	挪威	爱尔兰	匈牙利	葡萄牙
R&D 投入排名	15	16	17	18	19	20	21
GERD 排名	12	17	20	18	1	25	19
国家	斯洛文尼亚	新西兰	希腊	卢森堡	斯洛伐克	冰岛	
R&D 投入排名	22	23	24	25	26	27	
GERD 排名	11	24	26	21	27	8	

注：排名先后以经济合作发展组织《结构分析数据库》及中国科学技术部《中国科技统计年鉴 2012》数据为准。

由图 5-4 可以看出，高收入国家 R&D 投入和 R&D 投入强度排名之间存在较大出入。美国、日本、德国、韩国、法国、英国、意大利等国综合经济实力较强，R&D 投入也位居前列。但是从 R&D 投入强度角度来说，除了韩国、日本、英国等 R&D 投入大国外，爱尔兰、芬兰、瑞士、冰岛等也以高 R&D 投入强度而位居前列。而像英国、意大利、加拿大、西班牙等国家的 R&D 投入强度已经落后于很多高收入国家，其国家整体创新能力在下降，这对于国家来说是值得关注的。国家要重视科技创新的投入，不仅仅体现在投入数量的增加，随着本国经济的发展，应该加大科技创新的投入比率，用创新来进行产业的改革，创造更高的收入。而像英国、意大利、加拿大等国家 R&D 投入强度在降低，对于国家来说，是其创新能力的降低，在信息时代快速发展的今天，必然会降低这些国家在世界的整体竞争实力。

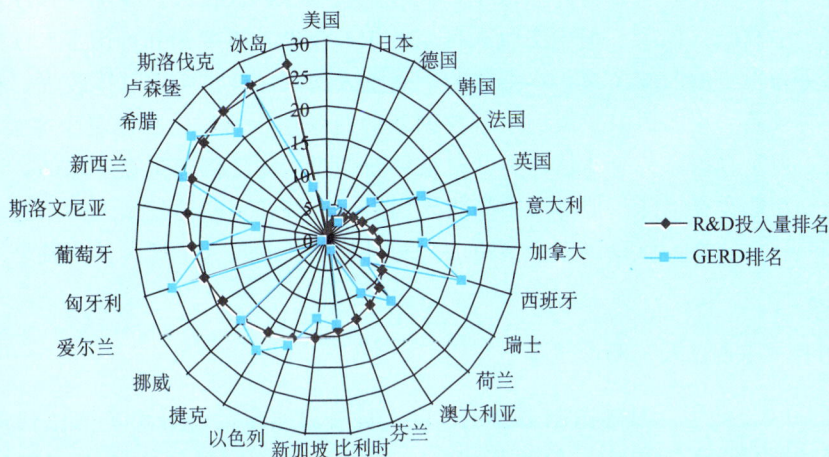

图 5-4　高收入国家 R&D 投入总量和 R&D 投入强度排名对比

中高收入国家 R&D 投入总量和 R&D 投入强度排名对比见表 5-14。

表 5-14　中高收入国家 R&D 投入总量和 R&D 投入强度排名对比

国家	俄罗斯	墨西哥	南非	土耳其	波兰	罗马尼亚	智利
R&D 投入排名	1	2	3	4	5	6	7
GERD 排名	1	2	4	3	5	6	7

注：排名先后以经济合作发展组织《结构分析数据库》数据为准，缺失数据通过历史数据估算得出。

　　由图 5-5 可以看出，与高收入国家不同，中高收入国家 R&D 投入和 R&D 投入强度之间的关系较为符合。其中俄罗斯无论是 R&D 投入总量还是 R&D 投入强度都位居第一，墨西哥位居第二，波兰位居第五，罗马尼亚位居第六，智利 R&D 位居第七。这些国家的投入总量和 R&D 投入强度排名都相符，只有南非和土耳其有轻微不一致。可以看出中高收入国家的创新投入和国家科技创新能力是非常匹配的。

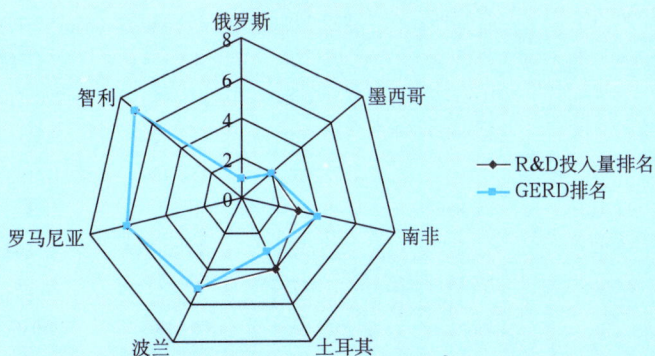

图 5-5　中高收入国家 R&D 投入总量和 R&D 投入强度排名对比

综上分析,在我们所统计的国家中,高收入国家 R&D 投入总量和 R&D 投入强度总体要高于中高收入国家,但中高收入国家的 R&D 投入强度却和本国 R&D 投入总量之间存在更为稳定的匹配关系。本书认为,高收入国家的经济实力总体较强,科技发展水平也相对较高,很多国家发展到了科技创新的瓶颈期,所以,从总量上来看其 R&D 投入很大,但结合国家的总体情况,其科技创新的投入的比例却是在下降的,即国家总体的科技创新能力在下降。但对于中高收入国家,经济在不断地发展,国家追求创新给经济带来的巨大效益,所以国家会不断加大对科技创新的投入,增大其在整个经济活动中的比率。

2. 制造业 R&D 人员全时当量

今年 OECD 数据库对各国制造业 R&D 人员全时当量的统计中美国依然没有官方统计,所以没有列举到表中,但依据以往经验,虽然美国近年来数据有所波动,但OECD 提供了美国参与 R&D 活动的研究人员总量测算数据,可粗略估计美国 R&D 人员总量居世界前列。从总量规模看,我国投入到研发活动中的人力资源总量在现有数据中位居第一。大部分国家的制造业 R&D 人员全时当量从 2000 年至 2010 年都朝着增长的方向发展。国家与国家之间的差距也非常明显,日本制造业 R&D 人员全时当量达到877 926 人·年,虽然位居第二,但与中国相比,相距甚远,与其他国家相比,也远远高于排在其后的德国。中高收入国家俄罗斯位居日本之后,达到 839 992 人·年。其他国家 R&D 人员全时当量 4000～600 000 人·年不等,见表 5-15。

表 5-15　制造业国家制造业 R&D 人员全时当量（人·年）

国家	2000	2006	2007	2008	2009	2010
中国	922 131	1 502 472	1 736 155	1 965 357	2 291 252	2 553 829
日本	896 847	910 375	912 202	882 739	878 418	877 928
俄罗斯	1 007 257	916 509	912 291	869 772	845 942	839 992
德国	484 734	487 935	506 450	522 688	534 565	548 526
法国	327 466	365 814	375 235	382 653	390 214	392 875
英国	288 599	334 804	343 855	342 086	347 486	350 766
韩国	138 077	237 599	269 409	294 440	309 063	335 228
意大利	150 066	192 002	208 376	224 750	226 527	225 632
西班牙	120 618	188 978	201 108	215 676	220 777	222 022
加拿大	167 940	229 050	248 640	256 650	235 320	221 360
澳大利亚	95 621	126 702	157 783①	137 489	117 195①	96 901①
荷兰	91 313	97 835	93 788	93 432	87 874	100 544
波兰	78 925	73 554	75 309	74 596	73 581	81 843
土耳其	27 003	54 444	63 377	67 244	73 521	81 792
墨西哥	—	66 967	70 293	73 619①	76 945①	80 271①
瑞典		78 715	74 437	79 549	75 849	77 418
瑞士	52 285	—		62 066	—	—

续表

国家	2000	2006	2007	2008	2009	2010
奥地利	—	49 377	53 252	58 014	56 438	58 992
比利时	53 391	55 714	57 963	58 476	59 756	58 896
丹麦	37 693	44 878	46 897	58 589	55 918	57 310
芬兰	52 604	58 257	56 243	56 698	56 069	55 897
葡萄牙	21 888	30 531	35 334	47 882	51 347	52 348
捷克	24 198	47 729	49 192	50 808	50 961	52 290
希腊	—	35 140	35 531	35 922①	36 313①	36 704①
新加坡	19 365	30 129	32 198	33 165	35 896	37 013
挪威	—	31 231	33 635	35 485	36 091	36 121
南非	—	30 984	31 352	30 802	30 891	30 980①
匈牙利	23 534	25 971	25 954	27 403	29 795	31 480
罗马尼亚	33 892	29 340	28 977	30 390	28 398	26 171
新西兰	—	—	21 000	—	23 800	—
爱尔兰	12 762	17 444	18 157	20 018	20 326	19 721
斯洛伐克	15 221	15 028	15 421	15 576	15 952	18 188
斯洛文尼亚	8568	9793	10 369	11 594	12 410	12 940
智利	—	—	11 024	12 571	10 430	11 491
爱沙尼亚	3710	4741	5002	5086	5430	5277
卢森堡	3663	4377	4605	4652	4711	4988
冰岛	—	3415	2982	3117	3753	4389①
美国	—	—	—	—	—	—

数据来源：经济合作发展组织．主要科学与技术指标数据库。

注：①部分数据不全做插值法进行预测处理。

5.2.3　科技创新产出比较

衡量科技创新产出的指标有新产品开发数目、发明专利数、高技术制造业增加值比重、科研经费占产品销售收入的比重以及新产品销售收入的比重等指标。根据数据可得性、可比性原则，本报告主要选用国际运用较为广泛的制造业专利拥有数作为衡量指标，从总量规模上反映各国制造业的科技创新产出情况和国际竞争力。

1. 专利申请数量比较

专利是反映一个国家科技创新能力的主要指标。我们以国际上公认的三方专利申请的专利数量为指标。

由于主要制造业国家申请专利的条件各不相同，因此不能用在各自国家的专利申请数量进行国际比较。本书采用的"三方专利"是 OECD 组织为了方便国际比较，将在美国专利商标局、日本专利局和欧洲专利局的专利申请授权合为一个指标，这已成为国际比较的常用指标。由表 5-16 可以看出，在 2011 年除中低等收入国家中国外，在 32 个高收入国家中，有 18 个国家的三方专利授权数量超过一千。在中高等收入国家中，只有俄罗斯的三方专利授权数量达到一千以上，其余的都较少。我们将美国、日本、中国、德国、韩国、法国、英国和意大利的"三方专利"授权数量单独作为研究对象，进一步分析中国与这些高收入国家创新产出的差距。

从表 5-16 中看到，2001～2011 年美国和日本在"三方专利"拥有数量上遥遥领先，专利数量仅次于欧盟 28 国总数量，超过比较国家中其他 6 国的总和；中国位居第三位，达到 17678 件，是韩国数量的近两倍；德国居中国之后，其专利数量达到 17586 件，与中国非常接近，是法国的两倍之多，是意大利的接近六倍；韩国、法国、英国和意大利的"三方专利"拥有数量与前三位相比相差很大，如意大利"三方专利"拥有数量只占美国的 10% 不到。

从专利授权数增长速度看，2011 年，我国的三方专利增长速度在被比较国家中处于第一位，年增长率为 21.88%，与 2010 年相比下降了近 2 个百分点。近十年来我国的专利授权数量的年增长率都在 30% 左右，2002 年达到惊人的 54%，说明知识产权创新在近十年的中国受到了前所未有的重视。日本的专利授权数量的年增长率为 11.28%，较 2010 年下降了 4 个百分点；法国的专利授权数量的年增长率超过韩国处于第三位，为 4.66%；韩国专利授权数量的年增长率为 3.58%；随后是意大利达到 1.01%，除了英国，其他制造业发达国家的专利授权数量比较稳定，年增长率都在 ±1% 内。英国专利授权数量的年增长率为 -5.63%。34 个 OECD 国家和地区在 2011 年的年增长率由于总数据的缺失在图 5-6 中没有列举出来，据以往经验，OECD 国家的专利授权数量的年增长率应处于中等水平，发达制造业国家的科技创新体系运行稳定，科技创新能力强劲且持续发展。

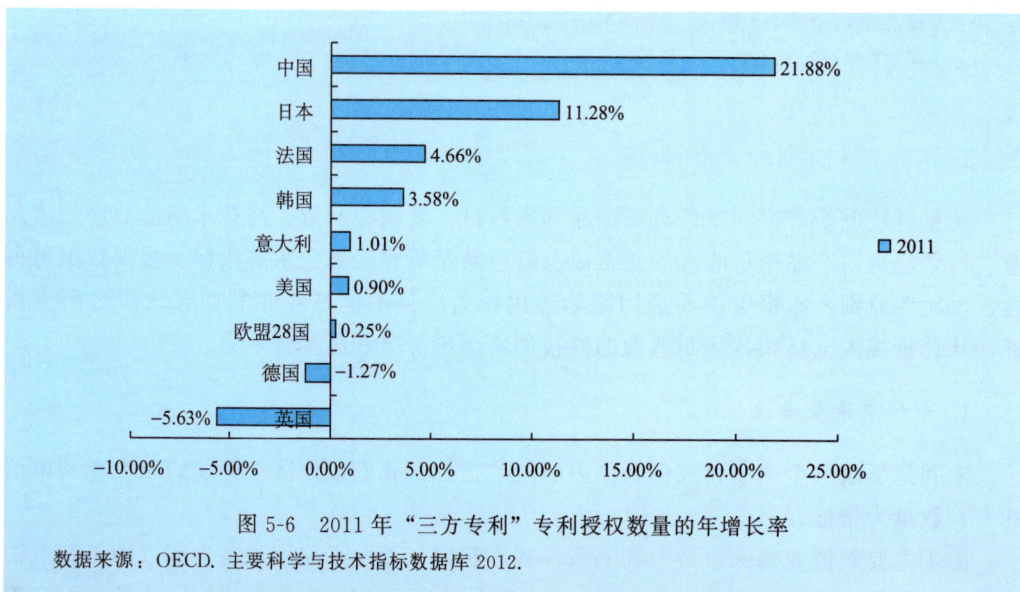

图 5-6　2011 年"三方专利"专利授权数量的年增长率

数据来源：OECD. 主要科学与技术指标数据库 2012.

表 5-16　制造业国家"三方专利"授权数量

国家	2001	2002	2003	2004	2005	2006	2007	2008	2009	2010	2011
美国	40 019.98	39 906.22	42 184.23	45 569.87	49 759.62	52 020.02	49 921.66	44 545.10	42 800.39	44 520.69	44 925.84
日本	12 433.65	14 889.61	19 350.26	24 182.72	26 131.58	26 714.21	27 235.78	25 426.87	28 823.18	37 055.91	41 766.36
中国	912.83	1 316.67	1 701.17	2 335.87	3 858.59	5242.57	6 520.19	6 911.42	10 684.26	13 810.32	17 678.60
德国	13 575.27	14 149.67	15 004.79	15 962.91	16 727.59	17 577.76	18 730.01	17 027.49	17 283.36	17 809.50	17 586.99
韩国	2 174.96	2 590.23	3 388.73	4 249.71	5 218.98	6 420.36	7 249.56	7 156.19	8 692.00	9 427.22	9 777.08
法国	4 990.47	5 082.62	5 306.21	5 919.44	6 362.43	6 478.94	6 815.62	6 898.56	7 016.70	7 196.19	7 548.18
英国	5 863.54	5 941.67	5 913.25	5 959.92	5 988.50	6 539.71	6 410.30	6 019.08	5 680.85	5 599.76	5 301.42
荷兰	3 648.01	3 099.12	3 055.78	3 211.59	3 391.16	3 562.29	3 569.00	3 562.74	3 240.42	2 895.79	3 242.82
意大利	2 045.91	2 207.71	2 414.49	2 617.63	2 967.94	3 328.20	3 345.58	3 202.14	3 119.08	3 122.77	3 154.73
加拿大	2 329.44	2 365.67	2 324.41	2 496.03	2 805.41	2 995.71	3 033.41	2 613.40	2 688.65	2 858.05	2 789.50
瑞典	2 501.12	2 219.44	2 101.26	2 223.19	2 493.07	2 822.56	3 158.85	2 999.82	2 847.04	2 830.49	2 766.98
瑞士	1 671.96	1 679.39	1 745.41	1 973.03	2 068.03	2 145.09	2 452.42	2 254.72	2 221.48	2 318.06	2 487.01
西班牙	779.91	843.76	864.61	1 161.59	1 294.55	1 395.50	1 534.90	1 619.76	1 771.87	1 836.65	1 764.64
以色列	1 437.65	1 342.52	1 454.08	1 656.09	1 905.36	2 030.15	2 116.43	1 789.14	1 691.83	1 643.68	1 692.05
澳大利亚	1 754.64	1 768.41	1 897.21	2 041.90	2 092.24	2 054.57	2 010.00	1 830.29	1 859.24	1 744.60	1 672.93
芬兰	1 385.81	1 310.93	1 292.33	1 522.32	1 465.55	1 642.81	1 597.82	1 502.24	1 502.89	1 541.71	1 524.53
奥地利	715.06	865.29	942.37	1 079.05	1 168.74	1 309.21	1 322.15	1 188.00	1277.38	1 369.34	1 341.78
比利时	777.04	800.65	835.48	973.36	1 019.13	1 096.26	1 158.94	1 089.13	1 141.47	1 247.34	1 223.01
丹麦	987.20	984.44	1 058.34	1 084.51	1 171.29	1 172.69	1 347.79	1 253.06	1 129.19	1 126.52	1 171.96
俄罗斯	634.16	580.44	618.76	650.90	769.56	825.72	844.98	760.45	811.58	928.46	1 038.05
挪威	563.78	575.29	497.63	596.70	641.41	660.23	656.96	666.32	749.89	713.99	624.24

续表

国家	2001	2002	2003	2004	2005	2006	2007	2008	2009	2010	2011
新加坡	331.30	309.29	370.35	460.05	488.74	545.68	550.26	648.65	605.01	657.83	559.69
爱尔兰	253.10	257.37	260.43	302.93	319.15	356.85	436.89	426.71	378.23	332.72	360.91
土耳其	77.44	109.93	119.01	189.16	258.14	324.48	378.14	387.35	457.75	506.50	337.30
南非	408.66	384.38	410.41	394.71	423.08	426.92	412.37	390.61	302.19	320.78	305.15
新西兰	306.28	312.72	363.34	385.95	369.09	399.10	388.67	336.84	328.32	319.95	290.75
波兰	110.87	161.42	120.59	118.06	108.15	140.25	165.24	195.56	257.37	268.04	278.36
匈牙利	170.92	175.99	174.54	190.24	196.22	202.98	247.97	220.71	232.81	232.19	200.86
墨西哥	122.85	126.63	135.12	157.38	188.93	203.18	214.66	223.40	207.00	186.41	170.03
捷克	92.13	93.55	116.77	124.57	133.68	153.91	219.22	212.08	177.47	143.56	160.61
葡萄牙	36.24	34.65	48.02	45.57	92.53	106.02	114.30	132.81	138.88	130.25	146.98
斯洛文尼亚	49.25	83.36	76.61	86.17	106.85	102.82	119.55	140.61	130.76	127.88	127.32
智利	8.83	13.17	12.58	24.02	26.85	23.68	40.27	51.69	88.75	107.01	93.79
希腊	75.44	81.82	84.61	61.96	104.36	92.45	118.11	109.38	110.06	88.45	79.90
斯洛伐克	21.62	39.60	37.57	33.04	39.50	44.09	48.23	33.35	36.32	42.52	62.45
卢森堡	31.55	34.57	27.69	49.45	37.79	50.73	36.88	54.33	52.29	50.57	49.51
罗马尼亚	28.86	23.97	26.52	29.23	35.26	46.58	37.40	42.20	43.39	40.39	49.18
阿根廷	30.87	35.01	42.88	42.88	59.30	53.12	84.44	44.28	45.23	52.90	44.79
爱沙尼亚	13.37	10.50	18.22	17.02	10.96	32.33	46.42	46.13	48.45	45.87	43.30
冰岛	33.10	49.66	42.73	37.39	40.55	37.21	28.15	26.27	35.11	25.92	20.46

数据来源：经济合作组织．主要科学与技术指标数据库。

由上可知，我国的创新产出与美国和日本之间存在很大差距。但是，中国"三方专利"专利授权数量的年增长位居世界前列，说明我国的科技创新体系还在快速发展过程中，因此我国的知识产权创新在今后的十年内还会保持较高的增长速度，但最终年专利授权数量增长速率会趋于稳定。

5.3　制造业资源环境保护能力的国际比较

众所周知，制造业，特别是传统制造业，主要是以消耗能源以及资源为代价的，而且是一个消耗性、占用性、破坏性很强的产业。其消耗性主要体现在对资源能源的消耗，占用性主要表现在对土地的占用，破坏性无疑就是对环境的破坏。因此，制造业的发展绝对不能忽略了资源环境问题，在经济发展的同时必须兼顾到资源的节约及生态环境的保护，从而实现制造业的长期可持续发展。在资源日益短缺、环境日益恶化的今天，资源环境对制造业发展的约束作用日益凸显。在制造业发展的过程中，必须充分考虑到环境的再生能力、资源的有限性，提高利用效率，减少对环境的负面影响，实现经济社会的可持续发展。制造业的发展必须要充分考虑资源环境因素，在发展的同时必须考虑节约资源及保护生态环境，从而实现制造业的长期可持续发展。

本节的研究对象中英国、德国、美国、日本等发达国家发展低碳经济各有特色，同时该四国也是位列高收入水平的国家。土耳其属于中上收入水平的国家，其碳排放量也比较低，很具有研究意义。发展中国家选印度为例。最终，我们将国际比较的国家确定为英国、德国、美国、日本、印度、土耳其。

制造业的发展依赖于能源的支持。同时，能源消费是衡量一个国家经济发展和人民生活水平的重要标志。本节首先主要研究了各国制造业和建筑业中煤、石油、天然气、可再生能源、电力和热能 6 大能源的消耗量。通过对 6 大能源消耗数据的分析，了解历年来各国能源消费的趋势和结构，分析各国工业能源消费的现状。

能源的大量消耗，带来了全球气候变暖的问题，主要是温室气体的排放问题，本书主要研究各国制造业中 CO_2 的排放问题。2010 年，中国制造业碳排放总量占全球第一，制造业大力前进的同时也加速了环境的破坏。通过比较中外 CO_2 排放量，分析各收入国家的碳排放情况来评价我国的制造业资源环境保护能力。

5.3.1　资源环境保护能力比较指标体系

资源环境保护能力是体现制造业新型化"绿色"程度的重要指标。本书研究中资源环境保护能力主要包括制造业/工业主要能源消耗量、制造业/工业能源消费结构、工业能源消费量占总消费量比重、制造业和建筑业 CO_2 排放量、制造业和建筑业 CO_2 人均排放量 5 项指标（表 5-17）。

表 5-17　制造业资源环境保护能力的国际比较指标体系

主指标	序号	子指标
制造业资源环境保护能力	1	制造业/工业主要能源消耗量
	2	制造业/工业能源消费结构

续表

主指标	序号	子指标
	3	工业能源消费量占总消费量比重
制造业资源环境保护能力	4	制造业和建筑业 CO_2 排放量
	5	制造业和建筑业 CO_2 人均排放量

5.3.2　能源消费比较

本书首先对英国、德国、美国、日本、印度和土耳其制造业消费的能源品种结构和行业结构进行分析，然后与中国制造业的能源消费结构进行比较。目的在于找出差异，思考未来中国能源消费走向。

1. 英国能源消费结构

从 1990~2010 年制造业能源消耗占英国全部行业能源消耗的比重变化趋势来看，英国制造业能源消耗在此 20 年间处于下降趋势，从 1990 年的 20.76% 逐渐下降至 2009 年的 15.25%，但是 2010 年又有上升的趋势，且比 2009 年增长了 21.31%。但是从总体发展趋势来看，1990~2010 年虽然个别年份出现能源消耗增长状况，但能源消耗的总体趋势是不断下降的，而且 1995~2004 年和 2005~2009 年下降幅度都相对较大，分别下降了 3.61% 和 1.42%，如表 5-18 和图 5-7 所示。

表 5-18　1990~2010 年英国制造业能源消耗占全行业能源消耗总量的比重

年份	1990	1991	1992	1993	1994	1995	1996
制造业所占比重/%	20.8	20.3	20.3	20.1	20.6	20.1	19.5
年份	1997	1998	1999	2000	2001	2002	2003
制造业所占比重/%	19.6	19.4	19.2	18.61	17.71	17.11	17.01
年份	2004	2005	2006	2007	2008	2009	2010
制造业所占比重/%	16.48	16.68	16.33	16.24	16.29	15.25	17.45

数据来源：Energy consumption in the UK 2012 Update.

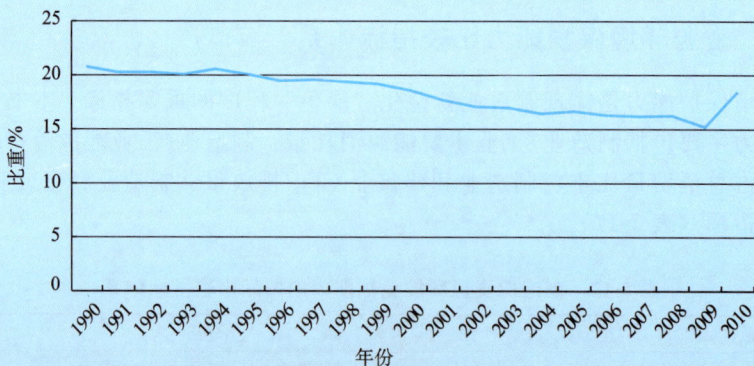

图 5-7　1990~2010 年英国制造业能源消耗量占能源总消耗量比重

　　从表 5-19 可以看出，2010 年英国工业能源消费量最高的是天然气，其次是电力和石油。从 2000～2010 年间来看，煤、石油和天然气在工业中的消费水平呈逐年下降趋势，而可再生能源从 2005 年起至今逐年递增。这些数据说明了英国工业的能源消费总量处于下降趋势，能源的利用效率明显提高，有效地节约了有限的能源资源。

表 5-19　2000～2010 年英国工业主要能源消耗量（千吨石油当量）

能源	2000	2001	2002	2003	2004	2005	2006	2007	2008	2009	2010
煤	2 510	2 813	2 464	2 332	2 362	2 231	2 437	2 532	2 663	2 182	2 108
石油	6 026	6 451	6 294	6 669	6 506	5 890	5 688	5 739	5 253	4 660	4 669
天然气	14 192	13 913	12 778	12 859	11 910	11 716	11 182	10 317	10 729	9 006	9 436
可再生能源	281	192	199	206	205	156	168	214	346	349	385
电力	9 814	9 575	9 688	9 398	9 586	9 978	9 881	9 787	9 848	8 672	8 987
热	1 099	1 001	1 321	1 151	832	830	809	896	1 021	763	841
合计	33 921	33 945	32 743	32 616	31 402	30 801	30 165	29 484	29 861	25 632	26 425

数据来源：Source OECD 2013.06.

　　从表 5-20 和图 5-8 可以看出，英国制造业能源消费中，天然气消费所占比重最大，2010 年消费有所上升；电力消费比重居第二；石油消费比重排在第三位，跟 2009 年相比下降较多；煤的消费略微下降，可再生能源的消费比重有所上升。从变化趋势可以看出，英国制造业在发展过程中，能源消费结构趋于合理。

表 5-20　2000～2010 年英国制造业能源消费结构（%）

能源	2000	2001	2002	2003	2004	2005	2006	2007	2008	2009	2010
煤	6.81	7.77	7.11	6.62	6.98	6.54	7.3	7.92	8.26	7.85	7.98
石油	17.88	19.1	19.3	20.32	20.56	21.92	21.69	21.24	19.93	20.25	17.67
天然气	42.1	41.21	39.19	39.18	37.65	36.92	35.99	34.36	35.88	34.38	35.71
可再生能源	0.84	0.59	0.63	0.66	0.68	0.57	0.62	0.83	1.13	1.3	1.46
电力	29.11	28.36	29.71	29.7	31.49	31.44	31.8	32.67	31.42	32.75	34
热	3.26	2.97	4.05	3.51	2.63	2.62	2.6	2.98	3.38	3.48	3.18

数据来源：OECD world energy balances 2012.

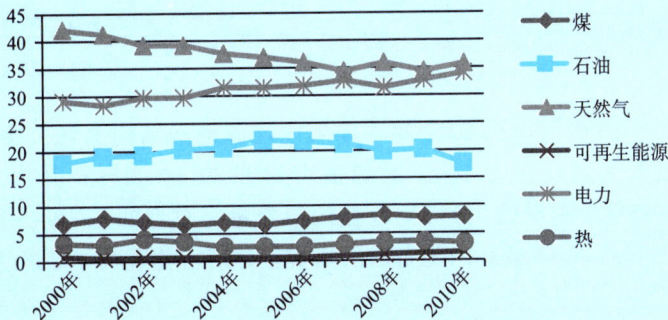

图 5-8　英国制造业能源消费结构变化（%）

2. 德国能源消费结构

从德国工业分品种能源消耗占消耗总量的比重看，工业能源消耗中，天然气和电力所占的比重相对较大，每年都占能源消耗总量的 30％以上。可见天然气和电力是德国的主要消费能源品种。天然气消耗量在 2010 年大幅上升，提高了 14.13％。2000～2003 年煤的消费量呈下降趋势，2004 年开始上下波动幅度较大；而可再生能源的消费量却在不断提高，所占比重从 2003 年的 1.47％提高到 2009 年的 6.91％，而 2010 年又有小幅度下降，如表 5-21 和表 5-22 所示。

表 5-21　2000～2010 年德国工业主要能源消耗量（千吨石油当量）

能源	2000	2001	2002	2003	2004	2005	2006	2007	2008	2009	2010
煤	7 389	6 859	6 627	6 591	7 079	7 412	7 454	6 695	6 929	5 360	5 756
石油	5 143	4 676	4 820	4 130	3 964	3 782	3 882	3 597	3 532	3 077	2 634
天然气	19 251	18 628	18 602	19 178	17 538	17 240	17 249	17 797	17 265	15 159	19 577
可再生能源	453	636	758	845	1 303	1 427	1 383	3 572	3 544	3 311	3 384
电力	18 197	18 854	18 970	19 025	19 593	19 891	19 729	20 877	20 823	17 376	19 384
热	900	915	901	7 715	7 788	7 753	7 633	3 618	3 156	3 625	3 479
总计	51 334	50 567	50 678	57 483	57 266	57 503	57 329	56 157	55 248	47 908	54 214

数据来源：Source OECD 2013.06.

表 5-22　2000～2010 年德国工业主要能源消费结构（％）

能源	2000	2001	2002	2003	2004	2005	2006	2007	2008	2009	2010
煤	14.38	13.55	13.06	11.46	12.35	12.88	12.99	11.58	12.54	11.19	10.62
石油	10.02	9.25	9.51	7.18	6.92	6.58	6.77	5.97	6.39	6.42	4.86
天然气	37.52	36.85	36.72	33.37	30.64	29.99	30.1	31.32	31.26	31.64	36.11
可再生能源	0.88	1.26	1.5	1.47	2.28	2.48	2.41	2.47	6.41	6.91	6.24
电力	35.45	37.28	37.43	33.1	34.21	34.59	34.41	35.79	37.69	36.27	35.76
热	1.75	1.81	1.78	13.42	13.6	13.48	13.32	12.87	5.71	7.57	6.42

数据来源：Source OECD 2013.06.

如图 5-9、表 5-23 所示，从 2010 年德国工业能源消费结构上看：能源消费品种所占比例最大的是天然气，占 2010 年能源消费总量的 36.11％；其次是电力，占到 35.76％；煤的消费量占总量的 10.62％；热的消费量是总量的 6.42％；可再生能源的消费占总量的 6.24％；排在最后的是石油的消费量，所占比重为 4.86％。

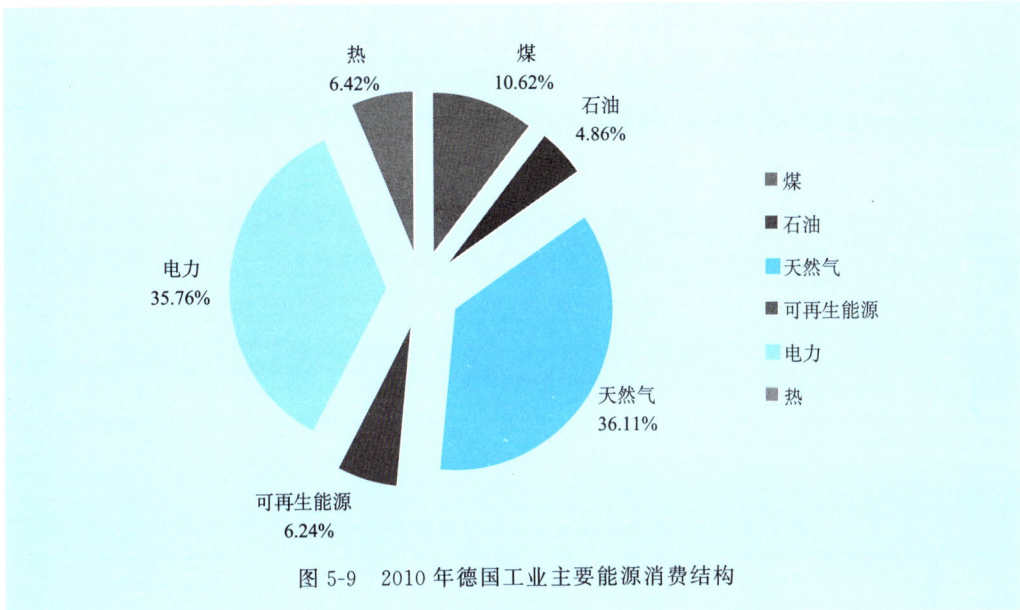

图 5-9　2010 年德国工业主要能源消费结构

表 5-23　2000～2010 年德国工业能源消费量占总消费量比重（％）

能源	2000	2001	2002	2003	2004	2005	2006	2007	2008	2009	2010
煤	82.47	81.2	82.99	83.6	82.9	86.96	86.46	80.77	81.23	78.67	78.16
石油	4.49	4.01	4.29	3.79	3.69	3.64	3.7	3.86	3.53	3.24	2.78
天然气	34.94	33.24	33.21	31.44	28.76	29.05	28.78	30.43	29.32	26.47	36.6
可再生能源	9.63	12.59	14.08	13.83	19.37	18.33	14.65	31.69	31.05	29.84	25.05
电力	43.77	44.26	43.38	43.13	43.84	44.4	43.63	46.03	46.07	40.77	42.61
热	13.18	13.18	13.18	49.11	48.56	43.23	42.88	35.4	30.27	35.42	30.82
总计	22.12	21.42	21.79	23.55	23.41	23.69	23.28	24.71	23.49	21.4	24.01

数据来源：Source OECD 2013.06.

3. 美国能源消费结构

从表 5-24、表 5-25 和图 5-10 可以看出：2000～2010 年，美国制造业的石油消费量占能源消费总量的比重呈现上升趋势，2007 年开始下降，2010 年又有大幅度上升。而煤的消费量出现波动起伏的趋势，但总体略微呈现出下降趋势。由美国制造业电力和天然气等主要能源消费量占能源消费量的比重变化（表 5-26）可以看出，天然气消费量比重在 2010 年有所下降，电力消费量 2010 年有所上升。2009 年煤的消耗处于下降态势，2010 年又开始反弹上升，但是还是比 2000 年的水平下降了很多。在 2010 年的能源消费中，天然气和电力所占的比重是比较大的。

表 5-24　2000～2010 年美国工业主要能源消耗量（千吨石油当量）

能源	2000	2001	2002	2003	2004	2005	2006	2007	2008	2009	2010
煤	30 358	30 650	29 115	30 167	31 559	28 803	30 166	29 268	28 345	21 950	25 345
石油	25 661	31 533	28 584	28 550	34 220	35 150	35 493	31 128	31 693	27 425	30 085
天然气	137 881	123 211	125 788	119 384	119 089	106 970	113 408	116 842	116 579	105 689	111 315
可再生能源	35 852	30 082	26 714	28 685	30 445	31 985	36 236	34 402	32 027	29 655	30 506
电力	98 222	90 325	85 817	78 928	79 318	79 449	78 837	79 879	78 681	68 720	75 630
热	4 173	3 943	3 825	3 782	2 434	2 575	5 586	5 688	5 502	5 367	5 243
总计	332 256	309 865	299 965	289 590	297 160	285 041	299 837	297 327	292 946	258 912	278 124

数据来源：Source OECD 2013.06.

表 5-25　2000～2010 年美国工业主要能源消费结构（%）

能源	2000	2001	2002	2003	2004	2005	2006	2007	2008	2009	2010
煤	9.15	9.9	9.72	10.42	10.63	10.11	10.07	9.85	9.69	8.48	9.11
石油	7.73	10.19	9.54	9.87	11.52	12.34	11.85	10.48	10.83	10.6	10.82
天然气	41.5	39.76	41.93	41.23	40.08	37.53	37.82	39.3	39.8	40.82	40.02
可再生能源	10.79	9.72	8.92	9.92	10.26	11.23	12.1	11.58	10.94	11.46	10.97
电力	29.56	29.15	28.61	27.26	26.69	27.87	26.29	26.87	26.86	26.54	27.19
热	1.27	1.28	1.29	1.32	0.83	0.91	1.87	1.92	1.88	2.08	1.89

数据来源：Source OECD 2013.06.

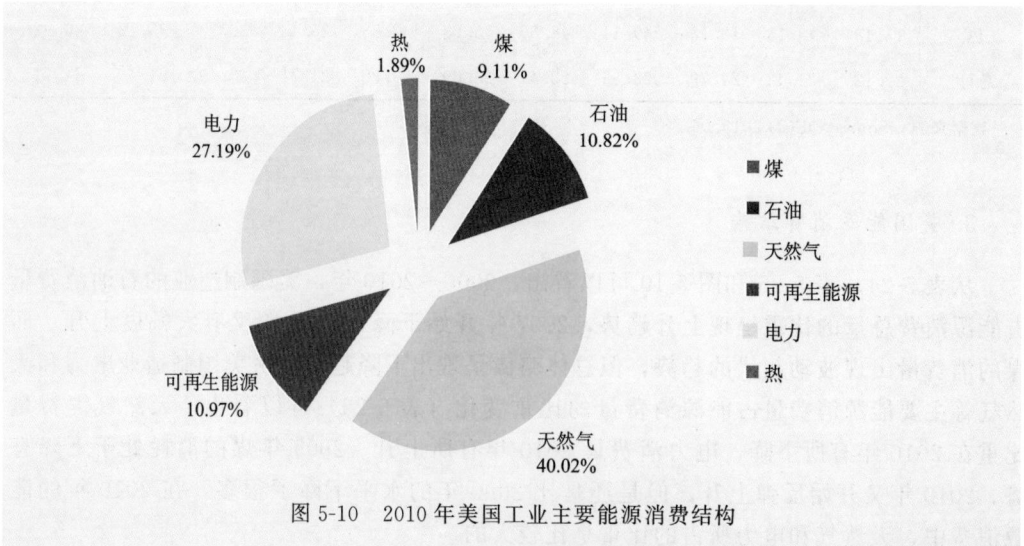

图 5-10　2010 年美国工业主要能源消费结构

表 5-26　2000～2010 年美国工业能源消费量占总消费量比重（％）

能源	2000	2001	2002	2003	2004	2005	2006	2007	2008	2009	2010
煤	93.19	92.79	92.3	92.77	91.15	91.92	95.09	94.35	94.24	93.25	94.38
石油	3.23	3.92	3.55	3.51	4.06	4.17	4.23	3.76	4.07	3.7	4.04
天然气	38.31	36.77	36.54	34.88	35.66	33.75	37.28	36.32	35.46	33.88	34.89
可再生能源	68.75	68.53	67.3	62.06	61.67	59.2	61.06	55.92	49.24	45.82	43.7
电力	32.64	30.39	28.2	25.72	25.47	24.86	24.62	24.28	24	21.94	23.13
热	79.01	79.49	79.01	79.01	79.02	79.01	79.02	79.02	79.02	79.02	79.02
总计	21.49	20.39	19.57	18.7	18.84	18.16	19.18	18.8	19.04	17.7	18.61

数据来源：Source OECD 2013.06.

4. 日本能源消费结构

从表 5-27、表 5-28 和图 5-11 可以看出：2010 年电力的消费是日本工业最主要的消费能源，占到了工业能源总消费的 31.99％，2006～2007 年电力消费量有所增加，2008～2009 年开始大幅度下降，2010 年又开始上升。2000～2005 年，石油一直是日本制造业最主要的消费能源，每年的消耗比例都占能源消费总量的 30％以上，2006 年石油消耗量开始下降，2007～2008 年下降幅度较大，2010 年下降了 4.99％。煤炭是其第二大能源消费品种，2010 年占总消费量的 31.01％。同时 2010 年新能源只占能源消费总量的 2.68％左右。由此可见，传统能源仍然是日本制造业的主要消费能源。

从发展趋势来看，2000～2008 年，石油在制造业能源消费总量中的比重呈现递减趋势，从 34.87％降低到 26.56％，2009 年比重有所增加，2010 年又开始下降。但是 2010 年煤炭、电力的消费量都有一定程度的增长，新能源的使用量出现下降。由此可见，日本制造业的能源消耗正在由严重依赖石油能源向其他多种能源转变，但是在新能源使用方面还需要进一步加强。

表 5-27　2000～2010 年日本工业主要能源消耗量（千吨石油当量）

能源	2000	2001	2002	2003	2004	2005	2006	2007	2008	2009	2010
煤	26 116	25 672	26 743	27 208	27 553	28 814	30 145	30 864	27 305	24 973	27 815
石油	34 782	32 862	31 969	30 083	30 462	29 856	28 443	26 029	23 042	24 184	22 978
天然气	5 113	4 932	5 085	5 319	5 695	6 542	7 237	7 752	7 436	7 403	7 803
可再生能源	2 616	2 340	2 413	2 418	2 318	2 557	2 637	2 732	2 530	2 313	2 406
电力	31 100	29 546	29 730	29 752	29 867	29 338	29 564	30 043	26 422	23 234	28 691
热	0	0	0	0	0	0	0	0	0	0	0
总计	99 749	95 376	95 966	94 807	95 925	97 132	98 053	97 445	86 757	82 125	89 693

数据来源：Source OECD 2013.06.

表 5-28　2000～2010 年日本工业主要能源消费结构（％）

能源	2000	2001	2002	2003	2004	2005	2006	2007	2008	2009	2010
煤	26.18	26.92	27.88	28.71	28.73	29.67	30.74	31.67	31.47	30.41	31.01
石油	34.87	34.46	33.81	31.73	31.76	30.74	29.02	26.72	26.57	29.45	25.62
天然气	5.13	5.17	5.31	5.62	5.95	6.75	7.39	7.97	8.58	9.02	8.7
可再生能源	2.62	2.45	2.52	2.56	2.43	2.64	2.79	2.81	2.93	2.83	2.68
电力	31.18	30.98	30.98	31.38	31.14	30.2	30.15	30.83	30.45	28.29	31.99

数据来源：Source OECD 2013.06.

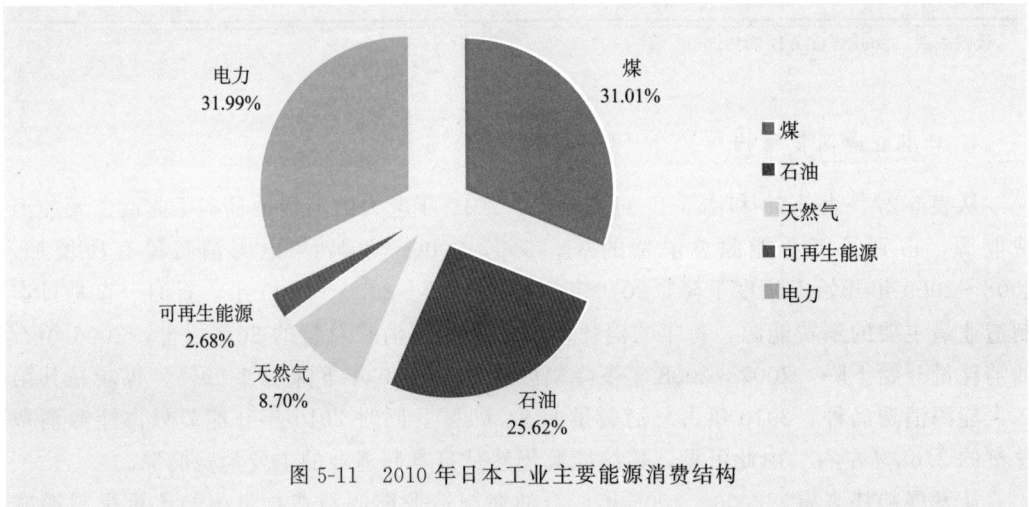

图 5-11　2010 年日本工业主要能源消费结构

表 5-29　2000～2010 年日本工业能源消费量占总消费量比重（％）

能源	2000	2001	2002	2003	2004	2005	2006	2007	2008	2009	2010
煤	96.46	96.61	96.82	96.74	96.72	96.99	96.99	97.07	96.76	96.74	97.02
石油	16.72	15.93	15.46	14.8	14.96	14.98	14.66	14.01	13.46	14.13	13.45
天然气	22.14	21.37	20.8	21.02	21.2	22.78	23.01	23.26	22.81	22.97	22.65
可再生能源	98.25	98.18	98.36	98.63	98.81	99.11	99.13	99.19	99.12	99.04	79.2
电力	38.32	37.05	36.66	36.98	36.08	34.88	34.91	34.54	31.79	28.92	33.3
总计	28.9	28	27.79	27.68	27.66	28	28.36	28.47	27.17	26.19	27.71

数据来源：Source OECD 2013.06.

5. 印度能源消费结构

从 2002～2010 年主要能源消耗量来看，印度对煤、可再生能源、电力的消耗量较大，分列前三位。煤消耗量呈增加趋势，可再生能源和电力呈下降趋势。其中 2010 年煤的增长幅度最大，为 25.5％。如表 5-30、表 5-31、图 5-12 和表 5-32 所示。

表 5-30 2000～2010 年印度工业主要能源消耗量（千吨石油当量）

能源	2000	2001	2002	2003	2004	2005	2006	2007	2008	2009	2010
煤	25 172	25 092	27 564	26 114	30 019	34 507	39 789	42 827	46 295	49 448	62 059
石油	22 377	21 976	21 929	20 916	19 877	18 632	19 597	20 033	21 978	23 459	25 784
天然气	363	219	207	839	2 600	6 660	6 354	4 798	4 104	6 517	7 428
可再生能源	25 565	25 910	26 247	26 590	26 937	27 289	27 596	27 907	28 222	28 540	29 200
电力	13 622	13 561	14 362	15 442	16 898	18 138	20 422	22 825	25 256	28 058	27 643
热	0	0	0	0	0	0	0	0	0	0	0
总计	87 099	86 758	90 310	89 902	96 331	105 225	113 758	118 391	125 855	136 021	152 115

数据来源：Source OECD 2013.06.

表 5-31 2000～2010 年印度工业主要能源消费结构（%）

能源	2000	2001	2002	2003	2004	2005	2006	2007	2008	2009	2010
煤	28.9	28.93	30.52	29.05	31.16	32.79	34.98	36.17	36.78	36.35	40.8
石油	25.69	25.33	24.28	23.27	20.63	17.71	17.23	16.92	17.46	17.25	16.95
天然气	0.42	0.25	0.24	0.92	2.71	6.33	5.58	4.06	3.27	4.79	4.88
可再生能源	29.35	29.86	29.06	29.58	27.96	25.93	24.26	23.57	22.42	20.98	19.2
电力	15.64	15.63	15.9	17.18	17.54	17.24	17.95	19.28	20.07	20.63	18.17

数据来源：Source OECD 数据整理计算得出 2013.06.

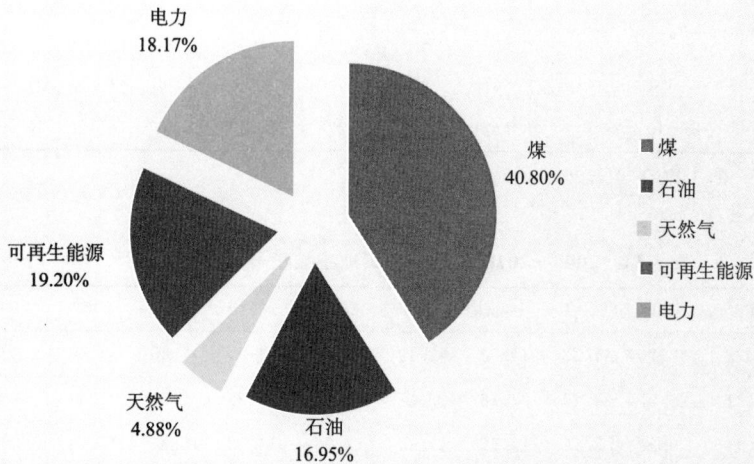

图 5-12 2010 年印度工业主要能源消费结构

表 5-32　2000～2010 年印度工业能源消费量占总消费量比重（%）

能源	2000	2001	2002	2003	2004	2005	2006	2007	2008	2009	2010
煤	75.18	75.49	75.65	73.93	76.3	80.78	85.27	85.54	82.7	66.67	81.84
石油	23.38	23.54	22.45	20.72	19.03	18.1	17.68	17.01	17.92	18.19	20.09
天然气	3.76	2.43	2.14	8.57	22.81	44.59	38.51	29.63	26.92	30.74	32.41
可再生能源	17.26	17.29	17.32	17.34	17.36	17.38	17.38	17.38	17.37	17.37	17.25
电力	43.12	42.29	42.64	43.17	44.15	44.76	45.5	45.92	47.67	46.47	45.23
总计	27.34	27.32	27.45	26.82	27.62	29.37	30.11	30.01	30.74	30.28	33.25

数据来源：Source OECD 数据整理计算得出 2013.06.

6. 土耳其能源消费结构

从 2007～2010 年主要能源消耗量来看，土耳其对煤、电力、天然气的消耗量较大，分列前三位。煤、天然气的消耗量呈大幅度增加趋势，石油、电力和热能呈下降趋势。如表 5-33、表 5-34、图 5-13 和表 5-35 所示。

表 5-33　2000～2010 年土耳其主要能源消耗量（千吨石油当量）

能源	2000	2001	2002	2003	2004	2005	2006	2007	2008	2009	2010
煤	8 829	5 668	7 783	8 866	9 004	8 266	10 192	11 229	6 121	5 943	7 287
石油	4 799	4 058	4 548	4 919	4 329	4 066	3 115	1 419	1 334	1 333	1 125
天然气	1 666	1 431	1 671	2 253	2 447	2 708	3 338	3 717	3 194	4 388	6 309
可再生能源	0	0	0	0	0	0	0	0	0	0	0
电力	3 964	3 870	4 203	4 618	4 992	5 218	5 707	6 145	6 220	5 881	6 636
热	386	301	415	367	450	850	958	1 032	1 016	1 056	1 221
总计	19 741	15 446	18 740	21 142	21 342	21 228	23 432	23 667	18 011	18 602	22 578

数据来源：Source OECD 2013.06.

表 5-34　2000～2010 年土耳其工业主要能源消费结构（%）

能源	2000	2001	2002	2003	2004	2005	2006	2007	2008	2009	2010
煤	44.72	36.7	41.53	41.94	42.19	38.94	43.5	47.45	33.98	31.95	32.28
石油	24.31	26.27	24.27	23.26	20.28	19.15	13.29	5.99	7.41	7.17	4.98
天然气	8.44	9.27	8.92	10.66	11.47	12.76	14.25	15.7	17.74	23.59	27.94
电力	20.08	25.05	22.43	21.84	23.39	24.58	24.35	25.96	34.53	31.62	29.39
热	1.96	1.95	2.21	1.74	2.11	4	4.09	4.36	5.64	5.67	5.41

数据来源：Source OECD 2013.06.

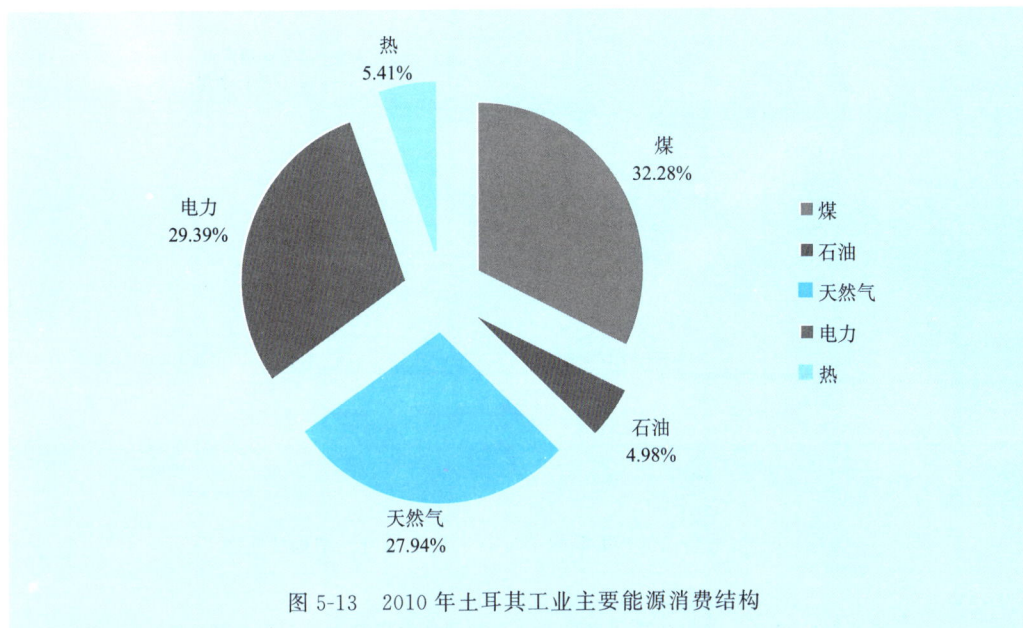

图 5-13　2010 年土耳其工业主要能源消费结构

表 5-35　2000～2009 年土耳其工业能源消费量占总消费量比重（%）

能源	2000	2001	2002	2003	2004	2005	2006	2007	2008	2009	2010
煤	81.41	81.12	81.81	81.06	78.92	76.98	80.38	80.33	47.91	46.4	51.62
石油	18.37	16.81	17.79	19.44	16.74	15.58	11.26	5.08	4.86	4.66	3.96
天然气	33.94	27.24	27.94	29.44	28.96	26.95	26.6	26.45	24.14	39.01	48.04
电力	48.07	47.21	48.14	48.65	48.52	47.16	46.93	46.76	45.37	44.17	45.42
热	100	100	100	100	100	100	100	100	100	100	100
总计	34.13	29.67	32.74	34.87	33.79	32.44	32.33	30.94	24.21	25.43	29.09

数据来源：Source OECD2013.06.

7. 中外能源消费结构比较

从 2003～2010 年中国制造业能源消耗量的结构变化（图 5-14）可以看出：煤炭仍然是中国制造业最为主要的消费能源品种，这与英国、德国、美国等发达国家以天然气为主的消费能源品种有很大的差别；从消费量的变化来看，2003 年以来中国制造业对煤炭、原油、焦炭、电力的消耗同样呈现出上升趋势。这与英国制造业减少对石油、煤炭等高污染燃料，增加对天然气等环保能源消费呈现相反的变化趋势。

从 2003～2010 年中国制造业消耗的各种能源品种占工业总消耗量的比重以及占全国总消耗量的比重变化可以看出：①制造业总体消耗能源占工业的比重呈下降趋势，占全国的比重呈现上升的趋势；②煤炭消耗量在工业和全国的比重都呈现出上升的趋势；③焦炭消耗占工业和全国的比重呈现下降的趋势；④汽油消耗占全国的比重有较大幅度的下降；⑤天然气呈现下降趋势；电力一直呈上升趋势。如表 5-36 所示。

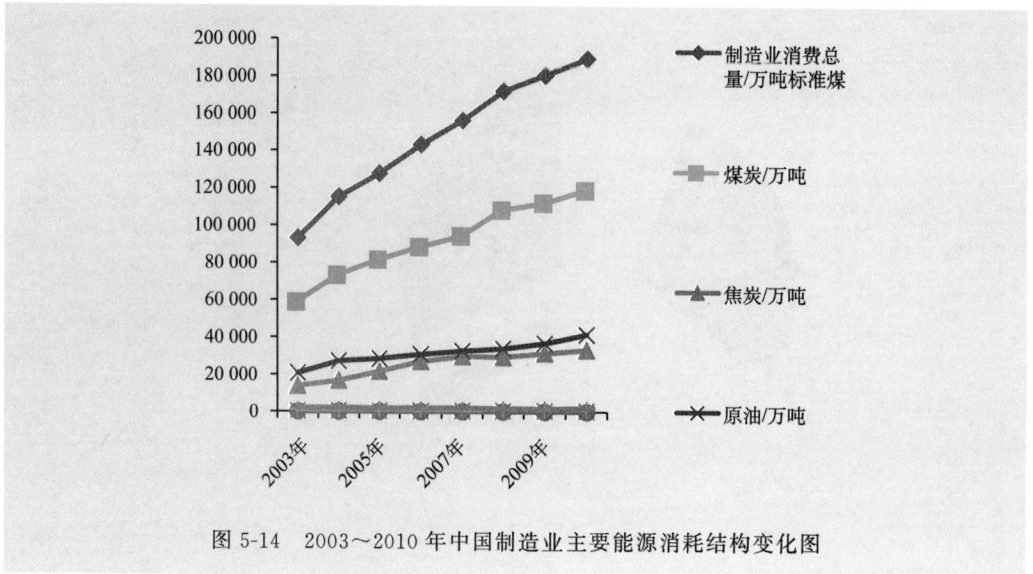

图 5-14　2003～2010 年中国制造业主要能源消耗结构变化图

表 5-36　2003～2010 年中国制造业主要能源消费量及占工业和全国比例

	2003	2004	2005	2006	2007	2008	2009	2010
制造业消费总量/万吨标准煤	93 163.9	115 261.4	127 683.9	143 051.5	156 218.8	172 106.52	180 595.97	189 414.85
占工业比重/%	77.90	80.50	80.80	81.70	82.15	82.23	82.39	81.64
占全国比重/%	54.50	56.70	57.20	58.10	58.82	59.05	58.89	58.29
煤炭消费量/万吨	58 661	73 097.3	81 462.1	88 409	94 188.4	108 176.8	112 005.84	118 821.5
占工业比重/%	39.00	40.60	40.20	39.20	38.40	40.73	40.02	40.14
占全国比重/%	35.80	37.80	37.60	37.00	36.42	38.48	37.86	38.05
焦炭消费量/万吨	13 951.3	16 795.1	21 731	27 098.4	29 826	29 538.48	31 572.03	33 381.02
占工业比重/%	98.60	98.90	99.00	99.20	99.15	99.27	99.46	99.40
占全国比重/%	96.20	97.30	97.90	98.20	98.32	98.79	99.13	99.09
原油消费量/万吨	20 793.8	27 302.5	28 563.6	30 898.5	32 655.3	34 027.78	36 891.89	41 692.62
占工业比重/%	84.00	95.40	95.30	96.30	96.42	95.86	96.76	97.60
占全国比重/%	83.40	95.00	94.90	95.80	95.96	96.31	97.15	97.24
汽油消费量/万吨	484.6	403.9	380.8	386.6	478.3	492.78	571.16	509.92
占工业比重/%	78.40	79.60	82.50	82.50	83.25	84.08	85.11	73.96
占全国比重/%	11.90	8.60	7.80	7.40	8.67	8.02	9.25	7.40
煤油消费量/万吨	79.1	53.8	50.7	42.2	39.6	43.46	27.28	35.75
占工业比重/%	90.20	88.40	88.30	87.50	87.61	88.54	85.14	88.93
占全国比重/%	8.60	5.10	4.70	3.80	3.19	3.36	1.90	2.05

续表

	2003	2004	2005	2006	2007	2008	2009	2010
柴油消费量/万吨	1 208.6	1 268.3	1 296.6	1 240.3	1 117.7	1 688.64	1 596.84	1 501.33
占工业比重/%	66.00	63.30	62.00	63.20	64.88	67.09	67.99	69.38
占全国比重/%	14.40	12.80	11.80	10.50	8.95	12.48	11.61	10.26
燃料油消费量/万吨	1 986.8	2 049.9	1 828.8	2 013.7	1 982.8	1 604.91	1 268.49	2 220.15
占工业比重/%	61.40	57.40	60.50	66.30	75.27	78.69	83.37	93.39
占全国比重/%	47.10	42.90	43.10	46.10	48.63	49.58	44.86	59.08
天然气消费量/亿立方米	175	198.8	239.2	287.2	333.2	337.92	321.14	357.7
占工业比重/%	65.30	67.70	67.60	69.40	65.38	63.57	55.57	52.53
占全国比重/%	51.60	50.10	49.90	51.20	47.93	41.57	35.87	33.45
电力消费量/亿千瓦时	9 517	11 303	13 094.8	15 371.5	18 105.5	18 588.88	19 685.98	22 870
占工业比重/%	68.50	69.50	70.90	72.30	73.51	73.22	73.31	74.08
占全国比重/%	50.00	51.40	52.50	53.80	55.35	53.82	53.16	54.54

数据来源：中国能源年鉴。

5.3.3 二氧化碳（CO_2）排放比较

1. 英国 CO_2 排放情况

英国制造业 CO_2 排放量 1990～2010 年总体呈下降趋势。1994～2000 年和 2002～2009 年是两个排放量逐年下降的阶段，2010 年与 2009 年基本保持不变。其中，1992、2002、2009 年是下降幅度较大的年份。2009 年下降幅度最大，达到 14.81%。如图 5-15 所示。

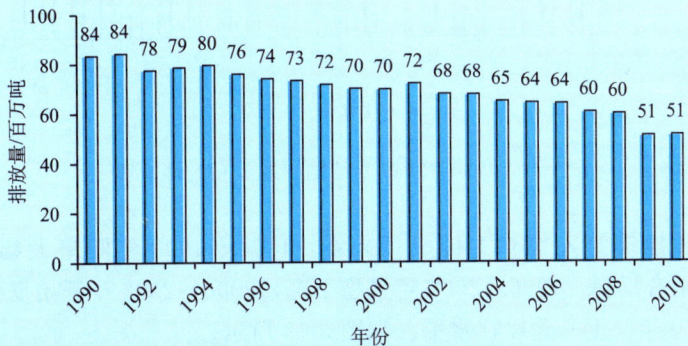

图 5-15 1990～2010 年英国制造业 CO_2 排放量

从制造业和建筑业人均 CO_2 排放量来看，1990～2009 年间英国人均 CO_2 排放量总体呈下降趋势，2010 年与 2009 年水平相当，其中只在个别年份出现反弹。如图 5-16 所示。

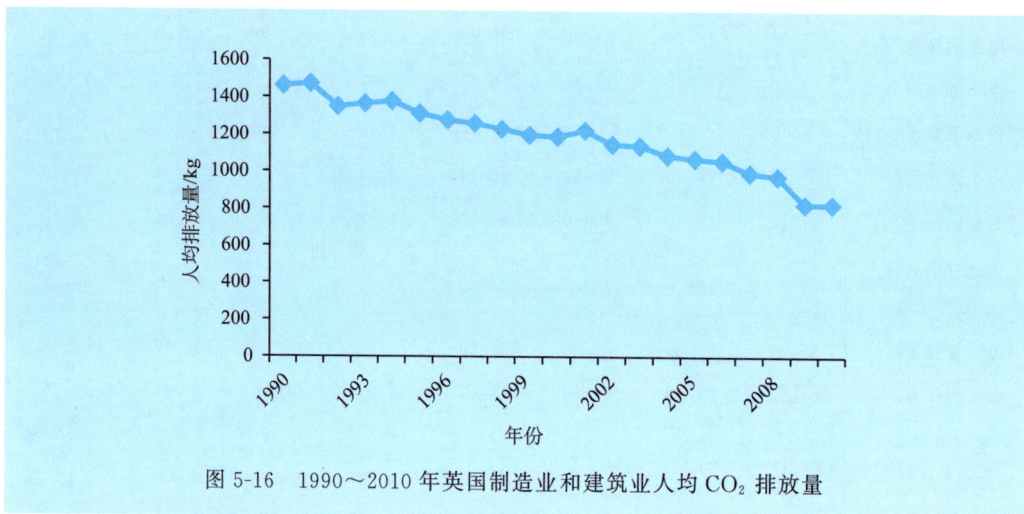

图 5-16　1990～2010 年英国制造业和建筑业人均 CO_2 排放量

2. 德国 CO_2 排放情况

德国制造业 CO_2 排放量，1990～2005 年总体处于下降趋势，2006 年又开始反弹，2008 年较 2007 年有所下降，2009 年下降较大，但是 2010 年又有所回升。如图 5-17 所示。

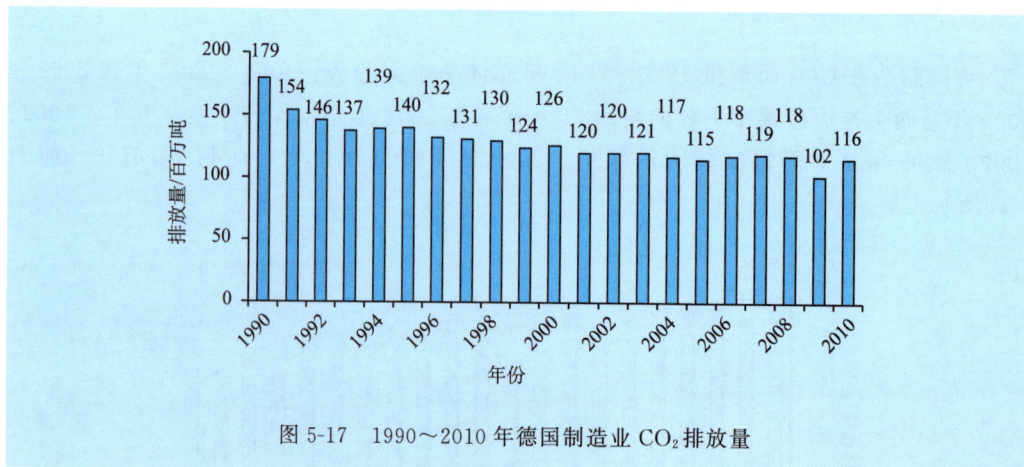

图 5-17　1990～2010 年德国制造业 CO_2 排放量

从制造业和建筑业人均 CO_2 排放量来看，1990～1993 年间呈大幅度下降趋势，1994、1995 年稍有反弹，1996～2005 年平稳下降，2006～2008 年开始反弹，2009 年大幅度下降后 2010 年又上升到以往水平。如图 5-18 所示。

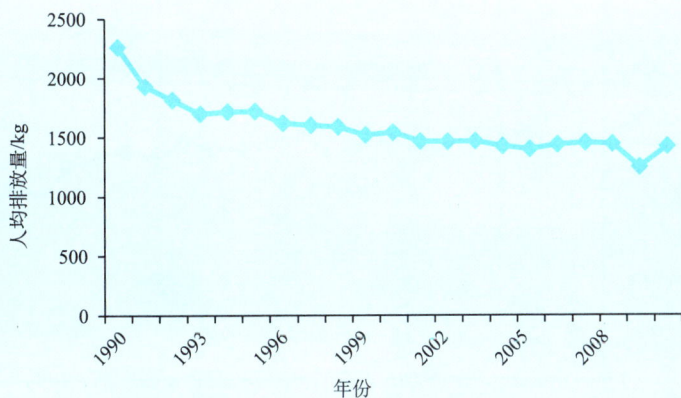

图 5-18　1990～2010 年德国制造业和建筑业人均 CO_2 排放量

3. 美国 CO_2 排放情况

1990～2010 年间美国制造业 CO_2 排放量呈现先下降后上升、不断上下起伏的趋势。其中，1992、1995、1999、2002、2005、2007、2008 和 2009 年是下降的年份，2009 年下降至最低，排放量仅为 544.44 百万吨。如图 5-19 所示。

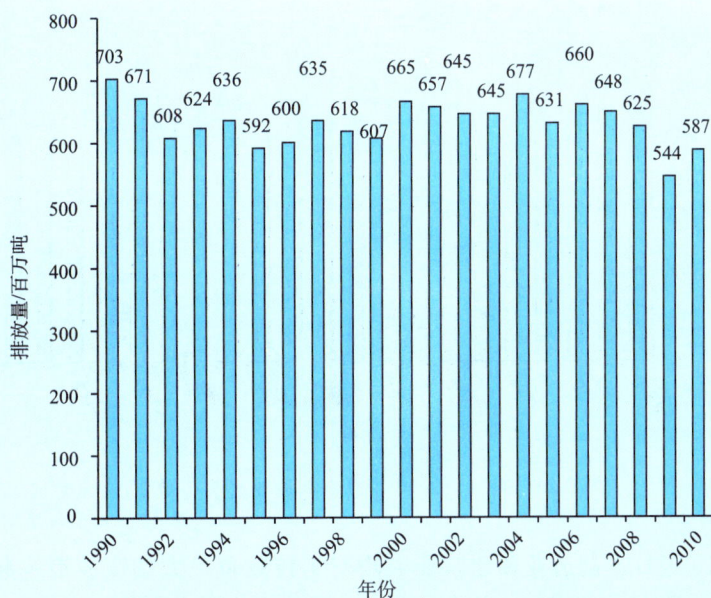

图 5-19　1990～2010 年美国制造业 CO_2 排放量

1990～2010 年美国制造业和建筑业人均 CO_2 排放量呈波浪式起伏，2010 年又呈现上升，但总体上呈下降趋势。其中，1992、1995、1999、2005 和 2009 年为下降幅度较大的年份。如图 5-20 所示。

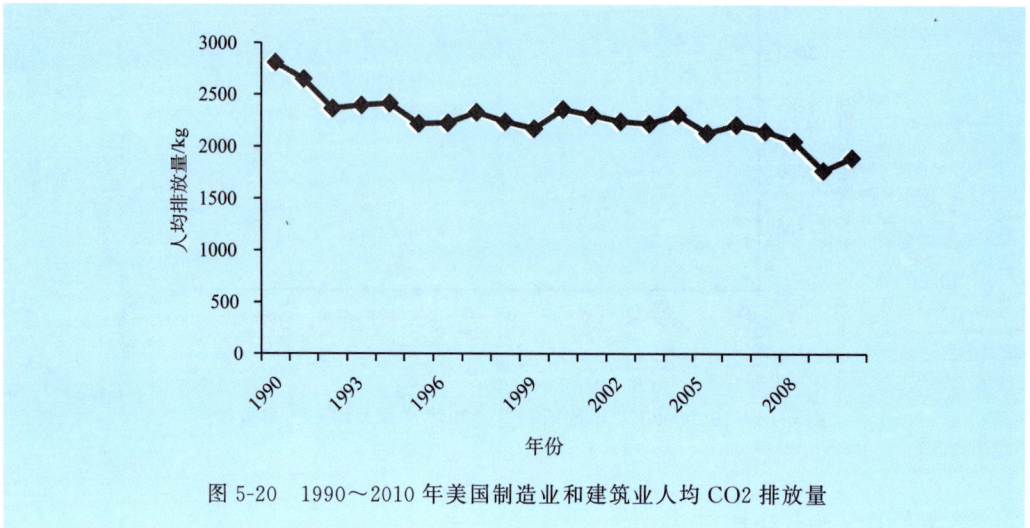

图 5-20 1990～2010 年美国制造业和建筑业人均 CO2 排放量

4. 日本 CO_2 排放情况

1990～2010 年间日本制造业 CO_2 排放量呈现先下降后上升的循环起伏状态，2009 年大幅下降至 239 百万吨。如图 5-21 所示。

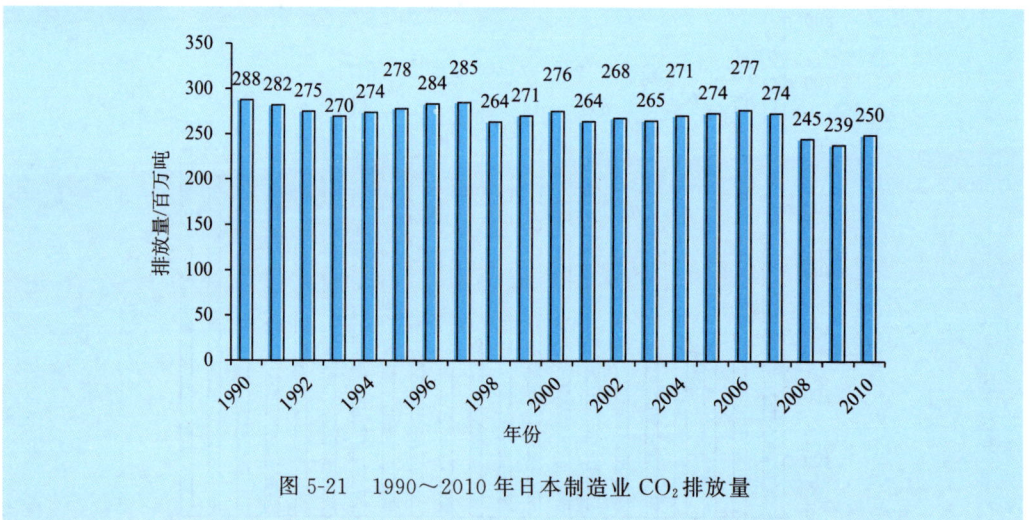

图 5-21 1990～2010 年日本制造业 CO_2 排放量

1990～2010 年日本制造业和建筑业人均 CO_2 排放量呈大幅度波浪式起伏。1990～2003 年总体呈下降趋势，其中，1993、1998 和 2001 年为下降幅度较大的年份，2004 年又开始上升，2007 年开始大幅度下降，2009 年下降到最低，2010 年又开始上升。如图 5-22 所示。

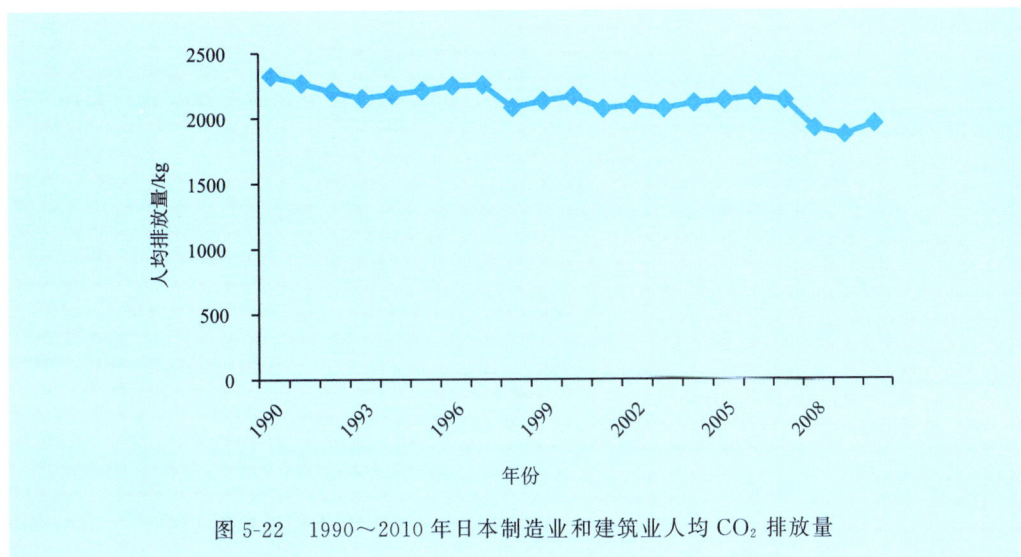

图 5-22 1990～2010 年日本制造业和建筑业人均 CO_2 排放量

5. 印度 CO_2 排放情况

1990～2010 年间印度制造业 CO_2 排放量总体呈现迅速上升的趋势。其中 1993、1995、2001 和 2003 年较前一年略有下降，其他年份的排放量逐年增加，尤其是 2004～2010 年间排放量增加幅度较大，其中 2010 年上升了 15.9%。如图 5-23 所示。

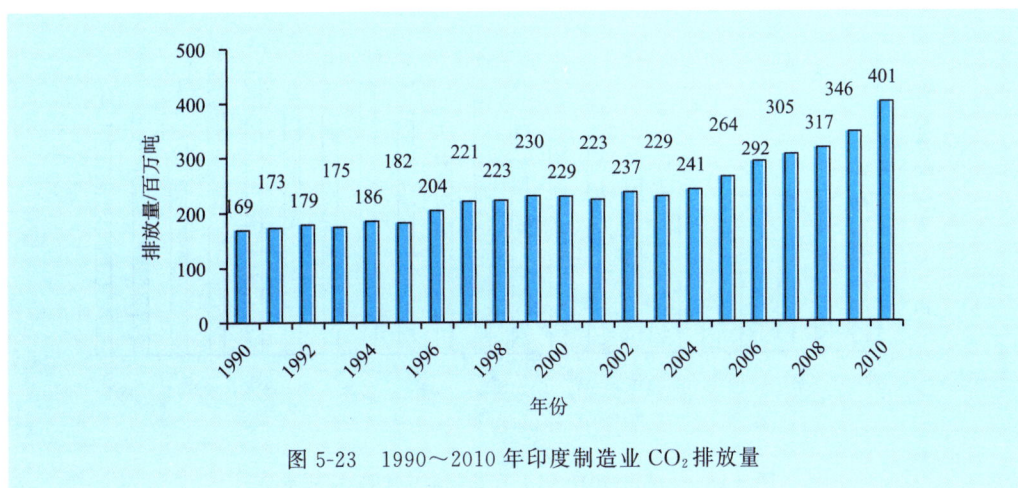

图 5-23 1990～2010 年印度制造业 CO_2 排放量

1990～2010 年印度制造业和建筑业人均 CO_2 排放量总体呈上升趋势。1993、1995、1998、2001 和 2003 年略有下降。2004 年开始至 2010 年排放量逐年快速增加。如图 5-24 所示。

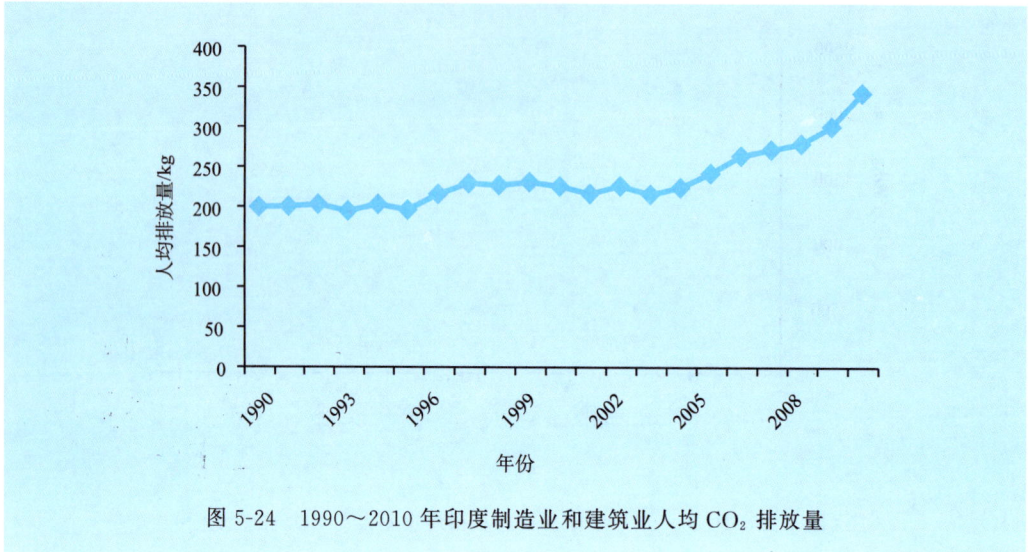

图 5-24　1990～2010 年印度制造业和建筑业人均 CO_2 排放量

6. 土耳其 CO_2 排放情况

1990～2010 年间土耳其制造业 CO_2 排放量总体呈波浪式上升趋势，个别年份稍有下降，2006 年排放量达到最高 62.65 百万吨。2008 年较 2007 年大幅度下降了近 38.25%，2009 年和 2010 年开始反弹。如图 5-25 所示。

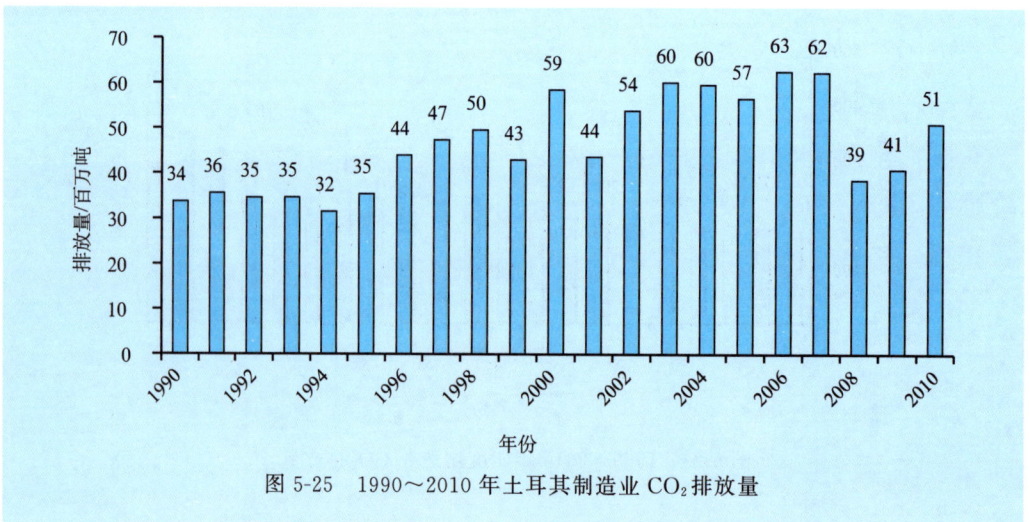

图 5-25　1990～2010 年土耳其制造业 CO_2 排放量

1990～2010 年土耳其制造业和建筑业人均 CO_2 排放量呈波浪式起伏状态。1994～1998、2001～2003 年是主要上升阶段，2004 年开始下降，2007～2008 年下降幅度最大，2009 年又开始反弹。如图 5-26 所示。

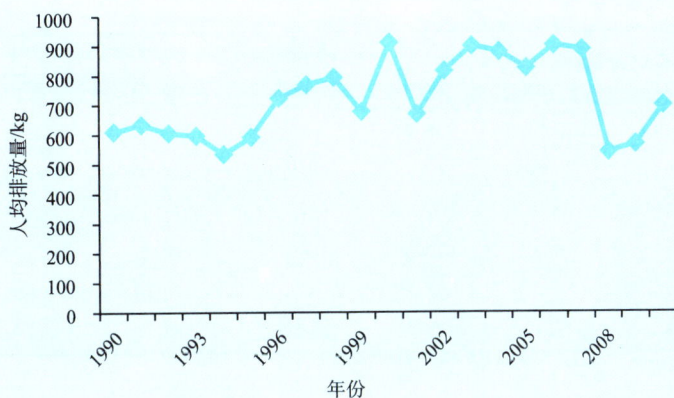

图 5-26　1990～2010 年土耳其制造业和建筑业人均 CO_2 排放量

7. 中外 CO_2 排放比较

从中国与世界其他制造业国家如英国、德国、美国、日本、印度和土耳其在 1990～2010 年间制造业和建筑业燃料消耗的 CO_2 排放量来看，2001～2010 年间，中国的排放量呈大幅上升趋势，升幅为 139.73%；同一期间印度升幅为 55.14%；英国平缓下降；德国、美国和日本上下有波动。如表 5-37 和图 5-27 所示。

表 5-37　1990～2010 年英国、德国、美国、日本、印度、土耳其与中国制造业 CO_2 排放量（百万吨）

国家	1990	1991	1992	1993	1994	1995	1996
英国	83.53	84.53	77.53	78.61	79.57	76.01	74.14
德国	179.26	153.93	145.92	137.48	139.31	140.07	132.3
美国	702.85	671.3	607.72	623.68	636.17	591.58	600.34
日本	287.74	282.03	275.19	269.7	274.02	278.16	283.61
印度	169.13	173.16	178.8	174.67	185.55	182.34	204.21
土耳其	33.72	35.6	34.58	34.65	31.53	35.44	43.97
中国	904.51	939.09	983.93	1035.05	1093.43	1192.72	1245.03
国家	1997	1998	1999	2000	2001	2002	2003
英国	73.32	71.68	70.02	69.75	70.02	67.81	67.61
德国	131.08	129.9	124.34	126.26	120.29	120.31	120.71
美国	635.48	618.07	606.63	665.49	656.81	645.42	645.34
日本	285.07	263.7	270.56	275.67	264.37	268.05	265.27
印度	220.87	222.5	230.16	228.79	223.16	236.54	228.11
土耳其	47.41	49.63	42.98	58.54	43.6	53.91	60.19
中国	1183.27	1190.29	1036.62	968.9	949.32	989.13	1144.91

续表

国家	2004	2005	2006	2007	2008	2009	2010
英国	64.81	64.18	63.84	60.4	59.68	50.84	51.1
德国	117.19	115.06	118.01	119.24	118.14	101.93	116
美国	676.51	630.69	660.16	648.44	625.05	544.44	587.1
日本	270.96	273.65	277.14	273.65	245.39	238.8	249.8
印度	234.85	248.27	272.33	289.21	279.82	346.22	400.9
土耳其	59.68	56.64	62.65	62.37	38.51	40.81	51
中国	1404.82	1587.49	1751.16	1879.99	2167.52	2275.83	2333.4

数据来源：CO_2 Emissions from Fuel Combustion 2012.

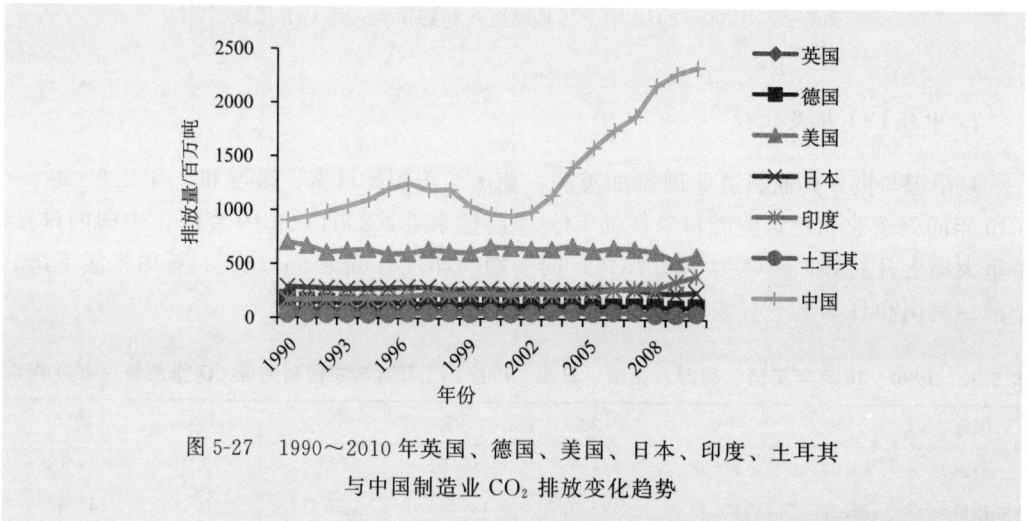

图 5-27　1990～2010 年英国、德国、美国、日本、印度、土耳其
与中国制造业 CO_2 排放变化趋势

1990～2010 年 OECD 成员国、印度与中国制造业人均 CO_2 排放量上下波动，近年来呈上升趋势。美国、日本、英国的排放量呈下降趋势，印度、中国的排放量大幅上升，中国的上升幅度居第一位。如表 5-38 和图 5-28 所示。

表 5-38　1992～2010 年英国、德国、美国、日本、印度、土耳其
与中国制造业和建筑业人均 CO_2 排放量（kg）

国家	1990	1991	1992	1993	1994	1995	1996
英国	1459	1469	1346	1362	1375	1310	1274
德国	2259	1924	1810	1693	1711	1715	1615
美国	2809	2648	2365	2396	2414	2219	2225
日本	2328	2272	2209	2159	2187	2215	2253
印度	199	199	202	194	203	195	215
土耳其	612	635	607	598	536	593	724
中国	797	816	845	878	917	990	1023

续表

国家	1997	1998	1999	2000	2001	2002	2003
英国	1257	1226	1193	1185	1218	1143	1135
德国	1598	1584	1515	1536	1461	1459	1463
美国	2328	2238	2172	2356	2302	2240	2219
日本	2260	2085	2136	2172	2077	2103	2077
印度	229	227	230	225	216	226	215
土耳其	770	795	678	911	669	817	900
中国	962	958	828	767	746	773	889
国家	2004	2005	2006	2007	2008	2009	2010
英国	1083	1066	1054	990	972	823	822
德国	1420	1395	1433	1449	1439	1245	1418
美国	2305	2129	2208	2147	2051	1771	1893
日本	2120	2142	2169	2142	1925	1876	1961
印度	224	242	263	271	278	300	342
土耳其	881	826	903	888	542	568	700
中国	1084	1218	1336	1427	1636	1709	1734

数据来源：CO_2 Emissions from Fuel Combustion 2012.

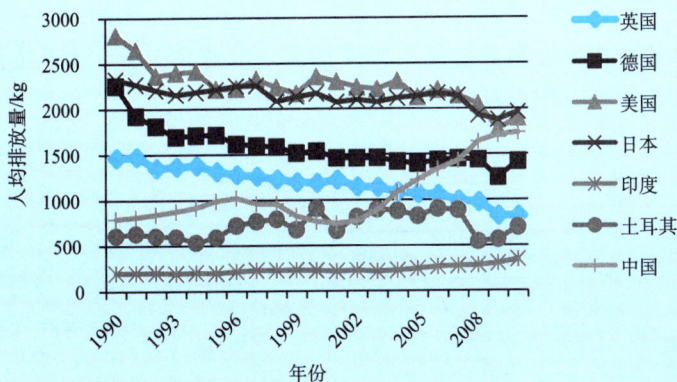

图 5-28　1992～2010 年英国、德国、美国、日本、印度、土耳其
与中国制造业和建筑业人均 CO_2 排放变化趋势

5.4　制造业增加值、科技投入与碳排放之间的比较

中国制造业增加值的增长受到多种因素的影响，既受国际经济环境的影响，同时也与自身的科技投入与产出密切相关。另外，制造业发展的同时也会给环境带来压力。一

般认为，科技的发展是推动制造业发展的必不可少的力量，而制造业的发展又会为科技发展提供良好基础和激励；制造业的发展会给碳排放带来巨大的压力，而制造业的发展又会给碳减排提供必要的手段。那么制造业增加值、科技投入与碳排放之间在我国究竟存在什么样的关系？在中等收入国家以及高收入国家究竟有哪些不同呢？本章将对上述思考进行数据方面的解答。

从 2006～2010 年中国制造业增加值与科技投入（图 5-29）看，中国制造业的增加值的增速一直高于 R&D 的增速，在 2010 年尤为突出，前几年的科技投入效果开始显现。

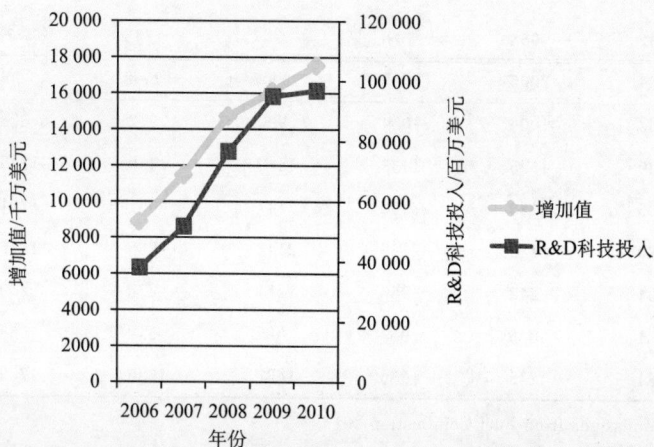

图 5-29　2006～2010 年期间中国的制造业增加值与科技投入

2006～2010 年，中国专利数持续大幅度增长，增速高于 R&D 科技投入，尤其在 2009～2010 年尤为明显（图 5-30）。

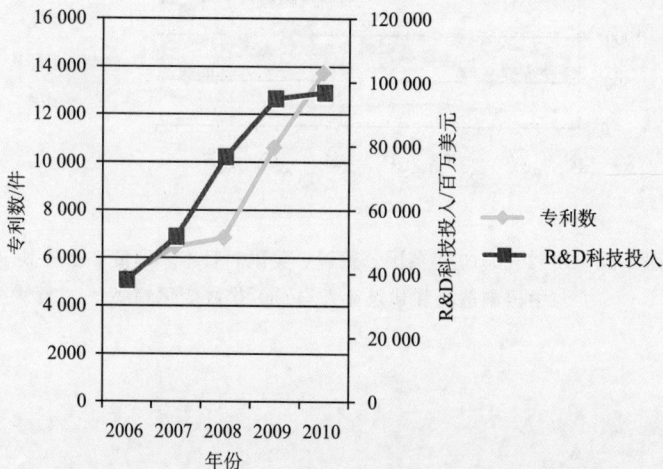

图 5-30　2006～2010 年期间中国的专利数与科技投入

2006～2010 年期间中国制造业增加值与碳排放相比较，增加值的增速要缓于碳排放的增长（图 5-31）。

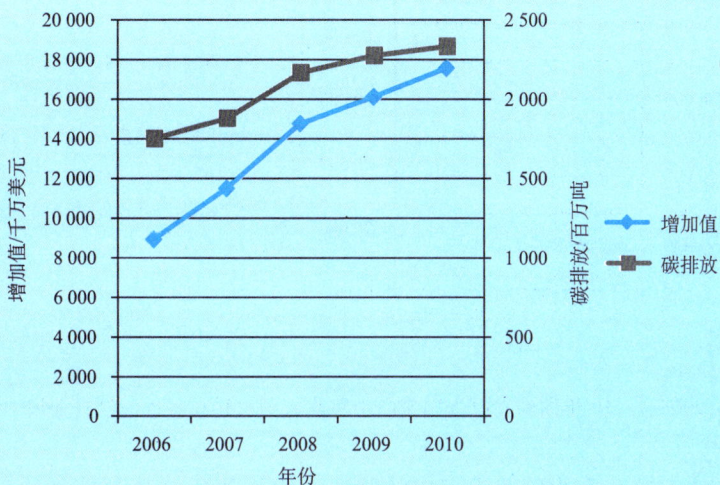

图 5-31　2006～2010 年期间中国制造业增加值与碳排放

2006～2010 年期间中国制造业碳排放的增速要小于科技投入的增速（图 5-32）。说明了科技投入对于碳排放减少的贡献。

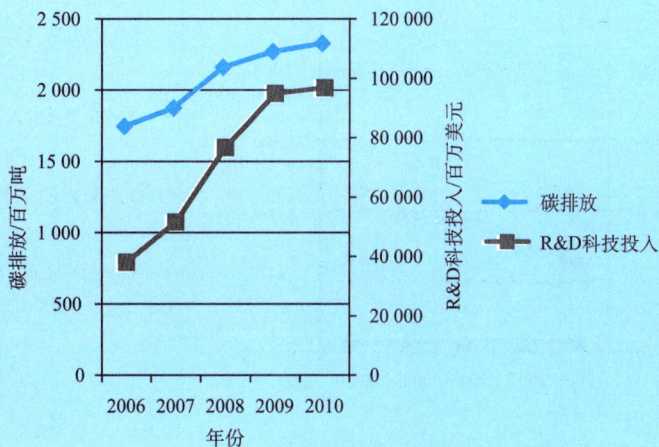

图 5-32　2006～2010 年期间中国制造业碳排放与 R&D 投入

2006～2010 年五年间高收入国家的增加值的趋势与中等收入国家增加值趋势（图 5-33）比较看，高收入国家科技投入要远高于中等收入国家。而中等收入国家科技投入的增速要大于高收入国家。有趣的是，高收入国家科技投入与增加值的趋势基本相符。中等收入国家的增加值与科技投入的趋势差异很大。

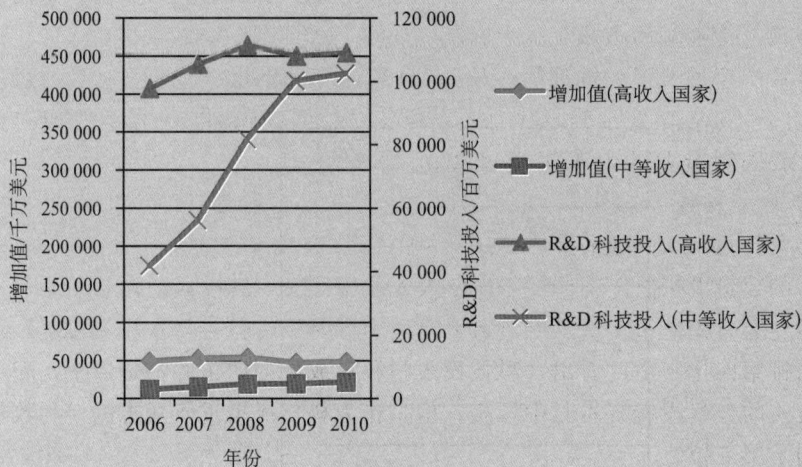

图 5-33　2006～2010 年期间高收入国家与中等收入国家科技投入与制造业增加值比较

　　2006～2010 年五年间中等收入国家的制造业增加值的趋势与碳排放的趋势基本吻合，高收入国家增加值与碳排放趋势明显不同（图 5-34）。高收入国家的碳排放并未随着制造业增加值的提高而增加，也并未因为增加值的减少而大幅度降低。

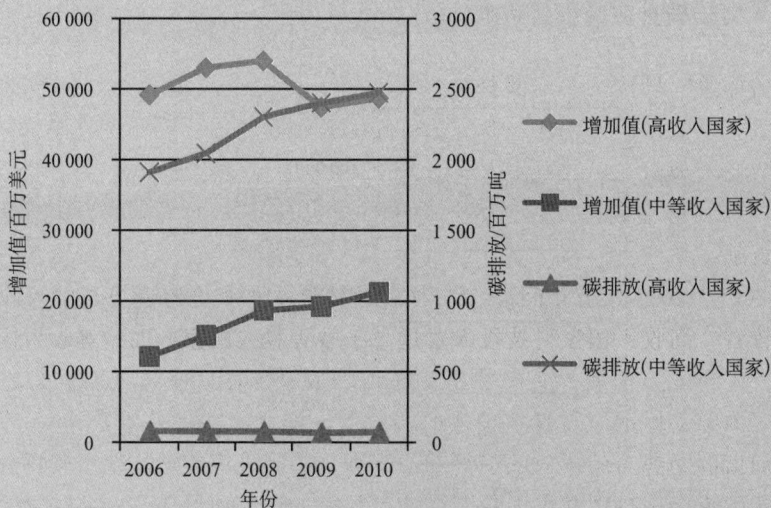

图 5-34　2006～2010 年期间高收入国家与中等收入国家碳排放与制造业增加值比较

5.5　本章小结

　　（1）根据世界银行的数据统计，从近三年的数据看，2008～2010 年制造业增加值排在前 5 位的国家分别是美国、中国、日本、德国和意大利。三年间，各国制造业增加值发展趋势不同。美国、日本和德国分别是先降后增；意大利逐年下降。中国制造业增加值一直增长，受金融危机影响，中国制造业在 2010 年增速放缓。2009 年，我国制造业的增加值首次超过美国，排到第一位。2010 年，我国制造业的增加值占到全世界制造业增加值的 21%，略高于美国的 19%，排第一位。我国制造业的人工成本在逐年提高。目前，我国制造业的人工工资已经由 2007 年的 228 美元增加到 2008 年的 295 美元。

（2）从科技投入 R&D 来看，2009 年中国 R&D 投入首次超过日本，位居第二位。但是从投入的数量上来看，美国的 R&D 投入是中国 R&D 投入的两倍。中国 R&D 投入与美国相比还是差距很大。从专利数来看，美国排第一位，日本排第二位，德国排第三位，中国排第四位。由此看出，科技投入与科技成果的产出并不是完全匹配的。德国尽管科技投入的数量没有日本与中国高，但是作为科技成果重要标志的专利数却超过了中国，排到了第三位。

（3）从制造业能源消耗的数据可以看出：煤炭仍然是中国制造业最为主要的消费能源品种，这与英国、德国、美国等发达国家以天然气为主要的能源消费品种有很大的差别；从消费量的变化来看，2003 年以来中国制造业对煤炭、原油、焦炭、电力的消耗同样呈现出上升趋势。这与英国制造业减少对石油、煤炭等高污染燃料，增加对天然气等环保能源消费呈现相反的变化趋势。从中国与其他世界制造业国家 1990～2010 年间制造业和建筑业燃料消耗产生的 CO_2 排放量来看，2001～2010 年间，中国的排放量呈大幅上升趋势，升幅为 139.73%；同一期间印度升幅为 55.14%；英国平缓下降；德国、美国和日本上下有波动。

（4）从增加值、科技投入与碳排放的关系看，2006～2010 年，中国制造业的增加值的增速一直高于 R&D 的增速；中国专利数持续大幅度增长，增速高于 R&D 科技投入；中国制造业增加值与碳排放相比较，增加值的增速要缓于碳排放的增长。2006～2010 年期间中国制造业碳排放的速度要小于科技投入的速度，说明了科技投入对于碳排放减少的贡献。

（5）从 2006～2010 年五年间高收入国家的制造业增加值的趋势与中等收入国家增加值趋势比较看，高收入国家科技投入要远高于中等收入国家，而中等收入国家科技投入的增速要大于高收入国家。有趣的是，高收入国家科技投入与增加值的趋势基本相符，中等收入国家的增加值与科技投入的趋势差异很大。2006～2010 年中等收入国家的制造业增加值的趋势与碳排放的趋势基本吻合，高收入国家增加值与碳排放趋势差异显著。高收入国家的碳排放并未随着制造业增加值的提高而增加，也并未因为增加值的减少而大幅度降低。

初稿提供者：张泓波，陈凤，陈思思

统稿：李廉水，张泓波，周彩红

参 考 文 献

国家统计局. 1991～2012. 中国统计年鉴 1991～2012. 北京：中国统计出版社.

国家统计局. 2009～2012. 国际统计年鉴 2009～2012. 北京：中国统计出版社.

李克国等. 2007. 环境经济学. 北京：中国环境科学出版社.

美国国家统计局 http：//www. census. gov

美国环保署 http：//www. eia. doe. gov

日本统计局 http：//www. stat. go. jp/english/index. htm

世界银行数据库 http：//data. worldbank. org/

英国国家统计局 http：//www. statistics. gov. uk

Source OECD. http：//titania. sourceoecd. org/vl＝9434616/cl＝44/nw＝1/rpsv/home. htm

U. S. Census Bureau. 2008. Annual Survey of Manufactures.

United Nations IndustrialDevelopment Organization（UNIDO）. 2012. International yearbook of industrial statistics 2012. Northampton，MA：Edward Elgar.

第6章

全球制造业：2012年研究动态

2012 年制造业研究文献中，一些影响因子较高的期刊刊登的关于"创新"的文献最多。这与"创新"在制造业中的地位密不可分。本研究报告将通过对 2012 年文献的梳理，给读者呈现出国内外 2012 年制造业的研究状况，借此推进中国制造业研究的进程。

6.1　国内制造业研究动态

为了全面表述国内制造业在 2012 年的研究动态，本研究报告将采用从整体到局部、纵横结合、兼顾热点的梳理模式。分别对制造业总体、企业、区域、产业、低碳经济研究文献进行整理归纳，力图呈现 2012 年制造业研究的整体情况，但由于篇幅有限，很多研究并没有被引入。

6.1.1　制造业总体研究动态

中国制造业的发展受到诸多因素的影响，如全球经济一体化的影响，制造业聚集的影响以及科技环境的影响等。下面分别介绍这几个方面的研究状况。

1. 全球化对制造业的影响研究

邱斌、叶龙凤、孙少勤（2012）通过 102 个主要国家的 SITC 五位码贸易数据计算了我国 2001～2009 年 24 个制造业行业的出口复杂度（ESI），以此衡量各行业在全球价值链中的地位，并实证检验了全球生产网络对我国制造业价值链地位的影响。研究发现，总体而言，全球生产网络促进了我国制造业价值链提升，资本密集度和高技术资本密集度也可以显著提高价值链地位，但经济自由度、研发对我国制造业价值链提升的积极作用并不显著。进一步的研究发现，全球生产网络对我国制造业价值链地位的影响存在显著的行业差异性，具体表现为，与以零部件贸易为主的行业相比，全球生产网络对价值链提升的积极影响在以半成品贸易为主的行业中更为显著；在资本技术密集型行业中，全球生产网络有助于提升我国制造业的价值链地位，但在劳动密集型行业和资本密集型行业中这一作用并不明显。

刘维林（2012）基于产品分工和功能分工的双重视角对 GVC 的价值模块进行解析，认为在价值模块的动态调整过程中，产品架构对于本土企业的 GVC 升级意义重大。双重嵌入可以通过知识扩散、动态能力建构、治理结构、租金创造与分配四重机制丰富 GVC 攀升的路径并加快升级进程。本土企业的 GVC 攀升可以采取更加多样化、迂回式的策略，避免直接造成与链主企业的正面竞争而遭受其打压。结合案例，该文提出本土制造业嵌入策略的四重转变，即由单一环节嵌入转向多点系统性嵌入、由低端嵌入转向高端嵌入、由被动嵌入转向主动嵌入、由静态嵌入转向动态持续嵌入。

宋维佳、王军徽（2012）提出如何更好地利用对外直接投资（outward direct investment，ODI）促进一国的制造业升级是近年来的热点问题，而解决这一问题就需要认清 ODI 对母国制造业升级的影响机理。该文依据现有的文献资料及研究成果，首先构建了制造业产业升级影响因素的框架，利用该框架分别具体分析 ODI 所带来的正面和负面效应，从而全面建立 ODI 对母国制造业升级的影响机制。

2. 制造业集聚对制造业发展的影响

周世军、周勤（2012）通过选取我国东、中、西部 27 个省（市、自治区）2000～2009 年 20 个两位数代码制造业数据为样本进行的实证研究表明：中西部地区"集聚式"承接了东部产业转移，总体上并未呈现行政干预过度问题，转移产业劳动生产率的提高能显著地被产业集聚所解释；与非劳动密集型制造业相比，劳动密集型制造业更易形成自我强化的循环累积效应；研究揭示出配套基础设施和产业链的完善以及城镇化同步推进过程中，非农就业劳动力素质的提升对于中西部承接产业转移发挥的作用。

孙浦阳、韩帅、靳舒晶（2012）从新经济地理学视角出发，尝试在探索制造业、服务业以及外资企业产业集聚对 FDI 流入影响的基础上，进一步分析生产性、消费性及公共性服务业这三种不同服务业集聚对 FDI 流入的影响。并引入相邻城市集聚对 FDI 流入的相互影响。采用我国 288 个城市 2003～2008 年面板数据进行实证分析。研究发现，城市服务业集聚有利于吸引 FDI，而制造业集聚和外资集聚则不利于吸引 FDI，其中，生产性和公共性服务业集聚对 FDI 流入的促进作用较为明显，相邻城市之间的产业集聚在吸引 FDI 方面存在竞争关系。

潘文卿、刘庆（2012）指出，2001～2007 年中国地区产业集聚指数 HHI 表明，经济相对发达的省区，由于制造业产业集聚程度已比较高，进一步集聚的趋势已变得缓慢；经济相对欠发达的省区，由于承接外部产业转移力度逐渐加强，呈现较为明显的产业集聚增强态势。而从中国制造业产业集聚与地区经济增长的关系看，中国地区制造业的产业集聚对经济增长具有显著的正向促进作用。当然，实物资本与人力资本的投入、邮电基础设施的增加、非国有经济比重的提高，也都对地区经济增长有着正面的影响，表明古典增长理论与新增长理论所反映的增长机制仍然决定着中国地区经济增长的基本面。

洪娟、廖信林（2012）基于长三角制造业"两位数代码"行业 1998～2010 年面板数据，采用动态面板-节差分矩估计方法对城市群内的产业集聚与经济增长进行了实证分析。回归结果显示：制造业两位数代码行业的空间基尼系数与经济增长之间表现为强烈的非线性共生关系，产业集聚对经济增长的促进具有门槛效应，即产业集聚发展到一定程度后，由于过度集聚产生的负外部性，会使得集聚不利于经济增长。针对上述回归结果，给出了理论分析，并总结了结论的政策启示。

刘伟巍、杨开忠（2012）基于世界银行 2003 年中国 16 个城市企业调查报告，对纺织服装业和电子设备制造业是否存在地方经济和城市经济进行了实证分析，并运用直接估计生产函数的方法判断了两个具有代表性的制造业行业集聚经济的来源，即集聚经济的外部性是来自于产业内还是产业间，并采用动态面板数据模型方法，消除了内生性。研究表明，两个行业的企业均能受益于本地同行业企业规模的扩大，而产业专业化则无益于知识溢出；电子设备制造业能受益于本地行业多样化，而在纺织服装业则不存在这种集聚经济。

3. 科技创新与制造业发展

孙晓华、郑辉（2012）通过产业间 R&D 溢出效应测算方法的比较，选择投入产出法对产业研发活动的总受益者效应、总贡献者效应和产业间溢出效应加以度量，利用 2002 年、2005 年、2007 年的投入产出系数和 R&D 经费支出统计数据测算了我国制造业间的 R&D 溢出效应，并对测算结果进行了比较分析，结果表明：从横向对比看，轻纺制造业和资源加工业的产业间受益者效应较为明显，机械电子业对其他产业贡献较大；在时序特征上，各制造业间的溢出效应在不断发生变化，但具有一定稳定性。上述结论有望为政府优化科研经费投向、动态调整科研经费投入结构提供理论依据。

陈羽、朱子凯、贺扬（2012）指出，外商直接投资（FDI）技术溢出效应已是研究的热点，目前对溢出效应影响因素的研究正逐步深入，其中内外资企业间的技术差距是一个重要的方面。陈等采用数据包络分析（DEA）测算了中国制造业行业层面 FDI 与本土企业的技术差距，进而采用面板数据以及交互项检验的方法，针对技术差距对 FDI 水平和垂直技术溢出效应的影响进行了实证研究。结果表明，外资企业相对国内企业越先进，行业内的国内企业获得水平的技术溢出效应越大，但该获得的后向技术溢出效应则越低。得出的政策启示是，最优的引进外资企业的数量和技术水平取决于行业特征和发展取向。

田红娜、毕克新、李海涛（2012）将技术预见引入制造业绿色工艺创新战略制定中，概述了制造业绿色工艺创新战略的提出背景和意义，并剖析了技术预见对制造业绿色工艺创新战略制定的作用。从创新战略制定过程的角度，将制造业绿色工艺创新战略制定划分为"关键绿色工艺确定、战略问题系统分析、战略方案产生与选择、战略方案修改与完善"四个阶段，提出将"文献计量法、情景分析法、德尔菲法、关键技术选择法和路线图法"五种技术预见方法分别融入制造业绿色工艺创新战略制定过程的思路。

4. 制造业生产力研究

陈丰龙、徐康宁（2012）使用 2001～2010 年中国制造业分行业数据，实证分析了本土市场规模与全要素生产率之间的关系。估计结果显示，以"市场促创新"的假说整体上是成立的。本土市场规模每增加 1%，将会促进生产率指数增长 0.021%、效率改进指数增长 0.023%、技术进步指数增长 0.018%。分行业研究显示，本土市场规模对全要素生产率的影响在不同行业存在一定的差异。本土市场规模作用的发挥更依赖于行业的技术密集程度和资本密集程度，而对行业的劳动密集程度则并不敏感。从作用机制来看，本土市场规模对生产率增长和技术进步的正向作用主要通过资本密度、研发密度与人力资本等途径传递；对效率改进的正向影响主要通过资本密度、研发密度、人力资本以及对外开放度等途径传递。在所有的作用途径中，人力资本的影响最大。这些作用机制可以进一步归纳为"集聚效应"和"竞争效应"。

宣烨（2012）利用 2003～2009 年 247 个城市样本数据，实证检验了我国城市生产性服务业空间集聚对制造业效率的空间外溢效应。结果表明，生产性服务业空间集聚不仅能够提升本地区制造业效率，且能够通过空间外溢效应提升周边地区制造业效率，空间外溢系数达到了 0.864。生产性服务业空间集聚会通过竞争效应、专业化效应以及外部性等途径降低制造业交易成本，进而提高制造业效率。鉴于此，政府应支持生产性服务业空间集聚，突破影响空间外溢效应区域边界的自然条件和制度约束，加大人力资本、交通基础设施等方面的积累和投入，促进生产性服务业对制造业效率空间溢出效应的有效发挥。

吕宏芬、刘斯敖（2012）选取我国 29 个省市区和 17 个制造行业 1990～2009 年的面板数据，对相对专业化与相对多样化集聚度进行了计算及变迁分析，利用 Malmquist 指数测算了全要素生产率的增长，并分析了产业集聚变迁对全要素生产率的影响。结果表明：我国东部地区呈现多样化与专业化集聚均衡发展的特征，而中西部地区则具有相对较高的专业化集聚水平，呈现产业结构单一化与非均衡化；东部地区全要素生产率增长较快，中西部地区相对滞后；相对专业化与多样化集聚对东部、中部与西部地区的影响存在地区差异。基于此，该文提出了加快产业结构调整、实施均衡的区域发展政策和提高经济组织制度绩效的政策建议。

白雪洁、李媛（2012）提出，近年来我国的风力发电等战略性新兴产业取得了快速发展，但由于内源性技术创新能力不足、技术高度战略化与产品低市场利基的矛盾等原因，战略性新兴产业发展面临低端锁定的风险。该文以风电设备制造业为例，通过分析全球的竞争格局以及我国以引进技术支撑规模制造优势、通用零部件的生产优势与关键零部件的进口依赖并存等参与全球价值链的特征，得出距离战略性新兴产业的标准仍有不小差距。为避免低端锁定，该文提出关键共性技术的战略性攻关、赋予龙头企业创新责任与创新激励等六条风电设备制造业实现价值链攀升的路径。

6.1.2 区域制造业研究动态

中国制造业具有明显的区域特征。目前，区域制造业的不同发展状况以及不同区域制造业的比较研究，成为区域制造业研究的核心问题之一，本部分主要介绍 2012 年区域制造业的比较研究状况。

1. 区域制造业理论问题研究

石灵云、顾标（2012）采用 2000～2002 年中国制造业四位数代码行业的面板数据资料，基于传统比较优势理论、新贸易理论以及中国现实经济特征的分析视角，详细地考察了中国产业集聚的形成机制问题。研究结果表明：比较优势始终是产业集聚的前提基础，且中国的比较优势依然体现为劳动密集型产业。与此同时，规模经济效应、外商直接投资在东部沿海地区的相对集中，均在一定程度上推动了我国制造业的空间集聚，而地方保护主义却阻碍了这一态势的发展。

吴安波、孙林岩、李刚等（2012）在考察我国制造业聚集度的变动趋势的基础上，重点研究产业聚集度的决定因素。利用调整后 EG 系数对我国聚集度水平进行测定，发现行业间聚集度差异水平总体保持上升态势。通过行业面板数据模型，检验了新古典经济、新经济地理和制度因素对产业聚集的综合作用。发现制造业产业聚集十分明显；技术溢出效应和经济开放制度对产业聚集有明显促进作用，地方保护主义对产业聚集有明显抑制作用。此外内部规模效应逐渐减弱，外部规模效应逐渐增强。

2. 典型区域制造业研究

郑蔚（2012）利用区位熵、空间基尼系数和产业共同集聚指数对福建省制造业空间集聚水平进行测度和评价。结果表明：福建省 9 地市现已形成各具特色的产业集群。区域中心城市的行业发展相对均衡，外围城市的行业发展相对集中。单一制造业空间集聚程度与制造业共同集聚程度并不完全呈现一致性。传统的自然资源密集型产业和劳动密集型产业具有两极化的空间集聚水平，而重化工业的集聚效应明显于扩散效应。最后，分别对基于资源禀赋、协作共生、规模经济和政府引导四种制造业集群的形成机理进行分析。

龚新蜀、顾成军（2012）选取 18 个行业的面板数据，从行业视角、生产效率视角和市场视角三个方面，结合两步法系统广义距估计对新疆维吾尔自治区制造业出口和发展潜力的影响因素进行了实证研究。新疆维吾尔自治区制造业资本投入推动了出口发展和发展潜力的提升，但具有周期性短的特点；对外开放度和潜在竞争力是新疆维吾尔自治区制造业促进出口和提升发展潜力的有效途径；新疆维吾尔自治区制造业外部市场对内部市场具有显著但不强的竞争替代性，开拓外部市场应以内部市场为基础和支撑。最后，提出了相应的政策建议。

马珩、李东（2012）基于传统产业升级理论提出"制造业高级化"概念，并从制造业结构优度和价值链高度两个维度构建制造业高级化指数。对长三角制造业高级化的测度结果显示，上海、江苏、浙江制造业高级化程度正在逐渐提高。以制造业高级化指数为因变量，以对外贸易依存度、市场化程度、人力资源素质和经济发展阶段为自变量，建立多元线性回归模型，分析各因素对制造业高级化的影响。研究结果表明，依靠外向型、依靠投资驱动尤其是政府投资驱动的经济发展方式，对制造业高级化的作用有限；人力资源素质的提高是制造业高级化的关键驱动因素。在此基础上从研发投入、人才培养、品牌战略等方面分析了推进制造业高级化的相关政策。

林秀梅、马明（2012）认为制造业是日本经济的支柱产业，具有强大的国际竞争力。但是近年来"日本制造"问题频出，日本制造业的国际竞争力在逐渐下降。主要原因之一便是全要素生产率的衰退。基于 DEA 的 Malmquist 指数法是衡量全要素生产率（TFP）的有效方法，将其应用到 2002～2006 年日本制造业的 15 个主要部门中，来衡量日本制造业 TFP 的变化。把 TFP 分解为技术效率指数和技术进步指数，来探讨 TFP 变化的原因，并为日本制造业的发展提供了对策、建议。

3. 典型区域制造业比较研究

喻春娇、胡小洁、肖德（2012）基于中国台湾 1993～2010 年的贸易数据对台海两岸通信科技（ICT）制造业最终产品和零部件贸易模式进行解析，研究结果显示：台海两岸 ICT 制造业的贸易模式逐步从 20 世纪 90 年代以产业间贸易为主转变为 21 世纪以产业内贸易为主，这一点在零部件贸易中表现得尤为突出；无论是最终产品还是零部件，台海两岸 ICT 产品产业内贸易都以垂直产业内贸易为主，并且零部件产业内贸易中垂直产业内贸易所占比重明显高于最终产品；进一步分析 ICT 产品垂直产业内贸易中台湾的相对技术优势发现，无论是在最终产品还是零部件垂直产业内贸易中，台湾对大陆出口的高技术含量产品均占据优势份额且呈迅速上涨趋势。台海两岸 ICT 制造业的产业内贸易模式的实证检验表明，两岸 ICT 零部件的产业内贸易主要是由驱动 ICT 全球性生产网络发展的垂直专业分工链条的分解所导致，而 ICT 最终产品的产业内贸易则主要是由市场规模等需求性因素所导致。

蒋钦云（2012）通过分析美国重振制造业战略的现实背景和历史趋势，认为美国实施重振制造业战略目的是为了调整拉动经济增长的"三驾马车"，将美国过分依赖消费拉动经济增长，调整为扩大出口以带动经济增长，同时，重振制造业更是美国经济去"空心化"战略，是利用制造业作为创新的温床，通过发展先进制造业，以实体经济为支撑实施的创新战略。我国加快培育和发展战略性新兴产业，目的是为了抓住全球范围内新一轮产业结构调整和科技革命的机会，提高自主创新能力，把握未来经济竞争的制高点。在这样的背景下，中美之间势必既存在潜在的冲突，又存在合作的可能，文章详细分析了中美两国之间的潜在冲突点与合作点，然后给出了相应的政策和策略建议。

安同信、范跃进、张环（2012）认为山东省制造业在整个山东经济与社会发展进程中扮演着重要角色，对繁荣市场、扩大出口、吸纳就业、富裕群众、促进城镇化等方面发挥了重要作用，然而其发展也存在诸多的问题，在由经济大省向强省的转变过程中，转型升级迫在眉睫。该文借助 SWOT 分析法，明晰山东制造业的优势、劣势、机遇、威胁，得出加快制造业转型升级成为山东经济再发展的关键。具体的对策建议是：借鉴日本经验，完善制造业产业发展规划及产业布局，推进制造业科技的自主创新，完善招商引资方式，合理利用市场机制，健全制造业生产服务体系等。

6.1.3 制造业产业研究动态

根据中国统计年鉴的划分标准，制造业包含了 30 个门类的细分产业，每个产业均有相应的研究，本报告主要集中在装备制造业、食品制造业和电子设备制造业以及航空制造业四大方面。

1. 装备制造业

赵勇、齐讴歌、曹林（2012）以陕西鼓风机集团作为研究对象，对中国装备制造业如何实施服务化战略进行了研究，特别关注服务化的驱动力、服务化过程以及服务化保障，初步构建了中国装备制造业服务化理论的基本分析框架：①中国装备制造业企业服务化的驱动力主要包括市场环境、高层管理者、顾客需求与参与；②装备制造业服务化过程中，呈现出较强的探索性特征，遵循着理念、战略、内容、流程的基本顺序以及目标定位、分析论证、内容设计和执行实施 4 个阶段；③服务化的保障主要包括公司战略、组织结构与技术研发等。

陈伟、张永超、田世海（2012）基于微观网络结构和宏观网络聚类的视角，借助联合申请发明专利数据作为支撑，选取东北三省装备制造业合作创新网络作为研究对象，分析了网络结构变量对网络成员创新产出影响效应及整体网络的聚类特征，讨论了网络特征对网络成员创新影响的作用效应及网络成员作用于网络的表现。结果表明：东北三省装备制造业合作创新网络中，中心性和结构洞对网络成员创新产出起到正向促进作用，而中间中心性并没有有效地促进创新产出；网络整体呈现"核心-边缘"的结构范式，几个创新能力较强的网络成员引领着联系紧密的子网络，处于整体网络的核心位置；由于网络连接的单一性，紧密连接的稳定网络并不一定会对其内部成员具有较大的作用力；网络密度对网络成员中介作用具有很大影响，并且创新能力较弱的成员倾向于与创新能力较强的成员组建网络密度较大的技术创新联盟。

谭蓉娟（2012）认为当前外商直接投资在珠三角装备制造业发展中的作用越来越不容忽视。在此背景下，利用虚拟变量最小二乘法对珠三角九市装备制造业进行面板数据分析，结果显示不同来源地的外资进入强度对珠三角装备制造业低碳化发展的核心参量碳生产力产生了不同方向的影响。其中，FDI 总体和海外华资对珠三角装备制造业碳生产力具有明显的负向影响，而外商投资虽然对碳生产力具有正向影响，但显著程度较弱。

邵慰（2012）指出中国装备制造业竞争力的提升已经越来越受到现有制度的约束。在新制度经济学的视角下，对装备制造业的制度进行分析，对其竞争力的变化具有很强的解释力。文章回顾了我国装备制造业产业政策的制度变革历程的基础上，指出现阶段装备制造业制度设计存在着缺少对国内区域分工协作的引导、资本结构极不合理、与低碳低耗能的整体经济发展趋势不能达到激励相容、忽视与非正式制度的协调发展等问题，并在实现制度效率、帕累托改进、交易成本最低、尊重制度生命周期规律等制度设计的原则下，给出我国装备制造业产业政策设计的建议。

巩前胜、仲伟周（2012）利用 2006～2010 年省际面板数据，对我国装备制造业的空间集聚水平进行测算，并从区域和行业两个视角分析其区域分布特性。结果表明：我国装备制造业内部各行业的集聚程度差异较大，集聚水平总体呈现缓慢下降趋势，区域间发展不平衡。要实现我国装备制造业区域协调发展，必须要依靠政府的宏观调控，促使产业向集聚程度较低的中西部省份有序转移。同时，中西部省市也应尽快提高装备制造业技术水平。

王千里（2012）实证分析表明依靠外商投资来发展我国高端装备制造业不是根本出路，必须以国内制造企业为主，科学选择优先发展领域，着力营造有利发展的体制机制，实施技术路线图工程，培育高端人才，从而提高企业自主创新力。

2. 食品制造业

周末、王璐（2012）在 Klette 和 Desouza 的基础上给出了一种更具一般性的，可以在异质性产品市场测度市场势力和垄断损失的方法，克服了不可观测的产品异质性和技术冲击导致的影响。随后，采用全国规模以上工业企业数据库数据，估计了产品差异非常大的白酒制造业市场势力溢价，并以此为依据，计算了由于市场势力溢价带来的福利净损失，验证了模型的有效性和稳健性。计量结果证明尽管白酒制造业市场结构较为分散，但是具有极强的市场势力，2008 年白酒制造企业运用市场势力带来的福利净损失高达 180.97 亿元。

宋国宇（2012）通过分析绿色食品产业所处生命周期阶段及其特征，运用生长曲线（逻辑斯蒂曲线和龚伯兹曲线）拟合绿色食品产业的发展演化过程，对其整体演化轨迹进行测定并进行阶段划分。得出的基本结论和启示是：①中国绿色食品产业发展从 2006 年开始进入快速发展的成长期，产业呈现明显的上升态势；②经过成长期的适度规模扩张后必须积极向成熟期过渡，政府产业政策的重点不是做"大"而是做"强"，通过进行产业结构调整，提高绿色食品产业的技术含量与创新能力，实现产业效率提升和产业竞争力增强。研究结论对于揭示绿色食品产业发展演化的内在规律，为政府制定符合生命周期阶段特征的产业发展规划与产业政策提供了科学依据。

3. 电子及通信设备制造业

陈爱贞（2012）认为中国下游行业融入国际分工的进程要早于装备制造业，随着国际产业竞争呈现出标准许可化的发展趋势，引入技术及其标准成为中国下游行业参与国际分工的重要条件。而随着上下游产业间技术关联加强，国际技术标准的垄断逐渐具有产业链捆绑效应，造成中国上游本土设备企业发展空间和自主创新受限。该文构建数学模型，分析了控制下游技术标准专利的跨国公司，通过在上游不同附加值环节有选择性地拒绝或放开授权，制约本土设备企业发展和创新的机制。实证分析进一步验证，下游技术标准受控于跨国公司造成中国通信设备制造业不同环节的非平衡发展，竞争效应和资源挤出效应制约了本土通信设备企业的自主创新。为此，需要通过产业链上下游合作来突破技术标准的捆绑约束。

孙晓华、周旭（2012）提出产业演进是单一产业所经历的由成长到衰退的演变过程，产业演进阶段的识别是科学制定产业政策的基础，也是产业经济学研究的重要问题之一。该文分别对产业组织视角下的二维识别法和产业规模视角下的产出增长率法与生长曲线法进行阐述，并以中国电子及通讯设备制造业 1987～2008 年的统计数据为例展开了实证检验，结果发现三种识别方法能够得到一致的结论，中国电子及通讯设备制造业目前处于产业成长期。因此，从多个维度定位产业演进阶段，不仅可以保证结论的稳健型，而且能够体现产业演进的内在演化逻辑。

曹爱军、陈志杰（2012）选取一组明确的电子商务绩效衡量指标，提出若干假设并设定基于 SAW 模型的理论和实证模型，利用江苏 1584 家中小企业调查问卷数据对模型进行拟合，结论表明：企业类型、规模、销售额、使用的电子商务类型、询盘量等因素对企业电子商务成交额产生正的影响；苏南和苏中有区位优势的企业与苏北的企业相比，其电子商务成交额反而较小。在实证研究基础上进一步提出促进中小企业电子商务绩效提高的政策建议。

4. 航空制造业

张近乐、刘恬（2012）指出，航空航天制造业是国家的战略性产业，在国防现代化和国民经济建设中发挥着重要的作用。技术效率作为体现科技含量带来的成效以及投入-产出之间关系的参量，能够较好地衡量和反映企业的生产效率和发展内涵。该文运用 SFA 方法，以近 9 年间的面板数据为依据，对我国航空航天制造业技术效率问题进行了探讨，分析了影响技术效率的相关因素，提出了改善和提高技术效率的建议。

牛鸿蕾、江可申（2012）指出，航空航天制造业的产业链长、辐射面宽、连带效应强，是高技术产业的重要组成部分。该文深入分析江苏省航空航天制造业的发展优势及状况，并与华东地区其他省份进行比较研究，得出以下结论：江苏具备地理位置优越、交通运输便利、经济科技实力雄厚等优势条件；近几年该行业的规模、研发投入呈总体上升趋势，但企业规模偏小，创新能力与安徽、上海和江西各地相差甚远；为了改变不利局面，充分发挥优势条件，抓住"大飞机"落户上海的历史机遇，必须依托于本省经济与科技实力，从加强科技资源内投外引，制定航空航天技术创新的专项扶持政策，强化省内外科研单位合作及航空工业园建设，打造沿江、沿沪宁线、沿海三大产业带等方面入手。

6.1.4　制造业企业研究动态

通过对制造业企业发展现状的研究，可以勾勒出中国制造业发展的现状和趋势。我们从 R&D 投入与技术创新、企业竞争力、生产管理、企业绩效四个角度对相关研究动态进行了归纳。

1. R&D 投入与技术创新

林洲钰、林汉川（2012）引入"社会资本"这一社会学概念，从微观层面证实了我国各省份社会资本水平差异对企业技术创新的促进作用。研究发现，无论是从创新投入还是从产出来看，在社会资本水平较高的省份，企业表现出更高的技术创新水平。结合制度环境和产权背景的分析显示，在法律保护水平低的地区，社会资本发挥了替代作用；内资股权比例越高，社会资本对于企业技术创新的促进作用越明显。进一步研究发现，社会资本增加了企业的技术创新回报。

毕克新、黄平和李婉红（2012）指出，基于国内外现有研究成果，针对制造业企业产品创新与工艺创新知识流耦合的现象，深入分析了影响知识流耦合的因素，提出了相应的假设，据此构建了制造业企业产品创新与工艺创新知识流耦合的理论模型。选择我国 201 家制造业企业作为研究对象进行问卷调查，运用结构方程模型对所提假设进行假设检验，研究结果表明：知识流耦合度、组织环境、知识传递方式和知识节点特性与知识流耦合效率正相关，知识特性与知识流耦合效率负相关，其中组织环境对知识流耦合效率的影响最大。

孙早、宋炜（2012）利用 2000~2009 年中国制造业面板数据，估计了企业 R&D 投入对产业创新绩效的效应。研究表明，在资本密集度较高的战略性产业中，企业 R&D 投入对产业创新绩效的正效应不显著；不同所有制企业的 R&D 投入对产业创新绩效的影响是不同的，与国有企业相比，民营企业 R&D 投入与产业创新绩效之间的正相关关系更为显著；企业自主创新能力还有很大的提升空间。

田红娜、毕克新、夏冰和李海涛（2012）运用系统动力学方法，从制造业绿色工艺创新的总体结构出发，提炼制造业绿色工艺创新的因果关系链和因果反馈回路，绘制制造业绿色工艺创新关键要素间的因果关系图和系统动力学图，建立制造业绿色工艺创新运行的系统动力学模型。在此基础上，从绿色工艺创新投入、实施、产出和环境 4 个维度构造制造业绿色工艺创新运行过程评价指标体系，综合反映制造业绿色工艺创新运行过程的状况。

王文涛、付剑峰和朱义（2012）分析了企业创新与价值链扩张之间的互动关系对企业盈利的影响。利用 1998～2010 年中国医药类上市公司和相关调研数据，实证研究了中国医药制造企业的整体盈利能力及其沿价值链不同方向扩张对盈利能力的影响，并具体分析了价值链上各环节的主要因素对企业盈利能力的影响程度。研究结果表明，纯制造类医药企业净资产收益率和销售净利率的下降幅度远远大于纯制造-扩张类医药企业，医药制造企业通过创新实施价值链上的业务扩张可以改善其盈利能力；中国医药制造企业盈利能力与价值链扩张之间存在着非线性关系，沿价值链向研发环节与营销环节的扩张都能有效提高、改善企业的盈利能力。

赵文军、于津平（2012）以全要素生产率对经济增长的贡献率作为经济增长方式衡量指标，对 2000～2010 年间中国工业经济增长方式的变化特征进行了分析，在此基础上利用 30 个工业行业面板数据，从总体和行业分组两个层面分别考察出口、进口和 FDI 对中国工业经济增长方式的影响。研究表明：中国工业经济增长方式的粗放型特征不仅不存在弱化趋向，反而出现强化现象；出口对工业经济增长方式转变不具有明显促进作用，在不同要素密集度特征和不同平均规模特征的工业行业中均如此；进口对工业经济增长方式转型存在推进作用，在资源和劳动密集型、平均规模较大的工业行业中尤为明显；FDI 增加会带动中国工业经济增长方式转型，资本和技术密集型、平均规模较大的工业行业 FDI 对本行业经济增长方式转型的拉动作用大于资源和劳动密集型、平均规模较小的工业行业。

田红娜、毕克新（2012）认为制造业绿色工艺创新系统是一个动态的、复杂的自组织系统。利用自组织理论剖析制造业绿色工艺创新系统的演化过程，包括形成期、以"治"为主的绿色工艺创新、以"防"为主的绿色工艺创新和"防、治结合"的绿色工艺创新四个阶段。根据 Logistic 基本原理构建了制造业绿色工艺创新系统的自组织演化模型并进行了案例分析，力求探索中国制造业绿色工艺创新系统的演化规律。

2. 企业竞争力

程承坪、张旭和程莉（2012）运用 1980～2008 年的统计数据，通过工资增长对中国制造业国际竞争力影响的实证研究，发现工资增长会正向影响中国制造业的国际竞争力，即当前适当提高劳动者工资有利于而不是降低中国制造业的国际竞争力，这种影响在短期内很显著，长期则保持在均衡的水平。基于这一研究结论，该文认为，适当提高劳动者工资水平，不但有利于提高中国制造业的国际竞争力，而且有利于缩小收入分配差距，增强国内消费需求，提高人力资本投资水平，促进产业结构升级，实现劳动密集型产业在区域间的梯度转移并深化区域间的产业分工。

张宝友、肖文和孟丽君（2012）在统计我国服务贸易进口额和制造业 11 个重点行业出口额的基础上，以面板数据结合多元回归方法实证服务贸易进口与我国制造业出口竞争力系。结果显示：①总体上我国服务贸易进口增长有利于制造业出口竞争力的提升；②不同部门服务贸易进口的增长对制造业出口竞争力提升的影响程度存在着较大差异；③服务贸易进口对不同部门制造业出口竞争力的影响也不一样。该文就我国制造业应该如何利用服务贸易进口来提高其出口竞争力提出了针对性的政策建议。

喻春娇、王雪飞（2012）在梳理东亚生产网络分工影响制造业竞争力的作用机理基础上，基于面板数据模型，验证了东亚生产网络分工对我国制造业出口竞争力的影响。实证分析结果表明：结合影响制造业行业竞争力的国内因素进行考察，东亚生产网络分工对我国制造业整体以及不同行业的出口竞争力均具有促进作用。进一步将东亚生产网络分工的作用效应进行分解，发现东亚生产网络分工主要是通过劳动生产率提升效应、技术外溢效应途径提升我国制造业整体的出口竞争力，但理论上所预期的规模经济效应并未发生促进作用。东亚生产网络分工对我国制造业出口竞争力的作用途径在制造业不同部门存在显著差异，一方面，资本、技术密集型制造业的出口竞争力的提升在很大程度上是由东亚生产网络分工所导致的劳动生产率效应所驱动，即便是此类融入东亚生产网络程度很高的制造业行业所获得的技术外溢效应也并不显著。另一方面，劳动密集型制造业部门出口竞争力的提升并非由东亚生产网络分工所导致的劳动生产率提升效应、技术外溢效应所推动。这种分工状况容易导致我国制造业比较优势的锁定效应，压缩我国制造业出口竞争力提升的空间。

汪素芹、贾志娟和曹玉书（2012）从理论上分析了承接外包对中国制造业国际竞争力的影响机理，在此基础上分析了中国制造业承接国际外包对产业竞争力的影响。实证研究结果表明，承接外包分工对我国制造业的竞争力提升产生了积极影响，但对资本（技术）密集型行业与劳动密集型行业影响程度不同。其中，对劳动密集型产业竞争力的影响系数 1.103874，而对资本（技术）密集型产业的影响系数为 3.109623。

徐建中、陆军和袁小量（2012）运用灰色统计原理，对所收回的调查表中的重要性程度进行白化函数数据处理和灰色统计计算，从而确定制造业企业核心竞争力的重要影响因子 22 个。

3. 生产管理

邱斌、刘修岩和赵伟（2012）基于 1999～2007 年中国规模以上制造业企业微观数据，从企业异质性角度出发，采用国际前沿性的倍差匹配法，首次对中国制造业企业出口行为与生产率之间的因果关系进行了双向检验。研究结果表明，整体而言，中国制造业企业同时存在显著的出口学习效应和自选择效应，而且这两种效应均随着时间的推移逐渐增强。进一步考虑企业规模异质性的研究证实，不同规模企业的出口学习效应和自选择效应存在明显的差异，小型企业从这两种效应中获得的生产率提高作用更强。

高友才、刘孟晖（2012）在探讨终极控制人所有权与控制权的基础上，对公司投融资策略进行了划分，并利用 2009～2010 年中国沪市和深市制造业 A 股上市公司样本数据，实证检验了终极控制人股权特征与公司投融资策略之间的关系。研究结论表明：随着终极控制人所有权与控制权比例的逐渐提高，公司投融资策略趋于保守；过度集中或分散的终极控制人所有权与控制权比例都会导致不匹配的投融资策略，适度的所有权与控制权集中会使公司投融资策略达到匹配；国有性质的终极控制人能够抑制保守投融资策略或风险投融资策略，但私有性质的终极控制人却使公司投融资策略更加趋于保守或风险。该文研究结论对于规范公司终极控制人投融资行为、改善公司治理水平具有重要启示作用。

孔群喜、宣烨和袁天天（2012）在大量调查问卷基础上，以江苏制造业企业为样本，从微观行为模式层面考察了影响我国企业跨国并购隐性知识转移的关键因素。研究结果表明：在控制了吸收能力、组织支持、接收动机、初级转移、高级转移、非正式群体与沟通和成功知识等相关因素后，知识模糊性和显性转移模式与隐性知识转移的效果之间呈现较显著的正向关系，而且这种正向关系还会因为知识嵌入性和隐转移模式解释变量的舍去而得到不同程度的加强。与一般认识不同的是，他们还发现，知识势差、物理距离和组织距离等与跨国并购过程隐性知识转移效果之间并不存在倒 U 型曲线关系，也不存在所谓的"门槛效应"，它们之间呈现显著负相关关系。在统计分析的基础上，进一步考察了我国企业跨国并购过程中隐性知识转移的关键影响因素，从转移过程、融合过程、协调过程和反馈过程四种情景验证了企业隐性知识转移过程的特征差异以及它们对跨国并购隐性知识转移过程的内在作用机理。

詹宇波、张军和徐伟（2012）基于企业层面的抽样数据，使用分位数回归方法研究了中国制造业企业中的工资决定因素，并对集体工资议价协议是否对工资决定产生作用给予了特别关注。研究发现：整体而言，集体工资议价对于工资决定的影响存在所有制方面的差异，在国有企业中的作用显著大于其他所有制企业。工会的存在与否对集体工资议价有一定的影响，且对职员的影响大于工人。此外，他们还发现员工的教育水平、培训投入、工作经验和本地同行业其他企业的工资水平等因素对工资水平有显著的正面影响，但是员工的教育水平对工资的影响主要体现在职员工资上，而工作经验的影响则主要体现在工人工资上。

4. 企业绩效

高爽、魏也华和陈雯（2012）以无锡市太湖水危机事件为例，首先对水危机前后的环境规制政策和手段进行对比分析，其次结合现有理论研究，总结了环境规制对制造业产业结构优化和绩效影响的理论框架，最后在对环境规制强度进行定量评估和对影响产业绩效各要素分析的基础上对理论框架进行验证。环境规制强度的评价结果表明，水危机事件后，环境规制强度显著增加，政府、技术、市场及社会工具的环境规制强度均值在 2007～2009 年期间比 2001～2006 年期间分别增加了 2.2、1.0、2.6、0.7 倍，政府在加强行政管理的同时开始积极探索市场化治理的工具，但以政府规制为主的治理模式仍然没有改变。回归结果进一步表明环境规制通过影响企业准入和提高技术效率，实现产业结构的优化和生产效率的提高，抵消了环境规制对生产成本增加而产生的消极作用，但是创新仍没有成为产业绩效增加的最主要动力。该研究对探讨经济和环境可持续发展模式以及环境规制手段的合理运用具有重要的理论借鉴意义。

李志宏（2012）认为科技人才绩效对装备制造业实现先进性目标具有重要意义。武汉装备制造业作为武汉工业的支柱产业和湖北装备制造业的核心组成部分，对湖北工业发展及升级极为重要。如何提升科技人才在先进装备制造业发展中的绩效能力和水平，是创新与发展湖北工业经济急需解决的重点问题。以武汉装备制造业新型工业化过程中的科技发展案例为基础，运用 DEA 分析方法对武汉装备制造业近 8 年来科技投入产出的相对有效性展开研究。通过 DEA 评价，分析得出了 DEA 有效决策单元与非有效决策单元，就人才投入及其投入比例、拥有的发明专利以及新产品销售收入等指标，对武汉先进装备制造业科技发展的相对有效性进行了评估，提出了提升先进装备制造业科技人才绩效的对策。

张宏伟（2012）以 2006～2010 年为研究期间，选取运动服装为主营业务的体育用品制造业上市公司，采用 DEA 视窗分析方法，对国内体育用品制造业及国外类似企业的经营效率的变化进行考量。研究发现，国外大型企业阿迪达斯的技术效率一直处于领先地位；国内体育用品制造业上市公司的经营效率与国外的公司有一定的差距，差距主要是由纯技术效率值引起的；国内部分企业的经营效率较高，且金融危机对国内体育用品制造业上市公司影响不大。

6.1.5　制造业低碳经济研究动态

中国制造业的飞速发展使得我国的碳排放居高不下，尽管没有确凿的证据表明碳排放确实使得气候变暖，但迫于国际的压力，石油燃料的短缺，我国也有必要进行低碳经济的相关研究。本节将低碳经济的研究动态归纳如下。

涂正革（2012）指出在中国现实国情下，如何实现低碳发展事关国家的长远发展战略。研究结果发现：经济规模每增长 1 个百分点，碳排放量平均增加 15 百万吨（MT），但是不同行业间经济增长的边际碳排放量差异很大；经济结构重型化加剧碳排放的增加，制造业比重每增加 1 个百分点，碳排放量平均增加 56MT；技术进步推动能源强度下降，是减少碳排放的核心动力，能源强度每下降 1 个百分点，碳排放量平均减少 33 MT；以煤炭为主的能源结构导致碳排放密度居高不下，能源结构变化的减排效应并不显著，但是，综合碳排放密度下降是一个积极的信号，显现出能源结构优化的迹象。推动产业结构调整、能源结构优化，促进节能技术与工艺创新，走新型工业化道路，是实现中国低碳发展的必经之路。

王迪、聂锐（2012）运用 LMDI 分解模型，对 1995～2007 年我国制造业碳排放变动特征及其影响因素进行研究，结果表明：我国制造业碳排放在考察期内呈"U"型变动趋势，且存在较大的行业差异，能源密集型行业碳排放总量较大，能源效率、能耗总量与结构上的行业差异是造成这一状况的根源；其次，经济总量是促进碳排放逐年增长的主要因素，且呈逐年增长的发展趋势，其年均贡献达到 48.51%；产业结构调整、能源技术进步与能源结构优化是减缓碳排放的主要因素，其中以能源技术进步的减排效果最为显著；制造业减排的关键在于重点耗能部门的结构调整和技术进步，与煤炭等高碳能源的高效、清洁利用。

徐泓、朱秀霞（2012）根据企业社会责任的内涵，将其划分为经济责任、法律责任、伦理责任、慈善责任，并据此建立了一套客观、公正、具有可操作性的社会责任评价指标体系。依据上市公司 2008 年和 2009 年的年报数据，采用实证研究的方法，证明该评价指标体系的科学性、可操作性；并根据实证研究的结果将构建的指标体系分为基本指标和修正指标。

安崇义、唐跃军（2012）从微观角度出发，在 AIM-Enduse 模型的基础上加入新的目标函数，重新定义参数，修改约束条件，构建在排放权交易机制下企业减排的单阶段最优化决策模型。在此模型基础上，该文分析了基于配额的排放权交易和基于项目的排放权交易（CDM）之间内在的促进和制约关系，进而发现，参与者数量及参与者之间减排边际成本的离散程度将决定排放权交易市场的交易量；对于减排技术高度发达的国家来说，CDM 机制不仅有利于大幅降低其减排成本，还有利于增加排放权交易市场的交易量，但是对于减排技术较为落后的国家来说，CDM 机制对其几乎没有影响。

王文治、陆建明（2012）认为 FDI 主要流入制造业中相对清洁的部门，从直接效应来看，FDI 流入并没引起制造业污染排放的增加，反而减少了制造业的污染排放。基于投入产出的计算结果，FDI 对中国制造业污染排放的间接拉动效应存在行业差异性，且 FDI 的间接效应只引起制造业中二氧化硫排放的上升，而对工业废水和工业烟尘的排放影响不显著。制造业各行业的能源消耗和科技投入也是造成污染排放增加的重要原因。

2012 年制造业主题的中文文献较往年数量更加充盈，质量继续提高。与前几年一样，制造业区域发展相关研究文献数量最大，表明此专题的研究被学界持续地广泛关注；产业方面，装备制造业与往年一样是最受学者关注的产业研究热点，其中电子与通信设备制造业是热点中的热点，航空航天设备制造业文献较往年明显增多，进一步说明的是，个别制造业（如钢琴乐器、体育用品）被单列出来进行研究；企业研究与往年相比，文献质量和数量相差不大；值得关注的是，低碳制造业研究文献质量比往年继续明显提高，在国内社科类顶级期刊上出现了制造业碳减排方面的文献，这与往年文献相比进步许多，也可以看出学者们对碳排放、污染排放与制造业发展关系研究的关注和重视。

6.2　国际制造业研究文献动态

本部分所使用的文献来自 web of science 数据库中被 SCI 和 SSCI 检索的期刊论文。2012 年以"Manufacturing Industry"为关键词进行检索，经济管理类文献共有 384 篇，从中选择出与本报告主题相关密切相关的 50 篇研究论文，分别从产业、环境、创新、企业、国际贸易几个角度进行组织，希望为国内的制造业研究提供启示。

6.2.1　制造业产业发展研究

Menon（2012）提出了两个新的方法研究产业聚集问题。第一种方法显著提高产业聚集的显著性，第二种方法可以根据产业聚集对劳动力市场的影响进行产业分类。基于美国经济数据的实证应用表明，在选择企业的位置时，高度依赖劳动力市场的属于高、低技术混合型行业。此外，该文发现，劳动力市场的决定因素可以解释跨产业空间集聚变化的四分之一左右。

Albert 等（2012）评估了西班牙制造业各行业企业的空间位置模式。该文使用基于距离的里普利 K 方法，该方法允许将空间当作不连续状态处理。制造业各行业呈现出显著的聚集特征，如果使用所有的制造企业位置为基准，一些部门呈发散状态，存在不同的空间尺度聚类。最后，使用城市作为基准发现，不仅是位置决定制造公司，还包括自我强化。

Buzacott 和 Peng（2012）认为广泛地与供应商形成伙伴关系已成为制造业的特征，特别是在飞机和汽车行业。恰当的合约可以使市场风险被制造商和合作伙伴分担。当销售额超过风险承受能力和回报目标确定的值时，这种合约通常可以达成。尽管金融合作伙伴类似的合约应该限制，但金融合作伙伴同制造业合作伙伴一样，可以从中获益。该文同时考虑与合作伙伴有现成的其他项目的合约，以及乃至与竞争对手合作的情况。研究结果表明，即使已经存在合作伙伴承诺，这种风险分担合约与产品销售利润呈正相关，即对合作伙伴是有益的。

Li 等（2012）使用 1998～2005 年间的中国制造业企业年度调查数据研究制造业产业聚集问题。首先，产业聚集与公司规模正相关。其次，使用工具变量估计方法发现，产业聚集对公司规模具有正效应。最后，企业做大的动力更多来自产业中有更多的大企业，而不是有更多的企业数量。

Wernz 和 Deshmukh（2012）将地理集中指数分解为随时间变化和不随时间变化两类因素，研究外溢时间段，即一个公司活动直接影响同区域、同行业其他公司活动的时间段。该文使用的实证方法是基于频率估计的方法，数据是 1985～2005 年间英国地区外商投资数据。假设天然优势是固定的，该文发现，溢出效应存在衰减现象，且影响时间为五年左右。

Schulz 和 Crespi（2012）研究美国食品制造业的产业集中度中的问题。该文是首先研究行业资助检查是否会影响行业聚集问题的论文。这篇文章以美国食品制造业产业内部的一些有行业资助的产业为对象展开研究。研究结论是有监督检查措施的行业比没有监督措施的行业集中度弱。

6.2.2　制造业环境影响研究

Fischer 和 Fox（2012）研究控制温室气体排放的政策法规存在的不足及改善措施。该文作者认为有四类政策可以与单方面排放定价相结合应对国际竞争影响：进口产品划分，出口退税，进口产品调节和出口补贴。在国际贸易法中，每个选项都面临着不同的潜在法律障碍，各自也有不同的经济影响。虽然都可以支持竞争力，但是没有一个必然有效减少全球温室气体排放。对美国、加拿大和欧洲三种不同经济体的能源密集型行业进行模拟，进口产品调节最有效，对关键制造业部门进行出口产品退税可实现很多目标。

Feres 和 Reynaud（2012）研究了正式和非正式的环境和经济法规对巴西制造企业的影响。作者采用成本函数，将污染作为负产品，以巴西 404 个制造业企业为样本进行研究，研究结论为巴西制造业污染排放受到正式和非正式环境法规的影响，正式的环境法规受到非正式规定及社会压力的影响。

Bohringer 和 Moslener（2012）针对"绿色"增长政策和相应的经济刺激方案的辩论，实地调查生产投资环境影响以及环境和能源支出。这篇文章使用德国制造业部门面板数据计量分析识别环境投资对产业经济的积极影响。研究结论为，积极的环境或能源支出不会对生产造成不良影响。因此，作者得出结论，环境监管可以刺激环保投资，与追求产业经济的发展目标趋同。

Wissmann 和 Hein（2012）认为很多关注环境的研究主要涉及工业生产中所使用的自然资源和产生的废弃物，是否可以通过立法，寻求客户的同情或管理者环保认识的提升等方式，既可以给环境带来正向影响，也可以使经济效益最大化。基于这种观点和生态效益扩散的观点，这篇文章以奶酪行业为例展开研究，该行业对环境会造成较大影响。然而，通过合理处置废物，用于污染物治理的费用将大幅降低。该文通过文献研究，个案研究，定量分析数据，以乳清为例开展研究。结果表明，环境成本占营业成本的 5.59%。乳清制造过程的残余物可以作为食品的原料，将减少 29% 的环境成本，这被定义为生态效率，销售乳清的收入将用于其他污染物治理。

6.2.3　制造业创新研究

Lin 等（2012）研究了企业间研发联盟对创造新科技知识的作用机制。作者认为具有高水平创新能力的企业似乎更多地受益于它们的联盟。具体来说，该文研究了技术吸收能力的三个相关指标对创新绩效的影响，即研发联盟结盟组合、技术相关程度和 R&D 强度。该文使用证券数据公司（SDC）、美国专利和商标局（USPTO）及标准普尔数据，研究结果表明，联盟网络可以为公司访问各种创新的技术提供帮助，使其比其他公司更容易获得适合的技术支持。

Ngai 等（2012）使用案例分析的方法研究无线电频率识别（RFID）技术如何改善生产流程。案例来自中国的一家服装厂。结果表明，技术推动和需要拉动因素影响服装厂采用 RFID 技术。技术推动因素包括相对优势、相容性、复杂性、可扩展性和成本，需要拉动因素包括竞争对手和客户的压力。

Revilla 和 Fernandez（2012）提出一种研究企业规模与创新之间关系的方法，使用西班牙制造业企业数据进行实证。研究结论为，企业规模与创新之间的关系依赖于技术的知识产权。大型企业的创新绩效依赖相对更好的知识产权，与客户和供应商的关系是重要的创新机会来源。

Shari 等（2012）研究香港的创新和技术管理，弥补作为亚洲新兴工业化经济体在该领域研究的不足。该研究旨在探讨在广东省经营的香港公司的创新活动和性能。该研究调查了 492 家公司发现，对于产品、工艺、组织、或营销创新而言，公司内外部的研发、购置机器和 R&D 合作至关重要。

Sun 等（2012）认为虽然中国香港制造贸易行业已转移到内地，但它们仍是香港 GDP 的最大贡献者。这些年它们面临着巨大的挑战，如成本较高，低附加值，高污染，低效率等。许多企业都被关闭或迁出中国的南部。这些企业已经认识到创新升级的迫切性。这篇文章旨在研究评估创新能力模型，使研究人员能够通过调查战略因素，操作因素和创新的过程因素，评估创新能力。

Wang 等（2012）基于开放式创新的角度来探讨中国企业如何提高它们的创新能力。作者的实证分析样本来自 91 个土生土长的中国高新技术产业企业。结果表明，中国企业普遍采用开放式创新的方法来加强创新成效。这些公司使用技术许可协议、长期联盟、与当地的大学和研发机构协作等提高创新绩效。

Voudouris 等（2012）使用 139 个希腊制造业中小企业调查数据，研究企业的技术能力和技术投资战略对技术投资效率的影响。结果表明，内部强大的技术能力是技术投资效益的决定因素。网络可以加强协同创造效应，但不能代替技术能力。技术投资战略是技术投资效率的重要影响因素。

Veer 和 Jell（2012）使用针对欧洲专利局的申请人的问卷调查，比较个人发明者、小企业、大型企业和大学的申请专利的动机。该文使用回归和因子分析方法，研究申请人类型的显著差异。大学申请的动机被解释为是防止别人使用这些技术和方法。个人发明者和小公司希望通过专利申请，实现融资和增加业务的目的。

6.2.4　制造业企业发展研究

Nunes 等（2012）使用制造业中小企业数据，应用两步估计方法，研究高技术中小企业和非高技术企业的 R&D 强度与绩效增长的关系是否类似。研究结果为，较低水平的 R&D 强度，限制高科技中小企业的绩效增长，而高水平的 R&D 强度会刺激它们的成长。高低水平的 R&D 强度均会限制非高技术企业的绩效增长。

Marin 等（2012）研究企业的社会责任对企业战略和竞争力的影响，作者调查了 144 家制造业和服务业企业。研究结果表明企业社会责任对企业竞争力有正的影响，对大型公司，这种效果更明显，能够影响企业战略，且服务业和制造业之间没有差异。

Kneller 等（2012）研究日本"失去的十年"中企业退出和生产率增长情况。生产率分解结果显示，生产率增长速度低源于企业生产力增长缓慢和企业进入和退出的门槛值。生产率增长缓慢还与较高的准入壁垒和跨国公司工厂转移有关。

Kneller 等（2012）使用日本数据研究跨国公司更容易关闭自己的工厂问题。研究结果显示，跨国和非跨国公司关闭工厂的概率类似，资本非大量集中的公司更可能关闭工厂。

Kim 和 Saravanakumar（2012）使用随机前沿生产函数模型，将全要素生产率增长的来源分解为技术进步，技术效率，规模效率和配置效率，根据 2000～2006 年数据，研究影响印度制造业增长的原因。实证结果显示，印度必须提高技术效率，增加技术工人和高素质的管理人员，这样可以吸引投资。

Hsu 和 Cheng（2012）使用制造业 136 家中小企业数据，应用创新扩散理论分析中小型企业愿意从事社会责任的影响因素。结果表明，中小企业愿意积极承担社会责任，不仅是管理者的个人价值观和道德驱动企业承担社会责任，提升企业文化、企业形象也是动力之一，企业承担社会责任存在一些障碍，即成本、时间、缺乏指导以及管理者的个人因素等。

Cucculelli 和 Ermini（2012）使用意大利企业调查样本研究创新与企业绩效的关

系。研究结论为：第一，新产品发布提高了多产品企业的增长机会，第二，产品开发提高了企业在行业中的研发竞争力，第三，新产品开发，大幅提高企业吸收外部专利的数量。

Baek 等（2012）认为外国直接投资股权福利的增长可能会受到需求减少或企业焦点变化的限制。管理自我利益驱动的收购，甚至可能减少股东财富。对 1999~2000 年间美国 235 家宣布收购的跨国公司调查发现，灵活性股权对股东价值有积极的作用，尤其是对硬服务的收购。

Bloom 等（2012）在过去的十年中，曾经使用双盲调查技术和随机抽样，获取 20个国家超过 1 万个组织的结构管理数据。作者发现，在制造业领域，平均而言，美国、日本和德国的企业管理最好；在发展中国家，如巴西、中国和印度，往往是管理不善。

Wagner 和 Silveira-Camargos（2012）认为汽车制造商应对日益激烈的竞争的方法之一是使用外包供应网络。使用德国汽车制造工厂收集到的数据进行研究，指出存在的问题：紧密耦合的买家和供应商的关系，可使反应时间短，但可能使网络中断。

Thorgren 等（2012）对 141 家参与多方联盟合作交流规范的制造业公司进行调查，研究规模较小的公司如何获得联盟的优势。研究结果显示规模较小的公司更可能比大公司遵守合作交流规范，对新产品的开发可以产生积极的影响。

6.2.5　制造业国际贸易研究

Du Caju 等（2012）以比利时为例，研究在小型开放经济体中，国际贸易对工资差距的影响。结果表明，进口渗透率对行业工资差距有显著的负面影响。从低收入国家进口比从高收入国家进口该现象更明显。

Jabbour（2012）从实证的角度研究分析公司离岸外包战略。该研究使用法国制造业企业提供的详细资料数据，研究其外包策略。研究结果为，企业的异质性、资产的特异性和市场决定企业的外包策略。

Simpson（2012）研究制造业和服务业海外投资结构与公司业务之间的新的经验证据。研究的主要结论为，在英国高新技术企业和非高新技术企业外商直接投资的效果不同。非高新技术企业投资到相对低工资的经济体可以使公司扩大产量，对投资、就业和产出具有潜在的正影响。投资于低工资经济体的高新技术制造业跨国公司比其他的英国公司，投资更大，资本更加密集，中间投入更多。

Suyanto 等（2012）使用印尼服装和电子行业数据，研究外商直接投资对本国企业生产效率的溢出效应。这两个行业都是出口密集型产业，但技术的复杂性和劳动强度不同。调查结果表明，在服装行业，外商直接投资产生了积极的影响，引起总生产率变化，技术效率变化，技术变革，规模效率变化。但是并不是所有行业都会受到此种影响，电子行业没有受到显著影响。

Miranda 等（2012）使用爱沙尼亚企业级面板数据分析国际竞争对企业的动态影响。研究结果表明，全球化并不显著影响企业的生存，但它是解释公司选择不同的核心产品的一个重要因素。

Kemeny 和 Rigby（2012）使用 1972~2006 年美国制造业数据库（NBER）研究国

际贸易对美国就业的影响。研究结果表明，国际贸易在非常规业务需求的增长方面具有重要贡献，特别是在高层次人才交流方面。

Kandilov 和 Leblebicioglu（2012）使用 1984～1990 年间墨西哥年度工业调查数据，研究减少最终商品与中间产品关税和进口许可范围，对企业的投资决策的影响。实证分析表明，减少最终商品的进口保护，将减少工厂层次的投资，而减少关税和进口许可证对中间产品的覆盖，将导致更高的投资。

Eliasson 和 Hansson（2012）使用瑞典的制造业与服务业的数据，研究影响服务贸易的因素。研究发现：贸易服务业就业人数至少与制造业相当，贸易服务业比制造业需要更多的技巧，贸易服务就业大幅增加。20 世纪 90 年代中期以来，瑞典熟练劳动力的大幅增长和导致熟练劳动力的相对需求增加的因素是一致的。由于瑞典一些业务外包给低工资国家，造成竞争加剧，高技术工作需求增加，低技术工作减少。

Colantone（2012）使用 1996～2002 年间比利时制造业数据，研究实际汇率变动对行业层面上重新分配工作的影响。研究发现，实际汇率变动对工作波动产生显著影响。特别是，汇率升值通过提高岗位破坏减少净就业率的提升，对岗位创造没有显著影响。

Cipollina 等（2012）使用 1992～2004 年间发达国家和发展中国家的 14 个制造业部门的面板数据，研究外商直接投资促进东道国经济增长的渠道。得出的主要结论是外商直接投资通过提高全要素增长率，促进东道国经济增长。

Andrews 等（2012）使用德国雇主和雇员的数据，研究外商独资工厂中的工人工作的不安全感是否比国内独资工厂中的更高。研究结果表明，外商独资工厂与工作稳定没有直接关系。

6.3　最值得阅读的 20 篇中外文学术论文

在撰写《中国制造业发展研究报告 2013》过程中，我们研读了大量国内外研究制造业问题的文献，对研究动态进行了分析综合。在此基础上，精心选取 2012 年度制造业颇具特色的国内外 20 篇优秀论文推荐给读者，希望能够准确地反映出国内外制造业研究动态，并给予经济管理研究者一定的引导和启示。

6.3.1　国内最值得阅读的 10 篇学术论文

关于中国制造业的文献浩如烟海，从这些文献中挑选高质量、有特色、有代表性的论文是极其困难的工作。为了保证我们的工作质量，我们采用了如下过程：首先，按照总体、区域、产业、企业、低碳经济分成五个小组，分别检索文献。其次，每个小组从文献中选取三十篇文献进行重点阅读，并从文献创新程度、贡献度、规范度等几个维度对文献打分。第三，每个小组从三十篇文献中选择十篇进行集中讨论。第四，为了防止遗漏重要文献，还邀请专家特别推荐一些备选文献，然后从这些文献中选择值得阅读的10 篇学术论文。

1. 中国的碳减排路径与战略选择——基于八大行业部门碳排放量的指数分解分析

作者：涂正革

发表刊物：《中国社会科学》2012 年第 3 期

英文题名：Strategic Measures to Reduce China's Carbon Emissions：Based on Index Decompositions on Analysis of Carbon Emissions in Eight Industries

推荐理由：①研究意义重大：低碳发展的核心因素是什么，中国经济增长的环境代价到底有多大，不同行业部门的环境代价差异如何，技术进步对各行业碳减排的贡献有多大，经济结构如何调整，能源结构变化怎样影响碳减排的空间与潜力，这些问题的解答，对于探寻我国低碳发展之路至关重要。②研究方法创新：首先是对现有模型方法的拓展。基于优化的 Laspeyres 指数法分析，将碳排放量的变化分解成各个因素效应之和，文章进一步将每个因素的碳排放效应分解出各个部门（行业）的贡献。第二是数据处理的创新。文章采用国民经济八大部门的能源消费与产出数据，根据 16 种能源的碳排放因子，计算出各行业的碳排放数据，计算的结果更精确。其次是对行业部门碳排放量计算方法的创新。文章采用"电（热）分摊"原则，将火力发电（热）企业所排放的碳分摊到使用电（热）的八大行业，更科学地核算各行业的碳排放量。③研究结论具有指导价值：低碳发展要从制造业入手减少能耗，从火电环节提高煤电的转换效率。通过碳税、金融等政策手段，调整和优化行业结构，大力发展现代农业与服务业，优先发展低碳行业。技术进步是减排的核心动力，依靠清洁能源技术，加大节能技术、工艺的投入，降低行业终端能源强度。

内容简介：指出在中国现实国情下，如何实现低碳发展事关国家的长远发展战略。研究结果发现：经济规模每增长 1 个百分点，碳排放量平均增加 15 百万吨（MT），但是不同行业间经济增长的边际碳排放量差异很大；经济结构重型化加剧碳排放的增加，制造业比重每增加 1 个百分点，碳排放量平均增加 56MT；技术进步推动能源强度下降，是减少碳排放的核心动力，能源强度每下降 1 个百分点，碳排放量平均减少 33 MT；以煤炭为主的能源结构导致碳排放密度居高不下，能源结构变化的减排效应并不显著，但是，综合碳排放密度下降是一个积极的信号，显现出能源结构优化的迹象。推动产业结构调整、能源结构优化，促进节能技术与工艺创新，走新型工业化道路，是实现中国低碳发展的必经之路。

2. 排放权交易机制下企业碳减排的决策模型研究

作者：唐跃军，安崇义

发表刊物：《经济研究》2012 年第 8 期

英文题名：Research on Decision Model of Enterprises' Carbon Emission Reduction under Emission Trading System

推荐理由：①方法独特：从微观角度构建严格意义上的针对单一企业的多阶段决策模型，而后基于"贪婪准则"的假定将其近似至单阶段决策模型，并以日本国立环境研究所开发的 AIM-Enduse 模型为原型对其进行拓展，给出在碳排放权交易环境下企业决策组合选择的标准及最优决策组合的基本特征。最后以个体决策的基本特征为依据构建社会总体排放权交易量的随机模型，分析 CDM 机制、市场规模、边际减排成本的离散程度对排放权市场交易量的影响。②文章结构严谨：在给出详细的文献综述并指出前人研究不足之后，作者运用多种模型方法分析给出在碳排放权交易环境下企业决策组合选择的标准及最优决策组合的基本特征，并进一步指出 CDM 机制、市场规模、边际减排成本的离散程度对排放权市场交易量的影响，最后提出相对应的政策建议。③研究意义重大：在现今的国际政治经济大背景下，对碳减排机制的研究正日益显出重要的战略价值。然而，对于不同的碳排放权交易机制之间有何内在促进和制约关系，排放权交易市场中企业的决策标准是什么，为何发达国家热衷实行 CDM 项目，碳税的加入对排放权交易市场有何影响等一系列重要的理论和实践问题，目前学界、业界、政府等依然处在初步探索阶段，远未形成清晰、可靠的认识。有鉴于此，该文从微观角度出发，在 AIM-Enduse 模型的基础上加入新的目标函数，重新定义参数，修改约束条件，构建在排放权交易机制下企业减排的单阶段最优化决策模型。

内容简介：从微观角度出发，在 AIM-Enduse 模型的基础上加入新的目标函数，重新定义参数，修改约束条件，构建在排放权交易机制下企业减排的单阶段最优化决策模型。在此模型基础上，分析了基于配额的排放权交易和基于项目的排放权交易（CDM）之间内在的促进和制约关系，进而发现，参与者数量及参与者之间减排边际成本的离散程度将决定排放权交易市场的交易量；对于减排技术高度发达的国家来说，CDM 机制不仅有利于大幅降低其减排成本，还有利于增加排放权交易市场的交易量，但是对于减排技术较为落后的国家来说，CDM 机制对其几乎没有影响。

3. 产品创新与工艺创新知识流耦合影响因素研究——基于制造业企业的实证分析

作者：毕克新，黄平，李婉红

发表刊物：《科研管理》2012 年第 8 期

英文题名：The Influential Factors of Knowledge Flow Coupling Between Product Innovation and Process Innovation Based on Manufacturing Enterprises

推荐理由：①研究意义重大：对产品创新与工艺创新的关系进行研究，识别产品创新与工艺创新相互作用的影响因素，有针对性的促进产品创新与工艺创新的协同发展，提高制造业企业产品创新与工艺创新能力，具有重要的理论与实际意义。②分析问题全面：首先进行研究设计，结合知识流动效率和知识流动影响因素的研究提出研究假设并构建理论模型，进行调查问卷设计、数据收集和数据分析；其次运用结构方程模型进行假设检验，提炼出制造业企业产品创新与工艺创新知识流耦合的影响因素，并测定各因素对知识流耦合效率的影响程度。③研究结论具有指导价值：首先，制造业企业必须营造良好的组织环境，缩短产品创新与工艺创新组织的组织距离，有针对性的进行知识流耦合激励；其次，必须针对知识的特性，选择合适的方式和手段实现隐性知识显性化、专用知识通用化和复杂知识简单化，降低知识特性对知识流耦合效率的负向影响；再次，必须合理地结合不同的知识传递方式，针对不同知识和知识节点的特性，合理运用人际化和编码化两种知识传递方式；最后，必须针对知识节点的特性，调整产品创新与工艺创新组织的知识距离，并通过合适的方式和手段提高其学习动机、学习能力、传授能力和传授意愿，进而实现制造业企业产品创新与工艺创新的协同发展。

内容简介：基于国内外现有研究成果，针对制造业企业产品创新与工艺创新知识流耦合的现象，深入分析了影响知识流耦合的因素，提出了相应的假设，据此构建了制造业企业产品创新与工艺创新知识流耦合的理论模型。选择我国 201 家制造业企业作为研究对象进行问卷调查，运用结构方程模型对所提假设进行假设检验，研究结果表明：知识流耦合度、组织环境、知识传递方式和知识节点特性与知识流耦合效率正相关，知识特性与知识流耦合效率负相关，其中组织环境对知识流耦合效率的影响最大。

4. 产业集聚拉大了地区收入差距吗？——来自中国制造业的经验证据

作者：谢里，谌莹，邝湘敏

发表刊物：《经济地理》2012 年第 2 期

英文题名：Does Industrial Agglomeration Widen Regional Income Disparity? —Evidence from Chinese Manufacture Industries

推荐理由：①研究视角新颖：究竟产业集聚是否拉大了地区收入差距，如果答案是肯定的，那么，产业集聚在多大程度上影响地区收入差距？在构建包容性增长社会、促进区域经济协调发展的背景下，考察产业集聚与地区收入差距的变化趋势，分析产业集聚对区域经济协调发展的影响程度和显著性，并在此基础上提出优化产业集聚、促进区域协调发展的政策建议显得尤为重要。②全文结构严谨：从文献综述、方法模型介绍到实证分析及结论与政策含义解释等形成了完整体系。③研究结论意义重大：产业集聚与制度因素变量的交互项对地区收入差距的影响要远大于制度变量本身所产生的影响，全国整体层面和东部地区的产业集聚水平提高将有利于缩小地区收入差距，而中部和西部两大地区的产业集聚水平提高将扩大地区收入差距。

内容简介：选取了 1999～2008 年中国制造业的数据为分析样本，构建了产业集聚及其与制度因素交互项共同影响中国地区收入差距的面板数据计量模型，分别从全国层面和东、中、西部三大地区层面，实证研究了产业集聚对地区收入差距的影响，结果表明：产业集聚与制度因素变量的交互项对地区收入差距的影响要远大于制度变量本身所产生的影响，全国整体层面和东部地区的产业集聚水平提高将有利于缩小地区收入差距，而中部和西部两大地区的产业集聚水平提高将扩大地区收入差距。

5. 工资增长对中国制造业国际竞争力的影响研究——基于中国 1980～2008 年数据
　　的实证分析

作者：程承坪，张旭，程莉

发表刊物：《中国软科学》2012 年第 4 期

英文题名：Study on the Effects of Rising Wages on Chinese International Competitiveness of Manufacturing：An Empirical Analysis Based on 1980～2008 Data

推荐理由：①研究具有创新价值：现有关于工资增长是否会影响到中国制造业的国际竞争力的研究大多数是建立在规范分析的基础上的，缺乏实证研究的支持，无法消除人们对这一问题的疑虑。该研究以中国制造业的国际竞争力、制造业劳动力成本、全要素生产率三个变量构建一个 VAR 模型，运用中国 1980～2008 年的数据实证分析这一问题，以期弥补上述研究的不足，消除人们的疑虑。②研究问题意义重大：在近期通货膨胀压力加大的背景下，工资增长的呼声越来越高，但政策制定者们担心涨工资可能会导致中国制造业国际竞争力的下降，使大量的 FDI 转向其他工资水平更低的国家。该研究运用 1980～2008 年统计数据，通过工资增长对中国制造业国际竞争力影响的实证研究，发现工资增长会正向影响中国制造业的国际竞争力，即当前适当提高劳动者工资有利于而不是降低中国制造业的国际竞争力，这种影响在短期内很显著，长期则保持在均衡的水平。③研究结论有现实指导意义：1980～2008 年中国制造业劳动者工资增长对中国制造业的国际竞争力有促进作用，而且短期这种促进作用十分显著，长期则处于一种均衡水平。实证研究的结果支持当前条件下适当增加劳动者工资的观点。

内容简介：运用 1980～2008 年的统计数据，通过工资增长对中国制造业国际竞争力影响的实证研究，发现工资增长会正向影响中国制造业的国际竞争力，即当前适当提高劳动者工资有利于而不是降低中国制造业的国际竞争力，这种影响在短期内很显著，长期则保持在均衡的水平。基于这一研究结论，该文认为，适当提高劳动者工资水平，不但有利于提高中国制造业的国际竞争力，而且有利于缩小收入分配差距，增强国内消费需求，提高人力资本投资水平，促进产业结构升级，实现劳动密集型产业在区域间的梯度转移并深化区域间的产业分工。

6. 区域制度差异，CEO 管理自主权与企业风险承担——中国 30 省高技术产业的证据

作者：张三保，张志学

发表刊物：《管理世界》2012 年第 4 期

英文题名：Regional Institutions Disparity，CEO Managerial Discretion and Firm Risk Taking：Evidence from China High-tech Firms Across 30 Provinces

推荐理由：①研究方法规范全面：首先通过问卷调查获取了 61 位学界专家与 84 位公司高管对中国 30 个省级行政单位（以下简称 30 省）的企业 CEO 管理自主权的评分。在此基础上，以 2005～2007 年中国 30 省高技术产业共 58 173 家观测企业为样本，考察了 CEO 管理自主权对地区层次的企业风险承担战略与绩效的影响。同时，还从公开数据中选取反映中国省际制度差异的 8 个指标，并根据样本特征（高技术企业）对其中 4 个正式制度指标进行了修正，以检验 CEO 管理自主权与制度前因的关系及其中介效应。此外，还运用中国输血协会与世界银行的公开制度指标数据，对研究结论的稳健性进行了检验。②文章结构安排合理：第二部分系统回顾了管理自主权的界定、前因、效应及中国情境下的相关研究，并在此基础上结合中国国情提出了相应假设。第三、四部分分别通过两个实证研究探讨 3 个问题：区域制度环境如何影响 CEO 管理自主权；CEO 管理自主权如何影响企业风险承担战略与绩效；CEO 管理自主权是否具有连接制度环境与企业战略及绩效的中介效应。第五部分对前述实证研究结论进行了稳健性检验。文章结尾讨论了该文的理论贡献与实践启示、研究局限及今后的研究方向。③研究贡献有重大意义：首先，该文章以研究实践响应了当今管理学界"致力于连接宏观与微

观领域"的呼吁；其次，引入 CEO 管理自主权概念的两个实证研究，系统回答了管理者是否重要及何时重要的问题，剖析了"制度企业家"的形成机制，进一步有机统一了不同理论流派的争论；再次，CEO 管理自主权的决定因素从个人、组织和行业层次拓展到区域层次，其适用范围也从市场经济体扩展到转型经济体；第四，CEO 管理自主权的中介效应而非传统的调节效应得到进一步验证，增强了其解释力与重要性；第五，中国 30 省 CEO 管理自主权的问卷调查数据，为后续涉及中国区域差异或高层管理者的相关研究提供了便利；第六，研究结论不但为转型经济体中高技术企业实施国际化与创新战略提供了参考，也为中国各地区改进自身商业环境、以及外商投资的区位选择提供了借鉴，还为人们重新思考中央与地方分权、政府与企业关系等涉及中国政治与经济体制改革的深层次问题开启了新视角。

内容简介：考察基于已有经济和社会数据所形成的制度变量与管理自主权的关系，研究获得如下发现：①区域正式与非正式制度，如信任、政府干预、所有权分离、金融发展、地方保护、外商投资、司法公正及劳动力灵活性等，均与省份层次的 CEO 管理自主权相关；②CEO 管理自主权与企业风险承担及绩效显著正相关；③CEO 管理自主权对区域制度环境与企业风险承担及绩效的关系具有中介效应。上述结论大多通过了稳健性检验。最后，讨论了文章的基本结论、理论贡献与实践启示，指出了研究局限与未来的研究方向。

7. 贸易开放、FDI 与中国工业经济增长方式——基于 30 个工业行业数据的实证研究

作者：赵文军，于津平

发表刊物：《经济研究》2012 年第 8 期

英文题名：Trade Openness, FDI and China's Industrial Economic Growth Pattern：Empirical Analysis Based on Data of 30 Industrial Sectors

推荐理由：①文章结构合理：首先通过合理选择经济增长方式衡量指标，分析中国工业经济增长方式的变化特征。然后通过构建基于中国工业行业的出口、进口、FDI 与经济增长方式关系的计量模型，在总体和行业分组两个层面上评析出口、进口和 FDI 对工业经济增长方式的具体影响。最后根据上述分析结论，提出促进中国工业乃至总体经济增长方式转型的政策建议。②研究结论有政策指导价值：第一，自 2000 年以来，中国大部分工业行业的全要素生产率对产出增长的贡献率呈现下滑之势，工业经济增长方式的外延和粗放型特征不仅不存在弱化趋向，反而具有强化迹象。第二，中国工业出口对其经济增长方式的转变不具有明显促进作用，在不同要素密集度特征和不同企业规模特征的工业行业中均如此。第三，中国工业进口有助于其经济增长方式转型，其中资源劳动密集型和平均规模较大的工业行业进口对本行业经济增长方式转型的推进力强于资本技术密集型和平均规模较小的工业行业。第四，中国工业 FDI 的增加会带动工业经济增长方式转型和升级，其中资本技术密集型和平均规模较大的工业行业 FDI 对本行业经济增长方式转型的拉动力强于资源劳动密集型和平均规模较小的工业行业。

内容简介：以全要素生产率对经济增长的贡献率作为经济增长方式衡量指标，对 2000～2010 年中国工业经济增长方式的变化特征进行了分析，在此基础上利用 30 个工

业行业面板数据，从总体和行业分组两个层面分别考察出口、进口和 FDI 对中国工业经济增长方式的影响。研究表明：中国工业经济增长方式的粗放型特征不仅不存在弱化趋向，反而出现强化现象；出口对工业经济增长方式转变不具有明显促进作用，在不同要素密集度特征和不同平均规模特征的工业行业中均如此；进口对工业经济增长方式转型存在推进作用，在资源和劳动密集型、平均规模较大的工业行业中尤为明显；FDI 增加会带动中国工业经济增长方式转型，资本和技术密集型、平均规模较大的工业行业 FDI 对本行业经济增长方式转型的拉动作用大于资源和劳动密集型、平均规模较小的工业行业。

8. 参与全球生产网络对我国制造业价值链提升影响的实证研究——基于出口复杂度的分析

作者：邱斌，叶龙凤，孙少勤

发表刊物：《中国工业经济》2012 年第 1 期

英文题名：An Empirical Study on the Impact of GPNs on China's Manufacturing Industries' Upgrading in Global Value Chains——An Analysis from the Perspective of ESI

推荐理由：①研究角度新颖：从行业中观的视角出发，在将 SITC 五位码 2600 多种产品归类到国民经济标准行业分类两位码后，以出口复杂度指标测度了我国制造业各行业的价值链地位，并在此基础上探究了全球生产网络对我国制造业价值链提升所发挥的作用，以及这一作用可能存在的行业异质性，同时通过分组检验，进一步揭示了不同价值链层次下参与全球生产网络对我国制造业价值链提升影响的差异性。②研究结论有价值：第一，全球生产网络参与程度的提高促进了我国总体制造业价值链地位的提升，同时，物质资本、高技术资本也是价值链提升的促进因素。第二，全球生产网络对我国制造业价值链提升的积极影响因制造业各环节的不同分工层次而表现出异质性。第三，全球生产网络对价值链提升的促进作用存在行业异质性，资本技术密集型行业在参与全球生产网络分工的过程中能够有效地提升其价值链地位，但这一积极作用未能在劳动密集型行业和资本密集型行业中发现，这说明只有建立在较高研发投入和技术水平基础之上的分工合作才能有效促进价值链攀升。第四，2001～2009 年我国大部分行业的出口复杂度总体上呈上升趋势，但是 2008 年之后，由于受金融危机因素的影响，部分行业的出口复杂度出现了不同程度的下降，其中资本技术密集型行业下降幅度最大，资本密集型行业与劳动密集型行业也出现了较高程度的下降。

内容简介：通过 102 个主要国家的 SITC 五位码贸易数据计算了我国 2001～2009年 24 个制造业行业的出口复杂度（ESI），以此衡量各行业在全球价值链中的地位，并实证检验了全球生产网络对我国制造业价值链地位的影响。研究发现，总体而言，全球生产网络促进了我国制造业价值链提升，资本密集度和高技术资本密集度也可以显著提高价值链地位，但经济自由度、研发对我国制造业价值链提升的积极作用并不显著。进一步的研究发现，全球生产网络对我国制造业价值链地位的影响存在显著的行业差异性，具体表现为，与以零部件贸易为主的行业相比，全球生产网络对价值链提升的积极影响在以半成品贸易为主的行业中更为显著；在资本技术密集型行业中，全球生产网络有助于提升我国制造业的价值链地位，但在劳动密集型行业和资本密集型行业中这一作用并不明显。

9. 区域装备制造业产学研合作创新网络的实证研究——基于网络结构和网络聚类的视角

作者：陈伟，张永超，田世海

发表刊物：《中国软科学》2012 年第 2 期

英文题名：Empirical Research on Innovation Networks Consisting of Industry-University-Research Institute in Regional Equipment Manufacturing Industry: A Perspectiveof Network Structure and Network Cluster

推荐理由：①研究意义重大：从区域装备制造业产学研合作创新网络的视角来展现创新网络整体特征和节点创新特征，从微观层次来检验中心性、结构洞以及中间中心性对节点创新产出影响，从整体层次描述整体网络可视化特征、聚类以及密度情况，最后探讨网络整体特征与网络节点创新表现关系。这有助于揭示区域装备制造业产学研合作创新网络的整体演化趋势以及在这种趋势下网络结构特征对节点创新的影响，对制定产学研科技发展规划和区域装备制造业发展战略具有理论指导和实践参考意义。②理论基础阐述详细：在借鉴现有研究成果的基础上，将网络结构变量设为中心地位、结构洞和中间中心地位三个参量，并分析它们对网络成员合作创新的影响。中心地位、结构洞和中间中心地位分别反映了网络成员在网络中的中心性、桥接性以及中介性，这三个网络结构变量对于网络成员在网络中信息和知识获取、与其他网络成员连接以及权力掌控具有不同的影响，决定了网络成员在网络中的位势，影响着网络成员的创新效率。③全文结构严谨：从文献回顾、方法模型介绍到实证分析及结论与政策含义解释等形成了完整体系。

内容简介：基于微观网络结构和宏观网络聚类的视角，借助联合申请发明专利数据作为支撑，选取东北三省装备制造业合作创新网络作为研究对象，分析了网络结构变量对网络成员创新产出影响效应及整体网络的聚类特征，讨论了网络特征对网络成员创新影响的作用效应及网络成员作用于网络的表现。结果表明：东北三省装备制造业合作创新网络中，中心性和结构洞对网络成员创新产出起到正向促进作用，而中间中心性并没有有效地促进创新产出；网络整体呈现"核心-边缘"的结构范式，几个创新能力较强的网络成员引领着联系紧密的子网络，处于整体网络的核心位置；由于网络连接的单一性，紧密连接的稳定网络并不一定会对其内部成员具有较大的作用力；网络密度对网络成员中介作用具有很大影响，并且创新能力较弱的成员倾向于与创新能力较强的成员组建网络密度较大的技术创新联盟。

10. 产品异质条件下市场势力估计与垄断损失测度——运用新实证产业组织方法对白酒制造业的研究

作者：周末，王璐

发表刊物：《中国工业经济》2012 年第 6 期

英文题名：Estimation of Market Power and Welfare Losses of Liquor Industry——An Application of NEIO Framework within the Heterogeneous Market

推荐理由：①研究思路清晰有条理：第一步，采用新实证产业组织理论测度产业实际的市场势力溢价；第二步，将市场势力溢价代入福利损失测度的模型中，得到由于实际运用的市场势力而导致的福利损失。②研究方法独特创新：文章给出了建立在 NEIO 理论基础上的垄断损失测度方法，对具有较大产品（价格）差异性的白酒行业市场势力、福利损失进行了估算，验证了该文章提出的计量方法。在该文章发表之前，国内还没有文献能够对市场势力带来的福利损失进行有效可靠的测度。③研究结论有价值：第一，与通常的认识相反，白酒制造业尽管拥有原子型的市场结构，却存在非常强的市场势力，市场势力溢价高达 1.297；第二，白酒制造业 2008 年市场势力造成的福利损失为 180.97 亿元，约占到白酒制造业总产出的 11.46%。

内容简介：在 Klette 和 Desouza 研究基础上给出了一种更具一般性的，可以在异质性产品市场测度市场势力和垄断损失的方法，克服了不可观测的产品异质性和技术冲击导致的影响。随后，采用全国规模以上工业企业数据库数据，估计了产品差异非常大的白酒制造业市场势力溢价，并以此为依据，计算了由于市场势力溢价带来的福利净损失，验证了模型的有效性和稳健性。计量结果证明尽管白酒制造业市场结构较为分散，但是具有极强的市场势力，2008 年白酒制造企业运用市场势力带来的福利净损失高达 180.97 亿元。

6.3.2　国外最值得阅读的 10 篇学术论文

1. The Decision to Import Capital Goods in India：Firms Financial Factors Matter

中文题名：印度国际融资决策约束：企业金融因素

作者：Bas M，Berthou A.

出处：World Bank Economic Review（《世界银行经济评论》），2012，26（3）：486-513.

推荐理由：①研究意义重大：印度和我国均为发展中国家，印度存在的问题，同样值得我国参考。从这一点来说，关于印度国际融资的研究，我国可以借鉴。②模型设定合理：作者在理论支撑的情况下，合理假设，构建模型，使得结论可信。③全文结构严谨：从理论分析、指标体系建立、数据获取到实证分析及结论与展望等形成了完整体系。

内容简介：作者使用印度制造业 1997～2006 年的财务报表数据研究金融约束是否正在阻止企业进行国际融资。国际融资昂贵且需要内、外部金融资源。在不完善的金融市场下，信贷约束是国际融资的一个屏障。实证结果显示，较低的杠杆率和较高的流动资产更可能从国际上融资。

2. Managing the Trade-off between Ambiguity and Volatility in New Product Development

中文题名：新产品开发中的歧义和波动性权衡管理

作者：Carson SJ，Wu T，Moore WL.

出处：Journal of Product Innovation Management（《产品创新管理》），2012，29（6）：1061-1081.

推荐理由：①研究视角新颖：该研究没有采用通常的线性假设，而是采用模糊和波动理论模拟现实状态，这使得研究结论更加可信。②研究意义重大：当前我国需要改变世界加工厂的地位，需要提高企业的创新能力，该文对我国企业提高创新效率具有借鉴意义。

内容简介：不确定性被广泛认为是新产品开发流程中的一个关键问题。然而，现存新产品的研发不确定性研究均假设为一维的，即使是多方面不确定性的研究也采用类似的方法。这篇文章提出了一种模糊性和波动性理论，描述新产品开发过程中不同的和相互矛盾的需求。该理论来自组织理论和学习理论的思想。基于大样本数据研究显示，模棱两可的环境有利于发展较慢的进程，而较为波动的环境有利于更快、更灵活的开发过程。该研究使用了 120 个美国制造业企业新产品开发数据实证。研究结论为：模糊性和波动性的相对水平决定最佳新产品开发流程。

3. Regional Industrial Structure and Agglomeration Economies：An Analysis of Productivity in Three Manufacturing Industries

中文题名：区域产业结构和集聚经济：三个制造业产业生产率分析

作者：Drucker J，Feser E

出处：Regional Science and Urban Economics（《区域科学和城市经济学》），2012，42（1-2）：1-14.

推荐理由：①研究意义重大：区域产业结构的集聚趋势与启示对我国具有重要的借鉴意义，该文研究产业结构对不同企业提高生产效益的意义，可以为我国产业布局提供参考。②数据应用合理：作者使用的是公开和机密数据，使得数据更加详实、具体，参考意义更大。③分析问题全面：这篇文章分析了三个制造业行业的集中度问题，使研究结论更具应用价值。

内容简介：调查较为集中的区域产业结构，即在一个特定地区和行业中少数几个大公司占主导地位，是否会限制集聚经济，并最终削弱在该行业的企业，特别是小企业。该文应用生产函数和机密及公开相结合的数据展开研究，结果发现，区域产业结构集中度对生产效率有负效应，较弱的证据显示集聚经济是一个中介因素。

4. Why are the Industrial Firms of Emerging Economies Short-termistic in Innovation? Industry-level Evidence from Chinese Manufacturing

中文题名：新兴经济体的工业企业为什么存在短期创新行为？来自中国制造的工业级证据

作者：Guo B，Chen XL.

出处：International Journal of Technology Management（《国际科技管理学刊》），2012，59（3-4）：273-299.

推荐理由：①研究意义重大：中国的制造业发展迅速，在国际中占有重要地位，分析中国企业的创新行为，可为其他国家提供参考。同时，了解我国工业企业短期创新行为的影响因素，也可以采取适当措施，支持我国企业创新。②研究创新性强：该文研究企业短期创新行为的影响因素，既可以解决中国的实际问题，又对拓展创新领域有贡献。

内容简介：使用 2000～2009 年中国大型和中等规模的制造企业工业级面板数据，研究行业内和行业间的外国直接投资（FDI）、财政拮据和技术的不确定性对创新短期行为的影响。学习角度、创新行为被概念化为知识获取和知识创造的过程。实证结果表明，产业内和产业间的 FDI 对企业在知识获取和知识创造短期行为方面形成较强的影响，而财务约束和技术的不确定性，仅影响企业知识获取的短期行为。

5. Corporate Expenditure on Environmental Protection

中文题名：企业环境保护支出

作者：Haller SA，Murphy L

出处：Environmental & Resource Economics（《环境与资源经济》），2012，51（2）：277-296

推荐理由：①文章数据丰富：在分析爱尔兰制造业污染问题时，使用了企业能源、经济和进出口数据，数据丰富。②研究意义重大：环境保护是中国现在和今后很长一段时间面对的问题，参考其他国家的相关研究成果，将有助于我国环境保护，也可以启发我国采取合适的政策措施。

内容简介：使用赫克曼选择模型（Heckman selection model）研究爱尔兰制造业污染控制投入和环保开支的决定因素。两类开支的主要决定因素是相似的：大型、出口和能源密集型企业花费较大，受到环境监管也有效果。一旦决定投入资金，大型、历史较长、外商独资、出口和能源密集型企业将产生更高的环保支出。影响资本投资数量的因素是企业的规模和历史长短。建议采取经济和监管措施激励大型和污染最严重的企业，以减少污染。

6. Firm Size，Managerial Practices and Innovativeness：Some Evidence from Finnish Manufacturing

中文题名：企业规模、管理实践和创新能力：来自芬兰制造业的一些证据

作者：Koski H，Marengo L，Makinen I.

出处：International Journal of Technology Management（《国际科技管理学刊》），2012，59（1-2）：92-115.

推荐理由：①数据丰富：该文使用 398 家制造业公司的调查数据研究企业的创新问题，数据丰富，研究的可信程度较高。②研究意义较大：如何激励企业创新是我国现在面临的主要问题，参考其他国家的创新研究，可以为提高创新绩效提供帮助。

内容简介：使用 398 家芬兰制造公司 2002 年和 2005 年的调查数据，研究一些企业产生较大创新的组织因素、创新激励在大型企业和小型企业间的差异和技术含量高、低

产业的创新激励差异。研究结果表明，在大型企业和小型企业之间，以及技术含量高、低企业之间存在创新组织激励的巨大差异。最有效的激励创新似乎是使员工和/或经理拥有公司股票的所有权。当公司有较好的监测系统时，基于绩效的工资与积极创新有正相关。

7. Employees' Break-offs and Location Selection：The Birth of Industrial Clusters

中文题名：离职员工的平衡和位置选择：产业集群的诞生
作者：Lee IH，Levesque M，Minniti M.
出处：Ieee Transactions on Engineering Management（《IEEE 工程管理》），2012，59（2）：278 292.

推荐理由：①模型设计合理：该文充分讨论了产业集群中雇员的重要作用，并据此提出假设，建立模型，模型设计、推演合理，结论可信。②研究角度具有很强的参考价值：产业集群的研究较多，但从雇员角度展开的研究并不多，这为今后的研究提供了思路。

内容简介：实证观察表明，雇员促进新旧雇主组成产业集群。这种选择的原因很复杂的，包括各种成本的考虑。该文提出了三阶段两名参与者的博弈模型，得出的研究结果为：技术在其中扮演很重要的角色，当增加在该地区的 R&D 投资，可能鼓励公司之间断开联系。

8. Contributions of Local Agglomeration to Productivity：Stochastic Frontier Estimations from Japanese Manufacturing Firm Data

中文题名：产业聚集对生产力的贡献：来自日本制造业企业数据的随机前沿估计
作者：Nakamura R.
出处：Papers in Regional Science（《区域科学论文》），2012，91（3）：569-597.

推荐理由：①研究意义重大：日本曾经是发展最快的经济体，日本的制造业曾经取得辉煌的成绩，研究日本产业聚集对生产力的影响，将为我国的产业布局提供参考。②结论具有现实指导性：这篇文章明确指出产业聚集对企业的影响，据此可以设计合理的产业布局结构，具有现实指导意义。

内容简介：使用日本制造商 2005 年企业级数据，研究区域聚集效应对生产力的效应。该研究分析和讨论各类聚集效应，以确定何种类型的聚集有利于提高生产效率。研究结果表明，对于轻工业，大小不同企业的聚集比均为小企业的聚集更能提高生产效率。

9. Why Does the Reduction of Greenhouse Gas Emissions Enhance Firm Value? The Case of Japanese Manufacturing Firms

中文题名：为什么削减温室气体排放可以提高企业价值？日本制造业企业的案例
作者：Nishitani K，Kokubu K.
出处：Business Strategy and the Environment（《商业战略和商业环境》），2012，21（8）：517-529.

推荐理由：①研究全面深入：这篇文章全面分析了温室气体排放与企业价值的关

系，并使用 641 家日本制造业企业数据开展研究，研究内容全面，科学。②研究结论意义重大：温室气体排放关系到全球气候变化，减少温室其他排放需要企业成本。该文的观点可以使企业更愿意主动减少温室气体排放。

内容简介：探讨了企业减少温室气体排放对公司价值的影响。如果股东或投资者认为减少温室气体排放是一种无形价值，减少温室气体排放将提升公司价值。为了更清晰地证明这种关系，这篇文章不仅分析减少温室气体排放对公司价值的影响，也分析了来自股东或投资者的市场约束对减少温室气体排放方面的影响。该文使用 641 家日本制造企业 2006～2008 年的数据和随机效应工具变量估计方法，得到的结论为，较强的股东或投资者的市场约束更容易减少温室气体的排放量，减少更多的温室气体排放量的企业更可能提升公司价值。

10. Is There a Limit to Agglomeration? Evidence from Productivity of Dutch Firms

中文题名：产业聚集有限制吗？来自荷兰公司的生产力的证据

作者：Rizov M，Oskam A，Walsh P.

出处：Regional Science and Urban Economics（《区域科学和城市经济学》），2012，42（4）：595-606.

推荐理由：①研究意义重大：这篇文章的研究结论肯定了产业聚集的效果，为我国进一步采取相关措施提供了参考。②模型设定合理：作者在理论支撑的情况下，合理假设，构建模型，使得结论可信。③全文结构严谨：从理论分析、指标体系建立、数据获取到实证分析及结论与展望等形成了完整体系。

内容简介：按经济活动密度和城市化水平将荷兰分成三类区域，并计算企业全要素生产率（total factor productivity，TFP）。全要素生产率采用半参数算法，数据采用 AMADEUS 的 1997～2006 年的数据。涉及的产业包括农业，制造业，建筑业，贸易和服务。该文通过分解行业的生产效率和行业结构效应来分析不同城市的生产率差异。分析结果表明，聚集对生产率增长的影响是正的，非线性的。

初稿提供者：张丽杰，谢宏佐
统稿：李廉水，张丽杰，周彩红

参 考 文 献

安崇义，唐跃军. 2012. 排放权交易机制下企业碳减排的决策模型研究. 经济研究，8：45-58.

安同信，范跃进，张环. 2012. 山东省制造业转型升级的路径研究——日本经验的借鉴. 东岳论丛，6：122-126.

白雪洁，李媛. 2012. 我国战略性新兴产业发展如何避免低端锁定——以风电设备制造业为例. 中国科技论坛，3：50-55.

毕克新，黄平，李婉红. 2012. 产品创新与工艺创新知识流耦合影响因素研究——基于制造业企业的实证分析. 科研管理，（8）：16-24.

曹爱军，陈志杰. 2012. 中小企业电子商务绩效影响因素研究——基于江苏制造业企业截面数据的实证分析. 东南大学学报（哲学社会科学版），（5）：60-63.

陈爱贞.2012.下游技术标准受控对装备制造业自主创新的捆绑约束——基于中国通信设备制造业分析.经济管理，(4)：29-38.

陈丰龙，徐康宁.2012.本土市场规模与中国制造业全要素生产率.中国工业经济，(5)：44-55.

陈伟，陈永超，田世海.2012.区域装备制造业产学研合作创新网络的实证研究——基于网络结构和网络聚类的视角.中国软科学，2：96-107.

陈羽，朱子凯，贺扬.2012.技术差距如何影响FDI技术溢出效应？——基于中国制造业面板数据的实证分析.世界经济研究，6：70-74.

程承坪，张旭，程莉.2012.工资增长对中国制造业国际竞争力的影响研究——基于中国1980～2008年数据的实证分析.中国软科学，4：60-67.

高爽，魏也华，陈雯.2012.环境规制对无锡市制造业结构优化与绩效的影响.湖泊科学，24：17-26.

高友才，刘孟晖.2012.终极控制人股权特征与公司投融资策略研究——来自中国制造业上市公司的经验证据.中国工业经济，7：96-108.

龚新蜀，顾成军.2012.欠发达地区制造业出口与发展潜力的影响因素——基于新疆维吾尔自治区面板数据的实证研究.国际贸易问题，(11)：83-93.

洪娟，廖信林.2012.长三角城市群内制造业集聚与经济增长的实证研究——基于动态面板数据一阶差分广义矩方法的分析.中央财经大学学报，4：85-90.

蒋钦云.2012.我国战略性新兴产业规划与美国重振制造业框架比较研究.国际经济合作，1：51-55.

孔前胜，仲伟周.2012.我国装备制造业的集聚水平与区域分布特征.改革，5：83-87.

孔群喜，宣烨，袁天天.2012.中国企业跨国并购隐性知识转移的关键影响因素研究——基于江苏制造业企业问卷的分析.科学学与科学技术管理，2：82-103.

李志宏.2012.先进装备制造业科技人才绩效评估及提升对策分析——基于武汉装备制造业新型工业化中科技发展有效性的案例研究.科技进步与对策，2：145-148.

林秀梅，马明.2012.日本制造业"路在何方"——基于全要素生产率分析的启示.现代日本经济，(2)：57-64.

林洲钰，林汉川.2012.中国制造业企业的技术创新活动——社会资本的作用.数量经济技术经济研究，(10)：37-51.

刘维林.2012.产品架构与功能架构的双重嵌入——本土制造业突破GVC低端锁定的攀升途径.中国工业经济，(1)：152-160.

刘伟魏，杨开忠.2012.制造业集聚经济的来源——基于企业数据的经验研究.技术经济与管理研究，4：121-124.

吕宏芬，刘斯敖.2012.我国制造业集聚变迁与全要素生产率增长研究.浙江社会科学，3：22-30.

马珩，李东.2012.长三角制造业高级化测度及其影响因素分析.科学学研究，10：1509-1517.

牛鸿蕾，江可申.2012.航空航天制造业的发展优势与状况——以江苏省为例.技术经济与管理研究，(2)：111-115.

潘文卿，刘庆.2012.中国制造业产业集聚与地区经济增长——基于中国工业企业数据的研究.清华大学学报（哲学社会科学版），1：137-147.

邱斌，刘修岩，赵伟.2012.出口学习抑或自选择：基于中国制造业微观企业的倍差匹配检验.世界经济，4：23-40.

邱斌，叶龙凤，孙少勤.2012.参与全球生产网络对我国制造业价值链提升影响的实证研究——基于出口复杂度的分析.中国工业经济，(1)57-67.

邵慰.2012.中国装备制造业竞争力提升策略研究.中国科技论坛，2：48-52.

石灵云, 顾标. 2012. 产业集聚的形成机制研究——基于中国制造业四位数行业的实证分析. 浙江社会科学, 5: 26-35.

宋国宇. 2012. 中国绿色食品产业发展演化阶段的判定与分析. 中国科技论坛, 3: 136-143.

宋维佳, 王军徽. 2012. ODI 对母国制造业产业升级影响机理分析. 宏观经济研究, 11: 39-46.

孙浦阳, 韩帅, 靳舒晶. 2012. 产业集聚对外商直接投资的影响分析——基于服务业与制造业的比较研究. 数量经济技术经济研究, 9: 40-55.

孙晓华, 郑辉. 2012. 基于投入产出法的制造业间 R&D 溢出效应测算及比较. 科研管理, 2: 79-87.

孙晓华, 周旭. 2012. 下游技术标准受控对装备制造业自主创新的捆绑约束——基于中国通信设备制造业. 中国科技论坛, 8: 82-87.

孙早, 宋炜. 2012. 企业 R&D 投入对产业创新绩效的影响——来自中国制造业的经验证据. 数量经济技术经济研究, (4): 49-63.

谭蓉娟. 2012. FDI 强度与珠三角装备制造业低碳化转型发展——基于投入产出与面板数据的实证研究. 国际贸易问题, 2: 81-91.

田红娜, 毕克新, 李海涛. 2012. 基于技术预见的制造业绿色工艺创新战略制定研究. 软科学, 5: 10-14.

田红娜, 毕克新, 夏冰, 李海涛. 2012. 基于系统动力学的制造业绿色工艺创新运行过程评价分析. 科技进步与对策, 6: 1-8.

田红娜, 毕克新. 基于自组织的制造业绿色工艺创新系统演化. 科研管理, 2: 18-25.

涂正革. 2012. 中国的碳减排路径与战略选择——基于八大行业部门碳排放量的指数分解分析. 中国社会科学, 3: 78-94.

汪素芹, 贾志娟, 曹玉书. 2012. 中国制造业承接外包对产业国际竞争力的影响研究. 会计与经济研究, 1: 86-96.

王迪, 聂锐. 2012. 中国制造业碳排放的演变特征与影响因素分析. 干旱区资源与环境, 9: 132-136.

王千里. 2012. FDI 高端装备制造业与增长路径——基于在华 FDI 对我国装备制造业技术创新影响的实证分析. 亚太经济, (5): 85-90.

王文涛, 付剑峰, 朱义. 2012. 企业创新、价值链扩张与制造业盈利能力——以中国医药制造企业为例. 中国工业经济, 4: 50-62.

王文治, 陆建明. 2012. FDI 对中国制造业污染排放影响的经验分析. 经济经纬, 1: 52-56.

吴安波, 孙林岩, 李刚, 杨洪焦. 2012. 中国制造业聚集度决定因素的理论构建与实证研究. 经济问题探索, 2: 6-13.

徐泓, 朱秀霞. 2012. 低碳经济视角下企业社会责任评价指标分析. 中国软科学, (1): 153-159.

徐建中, 陆军, 袁小量. 2012. 制造业企业核心竞争力重要影响因子研究. 统计与决策, 4: 186-188.

宣烨. 2012. 生产性服务业空间集聚与制造业效率提升——基于空间外溢效应的实证研究. 财贸经济, 4: 121-128.

喻春娇, 胡小洁, 肖德. 2012. 台海两岸 ICT 制造业的贸易模式及其决定因素分析. 世界经济研究, 3: 81-86.

喻春娇, 王雪飞. 2012. 东亚生产网络分工提高了我国制造业的出口竞争力吗. 国际贸易问题, (5): 53-63.

詹宇波, 张军, 徐伟. 2012. 集体议价是否改善了工资水平: 来自中国制造业企业的证据. 世界经济, 2: 63-81.

张宝友，肖文，孟丽君. 2012. 我国服务贸易进口与制造业出口竞争力关系研究. 经济地理，（1）：102-108.

张宏伟. 2012. 以运动服装为主营业务的体育用品制造业上市公司业绩评价——基于 DEA 视窗分析方法. 体育科学，2：58-63.

张近乐，刘恬. 2012. 基于 SFA 的我国航空航天制造业技术效率分析. 财经理论与实践，1：95-97.

张三保，张志学. 2012. 区域制度差异，CEO 管理自主权与企业风险承担——中国 30 省高技术产业的证据. 管理世界，4：101-114.

赵文军，于津平. 2012. 贸易开放、FDI 与中国工业经济增长方式——基于 30 个工业行业数据的实证研究. 经济研究，8：18-31.

赵勇，齐讴歌，曹林. 2012. 装备制造业服务化过程及其保障因素——基于陕鼓集团的案例研究. 科学学与科学技术管理，12：108-116.

郑蔚. 2012. 福建省制造业空间集聚水平测度与评价. 统计地理，7：74-80.

周末，王璐. 2012. 产品异质条件下市场势力估计与垄断损失测度——运用新实证产业组织方法对白酒制造业的研究. 中国工业经济，6：120-132.

周世军，周勤. 2012. 中国中西部地区"集聚式"承接东部产业转移了吗？——来自 20 个两位数制造业的经验证据. 科学学与科学技术管理，（10）：67-78.

Albert JM，Casanova MR，Orts V. 2012. Spatial location patterns of Spanish manufacturing firms. Papers in Regional Science，91（1）：31.

Andrews M，Bellmann L，Schank T，Upward R. 2012. Foreign-owned plants and job security. Review of World Economics，148（1）：89-117.

Baek HY，Cho D，Kim DK. 2012. Multinational Real Options and Hysteresis：An Examination of FDI in Manufacturing and Hard-and Soft-Service Industries. Emerging Markets Finance and Trade，48：7-19.

Bas M，Berthou A. 2012. The Decision to Import Capital Goods in India：Firms Financial Factors Matter. World Bank Economic Review，26（3）：486-513.

Bloom N，Genakos C，Sadun R，Van Reenen J. 2012. Management Practices Across Firms and Countries. Academy of Management Perspectives，26（1）：12-33.

Bohringer C，Moslener U，Oberndorfer U，Ziegler A. 2012. Clean and productive? Empirical evidence from the German manufacturing industry. Research Policy，41（2）：442-451.

Buzacott JA，Peng HS. 2012. Contract design for risk sharing partnerships in manufacturing. European Journal of Operational Research，218（3）：656-666.

Carson SJ，Wu T，Moore WL. 2012. Managing the Trade-off between Ambiguity and Volatility in New Product Development. Journal of Product Innovation Management，29（6）：1061-1081.

Cipollina M，Giovannetti G，Pietrovito F，Pozzolo AF. 2012. FDI and Growth：What Cross-country Industry Data Say. World Economy，35（11）：1599-1629.

Colantone I. 2012. Trade openness，real exchange rates and job reallocation：evidence from Belgium. Review of World Economics，148（4）：669-706.

Cucculelli M，Ermini B. 2012. New product introduction and product tenure：What effects on firm growth? Research Policy，41（5）：808-821.

Drucker J，Feser E. 2012. Regional industrial structure and agglomeration economies：An analysis of productivity in three manufacturing industries. Regional Science and Urban Economics，42（1-2）：1-14.

Eliasson K, Hansson P, Lindvert M. 2012. Jobs and Exposure to International Trade within the Service Sector in Sweden. World Economy, 35 (5): 578-608.

Feres J, Reynaud A. 2012. Assessing the Impact of Formal and Informal Regulations on Environmental and Economic Performance of Brazilian Manufacturing Firms. Environmental & Resource Economics, 52 (1): 65-85.

Fischer C, Fox AK. 2012. Comparing policies to combat emissions leakage: Border carbon adjustments versus rebates. Journal of Environmental Economics and Management, 64 (2): 199-216.

Guo B, Chen XL. 2012. Why are the industrial firms of emerging economies short-termistic in innovation? Industry-level evidence from Chinese manufacturing. International Journal of Technology Management, 59 (3-4): 273-299.

Haller SA, Murphy L. 2012. Corporate Expenditure on Environmental Protection. Environmental & Resource Economics, 51 (2): 277-296.

Hsu JL, Cheng MC. 2012. What Prompts Small and Medium Enterprises to Engage in Corporate Social Responsibility? A Study from Taiwan. Corporate Social Responsibility and Environmental Management, 19 (5): 288-305.

Jabbour L. 2012. Slicing the Value Chain' Internationally: Empirical Evidence on the Offshoring Strategy by French Firms. World Economy, 35 (11): 1417-1447.

Kandilov IT, Leblebicioglu A. 2012. Trade Liberalization and Investment: Firm-level Evidence from Mexico. World Bank Economic Review, 26 (2): 320-349.

Kemeny T, Rigby D. 2012. Trading away what kind of jobs? Globalization, trade and tasks in the US economy. Review of World Economics, 148 (1): 1-16.

Kim S, Saravanakumar M. 2012. Economic Reform and Total Factor Productivity Growth in Indian Manufacturing Industries. Review of Development Economics, 16 (1): 152-166.

Kneller R, McGowan D, Inui T, Matsuura T. 2012. Closure within multi-plant firms: evidence from Japan. Review of World Economics, 148 (4): 647-668.

Kneller R, McGowan D, Inui T, Matsuura T. 2012. Globalisation, multinationals and productivity in Japan's lost decade. Journal of the Japanese and International Economies, 26 (1): 110-128.

Koski H, Marengo L, Makinen I. 2012. Firm size, managerial practices and innovativeness: some evidence from Finnish manufacturing. International Journal of Technology Management, 59 (1-2): 92-115.

Lee IH, Levesque M, Minniti M. 2012. Employees' Break-offs and Location Selection: The Birth of Industrial Clusters. Ieee Transactions on Engineering Management, 59 (2): 278-292.

Li DY, Lu Y, Wu MQ. 2012. Industrial agglomeration and firm size: Evidence from China. Regional Science and Urban Economics, 42 (1-2): 135-143.

Lin CH, Wu YJ, Chang CC, Wang WH, Lee CY. 2012. The alliance innovation performance of R&D alliances-the absorptive capacity perspective. Technovation, 32 (5): 282-292.

Marin L, Rubio A, de Maya SR. 2012. Competitiveness as a Strategic Outcome of Corporate Social Responsibility. Corporate Social Responsibility and Environmental Management, 19 (6): 364-376.

Menon C. 2012. The bright side of MAUP: Defining new measures of industrial agglomeration. Papers in Regional Science, 91 (1): 27.

Miranda V，Badia MM，Van Beveren I. 2012. Globalization drives strategic product switching. Review of World Economics，148（1）：45-72.

Nakamura R. 2012. Contributions of local agglomeration to productivity：Stochastic frontier estimations from Japanese manufacturing firm data. Papers in Regional Science，91（3）：569-597.

Ngai EWT，Chau DCK，Poon JKL，Chan AYM，Chan BCM，Wu WWS. 2012. Implementing an RFID-based manufacturing process management system：Lessons learned and success factors. Journal of Engineering and Technology Management，29（1）：112-130.

Nishitani K，Kokubu K. 2012. Why Does the Reduction of Greenhouse Gas Emissions Enhance Firm Value? The Case of Japanese Manufacturing Firms. Business Strategy and the Environment，21（8）：517-529.

Nunes PM，Serrasqueiro Z，Leitao J. 2012. Is there a linear relationship between R&D intensity and growth? Empirical evidence of non-high-tech vs. high-tech SMEs. Research Policy，41（1）：36-53.

Revilla AJ，Fernandez Z. 2012. The relation between firm size and R&D productivity in different technological regimes. Technovation，32（11）：609-623.

Rizov M，Oskam A，Walsh P. 2012. Is there a limit to agglomeration? Evidence from productivity of Dutch firms. Regional Science and Urban Economics，42（4）：595-606.

Schulz LL，Crespi JM. 2012. Presence of Check-Off Programs and Industry Concentration in the Food Manufacturing Sector. Agribusiness，28（2）：148-156.

Sharif N，Baark E，Lau AKW. 2012. Innovation activities，sources of innovation and R&D cooperation：evidence from firms in Hong Kong and Guangdong Province，China. International Journal of Technology Management，59（3-4）：203-234.

Simpson H. 2012. How do Firms' Outward FDI Strategies Relate to their Activity at Home? Empirical Evidence for the UK. World Economy，35（3）：243-272.

Sun HY，Wong SY，Zhao YY，Yam R. 2012. A systematic model for assessing innovation competence of Hong Kong/China manufacturing companies：A case study. Journal of Engineering and Technology Management，29（4）：546-565.

Suyanto，Bloch H，Salim RA. 2012. Foreign Direct Investment Spillovers and Productivity Growth in Indonesian Garment and Electronics Manufacturing. Journal of Development Studies，48（10）：1397-1411.

Thorgren S，Wincent J，Boter H. 2012. Small firms in multipartner R&D alliances：Gaining benefits by acquiescing. Journal of Engineering and Technology Management，29（4）：453-467.

Veer T，Jell F. 2012. Contributing to markets for technology? A comparison of patent filing motives of individual inventors，small companies and universities. Technovation，32（9-10）：513-522.

Voudouris I，Lioukas S，Iatrelli M，Caloghirou Y. 2012. Effectiveness of technology investment：Impact of internal technological capability，networking and investment's strategic importance. Technovation，32（6）：400-414.

Wagner S M，Silveira-Camargos V. 2012. Managing Risks in Just-In-Sequence Supply Networks：Exploratory Evidence From Automakers. Ieee Transactions on Engineering Management，59（1）：52-64.

Wang Y D, Roijakkers N, Vanhaverbeke W, Chen J. 2012. How Chinese firms employ open innovation to strengthen their innovative performance. International Journal of Technology Management, 59 (3-4): 235-254.

Wernz C, Deshmukh A. 2012. Unifying temporal and organizational scales in multiscale decision-making. European Journal of Operational Research, 223 (3): 739-751.

Wissmann MA, Hein AF, Follmann J, Rachow NIP. 2012. Environmental costs: analysis of its impact and importance in the pursuit of eco-efficiency in an industry of cheese. Custos E Agronegocio, 8 (3): 2-23.

Wren C. 2012. Geographic concentration and the temporal scope of agglomeration economies: An index decomposition. Regional Science and Urban Economics, 42 (4): 681-690.

第二部分
省市篇

第7章

江苏省制造业

制造业是江苏工业经济的支柱和主体，是拉动江苏工业增长的关键因素。2011 年，江苏规模以上制造业实现产值 103 114.89 亿元，占规模以上工业总产值 95.76％（江苏省第二次全国经济普查数据资料显示，2008 年规模以上制造业占全部制造业总产值 91.8％）。基于此，本章以江苏规模以上制造业为着眼点，利用 2003～2011 年《江苏统计年鉴》、国研网等数据资料对江苏制造业进行总体的描述分析，具体从制造业产业总量、经济绩效、科技创新能力、产业结构演进等方面进行。此外，本章进一步分析和探讨了江苏制造业产业存在的问题及未来发展的战略选择。

7.1　江苏省制造业发展现状

7.1.1　江苏省制造业发展定位

2010 年，国务院正式批复《长江三角洲地区区域规划》，在规划中提出对长三角地区先进制造业中心战略定位要求，同时对长三角地区制造业提出"一核九带"的区域发展空间布局规划①。

2011 年和 2012 年全国"两会"期间，胡锦涛总书记在参加江苏代表团讨论时，分别对江苏工作提出"六个注重"和"六个新步伐"要求，并指出江苏应从自身条件和优势出发，按照发展新阶段的新要求和国际产业演进的新趋势，大力发展战略性新兴产业。2013 年全国"两会"期间，习近平总书记在参加江苏代表团讨论时，对江苏省经济发展提出殷切希望"深化产业结构调整"、"遵循经济规律"、"积小胜为大胜"。总书记的指示对江苏省制造业再上新台阶和未来的发展，具有很强的针对性和指导性。

目前，作为位居全球第 18 位的经济体，江苏省制造业发展的目标相当明确，即要在新一轮产业发展中变过去的"跟着跑"为"同步跑"，通过大幅度提升自主创新水平，增强核心竞争力，引领新兴产业做大做强。与此同时，在国家明确重点发展节能环保、新一代信息技术、生物、高端装备制造、新能源、新材料和新能源汽车等七大新兴产业背景下，江苏在对接国家层面及长三角地区规划基础上，结合江苏省的特点，提出了江苏省未来十大新兴产业的发展规划。在这其中，智能电网、海洋工程装备、云计算等，是新增的具有江苏特色的新兴产业。

按照国家产业政策导向，积极融入世界产业发展新趋势，进一步聚焦产业发展的重点方向，"十二五"时期，立足江苏省制造业发展现状，统筹全省产业架构战略布局，积极对接核心城市产业发展规划，明确江苏省内核心城市重点产业发展方向。江苏省政府从新兴战略性产业、主导产业、传统产业三个方面提出了未来五年的发展方向。

首先，新兴战略性产业。根据《江苏省培育和发展战略性新兴产业"十二五"规划》，提出 10 个重点发展领域及方向，分别是新能源、新材料、生物技术和新医药、节能环保、新一代信息技术和软件、物联网和云计算、高端装备制造、新能源汽车、智能电网和海洋工程装备等十大产业，并列出各个产业重点发展地区和城市，力争将战略性

---

① "一核"指的是上海，"九带"分别是沿海发展带、沿江发展带、沿湾发展带、沿运河发展带、沪宁和沪杭甬沿线发展带、沿湖发展带、宁湖杭沿线发展带、沿温丽衢线发展带和沿东陇海线发展带。

新兴产业打造成引领江苏省国民经济发展的先导产业和支柱产业。

其次，主导产业。装备制造业是为国民经济提供技术装备的战略性产业，是各行业产业升级、技术进步的重要保障和综合实力的集中体现。电子信息产业是国民经济的战略性、基础性和先导性支柱产业。石化产业资源资金技术密集、产业链长、关联度高、带动性强，在促进相关产业升级和拉动经济增长中发挥着重要作用。"十二五"时期，江苏省将全面推进装备制造、电子信息、石油化工三大主导产业高端化发展，提升产业层次和核心竞争力，加快培育形成一批千亿元级、百亿元级品牌企业和十亿元级品牌产品。

最后，传统产业。纺织、冶金、轻工、建材是江苏省四大传统产业，"十二五"时期，重点是推动传统优势产业转型升级，进一步增强重点传统行业对经济发展的支撑力。同时，按照国家产业政策要求，加大江苏省纺织、冶金、轻工、建材等行业落后产能淘汰、兼并重组和技术改造力度。

7.1.2 江苏省制造业的成就

发达国家过去的经验和实践表明，制造业与经济的持续增长具有强相关性。伴随江苏省经济总量的明显扩张，自 2006 年以来，江苏制造业产值年均增长 23.4%，呈快速发展势头。近年来江苏省制造业取得了显著的成就，主要表现为：

1. 重工业主导日趋明显，工业化程度不断提高

根据江苏轻重工业架构演变过程的综合判断，目前江苏正处于重工业的深化发展阶段。2011 年，江苏拥有重工业企业 27 046 家，资产 58 174.28 亿元。与 2005 年相比，单位数增长 113%，占比提高 3.7 个百分点达 60.3%；资产增长 1.9 倍，占比提高 5.0 个百分点达 72.6%。在规模扩张的同时，重工业增长质量稳步提升。2006～2011 年，重工业企业产值、销售收入、利税、利润年均分别增长 25.2%、25.3%、34.7%、35.9%，年均增速利润高于利税，利税高于销售，销售高于产值。以六大装备制造业为代表的高加工度化行业在重工业中逐渐取得了支配性的地位，2006～2011 年，江苏制造业霍夫曼系数（以轻重工业产值之比来近似计算）呈逐年下降之势，由 2006 年的 0.43 下降至 2011 年 0.31，标志着江苏制造业重工业主导趋势明显，工业化程度不断提高。

2. 所有制结构调整完善，多种经济成分共同发展

改革开放以来，江苏加快非公有制经济发展步伐，所有制结构日趋多元化，经济运行的市场化程度明显提高。主要表现在：一是伴随着国有企业战略性结构调整的推行，国有及国有控股企业产值占比下降但运行质量明显提高。2006～2011 年，江苏规模以上[①]国有及国有控股工业企业的产值比重从 14.32% 下降到 10.88%，但实现利润从 322.62 亿元增加到 709.86 亿元，增长 120.03%。2011 年，江苏国有控股工业实现增

---

① 2011 年统计范围为年主营业务收入 2000 万元以上企业，2010 年及以前为 500 万元以上企业。下同。

加值 3168.2 亿元,同比增长 9.5%。二是随着股份制改革的全面推进,股份制经济焕发出勃勃生机。2011 年,江苏规模以上股份制工业实现增加值 11 715.7 亿元,同比增长 13.9%,股份制工业增加值占全省工业增加值比重较 2010 年提高 1.1 个百分点达46.8%,增速高于全省 0.1 个百分点,对全省工业增长的贡献率较 2010 年提高 2 个百分点达 46.9%。三是港澳台及外商投资热情不减、民间投资表现活跃,经济规模不断扩大。2011 年,全省规模以上"三资"工业实现增加值 10 206.6 亿元,同比增长 13.8%,对全省工业增长的贡献率较 2010 年下降 1.7 个百分点为 40.9%。民营工业保持良好发展势头,实现工业增加值 11 977.2 亿元,同比增长 14.9%,增速高于全省工业平均增幅 1.1 个百分点,对全省工业增长的贡献率较 2010 年提高 3.3 个百分点达51.4%;其中,私营工业实现增加值 8194.5 亿元,同比增长 16.7%。

3. 科技经费投入稳步提高,高新技术产业加快发展

近年来,江苏把发展创新型经济作为主攻方向,以高新技术产业为先导,通过实施高新技术产业"双倍增"计划战略积极发展高新技术及其产业。2011 年,江苏大中型制造业 R&D 经费内部支出 689.5 亿元,较 2005 年增长 4 倍,R&D 投入强度达 1.3%,较 2005 年提高 0.3 个百分点。科技投入的增加,创新能力的提升,推动以技术、知识密集为特征的高新产业快速发展。2011 年,江苏高新技术制造企业产值 38 377.76 亿元,占规模以上工业企业产值的比重为 35.64%,与 2005 年相比占比提高 11.4 个百分点。

4. 行业结构优化趋势明显,区域竞争比较优势增强

在总量扩张的同时江苏制造业行业结构发生了积极的变化,具体表现为:一是前十大行业聚集程度提高。2011 年按总产值排名的前十大行业产值占比 76.67%,较 2005 年提高 1.01 个百分点,其中,通信设备、计算机及其他电子设备制造业、化学原料及化学制品制造业、电气机械及器材制造业、黑色金属冶炼及压延加工业、交通运输设备制造业、通用设备制造业、纺织业等七大重点支柱行业实现产值占全省规模以上工业比重较 2010 年提高 0.9 个百分点达 62.2%,行业集聚程度进一步提高。2011 年,江苏省产值超千亿元的行业 21 个,较 2005 年增加 12 个。二是装备制造业产值比重提高,高耗能行业产值比重下降。2011 年,装备制造业产值占制造业比重 43.2%,较 2005 年提高 6.9 个百分点;高耗能行业产值占比 30.22%,较 2005 年下降 5.2 个百分点。

5. 就业结构得以改善,从业人员素质提高

随着结构调整、产业升级进程的加快,江苏省制造业就业结构发生了积极变化,从业人员素质明显提高。2011 年,江苏省制造业从业人员主要集中在通信设备计算机及其他电子设备制造业、纺织业、电气机械及器材制造业、通用设备制造业、纺织服装鞋帽制造业、交通运输设备制造业六个行业中,累计占比达 59.95%。与 2005 年相比,六个行业从业人员占制造业比重呈"三升三降",其中通信设备计算机及其他电子设备制造业从业人员占比提高 4.06 个百分点达 21.17%,提升幅度最为突出;电气机械及

器材制造业、交通运输设备制造业占比分别提高 1.59 个和 1.9 个百分点；传统产业纺织业、纺织服装鞋帽制造业、通用设备制造业占比分别下降 3 个、1.07 个、1.05 个百分点。从受教育程度来看，江苏省第二次全国经济普查数据资料显示：2008 年，制造业年末从业人员中大专及以上学历人员占比 15.8%，较第一次经济普查提升 4.9 个百分点，其中本科及以上学历人员占比提高 1.7 个百分点；30 个行业大类的大专及以上学历人员占比均有不同程度提升，其中高新产业的医药制造业占比 34.3%，位列各行业之首，较 2004 年提升 12.2 个百分点（周国强等，2011）。

6. 企业规模实力不断提升，骨干企业支撑作用增强

通过实施百亿元级企业培育工程，大力支持重点企业发展，江苏制造业兼并重组步伐加快，规模实力不断提升，骨干企业对工业经济的支撑和带动作用不断增强。2011年，规模以上工业企业户均拥有资产 1.76 亿元，户均实现产值 2.48 亿元，户均创造利税 2500 万元。大中型企业支撑作用十分明显。2011 年，107 家企业产值超过 100 亿元，累计实现产值占全省规模以上工业产值比重达 22.8%，与 2010 年相比，超百亿元企业单位数增加 31 家，产值占比提高 3.2 个百分点，全省装备制造业有 14 家企业入围 2011 年度全国机械工业百强。

7. 经济规模扩张明显，新兴制造业产业规模迅速扩大

2011 年，全省规模以上工业企业单位数达 43 368 家，比 2002 年净增 21 892 家，企业单位数成倍增长。随着工业企业队伍的发展壮大，工业经济规模扩张明显，主要工业经济指标总量持续翻番。2011 年，全省规模以上工业企业拥有资产 76 258.2 亿元，实现主营业务收入 107 030.1 亿元、利税 11 038.5 亿元，分别是 2002 年的 5.8 倍、7.9 倍、9.8 倍。

2011 年，江苏全省新兴产业生产较快增长，规模迅速扩大，比重稳步提高，投资依然强劲，有力地拉动了江苏省工业经济平稳较快运行。2011 年六大新兴产业产值、销售分别达 27 476.6 亿元和 26 090.3 亿元，分别占江苏省规模工业的 25.3% 和 24.4%，比 2010 年分别提高 2.5 个和 1.6 个百分点；产值增长 30.9%，高于全省工业 5.4 个百分点；销售增长 26.4%，高于全省工业 2.3 个百分点。其中，新能源产业完成产值占全省新兴产业 15.2%，比重较 2010 年提高 0.7 个百分点，增长 37.2%；新材料产业完成产值继续保持新兴产业总量第一，占比达 37.5%，较 2010 年提高 0.6 个百分点，增长 33.2%。新型化工材料、新型金属材料分别增长 38.9% 和 18.6%。信息化学品制造增长 1.1 倍。光学玻璃制造、人造纤维制造、耐火陶瓷制品及其他耐火材料制造产值均增长 50% 以上，光电子器件及其他电子器件制造产值增长 34.1%（中国工业报，2012）。

7.1.3　江苏省制造业存在的问题

近年来，江苏省制造业持续快速发展，总量不断扩大，质量不断提高，已成为江苏省经济发展的主导力量。与此同时，江苏省制造业也存在产业结构不够优、自主创新能力不够强、可持续发展水平不够高等问题。

1. 发展方式依然粗放，资源环境压力加大

江苏资源缺乏、能源紧缺、土地紧张，制造业如维持粗放的发展方式，必成为江苏经济发展的瓶颈。而现实情况是江苏经济发展方式并没有发生根本改变，高耗能、高污染问题依然突出，面临的资源环境压力加大。首先，能源消费效率不高。2011 年，江苏每万元 GDP 消耗综合能源量 0.600 吨标准煤，比 2010 年降低 1.4%。其次，资源循环利用率低，环境污染较为严重。江苏经济发展仍处"资源—产品—废弃物"的传统模式，资源回收率较低，综合利用水平有待提高。2011 年江苏工业废水排放量占废水排放总量的 47.5%，工业二氧化硫排放量占二氧化硫排放总量的 95.4%，工业烟尘排放量占烟尘排放总量的 89.2%，较全国平均水平分别高出 9.0 个、10.1 个、16.4 个百分点。

2. 产业层次总体不高，自主创新能力亟待加强

这主要表现在三个方面：第一，价值链分工位置较低，竞争优势主要体现在加工组装环节，产品附加值不高。2011 年江苏制造业收入法增加值构成中劳动者报酬占比达 32.44%，其中通信设备、计算机及其他电子设备制造业劳动者报酬占制造业在岗职工工资的比重为 22.36%。第二，产业技术升级缓慢，过度依赖外部技术。江苏制造业自主开发尚处于外围，产品设计、关键零部件及工艺装备主要依赖进口，如装备制造业普遍存在"强整机、弱部件"现象，体现行业竞争力的高精尖加工工艺和重大技术装备较为薄弱。第三，科技投入不足，创新能力不强。比如，2010 年代表原创水平的发明专利申请量占专利申请量比重仅为 21.3%，较北京、上海、广东分别低 37.1 个、15.5 个、5.4 个百分点（周国强等，2011）。

3. 产业集中度较低，产能过剩矛盾突出

江苏制造业企业小而散，组织结构还不尽合理，产业集中度较低，经济增长缺乏规模大、知名度高的骨干企业带动。2011 年，江苏 30 个制造业行业中，24 个行业产业集中度不足 40%（表 7-1），27 个行业产业集中度较 2006 年有所下降。产业集中度不高往往带来资源的低效率配置，主要体现在低水平重复建设及生产能力的严重过剩。另外，2010 年江苏主要工业产品生产能力调查显示，部分行业的产品产能利用率偏低，如水泥、轿车、手机、家用电冰箱产能利用率分别为 78.0%、68.4%、56.6%、73.3%（周国强等，2011）。

表 7-1　产值前 8 位行业 2006 年、2011 年产业集中度（CR8）比较

行业名称	2006 年	2011 年	差距
通信设备、计算机及其他电子设备制造业	24.2	22.07	-2.13
化学原料及化学制品制造业	15.14	17.68	2.54
黑色金属冶炼及压延加工业	14.52	13.98	-0.54
电气机械及器材制造业	10.97	17.38	6.41
纺织业	13.78	8.5	-5.28

行业名称	2006 年	2011 年	差距
通用设备制造业	9.29	8.48	−0.81
金属制造业	5.63	6.12	0.49
交通运输设备制造业	6.48	5.79[①]	−0.69

注：产业集中度 CR8 代表行业主营业务收入排名前八名企业主营业务收入之和占行业主营业务收入的比重。根据美国经济学家贝恩和日本通产省对产业集中度的划分标准，如果行业集中度 CR4 或 CR8＜40，则认为该行业较为分散。

4. 外贸依存度过高，受国际市场影响加深

江苏经济发展对国外市场的依赖程度过高，2003 年以来江苏外贸依存度一直处于高位，2005～2007 年均达 100％以上，2008～2011 年受金融危机影响外贸依存度虽有所下降，但年均水平仍达 75.55％。这种发展模式虽提高了江苏经济的国际化水平，但过高的外贸依存度使产品结构受制于国际需求和国际分工，加大了江苏经济受国际环境和风险影响的必然性。2008 年，受欧美经济下滑的连带影响，江苏工业增长速度明显放缓，工业增加值同比增长 14.2％，为近 5 年来最低点。此外，在金融危机催生的贸易保护主义浪潮中，"中国制造"成为主要牺牲品，而江苏作为制造业大省，受到的影响首当其冲，企业盈利空间进一步收窄。随着中国经济不断融入全球经济体系，中国产业结构调整与全球结构变化的互动性将有所增强，外部因素对经济增长的影响将进一步凸显。

5. 信息化遭遇瓶颈，关键技术有待突破

大力推进信息化与工业化融合是加快转变经济发展方式、坚持走新型工业化道路的重大战略举措。近 5 年来，江苏在信息化建设方面虽然取得长足的发展，但在推进整个生产体系智能化、提高企业生产效率等方面，仍与发达国家存在较大的差距。主要表现在：一是受技术壁垒保护无法实现核心信息技术较大范围扩散，市场体系不完善、不健全，无法形成统一开放竞争有序的信息交易市场，信息流通渠道不畅、各自为政、重复建设，无法实现信息交流共享，从而使信息化建设、交易及使用成本相对过高。二是促进"两化融合"的关键技术尚未突破，信息产业与制造业各行业之间没有形成密切的互动关系，较为先进的信息产业引致的创新技术无法被传统产业及时吸收。

7.2　江苏省制造业总体特征分析

7.2.1　经济创造

衡量制造业经济，通常使用经济规模总量、企业盈利能力等指标。其中企业的盈利

---

① 2011 年是汽车制造业行业数据。

能力是指企业获取利润的能力，通常体现为企业利润数额的大小与水平的高低。盈利能力的高低，直接关系到企业的生存和发展，也是衡量企业是否具有市场竞争力的重要内容。本部分以 2003～2011 年《江苏统计年鉴》有关数据为依据，透视规模以上制造业企业盈利能力的变化趋势。

首先，制造业企业产值与利润总量不断扩张。2011 年，江苏省共有 43 368 家规模以上工业企业，其中制造业企业有 42 832 家，占企业总数的 99%；全省规模以上工业企业实现工业总产值 107 680.68 亿元，比 2010 年增长 17.62%，比 2003 年的 15 835.74 亿元增长 6.37 倍，其中制造业实现工业总产值为 103 114.89 亿元，占全省总量的 95.76%，实现利润总额 6606.43 亿元，比 2010 年增长 18.94%，比 2003 年[①]的 702.86 亿元增长 9.4 倍，从 2003 年到 2011 年 9 年间制造业企业总产值、利润总额持续上升，年均增长分别为 23.69%、30.37%，增幅较高，如图 7-1、图 7-2 所示。

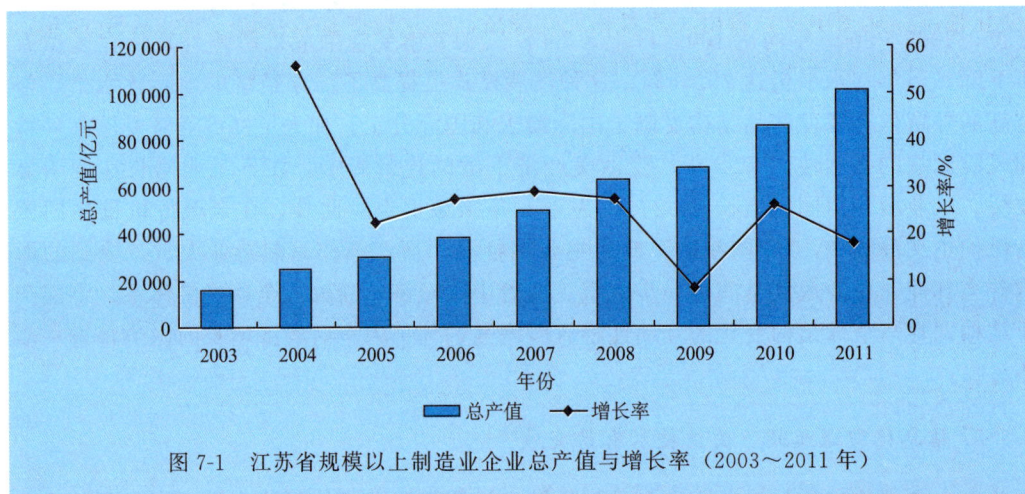

图 7-1 江苏省规模以上制造业企业总产值与增长率（2003～2011 年）

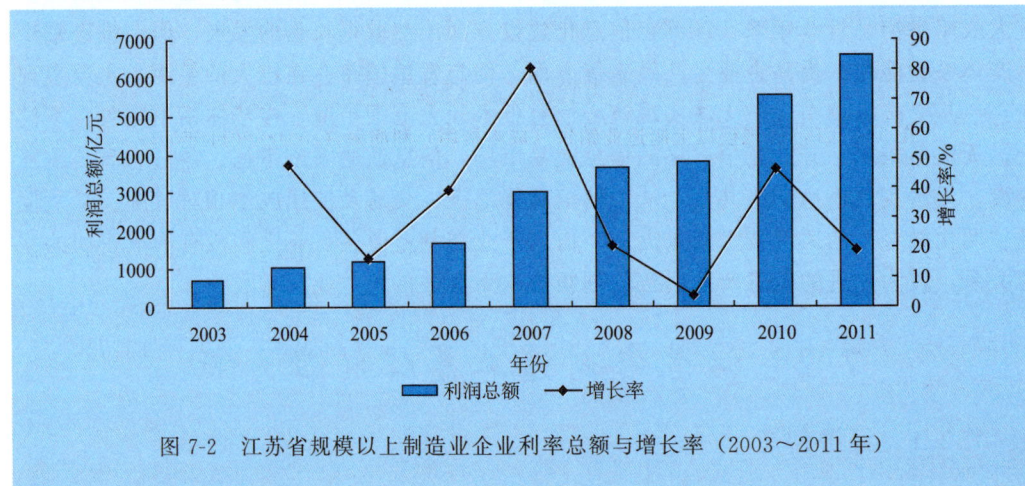

图 7-2 江苏省规模以上制造业企业利率总额与增长率（2003～2011 年）

---

① 2002 年中国工业行业分类标准进行了调整，《江苏统计年鉴》中 2003 年缺少纺织服装、鞋、帽制造业总产值数据。

　　利润总额的增加表明企业盈利规模的提高，要深入研究企业盈利能力状况，必须采用比率类指标来分析企业盈利与投入之间的关系。反映企业盈利能力的比率指标，主要有销售利润率、成本费用利润率、资产收益率、净资产收益率。为了便于比较分析，本部分实际计算中均取利润总额作为分子。

　　其次，销售利润率、成本费用利润率。销售利润率是企业利润总额与销售收入净额之间的比率。该项比率越高，表明企业为社会新创价值越多，贡献越大，也反映企业在增产的同时，多创造了利润，实现了增产增收。成本费用利润率是指企业利润总额与成本费用总额（主营业务成本、营业费用、管理费用与财务费用之和）之间的比率，反映工业企业投入的生产成本及费用的经济效益，同时也反映企业降低成本所取得的经济效益。该比率越高，表明企业耗费所取得的收益越高[1]。

　　图 7-3 是 2004～2011 年江苏规模以上制造业企业的销售利润率、成本费用利润率的变化情况。从图中可以看出，两者相关性较高，变化轨迹基本一致。2005～2008 年，制造业企业的销售利润率、成本费用利润率均呈不断上升趋势，到 2009 年有所下降，销售利润率降低到 9.33％、成本费用利润率降低到 6.07％，分别比 2004 年回落 0.84 个、0.93 个百分点。2011 年，销售利润率、成本费用利润率继续提高，分别超 2004 年 0.1 个、0.18 个百分点。

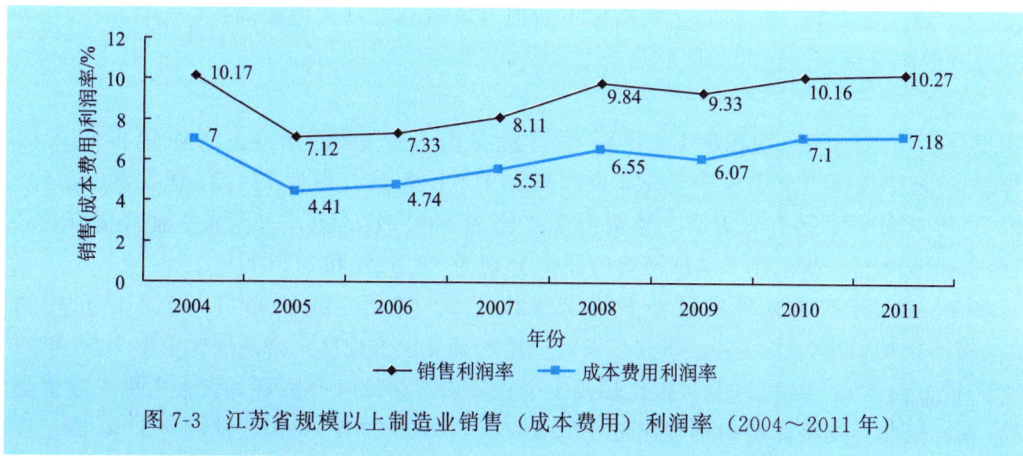

图 7-3　江苏省规模以上制造业销售（成本费用）利润率（2004～2011 年）

　　最后，资产收益率、净资产收益率。资产收益率是企业利润总额与资产总额之间的比率，是反映企业资产综合利用效果的指标，也是衡量企业利用债权人和所有者权益总额所取得盈利的重要指标。净资产收益率是企业利润总额与净资产的比值，是衡量企业盈利能力的重要指标。该指标越高，说明给投资者带来的收益越高，企业所有者权益的获利能力越强。

　　从图 7-4 中可以看出，2004～2007 年，江苏制造业企业的资产收益率、净资产收益率总体呈现上升变化。在 2005 年略有下降，2007 年达高点（资产收益率 8.93％、净资产收益率 22.51％）。2011 年，制造业企业资产收益率达近年来最高点 9.53％，较

---

① 受数据限制，销售利润率用销售利税率代替。

2004 年增长 1.62 倍；净资产收益率达 22.44％，比 2004 年增长 1.43 倍。

图 7-4　江苏省规模以上制造业销售（成本费用）利润率（2004～2011 年）

结合图 7-1、图 7-2、图 7-3、图 7-4 来看，反映制造业企业规模及盈利能力基本指标 2004～2011 年变化趋势大致相同，基本符合江苏规模以上制造业企业的运行情况。总体来说，江苏制造业企业的利润总量扩张明显；利润增幅超过销售收入、成本费用、资产及净资产的增幅，相应的比率指标不断提升，盈利能力大幅提高。

7.2.2　科技创造

2011 年江苏省工业企业 R&D 活动经费支出 899.89 亿元，占工业销售收入的 0.84％，其中规模以上工业企业 R&D 经费和 R&D 人员分别为 774.37 亿元和362 492 人，这其中大中型制造业 R&D 经费内部支出为 689.51 亿元，占全省工业企业 R&D 经费和规模以上工业企业 R&D 经费的比重分别为 76.62％和 89.04％。

2011 年江苏省研究与发展经费内部支出 1072 亿元，是 2003 年（150 亿元）的 7.15 倍，年均增速为 28.9％，研究与发展经费内部支出占地区生产总值比重由 2003 年的 1.2％ 增长到 2011 年的 2.2％，占比提高 1 个百分点。2011 年年底江苏省大中型工业企业 6726 家，研究与发展经费内部支出为 700.8 亿元，是 2003 年（80 亿元）的 8.76 倍，其中 2011 年政府资金投入 13.8 亿元，比 2003 年翻了两番，企业资金投入 671 亿元，是 2003 年的 5 倍多。2011 年大中型制造业企业 R&D 经费内部支出 689.51 亿元，是 2004 年（120.5 亿元）的 5.72 倍；2011 年大中型工业企业 R&D 强度为 1.04，比 2003 年（0.68）提高 0.36 个百分点，各项投入及占比增长趋势显著（图 7-5、图 7-6）。

根据第二次江苏省 R&D 资源清查结果[①]，2009 年，全省开展 R&D 活动的工业企业 7278 个，占规模以上工业企业的 12.0％。其中，开展 R&D 活动的大中型企业 2159 个，占全部大中型工业企业的 45.8％。在开展 R&D 活动的企业中，国有企业及国有独资公司 116 个，占 1.6％；其他内资企业 5022 个，占 69.0％；港、澳、台商投资企业

---

① 经国务院批准，国家统计局、科技部、国家发展改革委、教育部、财政部、国防科工局于 2009 年联合开展了第二次全国 R&D 资源清查。

800 个，占 11.0％；外商投资企业 1340 个，占 18.4％。

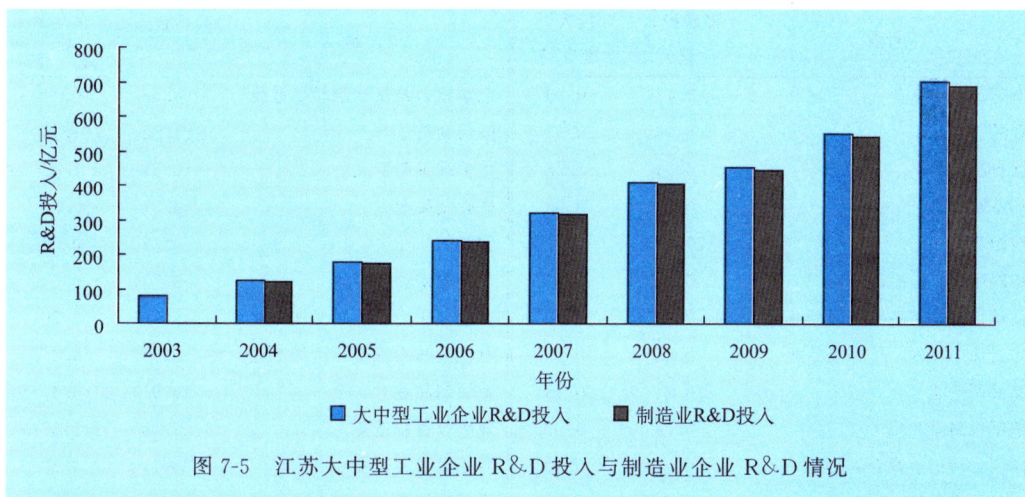

图 7-5　江苏大中型工业企业 R&D 投入与制造业企业 R&D 情况

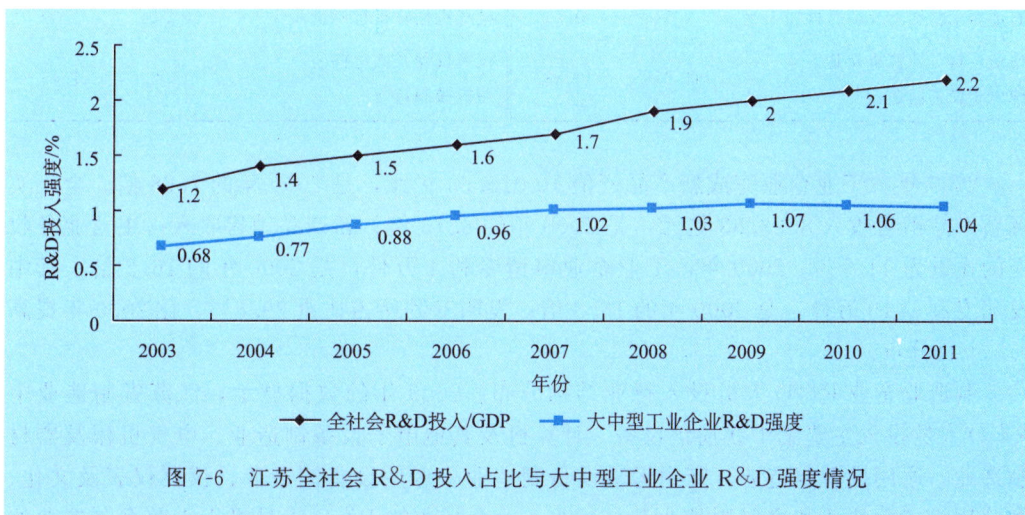

图 7-6　江苏全社会 R&D 投入占比与大中型工业企业 R&D 强度情况

2009 年，工业企业 R&D 人员 29.2 万人，是 2000 年的 4 倍；其中女性 5.94 万人，占 20.3％。按实际工作时间计算的 R&D 人员全时当量 22.24 万人·年，是 2000 年的 7.24 倍。2009 年，工业企业 R&D 经费 570.71 亿元，是 2000 年的 11.57 倍；工业企业 R&D 经费投入强度 0.79％。其中，大中型企业 R&D 经费 451.51 亿元，R&D 经费投入强度 1.07％，比 2000 年提高 0.33 个百分点。

在工业企业 R&D 经费中，国有企业及国有独资公司 R&D 经费 50.45 亿元，占 8.8％；其他内资企业 310.16 亿元，占 54.4％；港、澳、台商投资企业 71.5 亿元，占 12.5％；外商投资企业 138.6 亿元，占 24.3％。按行业分，制造业 R&D 经费 561.18 亿元，占 98.3％（详见表 7-2）。

表 7-2 2009 年江苏省全部制造业行业分布 R&D 经费情况

行业	经费投入/亿元	投入强度[①]/%	行业	经费投入/亿元	投入强度[①]/%
农副食品加工业	3.47	0.19	化学原料及化学制品制造业	65.53	0.94
食品制造业	1.76	0.53	医药制造业	21.52	1.95
饮料制造业	6.54	1.38	化学纤维制造业	13.51	1.02
烟草制造业	0.23	0.08	橡胶制品业	4.8	0.8
纺织业	20.41	0.42	塑料制品业	7.32	0.52
纺织服装、鞋帽制造业	5.21	0.23	非金属矿物制品业	9.73	0.5
皮革、毛皮羽毛及其制品业	0.58	0.15	黑色金属冶炼及压延加工业	47.79	0.76
木材加工及木、竹等制品业	3.54	0.43	有色金属冶炼及压延加工业	9.07	0.4
家具制造业	0.24	0.15	金属制品业	16.9	0.6
造纸机制品业	5.68	0.62	通用设备制造业	49.86	1.07
印刷业和记录媒介的复制	0.99	0.43	专用设备制造业	28.77	1.22
文教体育用品制造业	1.59	0.37	交通运输设备制造业	42.94	0.89
石油加工、炼焦及核燃料加工业	1.54	0.15	电气机械及器材制造业	88.14	1.39
通信设备、计算机及其他电子设备制造业	84.67	0.83	仪表仪器及文化办公用机械制造业	18.2	1.45

2009 年，工业企业完成新产品产值 10 015.65 亿元，是 2000 年的 7.68 倍。全年实现新产品销售收入 8523.63 亿元，是 2000 年的 6.73 倍；新产品销售收入占主营业务收入的比重为 11.9%。2009 年，工业企业申请专利 4 万件，是 2000 年的 16.2 倍；其中发明专利 1.19 万件，是 2000 年的 16.8 倍；发明专利所占比重 29.8%，比 2000 年提高 1.5 个百分点。

制造业企业 R&D 人员投入行业结构分布。2009 年的数据显示，江苏省制造业中 R&D 人员投入主要集中在通信设备、计算机及其他电子设备制造业、电气机械及器材制造业、通用设备制造业、交通运输设备制造业、专用设备制造业、仪器仪表及文化、办公用机械制造业和金属制品业七个行业，七个行业的 R&D 人员投入占整个制造业的 63.7%（表 7-3）。

表 7-3 2009 年江苏制造业企业 R&D 人员投入行业分布情况

行业	R&D 人员	各行业 R&D 人员占制造业 R&D 人员比重/%
通信设备、计算机及其他电子设备制造业	51 265	17.95
电气机械及器材制造业	38 943	13.64
化学原料及化学制品制造业	32 993	11.55
通用设备制造业	30 388	10.64
交通运输设备制造业	23 076	8.08

① 本表中的工业企业 R&D 经费投入强度是指企业 R&D 经费与主营业务收入之比。

续表

行业	R&D 人员	各行业 R&D 人员占制造业 R&D 人员比重/%
专用设备制造业	18 789	6.58
纺织业	12 844	4.50
医药制造业	10 459	3.66
仪器仪表及文化、办公用机械制造业	10 239	3.59
黑色金属冶炼及压延加工业	9 495	3.32
金属制品业	9 173	3.21
非金属矿物制品业	6 156	2.16

数据来源：江苏省统计局网站。

　　制造业企业 R&D 投入所有制结构分布。在 2011 年江苏省大中型工业企业中内资企业 R&D 经费总支出为 410.89 亿元，占全省大中型工业企业 R&D 经费总支出的比重为 59％。港、澳、台商投资企业 R&D 经费总支出为 82.04 亿元，占全省大中型企业的比重为 11.7％。外商投资企业 R&D 经费总支出为 207.83 亿元，占全省大中型工业企业的比重为 29.66％（图 7-7）。

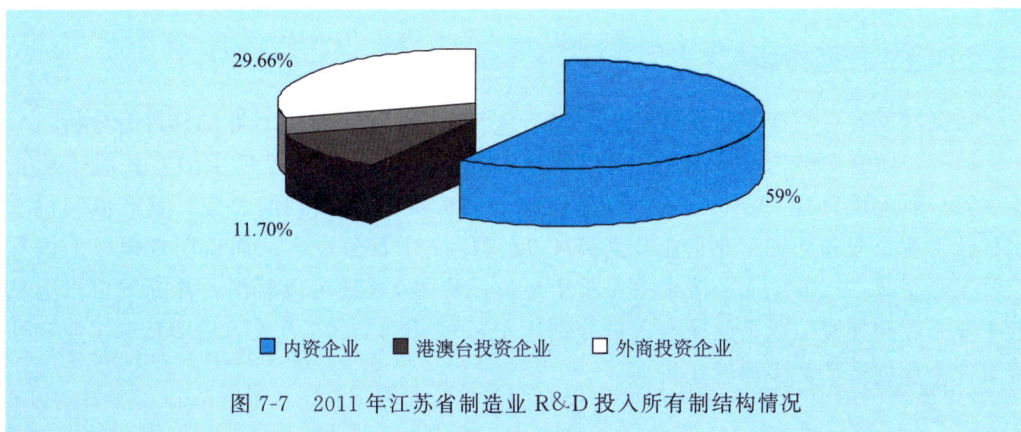

图 7-7　2011 年江苏省制造业 R&D 投入所有制结构情况

7.2.3　资源消耗

　　工业经济的快速发展，带动江苏省工业能源消费量不断增加。自 2000 年以来，江苏全部工业能源消费量由 2000 年的 6731.68 万吨标准煤增至 2008 年的 13 748.43 万吨标准煤，增长 1.04 倍，年均增长 15.4％，比全省能源消费总量年均增长速度快 1.5 个百分点，全部工业能源消费量占全省能源消费总量的比重由 78.2％升至 81.4％。

　　目前，江苏工业化进程总体上处于中期阶段，且呈明显加快的趋势。在这个阶段，创造财富与消耗资源同时并存，特别是在工业化还未达到相当发达的程度时，工业经济的快速发展必须以消耗一定的资源作为代价，工业能源消费弹性系数也会随之提高。

　　江苏省能源消费主要以煤炭和电力为主，环境压力不断加大。江苏省能耗一直以煤炭和电力为主，从总体上看，煤炭消费比重呈持续下降趋势，2001～2010 年下降了 1.29 个百分点，但是煤炭在能源消费结构中的主导地位一直没有发生改变，所占比重一直保持在80%左右。在工业消费的其他能源品种中，焦炭所占比重总体呈上升趋势，虽然在个别年份有所下降，如在 2007～2008 年下降了 0.38 个百分点（表 7-4）。除了煤炭占比在下降，石油制品的份额在不断下降。上述分析表明江苏省工业发展对煤炭的依赖程度在逐步降低，另一方面也说明工业能源消费仍未摆脱传统的结构和模式，还没有完全转向以油、气、电等低污染、高效率的能耗结构转变，能源消费结构中偏低的优质能源比重、以煤为主的能源结构，不仅增加了环境压力，也制约了能源利用效率的提高。

表 7-4　江苏省工业能源消费结构变化情况（单位：%）

	2001 年	2002 年	2003 年	2004 年	2005 年	2006 年	2007 年	2008 年	2009 年	2010 年
煤炭	81.58	82.2	81.03	80.23	10.86	79.51	79.7	81.08	80.27	80.29
焦炭	3.38	3.65	4.34	5.65	7.54	8.55	9.05	8.89	9.06	9.02
原油	12.03	11.63	11.97	11.05	79.57	10.27	9.74	8.7	9.54	9.69

数据来源：《江苏省统计年鉴》（2001～2011）整理而得。

7.3　江苏省制造业结构分析

7.3.1　行业结构

根据江苏省对制造业的发展定位，以下从 5 个方面对制造业行业结构进行分析：

第一，所有制结构。从图 7-8 可以看出，2011 年江苏省规模以上国有控股工业企业尽管从业人员只有 69.46 万人，但是创造出 709.86 亿元的利润总额，其产值利税率比私营工业企业和外资工业企业分别高 4.32、4.47 个百分点，从而说明规模以上国有控股工业企业在江苏工业经济中占有重要地位。从图 7-8 还可以看出，江苏规模以上私营工业企业和外资工业企业从业人员分别达 433.91 和 455.05 万人，说明私营工业和外资工业企业创造了最多的就业机会。

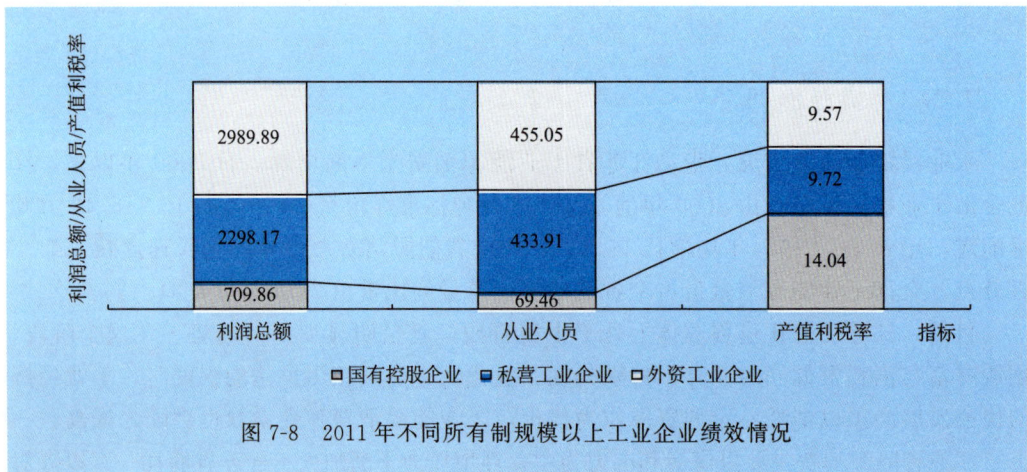

图 7-8　2011 年不同所有制规模以上工业企业绩效情况

第二，装备制造业绩效。从 2011 年江苏省规模以上装备制造业分行业情况来看（表 7-5），7 个行业销售利润率平均达到 5.59%，其中专用设备制造业达到 3.07%，低于平均水平 2.52 个百分点；交通运输设备制造业达 2.77%，低于平均水平 2.82 个百分点。可以说，装备行业销售利润率还有较大幅度提升空间，其盈利能力的提高将显著推动江苏工业企业盈利能力提高。

表 7-5　2011 年规模以上装备制造业经济绩效情况表

行业名称	2011 年		
	销售产值/亿元	利润总额/亿元	销售利润率/%
专用设备制造业	3 870.75	118.96	3.07
交通运输设备制造业	7 582.85	209.89	2.77
通用设备制造业	6 378.94	454.72	7.13
仪器仪表及文化、办公用机械制造业	2 406.77	191.88	7.97
电气机械及器材制造业	11 423.96	766.21	6.71
金属制品业	3 764.68	267.44	7.1
计算机、通信设备及其他电子设备制造业	14 726.79	641.39	4.36

第三，传统产业绩效。根据全国制造业人均自变量，本书把纺织业、服装鞋帽制造业、皮革毛皮制造业、木材加工业、家具制造业、文体用品制造业等行业划分为传统产业（李廉水，2012）。

从表 7-6 可以看出江苏省规模以上传统制造产业的基本发展情况，2011 年，食品制造业、纺织服装及服饰业、木材加工和木、竹、藤、棕、草制品业销售利税率超过全省制造业平均水平，分别达到 11.32%、10.32% 和 13.2%，这三个行业的总产值占到规模以上制造总产值的 4.46%，但三个行业的利润总额达到了 5.15%。这说明这三个行业具有较强的价值创造能力。其他传统制造业的销售利税率虽然低于全省平均水平，但距全省平均水平差距不大。总之，现阶段而言，江苏省传统制造业产业依然具有较强的发展势头。

表 7-6　2011 年江苏省传统产业经济绩效情况表

	总产值/亿元	利润总额/亿元	销售利税率/%
制造业合计	103 114.89	6 800.05	10.27
纺织业	6 084.89	298.09	8.46
食品制造业	484.99	36.09	11.32
纺织服装、服饰业	2 803.55	209.16	10.32
皮革、毛皮、羽毛及其制品和制鞋业	451.3	29.6	9.06
木材加工和木、竹、藤、棕、草制品业	1 308.64	105.2	13.2
家具制造业	199.99	9.09	7.81
文教、工美、体育和娱乐用品制造业	523.87	41.52	9.19

第四，高污染行业绩效。根据 2008 年制造业各行业在废水、废气及固体废弃物排放情况的统计（李廉水，2010），将造纸及纸制造品业、化学原料及化学制品制造业、纺织业、农副食品加工业、黑色金属冶炼及压延加工业、非金属矿物制造业、有色金属冶炼及压延加工业、石油加工炼焦及核燃料加工业等 8 个制造业行业划分为高污染行业。

表 7-7　2011 年江苏省污染型制造业经济绩效情况

	总产值/亿元	利润总额/亿元	销售利税率/%
制造业合计	103 114.89	6 800.05	10.27
农副食品加工业	2 564.45	160.52	9.25
纺织业	6 084.89	298.09	8.46
造纸及纸制品业	1 200.68	81.16	9.58
石油加工炼焦及核燃料加工业	1 886.95	44.27	13.73
化学原料及化学制品制造业	11 738.06	939.49	11.6
非金属矿物制造业	3 157.5	231.09	12.24
黑色金属冶炼及压延加工业	8 352.72	452.63	7.55
有色金属冶炼及压延加工业	2 986.29	130.91	6.33

从表 7-7 可以看出，2011 年污染较为严重的 8 个行业的总产值占江苏省规模以上制造业总产值的 36.82%，利润总额占规模以上制造业利润总额的 30.41%。其中石油加工炼焦及核燃料加工业、化学原料及化学制品制造业和非金属矿物制造业的销售利润率超过了全省平均水平，分别达到 13.73%、11.6% 和 12.24%。化学原料及化学制品制造业的总产值突破 1 万亿大关，达到 11 738.06 亿元。这一情况一方面说明江苏省工业化进程的重工业化倾向，另一方面也表明在工业化进程中，江苏省未来的环境污染治理也需要进一步加强。

第五，高新技术产业绩效。自 2004 年江苏省启动实施高新技术产业"双倍增"计划以来，全省高新技术产业保持高速增长的态势。2011 年全年实现高新技术产业产值 38 377.8 亿元，比上年增长 26.4%，是 2002 年（2527.8 亿元）的 15.2 倍。高新技术产业产值占规模以上工业产值比重为 35.3%；全年高新技术产业固定投资达到 3759.5 亿元，比上年增长 27.9%；全年完成出口交货值 10 919.38 亿元，比去年同期增长 17.24%。具体情况见表 7-8 和图 7-9 所示。

表 7-8　江苏省高新技术产业出口交货值占工业产值比重（2009～2011 年）

	2009 年	2010 年	2011 年
航空航天制造业	0.24	0.21	0.2
电子计算机及办公设备制造业	10.05	8.68	7.66
电子及通信设备制造业	25.78	24.42	23.75
生物医药制造业	5.76	5.46	5.53
仪表仪器制造业	4.99	5.59	5.82

续表

	2009 年	2010 年	2011 年
电气设备制造业	19.99	18.86	19.11
新材料制造业	25.59	24.66	25.51
新能源制造业	7.6	12.12	12.42

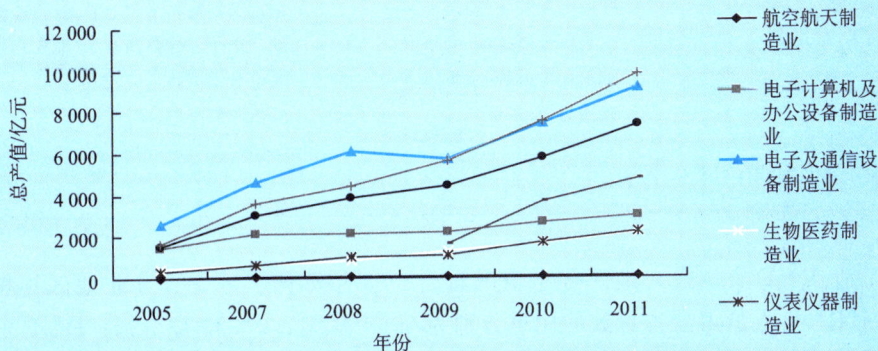

图 7-9 江苏省高新技术产业总产值情况（2005～2011 年）

7.3.2 区域结构

从产业结构的地区差异看，在积极承接国际产业转移的同时，江苏大力创新南北挂钩合作模式，不断优化产业布局和结构，促进区域经济协调发展。苏南、苏中、苏北制造业产业结构与全省水平差异度的测算结果表明，2005～2010 年苏南地区产业结构差异度略有增加，总体水平相对较低，在相当程度上能够代表全省制造业结构水平，也表明近年来苏南制造业并没有出现与全省趋同现象，而是向着尊重比较优势的差异化发展。而苏中苏北制造业产业结构差异度呈下降之势，表明这两个地区制造业产业结构与全省平均水平差异在不断缩小，而这与其承接苏南产业转移不无关系（表 7-9）。

表 7-9 2005～2010 年苏南、苏中、苏北产业结构差异度测算表

	2005 年	2006 年	2007 年	2008 年	2009 年	2010 年
苏南	0.16	0.16	0.17	0.18	0.20	0.20
苏中	0.51	0.48	0.47	0.48	0.47	0.47
苏北	0.65	0.63	0.61	0.59	0.54	0.49

与此同时，明确区域的定位和分工，避免区域产业“同构”现象的产生是协调江苏省发展的基本要求。那么，按照产业结构优化的原则发展和引进产业，将有助于区域的产业结构与经济发展所处的阶段相适应，有助于技术进步和经济效益的提高，有助于区域优势的发挥。目前，江苏省在优势产业基础上向地区专门化方向发展，不仅减轻了当

地劳动人口的就业压力，而且有利于环境保护和区域环境质量的提高（表 7-10）。

表 7-10　三大区域主要特色产业基地

苏南	苏中	苏北
新型显示高技术(南京)	船舶及海洋工程(南通)	工程机械(徐州市)
航空动力高技术(南京)	光电高技术(扬州)	新能源高技术(徐州市)
智能电网高技术(南京)	汽车及零部件(扬州)	硅材料高技术(东海县)
物联网高技术(无锡市)	智能电网装备(扬州)	创新药物高技术产业基地(连云港市)
光伏高技术(常州)	生物医药高技术(泰州市)	新型电子元器件高技术(淮安)
半导体照明高技术(武进区)	数控加工设备(泰州)	风电装备高技术(盐都区)
集成电路高技术(苏州市)	减速机(泰兴市)	新能源汽车(盐城)
生物纳米高技术(苏州)		新型包装材料(宿迁)
飞机零部件高技术(镇江)		

从企业 R&D 资源投入地区分布情况看。2009 年苏南、苏中、苏北地区规模以上工业企业 R&D 人员占全省总数的比重分别为 69.3%、17.0% 和 13.7%；R&D 经费总支出占全省规模以上企业 R&D 经费总支出的比重分别为 70.8%、17.7% 和 11.3%。有研究开发活动企业数占全省有研究开发活动企业数的比重分别为 63.8%、21.3% 和 14.9%。从企业科技产出地区结构分布看。2009 年苏南、苏中、苏北地区规模以上工业企业拥有发明专利数占全省拥有发明专利数的比重分别为 72.5%、20.3% 和 7.2%。规模以上工业企业工业总产值占全省总量的比重分别为 66.4%、19.5% 和 14.1。苏南五市高新技术产业产值 15799.3 亿元，占全省总额的 71.8%；苏中三市高新技术产业产值 4518.6 亿元，占全省总额的 20.6%；苏北五市高新技术产业产值 1669.3 亿元，占全省总额的 7.6%（表 7-11）。

表 7-11　2011 年江苏省各市高新技术产业情况

	高新技术产业销售收入/亿元	高新技术产业对工业产值增长的贡献率/%	高新技术产业出口额占销售收入比重/%
南京市	4 340.41	47.44	16.32
无锡市	5 216.98	48.92	28.38
徐州市	1 944.52	53.59	3.53
常州市	3 038.30	79.85	18.58
苏州市	10 227.54	41.73	65.00
南通市	3 079.59	52.22	14.88
连云港市	839.70	32.79	6.04
淮安市	567.52	21.08	21.51
盐城市	895.23	35.87	5.49
扬州市	2 976.87	70.59	13.09

续表

	高新技术产业销售收入/亿元	高新技术产业对工业产值增长的贡献率/%	高新技术产业出口额占销售收入比重/%
镇江市	2 144.04	58.10	6.22
泰州市	1 989.70	42.34	12.06
宿迁市	128.69	13.86	4.58

目前，江苏各地区结合本地资源禀赋，实施差异发展战略，着力打造先进制造业、现代服务业基地，形成了众多先进的产业集群，其他地区配套发展的格局。南京的风电光伏装备产业、电力自动化与智能电网产业、通信产业、节能环保产业等已组合成 4 个千亿级的产业集群。苏州电子信息产业规模已经占全省 50% 以上，占全国的十分之一，苏州成为名副其实的"中国硅谷"；无锡以尚德公司为龙头，形成了光伏、光电等产业集群，软件和服务外包在当地也初具规模；常州的功能材料、轨道交通产业特色明显；南通船舶产业带动江苏造船完工量、新承接订单、手持订单三大主要指标领跑全国；扬州的光伏产业、LED 产业发展势头良好；泰州以建设特色医药化工集聚区为抓手，推动产业体系向医药化工、原料药、药用材料方向发展；连云港的新能源，盐城的风电和汽车产业，淮安的电子信息产业，徐州的工程机械行业都具备了良好的产业集聚效应。

7.4 江苏省制造业地理转移

区域分工能够使各区域充分发挥资源、要素、区位等方面的优势，进行专业化生产。江苏省内南中北地区存在着产业结构的"位势"差，这为苏南发达地区与其他地区的产业错位发展、分工与合作提供了空间和可能。为判断三大区域间产业分工的专业化与互补程度，本书引入区位熵指标，计算公式为：

$$\beta_{ij} = \frac{q_{ij}/q_j}{q_i/q}$$

式中，分子是指"区域 j 范围内，部门 i 的产值占该区域全部制造业总产值的比重"，分母是指"全省范围内，部门 i 的产值占全省制造业总产值的比重"。β 指数界定出区域内的优势行业：区域内 β 指数大于 1 的行业即可认为是该区域的具有相对优势的行业，β 指数越大说明相对优势越强。

表 7-12 2010 年三大区域制造业按行业大类分的区位熵

制造业行业大类	苏南	苏中	苏北
饮料制造业	0.28	0.50	4.61
木材加工及木竹藤棕草制品业	0.39	0.18	4.56
烟草制品业	0.59	0.09	3.85
农副食品加工业	0.34	1.61	2.94

续表

制造业行业大类	苏南	苏中	苏北
非金属矿物制品业	0.81	0.84	1.97
食品制造业	0.93	0.53	1.90
医药制造业	0.58	1.85	1.63
通用设备制造业	0.82	1.21	1.46
橡胶制品业	0.95	0.97	1.26
纺织业	0.85	1.32	1.22
文教体育用品制造业	0.67	1.90	1.18
专用设备制造业	1.00	0.87	1.16
印刷业和记录媒介的复制	1.10	0.54	1.15
皮革、毛皮、羽毛（绒）及其制品业	0.65	1.99	1.15
废弃资源和废旧材料回收加工业	1.11	0.55	1.11
塑料制品业	1.01	0.89	1.10
化学原料及化学制品制造业	0.93	1.15	1.10
石油加工、炼焦及核燃料加工业	1.09	0.65	1.09
工艺品及其他制造业	0.55	2.37	1.08
造纸及纸制品业	1.15	0.46	1.06
家具制造业	0.99	1.04	0.99
有色金属冶炼及压延加工业	1.19	0.44	0.96
纺织服装、鞋、帽制造业	0.87	1.47	0.92
交通运输设备制造业	0.83	1.69	0.83
金属制品业	0.93	1.48	0.66
黑色金属冶炼及压延加工业	1.30	0.31	0.64
仪器仪表及文化、办公用机械制造业	0.89	1.66	0.62
电气机械及器材制造业	0.99	1.39	0.53
化学纤维制造业	1.28	0.55	0.45
通信设备、计算机及其他电子设备制造业	1.42	0.29	0.17

计算结果见表7-12，为更清楚显示，对表中区位熵按所属数值区间的大小用不同颜色标注。属于（0，0.6）区间的值为第一区段，这意味着该区段的区位熵所对应的行业在该区域分工劣势明显；属于［0.6，1.2）区间的区位熵为第二区段，意味着该区位熵所对应的行业在该区域的分布水平与全省差距不大；属于［1.2，2）区间的值为第三区段，意味着所对应行业在该区域有一定分工优势；属于［2，+∞）区间的值为第四区段，意味着该行业在该区域内比较优势特别明显。

从表7-12可见三大区域产业分工体系基本成形，各区域重心各异，呈现区域共同协作格局。2010 年，苏北地方优势行业有 10 个，其中饮料制造业、木材加工及木竹藤棕草制品业、烟草制品业和农副食品加工业 4 个行业具有绝对优势，其特征是处在农业产品加工链条上，与苏北地区的资源禀赋相符，苏南已经基本从这 4 个行业撤出，4 个行业相对应的苏南区位熵全部小于 0.6。相反苏南的 3 个优势行业，即通信设备、计算机及其他电子设备制造业、化学纤维制造业和黑色金属冶炼及压延加工业在苏中和苏北处于相对劣势。而仪器仪表及文化、办公用机械制造业、电气机械及器材制造业和金属制品业等行业在苏中属优势产业，在苏南有弱化倾向，在苏北具比较劣势，说明这些产业正被附加值较高的新兴产业挤出苏南，逐步向苏中转移。

　　事实上，江苏产业分布有明确的"中心-外围"模式，苏南的制造业中心地位稳定且分工深化，部分行业发生了扩散，苏中和苏北从扩散中获益，发展迅速，在部分行业上具备了一定的优势，但如果产业基础过于薄弱，将在很大程度上制约承接较高层次产业转移的能力。

7.5　典型地区分析

7.5.1　南京制造业分析

　　2011 年，南京市规模以上工业总产值首次突破万亿元，达 10 354.65 亿元，增长 24.3%；完成新产品产值 1097.97 亿元，增长 9.4%。完成销售产值 10 211.28 亿元，增长 24.4%，其中出口交货值 1104.08 亿元，增长 32.2%，全南京市有 21 家工业企业出口交货值超过亿元；全南京市规模以上工业产销率 98.6%。

　　在 30 个制造业行业中，2011 年完成工业总产值占全市工业总产值比重较大的前五行业合计占比重为 60.61%，可谓之为南京工业支柱产业，其中，通信设备、计算机及其他电子设备制造业占 16.71%，化学原料及化学制品制造业占 18.34%，黑色金属冶炼及压延加工业占 8.67%，石油加工、炼焦及核燃料加工业占 8.03%，交通运输设备制造业占 8.86%。

　　2011 年，南京市工业企业各种经济类型同步发展。占工业产值比重前二位的分别是股份制企业和外商港澳台投资企业，分别实现工业总产值 4400.64 亿元和 4169.47 亿元，分别比上年增长 20.4% 和 30.1%，其中，外商港澳台投资企业高于全市产值增长速度 5.8 个百分点，对南京市新增产值的贡献率达到 47.7%，拉动南京市工业产值增长 11.6 个百分点。此外，集体企业、股份合作企业也取得不俗的成绩，分别实现工业产值 109.16 亿元、81.21 亿元，尽管份额不大，但增幅分别达到 35.6%、57.7%，远远高于南京市工业增长的平均水平。

　　2011 年，南京市高新技术产业实现工业总产值为 4223.89 亿元，比上年增长 24.2%，与产值增长速度基本持平，占规模以上工业比重为 40.8%，高于 2010 年 2.6 个百分点。其中所占份额最多的三个产业是新材料产业、电子及通信设备制造业、计算机及办公室设备制造业分别实现工业产值 1677.35 亿、1026.38 亿、634.0 亿；增幅最高的三个产业分别是电子及通信设备制造业、仪器仪表及专用设备制造业、新材料产业，增幅分别为 36.0%、35.8%、25.1%。

南京与苏州、无锡、常州等江苏省制造业强市相比，有自己的优势，具体分析如下。

第一，制造业在工业内部的地位与作用。工业内部分为采矿业、制造业、电力燃气及水的生产和供应业等三个门类，从 4 城市工业内部结构看，都是以制造业为主，制造业占其全部工业的比重均在 95% 以上，最高的苏州市达 98.6%（表 7-13），这是由长三角地区的自然地理环境、资源禀赋和经济布局决定的。长三角地区位于长江出海口，属于冲积平原，矿藏贫乏，采矿业不发达。各地区除少量的电力、燃气及水的生产供应外全部集中在制造业上。南京工业也是以制造业为主，其占全部工业的比重为 97.17%，高于江苏平均水平，处于 4 市中第 4 位。制造业占工业内部比重较大的现状，决定了制造业对南京市工业经济发展的地位与作用。

表 7-13　2011 年江苏典型城市制造业总产值占比重情况

	工业总产值/亿元		
	规模以上工业	制造业	制造业占比重/%
合计	107 680.68	103 114.89	95.75
南京市	10 354.65	10 061.62	97.17
苏州市	27 778.75	27 389.84	98.6
无锡市	14 561.97	14 328.98	98.4
常州市	8 270.77	8 146.71	98.5

第二，南京制造业中支柱产业集中度最高。通过对苏州、无锡、常州等总产值规模居本市前 5 位的工业支柱行业分析，各城市支柱行业不尽相同，且集中度高低不等（表 7-14）。

表 7-14　江苏主要城市制造业内前五行业占本地区全部工业比重情况

	南京	苏州	无锡	常州
通信设备计算机及其他电子设备制造业	16.71%	36.02%	11.5%	
化学原料及化学制品制造业	18.34%		8.22%	13.76%
黑色金属冶炼及压延加工业	8.67%		14.97%	16.12%
石油加工炼焦及核燃料加工业	8.03%			
交通运输设备制造业	8.86%		7.35%	
通用设备制造业		5.34%		5.47%
纺织业		1.2%		
纺织服装、鞋、帽制品业		4.76%		
电气机械及器材制造业		8.04%	14.35%	18.78%
专用设备制造业				7.07%
各市支柱产业比重合计	60.61%	55.36%	56.4%	61.2%

从表 7-14 可以看出，4 市工业主导行业既有雷同之处，也存有一定差异，主要表现在：一是在 4 个城市中，支柱行业的集中度数常州最高，达 61.2%，其后依次为南京、无锡和苏州，南京支柱产业的集中度比位居第三的无锡市高 4.21 个百分点，比末位的苏州市高 5.25 个百分点。支柱产业集中度高，有集聚优势，对全市经济的影响作用大；二是南京、无锡、常州市的支柱产业均为重工业，而苏州的支柱产业均以重工业为主，兼有轻工业，且轻工业均为纺织业。三是通过比较还可以发现，上述 4 个城市中分别居本地区前 5 位的支柱产业，共涉及 10 个行业，表明 4 市支柱行业相同的较多。除常州市外，南京、苏州、无锡等城市的支柱产业中，均有通信设备、计算机及其他电子设备制造业，且同时作为南京、苏州市的支柱，但其所占全部工业的比重却不尽相同，苏州最高，达 36.02%；以后依次为南京、无锡，分别为 16.71%、115.%。支柱行业的雷同，致使市场竞争更加激烈，企业风险更大。

7.5.2 苏州制造业分析

回顾苏州制造业的发展，从 1978 年改革开放至今，大致经历了三个发展阶段[①]。

第一个发展阶段：1978 年到 20 世纪 80 年代初期，国有集体经济唱主角。在这一阶段，市场上各种物资紧缺，生产力严重不足。基础相对较强的国有、集体企业几乎垄断了制造业的全部部门。1978 年全市制造业全部是国有、集体企业，其中国有占了 58.75%。

第二个发展阶段：80 年代初到 90 年代初，苏南模式显现生机——乡镇工业大发展，"三分天下有其二"。这一阶段，苏州乡镇工业发展红火，与略显疲惫的国有、大集体经济相比，乡镇企业体制灵活，适应激烈的市场竞争，显示出了勃勃生机，成为制造业的支撑和活力所在。1991 年乡（镇）村工业产值在制造业中的比重高达 64.23%。

第三个发展阶段：从 90 年代初至今，外向型经济欣欣向荣，是苏州制造业发展最迅速的时期。在别的地区还在徘徊观望的时候，苏州抓住二次发展机遇，外向型经济迅猛发展，走在了全国的前列，也为今后的持续发展奠定了扎实的基础。港、澳、台及外商投资企业逐渐成为这一阶段苏州制造业的主体。

2011 年，工业经济平稳增长。苏州市实现工业总产值 33 347.4 亿元，其中规模以上工业总产值 28 212.8 亿元，分别比上年增长 17% 和 17.7%。苏州市规模以上工业中，私营工业产值 4882.8 亿元，增长 19.2%；外资工业产值 19 124.1 亿元，增长 17.9%。重工业产值 20 802 亿元，轻工业产值 7410.8 亿元，分别比上年增长 18.4% 和 15.6%。

目前，苏州市港、澳、台及外商投资企业单位数为 4661 家，占全部制造业的 47%，但是总产值却占 68.78%，营业收入占 66.46%。私营经济在企业数上占据绝对优势，有 4745 家，占全部制造业的 47.92%，但营业收入仅占全部制造业的 16.93%；有限责任公司、股份有限公司成为近年来的一支新生力量，单位数 359 家，占 3.6%，营业收入占 11%。

---

① 部分摘自苏州第二次工业普查。

在具体的行业中，优势产业稳定发展。2011 年，通信设备、计算机及其他电子设备制造业、黑色金属冶炼及压延加工业、电气机械及器材制造业、纺织业、化学原料及化学制品制造业、通用设备制造业六大行业实现产值 19 274 亿元，比上年增长 17.9%，占规模以上工业总产值的比重达 68.3%。

重点企业发展良好。2011 年，苏州市百强工业企业实现工业产值 11 981 亿元，比上年增长 22.3%，占规模以上工业总产值的比重达到 42.5%，比上年提高 1.6 个百分点。全市新增制造业地标型企业 7 家，累计达到 21 家。同时，新兴产业规模进一步壮大。苏州市着力培育和发展新能源、新材料、生物医药、新型平板显示、智能电网和物联网、节能环保、高端装备制造等战略性新兴产业，促进新兴产业跨越发展。制造业新兴产业实现总产值 10 758 亿元，比上年增长 24.7%，占全市规模以上工业的比重达 38.1%。依托优势龙头企业，加速新型企业集群、产业集聚发展。全市新兴产业特色基地达到 17 个。苏州市实现高新技术产业产值 10 516 亿元，比上年增长 17.6%，高新技术产业产值占规模以上工业总产值的比重达 37.3%，比 2010 年提高 0.7 个百分点。

7.5.3 无锡制造业分析

无锡制造业现有企业 3.47 万多家，总资产 2007 亿元，其中年营业收入超过 100 亿元的 3 家、超过 50 亿元的 12 家、超过 500 万元的 3300 多家，中小企业占 99.7%；企业覆盖制造业中的 29 个行业大类（缺烟草加工业）、150 个中类（拥有行业门类的 89%）和 357 个小类（拥有行业门类的 74%），形成了结构比较合理、门类比较齐全、配套能力比较强的体系。

无锡制造业目前已处于工业化后期阶段，2011 年轻工业产值 3553.29 亿元，增长 16.7%；重工业产值 11 015.09 亿元，增长 29.3%。同时呈现"高加工度化"趋势，即由原材料工业为重心的结构向加工制造业为重心的结构发展。与此同时，制造业在国内同行中占有重要地位。2011 年，无锡制造业的总产值、增加值和销售产值分别名列江苏第二、全国第七位。

从制造业结构看，轻纺制造业、资源加工工业和机械电子制造业的工业产值占整个制造业工业产值的比重分别为 34.2%、24.0% 和 41.8%，机械、纺织等制造业仍是支柱产业和优势产业。2011 年机械、纺织两大产业所占制造业总产值的比重高达 43.4%，其中机械占 22%，纺织占 18.4%，分别为无锡制造业的第一、第二大产业。2011 年，机械业 2478 家规模以上企业完成产品销售收入 4965 亿元，占全市工业产品销售收入的 30.1%；完成出口交货值 2007 亿元，约占全市外贸出口总值的 17.6%；实现利润 554 亿元，占全市工业企业利润总额的 33.5% 左右。无锡机械业在全国、全省始终保持行业内技术效益的领先地位，全市目前具有较强竞争力的 15 个行业中机械业占 6 个，机电一体化和汽车产业已被确定为无锡重点发展的五大支柱制造产业之一。另外，制造业从业人员 99.76 万人，占全部工业从业人员数的 98.9%，占全部就业人数的 44.8%，是无锡实现就业的重要市场。

从竞争力看，无锡市制造业在同行竞争中具有较强优势。竞争优势主要体现在市场的占有率上，无锡制造业 27 个行业目前在全国领先的有 15 个，分别是纺织业（占全国同行业产品销售收入的 17.8%,下同)、服装制造业(占 1.2%)、印刷业(占 2.1%)、化学原料及化学制品制造业(占 2.9%)、化学纤维制造业(占 8.8%)、塑料制品业(占 3.2%)、黑色金属冶炼及压延加工业(占 3.3%)、有色金属冶炼及压延加工业(占 2.7%)、金属制品业(占 3.6%)、普通机械制造业(占 5%)、专业设备制造业(占 3.5%)、交通运输设备制造业(占 1.8%)、电气机械及器材制造业(占 2.9%)、电子及通信设备制造业(占 1.5%)、仪器仪表及文化办公机械制造业(占 1.7%)。

另有一批在国内外具有较强竞争优势的企业群体,如以希捷(无锡)、华晶微电子、长电科技、夏普(无锡)、索尼(无锡)、松下(无锡)、小天鹅、博西威、TCL(无锡)、永中等为代表的电子企业群,以南汽(无锡)、厦门金龙(无锡)、神舟客车、威孚、博世(中国)、一汽锡柴、双良、住友(无锡)、洋马、约克、中科惠软等为代表的机电一体化及汽车企业群,以澄星、化工集团、柯达(无锡)、爱克发(无锡)、拜尔、罗地亚、东化、兴澄、联合钢铁、华西、申达、环宇、法尔胜等为代表的新材料企业群等。2011 年,小天鹅、希捷、一汽锡柴、威孚、海澜等 50 家重点企业实现销售收入、利税和利润占全市规模以上工业企业的比重超过 40%,资产占规模以上企业总量的 40%,外贸出口占全市的 46%。

最后,制造业在结构调整中形成新优势。依据城市发展定位和优化生产力布局的原则,无锡已经形成了 3 个国家级开发区、5 个省级开发区和 19 个重点开放园区,成为吸引外商与发展制造业的主要载体。到目前为止,已先后引进了 6000 多个国际制造业企业,其中 24 个超亿美元项目,有 99 家企业是世界 500 强企业中的 53 家投资兴办的,总投资 26.45 亿美元,注册资本 12.25 亿美元。住友、柯达、贝卡尔特等国际品牌的一流产品已在无锡制造,索尼、夏普、西门子等跨国公司在无锡拥有生产基地,总投资 57 亿元的威孚公司与德国博世公司 6 亿欧元的燃油喷射系统投资项目已建成。

同时,无锡形成了以电子信息、先进制造、新材料、生物医药四大门类为主的新兴现代制造业发展格局。围绕四大新兴制造业,建设了一批国家级的产业化基地、科技园区和工程中心,形成了一批具有竞争优势和发展潜力的企业及产品。已有省级高新技术企业近 400 家,高新技术产品 500 多项。

7.6 江苏制造业上市公司分析

制造业上市企业作为中国上市企业主力,其发展受到产业内外极大关注。在全国制造业上市企业中江苏省具有较多数量的制造业上市企业,本节将主要就江苏省制造业上市企业的地区产业分布、规模和效益、股本结构和板块结构等方面描述其发展现状及其特征。

7.6.1 江苏省制造业上市企业地区分布

根据沪深证券交易所上市公司基本信息及 2012 年年报或季报数据整理分析,江苏省制造业有 179 家上市公司,股票数量为 182 个,涵盖 33 个创业板、81 个中小企业板、64 个主板及 4 个 B 股等,其中 179 家上市企业在不同时期首次上市,从表 7-15 可以看出在 2010 年出现上市高峰。

表 7-15　1993～2012 年上市企业数

上市日期	上市企业数/个	上市日期	上市企业数/个	上市日期	上市企业数/个	上市日期	上市企业数/个
2012	18	2007	9	2002	3	1997	11
2011	37	2006	7	2001	4	1996	5
2010	38	2005	2	2000	4	1995	1
2009	7	2004	4	1999	8	1994	2
2008	5	2003	10	1998	1	1993	3

数据来源：根据上海证券交易所（www.sse.com.cn）、深圳证券交易所（www.szse.cn）2012 年年报相关资料整理得出。

从上市公司注册所在地级市分布来看，江苏制造业上市公司注册地所在地级市分布广，数量集中度高。179 家上市企业分布在全省 12 个地级市中，仅有淮安市未有制造业上市企业（表 7-16）。其中，苏南在几乎各年度的上市企业数都具有绝对领先优势，其上市高峰处在 2010 年和 2011 年，分别达到了 26 家和 29 家上市企业。

表 7-16　制造业上市公司年度上市地区分布图

上市日期	苏南						苏中				苏北				
	苏州	无锡	南京	常州	镇江	合计	南通	扬州	泰州	合计	徐州	盐城	连云港	宿迁	合计
2012	8	4	1	1		14			1	1	1		2		3
2011	12	6	3	7	1	29	3	1	1	5	1			2	3
2010	15	7	1	3		26	7		1	8	2	2			4
2009	2	1		1		4	1			1		1		1	2
2008	2				2	4	1			1					0
2007	4		2		1	7	2			2					0
2006	3		2		1	6	1			1					0
2005			1			1	1			1					0
2004		2				2		2		2					0
2003	3	5	1			9		1		1					0
2002						0	1	1		2			1		1
2001		1	1			2				0					0
2000		1	1			2				0	1		1		2
1999	1	3	2		1	7		1		1					0
1998		1				1				0					0
1997	2	3	3	1		9		1		1		1			0
1996			2		1	2				0					0
1995						0		1		1					0
1994			1			1		1		1					0
1993		2	1			3				0					0

数据来源：根据上海证券交易所（www.sse.com.cn）、深圳证券交易所（www.szse.cn）2012 年年报相关资料整理得出。

苏州市、无锡市和南京市位列前三，共有 109 个制造业上市企业，占全省的 60.89%，其中苏州市最多，占全省的 29.05%（表 7-17）。

表 7-17　江苏省制造业上市企业地区分布

序号	地级市	上市企业/家	所占比例/%	累计比例/%	序号	地级市	上市企业/家	所占比例/%	累计比例/%
1	苏州市	52	29.05	29.05	7	扬州市	8	4.47	87.71
2	无锡市	36	20.11	49.16	8	徐州市	6	3.35	91.06
3	南京市	21	11.73	60.89	9	泰州市	5	2.79	93.85
4	南通市	18	9.50	70.95	10	连云港市	4	2.23	96.09
5	常州市	15	8.38	79.33	11	盐城市	4	2.23	98.32
6	镇江市	7	4.47	83.24	12	宿迁市	3	1.68	100

数据来源：根据上海证券交易所（www.sse.com.cn）、深圳证券交易所（www.szse.cn）2012 年年报相关资料整理得出。

从经济区域划分方式来看，苏南区域制造业上市企业数量最多，为 132 家，占全省 179 家上市企业将近 3/4 的数量。苏中有 30 家制造业上市企业，所占比例为 16.76%，苏北最少，仅有 17 家，占全省 9.5%（表 7-18）。

表 7-18　苏南、苏中及苏北上市企业分布

序号	区域	上市企业/家	所占比例/%	累计比例/%
1	苏南	132	73.74	73.74
2	苏中	30	16.76	90.50
3	苏北	17	9.50	100.00

7.6.2　江苏省上市公司产业分布

根据《上市公司产业分类指引 2012》分类，制造业上市企业共分为 31 个产业[①]。从产业分布来看，江苏省制造业上市企业所有股票分布地区也较广，主要分布在 21 个产业中，其中在电气机械和器材制造业 C38、计算机、通信和其他电子设备制造业 C39、化学原料和化学制品制造业 C26、通用设备制造业 C34 和专用设备制造业 C35 等五个产业分布较多，占全省制造业上市企业股票数量的 55.49%（表 7-19）。

---

① 农副食品加工业 C13、食品制造业 C14、酒、饮料和精制茶制造业 C15、烟草制品业 C16、纺织业 C17、纺织服装、服饰业 C18、皮革、毛皮、羽毛及其制品和制鞋业 C19、木材加工和木、竹、藤、棕、草制品业 C20、家具制造业 C21、造纸和纸制品业 C22、印刷和记录媒介复制业 C23、文教、工美、体育和娱乐用品制造业 C24、石油加工、炼焦和核燃料加工业 C25、化学原料和化学制品制造业 C26、医药制造业 C27、化学纤维制造业 C28、橡胶和塑料制品业 C29、非金属矿物制品业 C30、黑色金属冶炼和压延加工业 C31、有色金属冶炼和压延加工业 C32、金属制品业 C33、通用设备制造业 C34、专用设备制造业 C35、汽车制造业 C36、铁路、船舶、航空航天和其他运输设备制造业 C37、电气机械和器材制造业 C38、计算机、通信和其他电子设备制造业 C39、仪器仪表制造业 C40、其他制造业 C41、废弃资源综合利用业 C42、金属制品、机械和设备修理业 C43。

表 7-19　江苏省制造业上市企业 182 个股票产业分布

序号	产业代码	股票数量	所占比例/%	累计比例/%	序号	产业代码	股票数量	所占比例/%	累计比例/%
1	C38	27	14.84	14.84	12	C30	6	3.30	86.26
2	C39	21	11.54	26.37	13	C32	6	3.30	89.56
3	C26	19	10.44	36.81	14	C18	5	2.75	92.31
4	C34	19	10.44	47.25	15	C37	3	1.65	93.96
5	C35	15	8.24	55.49	16	C40	3	1.65	95.60
6	C33	11	6.04	61.54	17	C15	2	1.10	96.70
7	C29	10	5.49	67.03	18	C20	2	1.10	97.80
8	C17	8	4.40	71.43	19	C31	2	1.10	98.90
9	C36	8	4.40	75.82	20	C14	1	0.55	99.45
10	C27	7	3.85	79.67	21	C41	1	0.55	100
11	C28	6	3.30	82.97	Total		182		

数据来源：根据上海证券交易所（www.sse.com.cn）、深圳证券交易所（www.szse.cn）2012 年年报相关资料整理得出。

在所有上市公司中，电气机械和器材制造业 C38、计算机、通信和其他电子设备制造业 C39、化学原料和化学制品制造业 C26 和通用设备制造业 C34 等四个产业较集中分布在苏州、无锡、南京和南通等四个地级市中（表 7-20）。

表 7-20　江苏省制造业上市企业股票数量的地区产业分布

产业代码	苏南						苏中				苏北				
	苏州	无锡	南京	常州	镇江	合计	南通	扬州	泰州	合计	徐州	盐城	连云港	宿迁	合计
C15						0				0	1			1	2
C14					1	1				0					0
C41		1				1				0					0
C37				1		1			2	2					0
C40	1					1	1		1	2					0
C20	1				1	2									0
C31	1		1			2				0					0
C18		2		1		3	2			2					0
C27		1	1		1	3	1	1		2			2		2
C30			2	2		4				1				1	1
C28	3	1	1			5		1		1					0
C36		3			1	5	1	1		2					0
C32	3	2	1			6				0					0
C17	2				1	6	2			2					0

续表

产业代码	苏南						苏中				苏北				
	苏州	无锡	南京	常州	镇江	合计	南通	扬州	泰州	合计	徐州	盐城	连云港	宿迁	合计
C29	2	3	1	2		8		1		1				1	1
C33	7	3		1		11				0					0
C35	4	2	1	3	1	11				0	2	1	1		4
C34	5	3	1			12	3	1		4	1	2			3
C26	5	5	2		2	14	2	1		3	1	1			2
C39	10	4	3		2	19	2			2					0
C38	8	5	5	1	1	20	4	1	1	6			1		1
共计	52	38	21	16	8	135	18	7	5	30	6	4	4	3	17

　　数据来源：根据上海证券交易所（www.sse.com.cn）、深圳证券交易所（www.szse.cn）2012 年年报相关资料整理得出（此处将 3 家制造业上市企业的 A 股和 B 股都考虑在内）。

　　通过地区产业分布表可以看出，电气机械和器材制造业 C38、计算机、通信和其他电子设备制造业 C39、化学原料和化学制品制造业 C26 和通用设备制造业 C34 等四个产业较集中分布在苏州、无锡、南京和南通等四个地级市中。

　　在苏南，上市公司多集中在 C33、C34、C35、C26、C38 和 C39 6 个产业，占全部产业数量的 64%；在苏中，C38 和 C34 产业的上市公司占到三分之一；而在苏北，C35 和 C34 领域的上市公司数量占优势。

7.6.3　江苏省制造业上市企业规模分析

　　目前，中国制造业 1582 个上市企业中 2012 年营业总收入超过平均值的企业有 266 家，资产总计超过平均值的企业有 290 家，所有者权益超过平均值的企业有 329 家，这些企业数仅占全部制造业上市企业数的 16.8%～20.8%，但占有 70.47%～77.84%（分别为 77.84%、73.07%或 70.47%）的规模指标值。对比江苏省上市公司而言，表 7-21 列出了江苏省制造业 179 家上市企业在主营业务收入、资产总计和所有者权益指标上的描述性统计信息。

表 7-21　2012 年江苏省制造业 179 个上市企业规模总量统计

总量指标	最小值 /亿元	最大值 /亿元	合计 /亿元	占全国制造业上市企业比例/%	均值 /亿元	与全国制造业上市企业均值之比/%	标准差 /亿元
主营业务收入	0.36	321.32	4304.53	5.51	24.05	48.72	42.53
资产总计	1.95	454.00	5990.00	6.10	33.49	53.96	50.57
所有者权益	−0.61	175.00	3050.00	7.00	17.04	61.78	20.50

　　数据来源：以 2012 年证监会上市公司产业分类为依据确定的 179 家制造业企业 2012 年年报数据（2013 年 6 月 27 日查阅）所得数据。

从表 7-21 可以看出，虽然江苏省制造业上市企业数量占全国的比例达到了 11.31%，但规模占比相对来说较低，如主营业务收入占全国制造业上市企业比例仅为 5.56%，资产总计占比也仅为 6.10%，所有者权益占比为 7%，说明江苏省制造业上市企业在规模上还有很大发展基础潜力和空间。

在江苏省制造业 179 家上市企业中 2012 年其主营业务收入超过全国制造业均值的企业有 19 家，共为 2150.53 亿元，占全省制造业上市企业的 50%，而超过江苏省制造业均值有 47 家，共为 3039.84 亿元，占全省制造业上市企业的 70.62%。

在地级市方面，南京市、苏州市和无锡市占据了所有规模指标合计的前三名，并且其所有者权益合计占全省比例为 53.97%，其主营业务收入合计占全省份额甚至超过了 60%，其资产总计合计占全省份额也超过了 61%（表 7-22）。不过，从平均规模来看，宿迁等地上市数量少，制造业上市企业平均规模相对较大（表 7-23）。

表 7-22 江苏省地级市 2012 年总规模水平

地级市	主营业务收入/亿元	主营业收入占全省比例/%	资产总计/亿元	资产总计占全省比例/%	所有者权益/亿元	所有者权益占全省比例/%
南京市	933.18	21.68	1153.56	19.43	383.71	12.58
苏州市	927.03	21.54	1225.49	20.64	645.75	21.17
无锡市	762.62	17.72	1279.32	21.55	616.93	20.22
徐州市	403.15	9.37	593.09	9.99	249.95	8.19
扬州市	300.68	6.99	218.21	3.67	143.98	4.72
南通市	272.05	6.32	351.76	5.92	250.79	8.22
宿迁市	201.63	4.68	290.09	4.89	193.64	6.35
常州市	160.46	3.73	290.77	4.90	231.81	7.60
镇江市	147.40	3.42	203.94	3.43	100.54	3.30
连云港市	110.67	2.57	143.69	2.42	112.74	3.70
盐城市	51.95	1.21	101.45	1.71	54.78	1.80
泰州市	33.71	0.78	86.36	1.45	66.08	2.17

数据来源：以 2012 年证监会上市公司产业分类为依据确定的 179 家制造业企业 2007~2012 年年报（2013 年 6 月 27 日查阅）所得数据。

表 7-23 2012 年各地级市制造业上市企业平均规模

地级市	主营业务收入/亿元	资产总计/亿元	所有者权益/亿元	总股本/亿
南京市	44.44	54.93	18.27	5.39
常州市	10.70	19.38	15.45	2.82
苏州市	17.83	23.57	12.42	2.84
无锡市	21.18	35.54	17.14	4.44

续表

地级市	主营业务收入/亿元	资产总计/亿元	所有者权益/亿元	总股本/亿
镇江市	18.43	25.49	12.57	4.11
南通市	15.11	21.68	13.93	2.69
扬州市	42.95	33.80	20.57	7.42
泰州市	6.74	17.27	13.22	2.80
宿迁市	67.21	96.70	64.55	5.61
徐州市	67.19	98.85	41.66	7.44
盐城市	12.99	25.36	13.69	4.01
连云港	27.67	35.92	28.19	5.33
企业均值	24.05	33.49	17.04	3.96

数据来源：根据上海证券交易所（www.sse.com.cn）、深圳证券交易所（www.szse.cn）2012 年年报相关资料整理得出。

从三个经济区域来看（表 7-24），苏南占据绝对重要位置，占全省规模三分之二以上；苏北三个地级市在规模总体水平上略比苏中五个地级市大，同时，苏北的平均规模也比较大（表 7-25），图 7-10～图 7-12 反映了三个经济区域 2007～2012 年的企业平均规模的变化。

表 7-24　2012 年苏南、苏中、苏北制造业上市企业规模水平

经济区域	主营业务收入/亿元	主营业收入占全省比例/%	资产总计/亿元	资产总计占全省比例/%	所有者权益/亿元	所有者权益占全省比例/%
苏南	2930.69	68.08	4153.09	69.28	1978.74	64.86
苏中	606.44	14.09	713.16	11.90	460.84	15.11
苏北	767.40	17.83	1128.33	18.82	611.11	20.03

表 7-25　2012 年苏南、苏中、苏北制造业上市企业平均规模　（单位：亿元）

区域	2012 年			2013 年第 1 季度		
	主营业务收入	资产总计	所有者权益	主营业务收入	资产总计	所有者权益
苏南	22.20	31.46	14.99	4.94	32.20	15.19
苏中	20.21	23.77	15.36	4.84	24.19	15.50
苏北	45.14	66.37	35.95	11.64	70.28	38.34

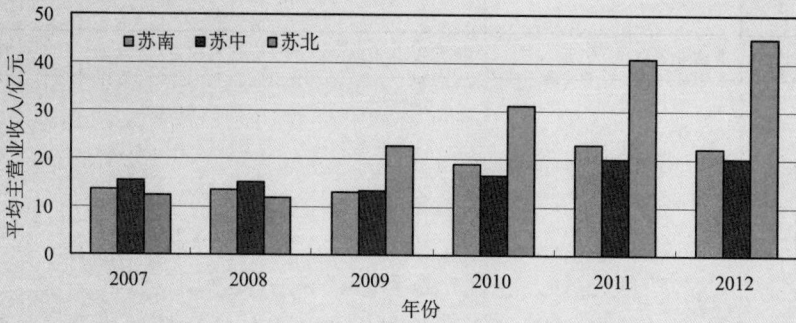

图 7-10　苏南、苏中、苏北制造业上市企业平均主营业收入年度变化（2007～2012 年）

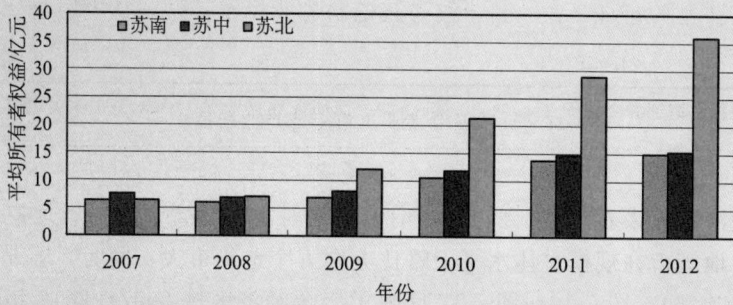

图 7-11　苏南、苏中、苏北制造业上市企业平均所有者权益年度变化（2007～2012 年）

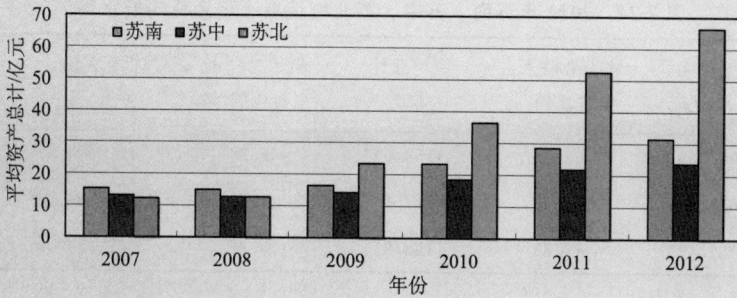

图 7-12　苏南、苏中、苏北制造业上市企业平均资产总计年度变化（2007～2012 年）

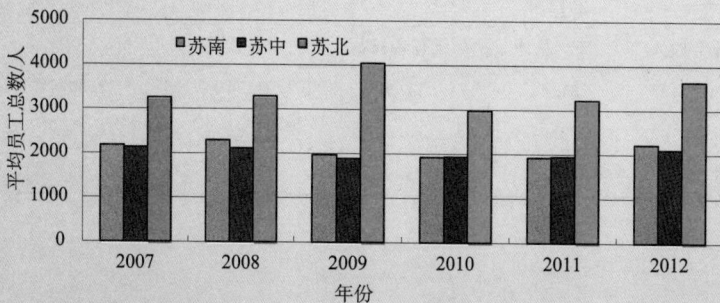

图 7-13　苏南、苏中、苏北制造业上市企业平均员工总数年度变化（2007～2012 年）

在企业平均规模发展上，三个经济区域总体趋势都是增长的。在企业平均主营业收入方面，苏南在 2009 年和 2012 年这两年度出现减少现象；苏中在 2009 年出现企业平均规模缩减情况；但苏北表现持续增长现象。苏北在 2009 年之后逐渐超越了苏南和苏中，到 2012 年其企业平均规模已经达到了苏南和苏中的两倍或者三倍多。而且，苏北企业平均员工总数在各年度超过苏南和苏中大致 1000 人以上（图 7-13），甚至在 2009 年期间，苏南和苏中企业平均员工总数减少的情况下，苏北反而大幅增加了企业平均员工总数 748 人，之后在 2010 年又大幅减少 1061 人，但在后续的 2011 年和 2012 年又稳步增加了企业平均员工总数。

从各产业规模看（表 7-26），专用设备制造业和电气机械和器材制造业的规模较大，其主营业收入、资产和所有者权益都占全省制造业上市企业比例的 30% 或接近 30%；而仪器仪表制造业、食品制造业和其他制造业规模较低，其规模合计水平还未达到全省 21 个产业的 2%。

表 7-26　江苏省制造业上市企业产业规模水平

产业	主营业务收入/亿元	主营业务收入占全省比例/%	资产总计/亿元	资产总计占全省比例/%	所有者权益/亿元	所有者权益占全省比例/%
专用设备制造业 C35	646.59	15.02	931.35	15.54	393.25	12.89
电气机械和器材制造业 C38	615.41	14.30	892.96	14.90	438.19	14.36
黑色金属冶炼和压延加工业 C31	441.80	10.26	423.71	7.07	129.94	4.26
化学原料和化学制品制造业 C26	400.21	9.30	530.19	8.84	255.07	8.36
计算机、通信和其他电子设备制造业 C39	340.85	7.92	563.48	9.40	289.07	9.48
化学纤维制造业 C28	296.43	6.89	264.14	4.41	150.68	4.94
酒、饮料和精制茶制造业 C15	230.81	5.36	317.28	5.29	181.00	5.93
通用设备制造业 C34	227.21	5.28	379.99	6.34	214.83	7.04
金属制品业 C33	175.72	4.08	231.90	3.87	131.19	4.30
纺织业 C17	157.91	3.67	204.38	3.41	115.06	3.77
有色金属冶炼和压延加工业 C32	149.81	3.48	142.68	2.38	91.24	2.99
汽车制造业 C36	146.28	3.40	248.07	4.14	155.14	5.09
医药制造业 C27	116.25	2.70	164.57	2.75	133.23	4.37
木材加工和木、竹、藤、棕、草制品业 C20	87.36	2.03	101.22	1.69	41.72	1.37
橡胶和塑料制品业 C29	78.21	1.82	139.64	2.33	93.92	3.08
非金属矿物制品业 C30	57.27	1.33	123.79	2.07	74.07	2.43
铁路、船舶、航空航天和其他运输设备制造业 C37	47.06	1.09	107.99	1.80	54.49	1.79
纺织服装、服饰业 C18	41.10	0.95	113.22	1.89	49.45	1.62

续表

产业	主营业务收入/亿元	主营业务收入占全省比例/%	资产总计/亿元	资产总计占全省比例/%	所有者权益/亿元	所有者权益占全省比例/%
仪器仪表制造业 C40	23.14	0.54	51.57	0.86	40.96	1.34
其他制造业 C41	13.62	0.32	35.14	0.59	12.71	0.42
食品制造业 C14	11.47	0.27	27.30	0.46	5.49	0.18

7.6.4　江苏省制造业上市企业效益分析

制造业上市企业的经济效益主要通过其所能获得的净利润或利润总额水平反映其效益大小，通过净资产收益率、总资产报酬率以及总资产净利率等指标来反映企业内在效益质量，通过流动比率和速动比率反映其债务的风险大小。

江苏制造业上市企业利润总额和净利润的最大值远小于全国，而最小值却大于全国最小值，说明江苏省制造业上市企业整体盈利水平较集中在更小的盈利区间；进一步从利润总额的合计来看，占全国 6.84%，特别是净利润合计占全国 26.47%，超四分之一，说明江苏制造业上市企业的整体盈利在全国具有非常重要的地位，其盈利水平较集中靠近最大值。从均值来看，单个企业的利润总额均值 1.57 亿元小于全国上市企业的均值 2.6 亿元，仅为全国的 60.52%，但净利润均值 1.26 亿元却远大于全国均值 0.54 亿元，是全国的 2～3 倍。

江苏省 2012 年净利润超过平均值的企业有 48 家，此 48 家企业净利润共 209.08 亿元，占全省合计的 92.95%，均值为 4.36 亿元，为全省均值的 3 倍多，说明江苏制造业上市企业获利企业相对集中（表 7-27、表 7-28）。

表 7-27　2012 年中国制造业 1582 个上市企业效益统计（单位：亿元）

效益指标	最小值	最大值	合计	均值	标准差
利润总额	−90.90	402.00	4110.00	2.60	14.65
净利润	−19.40	96.20	850.00	0.54	3.28

数据来源：以证监会上市公司产业分类为依据于 2013 年 6 月 27 日查阅所得数据。

表 7-28　2012 年江苏省制造业 179 个上市企业效益统计（单位：亿元）

总量指标	最小值	最大值	合计	均值	标准差
利润总额	−13.90	82.20	281.00	1.57	6.82
净利润	−14.10	61.50	225.00	1.26	5.29

数据来源：以 2012 年证监会上市公司产业分类为依据确定的 179 家制造业企业 2012 年年报数据（2013 年 6 月 27 日查阅）所得数据。

从年度变化趋势来看，如表 7-29 所示，2008 年净利润水平曾出现低谷，之后连续三年攀升，但 2012 年企业净利润合计以及净利润均值均又低于 2011 年，获利水平明显下降，企业平均净利润同比增长率也仅为 −121.47%，此种情况在 2008 年出现一次，结合 2013 年第一季度利润情况，预期认为 2013 年的利润水平将会再次出现下滑。

表 7-29　净利润指标年度变化情况（2007～2012）

年度指标	2012	2011	2010	2009	2008	2007
净利润合计/亿元	224.94	289.16	278.44	179.93	82.62	97.69
净利润均值/亿元	1.26	1.62	1.56	1.01	0.48	0.68
平均净利润同比增长率/%	−121.47	14.75	35.84	28.31	−55.41	29.36

在江苏省制造业上市企业所在 12 个地级市中，如表 7-30 所示，宿迁市在净利润合计方面位居首位，为 63.22 亿元，占全省 28.10%，其后分别为苏州市和徐州市，这三个地级市制造业上市企业所创造的净利润合计占据了全省的近 60%。

表 7-30　江苏 13 个地级市制造业上市企业利润表

地级市	利润总额/亿元	利润总额占全省比例/%	净利润/亿元	净利润占全省比例/%
宿迁市	84.10	29.88	63.22	28.10
苏州市	49.30	17.52	40.87	18.17
徐州市	33.40	11.87	28.66	12.74
无锡市	26.99	9.59	19.64	8.73
连云港市	22.05	7.84	18.87	8.39
南通市	24.44	8.68	20.14	8.95
南京市	16.16	5.74	12.47	5.55
常州市	11.39	4.05	8.67	3.86
镇江市	7.35	2.61	6.38	2.83
盐城市	3.96	1.41	3.21	1.43
泰州市	2.80	0.99	2.30	1.02
扬州市	−0.51	−0.18	0.50	0.22

从三个经济区域来看（图 7-14），苏南和苏中利润总额合计变化呈现倒 V 形，分别在 2010 年和 2011 年达到最大峰值，而苏北表现了持续增加，并在 2012 年超过了苏南（苏南在 2010 年之前净利润是苏北的 2 倍以上）。

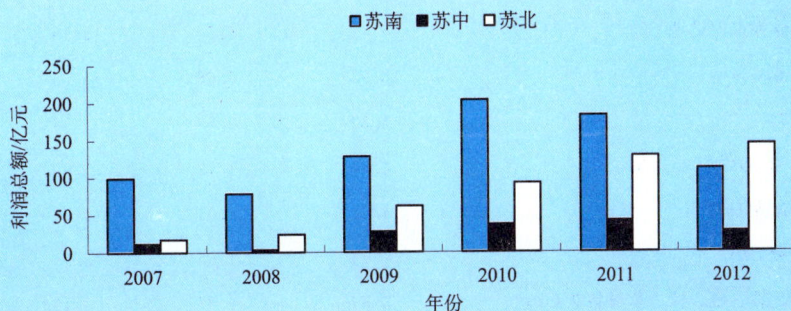

图 7-14　江苏省苏南、苏中、苏北制造业上市企业利润总额合计年度变化（2007～2012 年）

从平均利润总额年度变化情况（图 7-15）也可看出，苏北制造业企业平均净利润在 2007～2012 年都是超过苏南和苏中的（苏南和苏中的平均净利润相差不大），至 2012 年平均净利润差距进一步拉大，是苏南的 10 倍以上。

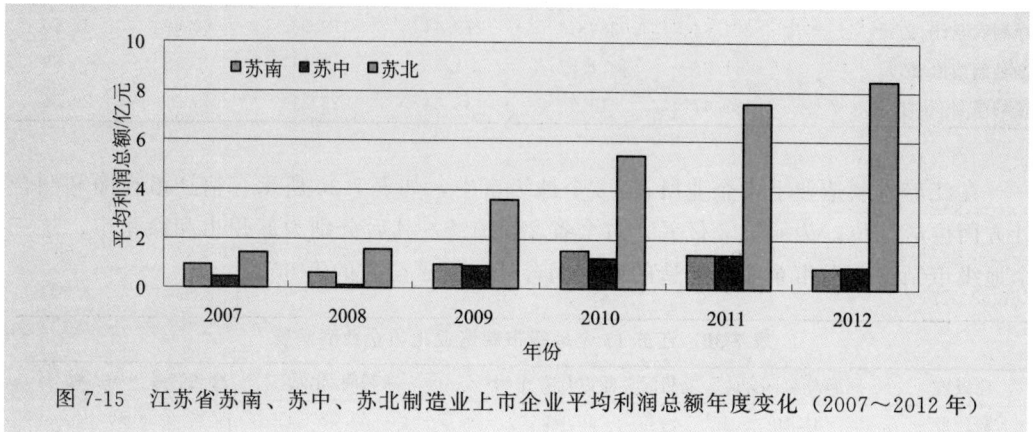

图 7-15　江苏省苏南、苏中、苏北制造业上市企业平均利润总额年度变化（2007～2012 年）

从产业角度看，酒、饮料和精制茶制造业 C15、电气机械和器材制造业 C38 和专用设备制造业 C35 利润最大，占全省制造业上市企业利润总额的 60% 以上（表7-31）。而纺织业 C17、黑色金属冶炼和压延加工业 C31 和化学纤维制造业 C28 具有利润较低，分别为 −5.83 亿元、−5.47 亿元和 −1.03 亿元。

表 7-31　2012 年江苏省制造业上市企业产业效益水平

产业	利润总额/亿元	利润总额占全省比例/%	净利润/亿元	净利润占全省比例/%
酒、饮料和精制茶制造业 C15	84.48	30.02	63.06	28.04
电气机械和器材制造业 C38	44.14	15.69	36.90	16.40
专用设备制造业 C35	44.79	15.91	36.73	16.33
医药制造业 C27	21.59	7.67	18.32	8.15
计算机、通信和其他电子设备制造业 C39	19.29	6.85	16.00	7.11
汽车制造业 C36	17.62	6.26	15.54	6.91
化学原料和化学制品制造业 C26	18.41	6.54	15.38	6.84
通用设备制造业 C34	15.93	5.66	13.05	5.80
金属制品业 C33	7.30	2.59	5.34	2.37
有色金属冶炼和压延加工业 C32	4.83	1.72	3.95	1.75
非金属矿物制品业 C30	4.62	1.64	3.94	1.75
仪器仪表制造业 C40	4.64	1.65	3.93	1.75
木材加工和木、竹、藤、棕、草制品业 C20	3.86	1.37	3.16	1.40
纺织服装、服饰业 C18	2.91	1.03	2.11	0.94

续表

产业	利润总额/亿元	利润总额占全省比例/%	净利润/亿元	净利润占全省比例/%
铁路、船舶、航空航天和其他运输设备制造业 C37	2.05	0.73	1.66	0.74
其他制造业 C41	−0.68	−0.24	−0.54	−0.24
食品制造业 C14	−0.68	−0.24	−0.58	−0.26
橡胶和塑料制品业 C29	0.25	0.09	−0.67	−0.30
化学纤维制造业 C28	−2.13	−0.76	−1.03	−0.46
黑色金属冶炼和压延加工业 C31	−8.19	−2.91	−5.47	−2.43
纺织业 C17	−3.60	−1.28	−5.83	−2.59

2012 年酒、饮料和精制茶制造业创造了最高的平均净利润 31.53 亿元，而黑色金属冶炼和压延加工业则产生了最低的平均净利润 −2.74 亿元。医药制造业 C27 在 2012 年具有最高的平均净利润同比增长率 81.38%，而纺织业 C17 则具有最大负的平均净利润同比增长率 −1670.66%（表 7-32）。

表 7-32　2012 年江苏省制造业上市企业平均产业效益水平

指标	平均净利润/亿元	平均净利润同比增长率/%	指标	平均净利润/亿元	平均净利润同比增长率/%
C15	31.53	9.29	C30	0.66	−11.79
C27	2.62	81.38	C37	0.55	−53.15
C35	2.45	−74.06	C33	0.49	−119.46
C36	2.22	23.38	C18	0.42	13.48
C20	1.58	−1.65	C29	−0.07	−407.22
C38	1.42	13.49	C28	−0.17	−57.70
C40	1.31	14.02	C41	−0.54	−127.44
C26	0.81	24.71	C14	−0.58	−322.65
C39	0.76	−25.43	C17	−0.73	−1670.66
C34	0.73	−18.74	C31	−2.74	−183.70
C32	0.66	−215.63			

从单个产业看（图 7-16），仅有 C15 产业的平均净利润同比增长率在 2007～2012 年及 2013 年第一季度等 7 个时间阶段都保持正数，也有一些产业在最近连续两个阶段以上保持正数，如纺织服装、服饰业 C18 和仪器仪表制造业 C40 在 2009～2012 年及 2013 年第一季度等 5 个时间阶段，电气机械和器材制造业 C38 和化学原料和化学制品制造业 C26 在 2011～2012 年及 2013 年第一季度等 3 个阶段，汽车制造业 C36 在最近两个阶段，保持正平均净利润同比增长率。

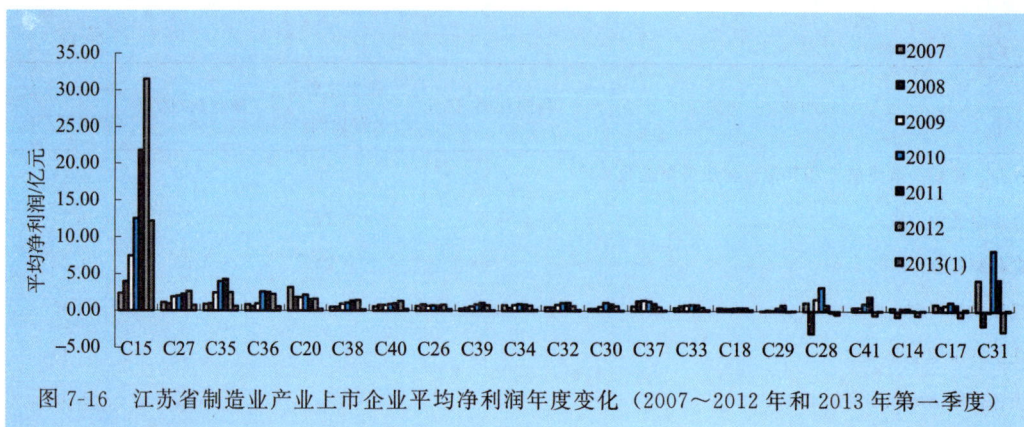

图 7-16　江苏省制造业产业上市企业平均净利润年度变化（2007～2012 年和 2013 年第一季度）

资产收益率（ROE）是衡量一家企业盈利能力大小的最常用指标，越高表明投资带来的收益越高。从表 7-33 看出，C15、C40 以及 C27 在 2012 年的净资产收益率高于其他产业，因此这些产业的投资价值大。相反，C17、C31、C41 和 C14 的净资产收益率最低甚至为负数，说明这些产业的投资是亏损的。C15 流动比率为 1.49，速动比率为 0.89，相对 C40（其流动比率为 10.33、速动比率为 9.01，是所有产业最高的）和C27（其流动比率为 8.66、速动比率为 7.83）来说是很低的，说明 C15 存在偿债风险，也说明 C40 和 C27 财务结构不尽合理，还须适当降低流动比率和速动比率来进一步提升投资的收益率的空间。C31、C41 和 C14 的流动比率和速动比率是最低的，存在更大的债务风险，但 C41 的总债务还在增加，而 C31 和 C14 的总债务是减少的。

表 7-33　江苏省制造业产业上市企业平均资产收益水平（2012 年）

指标	净资产收益率 ROE 加权公布值 2012	总资产报酬率 ROA2012	总资产净利率 ROA2012	指标	净资产收益率 ROE 加权公布值 2012	总资产报酬率 ROA2012	总资产净利率 ROA2012
C15	26.85%	21.84%	15.48%	C26	5.52%	5.21%	3.70%
C40	12.40%	9.33%	8.85%	C35	4.56%	3.56%	2.54%
C27	10.36%	9.86%	8.46%	C32	3.55%	4.72%	3.15%
C36	9.95%	7.90%	6.86%	C37	2.27%	1.23%	1.25%
C38	9.09%	7.16%	5.56%	C33	2.27%	3.29%	1.80%
C29	7.21%	4.44%	2.72%	C28	1.42%	3.57%	2.06%
C34	6.59%	4.79%	4.16%	C17	−1.79%	3.10%	1.02%
C39	6.41%	6.16%	4.87%	C31	−2.54%	1.41%	−0.74%
C18	5.83%	5.56%	4.49%	C41	−4.37%	−0.65%	−1.72%
C20	5.72%	5.58%	4.06%	C14	−7.78%	2.22%	−1.92%
C30	5.64%	4.93%	3.76%				

而从产业平均净资产收益率的时序发展变化来看，江苏省制造业上市企业平均净资产收益率在 2007～2012 年整体上是逐渐减少的，说明产业的盈利能力逐渐减少了（图 7-17）。

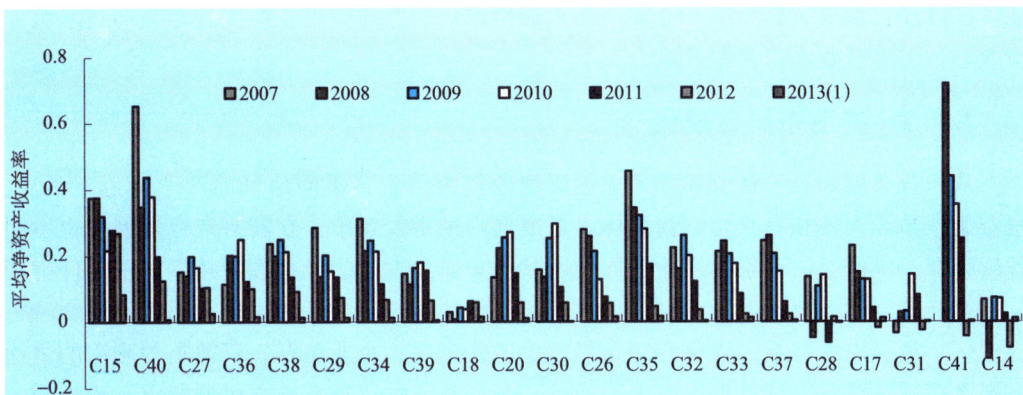

图 7-17 江苏省制造业产业上市企业平均净资产收益率年度变化（2007～2012 年和 2013 年第一季度）

7.7 江苏省制造业发展趋势

7.7.1 产业结构高级化

在未来的时期内，江苏应坚持保增长调结构抓创新相结合，不断促使产业结构优化升级。目前，江苏省一、二、三产增加值比例从 2005 年的 7.9∶56.5∶35.6 调整为 2011 年的 6.3∶51.5∶42.2，第一、第二产业分别下降 1.6 个、5 个百分点，第三产业增加 6.6 个百分点。但从整体来看，产业结构仍然偏重，重化工业增加值占工业的比重较高；制造业层次不高，以加工制造为主的工业结构很难提供大规模生产服务需求，一定程度上制约了现代服务业的发展；服务业发展相对滞后，占 GDP 的比重仅 42.6%，同全球平均水平相比差距较大。要构建现代产业体系，必须实现产业结构的高级化，即将经济发展重点或产业结构重心由第一产业逐次向第二、三产业转移；由劳动密集型产业占优势比重逐级向资金密集型、尤其是技术知识密集型占优势比重演进；由制造初级产品的产业占优势比重逐级向制造中间产品、最终产品的产业占优势比重演进。

7.7.2 产业竞争高端化

按照现代产业体系要求，目前，江苏产业体系在国际竞争中的优势还不够突出，产业市场竞争力和技术竞争力依然较弱，产业抗风险能力仍然不强，主要表现在：一是产业研发水平不高，核心技术掌控能力不强，研发投入占销售收入的比重依然没有突破1%，与发达国家的 3% 以上差距明显。二是产业环节偏低。江苏产业在国际分工中尚处于中低端，引进的外资主要集中在加工组装等劳动密集型环节，一般贸易出口仅占总额的 40% 左右。三是技术溢出效应不显著。未来必须加强产业发展的突破，以自主创新抢占制高点，大力推进产业高端发展，力争占据产业链关键环节和价值链高端部位，实现从参与国际低端竞争到参与国际高端竞争的转变。无论是新兴产业倍增还是传统产业提升，都要坚持走高端发展的路子。重点支持发展高技术含量、高附加值、高产业带动性、高成长性等"四高"产业和产品。加快现代服务业发展，应大力培育高技术服务新业态，引导产业结构调整升级。

7.7.3 产业布局合理化

从产业布局来看，目前江苏产业趋同现象较为严重，不同地区的产业特色不明显，很难集聚高端人才和专业化创新载体，造成低水平重复竞争。在新兴产业发展中也不同程度存在一哄而上的现象，产业趋同，产品单一，如太阳能光伏领域从事简单组件生产的企业遍布全省各地，近 600 家，但从事新型电池和核心装备研发的企业却不到 20 家。应进一步加强规划引导，优化空间布局，走产业集聚、企业集群、资源集约利用的集约发展之路。按照有发展重点、有重大项目、有创新载体、有系统支撑的要求，依托专业园区、科技园区和开发区，引导新兴产业、主导产业和传统优势产业资源集聚，重点建设一批产业链长、资源循环利用、基础配套完备、集成创新能力强、市场影响力大的特色产业基地。

7.7.4 产业发展集聚化

集聚性是现代产业体系的空间特征，产业的集群发展已经成为获得竞争优势的基本途径之一，特别是对于处于价值链各个环节的中小企业来说，集群已成为生存和发展的必要环境。要以园区建设为载体，促进优势产业集聚发展，提升产业内生优势，构建产业链高、中、低端有机统一的现代产业集群，夯实现代产业体系发展基础。一方面，要优化空间布局。推进沿沪宁线、沿江、沿海和沿东陇海线服务业集聚带建设，增强城市的整体服务功能和辐射带动作用。另一方面，各地要根据自身的基础条件和比较优势，集中力量培育一批特色鲜明、竞争力强的现代服务业集聚区，支持有条件的地方大力发展总部经济，实现资源的集约利用和高效配置。

初稿提供者：张三峰，周飞雪
统稿：李廉水，周彩红

参 考 文 献

常州市统计局. 2012. 常州市统计年鉴 2012. 北京：中国统计出版社.
国家统计局. 2012. 中国工业统计年鉴 2012. 北京：中国统计出版社.
国家统计局. 2012. 中国科技统计年鉴 2012. 北京：中国统计出版社.
国家统计局. 2012. 中国统计年鉴 2012. 北京：中国统计出版社.
江苏 2011 年实现工业增加值 2.5 万亿元. 中国工业报. 2012-3-6.
江苏构建现代产业体系的探析. http：//www. jssb. gov. cn/tjxxgk/tjfx/sjfx/201112/t20111220_
    23574. html [2013-5-24].
江苏省科技综合实力总体评价. http：//www. jssb. gov. cn/jstj/fxxx/tjfx/201110/t20111024_
    116059. htm [2013-5-15].
江苏省统计局. 2004～2011. 江苏省统计年鉴 2004～2011. 北京：中国统计出版社.
李廉水. 2011. 中国制造业发展研究报告 2011. 北京：科学出版社.

李廉水. 2012. 中国制造业发展研究报告 2012. 北京：科学出版社.

马俊. 2013. 工业经济总量跃升，结构优化：党的十六大以来全省经济社会发展成就系列分析之五. http：//www. jssb. gov. cn/tjxxgk/tjfx/sjfx/201210/t20121023 _ 146832. html［2013-5-11］.

南京市统计局. 2012. 南京市统计年鉴 2012. 北京：中国统计出版社.

苏州市统计局. 2012. 苏州统计年鉴 2012. 北京：中国统计出版社.

无锡市统计局. 2012. 无锡市统计年鉴 2012. 北京：中国统计出版社.

张三峰. 2010. 我国生产者服务业城市集聚度测算及其特征研究：基于 21 个城市的分析. 产业经济研究，（3）：11-19.

周国强，马俊，汪雪敏. 2011. 江苏制造业产业升级及发展战略研究. 统计科学与实践，（10）：5-10.

朱春晓. 2013. 推动科技创新，促进社会发展：党的十六大以来全省经济社会发展成就系列分析之十三. http：//www. jssb. gov. cn/tjxxgk/tjfx/sjfx/201210/t20121029 _ 147208. html［2013-6-6］.

2011 年江苏工业经济运行情况简析. http：//www. jssb. gov. cn/tjxxgk/tjfx/sjfx/201203/t20120327 _ 113538. html［2013-6-3］.

第8章

广东省制造业

广东省是我国人口最多、经济总量最大、文化最开放的省份，经济结构以制造业为核心，自 2002 年始，其工业总产值和工业增加值年均增长率都超过了 20％，制造业九大产业平稳发展，先进制造业和高技术发展迅速，引领广东产业结构优化升级。在历年《中国制造业发展研究报告》对中国各省、直辖市和自治区所做的制造业新型化评价中，2008 年、2009 年和 2010 年连续三年综合排名位居榜首。作为中国制造业发展的排头兵，总结广东省制造业的发展历程、发展路径、发展经验及存在的不足，必将对促进广东省制造业结构调整转型升级，供其他省份发展制造业借鉴等方面有重要的意义。

8.1 广东省制造业总体发展

近年来，广东省制造业在对外开放、市场经济的大潮中稳步发展：纺织服装、食品饮料、建筑材料三大传统支柱产业平稳发展，电子信息、电气机械及专用设备、石油化工三大新兴支柱产业保持强劲发展态势，造纸、医药、汽车三大潜力产业发展迅猛，这九大支柱产业对全省工业增长的主导作用不断增强；先进制造业和高技术制造业的发展也得到了重视，对广东产业结构调整与升级起到了关键的作用。

8.1.1 工业化阶段已到工业化后期，正向发达经济初级阶段过渡

经济阶段的划分可以参考钱纳里（Chenery）、库兹涅茨（Kuznets）、诺瑟姆（Northam）、霍夫曼（Hoffmann）等提出的理论和标准。2011 年广东省人均 GDP 为 50 807 元，依据 CPI 指数折算 2005 年人民币为 42 974.93 元；第一、二、三产业的比重分别为 5.0％、49.7％、45.3％；城市化率为 66.5％；霍夫曼比重为轻工业增加值和重工业增加值的比重，计算为 0.657，小于 1；出口比率为出口商品总值与第一产业和工业总产值之和的比值，计算为 0.318（2011 年广东省出口总额为 5317.93 亿美元，第一产业总产值为 4384.44 亿元，工业总产值为 103 493.35 亿元，汇率取年平均汇率 6.4588）。依据产业阶段划分标准，经过改革开放 30 多年的快速发展，广东省经济发展阶段已经处于由工业化高级阶段向发达经济阶段的过渡时期（表 8-1）。

表 8-1　产业阶段划分标准

阶段代码	经济发展阶段	人均 GDP（2005 年人民币）/元	产业结构	城市化率	霍夫曼比重	出口比率/％
1	初级产品生产阶段	1122～2538	＞33.7％：＜28.6％：＜37.7％			
2	工业化初级阶段	2538～5075	＜33.7％：＞28.6％：＞37.7％	25％	5	3
3	工业化中级阶段	5075～10 151	＜15.1％：＞39.4％：＜45.5％	36％	2.5	6
4	工业化高级阶段	10 151～19 032	＜14.0％：＞50.9％：＜35.1％	65％	1	25
5	发达经济初级阶段	19 032～35 136	＜14.0％：＜50.0％：＞36.0％	75％	＜1	40
6	发达经济高级阶段	35 136～52 705	＜11.0％：＜50.0％：＞39.0％	80％		50

资料来源：依据符淼等（2008）整理。

8.1.2 公有制经济占主导地位，非公有制经济蓬勃发展

广东是中国经济所有制改革的试点和先行者，自改革开放以来，广东省大胆改革创新，逐步建立了适应社会主义市场经济体制的所有制结构，多种所有制经济共同发展，公有制经济所占比重下降但对国民经济的主导地位不断得到巩固；非公有制经济发展迅速，经济活力得到释放。2011 年，广东省国有及国有控股工业企业单位数仅占全省的 3.7%，全部从业人员年平均人数仅占全省的 7.7%，但是工业总产值占 20.1%，工业增加值占全省 22.8%，固定资产合计占 54.6%，主营业务收入占 20.4%，主营业务税金及附加占 76.5%，利润总额占 15.5%，利税总额占 27.0%，表明国有经济的主导地位不断得到巩固，控制力、影响力、带动力和经营效益显著提升。股份及股份合作工业在所有经济结构中相应指标与全省工业比重最高，企业单位数占 47.8%，工业总产值占 37.1%，增加值占 38.7%，利润占 38.1%。广东省具备完善和开放的投资环境，吸引了大量的外商投资和港澳台投资，外商投资工业总产值占 27.9%，增加值占 24.2%；港澳台投资工业总产值占 24.1%，增加值占 25.4%，全部从业人员年平均人数占 35.9%（表 8-2）。民营经济代表着制造业发展的新生力量，2011 年民营经济完成固定资产投资 10 053.32 亿元，同比增长 37%，完成工业增加值 9470.22 亿元，同比增长 17.6%。

表 8-2 2011 年广东企业所有制结构

所有制 结构	企业单 位数	工业总 产值	工业增 加值	年末资 产总计	主营业 务收入	主营业务税 金及附加	利润 总额	利税 总额	全部从业人员年 平均人数
国有及国有控股	3.7%	20.1%	22.8%	31.7%	20.4%	76.5%	15.5%	27.0%	7.7%
集体	1.2%	0.7%	1.0%	0.5%	0.7%	0.3%	0.6%	0.5%	2.0%
股份及股份合作	47.8%	37.1%	38.7%	40.1%	37.2%	44.1%	38.1%	40.1%	32.9%
外商投资	12.5%	27.9%	24.2%	24.1%	28.0%	23.8%	25.5%	24.9%	22.2%
港澳台投资	25.3%	24.1%	25.4%	24.6%	23.8%	12.4%	27.2%	23.4%	35.9%

资料来源：由《广东统计年鉴 2012》整理计算。

对于广东制造业，非公有制经济中三资企业（中外合资经营企业、中外合作经营企业、外商独资经营企业三类外商投资企业，称为三资企业）在制造企业中的比重不断提高。以 2011 年为例，以规模以上制造业企业为基数，全部从业人员年平均人数占 59.3%，工业总产值占 54.2%，工业增加值占 50.9%，利润总额占 51.4%，企业单位数占 38.4%，多项指标在各种所有制中处于第一位。在环境就是资源、环境就是生产力、环境就是竞争力的今天，广东省在投资环境建设和优化方面已经走到了前面，充满生机和活力的经济社会发展得到了保障（图 8-1）。

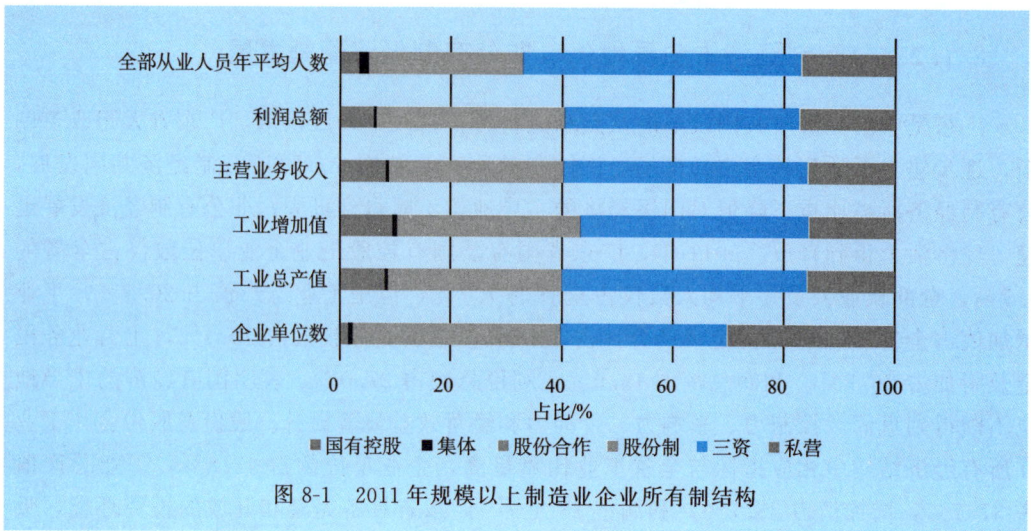

图 8-1　2011 年规模以上制造业企业所有制结构

8.1.3　产业空间布局进一步优化，区域经济发展协调性增强

广东省全省按地理位置划为 4 个区，即珠三角地区，包含广州、深圳、佛山、珠海、东莞、中山、惠州、江门、肇庆 9 个地级市；东翼，指汕头、潮州、揭阳、汕尾 4 个地级市；西翼，指湛江、茂名、阳江 3 市；山区，指韶关、梅州、清远、河源、云浮 5 个地级市。从制造业增加值占全省制造业增加值比重来看，份额最大的是深圳市，超过 20％；其次是广州市，19.2％；佛山市，14.9％；前三名贡献了全省制造业增加值的 55％，超过了一半。其后为东莞市，7.6％；中山市，5.9％；东翼、西翼和山区各地级市占全省的比重都在 3％以下。排名前 5 的地级市都位于珠三角地区，说明广东省制造业的重心在珠三角地区，其他地区制造业所占份额较小。从先进制造业占规模以上工业比重来看，排名前五位的依次是茂名（73.1％）、深圳（71.0％）、惠州（65.6％）、广州（59.9％）和湛江（50.4％）。从高技术制造业增加值占规模以上工业比重来看，深圳遥遥领先，占比为 56.8％；其次是惠州（36.1％）、东莞（28.9％）、珠海（24.6％）和汕尾（19.0％）（表 8-3）。

表 8-3　广东省 21 个地级市发展规模比较

		总产值/亿元	增加值/亿元	占全省制造业增加值比重/％	先进制造业增加值/亿元	占规模以上工业比重/％	高技术制造业增加值/亿元	占规模以上工业比重/％
	广州	14 504.79	3 713.39	19.2	2 406.51	59.9	440.92	11.0
	深圳	19 109.99	4 084.48	21.1	3 385.28	71.0	2 709.55	56.8
	佛山	13 951.48	2 885.15	14.9	951.14	31.8	174.55	5.8
	珠海	3 112.89	609.30	3.1	297.16	44.0	165.97	24.6
珠三角	东莞	7 892.89	1 470.87	7.6	693.06	42.2	475.45	28.9
	中山	5 438.14	1 135.59	5.9	397.81	32.3	161.60	13.1
	惠州	4 508.95	936.65	4.8	664.66	65.6	365.26	36.1
	江门	4 402.54	988.86	5.1	378.39	35.2	60.20	5.6
	肇庆	2 196.25	485.21	2.5	197.41	34.6	59.38	10.4

续表

		总产值/亿元	增加值/亿元	占全省制造业增加值比重/%	先进制造业增加值/亿元	占规模以上工业比重/%	高技术制造业增加值/亿元	占规模以上工业比重/%
东翼	汕头	1 638.92	351.82	1.8	68.58	16.5	23.94	5.7
	潮州	611.95	160.75	0.8	17.47	8.1	12.55	5.8
	揭阳	2 153.75	501.58	2.6	125.79	23	45.22	8.3
	汕尾	507.08	165.50	0.9	33.71	24.4	26.18	19.0
西翼	湛江	1 324.89	312.62	1.6	260.69	50.4	6.75	1.3
	茂名	1 590.97	394.13	2.0	311.90	73.1	17.74	4.2
	阳江	886.12	197.47	1.0	59.10	26.3	6.76	3.0
山区	韶关	721.43	167.20	0.9	77.19	31.9	6.75	2.8
	梅州	419.34	131.73	0.7	32.13	19.4	19.68	11.9
	清远	1 536.55	254.93	1.3	45.36	12.5	7.99	2.2
	河源	761.63	158.69	0.8	87.60	32.9	21.54	8.1
	云浮	420.34	102.78	0.5	24.99	20.2	10.20	8.2

数据来源：由《广东统计年鉴2012》数据整理。

从各地的优势产业来看，珠三角地区以重化工业和电子信息产业为主，如广州市是汽车制造业、计算机、通信和其他电子设备制造业、化学原料和化学制品制造业；深圳是计算机、通信和其他电子设备制造业以及电气机械和器材制造业等；佛山是电气机械和器材制造业、非金属矿物制品业、金属制品业；珠海和东莞是电气机械和器材制造业以及计算机、通信和其他电子设备制造业。东翼地区基本上是以轻工制造为主，如汕头是纺织服装、服饰、印刷和记录媒介复制业、橡胶和塑料制品业。西翼是以重工业为主，石油加工、炼焦和核燃料加工业以及金属制品业、黑色金属冶炼和压延加工业为其主要产业。山区各市制造业发展比较落后（表8-4）。

表8-4 广东省21个地级市优势产业

		重点行业
珠三角	广州	汽车制造业、计算机、通信和其他电子设备制造业、化学原料和化学制品制造业
	深圳	计算机、通信和其他电子设备制造业、电气机械和器材制造业、文教、工美、体育和娱乐用品制造业
	佛山	电气机械和器材制造业、非金属矿物制品业、金属制品业
	珠海	电气机械和器材制造业、计算机、通信和其他电子设备制造业
	东莞	计算机、通信和其他电子设备制造业、电气机械和器材制造业
	中山	电气机械和器材制造业、计算机、通信和其他电子设备制造业
	惠州	计算机、通信和其他电子设备制造业、石油加工、炼焦和核燃料加工业
	江门	金属制品业、电气机械和器材制造业
	肇庆	金属制品业、有色金属冶炼和压延加工业

续表

重点行业		
东翼	汕头	纺织服装、服饰业、印刷和记录媒介复制业、橡胶和塑料制品业
	潮州	非金属矿物制品业
	揭阳	纺织服装、服饰业、黑色金属冶炼和压延加工业、纺织业
	汕尾	计算机、通信和其他电子设备制造业
西翼	湛江	农副食品加工业、石油加工、炼焦和核燃料加工业
	茂名	石油加工、炼焦和核燃料加工业
	阳江	金属制品业、黑色金属冶炼和压延加工业
山区	韶关	黑色金属冶炼和压延加工业
	梅州	计算机、通信和其他电子设备制造业、非金属矿物制品业
	清远	废弃资源综合利用业、有色金属冶炼和压延加工业、非金属矿物制品业
	河源	计算机、通信和其他电子设备制造业、黑色金属冶炼和压延加工业
	云浮	非金属矿物制品业

注：优势产业是指各地级市总产值最大的前几个行业。

8.1.4　制造业和现代服务业协同发展，三次产业结构逐渐趋向合理

现代服务业大体上相当于第三产业，因此我们可以用第三产业的发展状况表示现代服务业的发展状况。从 2002 年到 2011 年，广东省制造业和现代服务业共同发展（图 8-2）。第三产业增加值 2002 年为 6343.94 亿元，2011 年为 24 097.70 亿元，年平均增长16％；其中金融业发展最快，年平均增长 22.9％，其次是房地产业 17％。

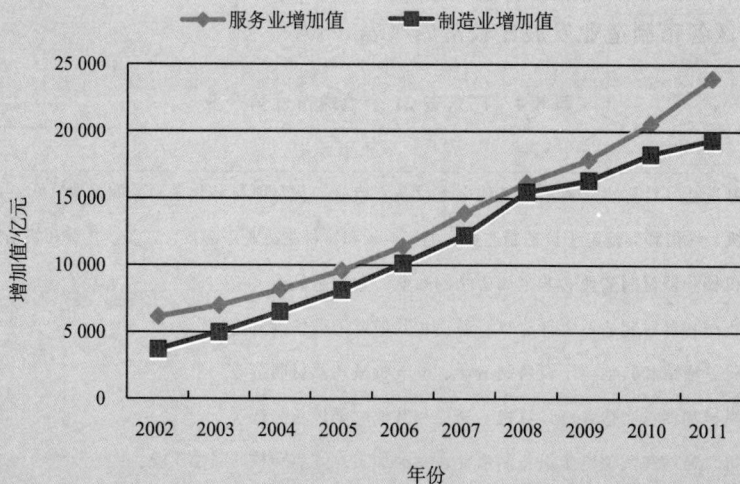

图 8-2　广东省制造业和服务业增加值趋势图

第三产业的发展使得广东省产业结构以工业为主，三次产业结构趋向合理。2003
年第一、二、三产业的比为 1.2∶64.5∶34.3，2011 年为 2.1∶52.7∶45.2，总体上第
二产业的比重在下降，第三产业的比重在上升，表明广东省产业结构正在由"二、三、
一"向"三、二、一"过渡。

8.1.5　现代产业成为新亮点，产业结构调整深化

广东省制造业以九大产业为主，即三大新兴产业：电子信息业、电气机械及专用设
备、石油及化学；三大传统产业：纺织服装、食品饮料、建筑材料；三大潜力产业：森
工造纸、医药、汽车及摩托车。九大产业中有些属于装备制造业，装备工业可以为各行
业提供现代化设备，它的发展有利于提高国民经济各行各业的技术水平和劳动生产率，
从而提高区域和国家竞争力。广东省政府历来重视这九大产业的发展。

2004～2010 年，这九大产业总产值增长速度都在 20% 左右，增长最快的是三大潜力
产业 26%（其中汽车及摩托车为 28.4%），其次是三大传统产业 19.5%（其中建筑材料产
业速度最快，为 24.1%）和三大新兴产业 19.2%（其中石化为 21.5%）。从占工业总产值
比重来看，九大产业 2004 年为 75.1%，以后逐年下降，2010 年为 69.6%，平均每年下降
几乎 1 个百分点；其中三大新兴产业（从 51.4% 到 45.8%）和三大传统产业（从 16.6%
到 15.1%）占比下降，而三大潜力产业占比则上升，从 7% 上升到 8.7%（表 8-5）。

表 8-5　九大产业总产值（当年价）　　　　（单位：亿元）

	2004 年	2005 年	2006 年	2007 年	2008 年	2009 年	2010 年
规模以上工业总产值	26 720.87	35 942.74	44 674.75	55 252.86	65 424.61	68 275.77	85 824.64
九大产业工业总产值	20 058.75	25 921.83	32 003.06	38 879.05	45 693.07	47 589.13	59 751.93
三大新兴产业	13 735.59	18 363.02	22 636.86	26 929.31	31 141.53	31 447.50	39 327.55
电子信息业	7 454.33	9 831.34	11 891.08	13 377.33	15 373.81	15 721.79	19 228.34
电气机械及专用设备	3 831.33	5 256.75	6 617.84	8 502.29	9 647.89	9 742.40	12 222.49
石油及化学	2 449.93	3 274.93	4 127.94	5 049.69	6 119.83	5 983.31	7 876.72
三大传统产业	4 447.50	5 072.51	6 126.17	7 632.55	9 416.86	10 318.57	12 934.92
纺织服装	1 839.53	2 150.39	2 534.95	3 043.89	3 626.41	4 002.93	5 125.17
食品饮料	1 538.92	1 635.73	1 869.12	2 375.02	2 985.72	3 306.54	3 905.56
建筑材料	1 069.05	1 286.39	1 722.10	2 213.64	2 804.73	3 009.10	3 904.19
三大潜力产业	1 875.66	2 486.30	3 240.03	4 317.19	5 134.68	5 823.06	7 489.46
森工造纸	633.24	839.86	1 021.42	1 310.59	1 705.89	1 640.92	2 196.48
医药	239.75	286.75	372.09	432.12	498.65	618.00	800.49
汽车及摩托车	1 002.67	1 359.69	1 846.52	2 574.48	2 930.14	3 564.14	4 492.49

数据来源：《广东统计年鉴》2005～2011 年。

从增加值来看，从 2004 年到 2010 年，九大产业增加值年平均增长 19.5%，略慢
于工业增加值增长速度（20.7%）。三大潜力产业增长最快，年均 24.7%，其中汽车及

摩托车产业为九大产业中增长最快的，为 28.3%；三大传统产业年均增长 20.8%，其中建筑材料产业年均增长 23.1%；三大新兴产业年均增长 18.1%，其中电子信息业为九大产业中增长最慢的，为 17.4%（表 8-6，图 8-3）。

表 8-6　九大产业增加值（当年价） （单位：亿元）

	2004 年	2005 年	2006 年	2007 年	2008 年	2009 年	2010 年
规模以上工业增加值	7 439.53	9 416.39	11 780.88	14 104.21	17 612.94	18 235.21	22 988.32
九大产业工业增加值	5 501.63	6 833.48	8 350.14	9 756.63	12 271.56	12 721.14	16 001.71
三大新兴产业	3 709.58	4 624.35	5 657.92	6 313.77	7 997.61	8 102.72	10 052.91
电子信息业	1 645.62	2 095.27	2 519.98	2 520.78	3 228.01	3 429.16	4 306.34
电气机械及专用设备	1 066.07	1 322.39	1.680.56	2 073.83	2 545.89	2 528.80	3 119.95
石油及化学	997.89	1 206.69	1 457.38	1 719.16	2 223.71	2 144.76	2 626.62
三大传统产业	1 224.05	1 499.57	1 778.93	2 243.04	2 836.92	3 050.35	3 808.85
纺织服装	478.46	572.32	683.82	856.70	1 032.19	1 120.97	1 474.96
食品饮料	430.56	560.45	613.06	760.89	955.31	1 061.23	1 235.83
建筑材料	315.03	366.8	482.05	625.45	849.42	868.15	1 098.06
三大潜力产业	568.00	709.56	913.29	1 199.82	1 437.03	1 568.07	2 139.95
森工造纸	170.36	210.77	262.84	331.20	443.14	413.58	550.12
医药	103.74	113.82	133.85	152.94	168.26	211.05	279.31
汽车及摩托车	293.90	384.97	516.60	715.68	825.63	943.44	1 310.52

数据来源：《广东统计年鉴》2005～2011 年。

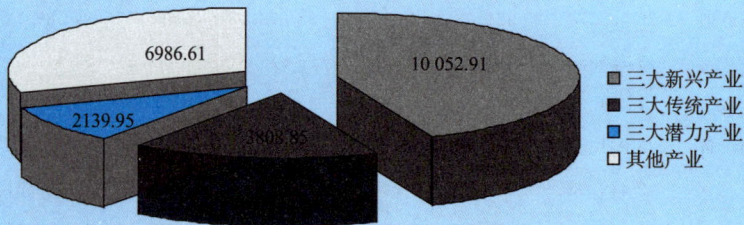

图 8-3　2010 年三大产业和其他产业增加值对比（单位：亿元）

先进制造业是相对于传统制造业而言，指制造业不断吸收电子信息、计算机、机械、材料以及现代管理技术等方面的高新技术成果，并将这些先进制造技术综合应用于制造业产品的研发设计、生产制造、在线检测、营销服务和管理的全过程，实现信息化、自动化、智能化、柔性化、生态化生产，取得很好经济社会和市场效果的制造业的总称。先进制造业中的"先进"性突出表现在产业的先进性、技术的先进性和管理的先进性三个方面（张益丰等，2011）。2011 年广东省规模以上先进制造业完成工业总产值 46 259.07 亿元，工业增加值 10 326.03 亿元，其中装备制造业完成工业总产值 34 622.80 亿元，工业增加值 7324.57 亿元。先进制造业与制造业工业增加值比重为 53.3%，占工业增加值比重为 47.7%，初步形成了以先进制造业为主体的现代产业结构。其中装备制造业占制造业总产值比重为 39.5%，增加值占 37.8%，其主体地位也逐渐显现（表 8-7）。

表 8-7　2011 年广东先进制造业

	企业单位数/个	工业总产值/亿元	工业增加值/亿元	主营业务收入/亿元	利润总额/亿元	利税总额/亿元	全部从业人员年平均人数/万人
合计	13 386	46 259.06	10 326.04	45 517.02	2 829.50	4 901.06	575.00
装备制造业	10 443	34 622.80	7 324.57	34 079.67	1 942.18	3 175.82	521.54
钢铁冶炼及加工	471	2 361.13	394.74	2 267.34	69.06	114.77	10.18
石油及化学	2 472	9 275.13	2 606.73	9 170.01	818.26	1 610.47	43.28

数据来源：《广东统计年鉴 2012》。

2011 年广东省规模以上高技术制造业完成工业总产值 23 609.36 亿元，工业增加值 4741.15 亿元。在高技术制造业中，占比最高的是电子及通信设备制造业，其次是电子计算机及办公设备制造业，二者合计总产值占高新技术产业总产值的 93%，增加值占 89.7%，处于绝对地位；发展最快的是航空航天器及设备制造业，其工业总产值增长了 29.6%，增加值增长了 26.6%，全部从业人员年平均人数增长了 69%。与 2010 年相比，高技术制造业工业总产值增加 11.8%，工业增加值下降 2.3%（增加值的下降可能与规模以上工业企业统计口径从"2011 年起年主营业务收入 500 万元以上调整为 2000 万元以上"有关），增加值占工业增加值比重为 21.9%（表 8-8）。

表 8-8　2011 年广东规模以上高技术制造业发展状况

	工业总产值/亿元	工业增加值/亿元	主营业务收入/亿元	利润总额/亿元	全部从业人员年平均人数/万人
合计	23 609.36	4 741.15	23 257.81	1 021.01	362.26
信息化学品制造业	80.09	24.17	76.75	14.03	0.76
医药制造业	920.62	287.32	824.91	108.50	10.27
航空航天器及设备制造业	57.37	18.82	56.47	5.00	0.98
电子及通信设备制造业	15 332.06	3 414.64	15 163.61	651.40	253.54
电子计算机及办公设备制造业	6 632.19	840.44	6 571.68	178.24	83.26
医疗设备及仪器仪表制造业	587.03	155.76	564.39	63.84	13.45

数据来源：《广东统计年鉴 2012》。

8.2　广东省制造业新型化分析

"新型制造业"的概念自 2005 年由李廉水教授提出后，就成为指导中国制造业健康发展的理论基础，同时其内涵也成为制造业评价的主要依据。新型制造业的内涵是以人为本、科技创新、环境友好和面向未来，强调生态建设和环境保护，强调产业发展与环境的友好关系，注重劳动者素质的提高；强调生产与生态平衡、发展与环境和谐；坚持高效益、高技术、低消耗、广就业的发展价值观取向标准，是一种资源节约型的、符合可持续发展要求的制造业。本章结合新型制造业的内涵，参考前文中国制造业整体评价方法，构建三维评价指标体系来对广东省制造业的新型化发展状况进行评价；同时为了保持结果的可比性，所用指标绝大部分一致，时间定位为 10 年，即 2002～2011 年，以期能反映广东省制造业新型化的发展历程。

广东省制造业新型化评价指标体系由 3 个主指标及 21 个子指标构成，从经济、科技和资源环境三个角度全面分析制造业发展程度，具体见表 8-9。

表 8-9 广东省制造业新型化评价指标体系

总指标	序号	主指标	序号	子指标
区域制造业新型化程度	A	经济创造能力	A1	制造业总产值
			A2	就业人口
			A3	制造业增加值占 GDP 比重
			A4	全员劳动生产率
			A5	利润总额
			A6	制造业效益指数
	B	科技创新能力	B1	大中型企业 R&D 经费
			B2	制造业 R&D 人员全时当量
			B3	专利申请量
			B4	人均专利申请量
			B5	新产品产值率
	C	资源环境保护能力	C1	制造业废水排放指数
			C2	单位产值废水排放指数
			C3	制造业废气排放指数
			C4	单位产值废气排放指数
			C5	工业烟尘排放指数
			C6	单位产值工业烟尘排放指数
			C7	能源消耗总量
			C8	单位产值能源消耗指数

8.2.1 经济创造能力分析与评价

衡量制造业的经济创造能力是评价制造业整体"新型化"程度的重要一维。对正处于快速工业化和城市化的中国来说，经济创造能力提升才能为提高效率、发展科技、保护环境提供支撑，才会有各方面持续发展的可靠保证。反映制造业经济创造能力的主要指标见表 8-10。

表 8-10　制造业经济创造能力指标集

序号	新型制造业经济指标	单位
A1	制造业总产值	亿元
A2	制造业就业人口	万人
A3	制造业增加值占 GDP 比重	%
A4	全员劳动生产率	万元/（人·年）
A5	制造业利润总额	亿元
A6	制造业效益指数	%

注：制造业效益指数＝制造业利润总额/制造业总产值；全员劳动生产率＝制造业总产值/制造业就业人口。

1. 整体分析

从工业总产值和增加值看，自 2002 年开始，广东省制造业工业总产值和增加值增长迅速。2002 年制造业工业总产值为 15 173.41 亿元，2011 年增长到 87 690.91 亿元，10 年间增长了 5.78 倍，年均增长率为 21.5％。工业增加值可以衡量产业的实际发展水平，广东省规模以上制造业企业工业增加值 2002 年为 3721.14 亿元，2011 年为 19 378.11 亿元，10 年间增长了 5.21 倍，年均增长率为 20.12％。从工业增加值占 GDP 比重来看，2002 年为 27.56％，到 2011 年比重上升为 36.42％，平均每年上升 1 个百分点，由此可见，广东的制造业仍处于快速发展和规模扩张阶段，而且制造业在广东经济体系中的地位越来越重要（图 8-4）。

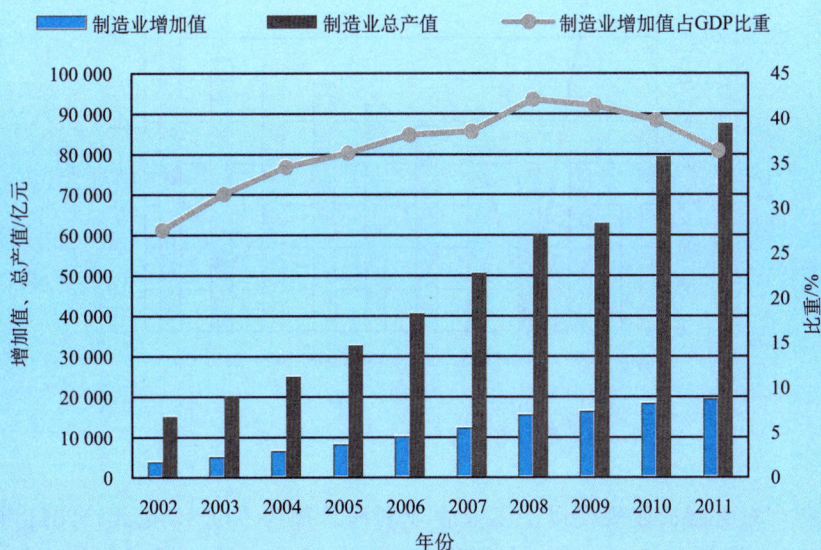

图 8-4　制造业产值及其趋势变化图（2002～2011 年）

从就业人数看，2002 年制造业从业人员平均数为 619.7 万人，2008 年增加到 1463.25 万人，受金融危机的冲击，2009 年略有下降，2010 年恢复增长，达到历年来的峰值 1533.72 万人，2011 年的下降可能是受到统计口径的影响（2011 年起从年主营业务收入 500 万元以上调整为 2000 万元以上）。全员劳动生产率从 58 940 元增长到 147 987 元，年均增长率为 10.8%（图 8-5，图 8-6）。

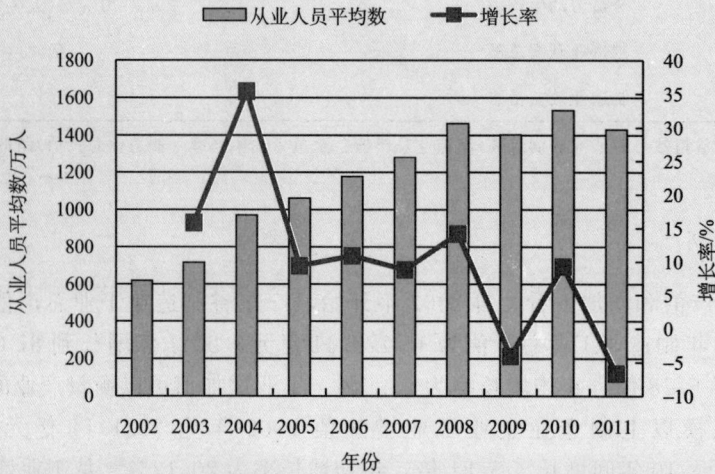

图 8-5　广东省制造业从业人员平均数（2002～2011 年）

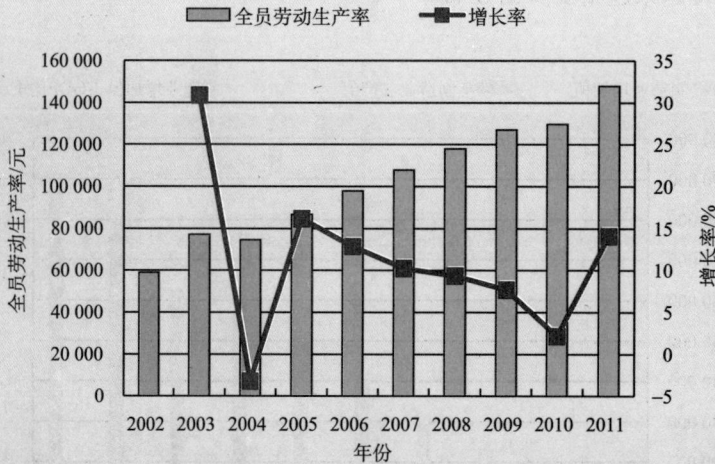

图 8-6　劳动生产率及其变化趋势图（2002～2011 年）

2002 年广东省制造业规模以上工业企业利润总额为 559.15 亿元，2011 年增长为 5001.85 亿元，是 2002 年的 9 倍，年平均增长率为 27.57%，略快于工业总产值和增加值的增长（图 8-7）。

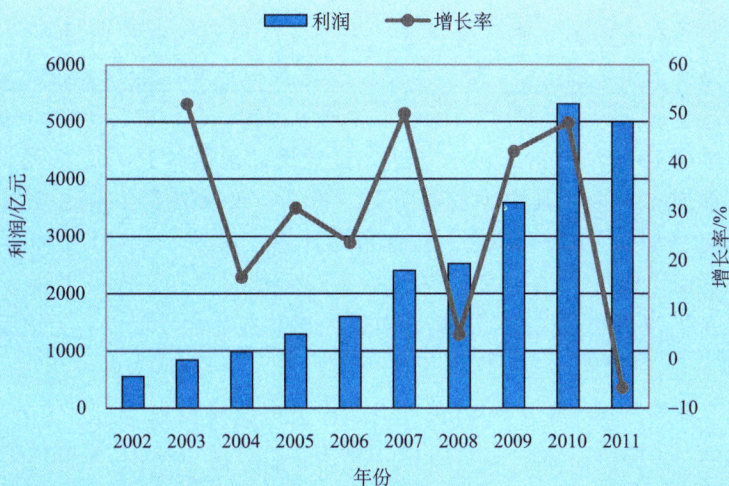

图 8-7 广东省制造业企业利润及趋势变化图（2002～2011 年）

虽然广东制造业仍在平稳发展，但是其正常发展过程受到了国际金融危机的冲击，发展的某些方面出现了问题，主要表现在以下几方面。

规模以上工业盈利水平降低。2011 年，广东工业受生产经营成本增加、物价上涨、人民币汇率升值等多种因素的影响，工业企业盈利水平较 2010 年降低，企业亏损呈现"面降、额升"态势。3.75 万家规模以上工业企业实现利润 4609.33 亿元，比上年增长 2.4%，全年各月的利润增幅基本维持在 10% 以内的较低水平。工业企业销售利润率为 4.8%，比上年降低 0.9 个百分点。亏损企业 5140 家，亏损面为 13.7%，亏损企业亏损额 369.85 亿元，增长 56.6%。其中，亏损额在 5000 万元以上的企业有 108 家，占亏损企业的 2.1%；亏损额 188.63 亿元，占亏损企业亏损额的 51.0%。分区域看，珠三角和西翼利润下降，东翼和山区利润增长。2011 年，珠三角 9 市利润下降 3.2%，西翼 3 市利润下降 1.9%，东翼 4 市利润增长 12.6%，山区 5 市利润增长 84.4%。

四大主导行业利润下降。2011 年，广东的电子、汽车、电力、家电四大主导行业中，除电气机械及器材制造业实现利润 415.95 亿元、增长 2.3% 外，其他三个行业利润有不同程度的下降。其中，通信设备、计算机及其他电子设备制造业实现利润 691.94 亿元，下降 13.8%；交通运输设备制造业实现利润 477.06 亿元，下降 9.8%；电力、热力的生产和供应业实现利润 310.18 亿元，下降 16.6%。全年四大行业共实现利润 1895.13 亿元，占规模以上工业利润的 41.1%，下降 10.2%，拉低工业利润增速 4.8 个百分点。

分行业看，37 个工业大类行业中，有 11 个行业利润出现不同程度的下降，分别是石油加工炼焦及核燃料加工业（－82.7%）、化学纤维制造业（－46.2%）、水的生产和供应业（－25.1%）、黑色金属冶炼及压延加工业（－24.6%）、电力热力的生产和供应业（－16.6%）、造纸及纸制品业（－16.5%）、通信设备计算机及其他电子设备制造业（－13.8%）、交通运输设备制造业（－9.8%）、烟草制品业（－5.5%）、橡胶制品业

（一4.1%）、医药制造业（一2.3%）。

先进制造业和高技术制造业没有完成"十二五"规划年度预期目标。2011 年广东省先进制造业完成工业增加值 10 326.03 亿元，占规模以上工业增加值比重为 47.7%。广东省先进制造业重点产业发展"十二五"规划中指出，"十二五"期间全省先进制造业增加值年均递增 12%，到 2015 年，先进制造业增加值超过 19 000 亿元，占规模以上工业增加值比重 50% 以上，其中装备制造业、汽车工业、石化工业占规模以上工业增加值比重分别达 29%、7.5%、13%。按此目标计算，从 2011 年到 2015 年，先进制造业工业增加值要年均增长 16.5% 才能完成 1.9 万亿元的目标，远大于规划中"年均增长 12%"的目标，所以"十二五"开局之年，先进制造业的发展没有完成既定的目标。

高技术制造业 2010 年完成工业总产值 21 122.13 亿元，占工业总产值比重为 24.6%，完成工业增加值 4850.59 亿元，占工业增加值比重为 21.1%；2011 年完成工业总产值 23 609.35 亿元，占工业总产值比重为 24.9%，完成工业增加值 4741.14 亿元，占当年工业增加值比重为 21.9%。从发展速度来看，高技术制造业规划年均增速 14%，但 2011 年比上年下降了 2.3%。从占比来看，完成 26% 的目标要年均增长 1 个百分点，实际增加了 0.8 个百分点，也是没有完成目标（表 8-11）。

表 8-11　高技术制造业 2010 年、2011 年发展状况及 2015 年规划状况

		2010 年	2011 年	2015 年
工业	总产值/亿元	85 824.64	94 871.68	
	增加值/亿元	22 988.32	21 663.30	
高技术制造业	总产值/亿元	21 122.13	23 609.35	
	增加值/亿元	4 850.59	4 741.14	8 000
增加值增速/%			一2.3	14
增加值占工业比重/%		21.1	21.9	26

数据来源：《广东统计年鉴》2012 年、2011 年和广东"十二五"规划。

制造业区域先进程度失衡，区域差距大。先进制造业和高技术制造业是制造业未来发展的方向，可以用二者增加值占当地工业增加值的比重表示制造业的先进程度。从二者增加值看，珠三角地区处于绝对优势；从发展程度来看，珠三角地区先进制造业和高技术制造业都比较发达，所占比重分别为 51.6% 和 25.6%；西翼地区先进制造业较发达，占比为 54%，而高技术制造业落后，仅占 2.7%；东翼 4 市和山区 5 市二者都较落后，制造业发展以其他产业为主（表 8-12）。

表 8-12　广东省区域先进制造业和高技术制造业发展状况

	先进制造业增加值/亿元	先进制造业增加值占规模以上工业比重/%	高技术制造增加值/亿元	高技术制造业增加值占规模以上工业比重/%
全省	10 326.03	47.7	4 741.14	21.9
珠三角	9 371.42	51.6	4 612.89	25.6

续表

	先进制造业增加值/亿元	先进制造业增加值占规模以上工业比重/%	高技术制造增加值/亿元	高技术制造业增加值占规模以上工业比重/%
东翼	245.55	18.6	107.88	9.0
西翼	631.69	54.0	31.25	2.7
山区	267.27	23.0	66.16	5.7

数据来源：《广东统计年鉴 2012》。

国有控股工业企业规模增长快，但资本效率降低。2011 年广东省国有控股企业全部从业人员平均人数为 82.98 万人，与 2002 年相比略有下降。虽然从业人员减少，但企业总产值、主营业务收入、利税总额等均大幅提升：总产值从 2002 年的 3264.46 亿元发展到 2011 年的 13 927.7 亿元，10 年间增长为原来的 4.27 倍；主营业务收入是 2002 年的 3.65 倍；利税总额是 2002 年的 4.06 倍。生产率大幅提升，从 2002 年的 132 894 元/人增加到 2011 年的 441 471 元/人，年均增长 14.3%，生产率的提升说明了国有控股企业在技术上的进步。但是从资本效率来看，2007 年到达峰值后开始波动下降：百元固定资产实现利税从 2007 年的 23.92 元下降到 2011 年的 18.03 元；总资产贡献率从 2007 年的 17.68% 下降到 2011 年的 13.54%；产值利税率从 2007 年的 18.6% 下降到 2011 年的 14.1%；百元主营业务收入实现利税从 2007 年的 19.41 元下降到 2011 年的 14.16 元。资产效率的下降说明广东省国有控股工业在金融危机的影响下，企业盈利能力在下降（表 8-13）。

表 8-13 广东省规模以上国有控股工业企业主要经济指标

年份	全部从业人员平均人数/万人	总产值/亿元	主营业务收入/亿元	利税总额/亿元	百元固定资产实现利税/元	总资产贡献率/%	产值利税率/%	百元主营业务收入实现利税/元	全员劳动生产率/[元/(人·年)]
2002	83.25	3 264.46	3 800.38	483.25	12.26	9.34	14.8	12.72	132 894
2003	75.20	3 949.03	4 717.48	623.49	13.54	10.88	15.8	13.22	191 590
2004	72.53	6 039.24	6 031.47	779.41	15.86	12.39	12.9	12.92	213 941
2005	69.42	6 375.54	6 261.70	800.26	15.53	13.03	12.6	12.78	243 447
2006	60.80	7 253.17	6 887.69	1 213.70	18.50	14.89	16.7	17.62	391 250
2007	60.86	8 603.94	8 258.85	1 603.70	23.92	17.68	18.6	19.41	464 322
2008	77.84	11 144.50	11 045.90	1 676.70	20.14	15.49	15.1	15.18	430 063
2009	75.33	10 790.10	10 637.40	1 747.60	18.89	14.73	16.2	16.43	457 743
2010	78.89	13 166.40	13 418.40	2 398.40	22.94	17.21	18.2	17.87	518 203
2011	82.98	13 927.70	13 871.30	1 963.70	18.03	13.54	14.1	14.16	441 471

数据来源：《广东统计年鉴》。

2. 经济创造能力分析与评价

根据多元统计分析方法，采用统计软件 SPSS 20.0，对广东 2002 年至 2011 年制造业相关数据处理，前 2 个主成分的累计方差贡献率达到 96.7%。主成分与指标相关系数矩阵见表 8-14。

表 8-14　主成分与指标相关系数矩阵

指标	序号	主成分 1	主成分 2
总产值/亿元	A1	0.987	−0.057
就业人口/万人	A2	0.946	0.311
制造业增加值占 GDP 比重/%	A3	0.772	0.622
全员劳动生产率/[万元/(人·年)]	A4	0.954	−0.195
利润总额/亿元	A5	0.971	−0.233
制造业效益指数/%	A6	0.884	−0.348

根据主成分与相关指标的系数，可以发现，第一主成分中 A1、A5 的系数较大；第二主成分中 A3 的系数明显大于同列中其他指标的系数。表明第一主成分主要代表制造业的绝对规模情况；第二主成分主要代表制造业的相对规模水平。根据两个主成分的综合，汇总排序结果如表 8-15 所示。广东省制造业经济创造能力综合评价见表 8-15。

表 8-15　广东省制造业经济创造能力综合评价

年份	F1	F2	综合	排名
2002	−3.310	−1.059	−3.038 35	10
2003	−2.386	−0.639	−2.174 91	9
2004	−1.881	0.272	−1.621 02	8
2005	−1.253	0.466	−1.045 77	7
2006	−0.607	0.801	−0.436 88	6
2007	0.421	0.393	0.417 609	5
2008	0.970	1.338	1.014 695	4
2009	1.872	0.276	1.679 787	3
2010	3.273	−0.713	2.791 979	2
2011	2.900	−1.136	2.412 856	1

由结果可知，2002 年至 2011 年，广东制造业经济创造能力稳步增强。

8.2.2　科技创新能力分析与评价

科学技术是生产力中最活跃、最革命、最主要的因素，是"第一生产力"，科技创新是推动经济和社会发展的决定性力量，是生产力解放和发展的重要标志。长期以来，中国制造业被认为是环境状况恶化的罪魁祸首，而科技创新能力的提高可以促进制造业转型升级，降低能源消耗，减少环境污染，提高经济效益并提升制造业竞争力，从而实现制造业的绿色发展和可持续发展。反映制造业科技创新能力的主要指标见表 8-16。

表 8-16　广东省制造业科技创新能力指标集

序号	指标	单位
B1	大中型企业 R&D 经费	万元
B2	制造业 R&D 人员全时当量	人·年
B3	专利申请量	件
B4	人均专利申请量	件
B5	新产品产值率	%

注：人均专利申请量＝专利申请量/制造业就业人数；新产品产值率＝制造业新产品产值/制造业总产值。

1. 整体分析

2003 年，美国总统科技顾问委员会委托兰德科技政策研究所调查高技术制造与国家长期经济安全之间的关系，后者由此发布了一份报告——《高技术制造与美国竞争力》。该报告指出了高技术制造业的两个基本促进因素：强劲的研发基础；充足的相关学科的毕业生（程如烟，2005）。近年来，广东在这两方面发展迅速，为制造业高端化发展奠定了雄厚的基础。

科研方面。广东省全省 2011 年科技研究机构数 4535 个，同比增加 1.9%；R&D人员 51.56 万人，同比增加 15.5%；R&D 经费内部支出 1045.49 亿元，同比增加29.3%，占广东省 GDP 比重 1.96%，比上年增加 0.2 个百分点。R&D 课题项目数78 772 个，同比增加 8.3%；专利申请批准量 128 415 件，同比增加 7.6%。工业企业的科研状况，2009～2011 年，有研究机构的企业数大幅增加，所占比重 2009 年为 5%，2011 年增长到 8.26%；企业 R&D 人员年均增长 18%，R&D 经费年均增长 27.6%，新产品开发经费年均增长 30.3%，R&D 项目从 24 878 项发展到 29 243 项，增加了4365 项。R&D 经费占全省 GDP 的比重三年分别为 1.4%、1.5%、1.7%；新产品开发经费占全省 GDP 的比重为 1.6%、1.5%、2.0%。这些数据表明广东省工业企业越来越重视科技投入和新产品的研发，这是广东省制造业实现由大到强、由投资驱动型向科技带动型转换的基础（表 8-17）。

表 8-17　广东省制造业科技各项指标值

年份	R&D 经费/万元	R&D 人员全时当量/(人·年)	专利申请量/件	人均专利申请量/件	新产品产值率/%
2002	708 624.2	31 990.7	3 358	5.42	5.85
2003	909 772.4	40 991.88	4 110	5.73	7.41
2004	1 128 509	51 459.49	6 233	6.42	8.68
2005	1 416 726	56 348.13	11 906	11.21	8.49

续表

年份	R&D 经费/ 万元	R&D 人员全时当量/(人·年)	专利申请量/件	人均专利申请量/件	新产品产值率/%
2006	1 968 820	78 883.56	16 308	13.84	8.64
2007	2 716 003	120 261.1	24 362	19.01	8.66
2008	3 321 769	143 473.1	24 889	17.01	9.82
2009	4 148 300	186 355.6	37 475	26.70	10.58
2010	5 332 554	220 269.5	37 238	24.28	12.30
2011	7 080 189	272 567.7	57 086	39.88	13.19

数据来源:《中国科技统计年鉴》。

人才培养及拥有状况。人才是一切工作的有力支撑和落脚点,是创新能力提高的重要保障,特别是高层次人才更是人才的中坚力量和领导者,广州在这方面成绩斐然。2011 年,学龄前儿童入学率 99.96%;高中毛入学率 90.3%,同比增加 4.1 个百分点;高等教育毛入学率 28%,与上年持平。在校生人数,中等学校 931.04 万人,同比增长 −0.9%;普通本专科 152.73 万人,同比增长 7.1%;研究生(硕士和博士)77 579 人,同比增长 7.1%。毕业人数,中等学校共 538 所,毕业人数 36.7 万人;高等院校共 134 所,毕业人数 35.8 万人;研究生 20 538 人,同比增长 15%。国有企业、事业单位专业技术人员年末人数 2011 年为 1 448 011 人,高层次人才中,院士 99 人,高级职称批准人数 20 219 人,博士后招生人数 594 人。从 2000 年到 2011 年,院士人数从 41 人增加到 99 人,增长了一倍多;享受国家津贴新增人数(每两年评选一次)都在百人左右;高级职称批准人数 2000 年为 6111 人,2004 年增至 16 235 人,2011 年超过 2 万人;博士后招生人数 2011 年是 2000 年的将近 4 倍;博士生毕业人数也是大幅增加,2000 年只有 417 人,2011 年达到 2589 人(表 8-18)。

表 8-18　广东省高层次人才数量　　　　(单位:人)

高层次人才		2000 年	2004 年	2005 年	2006 年	2007 年	2008 年	2009 年	2010 年	2011 年
院士人数		41	53	68	67	64	69	75	98	99
享受国家津贴新增人数		164	117		115		85		88	
高级职称批准人数		6111	16 235	19 336	16 409		16 743	19 249	19 031	20 219
博士后招生人数		163	350	380	382	360	419	507	560	594
博士生情况	招生数	1053	2679	2802	2896	3049	3121	3182	3307	3379
	在校生	2558	7533	9049	9869	10 587	11 466	11 672	123 41	12 991
	毕业生	417	1165	1342	1780	1957	2327	2482	2436	2589

数据来源:《广东统计年鉴》。

2. 科技创新能力评价

以 B1~B5 为基础指标,处理结果显示前 2 个主成分的累计方差贡献率达到

99.3%，精度较高，权重指标比较均衡。主成分与指标相关系数矩阵见表 8-19。

表 8-19 主成分与指标相关系数矩阵

指标	序号	主成分 1	主成分 2
R&D 经费/亿元	B1	0.996	0.005
R&D 人员全时当量/（万人·年）	B2	0.994	0.003
专利申请量/件	B3	0.994	−0.103
人均专利申请量/（件/万人）	B4	0.982	−0.167
新产品产值率/%	B5	0.961	0.270

根据表中研究主成分与指标相关系数发现，第一主成分中 B1、B2 的系数较高，代表了科技投入，表明 R&D 对科技创新能力的提升非常重要；第二主成分中 B5 系数较高，其主要代表科技产出方面的状况。根据上述 5 个指标得到各个样本当年科技创新能力关于两个主成分综合汇总排序，得到广东省制造业 2002～2011 年科技创新能力的综合评价，结果见表 8-20。

表 8-20 广东省制造业科技创新能力综合评价

年份	F1	F2	综合得分	排名
2002	−2.591 78	−0.458 23	−2.543 87	10
2003	−2.159 07	0.089 831	−2.108 56	9
2004	−1.720 62	0.491 644	−1.670 93	8
2005	−1.329 9	0.107 155	−1.297 63	7
2006	−0.839 59	−0.027 78	−0.821 36	6
2007	−0.036 17	−0.388 71	−0.044 09	5
2008	0.380 669	0.124 182	0.374 908	4
2009	1.657 329	−0.247 55	1.614 546	3
2010	2.331 889	0.512 62	2.291 029	2
2011	4.307 242	−0.203 15	4.205 939	1

由此可见，从科技创新能力的总体状况来看，2002 年至 2011 年，广东制造业的科技创新能力发展良好，处于不断增强的态势，为广东制造业可持续发展提供了有力支撑。

8.2.3 资源环境保护能力分析与评价

经过几十年的快速发展，广东省制造业同中国制造业一样面临着能源消耗过大、环境污染严重的突出问题。目前中国正处于快速工业化和城市化的进程中，制造业产业结构中重化工业比重不断加大。只有解决资源和环境问题，才能使得制造业可持续发展，并成为国民经济结构中的中流砥柱。资源环境保护能力评价指标集见表 8-21。

表 8-21 广东省制造业资源环境保护评价指标集

序号	指标	单位
C1	制造业废水排放指数	万吨
C2	单位产值废水排放指数	吨/万元
C3	制造业废气排放指数	亿标准立方米
C4	单位产值废气排放指数	标准立方米/万元
C5	制造业工业烟尘排放指数	万吨
C6	单位产值工业烟尘排放指数	吨/万元
C7	能源消耗总量	万吨标准煤
C8	单位产值能源消耗指数	吨标准煤/万元

1. 整体分析

2002～2011 年，广东省工业废水排放的趋势呈倒"U"形状，2002 年排放废水 14.62 亿吨，到 2007 年达到 10 年来的最大值 23.63 亿吨，之后废水排放量不断下降，2011 年为 16.77 亿吨，比 2007 年减少了 6.86 亿吨；单位产值废水排放 2002 年为 26.35 吨/万元，之后不断下降，到 2011 年该值为 6.8 吨/万元，为 2002 年的 26%，由此可见广东省工业在废水控制与处理方面已初见成效。相比废水，废气排放增速较快，年平均增长率达到了 13%，2011 年的排放量是 2002 年的 3 倍多；单位产值工业废气排放虽有下降，但下降缓慢，每万元工业增加值废气排放 2011 年比 2002 年下降了 6103 标准立方米，10 年仅下降了 32%。工业烟尘的排放量 10 年间波动上升，2011 年比 2002 年多排放了 8.42 万吨，10 年的年平均增长率为 4.4%。因此广东省在工业废气与烟尘排放的治理上仍需努力。相比仍旧严峻的环保形势，2011 年环保投资占 GDP 比重却大幅下降，仅为 0.36%，比 2010 年 3.08% 下降了 2.72 个百分点（表 8-22）。

表 8-22 广东省工业资源环境指标各项数据

年份	废水/亿吨	单位废水/(吨/万元)	废气/亿标准立方米	单位工业废气/(标准立方米/万元)	工业烟尘/万吨	单位工业烟尘/(吨/万元)	能源消耗总量/万吨标准煤	单位产值能源消耗/(吨标准煤/万元)
2002	14.62	26.35	10 468	18 867	17.97	0.003 24	5 615.7	1.509
2003	14.89	21.62	11 075	16 081	21.93	0.003 18	7 280.4	1.456
2004	15.57	18.35	12 543	14 781	18.75	0.002 21	8 153.2	1.249
2005	16.56	15.79	13 446	12 818	18.7	0.001 78	9 611.8	1.178
2006	16.86	13.47	13 583	10 850	19.3	0.001 54	11 192.1	1.102
2007	23.63	15.81	16 939	11 335	27.3	0.001 83	12 682.2	1.035
2008	21.33	12.33	20 510	11 852	28.2	0.001 63	13 196.9	0.852
2009	18.89	10.44	22 682	12 537	22.3	0.001 23	14 122.7	0.863

续表

年份	废水/亿吨	单位废水/(吨/万元)	废气/亿标准立方米	单位工业废气/(标准立方米/万元)	工业烟尘/万吨	单位工业烟尘/(吨/万元)	能源消耗总量/万吨标准煤	单位产值能源消耗/(吨标准煤/万元)
2010	18.69	8.71	24 092	11 225	25.3	0.001 18	15 285.3	0.834
2011	16.77	6.80	31 463	12 764	26.39	0.001 07	15 874.2	0.819

数据来源:《广东统计年鉴》。

从 2002 年到 2011 年，广东省制造业的能源消费总量持续上升，2002 年为 5615.7 万吨标准煤，2011 年为 15 874.2 万吨标准煤，几乎是 2002 年的 3 倍；从历年增长速度看，2008 年增长速度为 4.1%，之后增长速度变大，2010 年为 8.2%（2011 年的增长变缓可能是统计口径变化的原因）。能源强度，即万元工业增加值能耗，可以表示单位产出能源的消耗。广东省制造业能源强度持续下降，2002 年为 1.509 吨标准煤/万元，2008 年下降到 0.852 吨标准煤/万元，2011 年为 0.819 吨标准煤/万元；但能源强度下降的速度变慢：2002~2008 年，年平均下降速度为 9.1%，2009~2011 年，年平均下降速度仅为 2.6%。这意味着制造业当前的发展模式对降低能源强度、减少对能源的依赖已到了瓶颈时期，应在保持制造业规模增长的基础上，通过技术改造、转型升级等手段，走制造业的绿色发展之路（图 8-8）。

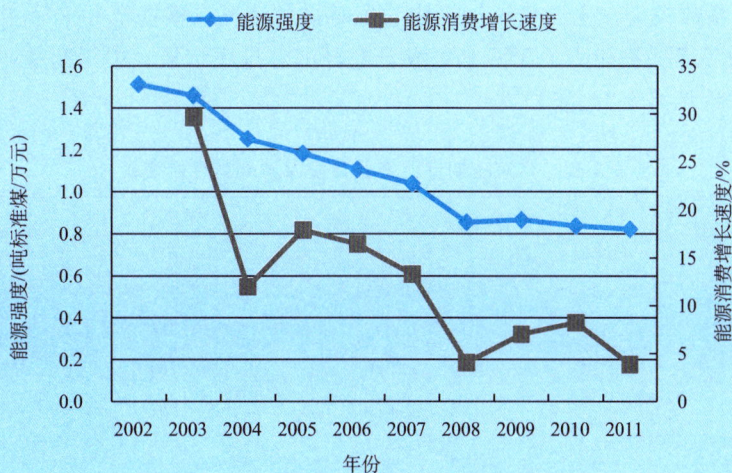

图 8-8　能源消费增长速度和能源强度趋势图

工业和信息化部编制的《工业节能"十二五"规划》规定，"十二五"时期，我国单位工业增加值能耗较"十一五"末预计将降低 21%；广东省的目标是，到 2015 年，全省单位生产总值能耗下降到 0.477 吨标准煤/万元（按 2010 年价格计算），比 2010 年和 2005 年分别下降 18%、31.46%；单位工业增加值能耗在 2010 年基础上下降 20%。广东省 2010 年制造业能源强度为 0.834 吨标准煤/万元，按 2015 年下降 20% 计算，

2015 年预期能源强度为 0.667 吨标准煤/万元，2011 年应为 0.798 吨标准煤/万元，所以 2011 年的实际能源强度与预期目标还有差距。

2. 资源环境保护能力评价

以 C1～C8 为基础指标，处理结果显示前 2 个主成分的累计方差贡献率达到 90.42%，处理精度能满足要求。主成分与指标相关系数矩阵见表 8-23。

表 8-23　主成分与指标相关系数矩阵

指标	序号	主成分 1	主成分 2
废水排放总量/万吨	C1	−0.702	0.668
单位产值废水排放/(吨/万元)	C2	0.961	0.243
废气排放总量/亿标准立方米	C3	−0.852	−0.240
单位产值废气排放/(标准立方米/元)	C4	0.895	−0.014
工业烟尘排放总量/万吨	C5	−0.773	0.484
单位产值工业烟尘排放/(吨/万元)	C6	0.941	0.236
能源消耗总量/万吨标准煤	C7	−0.982	−0.100
单位产值能耗/(吨标准煤/万元)	C8	0.986	0.099

研究主成分与指标相关系数发现，第一主成分中 C2、C6、C7、C8 的系数较大，可以认为该主成分主要代表了单位产值排放和能耗情况，是一个综合主成分；第二主成分中 C1、C5 系数较大，主要代表污染物的绝对排放情况。根据上述 8 个指标得到各个样本当年资源环境保护能力关于两个主成分综合汇总排序结果。中国制造业资源环境保护能力综合评价见表 8-24。

表 8-24　广东省制造业资源环境保护能力综合评价

年份	F1	F2	综合	排名
2002	−4.606	−0.216	−4.076	10
2003	−3.032	−0.381	−2.712	9
2004	−1.831	0.499	−1.550	8
2005	−0.913	0.576	−0.734	7
2006	−0.051	0.678	0.037	6
2007	1.422	−1.992	1.010	5
2008	2.168	−1.086	1.776	4
2009	1.844	0.557	1.689	3
2010	2.401	0.340	2.152	2
2011	2.599	1.026	2.409	1

由此可见，从总体上分析，2002 年至 2011 年，广东制造业资源环境保护能力不断加强，各方面统计指标呈良性发展态势，反映了政府控制制造业资源过度消耗、遏制环境污染状况的措施颇有成效。

8.2.4　新型化程度综合评价

制造业作为广东的支柱产业,是广东经济增长的主导部门、经济发展的重要依托和扩大就业的关键行业,是其他部门所不能替代的。通过对 2002~2011 年广东制造业总体"新型化"程度进行评价,可以把握广东制造业 10 年的发展趋势和未来的发展方向。对制造业新型化的全部指标进行主成分处理,结果显示指标的相关性完全通过检验,前 3 个主成分变量的累计贡献率达到 96.603%,说明以这 3 个综合变量反映指标的信息量接近 97%,各指标的权重比较均衡,其精度能满足要求。主成分与指标相关系数矩阵见表 8-25。

表 8-25　主成分与指标相关系数矩阵

指标	主成分 1	主成分 2	主成分 3
A1	0.989	0.114	−0.036
A2	0.958	−0.260	0.052
A3	0.791	−0.573	0.128
A4	0.958	0.253	−0.068
A5	0.946	0.256	−0.015
A6	0.829	0.305	−0.016
B1	0.946	0.316	−0.036
B2	0.960	0.269	−0.055
B3	0.953	0.257	−0.023
B4	0.929	0.270	−0.016
B5	0.961	0.135	0.156
C1	−0.564	0.631	0.486
C2	0.944	−0.189	0.242
C3	−0.945	−0.287	0.049
C4	0.784	−0.564	0.198
C5	−0.745	0.158	0.608
C6	0.902	−0.286	0.304
C7	−0.996	0.068	−0.003

分析 3 个主成分变量与各指标相关系数列中较大的值,可以认为:第一主成分代表 A1、B2、B5、C7,综合反映了广东制造业在经济、科技和环境等方面的能力;第二主成分代表 A3、C1。根据上述 3 个主成分的得分情况,以各自的方差贡献率作为权重,可以得到近年来制造业"新型化"发展程度的综合评价状况,关于广东制造业"新型化"程度的综合评价结果见表 8-26。

表 8-26　广东制造业"新型化"程度的综合评价

年份	F1	F2	F3	综合	排名
2002	−6.123	1.731	−0.695	−5.038	10
2003	−4.445	0.749	−0.597	−3.716	9
2004	−3.102	−0.244	0.836	−2.615	8
2005	−2.064	−0.715	0.964	−1.780	7
2006	−0.801	−1.098	1.255	−0.736	6
2007	1.063	−1.593	−1.598	0.657	5
2008	2.108	−1.796	−0.847	1.557	4
2009	3.157	−0.097	0.623	2.694	3
2010	4.573	0.611	0.125	3.945	2
2011	5.635	2.450	−0.066	5.031	1

可见，从总体排名情况看，2002 年到 2011 年广东制造业"新型化"得分持续增长，说明广东制造业总体发展态势良好，新型化程度不断提高，保持了良性的发展势头。上述三维的制造业新型化评价结果可以为政府部门加强制造业发展的宏观调控、制定相关经济政策和考核制造业企业经营业绩提供决策依据。

8.3　广东省制造业上市企业分析

根据《上市公司行业分类指引》①，制造业上市企业行业有 C0 食品饮料、C1 纺织服装皮毛、C2 木材家具、C3 造纸印刷、C4 石油化学塑胶塑料、C5 电子、C6 金属非金属、C7 机械设备仪表、C8 医药生物制品、C9 其他制造业和信息技术业中的 G81 通信及相关设备制造、G83 计算机及相关设备制造业共 12 个。按这 12 个行业统计，2012 年中国制造业上市公司（A 股和 B 股）共 1634 家，其中广东省有 245 家，位居全国第一，比第二名的江苏多出 63 家；上市公司总量占全国 15%。本节将对广东省制造业上市企业的地区行业分布、规模和效益等方面进行描述。

8.3.1　上市公司总量和区域分布

2012 年，广东省共有制造业上市公司 245 家，区域分布见表 8-27。

表 8-27　广东省制造业上市公司区域分布

区域	地级市	上市公司数量/家	所占比重/%
珠三角	广州	33	13.5
	深圳	112	45.7
	佛山	21	8.6

---

① 《上市公司行业分类指引 2012》已经发布，但为了与往年的制造业报告保持一致，本书仍采用旧标准。

续表

区域	地级市	上市公司数量/家	所占比重/%
珠三角	珠海	14	5.7
	东莞	8	3.3
	中山	8	3.3
	惠州	4	1.6
	江门	6	2.5
	肇庆	5	2.0
	汇总	211	86.2
东翼	汕头	18	7.4
	潮州	1	0.4
	揭阳	5	2.0
	汕尾	0	0.0
	汇总	24	9.8
西翼	湛江	1	0.4
	茂名	1	0.4
	阳江	0	0.0
	汇总	2	0.8
山区	韶关	2	0.8
	梅州	4	1.6
	清远	1	0.4
	河源	0	0.0
	云浮	1	0.4
	汇总	8	3.2

数据来源：根据上海证券交易所（www.sse.com.cn）、深圳证券交易所（www.szse.cn）相关资料整理得出。

从表 8-27 可以看出，广东省 4 大区域中，珠三角地区上市公司最多，为 211 家，占总数 245 家的 86.2%；东翼有 24 家，占总数的 9.8%；山区有 8 家，占总数的 3.2%；西翼只有 2 家。具体到地级市，最多的是深圳市，有上市公司 112 家，占总数的 45.7%，将近 1/2；其次是广州市，有上市公司 33 家，占总数的 13.5%；佛山是 21 家，占总数的 8.6%，这三个排名前三的市都位于珠三角地区。汕尾、阳江和河源这三个地级市上市公司的数量为 0。

8.3.2　产业结构

从行业分布来看，电子行业上市公司数量最多，共有 63 家，占广东省制造业上市公司 245 家的 25.7%；机械、设备、仪表行业第二，拥有 57 家制造业上市企业，占全部行业的 23.3%；石油、化学、塑胶、塑料行业第三，有 26 家企业，占全部行业的

10.6%，这三个行业合计有上市公司 146 家，占所有行业的 59.6%。制造业上市公司数量在后三位的行业分别是计算机及其相关设备制造业（8 家，占 3.3%），木材、家具行业（3 家，占 1.2%），其他制造业（3 家，占 1.2%）。与全国其他省份相比，广东省在电子（63 家），医药、生物制品（16 家），造纸、印刷（15 家）等行业上市企业数量相比其他省区市来说是最多的（表 8-28）。

表 8-28　制造业分行业上市公司数量

行业	珠三角	东翼	西翼	山区	上市公司数量/家	所占比重/%
电子	59	1		3	63	25.7
机械、设备、仪表	53	4			57	23.3
石油、化学、塑胶、塑料	22	3	1		26	10.6
金属、非金属	12	3		2	17	7.0
医药、生物制品	12	2		2	16	6.5
通信及相关设备制造业	15				15	6.1
造纸、印刷	8	6	1		15	6.1
食品、饮料	12	2			14	5.7
纺织、服装、皮毛	7	1			8	3.3
计算机及其相关设备制造业	8				8	3.3
木材、家具	1	1		1	3	1.2
其他制造业	2	1			3	1.2
汇总	211	24	2	8	245	100

数据来源：根据上海证券交易所（www.sse.com.cn）、深圳证券交易所（www.szse.cn）相关资料整理得出。

按区域分行业来看，除造纸、印刷外，各行业几乎所有的上市公司都位于珠三角地区，其他地区上市公司数量较少，以少数几个行业为主。东翼地区造纸印刷行业上市公司最多为 6 家，其次是机械设备仪表 4 家，石油化学塑胶塑料行业和金属非金属都为 3 家；西翼地区的 2 家上市公司的行业分别为石油化学塑胶塑料和造纸印刷行业；山区 5 市行业分布为电子（3 家）、金属非金属（2 家）、医药生物制品（2 家）和木材家具行业（1 家）。

8.3.3　股本和利润分析

1. 规模分析

广东省制造业上市公司主营业务收入平均为 40.22 亿元，为全国水平的 80.7%；资产总计平均为 45.2 亿元，为全国平均水平的 72.1%；所有者权益为 21.34 亿元，为全国平均水平的 76.5%。广东省制造业上市公司数量占到了全国的 15%，但是主营业务收入占全国的 12.1%，资产总计占全国的 10.8%；所有者权益占全国的 11.4%。广东省制造业上市公司在数量上排名全国第一，但规模上低于全国平均水平。主营业务收

入超过全国水平的有 26 家，资产总计超全国水平的有 30 家，所有者权益超全国水平的
有 37 家（表 8-29）。

表 8-29 广东省上市公司规模

	上市公司数量/家	主营业务收入/亿元	资产总计/亿元	所有者权益/亿元
全国平均		49.86	62.70	27.91
广东平均		40.22	45.2	21.34
广东平均/全国平均/%		80.7	72.1	76.5
超全国平均的数量		26	30	37
全国总计	1 613	81 423.06	101 879.84	45 382.28
广东总计	245	9 854.35	10 982.56	5 186.25
占全国比重/%	15	12.1	10.8	11.4

数据来源：根据上海证券交易所（www.sse.com.cn）、深圳证券交易所（www.szse.cn）相关资料整理得出。

　　珠三角地区制造业上市公司在广东省处于绝对的统治地位。平均主营业务收入珠三
角地区为 43.32 亿元，高于全省平均水平，其次是山区 5 市 38.2 亿元，西翼区域
22.35 亿元，东翼区域仅有 15.13 亿元，这三个区域均低于全省平均水平。平均资产总
计山区 5 市最高为 50.96 亿元，高于全省平均水平，其次是珠三角地区 47.27 亿元，东
翼 27.69 亿元，西翼 15.75 亿元。平均所有者权益合计珠三角地区为 21.9 亿元，山区
18.41 亿元，东翼 18.23 亿元，西翼 12.07 亿元。从占全省比重来看，珠三角地区主营
业务收入、资产总计、所有者权益合计汇总后都在 90% 左右，其次是东翼、山区，西
翼占全省比重还不到 1%（表 8-30）。

表 8-30 广东省制造业区域规模

		主营业务收入	资产总计	所有者权益合计
广东	合计/亿元	9854.35	10 982.56	5186.25
	平均/亿元	40.22	45.20	21.34
珠三角	合计/亿元	9140.81	9878.85	4577.24
	平均/亿元	43.32	47.27	21.90
	占全省比重/%	92.76	89.95	88.26
东翼	合计/亿元	363.23	664.54	437.63
	平均/亿元	15.13	27.69	18.23
	占全省比重/%	3.69	6.05	8.44
西翼	合计/亿元	44.69	31.50	24.13
	平均/亿元	22.35	15.75	12.07
	占全省比重/%	0.45	0.29	0.47
山区	合计/亿元	305.62	407.66	147.25
	平均/亿元	38.20	50.96	18.41
	占全省比重/%	3.10	3.71	2.84

数据来源：根据上海证券交易所（www.sse.com.cn）、深圳证券交易所（www.szse.cn）相关资料整理得出。

从三项指标综合来看，规模最大的行业是机械、设备、仪表，其主营业务收入、资产总计和所有者权益合计占全省比重分别为 27.03%、20.71%、24.21%；其次是电子行业，三项指标占全省比重在 20% 左右；然后是金属、非金属行业，三项指标占全省比重为 12.40%、13.59%、11.56%。规模最小的三个行业为纺织、服装、皮毛，木材、家具和造纸、印刷（表 8-31）。

表 8-31　广东省制造业行业规模

	主营业务收入/亿元	占全省比重/%	资产总计/亿元	占全省比重/%	所有者权益合计/亿元	占全省比重/%
电子	1779.55	18.06	2272.44	20.69	1016.22	19.59
纺织、服装、皮毛	64.50	0.65	108.43	0.99	78.94	1.52
机械、设备、仪表	2663.81	27.03	2274.80	20.71	1255.84	24.21
计算机及相关设备制造业	1010.49	10.25	582.37	5.30	210.05	4.05
金属、非金属	1222.08	12.40	1492.25	13.59	599.71	11.56
木材、家具	63.13	0.64	127.90	1.16	74.52	1.44
其他制造业	498.06	5.05	771.22	7.02	281.20	5.42
石油、化学、塑胶、塑料	522.09	5.30	542.32	4.94	332.29	6.41
食品、饮料	378.44	3.84	367.31	3.34	196.60	3.79
通信及相关设备制造	971.42	9.86	1338.57	12.19	391.18	7.54
医药、生物制品	476.76	4.84	766.53	6.98	521.65	10.06
造纸、印刷	204.00	2.07	338.41	3.08	228.05	4.40

数据来源：根据上海证券交易所（www.sse.com.cn）、深圳证券交易所（www.szse.cn）相关资料整理得出。

2. 效益分析

总利润和净利润可以反映上市公司的效益。广东省制造业上市公司平均利润总额 2.02 亿元，比全国平均 2.63 亿元要少 0.61 亿元；净利润平均 1.6 亿元，比全国平均 2.08 亿元少 0.48 亿元；汇总来看，2012 年广东省制造业上市公司利润总额合计为 494.29 亿元，占全国比重为 11.52%，净利润合计为 391.64 亿元，占全国比重为 11.53%，而上市公司数量占全国比重为 15%，所以广东省上市公司效益低于全国平均水平，这可能是由于公司规模偏小造成的。2012 年广东超过全国平均水平的，从利润总额看有 45 家，从净利润看有 43 家，都高于从规模上看超全国平均的数量，所以广东省制造业上市公司企业的效益是好于全国平均水平的（表 8-32）。

表 8-32　广东省制造业上市公司效益统计

总量指标	全国总计/亿元	广东总计/亿元	占全国比重/%	全国平均/亿元	超全国平均数量/家	广东平均/亿元
利润总额	4 292.29	494.29	11.52	2.63	45	2.02
净利润	3 397.03	391.64	11.53	2.08	43	1.60
总股本	10 283.84	1 266.57	12.32	6.29	50	5.17

数据来源：根据上海证券交易所（www.sse.com.cn）、深圳证券交易所（www.szse.cn）相关资料整理得出。

分区域来看，广东省利润总额和净利润最多的是珠三角地区，占全省比重均超过了90%，其次是东翼，占全省比重大约在10%，西翼占比不到1%，而山区5市的利润总额和净利润都为负，说明该区域效益最差。从平均来看，利润总额和净利润平均为2.02亿元和1.60亿元，珠三角地区和东翼平均利润总额和净利润高于全省平均，西翼低于全省平均，山区5市为负，即亏损比较严重（表8-33）。

表 8-33　区域效益和股本结构

		利润总额/亿元	净利润/亿元	总股本/亿股
广东	合计	494.29	391.64	1266.57
	平均	2.02	1.60	5.17
珠三角	合计	453.37	362.39	1110.28
	平均	2.15	1.72	5.26
	占全省比重/%	91.72	92.53	87.66
东翼	合计	48.82	41.03	96.00
	平均	2.03	1.71	4.00
	占全省比重/%	9.88	10.48	7.58
西翼	合计	2.89	2.42	11.15
	平均	1.45	1.21	5.58
	占全省比重/%	0.59	0.62	0.88
山区	合计	-10.80	-14.20	49.14
	平均	-1.35	-1.78	6.14
	占全省比重/%	-2.18	-3.63	3.88

数据来源：根据上海证券交易所（www.sse.com.cn）、深圳证券交易所（www.szse.cn）相关资料整理得出。

分行业来看，效益最高的是机械、设备、仪表行业，占全省比重分别为45.66%和49.32%，接近1/2；其次是医药、生物制品和电子行业，占全省比重均超过15%；这三个行业累计占到全省的3/4。利润最少的是通信及相关设备制造业，2012年亏损额为17.43亿元和24.07亿元（表8-34）。

表 8-34　行业效益和股本结构

	利润总额/亿元	占全省比重/%	净利润/亿元	占全省比重/%	总股本/亿股	占全省比重/%
电子	74.97	15.17	61.14	15.61	289.29	22.84
纺织、服装、皮毛	11.15	2.26	8.40	2.14	17.83	1.41
机械、设备、仪表	225.68	45.66	193.15	49.32	320.84	25.33
计算机及相关设备制造业	9.94	2.01	6.66	1.70	45.96	3.63
金属、非金属	34.22	6.92	17.34	4.43	151.75	11.98
木材、家具	4.55	0.92	3.57	0.91	18.57	1.47
其他制造业	6.05	1.22	4.88	1.25	31.14	2.46

续表

	利润总额/亿元	占全省比重/%	净利润/亿元	占全省比重/%	总股本/亿股	占全省比重/%
石油、化学、塑胶、塑料	25.23	5.10	20.28	5.18	120.38	9.50
食品、饮料	14.89	3.01	11.78	3.01	56.44	4.46
通信及相关设备制造业	−17.43	−3.53	−24.07	−6.15	70.65	5.58
医药、生物制品	74.60	15.09	63.28	16.16	91.54	7.23
造纸、印刷	30.44	6.16	25.22	6.44	52.17	4.12

数据来源：根据上海证券交易所（www.sse.com.cn）、深圳证券交易所（www.szse.cn）相关资料整理得出。

3. 股本结构分析

总股本，包括新股发行前的股份和新发行的股份的数量总和。2012 年广东省制造业上市企业平均 5.17 亿股，低于全国平均的 6.29 亿股，广东省总股本超过全国平均数的上市企业有 50 家。汇总看，总股本广东省合计 1266.57 亿股，占全国比重为 12.32%，而上市公司数量占全国比重为 15%，因此广东省在总股本方面低于全国平均水平。

分区域来看，平均总股本山区最高为 6.14 亿股，其次是西翼 5.58 亿股，珠三角 5.26 亿股，东翼最低为 4.00 亿股。合计看，珠三角地区总股本合计 1110.28 亿股，占全省比重为 87.66%，远超其他三个区域；其次是东翼 96.00 亿股，占全省比重为 7.58%；山区居第三位；西翼最差，总股本合计占全省比重不到 1%。

分行业看，机械、设备、仪表行业总股本最高，为 320.84 亿股，占全省比重为 25.33%；其次是电子行业，总股本有 289.29 亿股，占全省比重为 22.84%；金属、非金属行业有 151.75 亿股总股本，占全省比重 11.98%，居第三位。总股本全省占比最低的三个行业是纺织、服装、皮毛，木材、家具和其他制造业。

广东省制造业上市公司各指标前十名的企业见表 8-35。

表 8-35   上市公司各指标前十名

利润总额	净利润	主营业务收入	总股本	资产总计	所有者权益合计
格力电器	格力电器	格力电器	TCL 集团	中兴通讯	广汽集团
美的电器	美的电器	中兴通讯	广汽集团	TCL 集团	美的电器
中集集团	中集集团	长城电脑	中兴通讯	比亚迪	比亚迪
康美药业	康美药业	TCL 集团	美的电器	中集集团	中兴通讯
TCL 集团	TCL 集团	美的电器	格力电器	美的电器	中集集团
华润三九	华润三九	中集集团	中集集团	广汽集团	TCL 集团
广汽集团	广汽集团	比亚迪	金发科技	长城电脑	康美药业
金发科技	金发科技	*ST 韶钢	比亚迪	*ST 韶钢	长城电脑
信立泰	海信科龙	海信科龙	康美药业	康美药业	金发科技
大族激光	大族激光	中金岭南	南玻 A	深康佳 A	海普瑞

8.4 广东省制造业发展定位及发展经验

8.4.1 发展定位

2008 年 12 月，国家发展和改革委员会制定《珠江三角洲地区改革发展规划纲要（2008～2020 年）》，将珠三角改革发展上升为国家发展战略，要求珠三角地区要构建现代产业体系，促进信息化与工业化相融合，优先发展现代服务业，加快发展先进制造业，大力发展高技术产业，改造提升优势传统产业，积极发展现代农业，建设以现代服务业和先进制造业双轮驱动的主体产业群，形成产业结构高级化、产业发展集聚化、产业竞争力高端化的现代产业体系。到 2020 年，珠江三角洲地区形成以现代服务业和先进制造业为主的产业结构，成为世界先进制造业和现代服务业基地。打造若干规模和水平居世界前列的先进制造产业基地，培育一批具有国际竞争力的世界级企业和品牌。发挥中心城市的辐射带动作用，推进珠江三角洲区域经济一体化，并带动环珠江三角洲地区加快发展。

广东省政府紧密配合国家部署，在其"十二五"规划中提出把现代产业体系建设作为加快转型升级、建设幸福广东的战略任务，坚持制造与创造相结合，制造业与服务业相协调，信息化与工业化相融合，以广东现代产业 500 强项目为抓手，加快建设全球重要现代产业基地和国家战略性新兴产业基地，形成以战略性新兴产业为先导、先进制造业和现代服务业为主体的产业结构。

加快制造业结构调整，壮大做强先进制造业规模，改造提升传统制造业，延伸完善产业链，提高制造业国际竞争力。促进制造业高级化：提升先进制造业集聚发展水平，重点发展资金技术密集、关联度高、带动性强的装备、汽车、石化等产业；推动高技术制造业做强做大，加快高新技术产品升级换代，初步建成国内领先、全球重要的高技术产业集聚区。到 2015 年，先进制造业增加值占规模以上工业增加值比重达 50%；高技术制造业增加值占规模以上工业增加值比重达 26%。

改造提升传统制造业：坚持信息化带动，运用高新技术、先进适用技术和现代管理技术改造提升传统制造业，推动传统制造业加快向产品研发、设计、营销等附加值高的产业链环节延伸，建设一批研发设计中心和国际物流采购中心。以建设行业共性技术开发平台为先导，围绕家用电器、纺织服装、食品、建材、造纸、有色金属及制品等优势传统产业打造一批集聚区。优化家电产品结构，完善食品、服装产业链，突出质量安全，打造自主品牌和区域品牌。集聚环保发展造纸工业，高标准建设珠三角纸制品基地以及粤西等林浆纸一体化基地。提升有色金属及制品、建材工业发展水平，加快用先进产能置换落后产能。到 2015 年，优势传统工业增加值占传统工业增加值的比重达 64%，形成 5 个具有国际影响力的产业集聚区，打造 3 个产值超千亿元的龙头企业。

培育发展战略性新兴产业：把握世界新科技革命和产业革命的历史机遇，把加快培育和发展战略性新兴产业作为推进我省产业结构升级的重要抓手，超前谋划布局，突出重点领域和关键环节，推动战略性新兴产业快速健康发展。推动重点产业做大做强，将知识密度高、引领带动作用强、发展潜力大和综合效益好的新兴产业作为发展重点，加快把战略性新兴产业培育成先导性、支柱性产业。大力发展高端新型电子信息、新能源汽车、半导体照明、节能环保、太阳能光伏、核电装备、风电、生物医药、新材料、航空航天和海洋等新兴产业。优化规划布局，建立和完善产业技术标准体系。到 2015 年，全省战略性新兴产业规模突破 2 万亿元，战略性新兴产业增加值占生产总值比重达到 10％左右，成为国家战略性新兴产业重要基地。

8.4.2　发展经验

广东作为中国经济大省，同时也是制造业大省，在制造业产业结构调整、转型升级等方面积累了丰富的经验，值得其他各地借鉴。

佛山：污染之城转型魅力之都。提出目标："强市富民、幸福佛山"，从"工业文明"转向"生态文明"。具体做法：①推动信息化与工业化、城镇化、国际化等"四化融合"，实现交通、卫生、教育、政务、公共服务等智能化。②狠抓产业升级、城市转型和环境再造，投入 40 多亿元整治河涌，关闭了 600 多家重污染高能耗企业。经过 8 年苦战，佛山天蓝、水清、景美，2012 年当选"国家环境保护模范城市"。③着力调结构促转型，先进制造业、现代服务业异军突起。在制造业 30 个行业中，佛山有 22 个行业总产值占全国的 1％以上。2009 年，全市 GDP 达 5638 亿元，财政收入突破 1000 亿元，人均 GDP 近 1.4 万美元，经济总量仅次于广州、深圳，排名全省第三（人民日报，2011 年 4 月 4 日，《既是制造名城，又是幸福家园：佛山污染之城转型魅力之都》）。

东莞：优化投资环境，牵住重大项目"牛鼻子"。①政策引导：制定了《东莞市重大项目管理办法》等政策，向程序要效率、向审批要速度，进一步推动重大项目的开工率。发布《关于进一步减轻企业负担优化营商环境的实施意见》和东莞市委 1 号文件《关于全面提高开放型经济水平的若干意见》等政策文件，为企业减轻负担，增加政策红利。②东莞还在体制机制上先行先试，大胆改革创新。2012 年 12 月以来，东莞出台两批行政审批制度改革事项目录，全市行政审批事项压减 55.1％，日常管理事项压减 41.1％。而在商事登记制度改革中，东莞将涉及市场主体资格和经营项目的相关审批事项，从 188 项压减到 109 项，减幅达 42％，使东莞成为全国涉商登记审批事项最少的地级市。③东莞市以重大项目、重大产业集聚区、重大科技专项"三重"建设为重要抓手，推动经济转型升级。先后实施了百亿元企业、千亿元产业培育工程和战略性新兴产业倍增计划，加快培育高端电子、生物技术、新一代互联网、3D 打印等战略性新兴产业集群。④东莞市先后推动传统加工贸易转型升级的同时，加快发展战略性新兴产业，引进优质大项目，实现了招商引资的重点突破。

东莞：加工贸易转型，探索产业升级模式。①2010 年底，东莞成为首批"全国加工贸易转型升级试点城市"，并以此为契机积极先行先试，在全国首创了来料加工"不停产转型"的模式，帮助企业渡过难关。②设立加工贸易转型升级转型资金和"科技东莞"转型资金，先后引进一批港台咨询服务机构，为广大企业提供产品研发设计、创意概念、策划等多方面的服务，解决了加工贸易企业技术、设备、工艺流程大部分来自境外，创新能力不足等问题。③确定实现加工贸易产品档次、企业形态、产业发展"三个高级化"和"八个转型"的目标方向，鼓励加工贸易企业引进先进设备、提高自动化程度、设立研发机构、创立品牌、拓展内销，努力向"微笑曲线"的两端延伸，加工贸易的转型升级成为东莞市产业结构调整升级一大亮点。

深圳：蛇口网谷，制造业基地变身高科技产业园。目标：2009 年，蛇口工业区提出"再造新蛇口"战略，主导发展网络信息、科技服务、文化创意三大产业，承担起蛇口发展网络信息和科技服务业的重任。①抓住深圳市区房租等经营成本上升、企业外迁的机遇。②蛇口网谷的工作重心，就是对原有的生产厂房、老办公楼、老宿舍区进行改造升级，吸引高科技企业落户，使低端制造业基地成为高科技产业园区。③对于高科技企业来说，最核心的资产就是人才。为了创造环境，留住人才，蛇口网谷对原有的几十栋工人宿舍进行改造，加装了电梯，并进行精装修，提供家私家电，租户拎包可住。

三水：发展现代产业，建设生态文明。①控制污染。吹响节能减排的号角，向高耗能、高污染企业发出了"亮剑"宣言。至 2012 年底，三水已经关闭 17 家合计达 500 万吨生产能力的机立窑水泥企业；关闭 19 家陶瓷企业和 12 家纺织印染皮革企业。随着这48 家落后产能企业的退出，三水每年减少能源消耗 70 万吨标准煤，减少二氧化硫排放3000 多吨。②发展的脚步也不能停。三水有破有立，迅速以先进工艺替代落后产能。大力引进和培育先进制造业，并开展清洁生产，逐步变"末端治理"为"源头控制"、"过程控制"。③进一步加大工业节能减排工作力度，着力构建产业结构优化、资源消耗低、环境污染少、可持续发展的绿色工业体系。把清洁生产作为节能降耗的重要抓手，以责任分解、以点带面、奖惩结合等方式推动清洁生产向纵深开展；积极倡导资源综合利用、循环低碳发展，力促三水经济可持续发展。

盛路通信：清洁生产使能耗排污最小化。公司从建厂之初就将清洁生产纳入策划设计的范畴。公司主要的污染物为废水、烟尘和其他固体废弃物等。现有的环境设施为饭堂的隔油池，它对饭堂排放的废水进行隔油过滤处理，分离出来的废水部分按工业废水标准排放，隔油处理装置利用率 100%。公司于 2004 年 8 月、2006 年和 2008 年 5 月通过三水区环境保护检测站监测的噪声、林格曼黑度、饮食业油烟项目，基本做到"零排放"。

在生产过程中，每台加工的机械设备旁边都设有防渗漏装置和放置了清洁的抹布，收集后的油污和废弃抹布作为危险废弃物集中处理。每天定时定点对设备进行点检和清理，并有严格的监控记录。对于生产时所产生的固体废弃物均统一存放于定点的固体废弃物回收区，并由专人及时回收处理。固体废弃物的处理都严格按照相关规定处理，服务方均具有合格的环保协议，控制污染物排放，使废气排放全面达标，废水循环处理回收利用，努力实现资源消耗、污染物产生量最小化。

公司在加大对现有生产装置更新改造的同时，每年都投入一定的资金用于环境治理，改善员工及周边居民的工作和生活环境，取得了较好的社会效益和环境效益。公司坚持对生产和生活区进行美化和绿化，使绿化率达到 20% 以上，以实现环保、可持续发展为目标，为员工创造一个优美的工作和生活环境。

日明电子：清洁生产每年增收 300 多万元。公司将循环经济、清洁生产等理念与企业的生产、管理和经营过程紧密结合起来，在产品的整个生命周期贯彻"绿色设计、绿色制造、绿色经营、绿色服务"的清洁生产思路，在电子元器件行业率先开展了旧机改善改造、ISO14001 体系认证、废旧产品回收利用等循环经济和清洁生产项目。

公司把节能降耗放在企业发展的优先位置，以资源利用效率最大化为目标，组织全体员工持续开展资源节约、清洁生产等自愿行动。从体制机制上把企业的每个资源消耗岗位提升为资源节约岗位，依靠科学管理和创新形成的技术进步，集成推进企业生产、管理和经营过程的资源节约活动。不仅实现了生产过程节约化、集约化，而且通过不断的技术创新优化产品结构和资源消耗结构，开发出节能高效产品。

公司把清洁生产作为市场竞争力的重要组成部分，组织全体员工持续不断地开展对生产要素的系统寻优和清洁生产机会识别活动。从原辅材料（动力）、技术工艺、设备、管理、过程控制、员工、产品等八个方面全面贯彻污染预防策略，落实节能、降耗、减污、增效的具体措施。2007 年度，全体员工清洁生产参与率达到 95％以上；通过清洁生产活动，产生无、低废方案 356 个，无、低废方案实施率达 98％；产生中、高废方案 28 个，中、高废方案实施率为 90％。据初步统计，方案实施后形成年经济效益 300 多万元。

8.4.3　发展趋势

近年来广东制造业的发展面临着不小的困难，国际上，由于过度依赖欧美，而欧美等国家由于受到金融危机的冲击，经济发展减缓，需求大幅萎缩，对广东以外向型为主的经济造成了冲击；在国内，目前的发展环境与前几十年已有很大的不同，人民币持续升值、原材料涨价、劳动力成本上升和人口红利逐渐消失等问题突出，可以说，在当前的国际国内环境下，广东省经济结构已经到了必须进行战略性调整的关键时期，经济发展到了另一个十字路口。广东制造业可持续发展的出路在哪里？广东省制造业将面临着什么样的发展趋势？

1. 依托港澳台面向东南亚，区域经济一体化程度加深

借助 CEPA、ECFA 等经贸协议，促进产业升级与融合。CEPA 分别于 2003 年在中国内地与香港和澳门签署，自 2004 年至今双方已签署九个补充协议。该协议的签署使得经济一体化由"珠三角"地区扩充到"泛珠三角"地区，广东的"三来一补"、"前店后厂"模式发展到"厂店合一"模式，广东制造业和港澳现代服务业强强联合，广东和香港、澳门形成了良好的互补关系，进一步推动了广东制造业的转型升级，增强了竞争力，提升了广东产业的现代化和国际化水平；ECFA 于 2010 年签署生效，广东作为台商在大陆投资最集中的省份，可以抓住机遇引进台湾的高端产业，改造提升本地的产业结构和产业水平，实现双方更高层次的开放合作和互利双赢（潘途迖，2006）；东盟作为一个新兴的市场，其发展潜力吸引各国关注，广东与东盟的区域经济合作可以增强集体抵御经济风险的能力，广东与东盟合作的意义主要有：延续广东制造业生产能力和价值链、稳定和繁荣区域经济、绕开欧美国家的关税壁垒、充分发挥互补性国际分工所产生的贸易利益。广东与东盟的贸易与投资合作具有广阔的前景，双方已经基本具备深度合作的基础和条件。加强双边合作在当今全球金融危机的背景下尤其重要与迫切，而构建广东-东盟贸易投资平台无疑是推进合作的重要途径（陈红蕾等，2009）。

越南入世后，广东可以把港粤"前店后厂"的模式搬到广东和越南身上，将相当一

部分制造业转移到越南，以效仿当年吸引港澳台资金纷纷进入珠三角的模式，发展"广东为店，越南为厂"的模式。随着庞大的珠三角制造业升级，珠三角制造业朝周边省份辐射，中国和东盟"10＋1"合作机制的实施，制造业朝越南等国的梯级转移，珠三角乃至广东制造业将从制造产业水平方面实现整体升级突破。

2. 现代服务业和先进制造业共同发展，双轮驱动广东经济转型升级

全球经济正在由"工业驱动"向"服务驱动"转型，现代服务业已经成为现代经济的重要组成部分和经济增长的主导力量，现代服务业作为制造业的高级要素投入，直接提高制造业的附加值和竞争力，为制造业产业链升级提供了动力机制。同时，现代服务业的发展会通过服务外包、产业关联、资本深化以及空间集聚等方面降低制造业的交易成本，为制造业产业链升级提供适宜的"温床"和良好的外部条件，促使制造业产业主动或被动升级，从而向产业链高端攀升（张前程，2008）。

广东是中国工业和制造业的大省，但还不是强省。随着专业化分工的深化和专业服务外置化趋势的发展，制造业竞争力越来越依赖于设计策划、技术研发、物流等现代服务业的支撑。因此，为实现从制造业大省向制造业强省、从广东制造向广东创造的转变，就必须大力发展现代服务业（夏菁等，2008）。

3. 甄选优势产业，明确产业定位，推动产业链整合和产业集聚

结合地区资源禀赋，顺应产业发展的分布规律，选择培育适合地方发展的优势产业和有增长潜力的产业。利用市场机制的作用，因势利导，推行区域营销，定位清晰结合有效的推广，吸引企业进入。广东早已实施"腾笼换鸟"政策，为高新技术产业的发展腾出了空间，发展高附加值的制造业并且利用技术扩散，吸收消化新技术，在新一轮区域竞争中占据主动地位。当今的经济竞争，已经从单纯的企业竞争发展到产业链的竞争，产业链的本质，是作为整合资源的一种机制，对提升区域的持续发展能力有重要影响。广东省政府在制造业的发展过程中，推行有利于产业链整合的措施，支持和鼓励配套企业的发展，促进形成良好的内生发展机制。集聚性是现代产业体系的空间特征，产业集聚发展的好处是使得企业获得规模效益，强化分工协作，降低企业成本，提高生产效率，延伸产业链条，方便技术外溢，提高企业创新能力。因此产业集聚发展应是广东省制造业未来的重要选择和发展趋势。

8.5　本章小结

本章主要分析了广东省制造业，主要内容包括发展现状；总体发展现状；新型化评价；上市企业区域分布、产业结构和股本及利润等的分析；发展经验、发展趋势等问题。

总体分析。工业化阶段已到工业化后期，正向发达经济初级阶段过渡；公有制经济占主导地位，非公有制经济蓬勃发展；产业空间布局进一步优化，区域经济发展协调性增强；制造业和现代服务业协同发展，三次产业结构逐渐趋向合理；现代产业成为新亮

点，产业结构调整深化。

新型化评价。通过建立评价指标体系，运用主成分分析法，发现 2002～2011 年，广东省制造业在经济创造能力、科技创新能力、资源环境保护能力等方面持续进步。

上市企业分析。广东省制造业上市企业有 245 家，占全国比重为 15%，居各省份第一；245 家中有 211 家（占 86%）分布在珠三角地区，其中深圳市有 112 家，占全省将近一半，其他各区域上市公司数量较少。从行业分布来看，电子行业上市公司数量最多，共有 63 家，占广东省制造业上市公司 245 家的 25.7%；机械、设备、仪表行业第二，拥有 57 家制造业上市企业，占全部行业 23.3%；石油、化学、塑胶、塑料行业第三，有 26 家企业，占全部行业 10.6%，这三个行业合计有上市公司 146 家，占所有行业的 59.6%。因为绝大部分上市企业位于珠三角地区，所以从主营业务收入、资产总计、所有者权益合计、利润、总股本等方面进行分析，珠三角地区都占有全省 90% 左右的比例。

发展定位与发展趋势。2008 年 12 月，国家发展和改革委员会制定《珠江三角洲地区改革发展规划纲要（2008～2020 年）》，将珠三角改革发展上升为国家发展战略。广东省政府紧密配合国家部署，在其"十二五"规划中提出把现代产业体系建设作为加快转型升级、建设幸福广东的战略任务，坚持制造与创造相结合，制造业与服务业相协调，信息化与工业化相融合，以广东现代产业 500 强项目为抓手，加快建设全球重要现代产业基地和国家战略性新兴产业基地，形成以战略性新兴产业为先导、先进制造业和现代服务业为主体的产业结构。发展趋势：依托港澳台面向东南亚，区域经济一体化程度加深；现代服务业和先进制造业共同发展，双轮驱动广东经济转型升级；甄选优势产业，明确产业定位，推动产业链整合和产业集聚。

初稿提供者：王常凯

统稿：李廉水，周彩红

参 考 文 献

陈红蕾，徐勇. 2009. 广东——东盟贸易投资存在的问题与对策研究. 东南亚研究，(4)：51-55.

程如烟. 2005. 发展高技术制造业，提升国家竞争力——《高技术制造与美国竞争力》述评. 中国软科学，(7)：158-160.

符淼. 2008. 中国经济增长问题的计量分析——技术扩散，收入分配和可持续环境. 广州：中山大学出版社.

符淼，黄灼明. 2008. 中国经济发展阶段和环境污染的库兹涅茨关系. 中国工业经济，(6)：35-43.

毛艳华，易中俊. 2012. 制造业集聚趋势的实证分析——以广东省为例. 产经评论，(1)：5-21.

潘途选. 2006-2-21. CEPA——大珠三角的新动力. 中国经济导报.

夏菁，徐建霞. 2008. 广东现代服务业的现状与发展思路. 机电工程技术，(10)：18-20.

张前程. 2008. 现代服务业对制造业产业链升级的影响机理研究. 中部崛起与现代服务业——第二届中部商业经济论坛论文集.

张益丰，黎美玲. 2011. 先进制造业与生产性服务业双重集聚研究. 广州商学院学报，(2)：9-16.

第9章

山东省制造业

山东省是一个制造业大省，2011 年制造业产值排名全国第二，仅次于江苏，制造业总产值占全国的 12.22%，在全国的制造业发展中占据重要地位。此外，制造业更是山东省工业经济发展的主体和支柱，制造业占工业产值比重的 90.09%。本章将从山东省的制造业总量（经济、科技等）、制造业结构（产业结构、区域结构等）、制造业发展趋势等几个方面来进一步分析和探讨山东省制造业的发展。

9.1　山东省制造业发展现状

"十一五"期间，全省在制造业强省发展战略引领下，积极应对国际金融危机，实施"10＋40＋13"工业调整振兴规划和指导意见，组织工业转方式调结构 1000 项重点技术改造项目，实施工业发展"新特优"工程，全力推进工业调整振兴，制造业实现长足发展，规模和竞争力大幅提升，为实现工业由大变强的转变奠定了坚实基础。

当前，山东工业门类齐全，基础雄厚，已形成钢铁、汽车、造船、石化、轻工、纺织、有色金属、装备制造、电子信息等优势产业。家用电冰箱、冷冻箱、农机、工程机械、重型车、轻骑摩托车、机制纸及纸板等 47 种工业产品产量居全国第一位。机械及设备、电器及电子类、纺织品、服装、钢材、集装箱是山东主要大类出口产品。海尔、海信、青啤、张裕、浪潮、东岳汽车、中国重汽等一大批知名品牌驰名中外。壳牌石油、西门子、三星、惠普、麦德龙、标致、联合利华、三菱商事、阿尔卡特朗讯等 130 多家世界 500 强企业在山东投资。山东省现有对外承包工程经营资格的建筑企业 151 家。山东电建总公司、青岛建设集团、威海国际经济技术合作股份有限公司、山东电建三公司和山东宏昌路桥公司 5 家企业入选全球最大 225 家承包商行列。

根据山东省"十二五"规划目标，到 2015 年，①全省规模以上制造业增加值年均增长 14% 左右。②战略性新兴产业增加值占生产总值比重达到 10%；高新技术产业产值占规模以上工业产值比重每年提高 1 个百分点；全省研究与试验发展（R&D）经费支出占 GDP 的比重达到 2.2% 以上。③新培育国家级企业技术中心 50 家、省级企业技术中心 500 家，全省省级以上企业技术中心总数超过 1000 家；新培育国家级工程技术研究中心 5 家、省级工程技术研究中心 200 家；新培育行业技术中心 30 家、工业设计中心 150 家、工业设计示范基地 100 个；重点培育的企业技术中心科技活动经费支出占销售收入比例达到 5% 以上。④全省制造业企业主营业务收入过百亿元的大企业集团有 100 户，其中 500 亿～1000 亿元的有 15 户，过千亿元的有 6 户；销售收入过百亿元的产业集群达到 200 个，省级重点产业集群达到 100 个。⑤全省拥有山东省名牌产品达到 2100 个，中国驰名商标超过 280 件，山东省著名商标达到 3000 件以上；每百户企业拥有注册商标 40 件以上；每万人口发明专利授权数达到 0.8 以上。

9.1.1　2011 年取得的成就

1. 海洋装备业增长明显

2011 年，海洋化工业产出 663.3 亿元，增长 17.4%；海洋交通运输业产出 655.8

亿元，增长 11.1%；海洋生物医药业产出 81.1 亿元，增长 15.9%。此外，青岛、烟台、威海已经成为海洋装备、造船产业的出口基地，年出口船舶超过 400 万载重吨。

2. 工业企业规模不断扩大

根据山东省统计局的统计数据，2011 年山东省规模以上工业企业 36 858 家，比上年增加 1296 家。规模以上工业企业实现主营业务收入 116 222.0 亿元，比上年增长 15.9%。其中，年主营业务收入过 10 亿元的企业有 1401 家，增加 213 家；过 100 亿元的企业有 123 家，增加 21 家。主营业务收入前五位的行业依次是：化学原料和化学制品制造业（10 135.3 亿元）、农副食品加工业（8451.3 亿元）、纺织业（6497.2 亿元）、石油加工炼焦和核燃料加工业（5543.5 亿元）、非金属矿物制品业（5422.4 亿元）。

3. 工业增加值稳定增长

2011 年，山东省全部工业增加值 22 789.3 亿元，比上年增长 11.1%。其中，规模以上工业增加值增长 11.4%。规模以上工业 41 个大类行业中有 39 个行业增加值比上年实现增长，占 95.1%。其中，化学原料和化学制品制造业增长 17.3%，农副食品加工业增长 11.6%，纺织业增长 14.8%，通用设备制造业增长 12.4%，有色金属冶炼和压延加工业增长 21.3%，专用设备制造业增长 12.7%，橡胶和塑料制品业增长 13.4%，金属制品业增长 15.0%。

4. 工业企业效益保持稳定

2011 年，山东省规模以上工业企业实现利润 7443.3 亿元，增长 10.9%；实现利税 12 090.7 亿元，增长 12.1%。利润和利税前五位的行业依次为：化学原料和化学制品制造业（770.2 亿元和 1066.0 亿元）、农副食品加工业（525.2 亿元和 739.9 亿元）、非金属矿物制品业（486.9 亿元和 729.7 亿元）、纺织业（417.8 亿元和 621.6 亿元）和通用设备制造业（410.8 亿元和 610.3 亿元）。

9.1.2　发展中存在的问题

1. 传统产业比重大，且内部不平衡

山东制造业主要集中在传统产业，工业总产值、工业增加值、主营业务收入、利润和利税排前几名的行业都是资源加工型传统制造业行业（表 9-1），工业总产值排名前十的制造业行业几乎全部集中于传统制造业，其中前六名制造业行业均属于传统制造业，产业结构调整压力较大。

表 9-1　2011 年山东省制造业工业总产值排名

制造业行业	工业总产值/万元	排名
化学原料和化学制品制造业	100 996 386	1
农副食品加工业	84 704 505	2

续表

制造业行业	工业总产值/万元	排名
纺织业	63 119 224	3
石油加工、炼焦和核燃料加工业	55 435 387	4
黑色金属冶炼和压延加工业	54 695 053	5
非金属矿物制品业	54 240 485	6
通用设备制造业 *	52 094 374	7
电气机械和器材制造业 *	44 813 206	8
汽车制造业 *	40 869 118	9
有色金属冶炼和压延加工业	39 120 822	10

数据来源：《山东统计年鉴 2012》，其中，"＊"代表装备制造业。

2. 高技术产业比重低，发展滞后

高技术产业是制造业的核心，是制造业的先进力量，但山东省的高技术产业却是制造业的薄弱环节。2011 年，山东省的高技术产业总产值为 6201.1 亿元，占规模以上工业总产值的 6.23％；而广东省、上海市和江苏省的比重分别达到了 24.85％、21.64％和 18.10％（表 9-2）。可见，山东省高技术产业的发展远远落后于其制造业的地位。

表 9-2　2011 年各主要区域高技术产业的产值占比

地区	高技术产业产值/亿元	工业总产值/亿元	比重/％
广东	23 576.3	94 860.79	24.85
上海	7 021.4	32 445.15	21.64
江苏	19 487.8	107 680.68	18.10
山东	6 201.1	99 504.98	6.23
浙江	3 722.4	56 410.48	6.60

数据来源：《高技术产业统计年鉴 2012》及《中国统计年鉴 2012》。

3. 产业集中度低，配套水平不足

山东省制造业产业布局比较分散。化学原料及化学制品制造业是山东省最大的制造业行业，但是其 2011 年的产值只占制造业的 11.04％，远低于其他制造业发达省份的产业集中度。例如广东省 2011 年电气机械和器材制造业的产值占比高达 24.72％。

山东省制造业的产业配套能力不足。青岛作为山东经济发展的龙头，家电是其优势产业，但青岛的家电产业本地配套率不到 20％，电视机的配套率 25％左右，计算机、手机等配套率不到 10％。而广东东莞和中山市的计算机产品配套率已经达到了 80％以上。由于长期依赖省外零部件配套，直接降低了制造业的产品利润率（杨富贵，2007）。

4. 发展方式粗放，资源环境压力大

2011 年山东省的制造业能源消耗总量为 19 051 万吨标准煤，排名全国第三位，仅次于河北省和江苏省。而同为制造业大省的广东省的能源消耗总量为 17 561 万吨标准煤，浙江省为 12 503 万吨标准煤，上海市仅为 6008 万吨标准煤。从制造业"三废"排放总量看，2011 年山东省的制造业废水排放量为 187 245 万吨，废气排放总量为 50 452 万吨，均为全国第二大排放省份，山东省制造业的发展面临巨大的资源和环境压力，制造业的发展方式亟须改变。

此外，山东省传统制造业中资源依赖性行业的比重较高，耗能高、污染严重问题比较突出。2011 年，山东省的单位产值制造业能耗为 0.1915 万吨标准煤/亿元，而与其制造业地位相当的江苏、上海、广东的单位产值制造业能耗依次为：0.1900 万吨标准煤/亿元、0.1852 万吨标准煤/亿元和 0.1851 万吨标准煤/亿元。

9.2　山东省制造业分析

9.2.1　总量分析

1. 制造业产业规模

第一，制造业产值规模。由图 9-1 我们可以看出，近十年来山东省的制造业工业总产值实现了稳定的发展，从 2002 年的 9994 亿元，到 2011 年制造业产值规模达到了89 645 亿元，实现了产值规模 9 倍的增长，制造业工业总产值年平均增长率达到了28%，表现出良好的发展势头。

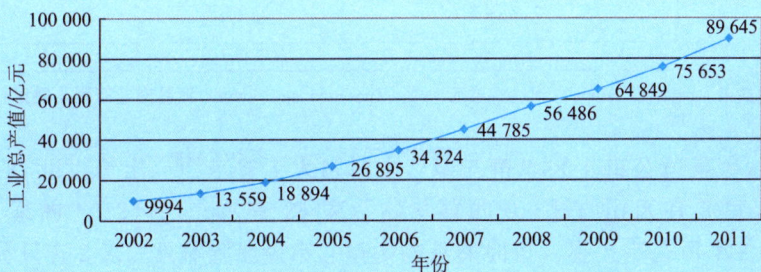

图 9-1　历年山东省规模以上制造业工业总产值

第二，制造业就业规模。从就业比重看，从 2005 年开始至今，山东省的制造业从业人员占规模以上工业的比重一直持续保持在 88% 左右，吸纳了主要的劳动力。从就业规模看（图 9-2），从 2002 年到 2009 年，山东省制造业就业人数逐渐增加，2009 年的制造业从业人员平均数达到了 823.9 万人。受美国"次贷危机"引发的世界性经济危机的影响，从 2010 年开始制造业就业人数略有下降，2011 年的制造业从业人数为759.77 万人。

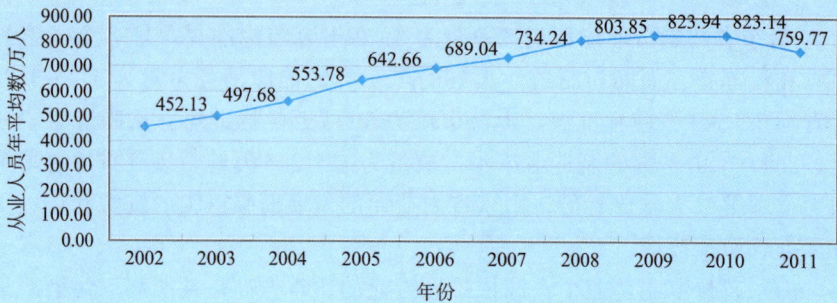

图 9-2　历年山东省规模以上制造业从业人员数

2. 制造业增加值

工业增加值是指工业企业在报告期内以货币形式表现的工业生产活动的最终成果，本部分以工业增加值来衡量山东省制造业的实际发展水平。由图 9-3 可以看出，山东省的制造业增加值实现了线性的稳定增长，年均增长率达到了 26.7%，进一步证明了山东省制造业近十年实现了持续稳定的发展。

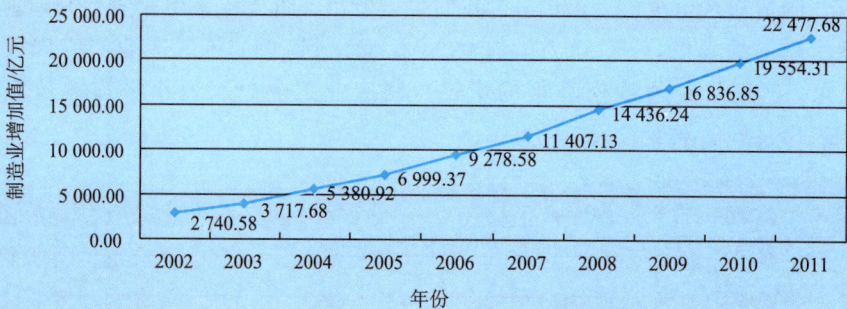

图 9-3　历年山东省规模以上制造业增加值

3. 制造业企业绩效

利润是指企业在一定的会计期间内所获得的以货币为计量单位的经营成果，是企业长期生存和发展的目标；"利税"是利润和税收的合称，反映的是企业的经济效益和对国家税收方面的贡献。本部分用利润和利税指标来反映制造业的企业绩效。由图 9-4 可见，山东省制造业的利润和利税总额保持了稳定增长，其中制造业利润总额保持了年均35% 的增长，而制造业利税总额也实现了 31% 的增长。

图 9-4　历年山东省规模以上制造业利润和利税总额

9.2.2　结构分析

1. 行业结构

1）行业规模结构

由图 9-5 可知，山东省制造业各行业基本都实现了稳定的发展，其中，传统制造业的规模优势明显。从图上可以明显看出："化学原料及化学制品制造业"和"纺织业"两大传统产业是山东省产值规模最大的制造业行业，规模优势明显，且保持了较高的规模扩张速度。在装备制造业中，通用设备制造业的规模最大，且规模扩张优势明显，显现了通用设备制造业在山东省装备制造业中的地位。

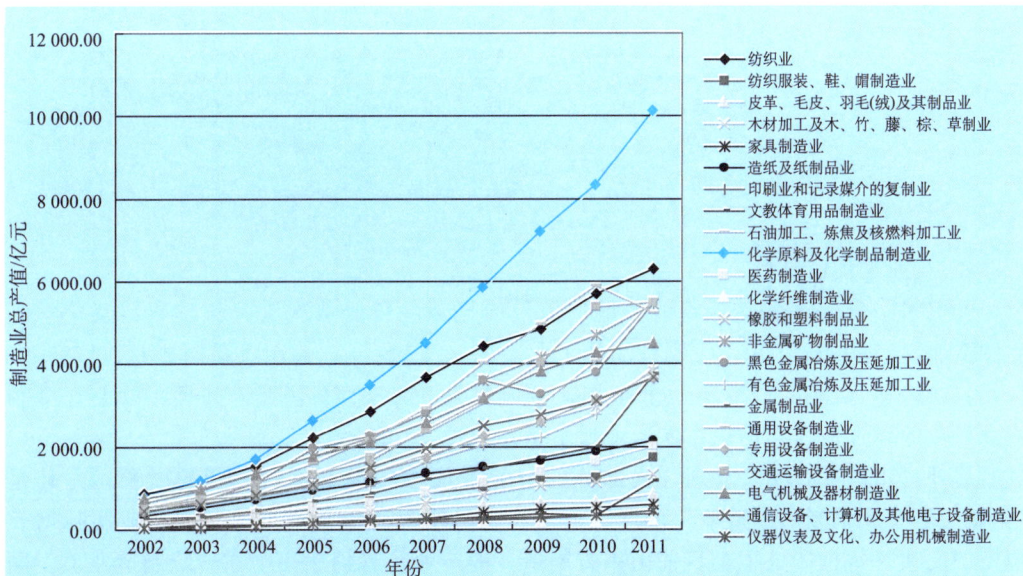

图 9-5　历年山东省规模以上制造业总产值

从制造业就业人数来看，2011 年"纺织业"吸纳就业人数在各制造业行业中位列第一，且优势明显，从业人数为 84.95 万人，占制造业从业人数的 11.22%；其他依次为：农副食品加工业，75.70 万人，占制造业从业人数的 9.99%；化学原料及化学制品制造业，58.51 万人，占制造业从业人数的 7.72%；非金属矿物制品业，56.61 万人，占制造业从业人数的 7.47%；通用设备制造业，51.67 万人，占制造业从业人数的 6.82%。2011 年，这五个制造业行业的从业人数占整个山东省制造业从业人数的 43.22%。

此外，从图 9-6 可以清楚看到，传统制造业如"农副食品加工业"、"非金属矿物制品业"和"化学原料及化学制品制造业"及装备制造业中的"通用设备制造业"历年都吸纳了主要的从业人数。其中，受经济危机的影响，主要行业从 2009 年左右就业人数出现了下滑。

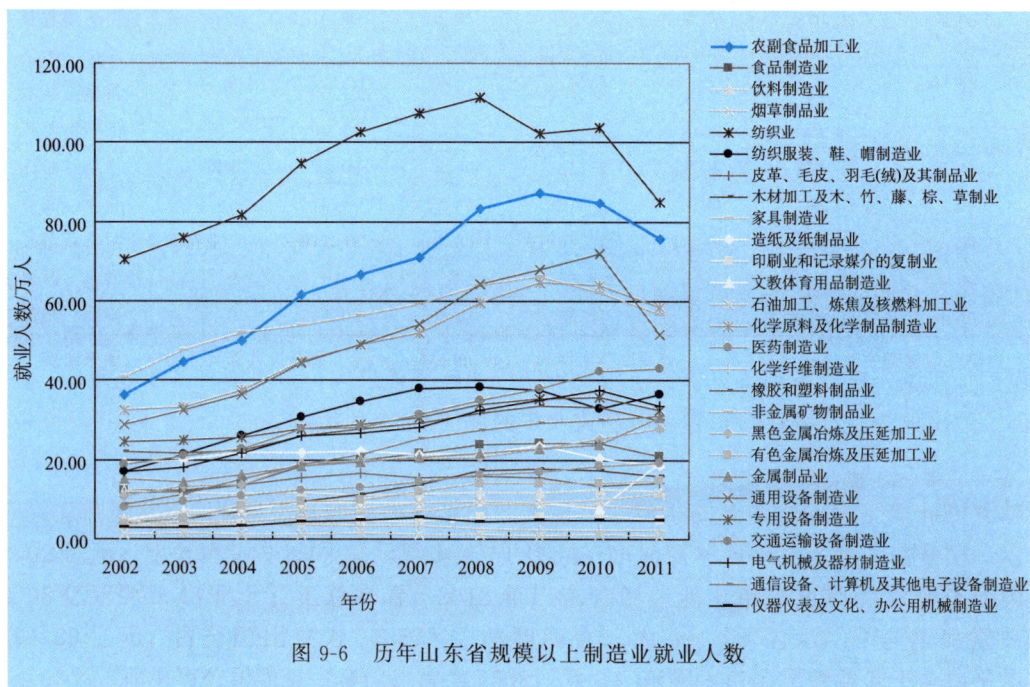

图 9-6　历年山东省规模以上制造业就业人数

2）行业增加值结构

2011 年，山东省制造业行业中增加值最为显著的行业依次为：化学原料及化学制品制造业，2350.97 亿元；农副食品加工业，1951.32 亿元；通用设备制造业，1728.91亿元；纺织业，1388.77 亿元；非金属矿物制品业，1384.20 亿元。并且，以上五个制造业行业的增加值占到山东省制造业增加值总量的 39.17%。

另外，由图 9-7 可以发现，大部分的行业增加值实现了不同幅度的增长，尤其是"化学原料及化学制品制造业"的增加值增长趋势明显。由于增加值是制造业实际增长规模的反映，这也印证了，目前山东省制造业的产业优势仍然集中在传统制造业上。同时我们注意到，通用设备制造业的增加值在近十年里增幅明显，并于 2009 年一跃成为山东省排名第三位的制造业行业，是山东省装备制造业大力发展的核心产业。

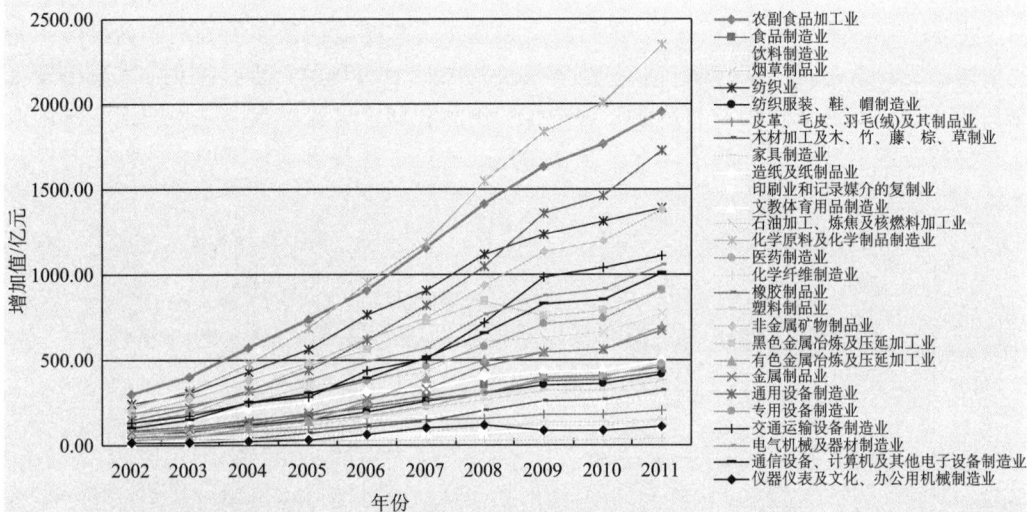

图 9-7　历年山东省规模以上制造业增加值的产业分布

3) 行业效益结构

2011 年，山东省各制造业行业中，利润最多的行业依次为：化学原料及化学制品制造业，770.23 亿元；农副食品加工业，525.23 亿元；非金属矿物制品业，486.90 亿元；纺织业，417.80 亿元；通用设备制造业，410.76 亿元。利税最多的行业依次为：化学原料及化学制品制造业，1066.03 亿元，交通运输设备制造业，1022.65 亿元；农副食品加工业，739.95 亿元；非金属矿物制品业，729.68 亿元；纺织业，621.61亿元。

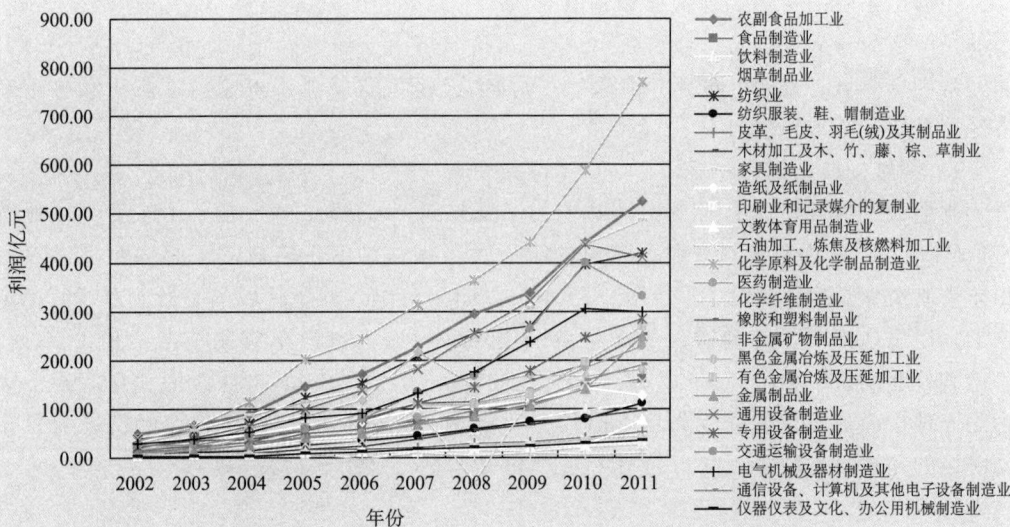

图 9-8　历年山东省规模以上制造业利润的产业分布

由图 9-8 和图 9-9 可以看出，从发展趋势来看，"化学原料及化学制品制造业"不但是山东省制造业中经济效益最好的行业，创造了优势明显的最多的利润和利税额，并且增速最为显著，是山东省制造业中经济效益发展最为明显的行业。同时，"通用设备制造业"和"交通运输设备制造业"近十年的利润和利税增速突出，这说明山东省制造业在保持传统制造业优势的基础上，装备制造业的经济效益也实现了稳步的发展。

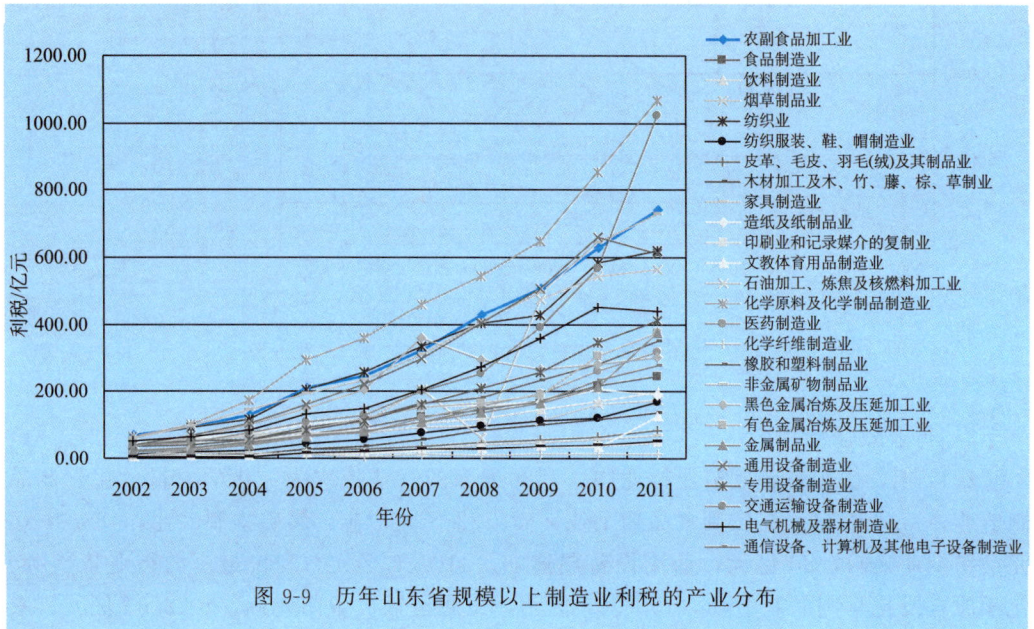

图 9-9　历年山东省规模以上制造业利税的产业分布

2. 区域结构

根据山东省的自然地理特征和相沿而成的习惯，可以将全省划分为五个经济区域：半岛经济区（青岛、烟台、威海）、鲁中经济区（济南、淄博、潍坊、泰安、莱芜）、鲁北经济区（聊城、德州、滨州、东营）、鲁西南经济区（菏泽、济宁、枣庄）和鲁南经济区（日照、临沂）。

1) 区域规模结构

制造业产值规模。由图 9-10 可以看出，2011 年半岛经济区贡献了山东省制造业总产值的 31%，是山东省制造业总产值的第一大区域；鲁南经济区的贡献率最低，只占山东省制造业总产值的 8%。从图 9-10 也可以明显看出，五个区域的制造业总产值稳定增加，但呈现出明显的梯次：半岛经济区为第一梯次，占山东省制造业产值的 31%；鲁中和鲁北经济区为第二梯次，占山东省制造业总产值的 50%；鲁西南和鲁南经济区为第三梯次，占山东省制造业总产值的 19%。其中，第二梯次中，鲁北经济区与鲁中经济区的差距日益缩小，2011 年制造业产值基本相当（图 9-11）。

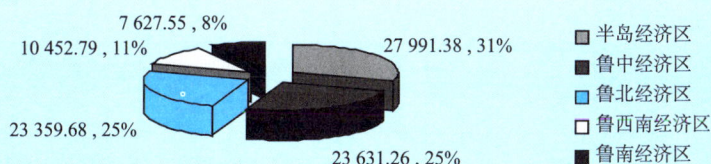

图 9-10　2011 年山东省制造业区域工业总产值结构图（单位：亿元）

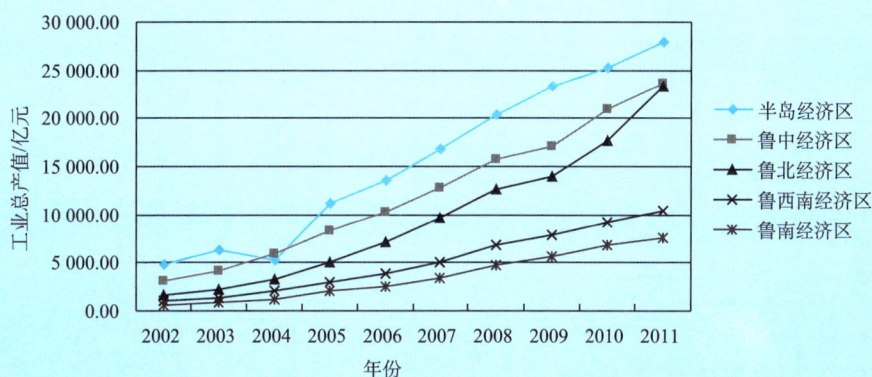

图 9-11　历年山东省制造业区域工业总产值结构图

　　总体来讲，制造业就业规模呈现出类似的区域结构：半岛经济区居首、鲁南经济区居尾（图 9-12）。但梯次结构出现了不同：半岛经济区和鲁中经济区为第一梯次，就业人数均超过 200 万人，占制造业从业人数的 55%；鲁北和鲁西南经济区为第二梯次，就业人数为 150 万人左右，占制造业从业人数的 35%；鲁南经济区为第三梯次，就业人数不到 100 万人，占制造业从业人数的 10%（图 9-13）。

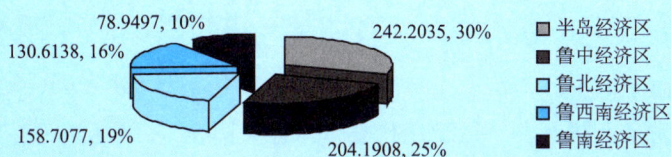

图 9-12　2011 年山东省制造业区域就业人数结构图（单位：万人）

2）区域主营业务收入结构

　　由图 9-14 可以看出，五大区域的主营业务收入差距日益显著，半岛经济区的制造业主营业务收入最高，2011 年达到了 27 896.74 亿元，占山东省制造业主营业务收入的 31%；鲁中和鲁北经济区紧随其后，并且两个区域的主营业务收入差距日益缩小，2011 年两个区域的主营业务收入分别达到了 23 400 亿元和 23 634 亿元，分别约占山东省制造业主营业务收入的 25%；鲁西南和鲁南经济区主营业务收入最低，2011 年两个区域制造业主营业务收入分别为 10 699 亿元和 7787 亿元，分别占山东省制造业主营业务收入的 11％和 8％。

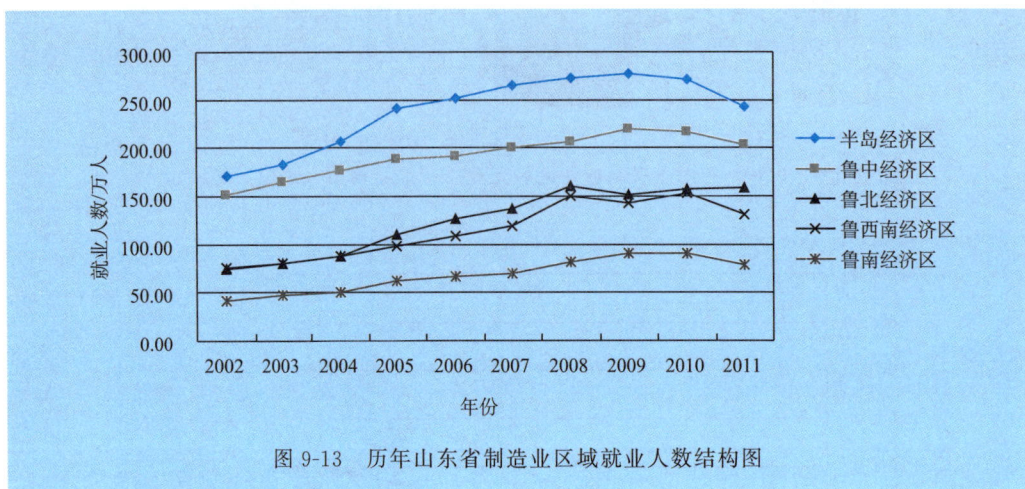

图 9-13 历年山东省制造业区域就业人数结构图

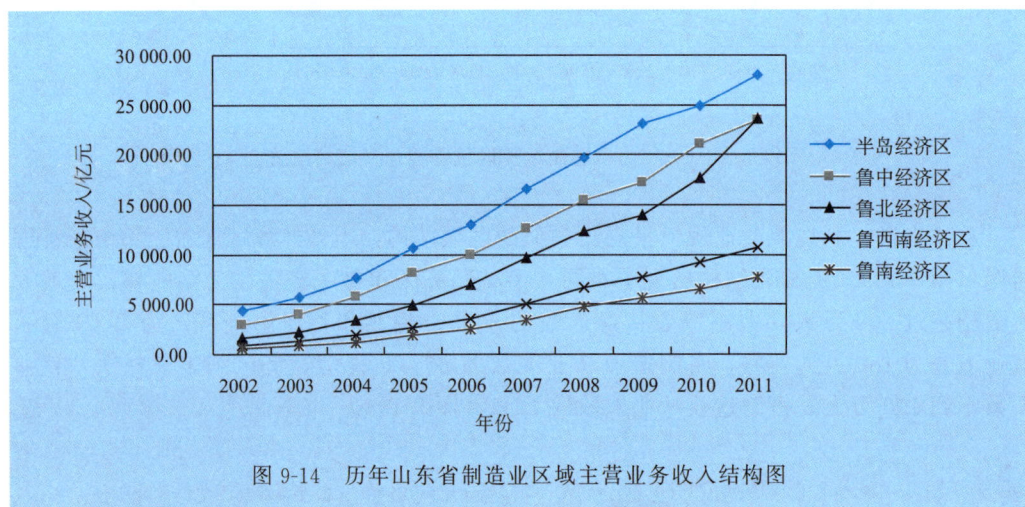

图 9-14 历年山东省制造业区域主营业务收入结构图

3）区域效益结构

山东省制造业的利润和利税区域结构类似（详见图 9-15 和图 9-16），呈现出两大梯次：半岛经济区、鲁中和鲁北经济区为第一梯次，鲁西南和鲁南经济区为第二梯次。其中，鲁北经济区受经济危机影响 2009 年出现效益下滑，但迅速调整后 2010 年效益重新趋于增长。其他各区域的制造业效益保持了稳定增长。2011 年，半岛经济区的利润和利税，分别为 1804.98 亿元（占 27％）和 2747.13 亿元（占 26％）；鲁中经济区的利润和利税，分别为 1547.84 亿元（占 23％）和 2410.39 亿元（占 23％）；鲁北经济区的利润和利税，分别为 2038.30 亿元（占 31％）和 3255.45 亿元（占 32％）；鲁西南经济区的利润和利税，分别为 785.64 亿元（占 12％）和 1254.78 亿元（占 12％）；鲁南经济区的利润和利税，分别为 495.14 亿元（占 7％）和 737.39 亿元（占 7％）。

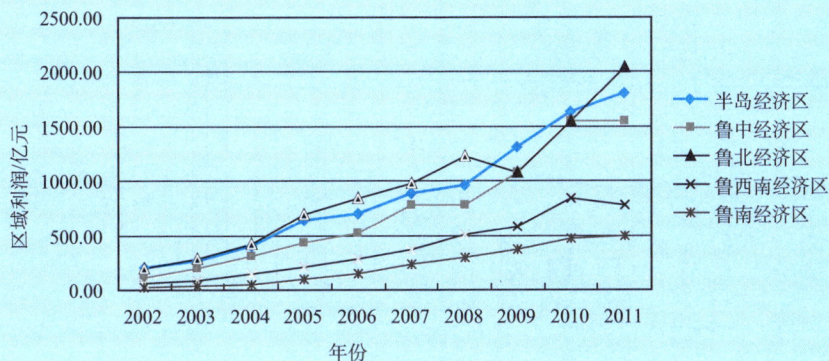

图 9-15　历年山东省制造业区域利润结构图

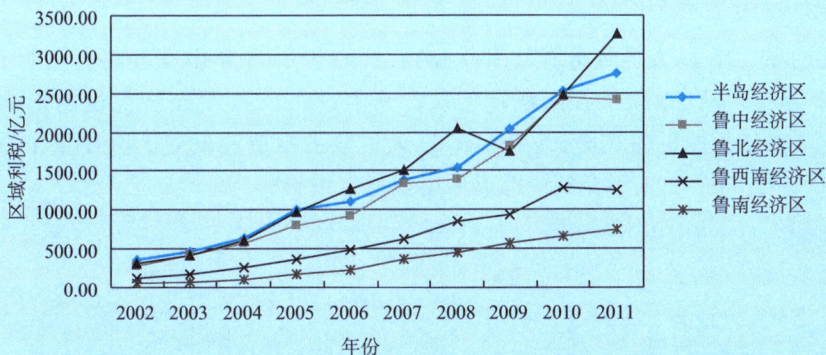

图 9-16　历年山东省制造业区域利税结构图

9.2.3　创新能力分析

由于中国科技统计年鉴关于制造业科技创新指标的统计口径不一致，某些年份的统计口径为大中型企业，某些年份为规模以上工业。因此，本着客观性和可获得性的数据原则，本部分从 R&D 和新产品开发两方面探讨了山东省制造业的科技创新能力，统计口径为规模以上制造业，数据来源为历年山东统计年鉴。

1. 制造业的 R&D 经费投入

制造业 R&D 投入强度反映了制造业 R&D 的投入力度，具体计算公式为制造业 R&D 经费投入占地方 GDP 的比重。由图 9-17 可知，山东省的制造业 R&D 经费投入总额和 R&D 投入强度都呈现出稳定增加的趋势，虽然受 2009 年爆发的经济危机的影响，2010 年的 R&D 投入强度仍保持了小幅增长，并在 2011 年出现了显著增长。

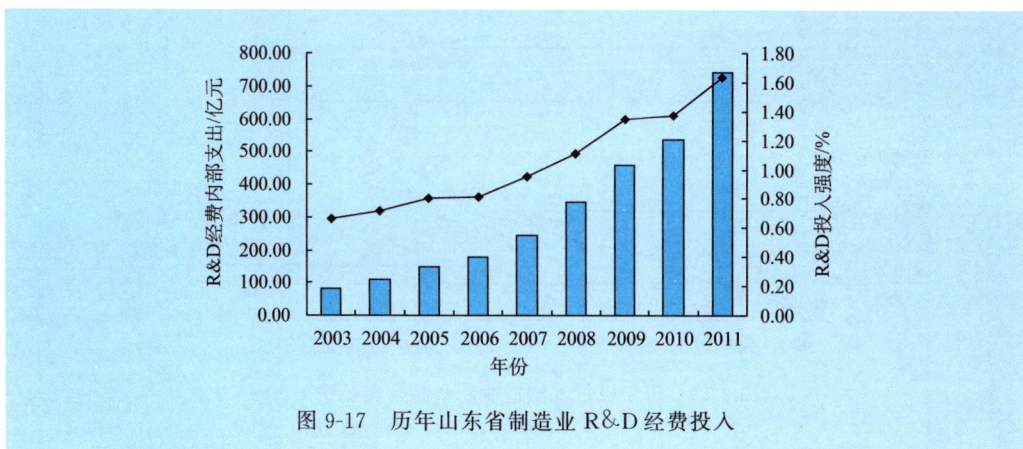

图 9-17　历年山东省制造业 R&D 经费投入

2. 制造业的 R&D 人员数量

从制造业的 R&D 人员数量看（图 9-18），2003～2005 年山东省制造业的 R&D 人员数量相对稳定，从 2006 年开始稳定增长；其中，2009 年受经济危机的影响增势放缓，并在 2010 年开始反弹式增长。从 R&D 人员数占制造业就业人数比重来看，呈现出"U"形结构，在 2005 年降到最低点后出现稳定增长。

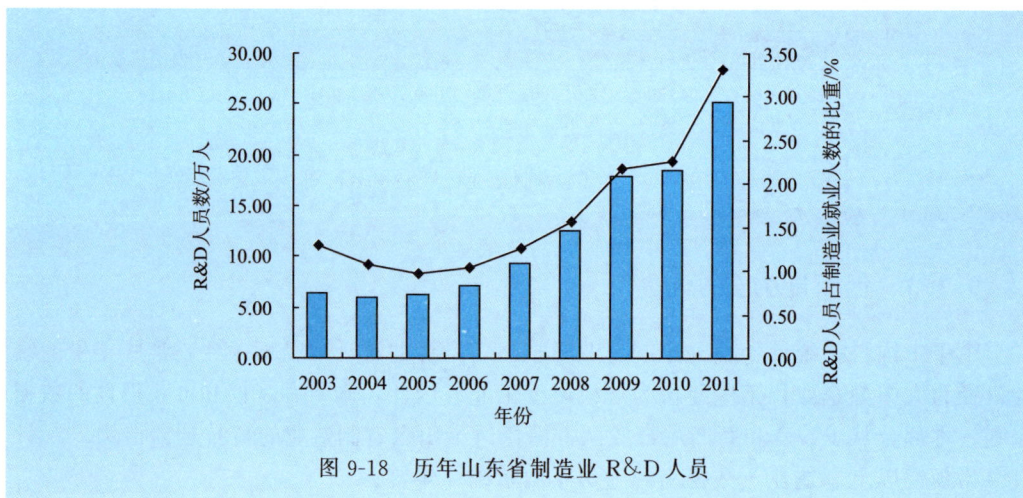

图 9-18　历年山东省制造业 R&D 人员

3. 制造业的新产品开发

新产品是指，采用新技术原理、新设计构思研制、生产的全新产品，或在结构、材质、工艺等某一方面比原有产品有明显改进，从而显著提高了产品性能或扩大了使用功能的产品。因此，新产品开发既包括新产品的研制，也包括原有的老产品改进与换代，用来反映科技产出对经济增长的直接贡献。由图 9-19 可以看到，山东省制造业的新产品开发经费支出稳定增加，说明山东省对于制造业的科技创新和产业结构升级的重视。

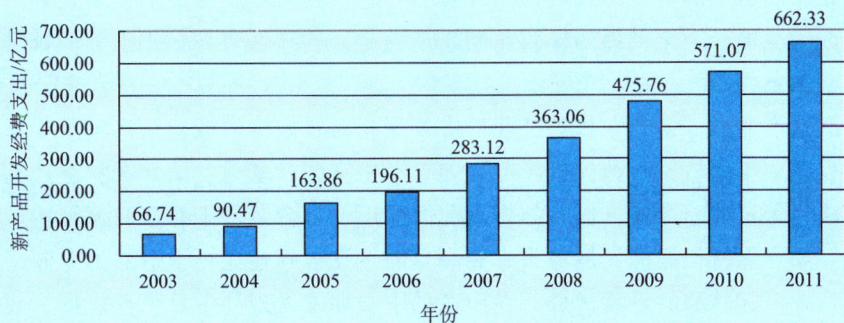

图 9-19　历年山东省制造业新产品开发经费支出

山东省作为一个传统制造业大省，面临传统制造业的提升和装备制造业发展的双重任务。因此，山东省一直把科技创新作为制造业发展的重要战略来实施，一方面大力发展战略新兴产业；另一方面利用先进技术发展来改造、提升传统产业。我们的数据也表明，山东省一直在加大制造业的科技创新投入，科技创新能力明显提高。

4. 制造业各行业地理转移

20 世纪 90 年代以来，国际产业转移成为世界经济发展的新浪潮。2004 年，山东省政府顺应国际经济发展趋势提出了"承接日韩产业转移，打造半岛制造业基地"的发展战略。山东省的"十二五"规划明确提出，加快与日韩在基础设施、产业发展、资金融通、科技创新、人才培养、投资贸易便利化等方面的对接融合，建立"中日韩循环经济示范基地"，开展中韩海陆联运汽车直达运输，启动中韩跨国海上轮渡和海底隧道建设前期工作，探索与韩国建立港口联盟，加强中日韩出入境贸易、原产地认证、食品安全及相关领域互信互认合作，建立半岛蓝色经济区与日韩间电子商务认证体系、网上支付体系和物流配送体系。

目前，山东省正着力于打造具有明显地域优势的产业群，以承接国际制造业产业转移（王冬梅，2008）。

食品与医药产业群。山东是我国重要的农副产品和水产品加工出口基地。如莱阳拥有雄厚的农产品加工产业集群；寿光市目前是全国最大的蔬菜出口基地之一；荣城是全国最大的水产品加工基地；青岛的啤酒、烟台的葡萄酒及乳山的中鲁果汁等饮品大都已形成规模，设备条件和技术条件完备，与国际相关制造业进行技术和资金对接，可以进一步提高产品加工深度和附加值。医药领域，如青岛国风药业、烟台荣昌制药、威海东宝、医用高分子、迪沙药业等企业，初步具备规模优势和品牌效应，和国际相关产业的强强融合，可扩展国内外市场占有率。

化学工业产业群。山东比较发达的化学工业包括橡胶轮胎制品和化工产业。如威海的三角轮胎、成山轮胎，青岛的黄海轮胎、华青轮胎在全国乃至全球都有较大的影响力。与山东接邻的日韩等国，其轮胎产业在世界上同样具有很强的竞争力，因此，如果日韩橡胶轮胎制造业能够在山东进行国际转移，那么青岛和威海等地借助日韩的资本和技术有望成为全国乃至全世界的橡胶轮胎生产基地。同样，青岛在化工等领域具备良好的产业基础和条件。

机械制造产业群。山东在该类产业群中发展相对较好的领域包括汽车及零部件、造船及船用设备、工程机械、数控机床等，如青岛一汽生产基地、烟台赛欧生产基地、威海越野车项目等；造船产业方面，如青岛北海船厂、烟台莱佛士船厂和蓬莱船厂、威海造船厂等，始终保持很好的发展势头。威海目前正在规划建设 3 个造船工业园，具有承接同类制造业国际转移的显著优势。在山东的中长期发展规划中，工程机械、数控机床项目已成为烟台和威海发展的重点，国际相关制造业的技术资本转移，会进一步促进其发展。

电子信息及家电产业群。主要包括电子元器件、手机及芯片、半导体与集成电路、传真机、打印机等。该类产业群的成立，大都是先期制造业国际技术和资本转移的结果，如烟台的泰信手机、威海的三星通信设备有限公司等，随着制造业国际转移的进一步发展，半岛必将承接以信息技术为载体的技术密集型产业国际转移，以便于向更高端制造业产品延伸，为今后进一步促进技术密集型制造业在山东的发展奠定坚实的技术基础。家电以信息家电为龙头，开发数字化家电产品，积极发展小家电，青岛作为全国重要的家电制造业中心，汇集了海尔、海信、澳柯玛等一批知名品牌，其在承接制造业国际转移中无疑具有显著地位。

纺织服装产业群。重点发展西服、衬衫、时装、针织内外衣、休闲运动装。提高设计和制作水平，培育国家级和世界级品牌。以名优服装为龙头，加快对棉纺、毛纺及印染整个行业的技术改造，提高服装面料、辅料档次，带动服装行业全面发展。

9.2.4 典型地区分析

1. 山东半岛蓝色经济区

规划主体区域包括山东全部海域和青岛、东营、烟台、潍坊、威海、日照 6 市及滨州的无棣、沾化 2 个沿海县所属陆域，海域面积 15.95 万平方千米，陆域面积 6.4 万平方千米（图 9-20）。2009 年，区内总人口 3291.8 万人，人均 GDP 为 50 138 元。该区域将加快提高海洋科技自主创新能力和成果转化水平，推动海洋生物医药、海洋新能源、海洋高端装备制造等战略性新兴产业规模化发展；加快提高园区（基地）集聚功能和资源要素配置效率，推动现代渔业、海洋生态环保、海洋文化旅游、海洋运输物流等优势产业集群化发展；加快提高技术、装备水平和产品附加值，推动海洋食品加工、海洋化工等传统产业高端化发展[①]。

---

① 国家发展和改革委员会.2011.山东半岛蓝色经济区发展规划。

图 9-20 山东半岛蓝色经济区示意图

2. 黄河三角洲高效生态经济区

黄河三角洲高效生态经济区是除山东半岛蓝色经济区外的另一个国家级经济区（图 9-21）。所谓高效生态经济是指，具有典型生态系统特征的节约集约经济发展模式。黄河三角洲高效生态经济区规划的范围包括：山东省的东营市，滨州市，潍坊市的寒亭区、寿光市、昌邑市，德州市的乐陵市、庆云县，淄博市的高青县和烟台市的莱州市，共 19 个县（市、区），陆地面积 2.65 万平方千米。该区域将坚持开发与保护并重，保护优先，以环境承载力为依据，严格限制高耗水、高耗能、高排放项目，推进节约发展、集约发展、生态发展、高效发展、可持续发展，维护渤海湾和黄河下游流域生态平衡[①]。

3. 省会城市群经济圈

省会城市群经济圈是以省会济南为核心，与泰安、淄博、莱芜、德州、聊城、滨州周边 6 市组成的"1＋6"都市圈区域，区内有 52 个县（市、区），陆地面积 5.21 万平方千米（图 9-22）。济南作为省会城市，具有区位、政治、文化、科技等环境优势，金融、物流、会展等现代服务业活跃，其钢铁、机械、汽车、食品、化工等传统工业发达，电子信息、生物制药、新材料等新兴产业发展迅速。结合省会城市群经济圈内各市的产业基础及内在联系，打造 8 个有区域特色的产业集群：汽车及零部件产业集群、电子信息产业链、机械装备产业集群、石油化工产业集群、钢铁及有色金属深加工产业集

---

① 国家发展和改革委员会. 2009. 黄河三角洲高效生态经济区发展规划.

群、纺织服装产业集群、农产品加工及食品饮料产业集群和建材产业集群①。

图 9-21　黄河三角洲高效生态经济区示意图

图 9-22　山东省省会城市群经济圈示意图

4. 鲁南经济带

鲁南经济带包括日照、临沂、济宁、枣庄、菏泽 5 市 43 个县（市、区），陆地面积 5.05 万平方千米（图 9-23），毗邻江苏、河南和安徽，交通等基础设施比较完善，资源优势突出。鲁南经济带将建设"六大产业基地"：食品及优质农产品生产加工基地、能源及煤化工基地、精品钢铁基地、优质建材基地、机械制造基地和商贸物流基地②。

---

① 山东省发展和改革委员会地区经济处.2006.促进省会城市群经济圈产业分工与协作的调研报告。
② 山东省人民政府关于印发鲁南经济带区域发展规划的通知.鲁政发〔2008〕42 号。

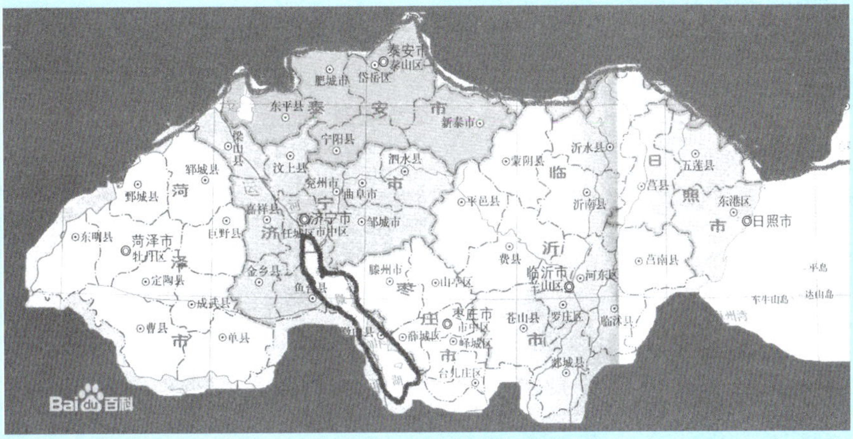

图 9-23　鲁西南经济带示意图

9.3　山东省制造业上市公司分析

9.3.1　山东省制造业上市公司的总体特征

根据上市公司所属新证监会行业划分，并考察公司 2012 年的主营构成，确定山东省的制造业上市公司共 123 家，占全国制造业上市公司总数的 7.53%。

2012 年，山东省制造业上市公司资产总额 7564.59 亿元，主营业务收入 6049.07 亿元，占全国制造业上市公司主营业务收入的 9.88%；创造利润总额 349.28 亿元，占全国制造业上市公司利润总额的 14.19%；净利润 278.03 亿元，占全国制造业上市公司净利润的 14.17%。

规模和经济效益是衡量制造业上市公司发展状况的重要指标。规模可以通过主营业务收入和资产总额来得到体现，其中，主营业务收入是指企业为完成其经营目标而从事的日常活动中的主要活动收入，这一指标与企业的经营业绩直接挂钩，反映了市场占有率的多少，同时间接地体现了企业生产力各要素的投入，反映了企业投入状况；企业资产规模是指企业所占用的除人力资源以外的各种社会资源价值的总和，包括物质形态资产、货币形态资产和无形资产，这里"占用"是指包括企业所有者自己的资产和负债形成的资产。经济效益通过利润和净利润来反映，其中，利润是企业内外有关各方都关心的中心问题，利润是投资者取得投资收益、债权人收取本息的资金来源，是经营者经营业绩和管理效能的集中表现，也是职工集体福利设施不断完善的重要保障；净利润（收益）是指在利润总额中按规定交纳了所得税后公司的利润留成，是一个企业经营的最终成果。

由图 9-24 可以看出，近五年来，山东省制造业上市公司在企业规模方面稳定扩张，资产总额实现年均增长率 20.88%，主营业务收入实现年均增长率 13.13%；在经济效益方面，2008～2010 年企业利润状况良好，利润总额和净利润都稳步增加。进入 2011年，尤其是 2012 年，受宏观经济下行，劳动力成本、原材料成本以及资金成本明显上升等因素影响，山东省制造业上市公司的利润出现了明显下滑，其中利润总额的下滑幅度为 23％，而净利润的下滑幅度则达到了 25％。

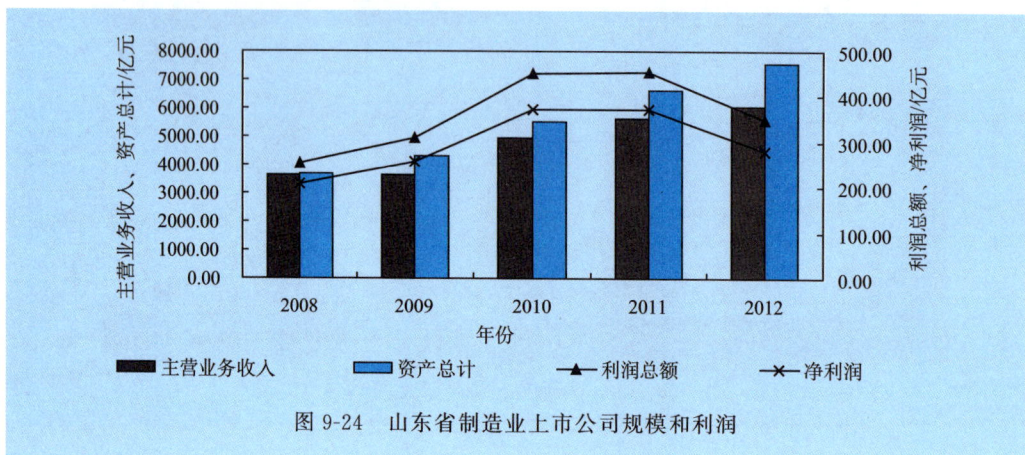

图 9-24　山东省制造业上市公司规模和利润

资产收益率，也叫资产回报率，是指净利润与资产之比，用来衡量每单位资产创造多少净利润；主营业务净利率，是指净利润与主营业务收入的比值，反映了企业销售收入的获利能力。这两个相对指标可以更科学地反映企业的经营效益。从图 9-25 可以看出，山东省制造业上市公司的资产收益率和主营业务净利率的变化趋势一致，其中资产收益率从 2008 年的 5.58％提高到 2010 年的 6.72％，主营业务净利率从 2008 年的 5.65％提高到 2010 年的 7.49％。从 2011 年开始，受宏观经济下行的影响，山东省制造业上市公司的经营效益出现明显下滑，资产收益率下滑到 2012 年的 3.68％，主营业务净利率下滑到 4.60％。

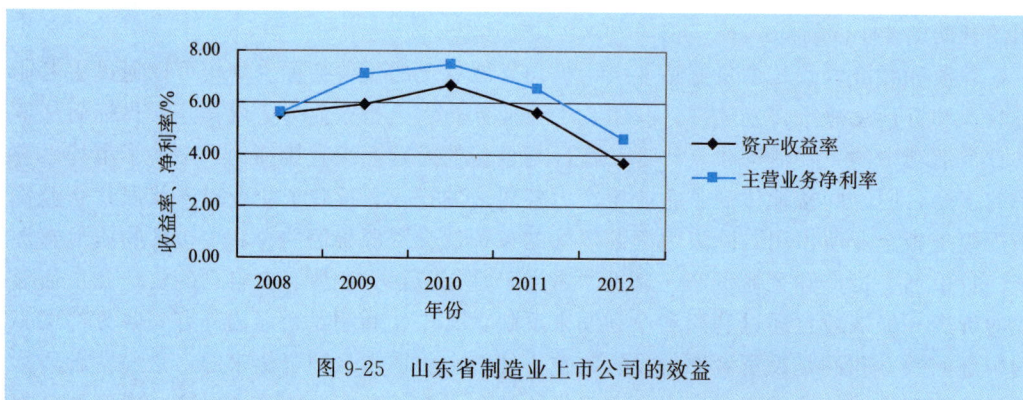

图 9-25　山东省制造业上市公司的效益

9.3.2　山东省制造业上市公司的行业分布

根据《上市公司行业分类指引》，制造业上市企业共分为：食品、饮料，纺织、服装、皮毛，木材、家具，造纸、印刷，石油、化学、塑胶、塑料，电子，金属、非金属，机械、设备、仪表，医药、生物制品共计 9 个行业。

从行业分布来看，山东省制造业上市公司共计 7 个行业（表 9-3）。机械、设备、仪表行业上市公司数量最多，共 44 家，占山东省制造业上市公司总数的 35.78%；石油、化学、塑胶、塑料行业的上市公司数量第二，共 31 家，占山东省制造业上市公司总数的 25.20%；金属、非金属行业的上市公司数量第三，共 14 家，占山东省制造业上市公司总数的 11.38%。前三位行业上市公司数量共有 89 家，共占山东省制造业上市公司总数的 72.36%。

表 9-3　　2012 年 123 家山东省制造业上市公司行业分布

代码	行业	企业/家	所占比例/%
C0	食品、饮料	9	7.32
C1	纺织、服装、皮毛	8	6.50
C2	木材、家具	0	0
C3	造纸、印刷	7	5.69
C4	石油、化学、塑胶、塑料	31	25.20
C5	电子	0	0
C6	金属、非金属	14	11.38
C7	机械、设备、仪表	44	35.78
C8	医药、生物制品	10	8.13
	总计	123	100

1. 各行业规模分析

从 2012 年山东省制造业上市公司的主营业务收入看（图 9-26），机械、设备、仪表制造业的主营业务收入最多，共计 2480.62 亿元，占 42%；金属、非金属制造业的主营业务收入第二，共计 1157.90 亿元，占 20%；石油、化学、塑胶、塑料制造业的主营业务收入第三，共计 935.65 亿元，占 15%。三大行业主营业务收入共计 4574.17 亿元，占 2012 年山东省制造业上市公司的主营业务收入的 77%。

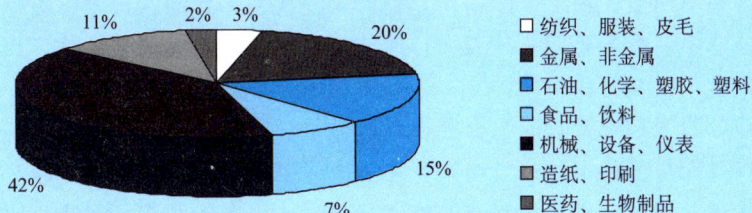

图 9-26　2012 年山东省各行业上市公司主营业务收入（单位：亿元）

从 2012 年山东省制造业上市公司的资产状况来看（图 9-27），机械、设备、仪表制造业的资产最多，共 2665.92 亿元，占 36%；造纸、印刷行业第二，资产总计 1425.45 亿元，占 19%；金属、非金属行业第三，资产总计 1234.00 亿元，占 16%；石油、化学、塑胶、塑料行业第四，资产总计 1207.02 亿元，占 16％。

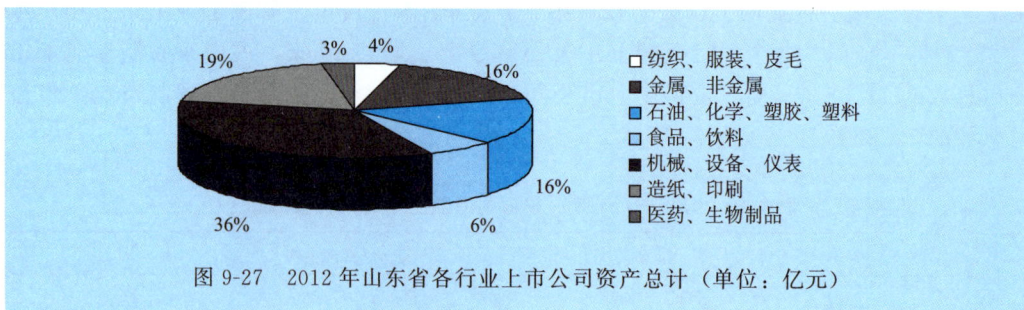

图 9-27 2012 年山东省各行业上市公司资产总计（单位：亿元）

从近几年山东省制造业上市公司的主营业务收入变化情况来看（图 9-28），机械、设备、仪表制造业的主营业务收入增势明显，说明山东省政府大力发展装备制造业初见成果。此外，金属、非金属行业和石油、化学、塑胶、塑料制造业，是山东省的传统产业，主营业务收入略有增加；其他四大产业的主营业务收入基本平稳。

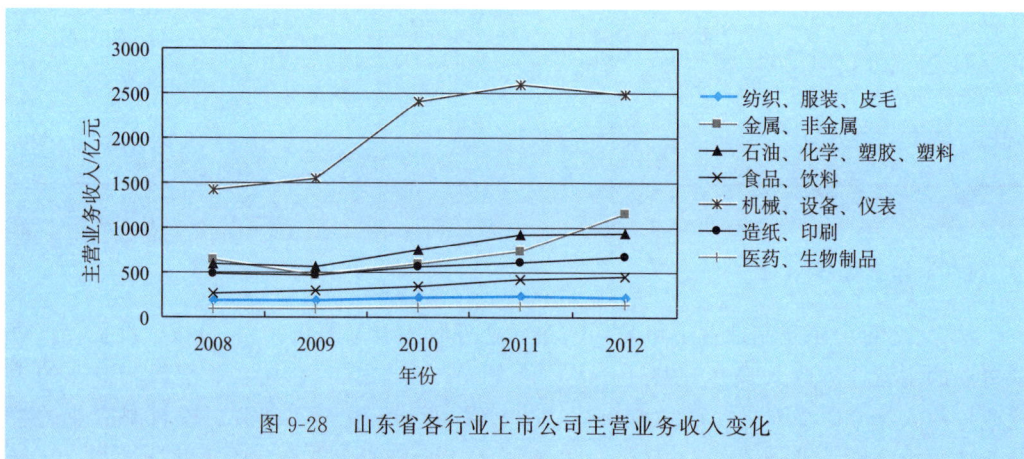

图 9-28 山东省各行业上市公司主营业务收入变化

从山东省制造业上市公司的资产变化情况看（图 9-29），各行业资产规模均有不同幅度的增加，但规模排名基本稳定。资产规模最大的是机械、设备、仪表行业，其资产稳定增加，且趋势明显；造纸、印刷行业资产规模次之，石油、化学、塑胶、塑料行业第三，金属、非金属行业第四，这三大行业的规模增加趋势也较为显著。其余三大行业的规模增加幅度不明显，稳中略升。

从主营业务收入和资产状况综合分析，机械、设备、仪表行业是山东省最大的上市制造业行业，且保持了稳定的规模增幅。总体上，上市公司在整个国民经济中已经起着举足轻重的作用。因此，虽然从制造业整体状况看，山东省的装备制造业比较落后，但是已经具备了大力发展装备制造业的能力。金属、非金属和石油、化学、塑胶、塑料行业作为山东省的传统优势制造业，也是山东省规模较大的制造业行业，也保持了一定规模的增长。

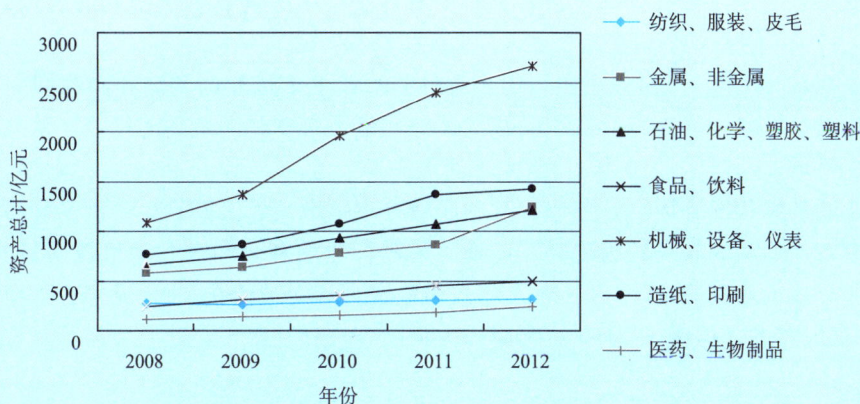

图 9-29　山东省各行业上市公司资产总计变化

2. 各行业利润分析

2012 年，山东省制造业上市公司各行业的利润和净利润见图 9-30 和图 9-31。利润和净利润最多的行业是机械、设备、仪表行业，2012 年的利润和净利润分别为 176.47 亿元和 145.46 亿元，均占山东省制造业上市公司利润和净利润的 45%；利润第二位的是食品、饮料行业，利润额 75.34 亿元，占 20%；利润第三位的是石油、化学、塑胶、塑料行业，利润额 70.35 亿元，占 18%。石油、化学、塑胶、塑料行业和食品、饮料行业净利润大体相当，分别为 59.22 亿元和 56.90 亿元，分别约占 2012 年制造业上市公司净利润总额的 18%，位居净利润的二、三位。

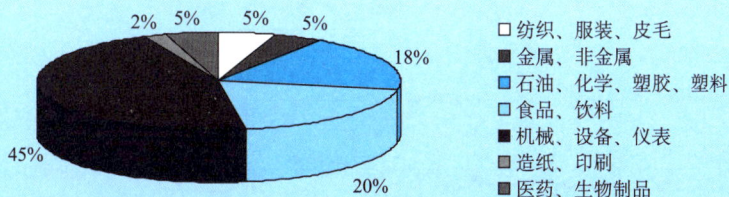

图 9-30　2012 年山东省各行业上市公司利润占比

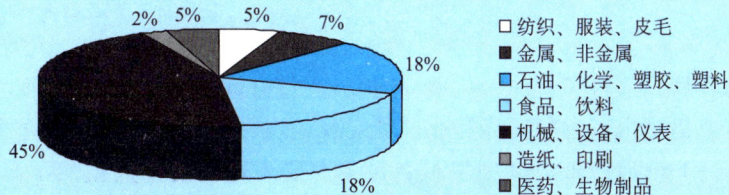

图 9-31　2012 年山东省各行业上市公司净利润占比

值得注意的是，七大行业中金属、非金属行业是唯一的利润、净利润为负的行业，利润额－17.40 亿元，净利润额－22.33 亿元。

从图 9-32 和图 9-33 可以看出，山东省各制造业上市行业的利润和净利润变化情况一致，机械、设备、仪表行业的利润状况最好，是山东省利润最高的行业，从总体趋势看，利润呈增加趋势，2010 年开始呈现下降趋势。食品、饮料和石油、化学、塑胶、塑料行业的利润状况分居二、三位，且利润稳定小幅增长。医药、生物制品和纺织、服装、皮毛行业的利润状况较为稳定；造纸、印刷行业的利润和净利润呈现明显的降幅。金属、非金属行业利润在 2008～2011 年较为稳定，利润维持在 30 亿元左右、净利润维持在 20 亿元左右，但 2012 年突然利润降为负。

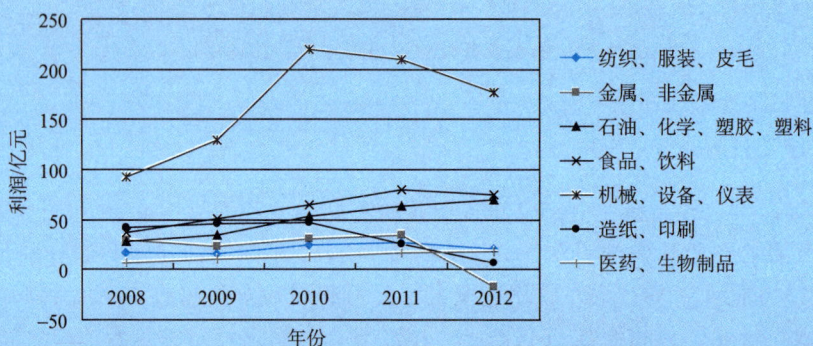

图 9-32　山东省各行业上市公司利润变化

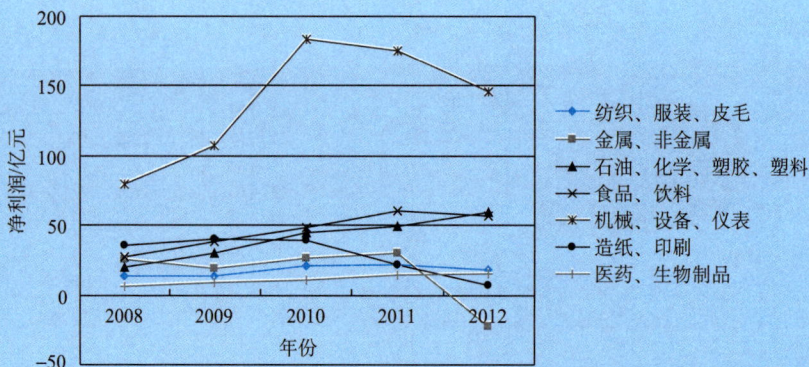

图 9-33　山东省各行业上市公司净利润变化

山东省的食品、饮料和石油、化学、塑胶、塑料行业的利润持续增加，说明了两大传统制造业行业仍是山东省的优势产业。受宏观经济影响较大的行业是机械、设备、仪表行业和金属、非金属行业，其中机械、设备、仪表行业的利润虽然下降但仍高位运行，但金属、非金属行业利润大幅下降为负，除了受国内外宏观经济环境及下游市场需求疲软的影响外，前几年粗放式增长导致的产能过剩也是重要诱因。

3. 各行业经营效益分析

从山东省各上市制造业行业的资产收益率和主营业务净利率的变化情况看（图9-34和图9-35），山东省的食品、饮料行业上市公司的经营效益最好，明显高于其他行业，且资产收益率和主营业务净利率稳定在10％以上。医药、生物制品和石油、化学、塑胶、塑料行业经营效益较为稳定，略有提高；机械、设备、仪表行业和纺织、服装、皮毛行业的经营效益以2010年为转折点，经历了先提高后下降的变化过程；金属、非金属和造纸、印刷行业的经营效益总体上处于降势，其中金属、非金属行业在2009～2011年经营效益较为稳定，而造纸、印刷行业则基本上一直处于降势。

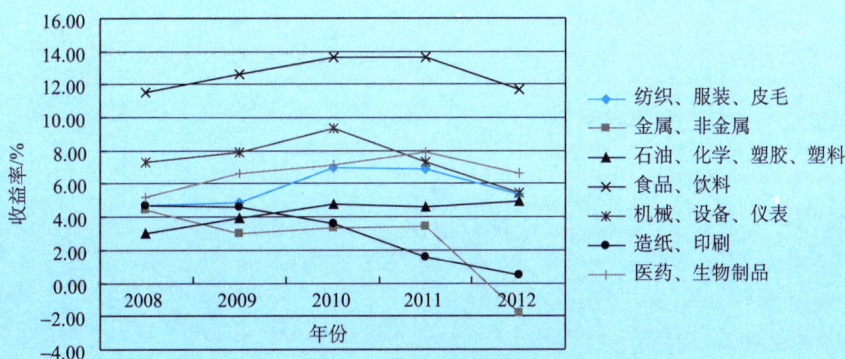

图9-34　山东省各行业上市公司资产收益率变化

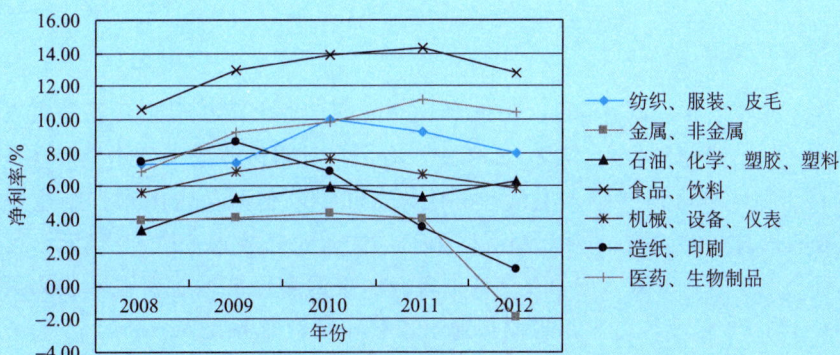

图9-35　山东省各行业上市公司主营业务净利率变化

9.3.3　山东省制造业上市公司的区域分布

依据注册地来划分（表9-4），鲁中经济区（济南、淄博、潍坊、泰安）的上市公司企业数目最多，共计53家，占山东省制造业上市公司比例的43.08％；半岛经济区（青岛、烟台、威海）次之，共计43家，占山东省制造业上市公司比例的34.96％；鲁北经济区（聊城、德州、东营、滨州）第三位，共计19家，占山东省制造业上市公司比例的 15.45%；鲁南、鲁西南经济区（济宁、临沂）共计 8 家，仅占山东省制造业上市公司比例的 6.51%。按照注册地（地级市）来看，制造业上市公司数目最多的是潍坊（20 家），接下来依次是：烟台（19 家）、青岛（18 家）、淄博（17 家）、济南（14 家）。

表 9-4 山东省制造业上市公司的注册地分布

区域	市	企业/家	所占比例/%	合计比例/%
半岛经济区	青岛	18	14.63	
	烟台	19	15.45	34.96
	威海	6	4.88	
鲁中经济区	济南	14	11.38	
	淄博	17	13.82	43.08
	潍坊	20	16.26	
	泰安	2	1.62	
鲁北经济区	聊城	4	3.25	
	德州	5	4.07	15.45
	东营	3	2.44	
	滨州	7	5.69	
鲁南、鲁西南经济区	济宁	5	4.07	6.51
	临沂	3	2.44	
总计		123	100	100

1. 区域规模分析

从主营业务收入看（图 9-36），2012 年山东省制造业上市公司主营业务收入最多的是鲁中经济区，主营业务收入 2723.48 亿元，占山东省制造业上市公司主营业务收入总和的 45%；半岛经济区第二位，主营业务收入 2411.86 亿元，占山东省制造业上市公司主营业务收入总和的 40%；鲁北经济区第三，主营业务收入 500.00 亿元，占山东省制造业上市公司主营业务收入总和的 8%；鲁南、鲁西南经济区主营业务收入最少，主营业务收入 413.74 亿元，占山东省制造业上市公司主营业务收入总和的 7%。

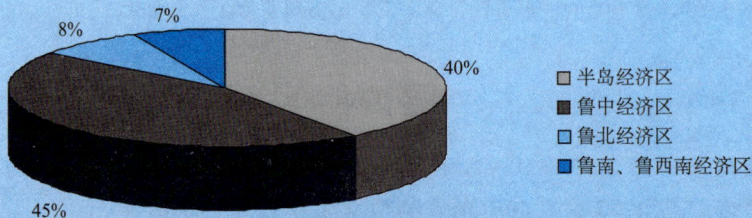

图 9-36 2012 年山东各区域制造业上市公司主营业务收入占比

从资产总计看（图 9-37），2012 年山东省制造业上市公司资产最多的区域是鲁中经济区，资产总计 3667.22 亿元，占山东省制造业上市公司资产总计的 49％；半岛经济区第二，资产总计 2570.71 亿元，占山东省制造业上市公司资产总计的 34％；鲁北经济区第三，资产总计 848.68 亿元，占山东省制造业上市公司资产总计的 11％；鲁南、鲁西南经济区的资产最少，资产总计 477.98 亿元，占山东省制造业上市公司资产总计的 6％。

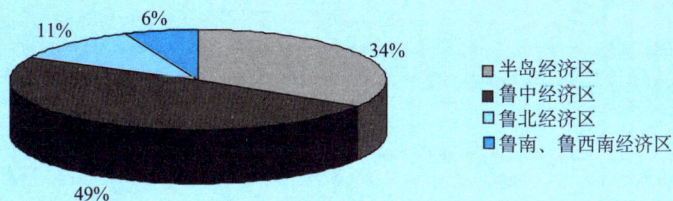

图 9-37　2012 年山东省各区域制造业上市公司资产总计占比

山东省各区域制造业上市公司的主营业务收入从 2008～2012 年都呈增加趋势（图 9-38），其中鲁中经济区和半岛经济区的主营业务收入增势明显，而鲁北经济区和鲁南、鲁西南经济区的主营业务收入稳中略有增加。从规模上看，各区域的规模梯次不变，鲁中经济区的主营业务收入稳居第一，半岛经济区第二，但两大区域之间的主营业务收入差距逐渐缩小；鲁北经济区和鲁南、鲁西南经济区的主营业务规模小，且两个区域的变化幅度趋于一致。

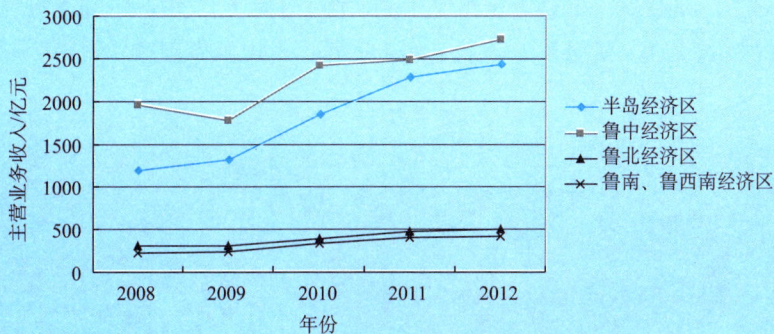

图 9-38　山东省各区域制造业上市公司主营业务收入变化

山东省各区域的资产变化与主营业务收入变化情况基本一致（图 9-39），鲁中经济区和半岛经济区的资产总计规模大且增幅明显，两大区域的资产变化幅度基本一致；鲁北经济区和鲁南、鲁西南经济区的资产规模小且稳中有增，增幅不明显，两大区域的资产变化幅度基本一致。

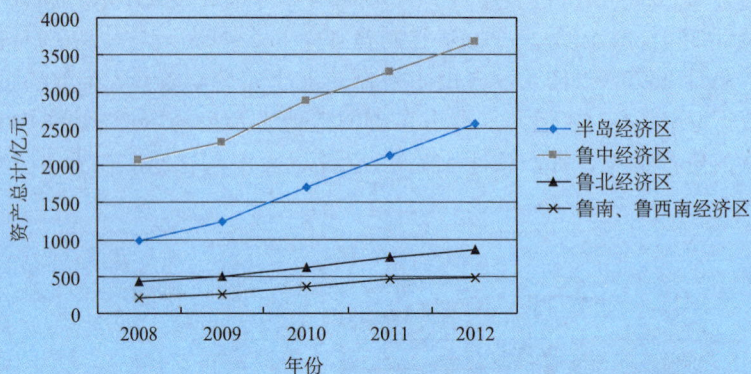

图 9-39　山东省各区域制造业上市公司资产总计变化

由以上分析可以得到结论，山东省制造业上市公司规模最大的区域是鲁中经济区，半岛经济区的规模第二，两大经济区的规模都保持了稳定的增加，态势良好；鲁北经济区和鲁南、鲁西南经济区的制造业上市公司的规模较小，且规模增加不明显。无论从资产规模还是资产增幅上，跟鲁中、半岛经济区相比都存在很大差距。

2. 区域利润分析

从 2012 年山东省各区域制造业上市公司的净利润占比情况看（图 9-40），半岛经济区的净利润最大，达到 186.65 亿元，占山东省制造业上市公司净利润总额的 67%；鲁中经济区净利润第二，为 49.12 亿元，占山东省制造业上市公司净利润总额的 18%；鲁北经济区第三，净利润 30.02 亿元，占山东省制造业上市公司净利润总额的 11%；鲁南、鲁西南经济区的净利润最少，为 12.24 亿元，占山东省制造业上市公司净利润总额的 4%。

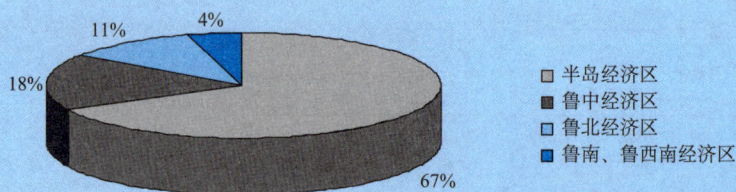

图 9-40　2012 年山东省各区域制造业上市公司净利润占比

从山东省各区域制造业上市公司的净利润变化情况看（图 9-41），半岛经济区的净利润变化最显著，呈现出明显的增幅变化，并在 2010 年首次超越鲁中经济区，成为山东省制造业上市公司净利润最大的区。

鲁中经济区净利润的变化幅度最大，从 2008 年到 2010 年净利润保持了增加的趋势，并且净利润规模最大；但进入 2011 年后，鲁中经济区的净利润出现大幅下降，从 2010 年的净利润 177.49 亿元降到 2012 年的 49.12 亿元，降幅达到 72.33%。

鲁北经济区和鲁南、鲁西南经济区的净利润规模较小。鲁北经济区的净利润稳中有升，而鲁南、鲁西南经济区的净利润稳中有降，两个区域的净利润变化幅度不显著。

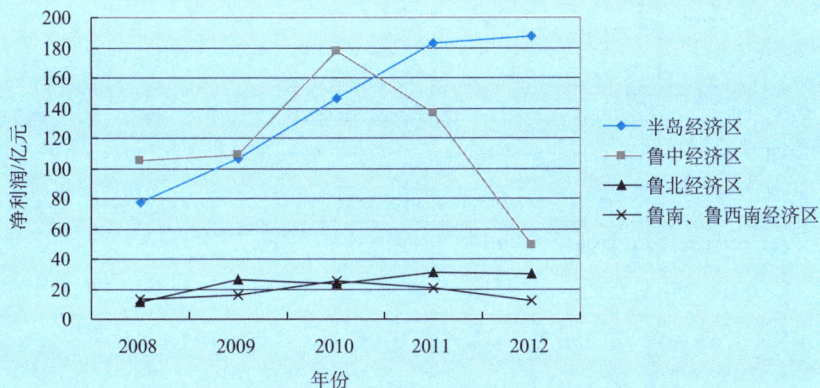

图 9-41　山东省各区域制造业上市公司净利润变化

3. 区域经营效益分析

从山东省各区域制造业上市公司的资产收益率和主营业务净利率的变化来看（图 9-42 和图 9-43），两者的变化情况基本一致。半岛经济区的资产收益率和主营业务净利率最高，且相对稳定；其他几个区域的资产收益率和主营业务净利率变动幅度较大，尤其是鲁中经济区和鲁南、鲁西南经济区。鲁中经济区的资产收益率和主营业务净利率在 2010 年分别达到 6.19％、7.36％后，于 2011 年出现大幅度下降并进入下行趋势；鲁南、鲁西南经济区的资产收益率和主营业务净利率同样在 2010 年达到最高，分别达到 7.20％、7.55％，而后进入下行趋势。而鲁北经济区的资产收益率和主营业务净利率虽然相对平稳，但效益较低。

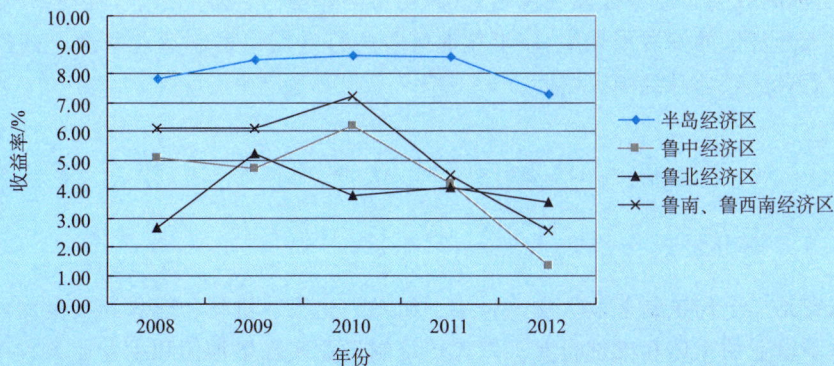

图 9-42　山东省各区域制造业上市公司资产收益率变化

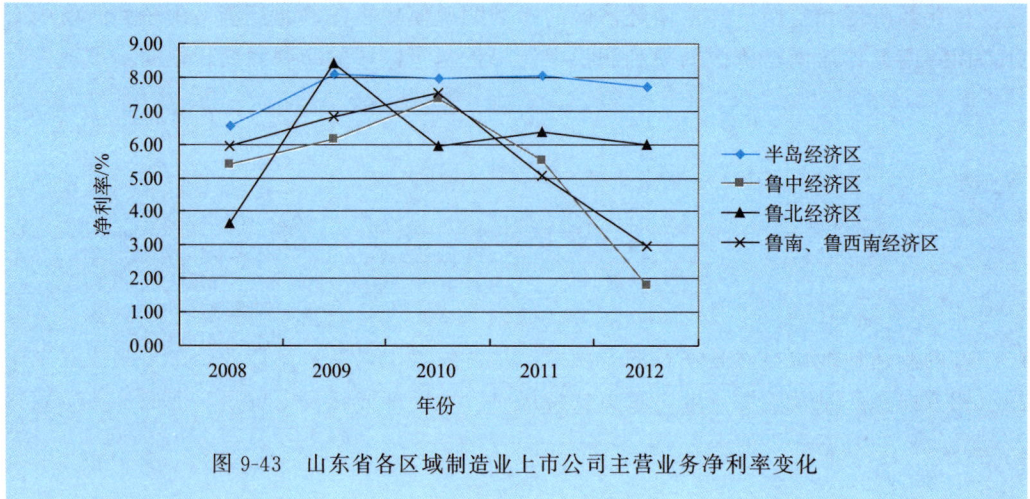

图 9-43 山东省各区域制造业上市公司主营业务净利率变化

9.3.4 典型区域分析：半岛经济区和鲁中经济区

从各区域的分析来看，半岛经济区和鲁中经济区是山东省制造业的两大典型地区。半岛经济区（青岛、烟台、威海）以青岛为中心，制造业规模排名第二位，但利润和效益却最高；鲁中经济区（济南、淄博、潍坊、泰安）以济南为中心，制造业规模排名第一，但利润和效益不稳定，尤其是 2011 年开始大幅度下降。

山东省经济发展水平具有典型的区域特征，区位因素比较突出，经济发展水平较高的地区主要在沿海地区和胶济线沿线，因此，山东的经济格局一直呈现出"双中心"的经济格局：青岛，作为沿海地区的中心城市，同时也是胶济线的东起点，是全省的门户位置；济南，作为山东省的省会城市，同时也是胶济线沿线的西止点，是全省的中心位置。其次，山东省两大区域的快速发展也得益于优惠政策的支持，鲁中地区如 2006 年7 月山东省发展和改革委员会出台了《促进省会城市群经济圈产业分工与协作的调研报告》（以济南为核心，泰安、淄博涵盖在内）、2009 年国家发展和改革委员会出台的《黄河三角洲高效生态经济区发展规划》（潍坊市的寒亭区、寿光市、昌邑县和淄博的高青县被纳入经济区的发展规划中）；半岛地区着力打造城市群制造业基地、蓝色经济区等，并且后者已经上升到国家层面。

9.4 山东省制造业发展趋势

9.4.1 提升发展传统制造业

山东省是一个传统制造业大省，轻工、纺织、化工、机械、建材和冶金六大传统产业是山东制造业的主体和支柱行业。六大传统制造业实现增加值和主营业务收入占全省规模以上制造业的 70％以上，因此，作为山东省的优势产业，传统制造业的改造升级是山东省制造业的重要战略。对此，山东要加大对传统产业特别是轻纺、食品、冶金、机械、电子、轻工、建材技术的改造力度，发展培育传统产业的高端产业，促使传统产业的产业链延伸，使传统产业升级换代，提高山东传统产业的竞争力。山东省的"十二五"规划也提出：推动企业技术进步，加快新技术、新材料、新工艺、新装备的推广应用，推动研发设计、生产流通、企业管理、人力资源开发等环节的信息化改造，加快新信息与先进制造集成技术在传统制造业领域的深度应用。

9.4.2　培育发展战略新兴制造业

高技术产业是先进制造业的核心，却是山东省制造业发展最为薄弱的环节。同为制造业大省，山东省高技术产业占制造业产值的比重远远落后于广东、上海和江苏，这与山东省的制造业地位显然是不符的。因此，培育发展战略新兴制造业是山东制造业发展的重要方向。一是新能源产业，重点扶持风电、太阳能光伏发电、海洋能源、核电装备及半导体照明、新能源汽车等技术和产品的研发生产。二是新材料产业，重点扶持碳纤维、陶瓷纤维、离子膜、芳纶以及有机高分子材料等技术和产品的研发生产。三是新医药产业，重点扶持生物医药、海洋药物、新型医疗器械等技术和产品的研发生产。四是新信息产业，重点扶持大规模集成电路、高端计算机及服务器、平板显示器等技术和产品的研发生产，推进"三网"融合，加快物联网和云计算的研发应用。

9.4.3　大力发展海洋产业

山东半岛蓝色经济区发展是国家海洋发展战略的重要组成部分，其中的海洋制造业发展也是山东省制造业发展的重点内容。山东半岛蓝色经济区发展规划明确提出，以青岛为龙头，以烟台、潍坊、威海等沿海城市为骨干，着力推进海洋产业结构转型升级，构筑现代海洋产业体系。该区域将加快提高海洋科技自主创新能力和成果转化水平，推动海洋生物医药、海洋新能源、海洋高端装备制造等战略性新兴产业规模化发展；加快提高园区（基地）集聚功能和资源要素配置效率，推动现代渔业、海洋生态环保、海洋文化旅游、海洋运输物流等优势产业集群化发展；加快提高技术、装备水平和产品附加值，推动海洋食品加工、海洋化工等传统产业高端化发展。

9.4.4　推进产业集群化和集约化发展

一方面，发展壮大产业集群。支持拥有自主知识产权、核心竞争力强的大企业集团加快发展，引导中小企业向"专、精、特、新"方向发展，打造特色鲜明的细分行业龙头，形成一批以龙头企业为引领、产业产品为链条、中小企业紧密配套的优势产业集群。另一方面，加快园区的转型提升。以集约化、专业化、高端化和绿色发展为方向，引导生产要素和区域重点产业集聚发展，吸引最新科技成果在园区转化，以大企业带动产业壮大和基地建设，集中推进清洁生产、节能减排和污染治理。建设创新型园区，成为带动区域经济发展的主导区、调整产业结构的先行区和率先转变经济发展方式的示范区。

初稿提供者：徐常萍

统稿：李廉水，周彩红

参 考 文 献

国家发展和改革委员会. 2009. 黄河三角洲高效生态经济区发展规划.

国家发展和改革委员会. 2011. 山东半岛蓝色经济区发展规划.

山东省发展和改革委员会地区经济处. 2006. 促进省会城市群经济圈产业分工与协作的调研报告.

山东省人民政府关于印发鲁南经济带区域发展规划的通知. 鲁政发〔2008〕46 号.

孙东琪，朱传耿，周婷. 2010. 苏、鲁产业结构比较分析. 经济地理，(11)：1847-1853.

王冬梅. 2008. 山东半岛制造业承接国际转移的现状及建议. 消费导刊，(6)：16-19.

杨富贵. 2007. 山东制造业产业结构的特点及其优化完善. 企业活力，(10)：70-71.

第10章

浙江省制造业

制造业是浙江工业经济的支柱，也是国民经济增长的重要驱动力，纺织、轻工、电子信息、有色金属、化工等产业在浙江有较大优势，近年来高技术产业、重化工业、临港工业、现代服务业也发展迅速，已成为浙江经济新的增长点，特别是服务业已成为拉动全省经济增长的主动力。但浙江省总体上劳动密集型制造业规模偏大，产业层次与产品附加值偏低，随着原材料、劳动力成本上涨，人民币升值，特别是 2008 年发生的全球金融危机，外部需求减弱，浙江省制造业面临如何加快结构调整与产业升级等巨大考验。

《浙江省国民经济和社会发展第十二个五年规划纲要》指出，"十二五"时期浙江制造业要通过过剩产能转移，压缩劳动密集型制造业规模，提升制造业产业层次；通过技术创新与产品创新，增强有效投资，提高制造业产业发展水平；通过市场化产业整合，提高制造业产业集中度。既要保持劳动密集型制造业的传统竞争优势，又要提升技术密集型制造业竞争能力，更要增强制造业的产业整体竞争力，使浙江制造业在经济环境变迁与产业转型升级中推陈出新，更上一层楼。

本章以浙江省规模以上制造业为着眼点，利用 2003～2012 年《浙江统计年鉴》数据资料对浙江省制造业发展现状、特色和存在的问题、浙江省制造业经济创造能力、制造业产业区域结构、创新能力和环境能源进行了具体分析。此外，本章还运用近 4 年浙江省制造业上市公司的相关数据，从浙江省制造业上市公司的状况、结构和发展对浙江省制造业上市公司进行了分析和探讨。最后，本章对浙江省制造业未来发展的趋势作了进一步的总结。

10.1　浙江省制造业发展现状

浙江是制造业大省，劳动密集型制造业发达，这既是浙江 30 年经济发展的主要特点，也是浙江产业转型升级的现实基础。2011 年，浙江省规模以上制造业实现工业企业总产值 52 166.75 亿元，占全国的 7.1%，在全国的位次自 2002 年以来一直居全国第四位；实现利润 3096.80 亿元，占全国的 6.5%，位居全国第五位。浙江制造业在中国制造业中占有很重要的地位。

10.1.1　2011 年取得的成就

1）工业增加值稳步增长

根据浙江省统计局数据显示，2011 年浙江省全年规模以上工业增加值 10 878 亿元，比上年增长 10.9%；规模以上工业总产值 56 406.06 亿元，比上年增长 9.75%，工业产值占全国的比重由 1978 年的 3.11% 上升到 2011 年的 6.68%。其中，纺织业、电气机械及器材制造业、化学原料及化学制品制造业、通用设备制造业、交通运输设备制造业、化学纤维制造业、黑色金属冶炼及压延加工业、通信设备、计算机及其他电子设备制造业、有色金属冶炼及压延加工业和金属制品业十大产业产值占全省工业生产总值的61.07%。显然，制造业对浙江工业发展乃至整个经济发展具有十分重要的作用。

2）工业企业主营业务收入不断提高

2011 年，浙江省规模以上工业企业实现主营业务收入 55 349.76 亿元，比上年增长 9.5%。

制造业三十个类目中，根据浙江省《2011 年按行业分的规模以上工业主要指标》，按行业分的规模以上制造业主营业务总收入排名前五位的行业依次是：纺织业（5665.82 亿元）、电气机械及器材制造业（4939.64 亿元）、化学原料及化学制品制造业（4605.97 亿元）、通用设备制造业（3811.12 亿元）、交通运输设备制造业（3684.29 亿元）；主营业务年同期增长率排名前五位的行业依次是：纺织服装、鞋、帽制造业（13.7%），印刷业和记录媒介的复制业（12.2%），文教体育用品制造业（9.4%），工艺品及其他制造业（8.6%），仪器仪表及文化、办公用机械制造业（5.2%）。

　　3）工业企业效益保持稳定

　　2011 年，浙江省规模以上工业企业实现利润总额 3327.29 亿元，增长 4.8%；实现利税总额 5464.52 亿元，增长 7.1%。利润前五位的行业依次为：化学原料和化学制品制造业（354.45 亿元）、纺织业（280.90 亿元）、通用设备制造业（280.74 亿元）、电气机械及器材制造业（262.18 亿元）和交通运输设备制造业（208.53 亿元）；利税前五位的行业依次为：化学原料和化学制品制造业（497.12 亿元）、纺织业（451.54 亿元）、通用设备制造业（401.88 亿元）、电气机械及器材制造业（393.10 亿元）和石油加工、炼焦及核燃料加工业（313.56 亿元）。

10.1.2   浙江制造业发展特色

　　改革开放以来，逐渐开放的市场和政策为企业的成长提供了保障。在这个过程中，浙江省结合自身实际，走出了一条民营企业发展之路，成为了全国经济大省。就全国范围而言，浙江省的企业规模以中小型为主，大型企业的份额很小。截至 2011 年，中小企业数量已经占到全省企业总数的 98.19%，工业总产值约占 69.7%。浙江省中小企业在拉动经济增长、满足内需、解决就业等方面都发挥了重要的作用。

　　其中，截至 2011 年底，浙江省各类规模企业数量占全国各类规模企业数量比重分别为：大型企业占 6.81%，中型企业占 9.61%，小型企业占 11.2%。可以看出，浙江省中小企业规模在全国来说已经有相当的数量和规模（具体数量见表 10-1）。

表 10-1　浙江省 2002～2011 年制造业各类规模企业数量

各类企业	2002 年	2003 年	2004 年	2005 年	2006 年	2007 年	2008 年	2009 年	2010 年	2011 年
大型企业	281	122	84	154	166	192	194	190	225	621
中型企业	786	2 227	2 959	3 203	3 700	4 150	4 319	4 182	4 678	5 021
小型企业	20 829	23 177	38 314	36 918	41 820	47 262	54 303	55 599	59 461	28 698
合计	21 896	25 526	41 357	40 275	45 686	51 604	58 816	59 971	64 364	34 340

数据来源：根据相关年份《浙江统计年鉴》整理计算所得。

　　另外，我们由图 10-1 的走势曲线中也可以发现，从 2002 年到 2010 年，浙江省大型企业一直都比较稳定，在数量上并没有特别明显的变化。但是中小型企业数量的增长却非常明显，中型企业 2010 年比 2002 年增长了近 6 倍，而小型企业 2010 年的数量已经达到了近 6 万个，比 2002 年增长了近 3 倍。说明在 2002 年至 2010 年，浙江省中小企业的发展十分迅速。

但 2011 年，浙江省大型企业相比 2010 年增长了 176％，而小型企业则比 2010 年下降了一倍多，其原因是 2011 年浙江省力推中小企业合并，以加快产业结构转型升级。

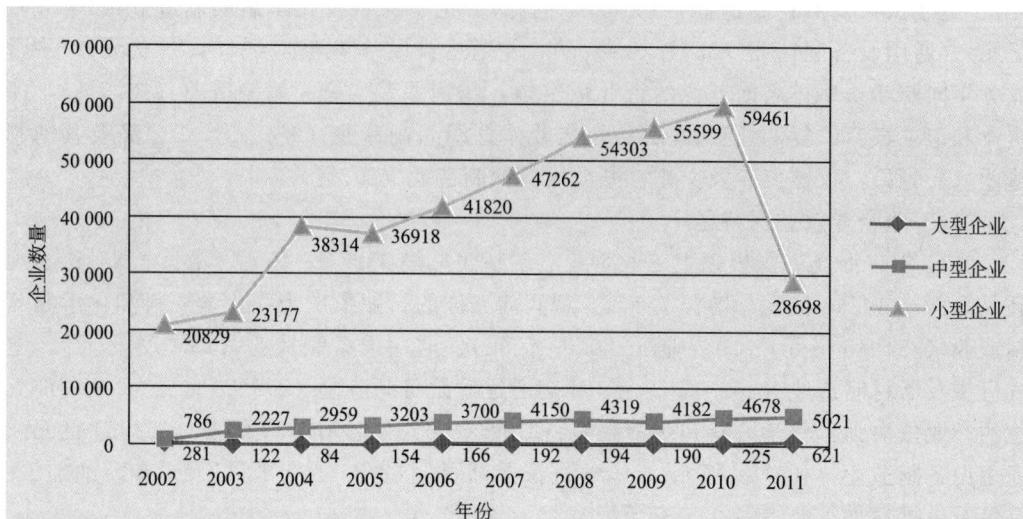

图 10-1　2002～2011 年浙江省各类规模企业数量走势图

数据来源：根据相关年份《浙江统计年鉴》整理计算所得

10.1.3　发展中存在的问题

1) 经济呈现过早衰退情况

浙江是制造业基地，却非制造业品牌大省。近 10 年来，其制造业工业总产值占中国制造业工业总产值比重自 2004 年起逐年下滑，经济过早呈现衰退情况。如图 10-2 所示。浙江的品牌数量虽多，但高端品牌寥寥无几，品牌的缺失致使大量的企业陷入低水平过度竞争的境地。

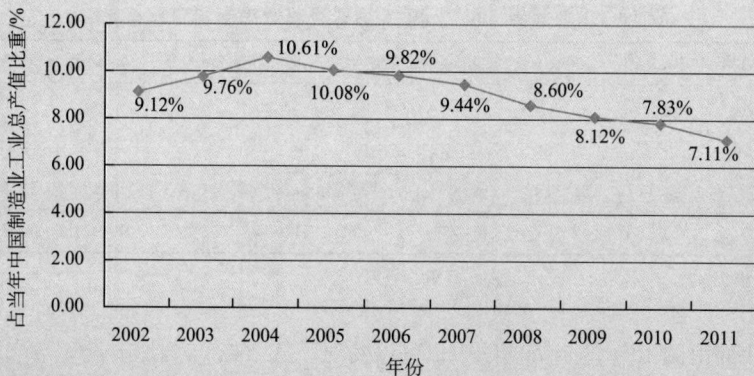

图 10-2　2002～2011 年浙江省制造业工业总产值在当年全国所占比重

数据来源：根据相关年份《浙江统计年鉴》和《中国统计年鉴》整理计算所得

从全国省级行政区地区生产总值排名看，自 2002 年至 2011 年的十年间，浙江一直居全国第四位。其中，2002 年至 2008 年，作为中国经济第一方阵的省份广东、江苏、山东、浙江地区生产总值排名没有发生变化，都是广东第一、江苏第二、山东第三、浙江第四；2009 年江苏跃居第一、山东上升至第二、广东下降至第三、浙江仍然居第四，2010 年和 2011 年，江苏仍居榜首、广东第二、山东第三、浙江第四。而且，需要指出的是，浙江在 2002～2011 年十年时间中，与广东、江苏、山东地区生产总值差距呈加速扩大趋势——用浙江与江苏进行对比，两省地区生产总值差距由 2002 年的 4076.67 亿元扩大到 2011 年的 50 148.14 亿元。如图 10-3 所示。

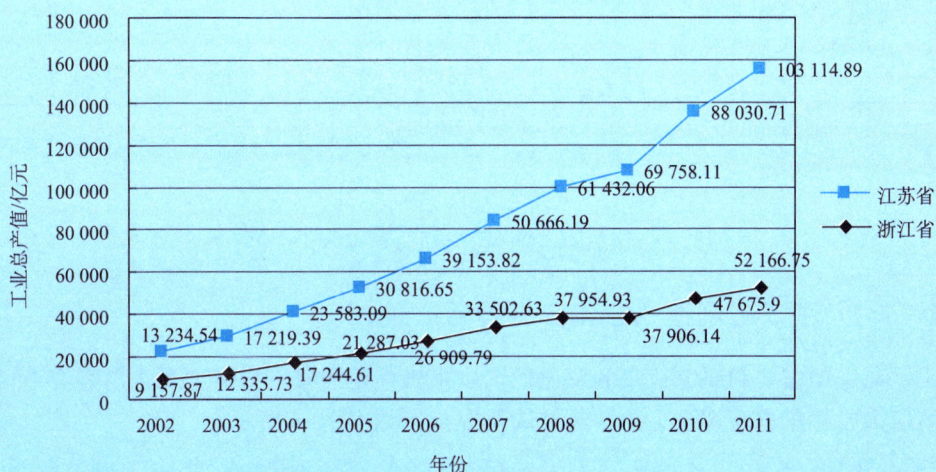

图 10-3　2002～2011 年浙江省、江苏省按行业分规模以上制造业工业总产值变化情况对比

数据来源：根据相关年份《浙江统计年鉴》和《江苏统计年鉴》整理计算所得

2）工业结构升级缓慢

浙江除了传统的小商品生产和经营以及电子商务等服务业外，在医药、生物技术和通信设备、计算机及其他电子设备制造业等方面乏善可陈，产业结构升级十分缓慢。如表 10-2 所示，工业总产值排名第一的纺织业占前十位工业总产值总和的 16.9％，而排名第九的通信设备、计算机及其他电子设备制造业仅占 6.3％。可见浙江省工业结构轻型化特征十分突出，高新技术产业规模偏小。

浙江省制造业主要产业与全国销售比重最大的十个产业相比，产业层次差距甚大，优势产业主要集中在附加值较低的劳动密集型产业。显然，浙江制造业必须大力倡导科技创新，努力提升自主创新能力，尽快拥有一批自主知识产权的品牌产品，才可能在国际竞争中不断获得更为有利的地位。具体说来，浙江应当积极采用高新技术不断开发新产品，努力提高传统制造业的竞争力；应当大力发展通信设备、计算机及其他电子设备制造业、软件开发、医药、生物技术等拥有一定竞争优势的制造业行业。浙江制造业的发展还应当充分利用毗邻上海的区位优势，积极发展与上海科研单位和高等院校的产学研合作，建立自主创新的研究开发基地，为提升浙江制造的品牌奠定坚实的基础。

表 10-2　2011 年浙江省制造业工业总产值排名

制造业行业	工业总产值/万元	排名
纺织业	5805.65	1
电气机械及器材制造业 *	5052.94	2
化学原料和化学制品制造业	4587.33	3
通用设备制造业 *	3905.93	4
交通运输设备制造业 *	3895.13	5
化学纤维制造业	2535.74	6
黑色金属冶炼及压延加工业	2241.90	7
通信设备、计算机及其他电子设备制造业 *	2156.41	8
有色金属冶炼及压延加工业	2136.57	9
金属制品业 *	2126.79	10

数据来源：《浙江统计年鉴 2012》，其中，"＊"代表装备制造业。

10.2　浙江省制造业分析

10.2.1　浙江省制造业总体分析指标体系

根据研究的需要和研究成果的可比性，本报告采用的研究指标主要运用经济、科技和环境三大指标集进行评价分析，具体的研究指标如表 10-3 所示。

表 10-3　浙江省制造业产业研究指标

指标类别	指标名称	指标单位
经济类指标 （规模与绩效）	工业总产值	亿元
	从业人数	万人
	主营业务收入	亿元
	利润总额	亿元
科技类指标 （科技投入与产出）	制造业 R&D 经费投入	亿元
	制造业 R&D 就业人数	万人
	新产品开发	亿元
环境类指标 （能源与环境）	工业废水排放总量	亿吨
	工业废气排放总量	亿吨
	工业二氧化硫排放量	万吨

10.2.2　经济创造能力

1. 产业规模分析

制造业的发展离不开产业规模的增长。本部分主要通过制造业工业总产值、就业规模、制造业利润总额和主营业务收入四个方面来分析浙江省规模以上制造业的发展规模，如表 10-4 所示。

表 10-4　制造业产业规模相关指标

指标名称	2010 年数值	2011 年数值	增长率/%
制造业工业总产值/亿元	47 675.90	52 166.75	9.42
制造业就业人数/万人	1 472.59	1 500.92	1.92
制造业利润总额/亿元	2 962.78	3 096.80	4.52
主营业务收入/亿元	46 823.40	51 102.82	9.14

数据来源：根据相关年份《浙江统计年鉴》整理计算所得。

1）总体规模

从 2002 年起到 2011 年止，浙江省规模以上制造业工业总产值除 2009 年略微下降外基本呈稳步增长态势，且 2011 年规模以上制造业工业总产值的增长率达到 9.42%（图 10-4）。

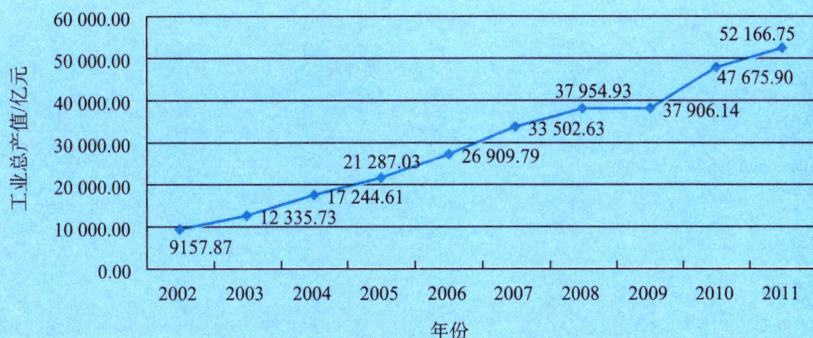

图 10-4　2002～2011 年浙江省按行业分规模以上制造业工业总产值变化情况
数据来源：根据相关年份《浙江统计年鉴》整理计算所得

2）就业规模

2002～2011 年浙江省制造业就业人数逐年平稳增加，特别是 2006～2007 年增加较快，但自 2008 年起，制造业从业人员数虽仍增长但增长幅度较小，与 2010 年相比，2011 年规模以上制造业从业人员数的增长率仅达 1.05%（图 10-5）。

3）利润总额

利润是指企业在一定的会计期间内所获得的以货币为计量单位的经营成果，是企业长期生存和发展的目标。由图 10-6 可知，浙江省制造业的利润总额近十年保持了年均 22% 的稳定增长。

4）主营业务收入

主营业务收入是指企业经常性的、主要业务所产生的基本收入。主营业务收入增长率

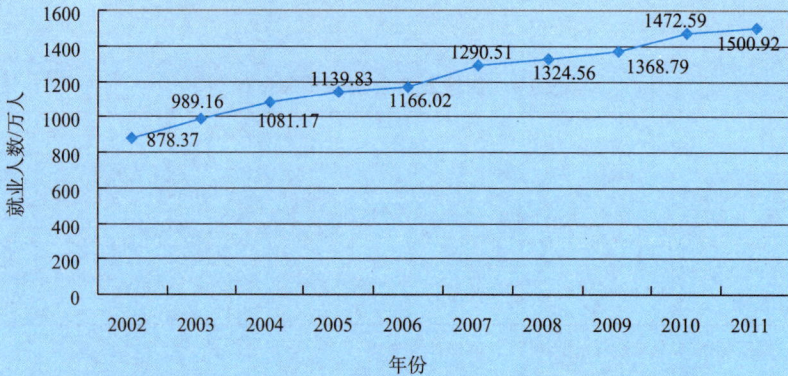

图 10-5　2002～2011 年浙江省分行业制造业就业人数变化情况

数据来源：根据相关年份《浙江统计年鉴》整理计算所得

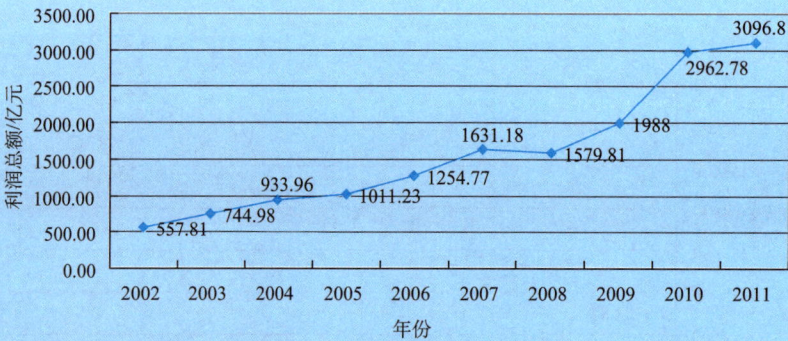

图 10-6　2002～2011 年浙江省规模以上制造业利润总额变化情况

数据来源：根据相关年份《浙江统计年鉴》整理计算所得

是本期主营业务收入与上期主营业务收入之差与上期主营业务收入的比值，可以用来衡量公司的产品生命周期，判断公司发展所处的阶段。由图 10-7 所示，浙江省主营业务收入近十年保持年均 22％的增加。但 2011 年相比 2010 年主营业务收入增长率仅为 9％，说明工业企业产品已进入稳定期，不久将可能进入衰退期，这就需要考虑着手开发新产品。

2. 浙江省制造业产业结构分析

制造业的产业结构分析对于研究制造业发展有着重要的意义，制造业内部的产业分布结构、利润结构以及就业结构等是分析制造业产业结构的主要指标。表 10-5 列出了 2011 年浙江省制造业所属 30 个行业的工业总产值、各行业在制造业中所占的比重及名次，并与 2010 年制造业各行业在制造业中的排名进行了比较。

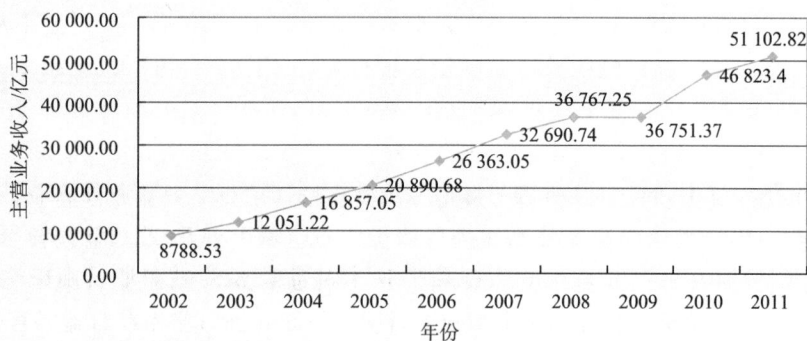

图 10-7　2002～2011 年浙江省规模以上制造业主营业务收入变化情况

数据来源：根据相关年份《浙江统计年鉴》整理计算所得

表 10-5　2011 年浙江省制造业各产业总产值、比重及名次

制造业所属 30 个行业	2011 年工业总产值/亿元	所占比重/%	名次	
			2010 年	2011 年
制造业总计	52 166.75	—	—	—
农副食品加工业	845.81	1.62	19	19
食品制造业	446.08	0.86	27	25
饮料制造业	453.64	0.87	26	24
烟草制品业	324.65	0.62	30	29
纺织业	5 805.65	11.13	1	1
纺织服装、鞋、帽制造业	1 468.37	2.81	12	14
皮革、毛皮、羽毛（绒）及其制品业	1 265.91	2.43	16	16
木材加工及木、竹、藤、棕、草制品业	434.93	0.83	25	26
家具制造业	592.73	1.14	22	23
造纸及纸制品业	1 116.16	2.14	17	17
印刷业和记录媒介的复制业	304.98	0.58	28	30
文教体育用品制造业	427.72	0.82	24	27
石油加工、炼焦及核燃料加工业	1 765.30	3.38	14	13
化学原料及化学制品制造业	4 587.33	8.79	5	3
医药制造业	855.65	1.64	20	18
化学纤维制造业	2 535.74	4.86	10	6
橡胶制品业	610.40	1.17	23	22
塑料制品业	1 956.44	3.75	8	11
非金属矿物制品业	1 783.78	3.42	13	12
黑色金属冶炼及压延加工业	2 241.90	4.30	9	7
有色金属冶炼及压延加工业	2 136.57	4.10	11	9
金属制品业	2 126.79	4.08	6	10
通用设备制造业	3 905.93	7.49	3	4
专用设备制造业	1 305.60	2.50	15	15
交通运输设备制造业	3 895.13	7.47	4	5
电气机械及器材制造业	5 052.94	9.69	2	2
通信设备、计算机及其他电子设备制造业	2 156.41	4.13	7	8
仪器仪表及文化、办公用机械制造业	704.62	1.35	21	21
工艺品及其他制造业	728.26	1.40	18	20
废弃资源和废旧材料回收加工业	331.33	0.64	29	28

数据来源：根据相关年份《浙江统计年鉴》整理计算所得。

1) 分布结构

制造业产业的分布结构,反映了制造业各产业部门在制造业总量规模中所占的比重。由表 10-5 可知,浙江省规模以上制造业各行业的工业总产值所占比重前十的产业在 2010 年和 2011 年没有变化,只是名次上稍有上下。图 10-8 是 2011 年浙江省制造业工业总产值的产业分布图,主要是所占比重前十的产业。可以看出,2011 年在浙江省制造业所属的 30 个行业中,工业总产值比重最高的是纺织业,达 5805.65 亿元,在制造业中所占比例为 11.13%。规模前十的产业工业总产值占了制造业工业总产值总额的 66.03%,相比 2010 年规模前十的产业工业总产值占制造业工业总产值总额的 64.41% 略有上升。

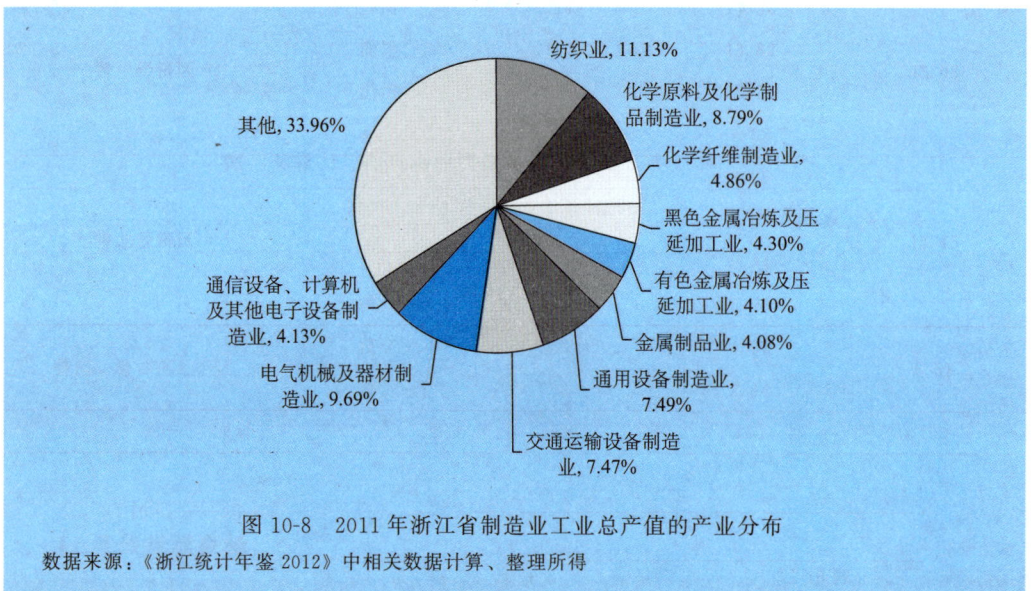

图 10-8　2011 年浙江省制造业工业总产值的产业分布

数据来源:《浙江统计年鉴 2012》中相关数据计算、整理所得

由图 10-9 可以看出,浙江省制造业工业总产值排名第一的纺织业自 2002 年比重从 14.72% 逐步下降到 2011 年 11.13%;而化学原料及化学制品制造业呈逐步增长的趋势,与 2010 年相比,大幅增加了 30.66%,其他排名前十的制造业在近十年间基本稳定,有的呈小幅波动状态,由此可见浙江省近年来产业结构升级缓慢。

2) 效益结构

从制造业各行业创造效益的角度分析,2011 年浙江省制造业的利润总额为 3096.80 亿元,较 2010 年上升了 4.52%。2011 年,浙江省制造业利润排名前十的行业分布如图 10-10 所示。与前两年相比,2011 年制造业各行业中利润排名前十位的行业较前几年比个别行业排名有所变化,如纺织业从 2010 年的第 4 位上升至第 2 位,电气机械及器材制造业由 2010 年的第 2 位逐年下滑至 2011 年的第 4 位。排名第 1 位的仍然是化学原料及化学制品制造业,2011 年利润总额在制造业中所占的比重与 2010 年持平,较 2009 年下降了 0.12 个百分点。电气机械及器材制造业利润由 2009 年的第 1 位逐步下降到 2011 年的第 4 位,由此说明浙江省制造业的利润优势仍然保持在传统制造业上,产业结构调整缓慢(表 10-6)。

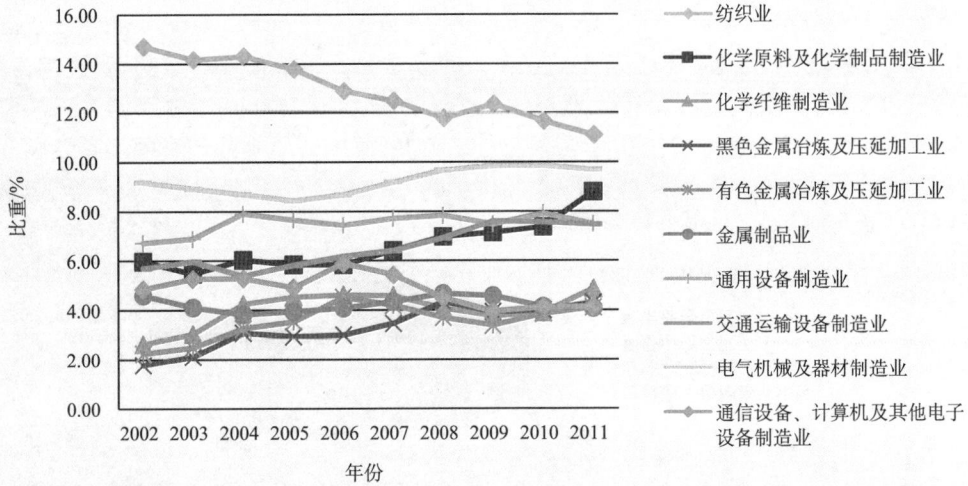

图 10-9　2011 年浙江省制造业工业总产值排名前十的
行业在 2002～2011 年占当年总产值的比重变化情况

数据来源：《浙江统计年鉴 2012》中相关数据计算、整理所得

表 10-6　2011 年浙江省制造业各产业利润额、比重及名次

制造业所属的 30 个行业	2011 年利润额/亿元	2011 年在制造业中所占比重/%	名次		
			2009 年	2010 年	2011 年
农副食品加工业	32.99	1.07	27	22	22
食品制造业	31.97	1.03	25	23	23
饮料制造业	40.10	1.29	16	21	20
烟草制品业	27.97	0.90	21	29	24
纺织业	280.90	9.07	3	4	2
纺织服装、鞋、帽制造业	99.09	3.20	7	12	13
皮革、毛皮、羽毛（绒）及其制品业	56.04	1.81	15	17	19
木材加工及木、竹、藤、棕、草制品业	25.21	0.81	28	26	27
家具制造业	27.38	0.88	26	24	25
造纸及纸制品业	62.24	2.01	19	18	17
印刷业和记录媒介的复制业	18.89	0.61	29	28	29
文教体育用品制造业	22.85	0.74	24	25	28
石油加工、炼焦及核燃料加工业	58.08	1.88	11	15	18
化学原料及化学制品制造业	354.45	11.45	2	1	1
医药制造业	107.57	3.47	6	13	11
化学纤维制造业	137.72	4.45	14	7	8
橡胶制品业	25.42	0.82	23	27	26
塑料制品业	108.43	3.50	10	8	10

续表

制造业所属的 30 个行业	2011 年利润额/亿元	2011 年在制造业中所占比重/%	名次		
			2009 年	2010 年	2011 年
非金属矿物制品业	165.30	5.34	13	9	7
黑色金属冶炼及压延加工业	73.71	2.38	17	14	15
有色金属冶炼及压延加工业	89.14	2.88	18	16	14
金属制品业	112.45	3.63	9	11	9
通用设备制造业	280.74	9.07	4	3	3
专用设备制造业	101.87	3.29	12	10	12
交通运输设备制造业	208.53	6.73	5	5	5
电气机械及器材制造业	262.18	8.47	1	2	4
通信设备、计算机及其他电子设备制造业	173.78	5.61	8	6	6
仪器仪表及文化、办公用机械制造业	62.80	2.03	20	19	16
工艺品及其他制造业	39.02	1.26	22	20	21
废弃资源和废旧材料回收加工业	9.98	0.32	30	30	30

数据来源:《浙江统计年鉴》历年相关数据计算、整理所得。

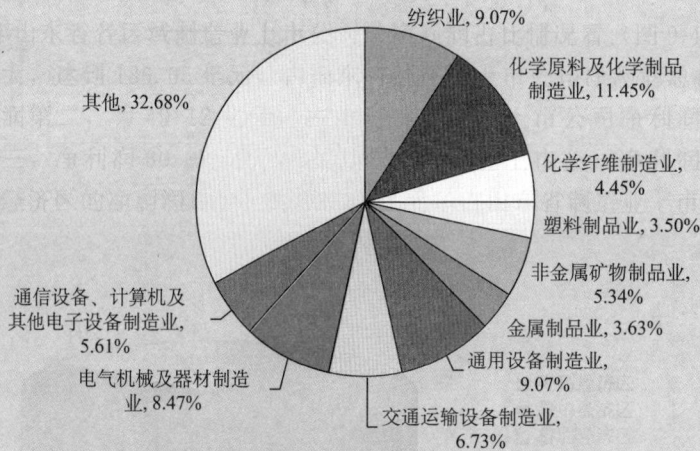

图 10-10　2011 年浙江省制造业利润总额的产业分布

数据来源:《浙江统计年鉴 2012》中相关数据计算、整理所得

3) 就业结构

根据表 10-7 可知:"纺织业"从业人数目前吸纳就业人数在各制造业行业领域中近几年一直位列第一且优势明显,除"烟草制品业"、"化学纤维制造业"、"废弃资源和废旧材料回收加工业"以外,其他行业领域从业人数在近一年内均有不同程度的下降。

2011 年浙江省制造业规模以上工业企业从业人数为 720.32 万人,比 2010 年减少了 14.49%。吸纳就业人数前十位的产业职工人数占制造业职工总人数的 71.6%。其中吸纳人数最多的前十个产业为：纺织业（14.39%），电气机械及器材制造业（11.29%），通用设备制造业（9.26%），交通运输设备制造业（7.18%），纺织服装、鞋、帽制造业（6.56%），皮革、毛皮、羽毛（绒）及其制品业（5.35%），金属制品业（5.23%），通信设备、计算机及其他电子设备制造业（4.86%），塑料制品业（4.1%），化学原料及化学制品制造业（3.37%）（表 10-7）。

表 10-7　2009～2011 年浙江省制造业规模以上各产业从业人数（单位：万人）

制造业所属的 30 个行业	2009 年	2010 年	2011 年	2011 年名次
农副食品加工业	8.48	9.50	8.52	23
食品制造业	7.36	7.61	7.03	24
饮料制造业	5.97	5.94	5.33	27
烟草制品业	0.32	0.33	0.34	30
纺织业	117.25	119.29	103.69	1
纺织服装、鞋、帽制造业	66.08	65.78	47.25	5
皮革、毛皮、羽毛（绒）及其制品业	42.00	46.63	38.53	6
木材加工及木、竹、藤、棕、草制品业	7.84	8.21	6.35	25
家具制造业	15.56	18.04	16.35	14
造纸及纸制品业	15.44	16.69	14.39	16
印刷业和记录媒介的复制业	7.68	8.44	5.64	26
文教体育用品制造业	13.88	15.11	11.08	19
石油加工、炼焦及核燃料加工业	0.99	1.03	1.02	29
化学原料及化学制品制造业	24.08	26.05	24.30	10
医药制造业	11.29	12.36	11.86	18
化学纤维制造业	9.63	10.52	12.06	17
橡胶制品业	10.26	11.33	9.19	22
塑料制品业	32.19	37.11	29.52	9
非金属矿物制品业	20.96	22.67	19.98	12
黑色金属冶炼及压延加工业	9.99	11.02	10.70	20
有色金属冶炼及压延加工业	8.54	9.62	9.23	21
金属制品业	41.08	43.49	37.70	7
通用设备制造业	71.78	79.52	66.73	3
专用设备制造业	23.82	27.54	21.74	11
交通运输设备制造业	49.08	57.22	51.70	4
电气机械及器材制造业	78.48	89.12	81.35	2
通信设备、计算机及其他电子设备制造业	31.04	36.82	35.00	8
仪器仪表及文化、办公用机械制造业	16.26	18.78	14.94	15
工艺品及其他制造业	23.97	24.66	16.78	13
废弃资源和废旧材料回收加工业	1.56	1.95	2.02	28
合计	772.86	842.38	720.32	

数据来源：《浙江统计年鉴》历年相关数据计算、整理所得。

10.2.3 区域结构分析

浙江在全国是一个发达的省份，是经济大省。但是，浙江是一个地域小省、人口小省、资源小省，而且省内地域差异明显，山地、丘陵、盆地、平原等地貌类型复杂，各区域在经济发展条件与发展水平上存在很大差异。从经济地理角度考虑，可以把浙江省分成三部分：第一部分是原浙江东北部基础上形成的浙环杭州湾地区（包括杭州、宁波、嘉兴、湖州、绍兴、舟山）；第二部分是温州崛起后形成的浙中与东南部的温台沿海地区（包括温州、金华、台州）；第三部分是浙西南地区（包括衢州、丽水）。

1）区域规模结构

规模以上工业企业产值规模。由图 10-11 可以看出，2011 年浙环杭州湾地区贡献了浙江省规模以上企业总产值的 75.1%，是浙江省规模以上企业总产值的第一大区域；浙西南地区的贡献率最低，仅占浙江省规模以上企业总产值的 4.6%。造成这种区域经济差异的主要原因可能来自于自然环境，自然资源是否丰富、交通是否便利直接影响着区域经济的总体格局。自然资源丰富、开发难度低的地区，投资所获效益就大，区域整体开发水平就高，反之亦然。例如，浙西南山区地形复杂，交通不便，技术和人才匮乏，生产和生活环境较差，因而影响到资源的开发，使资源优势难以转化为经济优势。而以杭州为中心的浙北城市群毗邻上海，属于长江三角洲核心经济区，这些城市（杭州、宁波、绍兴、嘉兴、湖州）受上海的影响，经济发展越来越快。温台地区位于沿海，海陆交通十分便利，港口优势十分明显，经济起步早，对外开放程度较高，但是这两个城市的部分县域经济仍十分落后，这也是导致这两个城市经济至今与杭州、宁波等城市有一定差距的主要原因。由图 10-12 还可以看出，三个区域的规模以上工业总产值在 2010 年前基本上稳定增加，但温台沿海地区总产值 2011 年比 2010 年略有下降，且与浙环杭州湾地区差距越来越大，而浙西南地区近十年的总产值不断上升，但与浙环杭州湾地区还是有一定距离。

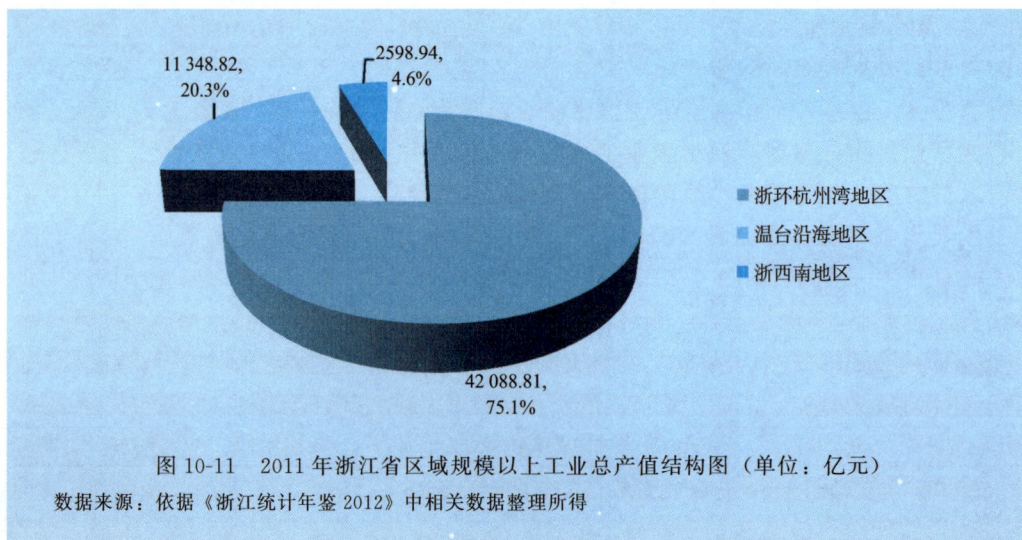

图 10-11　2011 年浙江省区域规模以上工业总产值结构图（单位：亿元）

数据来源：依据《浙江统计年鉴 2012》中相关数据整理所得

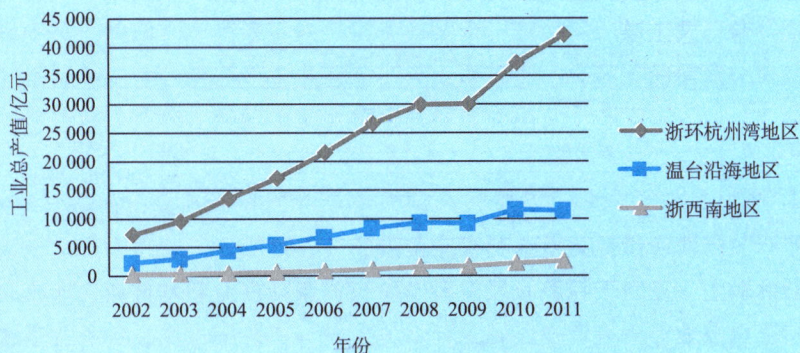

图 10-12　2002～2011 年浙江省区域规模以上工业总产值结构图

数据来源：《浙江统计年鉴》历年相关数据整理所得

　　就业规模。浙江省工业企业从业人员规模呈现出类似的区域结构：浙环杭州湾地区遥遥领先、浙西南地区仅占 4.3％（图 10-13）。由图 10-11 和图 10-12 还可以看出，温台沿海地区以 29.5％的从业人数创出 20.3％的工业总产值，说明该地区以低效率的企业居多，高新企业数量偏少，产业结构调整升级相对缓慢，而浙环杭州湾地区则要优于温台沿海地区。从图 10-14 可知，浙江省区域规模以上工业从业人数在 2010 年前呈现稳步上升趋势，但 2011 年除浙西南地区从业人数基本稳定外，另外，浙环杭州湾地区和温台沿海地区均呈大幅回落态势。

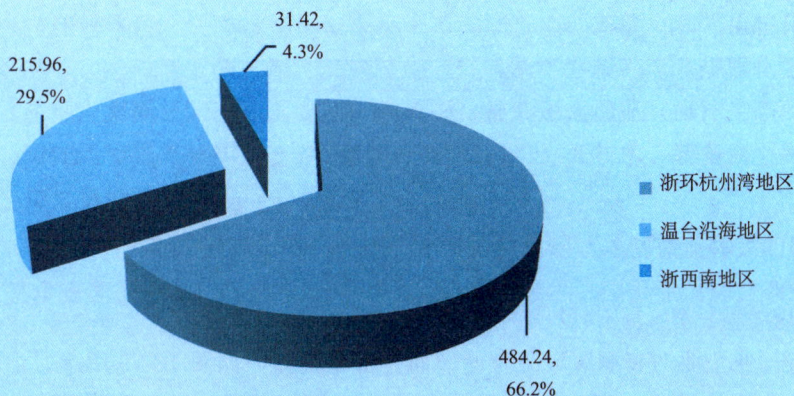

图 10-13　2011 年浙江省区域工业企业从业人数结构图（单位：万人）

数据来源：依据《浙江统计年鉴 2012》中相关数据整理所得

　　2）区域主营业务结构

　　由图 10-15 看出，三大区域工业企业的主营业务收入差距日益明显，浙环杭州湾地区的主营业务收入最高，温台沿海地区其次，浙西南地区最低。自 2002 年以来，浙环

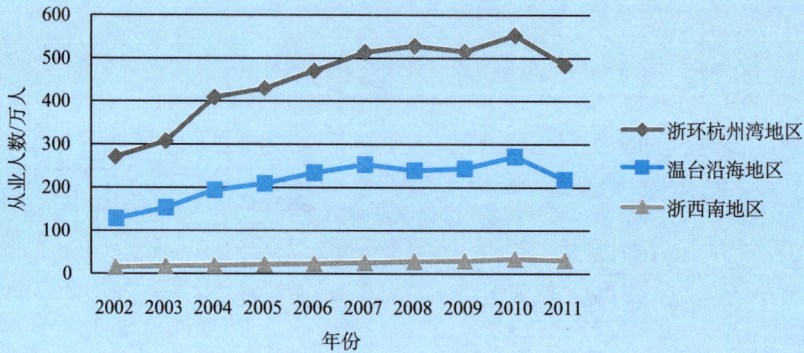

图 10-14　2002～2011 年浙江省区域工业企业从业人数结构

数据来源:《浙江统计年鉴》历年相关数据整理所得

杭州湾地区与另外两个区域主营业务收入差距越来越大,温台沿海地区近年增幅还略有回落,浙西南地区则呈稳步小幅上升趋势。

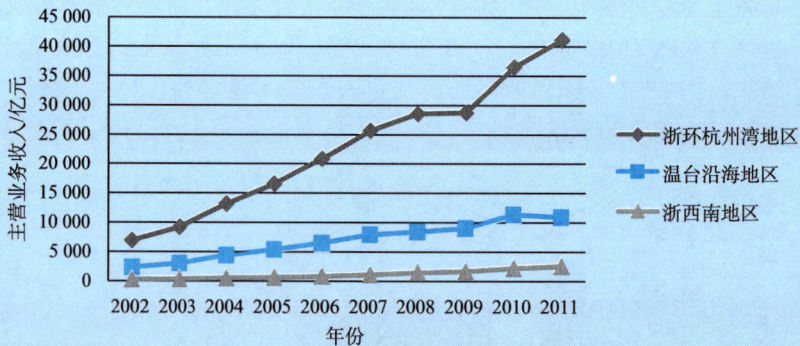

图 10-15　2002～2011 年浙江省工业企业区域主营业务收入结构

数据来源:《浙江统计年鉴》历年相关数据整理所得,2006 年以前称为产品销售收入

3) 区域效益结构

浙江省工业企业的利润区域分布同前面分析较类似,如图 10-16 所示,浙环杭州湾地区工业企业的利润除 2007～2008 年呈小幅回落之外,2010 年之前增幅明显,但 2011 年较 2010 年相比增幅显著回落;温台沿海地区工业企业利润增幅明显低于浙环杭州湾地区,且 2011 年较 2010 年相比其利润下降明显;浙西南地区工业企业利润基本保持稳定增长且近年增幅加大。

由前所述,浙江省制造业区域结构一个最显著的特征是杭州作为浙江的省会城市,其市场优势地位开始凸显,而温台沿海地区近年无论从工业总产值还是主营业务收入等各方面与浙环杭州湾地区差距加大,且近年呈回落之趋势。

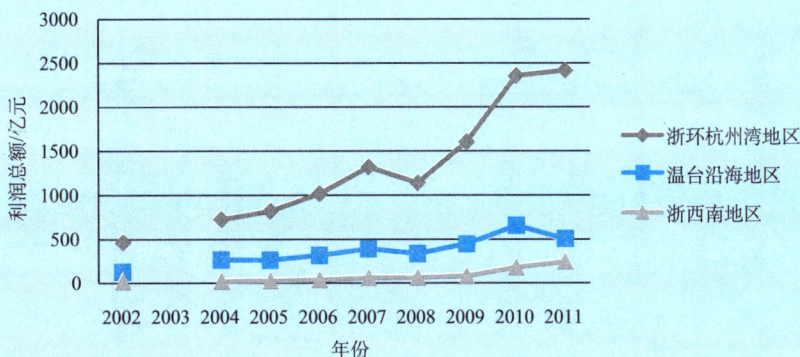

图 10-16　2002～2011 年浙江省工业企业区域效益结构

数据来源：《浙江统计年鉴》历年相关数据整理所得，2003 年缺乏相关数据

10.2.4　创新能力分析

技术进步是推动产业结构变动最活跃、最积极的因素。为了依靠技术进步促进浙江省经济的快速发展，浙江省于 1992 年开始实施科教兴省战略，2004 年做出大力实施人才强省战略的决定。近几年来，浙江省科技活动实力明显增强，技术进步取得重大进展，科技对社会经济发展的支撑和带动作用也越来越强，主要表现在：科技投入总量稳定增加；科技产出效果明显；高新技术产业稳步发展；科技创新体系不断完善；科技人才不断增加；技术进步提高了经济运行质量和经济效益。

本部分从浙江省科技创新的投入（制造业的 R&D 发展经费支出和人员数量、科技活动动经费支出）和产出（制造业的新产品开发和专利申请数量）来说明其创新能力。由于浙江省 2002 年来统计年鉴数据统计口径不一，我们统计的数据为：2008 年起统计范围为全部规模以上工业企业，其余年份统计范围为全部大中型工业企业及有科技投入的规模以上小型工业企业，其中 2011 年规模以上工业为主营业务收入为 2000 万元及以上工业企业。

1）制造业的 R&D 发展经费支出

由图 10-17 可知，自 2002 年以来，浙江省近 10 年工业企业 R&D 经费投入总额呈现出稳定增加的趋势，年均增长额达 32.5%，但自 2007 年以后，增长速度逐年回落。

2）制造业的 R&D 人员数量

由图 10-18 可知，从工业企业的 R&D 人员数量看，2004 年前浙江省工业企业的 R&D 人员数量相对稳定，从 2004 年开始稳定增长，虽然受 2009 年爆发的经济危机影响，2010 年的 R&D 人员数量仍保持了高速增长。

3）制造业的科技活动经费支出

由图 10-19 可知，浙江省近 10 年工业企业的科技活动经费支出与 R&D 经费支出一样，总额呈现出稳定增加的趋势，不过年均增长额比 R&D 经费支出略低，为 28.0%。

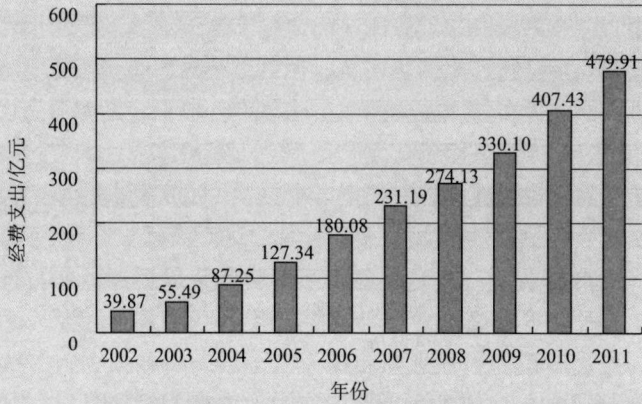

图 10-17　2002～2011 年浙江省工业企业 R&D 发展经费支出

数据来源：《浙江统计年鉴》历年相关数据整理所得

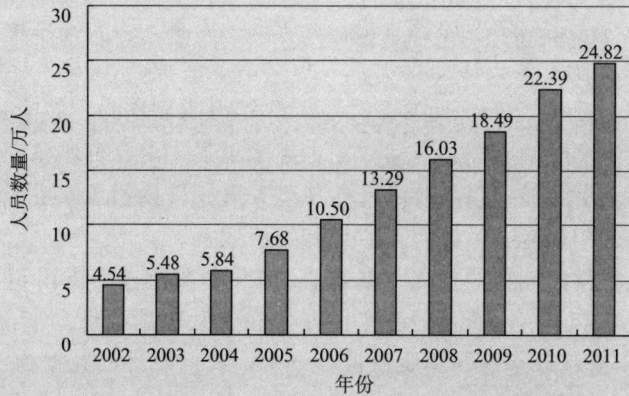

图 10-18　2002～2011 年浙江省工业企业 R&D 人员数量

数据来源：《浙江统计年鉴》历年相关数据整理所得

4）制造业的新产品开发

新产品的开发与销售往往决定了其制造业未来的发展潜力及趋势。新产品开发经费与新产品产值之比，也称新产品投入产出比，是衡量产业新产品开发经费利用效率的重要指标。自 2002 年以来，浙江省工业企业的新产品开发经费支出逐年呈稳步增长的趋势，2009 年受经济危机的影响，增加缓慢，但 2010 年反弹非常明显（图 10-20）。近 10 年，浙江省工业企业的新产品产值也稳定增长，新产品投入产出比年均达 5.9%，可见其新产品开发经费利用率比较高。

5）专利申请情况

表 10-8 列出了近 10 年浙江省专利申请情况。自 2002 年以来，浙江省专利申请数整体呈上升趋势，年平均增长速度为 32.9%，其中 2006 年增长幅度达最高值 64.2%，以后

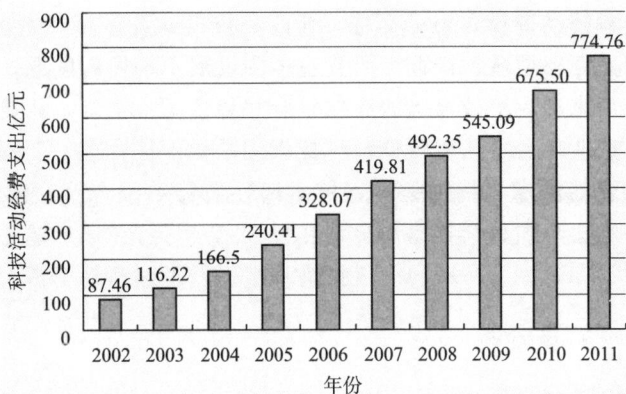

图 10-19　2002～2011 年浙江省工业企业科技活动经费支出

数据来源：《浙江统计年鉴》历年相关数据整理所得

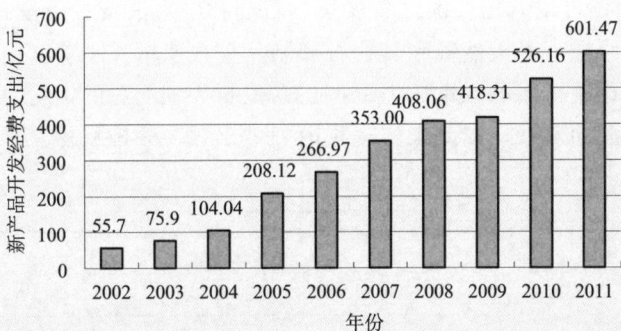

图 10-20　2002～2011 年浙江省工业企业新产品开发经费支出

数据来源：《浙江统计年鉴》历年相关数据整理所得

表 10-8　近 10 年浙江省专利情况统计表

专利申请情况	2002 年	2003 年	2004 年	2005 年	2006 年	2007 年	2008 年	2009 年	2010 年	2011 年
专利申请数/项	4 389	5 639	8 275	10 528	17 285	24 148	33 652	46 420	48 334	52 207
增长速度/%		28.5	46.7	27.2	64.2	39.7	39.4	37.9	4.1	8.0
发明专利/项	984	1 239	2 115	2 548	3 436	4 413	6 107	8 698	8 879	9 335
发明专利所占比重/%	22.4	22.0	25.6	24.2	19.9	18.3	18.1	18.7	18.4	17.9

数据来源：《浙江统计年鉴》历年相关数据整理所得。

增长速度开始回落，受 2009 年经济危机影响，2010 年较 2009 年相比，增长速度大幅下降至 4.1％，2011 年起又开始回升。从表中还可以看出，浙江省的专利中发明所占比重较小，并且近十年来有逐渐下降的趋势，说明浙江省的自主创新能力正在逐步减弱。

综合各种因素，浙江省的技术进步主要存在以下几个问题：区域创新体系建设相对滞后。主要表现在企业与科研机构、高校之间及企业间的合作、联系和知识流动不足，产学研各行其道；科技经费投入相对不足，浙江科技投入总量不断增长，R&D经费增长较快，但是，仍然存在地域、产业、研究主体间发展不平衡的问题，与先进省市相比也存在较大差距，尚未形成科技投入的有效整合和稳定增长机制，科技投入滞后经济发展的要求；高技术产业化水平还比较低；科技人才结构不甚合理，工程技术类专业人才还远远不能满足企业的需求，特别是高新技术研发急需的复合型、创新型人才更加短缺。企业自主创新能力不强，全省专利申请和授权总量尽管在逐年递增，但主要集中在实用新型和外观设计专利上。区域间的科技进步水平差距逐渐趋于扩大。

10.2.5 环境能源分析

1）工业能源消费情况

浙江省是一个经济强省，也是能源消费大省，但却是一个能源生产小省。"无油、缺煤、少电"，资源的自给能力相当薄弱，能源供需矛盾已成为制约浙江省经济快速可持续发展的重要因素之一。浙江省能源品种消费结构仍以煤炭为主，其次是石油、电力和天然气。从表10-9可以看出，浙江省煤炭、石油和电力消费总量虽每年呈增长趋势，但近两年增幅明显缓慢，而天然气和其他石油制品呈快速增长态势。由此可见，浙江在在环境污染与二氧化碳排放的双重压力下，正在控制传统能源的消费总量，调整能源结构，促进非化石能源的发展，以此来实现我国"十二五"减排目标。

表 10-9　近 5 年浙江省工业企业能源消费情况统计表

能源名称	消费量				
	2007 年	2008 年	2009 年	2010 年	2011 年
原煤/吨	120 075 828	118 852 892	121 063 766	126 018 219	135 986 107
洗精煤/吨	1 135 895	2 054 924	2 088 479	3 636 490	4 010 033
其他洗煤/吨	33 227	39 224	57 359	101 680	23 658
煤制品/吨	50 165	41 405	34 249	556 238	805 327
焦炭/吨	3 214 043	4 808 495	4 995 100	4 430 899	4 699 954
其他焦化产品/吨	1 141	5 078	14 655	22 858	20 774
焦炉煤气/万立方米	23 208	47 306	47 424	67 199	69 756
高炉煤气/万立方米	589 180	771 463	1 269 063	1 359 441	1 528 495
其他煤气/万立方米	19 998	33 329	48 468	58 052	86 865
天然气/万立方米	142 858	148 315	150 503	253 922	354 969
原油/吨	22 487 339	22 873 517	25 058 056	28 354 104	29 397 668
汽油/吨	450 951	427 463	413 389	416 947	307 594
煤油/吨	51 591	42 193	31 898	32 742	25 150
柴油/吨	1 318 323	1 177 505	1 029 440	1 085 371	894 416
燃料油/吨	1 721 075	2 076 818	2 941 114	2 509 871	2 601 876
液化石油气/吨	247 189	222 370	187 970	299 913	435 803

续表

能源名称	消费量				
	2007 年	2008 年	2009 年	2010 年	2011 年
其他石油制品/吨	1 102 983	1 597 482	3 040 124	3 186 775	4 739 900
热力/百万千焦	259 934 120	281 573 640	286 338 963	280 874 864	307 292 439
电力/万千瓦时	13 531 697	14 499 979	14 930 259	16 549 127	16 565 111
其他燃料/吨标准煤	1 092 466	1 090 135	1 159 732	289 838	197 850

注：煤制品在 2010 年前为型煤，其他煤气 2010 年起主要为转炉煤气和发生炉煤气。

数据来源：《浙江统计年鉴》历年相关数据整理所得。

2）工业污染排放情况

随着全球日益变暖，制造业对环境的污染也越来越引起人们的关注。从表 10-10、图 10-21、图 10-22 和图 10-23 得出，在 2002～2010 年，浙江省工业企业工业废水和工业废气呈逐年上升趋势；工业二氧化硫排放量从 2005 年起有明显的下降，2009 年起基本平稳；烟尘和粉尘排放总量从 2004 年逐渐回落。由此可见，浙江省制造业企业一方面在平稳增长；另一方面，在发展的同时也越来越注重环保。

表 10-10　2002～2010 年浙江省工业企业废水、废气、二氧化硫排放量统计表

工业污染排放量	2002 年	2003 年	2004 年	2005 年	2006 年	2007 年	2008 年	2009 年	2010 年
工业废水排放总量/亿吨	25.91	27.03	28.13	31.32	33.07	33.81	35.04	36.50	39.48
工业废气排放总量/亿吨	0.85	1.04	1.17	1.30	1.47	1.75	1.76	1.89	2.04
工业二氧化硫排放量/万吨	59.00	71.00	78.90	83.10	82.90	77.59	71.59	67.70	67.80
烟尘排放总量/万吨	19.00	18.00	20.80	19.90	19.50	17.20	16.49	17.97	17.40
粉尘排放总量/万吨	33.00	28.00	33.30	23.10	22.00	20.30	17.13	16.83	13.90

数据来源：《浙江统计年鉴》历年相关数据整理所得。

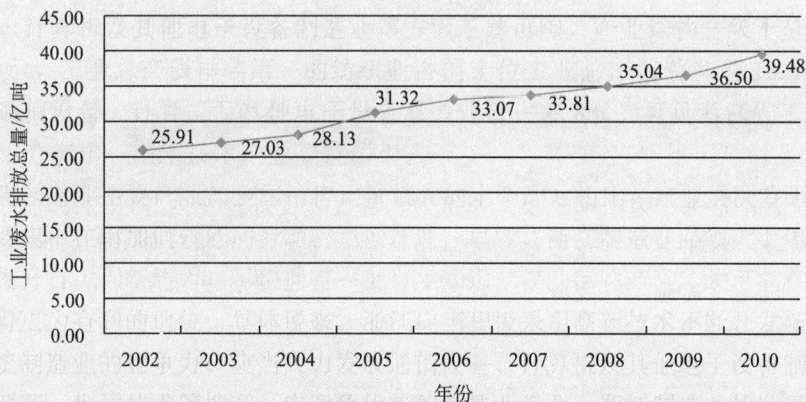

图 10-21　2002～2010 年浙江省工业企业工业废水排放总量

数据来源：《浙江统计年鉴》历年相关数据整理所得

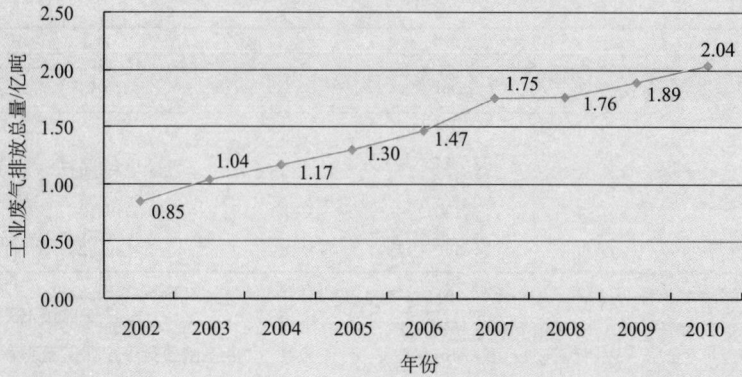

图 10-22　2002～2010 年浙江省工业企业工业废气排放总量

数据来源:《浙江统计年鉴》历年相关数据整理所得

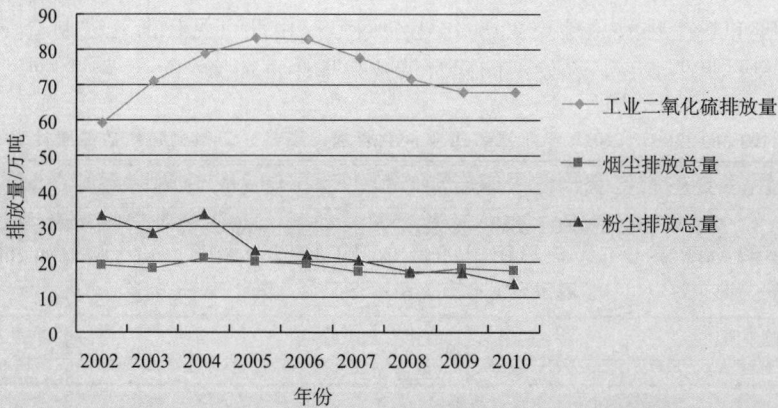

图 10-23　2002～2010 年浙江省工业企业二氧化硫、烟尘和粉尘排放量

数据来源:《浙江统计年鉴》历年相关数据整理所得

10.3　浙江省制造业上市公司分析

制造业上市企业作为中国上市企业主力,其发展受到行业内外极大关注。在全国制造业上市企业中浙江省具有较多数量的制造业上市企业。本部分将主要就浙江省制造业上市公司的状况及其地区行业分布、规模和效益、股本结构和板块结构等方面描述其发展现状及其特征。

10.3.1　浙江省制造业上市公司的状况

经过 23 年的持续发展,上市公司成为我国国民经济发展的中坚力量。截至 2012 年 12 月底,我国境内上市公司达到 2494 家,主营业务为制造业的上市公司已达到 1634 家,占总数的 65.52%；浙江省制造业有 181 家上市公司，占制造业上市公司总数的 11.08%，证券数量为 182 个，涵盖 26 个创业板、112 个中小企业板、42 个主板及 2 个 B 股等。

2012 年，浙江省制造业上市公司主营业务收入达 4297.891 亿元，占浙江省生产总值的 12.42%；利润总额 327.142 亿元，占浙江省规模以上工业企业利润总额的 11.28%。相比 2011 年，上市公司的主营业务收入和利润总额占浙江省生产总值和全省规模以上工业企业利润总额的百分比均呈下降趋势。如表 10-11 所示。

表 10-11　浙江省制造业 181 家上市企业股票基本情况

主要指标	2008 年	2009 年	2010 年	2011 年	2012 年
上市公司主营业务收入/亿元	2 682.292	2 588.559	3 448.955	4 223.807 5	4 297.891
上市公司利润总额/亿元	219.983	299.793	411.366	458.116	327.142
浙江省生产总值/亿元	21 462.69	22 990.35	27 722.31	32 318.85	34 606
规模以上工业企业利润总额/亿元	1 634.2	2 115.65	3 174.75	3 327.29	2 899.8
上市公司占生产总值的比重/%	12.50	11.26	12.44	13.07	12.42
上市公司利润占工业企业利润总额的比重/%	13.46	14.17	12.96	13.77	11.28
上市公司员工总数/万人	28.791 1	36.023 9	43.917 5	48.720 7	53.813 4

1）地区分布特征

如表 10-12 所示，从上市公司注册所在地级市分布来看，浙江省制造业上市公司注册地所在地级市分布广，数量集中度高，181 家上市企业分布在全省全部 11 个地级市中，杭州市、绍兴市、宁波市和台州市位列前四，共有 126 个制造业上市企业，占全省的 69.61%，其中杭州市最多，占全省的 23.76%。

表 10-12　2012 年浙江省制造业上市企业地区分布

序号	地级市	上市企业/家	所占比例/%	序号	地级市	上市企业/家	所占比例/%
1	杭州市	43	23.76	7	温州市	10	5.52
2	绍兴市	30	16.57	8	湖州市	9	4.97
3	宁波市	27	14.92	9	衢州市	3	1.66
4	台州市	26	14.36	10	丽水市	2	1.10
5	嘉兴市	16	8.84	11	舟山市	1	0.55
6	金华市	14	7.73				

数据来源：根据上海证券交易所（www.sse.com.cn）、深圳证券交易所（www.szse.cn）2012 年年报相关资料整理得出。

2）行业分布特征

根据《上市公司行业分类指引 2012》分类，制造业上市企业共分为 31 个行业。从制造业行业分布来看，浙江省制造业上市企业所有股票分布地区也较广，主要分布在 26 个行业中，其中在计算机、通信和其他电子设备制造业 C39、通用设备制造业 C34、电气机械和器材制造业 C38、化学原料和化学制品制造业 C26、汽车制造业 C36 和医药制造业 C27 六个行业分布较多,占全省制造业上市企业股票数量的 56.91%。可以看到,浙江省上市制造业行业覆盖面广,高技术产业相对数量较多(表 10-13)。

表 10-13　浙江省制造业 181 家上市企业股票行业分布

序号	行业代码	行业名称	上市公司数量	所占比例/%
1	C39	计算机、通信和其他电子设备制造业	22	12.15
2	C34	通用设备制造业	21	11.60
3	C38	电气机械和器材制造业	21	11.60
4	C26	化学原料和化学制品制造业	14	7.73
5	C36	汽车制造业	13	7.18
6	C27	医药制造业	12	6.63
7	C35	专用设备制造业	9	4.97
8	C18	纺织服装、服饰业	9	4.97
9	C33	金属制品业	7	3.87
10	C17	纺织业	7	3.87
11	C29	橡胶和塑料制品业	7	3.87
12	C28	化学纤维制造业	6	3.31
13	C40	仪器仪表制造业	5	2.76
14	C41	其他制造业	5	2.76
15	C32	有色金属冶炼和压延加工业	4	2.21
16	C30	非金属矿物制品业	4	2.21
17	C22	造纸和纸制品业	3	1.66
18	C13	农副食品加工业	2	1.10
19	C24	文教、工美、体育和娱乐用品制造业	2	1.10
20	C21	家具制造业	2	1.10
21	C14	食品制造业	1	0.55
22	C15	酒、饮料和精制茶制造业	1	0.55
23	C19	皮革、毛皮、羽毛及其制品和制鞋业	1	0.55
24	C31	黑色金属冶炼和压延加工业	1	0.55
25	C20	木材加工和木、竹、藤、棕、草制品业	1	0.55
26	C37	铁路、船舶、航空航天和其他运输设备制造业	1	0.55

3)地区行业分布

从表 10-14 可以看出,C39、C34、C38 和 C26 四个行业较集中分布在杭州、绍兴、宁波和台州四个地级市中。

表 10-14　浙江省制造业上市企业证券地区行业分布　　　　（单位：个）

行业代码	杭州市	绍兴市	宁波市	台州市	嘉兴市	金华市	温州市	湖州市	衢州市	丽水市	舟山市	共计
C37				1								1
C20								1				1
C31	1											1
C19							1					1
C15		1										1
C14	1											1
C21		1		1								2
C24			2									2
C13			1			1						2
C22					2					1		3
C30						3		1				4
C32		1	2					1				4
C41	1	2	2									5
C40	3		1				1					5
C28	1				2		1	1				6
C29		2		2		3						7
C17	1	1	2								1	7
C33	1		1			1		2				7
C18		1	2	1	1	1	3					9
C35	2	3	2	1						1		9
C27	3	3		4				1				12
C36	4	3	2	2		2						13
C26	3	2		2	3	1		1	2			14
C38	4	5	4	1	1	2	4					21
C34	9	4	1	5	1					1		21
C39	9	1	5	4	2	1						22
共计	43	30	27	26	16	14	10	9	3	2	1	181

　　数据来源：根据上海证券交易所（www.sse.com.cn）、深圳证券交易所（www.szse.cn）2012 年年报相关资料整理得出。

10.3.2　浙江省制造业上市公司的结构

　　如图 10-24 所示，浙江省制造业上市公司的行业总股本与其上市公司企业的数量有相关性，其中，计算机、通信和其他电子设备制造业、通用设备制造业、电气机械和器材制造业和化学原料和化学制品制造业的股本数量占所有浙江省上市公司总股本的 45.32%，由此可见，浙江省制造业上市公司的行业集中度相对较大。

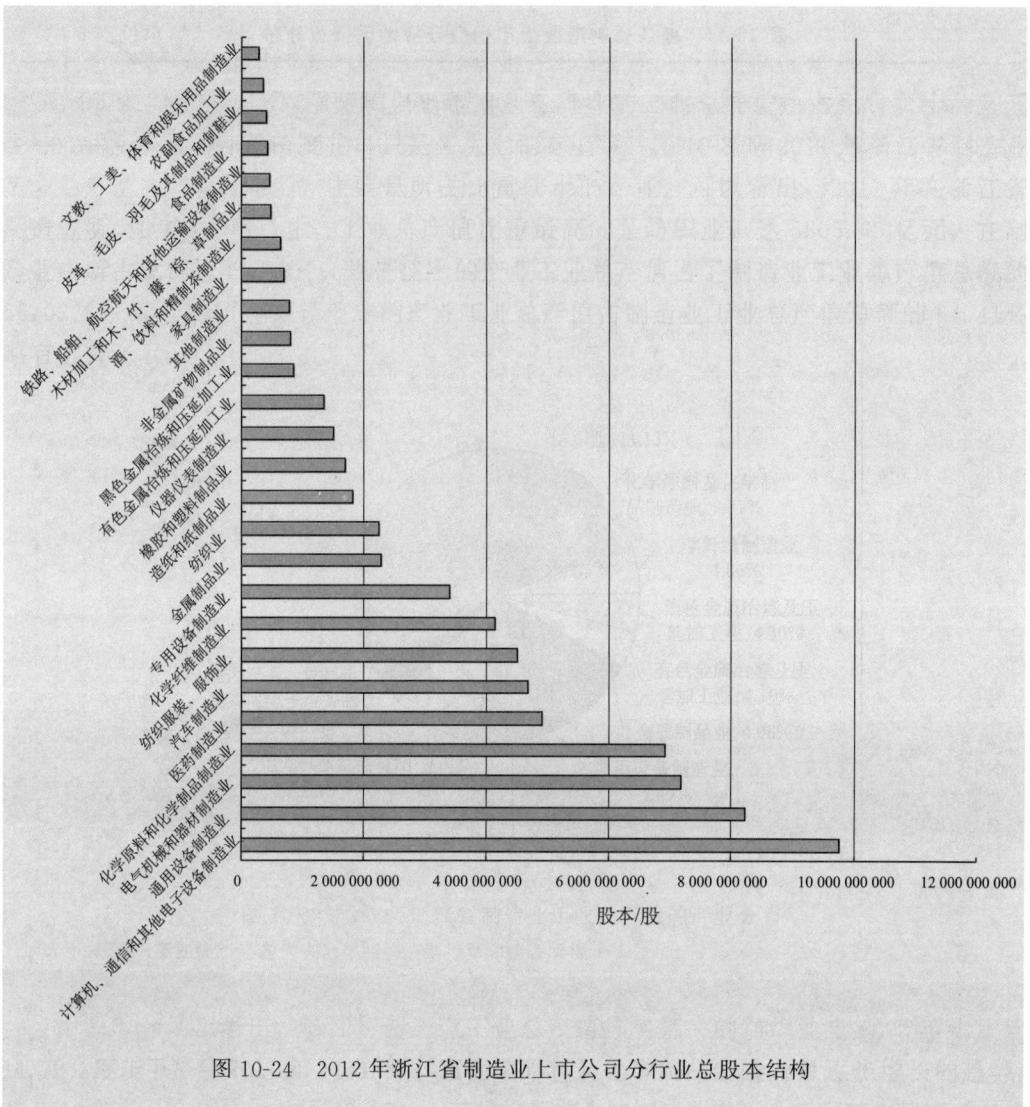

图 10-24　2012 年浙江省制造业上市公司分行业总股本结构

10.3.3　浙江省制造业上市公司的发展

1）浙江省上市公司利益分析

由表 10-15 可知，浙江省上市公司无论从利润、股东权益和规模发展在 2008～2009 年发展迅猛，但自 2011 年后，各种经济指标均呈现下滑趋势，由此可见，浙江省上市公司正在转型升级，期间有一个自适应的过程。

2）浙江省制造业规模最大的 10 家上市公司

考虑到上市公司的经营周期的不同，本报告采用五年主营业务收入累计值作为浙江制造业规模最大的上市公司定量评估指标，以达到更加稳定全面的评估结果。

通过 2008 年到 2012 年的浙江省制造业上市公司的年度报告数据，列出 2012 年浙江省制造业上市公司规模最大的 10 家上市公司排名结果（表 10-16），其中杭钢股份以

表 10-15 浙江省制造业 181 家上市公司基本利益分析情况表

主要指标	2008 年	2009 年	2010 年	2011 年	2012 年
上市公司利润总额/亿元	219.9834	299.7934	411.3664	458.1157	327.142
上市公司利润增长率/%		36.28	37.22	11.36	−28.59
上市公司净利润额/亿元	185.1983	255.8934	346.4213	381.2203	268.9642
上市公司净利润增长率/%		38.17	35.38	10.05	−29.45
股东权益/亿元	1101.243	1453.043	2200.315	2889.005	3204.174
股东权益增长率/%		31.95	51.43	31.30	10.91
上市公司资产总计/亿元	2639.957	3147.545	4173.303	5232.249	5828.205
上市公司资产增长率/%		19.23	32.59	25.37	11.39
上市公司总股本/亿股	263.5616	306.9527	421.4664	583.816	700.3549
上市公司股本增长率/%		16.46	37.31	38.52	19.96
上市公司主营业务收入/亿元	2682.292	2588.559	3448.955	4223.807	4297.891
上市公司主营业务收入增长率/%		−3.49	33.24	22.47	1.75
上市公司员工总数/万人	28.7911	36.0239	43.9175	48.7207	53.8134
上市公司员工增长率/%		25.12	21.91	10.94	10.45

966.4292 亿元的五年主营业务收入排名第一，荣盛石化位列第二，接着是桐昆股份和雅戈尔，排名前四的上市公司主营业务收入占全部浙江省制造业上市公司主营业务收入的 17.87%，规模最大的 10 家上市公司占全部浙江省制造业上市公司主营业务收入的 30.55%。同时，规模最大的这 10 家上市公司有两家化学纤维制造业、两家有色金属冶炼和压延加工业及两家化学原料和化学制品制造业，纺织服装、服饰业，汽车制造业，电气机械和器材制造业和黑色金属冶炼和压延加工业各一家，其行业涵盖了大部分浙江省制造业重点行业，这 10 家上市公司的是浙江省制造业企业的"领头羊"。通过这 10 家浙江规模最大的上市公司的所在行业可以看出，浙江在未来行业结构调整势在必行！

表 10-16 2012 年浙江省制造业上市公司规模最大的 10 家上市公司

证券代码	股票名称	所在市	所在行业	五年主营业务收入/亿元
600126.SH	杭钢股份	杭州市	黑色金属冶炼和压延加工业	966.4292
002493.SZ	荣盛石化	杭州市	化学纤维制造业	798.2676
601233.SH	桐昆股份	桐乡市	化学纤维制造业	717.4639
600177.SH	雅戈尔	宁波市	纺织服装、服饰业	598.4447
002203.SZ	海亮股份	诸暨市	有色金属冶炼和压延加工业	452.3875
002082.SZ	栋梁新材	湖州市	有色金属冶炼和压延加工业	420.8407
000559.SZ	万向钱潮	杭州市	汽车制造业	347.5111
601877.SH	正泰电器	乐清市	电气机械和器材制造业	345.7408
600352.SH	浙江龙盛	上虞市	化学原料和化学制品制造业	314.0072
600160.SH	巨化股份	衢州市	化学原料和化学制品制造业	306.0805

数据来源：根据上海证券交易所（www.sse.com.cn）、深圳证券交易所（www.szse.cn）2012 年年报相关资料整理得出。

3）浙江省制造业效益最好的 10 家上市公司

本报告在浙江省制造业效益最好的 10 家上市公司的定量评估中，侧重于企业的上一年度内的经济效益表现，因此 2012 年浙江省制造业上市公司效益最好的 10 家上市公司的评估指标选取 2012 年上市公司的净利润总额（表 10-17）。2012 年，浙江制造业效益最好的 10 家上市公司在企业盈利方面表现突出，10 家上市公司的净利润总额占全部浙江制造业上市公司利润总额的 39.52％，其中，海康威视以利润总额 21.4043 亿元居于第一位，其后是雅戈尔 16.5787 亿元，正泰电器和杭汽轮 B 在 2012 年利润总额的排名中也非常突出，分别位于第三和第四位。由 10 家浙江制造业效益最好的上市公司所在行业分布可以看出，浙江目前正处于转型升级的过程中，其效益正不断体现。

表 10-17　2012 年浙江省制造业上市公司效益最好的 10 家上市公司

证券代码	股票名称	所在市	所在行业	2012 年净利润额/元
002415.SZ	海康威视	杭州市	计算机、通信和其他电子设备制造业	2 140 426 340.480 0
600177.SH	雅戈尔	宁波市	纺织服装、服饰业	1 657 871 789.530 0
601877.SH	正泰电器	温州市	电气机械和器材制造业	1 401 091 863.250 0
200771.SZ	杭汽轮 B	杭州市	通用设备制造业	861 360 174.550 0
600216.SH	浙江医药	杭州市	医药制造业	851 141 844.890 0
002001.SZ	新和成	绍兴市	医药制造业	850 172 805.140 0
600352.SH	浙江龙盛	绍兴市	化学原料和化学制品制造业	809 448 696.540 0
002563.SZ	森马服饰	温州市	纺织服装、服饰业	760 804 010.780 0
002236.SZ	大华股份	杭州市	计算机、通信和其他电子设备制造业	696 651 234.160 0
600160.SH	巨化股份	衢州市	化学原料和化学制品制造业	599 871 304.160 0

数据来源：根据上海证券交易所（www.sse.com.cn）、深圳证券交易所（www.szse.cn）2012 年年报相关资料整理得出。

10.4　浙江省制造业发展趋势

浙江是制造业大省，总体上劳动密集型制造业规模偏大，产业层次与产品附加值偏低。2008 年国际金融危机以来由于国际市场环境变化，浙江制造业及其产品市场竞争力有所弱化，产品盈利能力和水平逐渐下降。随着房地产业增长趋缓，浙江面临如何加快结构调整与产业升级，提升制造业产业竞争力的问题。"十二五"时期浙江制造业要通过过剩产能转移，压缩劳动密集型制造业规模，提升制造业产业层次；通过技术创新与产品创新，增强有效投资，提高制造业产业发展水平；通过市场化产业整合，提高制造业产业集中度。既要保持劳动密集型制造业的传统竞争优势，又要提升技术密集型制造业竞争能力，更要增强制造业的产业整体竞争力。使浙江制造业在经济环境变迁与产业转型升级中推陈出新，更上一层楼。

10.4.1　改造提升传统优势产业

浙江省既是制造业大省又是一个传统制造业大省，纺织、轻工、电子信息、有色金属、化工等传统产业是浙江制造业的主体和支柱行业。当前和今后一个时期，传统产业仍将是浙江省经济发展的主体，是建设现代产业体系的重要内容，是实现工业现代化的重要基础。只有把传统产业的改造提升放在重要位置，积极采用高新技术和先进适用技术改造提升传统产业，才能不断赢得新的发展动力和市场空间，创造新的竞争优势；才能全面提升产品和产业层次，提高国际分工地位；才能奠定现代产业体系建设的基础，走出一条具有浙江特色的新型工业化路子。

改造提升传统产业，必须充分发挥龙头企业的带动作用，采取有力措施促使其拓展产业链、提升价值链，优化企业组织结构，进一步提高产业集中度，提高企业配套协作水平。要充分发挥品牌建设的提升作用，引导和支持企业创立品牌，实现由无牌、贴牌到有牌、自主品牌的转变，支持创建和提升区域品牌，加快培育国际性品牌。要充分发挥技术创新的核心作用，进一步推动企业集聚创新资源，采用国际先进标准，提升产品品质，加快培育一批企业研发机构，建设一批面向块状经济和中小企业的科技创新服务平台，认真落实支持企业技术创新的各项税费减免优惠政策，加快构建技术创新金融服务体系。要充分发挥块状经济的主体作用，落实产业集群转型升级的各项工作。

10.4.2　加强制造业产业集聚发展

产业集聚是指大量的相关产业相互集中在特定的地域范围内，地理集中性是产业集聚的最重要特点之一。产业集聚的地理集中性能产生广泛的"集聚经济"效应，这种"集聚经济"效应可以使得集聚区内企业的生产和交易成本降低。首先，产业集聚带来了各种基础设施、服务设施、市场网络、信息资源的共享，公共物品共享使用提高了资源的利用效率，从而使生产资料转移到单个产品上的价值减少。其次，大量企业的集聚能扩大市场需求，使各种各样的专业化供应商得以生存，形成专业化供应商网络。对于集聚区内的某个企业而言，产品生产所需的专门设备和配套服务可以很方便地从专业化供应商网络中获取，这大大降低了因生产转换加工的成本。再次，一方面，产业集聚带来了专业化劳动力市场的共享，产业集聚区内的企业借此可以很容易找到他们所需的专业化人才，这无疑降低了企业搜寻劳动力的成本；另一方面，集聚区内的企业通过合资或合作的方式建立共同的零售、批发市场，批量买入原材料，减少能源和原料损耗，缩短原料和产品的运输距离，节约企业的运输成本。最后，产业集聚使得集聚区内企业与企业、员工与员工之间面对面交流次数增加，增进了相互的了解和信任，这使得有用的信息会在员工和企业间快速传播，从而减少企业搜寻有用信息的成本。

产业集聚发展是浙江工业的重要特色。改革开放以来，传统块状经济已成为浙江省区域经济发展的重要产业组织形式和载体。浙江省将加快推进传统块状经济向现代产业集聚，由政府引导产业集聚，浙江省在"十二五"规划中指出将加快培育现代产业集群，一批制造业转型升级 11 个重点产业（包括钢铁、石化、汽车、船舶、轻工、纺织、建材、医药、装备制造、电子信息和有色金属），一批块状经济向现代产业集群转型升级示范区。对比 2010 年和 2011 年浙江省制造业各类规模企业数量（表 10-1），大型企业由 2010 年的 225 个增长到 2011 年 621 个，增幅达 176%；中型企业由 2010 年 4678 个增长到 2011 年 5021 个，增幅为 7.3%；小型企业则由 2010 年 59 461 个锐减到 2011 年 28 698 个，减幅达一半之多，可见浙江省未来将加快产业集聚发展，优化企业升级改造。

10.4.3 大力振兴装备制造业

装备制造业是为国民经济和国家安全提供装备的战略性和基础性产业，具有产业关联度高、资本技术密集、市场需求大等特点，是一个地区产业竞争力的集中体现。浙江要实现制造大省向制造强省的跨越，必须大力提升装备制造业，加快先进制造业基地建设。浙江省"十二五"规划中指出要大力发展汽车、装备、医药等资金和技术密集型产业，择优发展石化、船舶、钢铁等现代临港工业，着力引进和组织实施一批投资规模大、产业关联强、附加值高的重大项目。浙江提出要大力发展装备制造业是有其原因的，因为传统产业的改造提升或新兴行业的加快发展，都需要装备制造业的支持。

2012 年，浙江省规模以上装备制造业研发经费投入同比增长 12%；规模以上装备制造业新产品产值达到 6343.9 亿元，新产品产值率达到 32.1%，位居全国前列。据浙江省统计局新近公布的数据，2013 年一季度，浙江规模以上工业增加值同比增长 8.1%，其中，装备制造业增加值同比增长 9%。装备制造业呈现良好发展势头。浙江省政府将装备制造业定性为今后培育发展的重要主导产业和支撑产业，核电、水电、火电、风电、太阳能电等电站设备以及轨道交通设备、大型石化装备等重要领域的装备制造业，以及与传统优势产业密切相关的先进纺织、轻工、医药、化工、农业等专业机械以及数控精密机床、节能环保装备列为积极发展对象。今后，浙江装备制造业要努力向技术自主化、制造集约化、设备成套化、服务网络化发展，不断提高自主设计、制造和成套能力，形成一批具有特色和"专、精、特、新"的产业集群，提高核心竞争力，这有助于浙江在新型工业化道路顺利前进。2013 年 3 月，浙江省人民政府下发了《关于推动现代装备制造业加快发展的若干意见》的 23 号文，吹响了扶持现代装备制造业加快发展的号角。其中规划了 8 个现代装备高新区、30 个现代装备制造业基地，引导相关企业集聚发展。前不久，浙江省在推进装备制造业发展情况新闻发布会上还提出：浙江将大力发展装备制造业，到 2015 年时培育形成 100 家具有重大装备自主设计研发能力的重点企业研究院、形成 50 家左右具有较强国际竞争力的装备集成制造龙头骨干企业，把现代装备制造业作为工业现代化的主攻方向、优先发展的主导产业、招商引资的优先项目，全力打造装备制造强省。

10.4.4 努力发展高新技术产业

发展高新技术产业不仅是促进制造业又好又快发展的必然途径，也是培育制造业新增长点的内在要求。随着浙江省经济发展水平的不断提高和资源要素约束的日益强化，传统的粗放型经济增长方式已到了必须彻底转变的关口。因此，加快发展高新技术产业势在必行。通信与网络设备、生物与新医药、电子元器件、仪器仪表、新能源、新材料等高新技术产业要发挥技术含量高、产业带动强、经济效益好、节能环保等优势，充分起到先导作用。但发展高新技术产业必须建立在发挥浙江传统产业和特色产业优势的基础上。要积极运用高新技术和先进适用技术改造提升传统产业，充分凭借骨干企业的资金和规模优势，建立科技创新平台，强化优势产业和特色产业的自主创新能力，不断提高传统产业的技术含量，是促进高新技术产业和传统产业协同发展的有效举措。

经过三十年发展，中国东部沿海经济发达地区生产成本有较大幅度上涨。浙江作为国内高生产成本地区，在制造业发展中已难以通过低劳动力成本获取制造业产业竞争优势。必须通过加强技术创新与产品创新，提高产品技术含量与产品附加值，提高制造业产业与产品市场竞争力。

浙江省"十二五"规划提出：将着力引进一批重大项目，着力培育一批重点优势企业。重点抓好产值 100 亿元以上块状经济的培育发展。要充分发挥产业融合创新的引领作用，大力推进传统产业内部重组融合，传统产业与高新技术产业、网络经济和创意产业融合，形成新的竞争优势。改革开放以来，浙江制造业主要生产日常生活用品，总体上产业层次低，产品技术含量与附加值不高。尤其是日常生活用品，市场竞争激烈，产品市场需求常常取决于低劳动力成本基础上的低价格。

初稿提供者：陈玉林

统稿：李廉水，周彩红

参 考 文 献

方丽. 2012. 基于技术创新视角的浙江省产业重分与重点产业选择. 杭州：浙江工商大学.

傅允生. 2013. 浙江制造业产业竞争力提升：环境变迁与路径选择. 浙江学刊，(1)：202-207.

李廉水. 2012. 中国制造业发展研究报告 2012. 北京：科学出版社.

吕燕萍，王丽华. 2007. 浙江区域经济差异成因及对策研究. 特区经济，(9)：48-49.

吴建群. 2011. 浙江区域经济差异比较与分析. 现代商贸工业，(16)：7-8.

许仙平. 2007. 浙江省制造业结构调整研究. 杭州：浙江大学.

浙江省统计局. 2002～2012. 浙江统计年鉴 2002～2012. 北京：中国统计出版社.

浙江装备制造业发展形势探讨分析. http://www.chinairn.com/news/20130513/162511517.html.

第11章

上海市制造业

上海市位于太平洋西海岸、中国沿海南北海岸线中点、长江三角洲地区的中心城市，具有优越的地理区位。在这个人口仅占全国 1%、土地面积占全国 0.06% 的城市里，完成的财政收入占全国的 1/9，口岸进出口商品总额占全国的 1/4，港口货物吞吐量占全国的 1/10，并在改革开放、产业升级、科技创新等方面发挥着示范、辐射和带动作用。

近年来，上海市制造业把高新技术产业化作为工业结构优化升级的重要举措，聚焦九大重点领域，着力提高自主创新能力，工业结构调整加快，电子信息产品制造业、汽车制造业、石油化工及精细化工制造业、精品钢材制造业、成套设备制造业、生物医药制造业六个重点发展行业增长快速。目前，上海国有及规模以上非国有工业企业的工业总产值及其工业利润都处于全国第五位，仅次于广东、江苏、山东和浙江。

本章将对上海市制造业展开深入研究，分析其发展状况和特点，以发现其存在的问题，促进上海市制造业结构调整转型升级，引领上海经济健康稳定发展。

11.1 上海市制造业发展现状

11.1.1 上海市制造业定位

当前，全球制造业回归方兴未艾，发达国家不断强化国内制造业体系的建设，今后可能会有更多跨国企业受发达国家制造业振兴政策的吸引，以及受错综复杂的国际政治因素的影响，出现产业大规模转移的趋势。这将对未来几年上海的产业升级带来严重冲击，给上海的工业产品出口带来压力，使上海工业面临苛刻的国际投资贸易规则，同时还可能加大发达国家对上海工业的技术封锁。但是，全球制造业回归也给上海工业发展带来了不少机遇。制造业回归给上海工业带来了新的发展空间，为上海工业开展跨区域合作、上海企业实施"走出去"战略提供了新的机遇，也为上海工业未来发展明确了新的技术方向。

《上海经济发展报告（2013）》指出，全球制造业生产布局的调整、制造业技术的改造以及新兴产业的发展将给上海经济结构调整带来诸多挑战与机遇。从现状看，面对新一轮的技术革命和发达国家的制造业回归，上海制造业发展仍面临许多困难：一是面临资源和成本的严峻约束；二是上海的大多数工业企业还缺乏自主核心技术的支撑；三是工业发展高端化和高新化缺乏相应的产业配套；四是上海工业发展仍未形成以企业为主的创新体系。为此，上海工业发展亟须顺应国际产业发展趋势，从加快上海建设"四个中心"和促进"创新驱动，转型发展"的大局，积极提升城市生产功能。需要以完善产业链和产业集群为突破口，打造优势工业高地；以全面提升自主创新能力为突破口，打造工业创新中心；以产业融合和价值链拓展为依托，打造高端制造服务基地。作为长江三角洲的经济中心城市上海，上海市制造业通过科技创新，产业调整，形成优势产业高地，对长江三角洲地区的发展，乃至全国制造业发挥着示范、辐射和带动作用。

11.1.2 上海市制造业的成就

1）六个重点产业发展迅速

上海市集聚科技、产业、金融、人才等各方面资源，引导各类创新要素，聚焦新能源、民用航空制造业、先进重大装备、生物医药、电子信息制造业、新能源汽车、海洋工程装备、新材料、软件和信息服务业等重点领域和重大项目。2002 年以来，电子信息产品制造业、汽车制造业、石油化工及精细化工制造业、精品钢材制造业、成套设备制造业和生物医药制造业六个重点工业行业增长迅速，其中，先进重大装备、电子信息制造业、海洋工程装备、新材料等领域年增量超过 100 亿元；民用航空制造业、先进重大装备、新能源汽车、软件和信息服务业等领域比上年增长 20% 以上。在 2011 年，六大重点产业全年完成工业总产值 21 593.31 亿元，比上年提高 8.56%，占全市规模以上工业总产值的比重为 66.6%，比 2010 年增长了 0.5 个百分点。如表 11-1 所示。

表 11-1　上海市制造业六大重点产业工业总产值情况

行业名称	2002 年	2005 年	2008 年	2010 年	2011 年
电子信息产品制造业/亿元	1 305.24	3 989.48	6 127.85	7 022.46	7 166.68
汽车制造业/亿元	942.47	1 026.48	1 851.27	3 626.46	4 129.58
石油化工及精细化工制造业/亿元	846.67	1 783.99	2 899.84	3 442.44	3 954.01
精品钢材制造业/亿元	581.57	1 339.84	1 638.97	1 722.87	1 813.16
成套设备制造业/亿元	634.27	1 532.63	3 048.30	3 485.65	3 888.82
生物医药制造业/亿元	207.67	281.85	432.60	591.20	641.06
六个重点发展工业行业占全市比重/%	58.4	63.13	63.7	66.1	66.6
总计/亿元	4 517.88	9 954.28	15 998.83	19 891	21 593.31

六个重点工业行业中，生物医药制造业产值 745.66 亿元，比上年增长 7.9%；汽车制造业产值 4171.58 亿元，增长 7%；石油化工及精细化工制造业产值 3932.38 亿元，增长 2%；电子信息产品制造业产值 6791.14 亿元，比上年下降 3.2%；精品钢材制造业产值 1561.16 亿元，下降 3.7%；成套设备制造业产值 3768.58 亿元，下降 4.7%。

2）整体产业盈利能力有所增长

根据上海统计局数据显示，2011 年规模以上工业主营业务全年收入 34 466.32 亿元，比去年同期增长 10.3%，主营业务收入排名前五位的依次是：交通运输设备制造业（6229.09 亿元）、通信设备、计算机及其他电子设备制造业（6034.57 亿元）、通用设备制造业（2616.74 亿元）、化学原料及化学制品制造业（2593.59 亿元）、黑色金属冶炼及压延加工业（2233.6 亿元）。

2011 年主营业务年同期增长率排名前五位的依次是：工艺品及其他制造业（34.3%）、烟草制品业（24.4%）、化学纤维制造业（23.2%）、专用设备制造业（22.5%）、农副食品加工业（22.1%）。如表 11-2 所示。

表 11-2　2011 年上海规模以上工业主要经济效益指标

行业名称	主营业务收入	比去年同期增长/%	排序
工艺品及其他制造业	358.86	34.3	1
烟草制品业	669.49	24.4	2
化学纤维制造业	47.81	23.2	3

续表

行业名称	主营业务收入	比去年同期增长/%	排序
专用设备制造业	1 262.69	22.5	4
农副食品加工业	330.30	22.1	5
石油加工、炼焦及核燃料加工业	1 664.02	19.9	6
饮料制造业	194.30	16.7	7
有色金属冶炼及压延加工业	501.56	16.6	8
食品制造业	549.73	15.8	9
皮革、毛皮、羽毛（绒）及其制品业	143.39	15.5	10
交通运输设备制造业	6 229.09	15.2	11
通用设备制造业	2 616.74	13.0	12
造纸及纸制品业	281.10	12.7	13
医药制造业	453.79	12.7	14
纺织服装、鞋、帽制造业	455.77	11.7	15
化学原料及化学制品制造业	2 593.59	11.2	16
电气机械及器材制造业	2 155.95	10.9	17
橡胶制品业	241.84	10.4	18
塑料制品业	655.87	10.3	19
仪器仪表及文化、办公用机械制造业	387.86	10.3	20
金属制品业	916.63	9.8	21
非金属矿物制品业	559.68	9.4	22
黑色金属冶炼及压延加工业	2 233.60	7.4	23
纺织业	413.94	7.0	24
印刷业和记录媒介的复制业	189.02	5.6	25
废弃资源和废旧材料回收加工业	43.10	5.5	26
文教体育用品制造业	147.69	3.8	27
木材加工及木、竹、藤、棕、草制品业	79.21	2.9	28
家具制造业	246.76	2.2	29
通信设备、计算机及其他电子设备制造业	6 034.57	−1.0	30
规模以上工业合计	34 466.32	10.3	—

3）初步形成具有较强竞争力的现代制造业产业基地

目前，上海已形成了电子信息、钢铁、石化、汽车、装备制造业和生物医药六大支柱产业。上海的现代制造业也基本上以集群的形式发展。如汽车业，汇集了通用、大众等生产厂商，生产汽车齿轮、汽车饰件、汽车电子的协作配套厂商及生产摩托车的相关厂商，形成了垂直和水平分工协作的格局。再如生物医药业，以瑞士罗氏制药等企业为主体的上海张江生物医药科技产业基地企业群体、以国家人类基因组南方研究中心等为主体的新药创新体系等日趋形成。上海正全力打造我国生物医药产业基地。

工业园区是上海现代制造业集群的主要载体，今后上海将重大项目和合资项目向

"1+3+9"集中，即向浦东新区，漕河泾、闵行和漕泾开发区以及9个市级工业园区集中，这些工业园区各项主要指标均占全市工业三成以上，成为全市经济的重要支撑点和发展的动力源。

在上海与其周边地区进行技术、经济的合作与分工过程中，区域内初步形成了具有较强竞争力的现代制造业产业带。上海因其在技术、人才、资金等方面的优势，成为区域现代制造业的研发和技术创新中心、营销中心以及管理控制中心，占据产业链的高端地位。上海的郊区县和商务成本较低、工业基础较好的周边地区成为生产配套基地。优势互补、分工协作使上海与其周边地区形成合力、共同发展。

11.1.3 发展中存在的问题

1）传统产业渐趋萎缩

经过近十年来上海制造业的产业调整，部分传统产业工业产值逐渐萎缩，例如，石油加工、炼焦及核燃料加工业，烟草制品业，塑料制品业，纺织业等。从上海市2002～2011年统计年鉴中可以综合得出，作为上海传统产业的代表——纺织业，从2002年占制造业工业总产值的3.70%到2005年的2.35%，再到2011年的1.27%，十年来下降了近2.5个百分点，产值排序从2002年11位下降到2011年的17位。石油加工、炼焦及核燃料加工业，塑料制品业，烟草制品业的行业产值百分比分别有一定程度的下降，同时产值排序在近十年来不断下降，从2002年的第一、第二和第三位下降至2011年产值排序为第7、11和10位。如表11-3所示。

表11-3 上海制造业内部结构变化

行业名称	2002年			2005年			2008年			2011年		
	产值/亿元	百分比/%	排序	产值/亿元	百分比/%	排序	产值/亿元	百分比/%	排序	产值/亿元	百分比/%	排序
石油加工、炼焦及核燃料加工业	382.40	5.67	1	827.23	5.47	7	1203.44	5.07	7	1648.24	5.37	7
烟草制品业	147.00	2.18	3	199.39	1.32	18	329.72	1.39	17	676.24	2.20	10
塑料制品业	182.80	2.71	2	355.55	2.35	11	546.32	2.30	10	652.25	2.13	11
纺织业	249.66	3.70	11	354.85	2.35	13	346.73	1.46	15	389.78	1.27	17

2）战略新兴产业总产值减少

从上海市战略性新兴产业方面看（表11-4），在2012年，高端装备的产出比上年下降9.8%，新能源的产出比上年下降19%，新一代信息技术、新材料的产出略有下降；生物医药的产出较上年增长10.3%，新能源汽车的产出较上年增长17.3%，全年战略性新兴产业总产出10 089.44亿元，按现价计算，比上年下降1.4%。其中制造业部分实现工业总产值7580.99亿元，下降4.1%。

表 11-4   2012 年战略性新兴产业总产出及其增长速度

指标	绝对值/亿元	比上年增长/%
战略性新兴产业总产出	10 089.44	−1.4
制造业部分工业总产值	7 580.99	−4.1
节能环保	393.00	−2.3
新一代信息技术	2 194.62	−3.3
生物医药	745.66	10.3
高端装备	2 300.84	−9.8
新能源	423.44	−19.0
新材料	1 707.82	−1.1
新能源汽车	39.87	17.3

3）制造业产业技术创新能力亟待提升

上海市制造业升级，面临的最大问题仍然是核心技术。电子信息产业创新能力薄弱，相当一部分核心技术源于海外；汽车产业技术主要依赖于国外，基本上没有掌握产品开发主动权；石油化工产业缺乏核心技术和核心产品，技术上基本处于劣势；钢铁产业的节能降耗与国际先进水平还有相当大的差距；成套设备制造业与国际水平相比基本上处于弱势；生物医药产业缺乏自主知识产权，产品多仿制类，附加值较低。

另外，工业发展面临一系列不确定因素，由于土地、能源、人力成本、交通运输等资源环境约束，部分行业和企业加快向外省市梯度转移，上海工业投资难有大的增长，产业结构调整和工业节能降耗的压力加大，需要综合平衡产值、职工安置、社会稳定等因素，走高端、低碳、可持续发展道路的要求日益迫切。

11.2   上海市制造业分析

11.2.1   上海市制造业总量分析指标体系

根据研究的需要和研究成果的可比性，本报告采用的研究指标主要运用经济、科技和环境三大指标集进行评价分析，具体的研究指标如表 11-5 所示。

表 11-5   上海市制造业产业研究指标

指标类别	指标名称	指标单位
经济类指标 （规模与绩效）	工业总产值	亿元
	从业人数	万人
	主营业务收入	亿元
	利润总额	亿元

续表

指标类别		指标名称	指标单位
科技类指标 （科技投入与产出）	投入	R&D人员投入情况	万人
		R&D经费投入情况	亿元
	产出	R&D项目（课题）情况	项
		科技产出及成果情况	
环境类指标 （能源与环境）		"三废"排放	万吨
		环境投资	
		环境保护	

11.2.2 经济创造能力

1）上海制造业总产值

上海制造业在 2002 年制造业工业总产值为 6740.56 亿元，2003 年便已突破 1 万亿元，达到 10 037.88 亿元；2007 年超过 2 万亿元，达到 21 425.13 亿元；2011 年突破 3 万亿元，达到 30 687.33 亿元，再创历史新高。十年来平均增长率达 19.13%，制造业生产规模屡创新高。

2002～2011 年，上海按行业分规模以上制造业工业总产值总体呈现稳步增长的态势，2008 年、2009 年受国际金融危机影响，工业发展形势严峻，增幅连续两年大幅回落，2009 年下滑 4.69%，为十年来上海市制造业增幅唯一为负值的一年；2010 年随着国内外经济形势复苏好转，上海市制造业生产实现恢复性快速增长，全年增幅达 25.77%，仅次于 2003 年（图 11-1）。

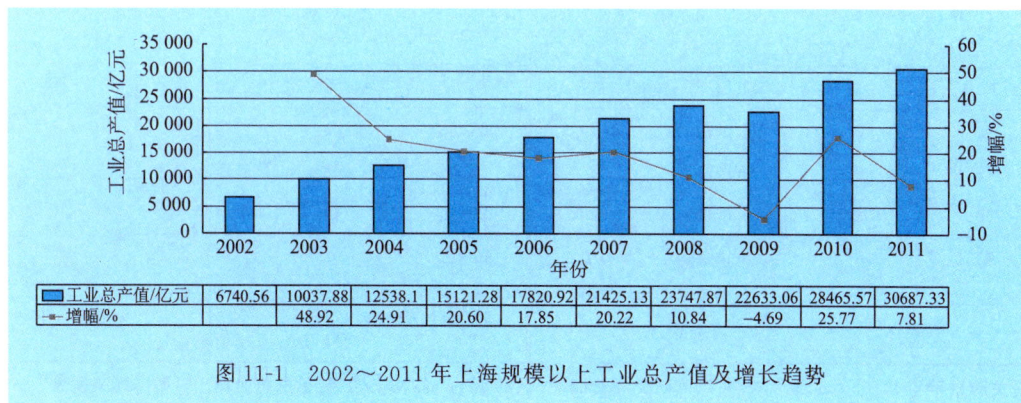

年份	2002	2003	2004	2005	2006	2007	2008	2009	2010	2011
工业总产值/亿元	6740.56	10037.88	12538.1	15121.28	17820.92	21425.13	23747.87	22633.06	28465.57	30687.33
增幅/%		48.92	24.91	20.60	17.85	20.22	10.84	−4.69	25.77	7.81

图 11-1 2002～2011 年上海规模以上工业总产值及增长趋势

2）上海制造业就业人数

2002～2008 年上海制造业就业人数逐年增加，由于经济危机的影响，2009 年上海制造业就业人数与 2008 年相比略有下滑，在经历了 2010 年的略微升高后，2011 年又再一次下滑，并产生了新的低点，总体上逐渐稳定，略有下降（图 11-2）。

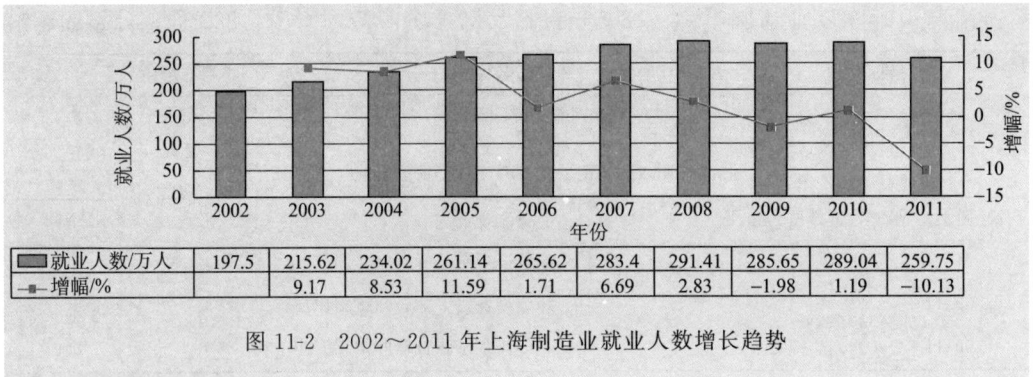

| 就业人数/万人 | 197.5 | 215.62 | 234.02 | 261.14 | 265.62 | 283.4 | 291.41 | 285.65 | 289.04 | 259.75 |
| 增幅/% | | 9.17 | 8.53 | 11.59 | 1.71 | 6.69 | 2.83 | -1.98 | 1.19 | -10.13 |

图 11-2　2002～2011 年上海制造业就业人数增长趋势

3）上海制造业主营业务及利润总额

主营业务收入同工业总产值指标趋势相似，《上海统计年鉴》中从 2004 年起开始统计该指标。从 2004 年至 2011 年的已有数据来看，上海制造业主营业务收入持续上升，与制造业工业总产值变化趋势相似（图 11-3）。

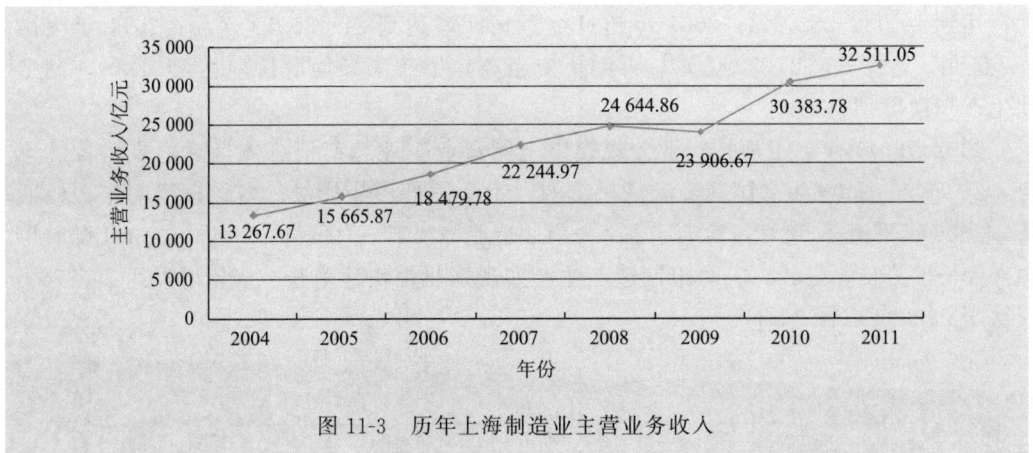

图 11-3　历年上海制造业主营业务收入

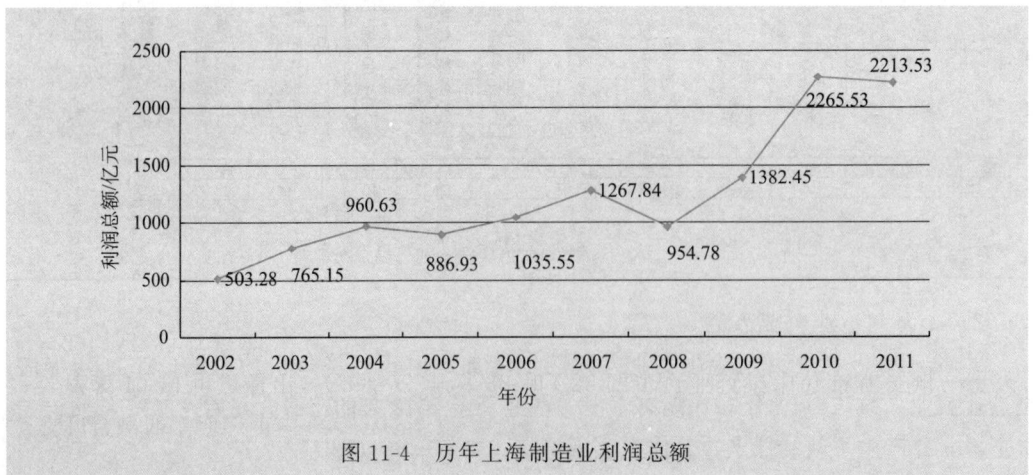

图 11-4　历年上海制造业利润总额

从 2002 年到 2011 年数据来看，上海制造业利润总体呈上升趋势，在经历 2007～2008 年的短期下降后，2008～2010 年总额陡增，增长率高达 131.84%，2010 年后又有小幅下降（图 11-4）。

11.2.3 创新能力分析

1）制造业科技创新的投入结构

产业创新能力是决定制造业竞争力的核心要素。国际上通常采用 R&D 活动的规模和强度指标反映一国的科技和核心竞争力。在此，也用此指标研究和反映上海地区的科技创新能力（表 11-6）。

表 11-6 R&D 人员投入情况

R&D 人员投入情况	2000 年	2010 年	2011 年
R&D 人员/人	26 253	82 095	100 298
R&D 人员全时当量/(人·年)	20 576	69 077	79 147
基础研究			11
应用研究	764	244	1 085
试验发展	19 812	68 833	78 066

表 11-7 R&D 经费投入情况

R&D 经费投入情况	2000 年	2010 年	2011 年
R&D 经费内部支出/亿元	31.15	274.05	343.76
基础研究			0.01
应用研究	1.33	2.00	12.40
试验发展	29.82	272.05	331.36
政府资金	31.15	16.77	18.21
企业资金	0.37	253.75	321.42
境外资金	20.19	2.37	2.15

从 2000 年、2010 年、2011 年 R&D 投入指标数据可以得出，2011 年 R&D 人员投入数量、R&D 人员全时当量（人·年）、R&D 经费内部支出（亿元）均有较大幅度的增加。其中，2011 年 R&D 经费内部支出达到 343.76 亿元（表 11-7），比 2010 年增长 25.44%；制造业 R&D 活动人员全时当量为 79 147 人·年，比 2010 年增长 14.58%。

2）制造业科技创新的产出结构

表 11-8 R&D 项目（课题）情况

R&D 项目（课题）情况	2000 年	2010 年	2011 年
R&D 项目（课题）数/项	2 412	9 240	12 378
R&D 项目（课题）人员全时当量/(人·年)		60 232	70 209
R&D 项目（课题）经费内部支出/亿元	28.14	247.29	293.21

表 11-9　科技产出及成果情况

科技产出及成果情况	2000 年	2010 年	2011 年
新产品产值/亿元	1 355.19	5 870.20	7 142.05
新产品销售收入/亿元	1 351.69	6 543.07	7 772.20
发表科技论文数/篇		2 846	3 061
形成国家或行业标准数/项		630	840
专利申请受理数/件	1 455	14 967	19 365
发明专利数/件	221	6 474	8 176
有效发明专利数/件	468	9 822	12 530

由表 11-8、表 11-9 可以得出，科技创新产出从总量指标到发明专利数量、发表科技论文数量、R&D 项目（课题）数量均有一定幅度的增加。2011 年，R&D 项目（课题）人员全时当量为 70 209 人·年，比 2010 年增加 16.56%；新产品产值达 7142.05 亿元，比 2010 年增加 18.57%，比 2000 年增长了近六倍；有效发明专利数达 12 530 件，比 2010 年同期数值增长了 27.57%。

11.2.4　环境能源分析

1）上海市工业排放的总体状况

从近 10 年上海市工业排放总量上看（表 10-10），上海市的工业二氧化硫排放量居于高位，2005 年处于最高点 37.52 万吨，从 2007 年起有明显的下降，2011 年下降至 21.01 万吨，为 2005 年水平的 56%，工业废气和废水排放总量基本相当，比较平稳，但废水和废气的排放量在 2010～2011 年略有回升趋势，需要引起相关工业生产部门的重视，严格控制排放，实现低碳、高效、可持续化的产业发展道路。

表 10-10　近 10 年上海市工业排放总量　　　　（单位：万吨）

工业排放总量	2002 年	2003 年	2004 年	2005 年	2006 年	2007 年	2008 年	2009 年	2010 年	2011 年
工业废水排放总量	6.49	6.11	5.64	5.11	4.83	4.76	4.41	4.12	3.67	4.46
工业废气排放总量	5.60	4.97	5.25	4.95	4.73	4.04	4.06	3.64	4.18	6.64
工业二氧化硫排放量	32.49	30.07	34.95	37.52	37.43	36.44	29.80	23.93	26.32	21.01

注：本表数据来自上海市环境保护局。

2）环境保护投资的总体状况

近年来，上海通过产业结构调整、大力发展现代服务业和先进制造业，优化能源结构，大力发展低碳能源，坚持科技引领节能减排等措施，努力实现低碳发展道路（图 11-5）。上海市在注重经济发展的同时，也注重环境保护，从图 11-6 中 2002～2011 年上海市环境保护投资看，上海市环境保护投资持续逐年递增，2011 年环境保护投资达到 557.92 亿元，是 2002 年 162.39 亿元的 3.44 倍。在上海市生产总值逐年增长下，环境保护投资总体上保持占当年生产总值的 3%，2011 年占当年生产总值的比重下降至 2.91%，达到近 10 年最低水平。

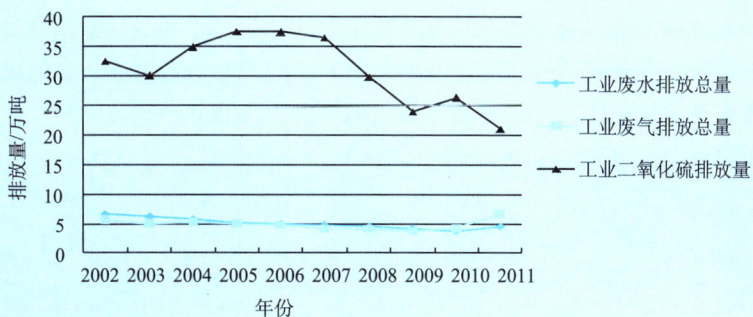

图 11-5　近 10 年上海市工业排放总量

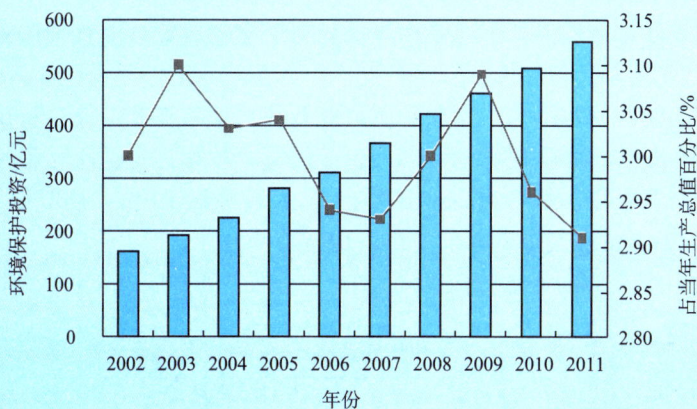

图 11-6　近 10 年上海市环境保护投资及占当年生产总值百分比

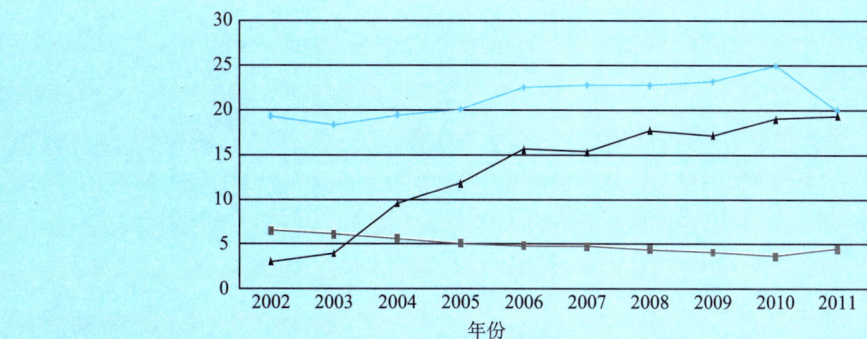

	2002	2003	2004	2005	2006	2007	2008	2009	2010	2011
废水排放总量/万吨	19.21	18.22	19.34	19.97	22.37	22.66	22.6	23.05	24.82	19.86
工业废水排放总量/万吨	6.49	6.11	5.64	5.11	4.83	4.76	4.41	4.12	3.67	4.46
污水处理总量/万吨	3.07	3.99	9.53	11.78	15.57	15.29	17.71	17.16	18.97	19.34

图 11-7　近 10 年上海市水环境保护（单位：亿吨）

3）水环境保护的总体状况

上海市历年来一直非常重视本市的水环境保护工作。在上海的污水治理过程中，值得强调的是从 20 世纪 90 年代后期持续至今的上海苏州河综合治理工程，一期以治水治黑臭为中心，污水截流底泥疏浚，二期继续以截污治污和生态修复为重点，同步推进水环境整治和两岸环境改造，三期竣工后苏州河生态系统将逐渐恢复，具备水体自净能力。从图 11-7 中看到，上海市的废水排放总量在 2011 年有所下降，工业废水排放总量在经济总量持续增长的同时逐年下降，但是在 2011 年有小幅上升，上海市污水处理量在近 10 年持续快速上升，基本上已经与废水排放量持平，较好地保护了上海市的水环境，见图 11-7。

11.3　上海市制造业产业结构分析

根据上海地区的产业结构进行分析对于研究其总体制造业发展至关重要。制造业内部产业分布结构、效益结构以及就业结构等是分析上海制造业产业结构的主要指标。

1）上海制造业的总产值结构

上海制造业产业的分布结构，反映了制造业各产业部门在制造业总量规模中所占的比重。由表 11-11 可见，比对 2011 年与 2010 年数据，上海制造业各行业的工业总产值所占比重前十的产业中，仅烟草制品业由第 11 位上升至第 10 位，同时原第 10 位的塑料制品业下降至第 11 位，其余产业部门排序均保持一致。

图 11-8 是 2011 年上海制造业工业总产值的产业分布，主要是所占比重前十一的产业。

表 11-11　2011 年上海制造业各产业总产值、比重及名次

制造业所属 30 个行业	工业总产值/亿元	所占比重/%	名次 2011 年	名次 2010 年
制造业合计	30 687.3	—	—	—
农副食品加工业	297.11	0.97	20	20
食品制造业	492.15	1.60	14	15
饮料制造业	201.41	0.66	23	25
烟草制品业	676.24	2.20	10	11
纺织业	389.78	1.27	17	16
纺织服装、鞋、帽制造业	440.35	1.43	16	13
皮革、毛皮、羽毛（绒）及其制品业	144.57	0.47	27	27
木材加工及木、竹、藤、棕、草制品业	81.22	0.26	28	28
家具制造业	244.26	0.80	22	21
造纸及纸制品业	279.65	0.91	21	19
印刷业和记录媒介的复制业	184.12	0.60	24	23
文教体育用品制造业	149.11	0.49	26	26
石油加工、炼焦及核燃料加工业	1 648.24	5.37	7	7
化学原料及化学制品制造业	2 527.78	8.24	4	4

续表

制造业所属 30 个行业	工业总产值 /亿元	所占比重 /%	名次	
			2011 年	2010 年
医药制造业	448.95	1.46	15	17
化学纤维制造业	42.51	0.14	29	29
橡胶制品业	180.12	0.59	25	24
塑料制品业	652.25	2.13	11	10
非金属矿物制品业	539.32	1.76	12	12
黑色金属冶炼及压延加工业	1 813.16	5.91	6	6
有色金属冶炼及压延加工业	497.47	1.62	13	14
金属制品业	917.45	2.99	9	9
通用设备制造业	2 596.9	8.46	3	3
专用设备制造业	1 254.24	4.09	8	8
交通运输设备制造业	5 024.93	16.37	2	2
电气机械及器材制造业	2 164.37	7.05	5	5
通信设备、计算机及其他电子设备制造业	6 085.22	19.83	1	1
仪器仪表及文化、办公用机械制造业	361.14	1.18	18	18
工艺品及其他制造业	310.93	1.01	19	22
废弃资源和废旧材料回收加工业	42.35	0.14	30	30

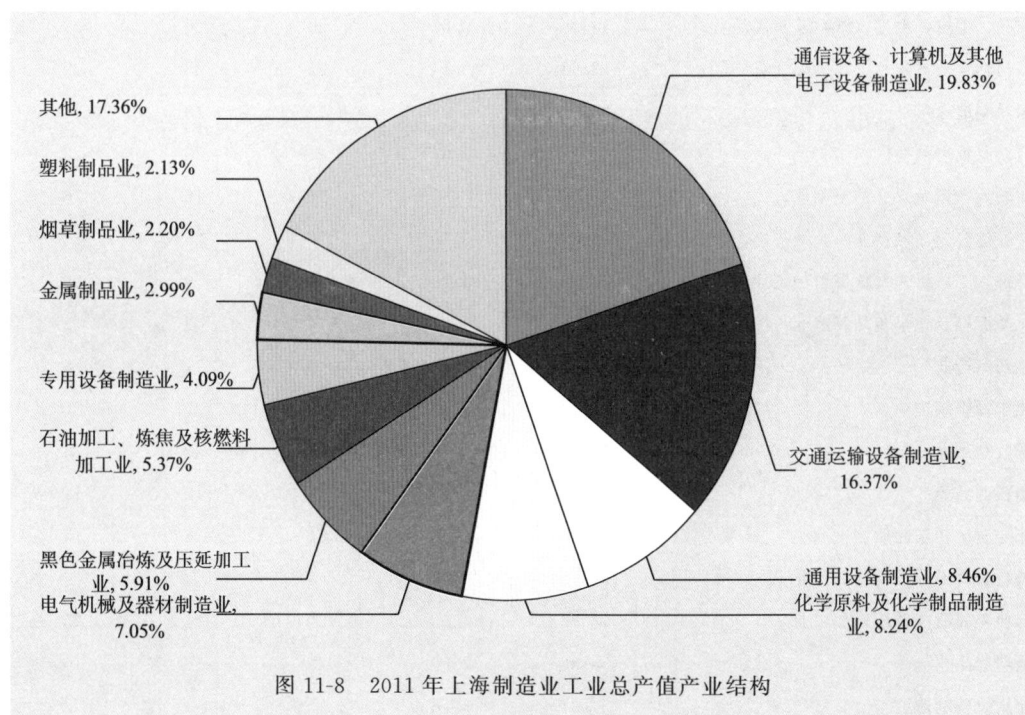

图 11-8 2011 年上海制造业工业总产值产业结构

可以看出，2011 年在制造业所属的 30 个行业中，工业总产值比重最高的是通信设备、计算机及其他电子设备制造业，达 6085.22 亿元，在上海制造业中所占比例为 19.83%。规模前十的产业工业总产值（排除 2011 年位列十一位的塑料制品业）占上海制造业工业总产值总额的 80.52%。

2）上海制造业的产业效益结构

2011 年上海制造业的利润总额为 2213.54 亿元，与 2010 年（2265.54 亿元）相比略有下降。其中，交通运输设备制造业连续三年（2009～2011 年）利润排名上海制造业各产业利润首位，今年利润占总量百分比高达 38.03%（表 11-12）。

表 11-12　2011 年上海制造业各产业利润额、比重及名次

制造业所属的 30 个行业	2011 年利润额/亿元	2011 年在制造业中所占比重/%	名次 2011 年	名次 2010 年	名次 2009 年
制造业合计	2213.54	—	—	—	—
农副食品加工业	9.78	0.44	25	25	19
食品制造业	37.89	1.71	13	15	14
饮料制造业	11.43	0.52	23	27	17
烟草制品业	168.24	7.60	3	7	4
纺织业	22.83	1.03	17	17	20
纺织服装、鞋、帽制造业	44.44	2.01	11	14	13
皮革、毛皮、羽毛（绒）及其制品业	14.94	0.67	20	21	21
木材加工及木、竹、藤、棕、草制品业	2.99	0.14	27	28	27
家具制造业	23.92	1.08	16	18	18
造纸及纸制品业	13.51	0.61	21	20	22
印刷业和记录媒介的复制业	18.16	0.82	18	19	16
文教体育用品制造业	7.97	0.36	26	26	26
石油加工、炼焦及核燃料加工业	−5.18	−0.23	30	9	9
化学原料及化学制品制造业	137.13	6.20	4	2	5
医药制造业	57.66	2.60	10	11	8
化学纤维制造业	2.11	0.10	28	29	28
橡胶制品业	10.54	0.48	24	22	23
塑料制品业	38.47	1.74	12	12	11
非金属矿物制品业	36.66	1.66	14	16	15
黑色金属冶炼及压延加工业	61.53	2.78	8	4	7
有色金属冶炼及压延加工业	11.73	0.53	22	24	25
金属制品业	58.86	2.66	9	10	10
通用设备制造业	194.31	8.78	2	3	2

续表

制造业所属的30个行业	2011年利润额/亿元	2011年在制造业中所占比重/%	名次		
			2011年	2010年	2009年
专用设备制造业	95.86	4.33	7	8	6
交通运输设备制造业	841.76	38.03	1	1	1
电气机械及器材制造业	121.85	5.50	5	5	3
通信设备、计算机及其他电子设备制造业	119.43	5.40	6	6	30
仪器仪表及文化、办公用机械制造业	35.42	1.60	15	13	12
工艺品及其他制造业	17.27	0.78	19	23	24
废弃资源和废旧材料回收加工业	2.03	0.09	29	30	29

2011 年上海市制造业平均利润率为 6.8%，与 2010 年上海市制造业平均利润率 7.46% 相比略有下降。其中，烟草制品业的利润率遥遥领先，达到 25.13%，交通运输设备制造业和医药制造业的利润率超过 10%，分别达到 14.11% 和 12.84%，全部制造业利润率情况详见图 11-9。其中，高于平均利润率的制造业产业中，家具制造业、皮革毛皮羽绒制品业、纺织服装鞋帽制造业和食品制造业属于劳动密集型制造业，印刷业和记录媒介的复制业、仪器仪表及文化、办公用机械制造业、专用设备制造业和通用设备制造业属于技术密集型制造业，石油加工、炼焦及核燃料加工业的利润率为 −0.31%，位于最后一位，也是唯一一个利润率为负值的行业。

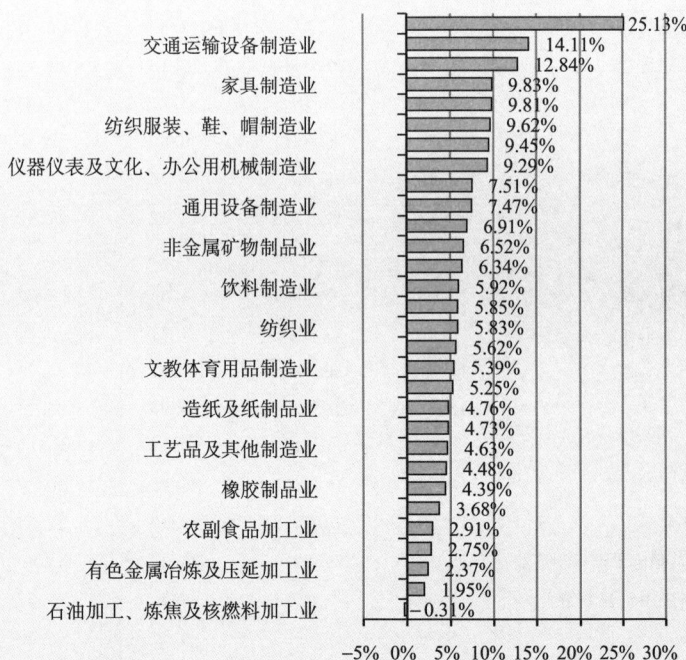

图 11-9　2011 年上海市制造业行业利润率

3）上海制造业的就业结构

2011 年上海制造业职工总人数为 259.75 万人，比 2009 年减少了 10.13%。吸纳就业人数前十位的产业职工人数占制造业职工总人数的 75.6%。其中吸纳人数最多的前六个产业为：通信设备、计算机及其他电子设备制造业（16.71%），交通运输设备制造业（11.79%），通用设备制造业（10.05%），电气机械及器材制造业（9.18%），专用设备制造业（5.66%），金属制品业（5.43%）（表 11-13）。

表 11-13　上海制造业典型年份各行业就业人数　（单位：万人）

制造业所属的 30 个行业	2002 年	2005 年	2008 年	2011 年	2011 年所占百分比/%
农副食品加工业	2.59	2.1482	3.09	3.10	1.19
食品制造业	5.04	5.4654	6.07	6.66	2.56
饮料制造业	1.30	1.4819	1.25	1.60	0.62
烟草制品业	0.62	0.4610	0.40	0.42	0.16
纺织业	15.97	17.1673	12.82	9.14	3.52
纺织服装、鞋、帽制造业	18.15	23.6352	22.83	11.50	4.43
皮革、毛皮、羽毛（绒）及其制品业	4.81	5.8706	5.29	3.79	1.46
木材加工及木、竹、藤、棕、草制品业	2.24	2.1706	2.11	1.32	0.51
家具制造业	1.77	4.7925	5.49	4.39	1.69
造纸及纸制品业	2.55	3.3320	3.85	3.52	1.36
印刷业和记录媒介的复制业	3.23	4.4768	5.04	3.44	1.32
文教体育用品制造业	6.47	7.2305	5.86	3.84	1.48
石油加工、炼焦及核燃料加工业	3.10	2.5414	2.37	2.36	0.91
化学原料及化学制品制造业	11.17	11.3410	12.18	11.79	4.54
医药制造业	5.13	5.1895	5.21	5.65	2.18
化学纤维制造业	1.25	0.8644	0.60	0.40	0.15
橡胶制品业	3.48	5.0635	4.46	3.31	1.27
塑料制品业	7.81	11.1203	13.12	11.12	4.28
非金属矿物制品业	6.44	8.5908	8.44	7.19	2.77
黑色金属冶炼及压延加工业	6.09	5.5694	4.34	2.37	0.91
有色金属冶炼及压延加工业	2.40	3.6887	3.77	2.51	0.97
金属制品业	10.91	16.1148	19.97	14.11	5.43
通用设备制造业	16.67	24.0962	29.95	26.11	10.05
专用设备制造业	9.08	11.1720	15.77	14.69	5.66
交通运输设备制造业	16.79	19.0161	25.75	30.62	11.79
电气机械及器材制造业	15.03	20.7858	25.17	23.84	9.18
通信设备、计算机及其他电子设备制造业	15.19	29.6016	36.45	43.40	16.71
仪器仪表及文化、办公用机械制造业	4.08	5.3527	6.40	5.07	1.95
工艺品及其他制造业	1.76	2.6098	3.12	2.20	0.85
废弃资源和废旧材料回收加工业	0.08	0.1948	0.24	0.29	0.11

4）上海制造业的产业地域结构

　　为上海工业的持续高效发展创造条件，上海市政府从城市总体规划和相关工业行业集聚出发，对工业进行了空间布局调整，既包括工业生产主体向周边地区的扩散，也包括工业企业根据产业特点适当集中进行集约化生产，今后上海将重大项目和合资项目向"1+3+9"集中，即向浦东新区，漕河泾、闵行和漕泾开发区以及 9 个市级工业园区集中，形成 6 个重点产业基地、17 个新兴工业开发区和 3 个老工业区的工业布局（图 11-10，表 11-14，表 11-15）。

图 11-10　上海市 6 个重点产业基地的地理分布

表 11-14　上海市 6 个重点产业基地

序号	产业基地	具体产业
1	微电子产业基地	由张江、金桥、外高桥组成的浦东微电子产业带及两区漕河泾新兴技术开发区和松江科技园区为核心的上海微电子产业基地，形成软件设计开发和集成电路生产、封装、测试等完整产业链，建成全国规模最大、技术领先、世界水平的集成电路生产和研发基地
2	上海国际汽车城	加快上海国际汽车城建设，形成汽车整车与零部件生产、研发、汽车展示博览为一体的汽车产业基地
3	上海化学工业园区	以国家大企业和著名跨国公司为建设主体，采取主体项目、配套设施、物流配送、环境保护与管理服务一体化模式，以大型乙烯工程为核心，发展石油化工、深加工和天然气化工系列产品，建设工艺技术水平先进、生态环境与产业发展协调的国际一流石化产业基地

续表

序号	产业基地	具体产业
4	精品钢材制造基地	发挥宝钢集团优势，重点发展汽车用钢、造船用钢、电工钢、石油管、不锈钢、高等级建筑用钢等钢铁精品，大力开展钢铁行业新工艺、新设备、新材料的研究开发，努力建设成为中国钢铁精品生产基地
5	临港装备产业基地	以临港开发区建设作为振兴上海装备业的抓手，以承接国际产业技术转移为契机，以提升国家装备业核心竞争能力为目的的，重点发展装备制造业中的高技术产业，形成集先进制造、成套总装、研发创新、延伸服务、职业教育、出口加工和现代物流于一体的中国规模最大、水平最高、辐射力最强的综合性高技术装备基地
6	船舶产业基地	由长兴岛造船基地、外高桥造船基地和崇明造船基地形成上海市船舶产业基地，到2015年我国成为世界第一造船大国的战略规划，上海船舶工业坚持搬迁重建与结构调整相结合，瞄准国际一流水平，高起点、高标准地规划建设好现代化造船基地

表 11-15　上海市工业开发区

类型	工业区	重点发展行业
新兴工业区	浦东新区	包括张江高科技园区、外高桥保税区、金桥出口加工区、星火开发区 4 个开发区，重点发展计算机制造业、通信设备制造业、现代生物与医药、汽车制造业、现代家电业、船舶和港口设备业以及精品钢材等
	上海化学工业区	重点建设成为国际一流的石化产业基地
	漕河泾新兴技术开发区	作为技术创新基地、科技成果转化基地和高科技产业化基地，重点发展以信息技术产业为主的高新技术产业
	闵行经济技术开发区	重点发展轨道交通等机电装备制造业、生物与医药制造业、新材料及食品加工制造业
	松江工业区	重点发展电子信息、新型材料、生物医药食品与保健品、精细化工等，成为以高新技术应用为主导的外向型制造业中心
	嘉定工业区	重点发展汽车零部件、光电子信息、环保设备等制造业，重点建设成为汽车零部件生产基地
	青浦工业区	重点发展信息通信、生物医药、现代纺织新材料、精密机械等制造业，建设成为现代纺织制造基地和电子信息配套生产基地
	上海市工业综合开发区	重点发展通信设备制造、机械装备、输配电设备、生物医药以及与上海化学工业区延伸配套的产业，建成集高科技应用、清洁型生产为主体的综合性工业区
	莘庄工业区	重点发展电气机械及器材制造业、电气及通信设备制造业、新型材料制造及加工业为主，建成科技含量高、附加价值高、无污染的花园式现代化工业城
	宝山城市工业区	重点建设成为精品钢材等金属材料延伸业（包括研发、制造和服务）、有机材料、无机材料以及复合材料等新材料的生产基地
	康桥工业区	重点建设成为汽车零部件生产基地、新型建筑材料生产基地和纺织工业城
	金山嘴工业区	重点发展化学制品制造业及精细化工、电气机械及器材制造业、建筑材料制造业，建设成为石化工业深度加工基地
	崇明工业园区	利用崇明岛滩涂资源和崇明岛丰富的农副物产，重点发展船舶修造业、食品制造业，建设成为造船、修船生产基地和农副产品深加工食品基地
	紫竹科学园区	位于闵行老城东侧，主要依托上海交通大学科研优势，以智力型产业为特色，重点发展信息、新材料、生物与现代农业三大产业，建成集产、学、研于一体的现代化科学园区

续表

类型	工业区	重点发展行业
老工业基地	吴泾工业区	根据城市总体规划和上海化工产业总体发展战略的要求,调整完善吴泾工业区的产业结构、能源结构和用地布局结构,加强环境保护和环境建设,改善区域环境质量,建设成为以化学工业和电力工业为主的市级工业区,区内化学工业向深加工、精细化工等下游产业发展,逐步发展成为以天然气、煤的全气化清洁工艺为主要原料的清洁能源和新材料化工基地
	吴淞工业区	配合宝山地区规划和北部精品钢材基地建设,坚持"有所为、有所不为"产业结构调整方针,关停一批严重污染环境、技术水平落后、产品缺乏市场竞争力的企业,淘汰一批落后工艺装备,以新材料为主导,推进传统产业升级,优化产业结构,逐步建成以优质钢材、铜材、新型建材和精细化工为主体的新材料产业基地
	桃浦工业区	按照总体规划要求,关停一批污染严重的企业,淘汰一批化学合成和中间体生产工艺;盘活存量,优化增量,重点发展纸质包装、印刷、家具、文教体育用品及其他具有高科技含量的都市型工业,逐步建成高科技含量、高附加值、低污染的都市型工业园区

11.4　上海市制造业上市公司分析

11.4.1　上海市制造业上市公司的总体状况

经过 23 年的持续发展,上市公司成为我国国民经济发展的中坚力量。截至 2012 年 12 月底,我国境内上市公司达到 2494 家,主营业务为制造业的上市公司已达 1634 家,占总数的 65.52%,上海制造业上市公司达到 113 家,占制造业上市公司总数的 6.92%。

2012 年,上海市制造业上市公司营业收入达 12 664.4986 亿元(表 11-16),占上海市生产总值的 63.9%;利润总额 769.9954 亿元,占上海市规模以上工业企业利润总额的 37.85%。

表 11-16　2008～2012 年上海市制造业上市公司总体状况

指标	2008 年	2009 年	2010 年	2011 年	2012 年
上市公司主营业务收入/亿元	7 173.051 5	6 997.715 1	10 089.019 6	12 266.601 3	12 664.498 6
上市公司利润总额/亿元	199.143 7	420.653 2	755.065 2	852.969 9	769.995 4
员工总数/万人	29.028 9	27.303 9	28.689 8	31.029 6	31.630 2

上海市制造业上市公司有 113 家,涵盖了制造业行业中的 23 个行业,从上海市制造业分行业上市公司的数量看,电气机械和器材制造业、化学原料和化学制品制造业、计算机通信和其他电子设备制造业、医药制造业四个行业有上市公司 46 家,占全部上市公司的 41.71%,可以看到,上海市制造业以高技术产业为支柱产业,行业覆盖面广(表 11-17)。

表 11-17　上海市制造业上市公司分行业数量

序号	行业	上市公司数量
1	电气机械和器材制造业	12
2	化学原料和化学制品制造业	12
3	计算机、通信和其他电子设备制造业	11
4	医药制造业	11
5	通用设备制造业	9
6	专用设备制造业	9
7	纺织业	6
8	汽车制造业	6
9	铁路、船舶、航空航天和其他运输设备	6
10	橡胶和塑料制品业	6
11	非金属矿物制品业	4
12	仪器仪表制造业	4
13	其他制造业	3
14	纺织服装、服饰业	2
15	黑色金属冶炼和压延加工业	2
16	农副食品加工业	2
17	食品制造业	2
18	酒、饮料和精制茶制造业	1
19	石油加工、炼焦和核燃料加工业	1
20	文教、工美、体育和娱乐用品制造业	1
21	印刷业和记录媒介的复制业	1
22	有色金属冶炼和压延加工业	1
23	造纸和纸制品业	1

11.4.2　上海市制造业上市公司的结构

1）上海制造业上市公司的行业总股本结构

从图 11-11 中看到，上海制造业上市公司中规模最大的制造业行业是通用设备制造业，总股本达到 1 831 241 万股，其次是黑色金属冶炼和压延加工业，股本达到 1 745 091 万股，汽车制造业排在第三位，股本达到 1 562 937 万股，这三个行业的规模远远超出其他制造业行业上市公司。专用设备制造业、计算机通信和其他电子设备制造业及石油加工、炼焦和核燃料加工业分别排在第四和第五位，总股本接近 100 亿股，从上海市制造业上市公司的总股本结构可以看到，上海市 6 个重点发展工业行业在上市公司中占有很大比例，是上海市制造业的支柱产业。

2）上海制造业上市公司的行业产出结构

2012 年，上海制造业上市公司行业主营业务收入差异巨大，汽车制造业行业主营业务收入达到 5478.8669 亿元，远远高于其他行业上市公司主营业务收入，其次是黑色金

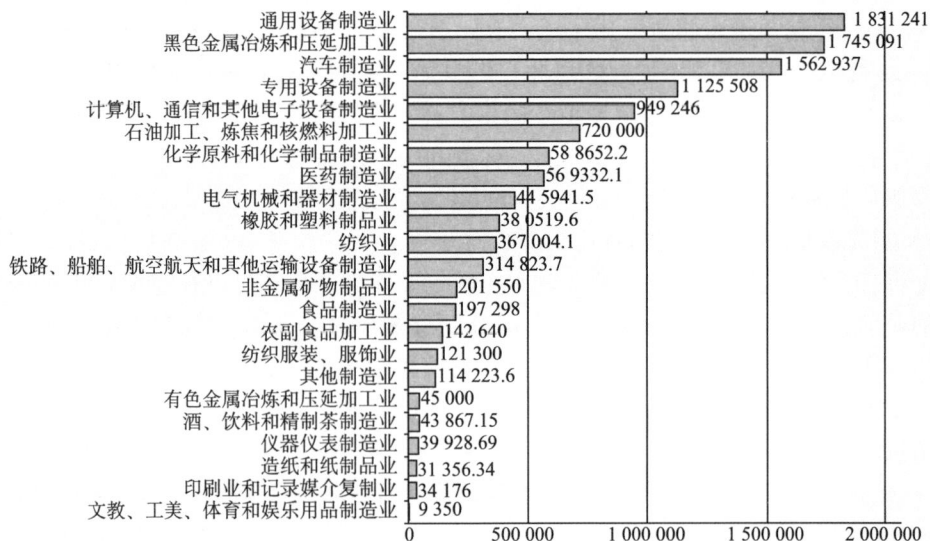

图 11-11 2012 年上海市制造业上市公司分行业总股本结构（单位：万股）

上市公司数据来自新浪网页 http：//finance.sina.com.cn/stock/2012 年上市公司年报

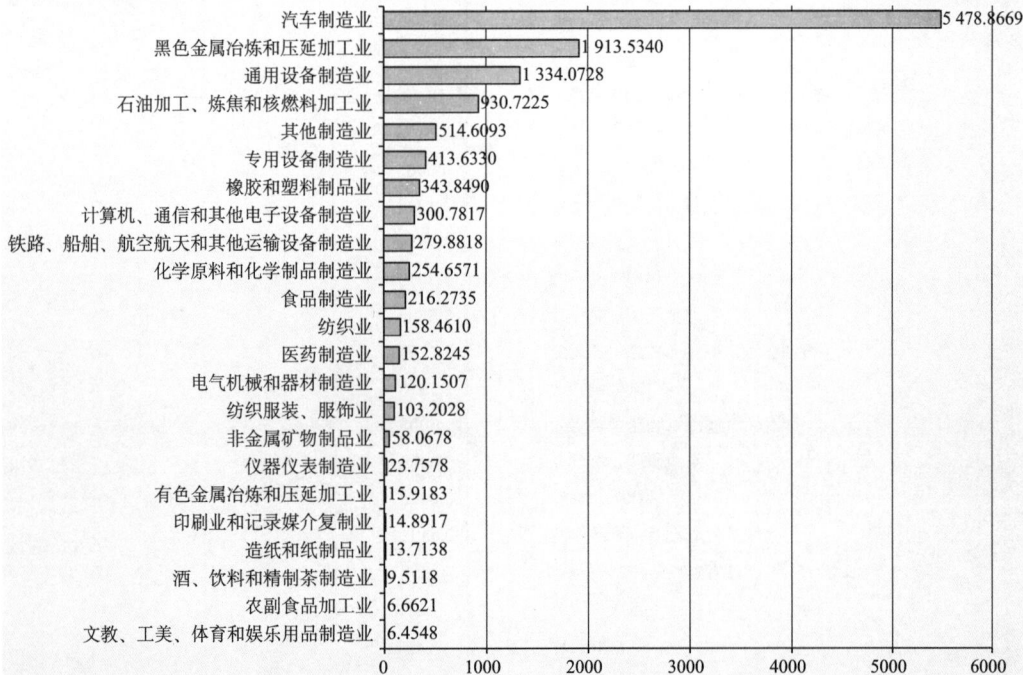

图 11-12 2012 年上海市制造业上市公司分行业主营业务收入（单位：亿元）

上市公司数据来自新浪网页 http：//finance.sina.com.cn/stock/2012 年上市公司年报

属冶炼和压延加工业，其主营业务收入达到 1913.5340 亿元，是汽车制造业主营业务收入的 34.93%，通用设备制造业居于第三位，其主营业务收入也超过了 1000 亿元，达到 1334.0728 亿元，石油加工、炼焦和核燃料加工业的主营业务收入达到了 930.7225 亿元，处于第四位。主营业务超过 100 亿元的有 11 个制造业行业，酒、饮料和精制茶制造业，农副食品加工业及文教、工美、体育和娱乐用品的主营业务收入不足 10 亿元，在主营业务收入方面低于其他行业，见图 11-12。

3）上海制造业上市公司的行业利润结构

上市公司利润总额是衡量公司盈利水平的重要指标。从上海市制造业上市公司分行业利润总额看，图 11-13 的数据显示大部分制造业上市公司处于盈利水平，2012 年，计算机、通信和其他电子设备制造业的行业利润总额最高，达到 429.11 亿元。仅有三个行业出现亏损，分别是汽车制造业、食品制造业及黑色金属冶炼和压延加工业的利润额为负值，而汽车制造业行业主营业务收入在 2012 年居于行业首位，但是其利润总额为亏损 7.0017 亿元，排名倒数第三，黑色金属冶炼和压延加工业制造业主营业务在 2012 年

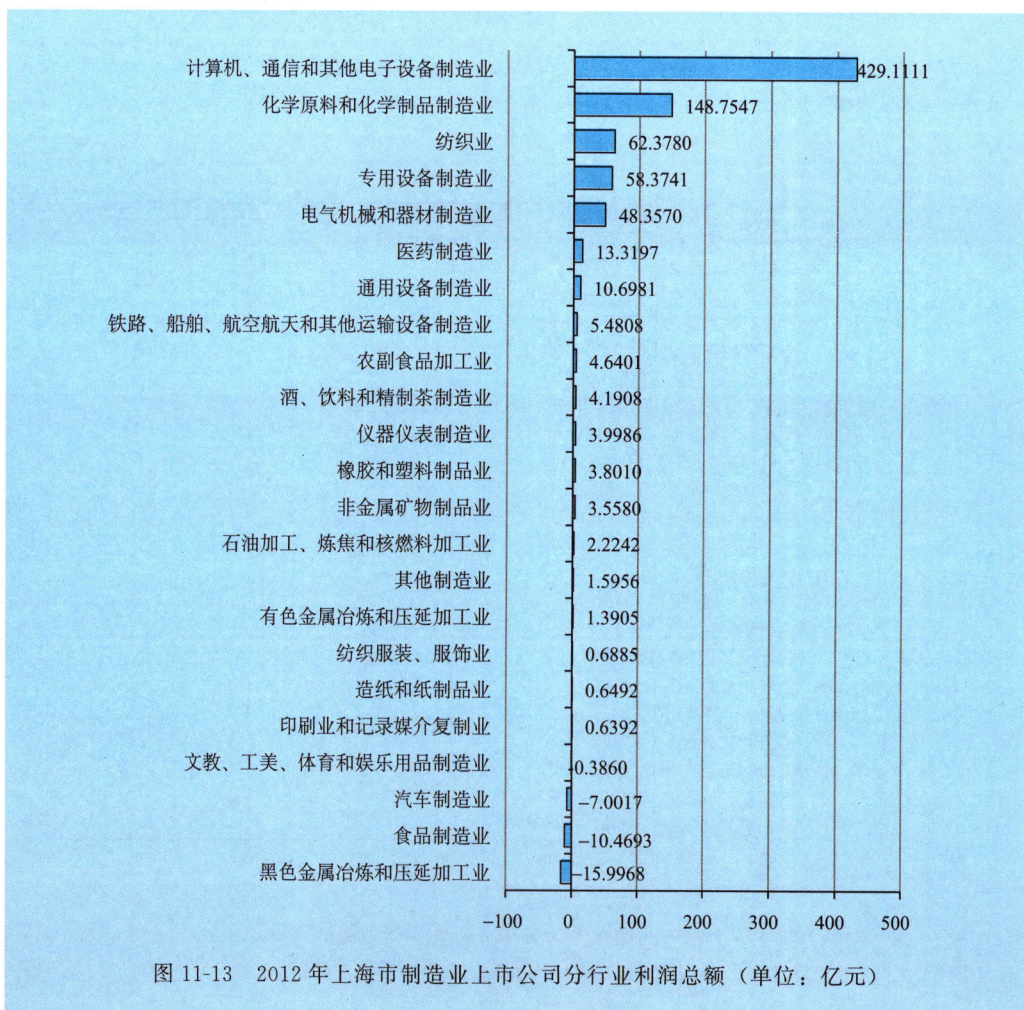

图 11-13 2012 年上海市制造业上市公司分行业利润总额（单位：亿元）

处于第二位，但其利润总额为亏损 15.9968 亿元，亏损总额最大。上市公司存在主营业务收入和利润总额的倒挂，造成的原因可能是不同行业生产、建设和盈利周期是不一致的。

11.4.3　上海市制造业上市公司的发展

1）上海制造业上市公司利润增长率

近五年，从上市公司利润总额看，上海市制造业上市公司的利润总额逐年递增，但 2012 年较上年有小幅下降，下降了 83 亿元；从上市公司利润总额的增长率看，上海市制造业上市公司盈利能力呈现出逐年快速下降的趋势，2009 年较上年增加利润 111.23%，2010 年利润总额增长率下降为 79.5%，然后下降至 2011 年的 12.97%，2012 年的利润总额增长率为 −9.73%，从而看出上海制造业上市公司的盈利水平不断降低，这与全球金融危机的持续影响以及上海制造业的产能过剩，而原材料快速上涨的外部影响有着密切的联系，迫切需要在上海市政府的引导下聚集优势资源，调整产品结构，提升品牌价值，扩大市场，提高制造业企业的盈利水平，如图 11-14 所示。

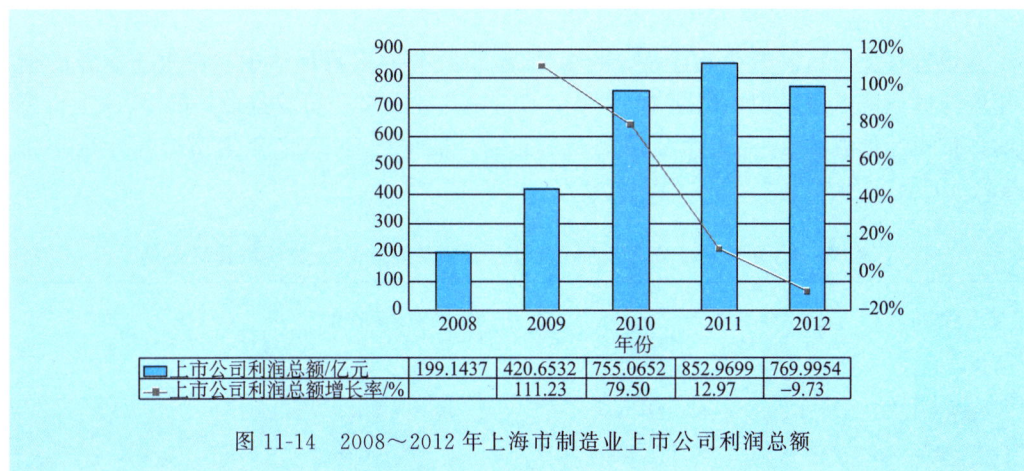

年份	2008	2009	2010	2011	2012
上市公司利润总额/亿元	199.1437	420.6532	755.0652	852.9699	769.9954
上市公司利润总额增长率/%		111.23	79.50	12.97	−9.73

图 11-14　2008～2012 年上海市制造业上市公司利润总额

2）上海制造业规模最大的 10 家上市公司

考虑到上市公司的经营周期的不同，本报告采用五年主营业务收入累计值作为上海制造业规模最大的上市公司定量评估指标，以达到更加稳定全面的评估结果。

通过 2008～2012 年的上海市制造业上市公司的年度报告数据，列出 2012 年上海市制造业上市公司规模最大的 10 家上市公司排名结果，其中上汽集团以 14 682.9456 亿元的五年主营业务收入排名第一，宝钢股份位列第二，接着是 S 上石化和上海电气，排名前四的上市公司主营业务收入已经占全部上海制造业上市公司主营业务收入的 63.76%，规模最大的 10 家上市公司占全部上海制造业上市公司主营业务收入的 76.82%，同时，规模最大的这 10 家上市公司有两家汽车制造业，两家通用设备制造业，黑色金属冶炼和压延加工业，铁路、船舶、航空航天和其他运输设备制造业，石油加工、炼焦和核燃料加工业，计算机、通信和其他电子设备制造业，专用设备制造业及其他制造业各一家，其行业涵盖了大部分上海制造业重点行业，这 10 家上市公司就是上海制造业企业的"领头羊"（表 11-18）。

表 11-18   2012 年上海市制造业上市公司规模最大的 10 家上市公司

证券代码	证券名称	五年主营业务收入 /亿元	所属行业	排名
600104. SH	上汽集团	14 682.945 6	汽车制造业	1
600019. SH	宝钢股份	9 644.475 1	黑色金属冶炼和压延加工业	2
600688. SH	S 上石化	3 782.979 9	石油加工、炼焦和核燃料加工业	3
601727. SH	上海电气	3 252.539 2	通用设备制造业	4
600741. SH	华域汽车	1 843.439 9	汽车制造业	5
600150. SH	中国船舶	1 357.246 6	铁路、船舶、航空航天和其他 运输设备制造业	6
600320. SH	振华重工	1 095.081 0	专用设备制造业	7
600612. SH	老凤祥	810.547 3	其他制造业	8
600835. SH	上海机电	669.392 3	通用设备制造业	9
601231. SH	环旭电子	647.699 7	计算机、通信和其他电子设备制造业	10

3）上海制造业效益最好的 10 家上市公司

本报告在上海市制造业效益最好的 10 家上市公司的定量评估中，侧重于企业的上一年度内的经济效益表现，因此 2012 年上海市制造业上市公司效益最好的 10 家上市公司的评估指标选取 2012 年上市公司的利润总额，数据来自 2012 年上市公司年度报告（表 11-19）。

表 11-19   2012 年上海市制造业上市公司效益最好的 10 家上市公司

证券代码	证券名称	2012 年利润总额 /亿元	所属行业	排名
600104. SH	上汽集团	401.5636	汽车制造业	1
600019. SH	宝钢股份	131.3965	黑色金属冶炼和压延加工业	2
600741. SH	华域汽车	62.2218	汽车制造业	3
601727. SH	上海电气	58.0356	通用设备制造业	4
600196. SH	复星医药	21.2304	医药制造业	5
600835. SH	上海机电	16.7914	通用设备制造业	6
002269. SZ	美邦服饰	11.0347	纺织服装、服饰业	7
600612. SH	老凤祥	10.6657	其他制造业	8
601231. SH	环旭电子	7.6307	计算机、通信和其他电子设备制造业	9
600315. SH	上海家化	7.2337	化学原料和化学制品制造业	10

2012 年，上海制造业效益最好的 10 家上市公司在企业盈利方面表现突出（图 11-15），10 家上市公司的利润总额占全部上海制造业上市公司利润总额的 98%，其中，上汽集团更是其中的佼佼者，以利润总额 401.5636 亿元居于第一位，其后是宝钢股份 131.3965 亿元，华域汽车和上海电气在 2012 年利润总额的排名中也非常突出，分别位于第三和第四位。

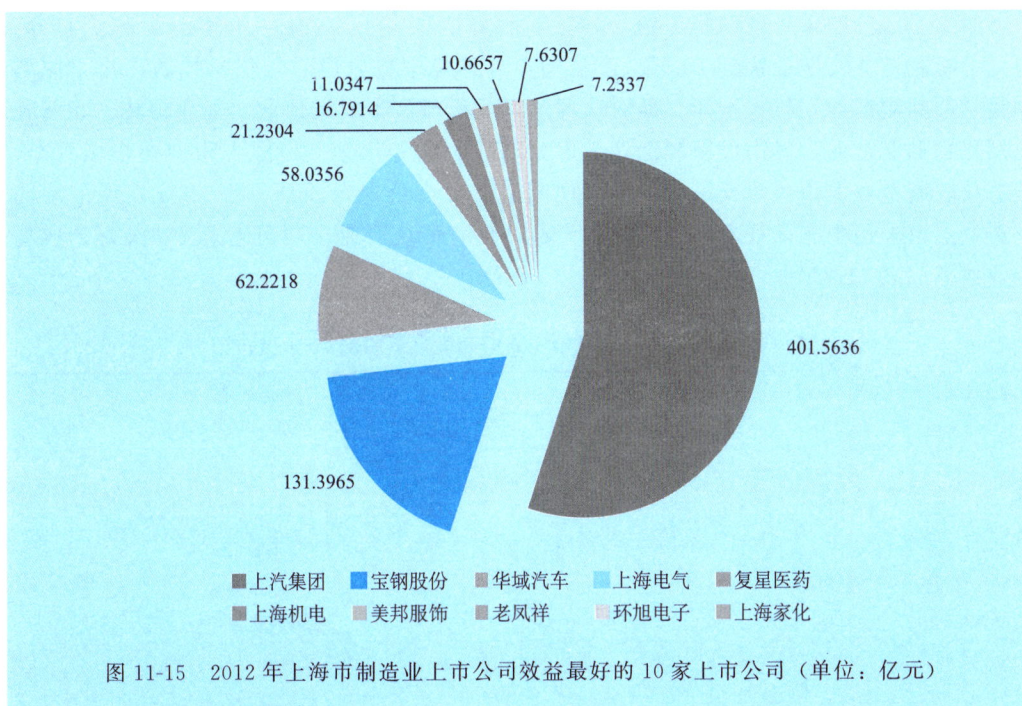

图 11-15　2012 年上海市制造业上市公司效益最好的 10 家上市公司（单位：亿元）

4）上海制造业发展最快的 10 家上市公司

评估上海制造业发展最快的上市公司，本报告选取 9 个上市公司的经济效益增长指标定量评估，指标体系具体内容见表 11-20。

表 11-20　2012 年上海市制造业上市公司发展最快评价指标体系

指标	单位	符号
基本每股收益同比增长率	%	x_1
每股经营活动产生的现金流量净额	%	x_2
营业总收入同比增长率	%	x_3
营业利润同比增长率	%	x_4
利润总额同比增长率	%	x_5
净资产收益率同比增长率	%	x_6
净资产同比增长率	%	x_7
总资产同比增长率	%	x_8
主营业务收入年增长率	%	x_9

运用统计分析软件，计算得到第一、第二主成分函数为

PCA1＝$0.341x_1+0.162x_2+0.429x_3+0.125x_4+0.394x_5+0.312x_6+0.393x_7+0.402x_8+0.300x_9$

PCA2＝$-0.445x_1+0.137x_2+0.279x_3-0.124x_4-0.384x_5-0.508x_6+0.347x_7+0.366x_8+0.173x_9$

第二主成分的累积贡献率达到 66.8%，较好地集中了原指标中的信息，根据总分，得到上海制造业发展最快的 10 家上市公司，分别是中科合臣、丹化科技两家化学原料和化学制品制造业，科大智能、新时达两家电气机械和器材制造业，上海梅林、光明乳业两家食品制造业，专用设备制造业上市公司凯利泰，汽车制造业上市公司华域汽车，仪器仪表制造业上市公司安科瑞以及其他制造业上市公司老凤祥，这 10 家发展最快的制造业上市公司中有高技术产业、装备产业，也有传统产业，理当成为又快又好的成功企业典范（表 11-21）。

表 11-21   2012 年上海市制造业上市公司发展最快的 10 家上市公司

证券代码	证券名称	PCA1	PCA2	总分	所属行业	排名
600490.SH	中科合臣	12.8099	7.8791	63.6079	化学原料和化学制品制造业	1
300326.SZ	凯利泰	2.6490	1.6687	13.2469	专用设备制造业	2
600844.SH	丹化科技	1.5064	0.0805	5.4771	化学原料和化学制品制造业	3
600741.SH	华域汽车	1.2899	0.3093	5.2588	汽车制造业	4
600073.SH	上海梅林	1.2147	0.3570	5.1081	食品制造业	5
300286.SZ	安科瑞	1.0566	0.5309	4.9649	仪器仪表制造业	6
300222.SZ	科大智能	0.9517	0.3386	4.1414	电气机械和器材制造业	7
002527.SZ	新时达	0.9719	0.1827	3.8433	电气机械和器材制造业	8
600612.SH	老凤祥	0.8800	0.1487	3.4402	其他制造业	9
600597.SH	光明乳业	0.8942	0.0907	3.3529	食品制造业	10

11.5   上海市制造业发展趋势

上海是中国经济发展的龙头城市，也是中国重要的工业发展地区。根据上海统计局数据显示，2012 年上海全年规模以上工业增加值 6446.14 亿元，比上年增长 2.9%。上海工业制造业在上海经济发展中起着关键作用，工业制造业的发展对于上海来说意义重大。

未来数年上海制造业以怎样模式、怎样方式发展，不仅具有重要的理论意义，而且对于上海制造业发展乃至整个产业格局具有重要的实践操作意义。本节从完善产业链和产业集群、激励创新中心、制造业回归几个角度来探讨上海制造业发展趋势。

11.5.1   完善产业链和产业集群

产业链是产业经济学中的一个概念，是各个产业部门之间基于一定的技术经济关联，并依据特定的逻辑关系和时空布局关系客观形成的链条式关联关系形态。产业链主要是基于各个地区客观存在的区域差异，着眼发挥区域比较优势，借助区域市场协调地区间专业化分工和多维性需求的矛盾，以产业合作作为实现形式和内容的区域合作载体。

集群是某一领域内地域上接近的相互联系的公司集团和关联的组织，通过商品和辅助活动相联系，集群的地理范围从单一的城市到省（州）、国家甚至多个国家组成的网络（Porter，1998）。

产业集群现象在世界范围内大量存在，其出现主要源于追求规模经济和范围经济的企业的大量集聚。企业的群聚可以产生相应的企业群落优势，使群聚区域内的个体获得竞争优势，从而促进个体的发展，而这又进一步促进了整个群聚区域的扩展和壮大。聚集经济是把相互关联产品的生产按照一定规模聚集到某一区域来进行，从而使企业获得生产成本或交易费用的节约。由于企业群聚，加速了彼此的成长，形成所谓的"绿洲效应"。

近年来，上海制造业集聚引起了众多学者的兴趣，上海拥有国家级工业园区 7 家，市级工业园区 25 家，覆盖面非常广。在上海市区的北面是精品钢材及延伸产业集聚；在南面已逐步形成以石油化工和天然气化工为基础功能完整的石油化工及深加工基地；在东南面已形成国内微电子生产线最密集区；在西北面汽车城业已形成；在西南面有大型成套设备和航空航天等装备制造业集群；在长江口一个造船及港口设备产业集聚正在形成中。可见无论从数量还是质量，上海制造业集聚区都是全国同类集聚区的佼佼者。

1978 年以来，上海制造业大体经历了三个阶段：第一阶段，从 1978 年至 1990 年，主要是加强轻纺、增加产能、建设宝钢、发展汽车，开展恢复性调整和适应性调整，使轻重工业大体平衡。第二阶段，从 1990 年至 2000 年，主要是突出重点、培育支柱、优化布局、提升重化，从发展八大重点行业到形成六大支柱产业，工业从调整中发展转入发展中调整。第三阶段，从 2000 年至现在，主要是强化创新、提升能级、发展装备、建设基地，全面启动科教兴市战略，走新型工业化道路。上海制造业发展的目标是"努力成为国际大都市中制造业最具竞争力的城市"。

在目前上海优先发展"先进制造业"的过程中，上海各区、各领域的工业园区发展格外引人注目。上海的先进制造业基本上是以集群的形式发展。已经形成"东南西北"四大工业发展的产业基地，分别是东部张江微电子产业基地、南部漕泾化学工业区、西部嘉定国际汽车城、北部宝钢精品钢材基地，并将增加中心城区都市型工业基地与上述四大产业基地并列为"东西南北中"五大基地。再加上临港新城的前期开发建设完工，上海制造业工业区是全国同类集聚区的佼佼者。

在这些园区中，国家级开发园区目前共有 13 家，分别是外高桥保税区、金桥出口加工区、张江高科技园区、漕河泾新兴技术开发区、漕河泾出口加工区、闵行经济技术开发区和上海松江出口加工区、闵行出口加工区、青浦出口加工区、嘉定出口加工区、陆家嘴金融贸易区、虹桥经济技术开发区、佘山国家旅游度假区、上海紫竹高新技术产业园区。市级工业园区 26 家。2011 年，这 39 家工业园区的工业总产值达到 17 157.36 亿元，占上海工业总产值一半以上。13 家国家级工业园区的产值达到 7627.52 亿元，占上海全部工业产值的 24.18%，其中金桥出口加工区和松江出口加工区的产值最高，超过 2000亿元，分别达到 2311.95 亿元和 2095.29 亿元，占全上海工业产值的 7.33% 和 6.64%。26家市级工业区工业总产值达 9529.84 亿元，超过国家工业园区 24.94%。

11.5.2 打造技术创新中心

熊彼特（J. A. Schumpeter）在 1928 年的《资本主义的非稳定性》首次提出了创新

是一个过程的概念，并在 1939 年出版的《商业周期》（*Business Cycles*）一书中比较全面地提出了创新理论。但熊彼特并没有给技术创新下狭义的严格定义。

20 世纪 80 年代，缪尔塞（R. Mueser）对技术创新概念进行了比较系统的整理分析，他在对 300 多篇相关研究总结后认为：技术创新是以其构思新颖性和成功实现为特征的有意义的非连续性事件。这一定义突出了技术创新在两方面的特殊含义：一是活动的非常规性，包括新颖性和非连续性；二是活动必须获得最终的成功实现。

在国内，清华大学傅家骥等认为，技术创新是企业家抓住市场的潜在赢利机会，以获取商业利益为目标，重新组织生产条件和要素，建立起效能更强、效率更高和费用更低的生产经营系统，从而推出新的产品、新的生产（工艺）方法，开辟新的市场，获得新的原材料或半成品供给来源或建立企业的新组织，它是包括科技、组织、商业和金融等一系列活动的综合过程。

2001 年，联合国开发计划署公布了全球 46 个技术创新中心名单。这项由《有线》杂志所做的研究立即在世界范围内引起众多城市政府、企业界和学术界的广泛关注。

在技术创新体系中，高校和研究机构既肩负着培养技术创新人才的使命，又直接产出新知识和新技术，所以《有线》将其列在四个评价方面的第一位。从高等院校和研究机构本身的数量看，上海不仅比国内众多城市有较大的优势，就是与 46 个国际技术创新中心的相当部分相比也不逊色。无论是从高校和研究机构的数量还是从其培养人才的动态增长情况看，上海的技术创新资源都堪称丰富。

上海高等院校毕业生数量在 2011 年达到 13.9 万人，是 2000 年毕业生数量的 3.4 倍，如图 11-16 所示。

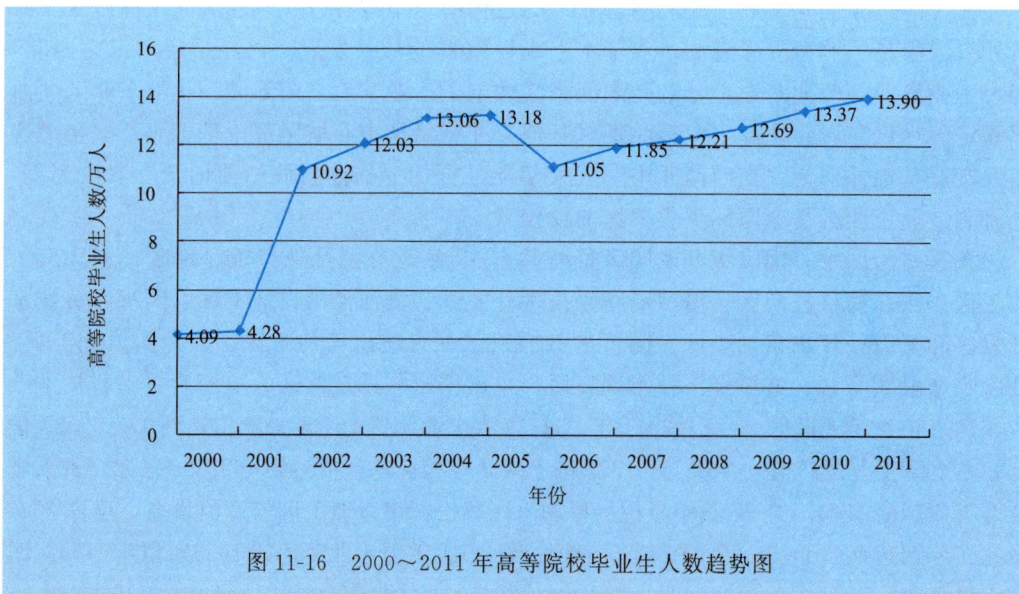

图 11-16　2000～2011 年高等院校毕业生人数趋势图

表 11-22　上海地区 2000～2011 年研究生数

年份	获博士学位人数	获硕士学位人数	研究生					
			毕业生数		招生数		在读人数	
			普通高等学校	研究所（院）	普通高等学校	研究所（院）	普通高等学校	研究所（院）
2000	1 307	4 546	5 435	433	11 796	856	28 582	2 032
2001	1 487	5 330	6 380	437	14 751	1 075	36 528	2 515
2002	1 655	6 067	7 481	445	17 848	1 363	45 713	3 183
2003	1 994	7 683	9 501	578	20 767	1 757	55 092	3 998
2004	2 678	10 580	12 788	681	23 545	1 789	64 747	4 690
2005	3 119	13 245	15 857	884	25 845	1 847	73 557	5 171
2006	3 772	15 957	18 833	1 098	28 250	1 849	81 487	5 419
2007	4 355	19 250	22 691	1 235	28 748	1 862	86 177	5 586
2008	4 483	20 734	24 431	1 322	30 195	1 947	89 778	5 720
2009	4 661	23 622	26 949	1 342	35 418	2 007	97 639	5 853
2010	4 749	23 458	26 843	1 364	36 619	2 024	105 711	6 006
2011	4 610	25 568	29 431	1 385	37 971	2 109	112 902	6 115

注：本表数据由上海市教育委员会提供。2001 年前的获博士学位和获硕士学位的人数为当年毕业生人数。

　　由表 11-22 可知，上海地区研究生招生数、毕业生数逐年增加，上海培养的以上数量的人才与国际技术创新中心城市相比，并不算少，如果拿此数据评价，上海不会处于劣势。

11.5.3　全球制造业回归影响

　　当前，全球制造业回归方兴未艾，发达国家不断强化国内制造业体系的建设，今后可能会有更多跨国企业受发达国家制造业振兴政策的吸引，以及受错综复杂的国际政治因素的影响，出现产业大规模转移的趋势。这将给未来几年上海的产业升级带来严重冲击，给上海的工业产品出口带来压力，使上海工业面临苛刻的国际投资贸易规则，同时还可能加大发达国家对上海工业的技术封锁。但是，全球制造业回归也给上海工业发展带来了不少机遇。制造业回归给上海工业带来了新的发展空间，为上海工业开展跨区域合作、上海企业实施"走出去"战略提供了新的机遇，也为上海工业未来发展明确了新的技术方向。

　　美国重振制造业更多是一种鼓励本土制造业发展的姿态，其主旨是要促进本土高端制造领域的发展，从而抢占产业发展的制高点。美国重振制造业中将智能电网、清洁能源、先进汽车、航空与太空能力、生物和纳米技术、新一代机器人、先进材料等作为发展重点。因此，美国制造业回归战略并不会对我国产业发展产生严重的影响，也不可能在较大程度上改变中美贸易格局。但是，作为一项国家战略，美国在研发创新、技术进步和进出口等方面提出了一系列政策措施，仍然不可避免地对我国制造业发展带来一些影响，其中，一些方面的影响程度可能在目前来看是不明显的，但变化的趋势性却是值得警惕的。

初稿提供者：吕红，俞昕蕾

统稿：李廉水，周彩红

参 考 文 献

国家统计局. 2012. 上海统计年鉴 2012. 北京：中国统计出版社.

上海市经济和信息化委员会. 2012. 上海工业发展报告 2011，http：//www. sheitc. gov. cn/040106/index. html.

上海统计局. 2013. 上海经济发展报告 2013. 北京：社会科学文献出版社.

上海统计局. 2013. 数据发布 2012-经济社会发展情况新闻发布. http：//www. stats-sh. gov. cn/sjfb/201301/251692. html，http：//www. stats-sh. gov. cn/sjfb/201302/253153. html.

上海统计局. 2013. 数据发布 2012-3、4 规模以上工业主要经济效益指标. http：//www. stats-sh. gov. cn/sjfb/201301/251946. html，http：//www. stats-sh. gov. cn/sjfb/201301/251953. html.

第三部分

热点篇

第12章

中国"世界工厂"地位被撼动了吗？

中国被国外媒体及研究者冠以"世界工厂"的称号以来，对这一提法的讨论可谓是层出不穷。极力反驳者有之，坦然接受者有之，反思忧虑者亦有之，众说纷纭的原因在于对"世界工厂"的内涵理解不一致以及评判标准不明确。但无论怎样，中国工业尤其是制造业所取得的成就有目共睹，在国际中的地位亦显著提升，那么中国称得上"世界工厂"吗？如果是，又是哪些因素促成中国成为"世界工厂"呢，这些因素是否受到经济形势的影响而无法支撑我国仍旧占据"世界工厂"地位？近两年来世界经济形势的变化主要来自两个方面，一方面经济危机后美国重新意识到制造业在国民经济中的重要作用，提出"再工业化"的口号并付诸行动，利用政策等激励制造业重返国内，出现了"制造业回巢"现象；另一方面，面对中国劳动力、土地等要素价格不断上升，低成本优势正在丧失这一状况，国内外投资者也正试图将企业转移到更有成本吸引力的地方，如印度、越南等。"前有拦截，后有追兵"形容此时的中国制造业再合适不过，加之已凸显的资源、环境"瓶颈"，中国制造业在国际较量中是辉煌再续还是难以为继？这成了许多研究者和实业者关心的话题。

12.1　我国制造业国际地位的基本判断：
　　　中国是"世界工厂"吗？

在回答中国的"世界工厂"地位能否保持这一问题时，已隐含了一个前提，即中国已经是"世界工厂"。事实上，从 2001 年日本通产省发表的白皮书首次提到我国是"世界工厂"距今，已有 12 年之久，对于这个问题国内外研究者并未达成统一共识。

12.1.1　文献回顾

早在中国将要加入 WTO 之时，国际上已对中国制造业的地位发表了一些看法。2001年 7 月日本《产经新闻》连续发表文章，认为"中国今年将加盟世贸组织，巨大的中国市场将进一步开放。在制造业方面，中国已经成为世界的工厂"。8 月初新加坡《海峡时报》上一篇题为《亚洲的下一个危机：中国制造》的文章中指出"中国大量闲置的低工资和极具可塑性的工人是这个国家一个非常大的竞争优势"。9 月美国新闻周刊发表《中国公司的扩展》，文章认为"新一代大型和具有信誉的中国公司正在电子、电器，甚至高技术领域崛起"。针对这些观点，时任中国社会科学院工业经济研究所所长的吕政写文章回应称："……中国制造业领域，在劳动密集型产业具有明显的比较优势，但在技术密集型产业与工业发达国家比较，存在着显著的差距。因此，目前中国还不是世界工厂"。面对当时企业和地方政府对于中国要不要成为"世界工厂"的两种倾向——无所作为或提心吊胆，吕政所长给予了否定，并提出应"当仁不让、寸土必争"。他通过比较分析中国制造业领域的主要优势和差距，对中国能否成为"世界工厂"给予了肯定的回答。他提出我国应提高生产经营的社会化程度、增强科技创新能力、鼓励企业更新改造等来成为世界的制造工厂。

加入 WTO 后，针对中国会面临更加激烈的国际竞争这一情况，有更多学者加入到"世界工厂"这一命题的研究上来。从文献看，国内学术界、产业界主要围绕在什么是

"世界工厂"、中国是否已成为"世界工厂"、中国能否成为"世界工厂"、中国何时以及如何成为"世界工厂"等几个问题上。虽然对"世界工厂"的内涵未达成共识，但通过比较中国制造业与同期发达国家的差距或以往"世界工厂"的表现，绝大多数研究者认为中国还不是"世界工厂"；通过分析中国制造业的优势几乎都认为中国可以成为"世界工厂"，并依据中国现实状况从不同角度给出了对策（吕政，2001；肖志勇等，2003；黄泰岩等，2002；金碚，2003；邢伯春，2003；程恩富等，2003；吕克勤，2003；王勇等，2006；何哲等，2008）。少数研究者认为中国在某种意义上已经成为"世界工厂"（郑洪涛，2003；张为付，2006；李谨言，2007）。

12.1.2　概念的辨析与评价体系的构建

之所以对中国究竟是不是"世界工厂"有争议，关键原因有两点：一是对"世界工厂"的内涵理解不一致；二是缺乏科学、有效的评价体系。在经济学文献中，对"世界工厂"这一概念还没有确切的定义，所以在学界只是对这一概念做了概括性的解释。而"世界工厂"的衡量更是缺乏明确的指标，尚无规范的标准。

1. 概念的辨析

《经济大辞典》中"世界工厂"（world factory）的解释是：英国产业革命之后因其在世界工业生产和贸易中的垄断地位而获得的称号，这只是一种字面解释，而文献中较多的是依照吕政对世界工厂所做的定义：一国制造业已经发展成为世界市场重要工业品的生产和供应基地。但也有人认为"世界工厂"不仅是某些工业制成品的全球主要供应者，而且是一系列对经济发展起关键性拉动作用的主导产业和主导产品的全球主要生产商。事实上，众多定义都是从某一角度来阐释世界工厂，比较有代表性的观点有以下4种。

1）三阶段论

吕政曾指出，所谓"世界工厂"，至少有三种类型：第一类是来料加工型的"世界工厂"，即跨国公司利用发展中国家的廉价劳动力将其作为工业品的生产加工基地，作为生产加工基地的国家，"两头在外，大进大出"，主要是赚取人工费用，实现劳动力的就业。第二类是原材料的采购和零部件的制造实行本土化为主，跨国公司控制着研发和市场销售网络。这种类型较第一种类型的层次提高一步，但仍然属于生产车间型的"世界工厂"。第三种类型是既具有研发能力和品牌，也控制着国际市场的销售网络，既在本土进行加工制造，同时也在全球范围内进行采购，以实现资源的最优配置的"世界制造中心"。

之所以对中国是不是"世界工厂"争论不休，就是在于这三个类型要么被混为一谈，要么被相互割裂。"世界加工厂"主要靠获取加工费补偿劳动力的价值，只能得到产品价值中很少的一部分；"世界制造中心"是面向全球市场最重要、最大的工业产品生产基地，从传统产业到高技术产业拥有一批优秀企业，其制成品在品牌、技术、质量、价格以及生产效率和经营管理方面，在总体上代表着某个时代世界制造业的最高水平，并在全球主要市场占有重要地位。可以认为这三种类型其实是"世界工厂"的发展阶段问题，第一、二种类型处于较低级的阶段，而第三种类型则是发展到较为成熟的阶段。国外媒体及一些认为中国是"世界工厂"的研究者通常指的是第一、二种类型，而认为中国远未达到"世界工厂"的研究者通常指的是第三种类型。

2）从量和质的角度

很少有研究者单纯从量的角度来界定"世界工厂"，一般都会从量与质这两个方面出发，只是侧重点不同。本质上在探讨：是制造业大国还是制造业强国可以被认为是"世界工厂"。

一些研究者比较侧重于量的规定，强调生产能力和出口份额占世界的比重要高，如王志乐认为一个国家必须占有世界工业品制造的重要份额，成为世界主要的制造基地和对外出口基地以及拥有相当多的领导世界制造业潮流的创新产品。肖志勇等除了强调生产规模和进出口规模处于领先地位外，还认为要有一批企业群和一系列产品能在世界市场结构中处于相对垄断的地位。

另一些则认为"世界工厂"意味着在重要产业的产品价值链上占据高端环节而不仅仅是占有重要份额；企业要拥有自己品牌优势和核心技术以及运用信息技术在全球范围内配置资源的能力而非单纯追求规模的扩张；能以最低的消耗给世界提供源源不断的产品。何哲等认为世界工厂是具有技术优势、管理模式、制度环境、文化底蕴等新的比较优势，在产业链的关键环节对世界制造实行有效影响和控制且基于全球研发、采购、销售网络的制造中心。

3）静态与动态的视角

不少学者以世界上已形成的前三代世界制造中心为基础，对其形成过程中制造业发展现象的定性描述，以静态的观点来界定"世界工厂"，张为付认为这样做会掩盖前三代"世界工厂"形成和变迁中的动态变化因素，也忽视了目前工业化、信息化时代特征，所以对"世界工厂"的界定也必须以动态趋势结合国际经济分工特点进行。

刘晓波认为"世界工厂"的内涵并不是固定的，而是随着国际分工的深化和比较优势的变化处于动态变迁之中，在不同的历史时期有着不同的指向。他把"世界工厂"与"生命周期"结合起来，对历史上的世界工厂所处周期阶段进行了划分：第一代"世界工厂"的英国和第二代"世界工厂"的美国处于"世界工厂"生命周期的创新期，此时的"世界工厂"集世界制造中心、世界贸易中心和世界金融中心于一体；第三代"世界工厂"的日本处于"世界工厂"生命周期的成熟期，不再集世界制造中心和科技中心于一体；随着制造业在后工业化经济中地位的下降，"世界工厂"在世界经济中的作用也开始弱化，"世界工厂"进入了生命周期的衰退期，呈现出国家构成多层次化、多极化、制造中心与科技创新中心相对分离、世界科技中心控制制造中心等特征。在这种背景下，中国制造业以其成本优势和产业配套优势，在世界制造业中的地位和影响越来越大，成为新的"世界工厂"趋势越来越明显。郑洪涛则认为不再是一个国家孤军奋战，而是许多国家一起共同打造"世界工厂"。信息化时代的"世界工厂"并不意味着一个国家整体制造能力的全面提高，而是更多充当"世界工厂车间"的角色。

4）范围的差异

"世界工厂"到底是对一个国家的称呼还是可以用于产业层面也有较大的争论，多数研究者认为应该基于国家层面，一个国家要么是，要么不是。但也有学者提出随着国际分工的深化以及各国资源的不平衡性，现时代的"世界工厂"注定不能像以往时代那样辉煌，想要在各个产业都一枝独秀是不可能的。因而一国的某些产业可以是，某些产业不是。

可以看出，正是对世界工厂内涵理解的差异，使得在对中国制造业地位做出判断时不能达成共识。对于中国是不是"世界工厂"，何时能成为或是要成为一个什么样的"世界工厂"，每个人的设想也是不同的。我们认为：能够面向世界市场，具有制造和加工的比较优势，从而成为世界多数产品或配件的重要生产供应基地，并且拥有一批生产能力和出口额占世界比重较大的产业，在国际市场上存在大量有竞争优势的企业，这样的国家可被称为"世界工厂"。

2. 评价体系的构建

与对"世界工厂"的定义类似，评价标准的缺失也是造成中国是否为"世界工厂"存在争论的重要因素。

吕政根据对英国、美国和日本成为公认的"世界工厂"的历史考察，认为成为"世界工厂"应当达到下述要求：在制造业领域有一批企业和一系列产品及产业在世界市场上占有重要地位；这些企业和产业的生产和营销能力、新产品开发能力、技术创新能力、经营管理水平、市场份额已成为世界同类企业及产业的排头兵并在世界市场结构中处于相对垄断的地位，从而直接影响甚至决定着世界市场的供求关系、价格走向以及未来的发展趋势；以工业制成品为主体的出口贸易已进入世界前列并成为贸易大国之一。张兵等从英、美、日等国的发展历史来看，世界工厂均呈现出如下特征：经济总体实力强、

表 12-1　"世界工厂"评价指标体系

总指标	主指标	序号	子指标
世界工厂地位	规模指标	1	制造业增加值占世界制造业增加值份额
		2	制造业出口额占世界出口额比重
		3	FDI占世界FDI比重
		4	工业增加值占世界工业增加值的比重
		5	主要制造业产品产量占世界比重
	结构指标	6	高技术制造业增加值占制造业增加值比重
		7	高技术制造业出口额占出口额比重
		8	加工贸易出口额占工业制成品出口比重
		9	国际注册商标和世界名牌保有量
		10	世界500强中本国制造业企业数量
	持续发展能力指标	11	制造业R&D强度
		12	三方专利授予量
		13	跨国公司设立地区总部数量
		14	单位制造业增加值能耗
		15	单位制造业增加值污染治理投资

注：根据文献中各研究者的观点综合整理。

世界市场份额大、技术领先、企业竞争力强，有高度社会化和专业化的国内分工合作体系。

从文献中看，几乎学者们都通过对英、美、日的历史考察，从他们成为世界工厂的条件、特征、表现等来说明一个"世界工厂"所应有的标准。这种定性的描述很难得出令人信服的结论，重要、完善、强等词过于模糊，因主观感受而异。当然在文章中，也会有一些量化指标，但大多比较单一。通过对文献的梳理，可以归纳出如表 12-1 所示的指标体系。

从表中可以看出，规模指标和结构指标分别从数量和质量两个方面来进行评价，而持续发展能力则是考量一国技术开发、能源消耗、环境保护等对于工业特别是制造业发展的长期影响。

12.1.3　现实判断

尽管"世界工厂"的概念仍未达成共识，可以肯定的是，中国制造业的发展已取得瞩目的成就，有越来越多的研究者特别是实业者认可了中国"世界工厂"的地位：

（1）从规模上看：①制造业增加值占世界的比重是衡量"世界工厂"地位最重要的指标，将我国与美国、日本、德国、英国等主要工业国家近年来的这一指标值进行对比（图 12-1），可以看到，我国制造业增加值占世界的比重逐年快速提高，在 2009 年已达到 18.2％，几乎与美国持平并保持这一态势；而且中国的制造业增加值年增长率在 10％左右，部分年份甚至达到 15％以上，远高于其他工业国家 5％左右的年增长水平（图 12-2）。②商品出口额占世界出口额的比重在 2009 年已达到 9.8％，2010 年和 2011 年达到 10％以上，连续三年居世界首位（近 5 年来我国制造业出口额占商品出口额均在 93％以上）。③FDI 多年来持续增长，在 2009 年达到世界总量的 8.5％，居世界第二位。④工业增加值占世界工业增加值的比重在 2009 年、2010 年、2011 年分别达到 15.8％、16.7％、18.6％。⑤2011 年中国 220 种工业品，如钢铁、水泥、煤炭、空调、手机、彩色电视机、棉布等产量居世界第一，其中，粗钢、电解铝、水泥、精炼铜、船舶、计算机、空调、冰箱等产品产量都超过世界总产量的一半。

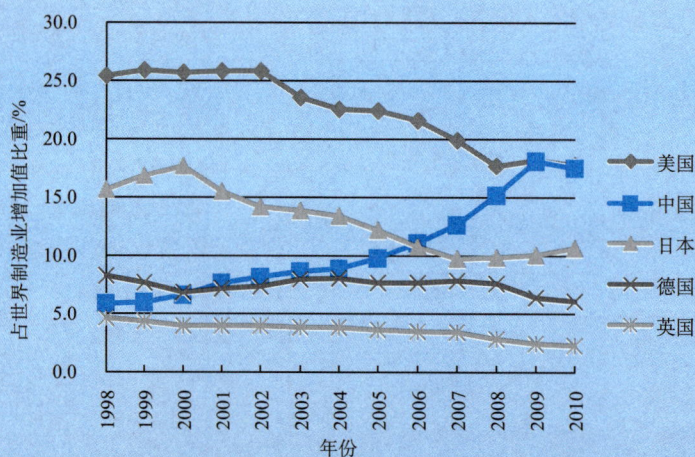

图 12-1　主要工业国家制造业增加值占世界比重

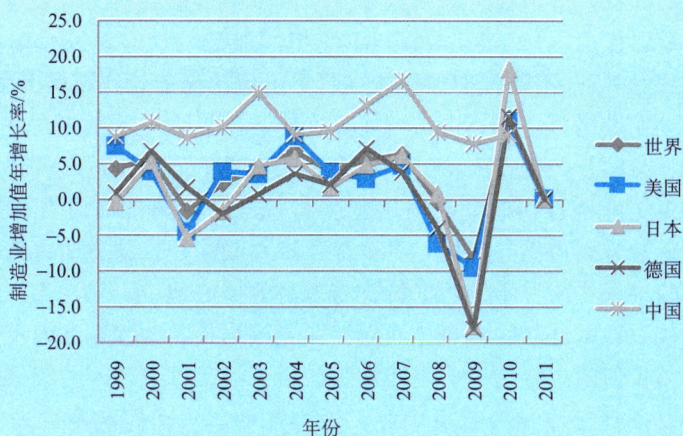

图 12-2 主要工业国家制造业增加值年增长率

(2) 从结构上看:①我国高技术制造业增加值占制造业增加值的比重虽然低于一些发达国家,但是正逐年增长,在 2007 年达到 12.7%。②我国高技术制造业出口占本国制造业出口的比重近年来保持在 27% 左右,高于其他发达国家并且占世界高技术制造业出口的份额在 2006 年已居首位,比例为 13.6%。③加工贸易出口额占工业制成品出口比例一直较高,2007 年时达到 53.41%,近年来有所下降,2011 年仍达到 46.46%。④在国际商标注册申请方面,2010 年上半年,国内申请人通过商标局提出的马德里商标国际注册申请 780 件,累计已达 10 501 件,连续 5 年在发展中国家排名第一。但世界品牌实验室编制的 2011 年"世界品牌 500 强"当中,中国只有 21 个,100 强之内中国只有 4个。⑤世界 500 强中,中国企业上榜数量已居世界第二位,从 2002 年的 11 家连续九年增加达到 2012 年的 79 家,其中制造业企业有 25 家,数量明显提升。

(3) 从持续发展能力看:①我国制造业 R&D 强度虽与日本、法国、美国等发达国家 10% 左右的比例差距较大,但近几年来有所提升,在 2009 年达到 3.2%。②2011 年北京成为仅次于日本东京的全球第二大世界 500 强总部之都,拥有 2011 年世界 500 强企业总部 41 家,聚集地区总部 82 家,外商投资公司 183 家,外资研发中心 353 家。上海拥有的地区总部机构数量居中国内地省市之首,还有一些地区总部分布于广州、深圳、天津等地。根据美国《财富》杂志的一项调查,全球有 92% 的跨国公司都有意来华建立地区总部。但是,也存在着一些问题:2010 年我国三方专利授权量为 875 件,占世界的比例仅为 1.78%,不仅与日本的 30.56%、美国的 28% 相差悬殊,也远低于德国、法国等国家;2008 年中国万美元 GDP 能耗为 7.86 吨标准油,而同期发达国家的数值则大多在 2 以下,不但与其差距较大而且远高于世界 2.94 的能耗水平;虽然近年来环境问题日益得到重视且我国的环境治理投资总额在逐步上升,但是占制造业增加值的比重却在下降,2011 年仅占 0.36%。

从上面数据可知,中国的制造业取得了长足的进步。如果说 2001 年加入 WTO 时,日本、韩国、美国等宣称中国是"世界工厂"隐含着"中国威胁论",那么中国现在的发展则给予明确的回复，中国在全球制造业分工体系中占据的地位恰恰对于全球经济的复苏和发展有着重要作用。"Made in China"（中国制造）产品遍及全球各地，世界分享着中国制造的"红利"。不过，中国尽管在总量上位次靠前，在结构上也是逐步优化，同时非常注重后续发展能力，但是中国与前三代的"世界工厂"相比在世界经济中的地位还是有所弱化。英国与美国作为第一代和第二代世界工厂在制造、科技、贸易三方面都占据着世界的主导地位且当时无其他国家可与其匹敌，到日本作为第三代世界工厂时，已经不能在科技方面占主导作用，更多地体现在制造和贸易方面占据较大优势。作为"世界工厂"的中国，同样不能占据科技与贸易的中心地位，只在生产制造上有比较优势从而成为世界制造基地。在信息化和后工业化的当代，知识产品而不是物质产品的生产才是最终产品价值的主要构成，因而发达的后工业化国家已不再图谋世界制造中心地位，而是通过发挥自身比较和竞争优势，以科技创新活动控制和管理"世界工厂"，以获取比物质产品生产多得多的利润，所以对"世界工厂"地位的放弃是发达工业国家产业发展战略调整和发挥比较优势的现实体现。因此，中国可以被称为"世界工厂"，但这并不代表世界上先进工业化国家工业制造业水平或综合国力的下降，也不代表我国的工业制造业水平已经全面超过工业发达国家并居世界领先地位，毕竟今天的"世界工厂"内涵与以往相较有了很大的变化。

12.2 我国成为"世界工厂"的因素分析

是什么原因或是哪些因素促使我国成为"世界工厂"呢？从文献中看，对"世界工厂"形成和转移的原因分析比较少，而且几乎都是定性的分析而鲜见定量的说明，本书试图对中国形成"世界工厂"的因素作一次定量分析。

12.2.1 计量模型与指标说明

邢伯春（2003）通过英国、美国、日本案例来看，总结成为"世界工厂"必须具备的条件，如资源优势、开放的市场环境、完善的金融体系、技术创新的能力以及政府政策等。张为付（2004）认为促进世界制造中心形成的因素可以分为两类：一类是一个国家或地区内生性的要素，另一类是外生性的要素。若将世界制造中心作为目标函数 F，则影响其形成的自变量有：要素市场规模 f、产品消费市场规模 p、产业资本 k、科技创新能力 s、国际分工方式 d 和区位优势 l，函数表达式为：$F = F$（f，p，k，s，d，l）。而且他认为在不同时代这些因素对世界制造中心形成的贡献是不同的。本书正是参照他的这一模型并根据形势的变化作了修正。劳动力投入 l、产业资本 k、科技投入 t 等对一国工业特别是制造业发展的作用毋庸置疑，目前来看，我们更关心制造业长期发展的制约因素能源 s 和环境 e 的作用。由此，函数表达式将变为：$F = F$（l，k，t，s，e），我们可建立如下模型来衡量各个因素在一国"世界工厂"形成中所起的作用：

$$Y_t = \beta_0 + \beta_1 \ln(L_t) + \beta_2 \ln(K_t) + \beta_3 \ln(F_t) + \beta_4 \ln(T_t) + \beta_5 \ln(S_t) + \beta_6 \ln(E_t) + \varepsilon_t$$

其中，Y_t、L_t、K_t、F_t、T_t、S_t、E_t 指的是各年度的"世界工厂"地位、劳动力投入、资本投入、科技投入、能源消耗、环境治理投资；β_0、β_1、β_2、β_3、β_4、β_5、β_6、

ε_t 代表系数和残差。

(1)"世界工厂"地位 Y_t,正如前面谈到的那样,世界工厂的衡量并不存在一个公认的指标,但通过之前的定义分析可知世界工厂的一个典型的、被共同认可的特征是面向世界市场的重要的生产和供应基地。一国不但要在生产的量上占据世界较大份额,更重要的是生产的产品不但能够满足本国的需要,而且能有较大的出口以满足世界其他国家的需要,这样才有可能称得上"世界工厂"。因此,因变量 Y_t 可以用制成品出口额/世界制成品出口额表示。

(2)劳动力投入 L_t,一般而言劳动力投入得越多,所生产出来的产品也就越多,在国内市场一定的情况下,势必要加大出口。劳动力参与到工业尤其是制造业不仅解决了劳动力就业的问题,而且直接促进了该产业的发展,因此用制造业年平均就业人数(万人)与年平均工资之积(元)表示劳动力投入,该值根据当年平均汇率调整为亿美元。

(3)资本投入(K_t、F_t),资本投入与劳动力投入相似,都能促进生产和出口的提高。要强调的是可以比较自身资本投入和 FDI 对提升出口份额的作用可能会有所不同,因为利用外资企业出口的比例一般而言会更大,因此资本投入分两个部分,分别为本国资本 K——以制造业本国固定资产投资(亿美元)表示和外国资本 F——制造业 FDI 实际使用金额(亿美元)。

(4)科技投入 T_t,技术在生产过程中的作用越来越明显,既能促进生产效率的提高,也有助于实现产品的差异化,从而利于在世界市场上的竞争。此处以规模以上工业企业 R&D 经费支出(亿美元)作为科技投入的指标。

(5)制造业能源消耗 S_t,单位制造业增加值消耗的能量越多,对于一国制造业的竞争力显然越不利,随着能源价格的不断攀升以及资源的日益匮乏,势必会造成产品成本的增加,从而在竞争中处于劣势,不利于占据世界出口份额。此处用每年制造业消耗的万吨标准煤与制造业增加值(亿美元)之比表示能源消耗强度。

(6)制造业环境治理投资 E_t,随着环保、低碳的观念深入人心,用于环境治理的相对额度越多,其产品受欢迎的可能性越大,此处以当年工业污染治理完成投资经过汇率换算为亿美元得出。

本书主要考察的时间区间是 2000～2011 年,数据来源于《中国统计年鉴 2012》、《中国能源统计年鉴》、《中国环境统计年鉴》、中国统计局数据库、世界银行数据库等。

12.2.2 实证结果分析

我们分别采用 Eviews 6.0 中的普通最小二乘法和逐步最小二乘法中的后退逐步回归进行估计,以期得到有效的结果。表 12-2 列出了变量输出结果。

可以看出,两个输出结果比较类似,不妨用结果 2 进行讨论。劳动力投入对于因变量的作用显著,并且系数为正,劳动力投入每增加 1%,我国制成品出口额/世界制成品出口额将增加 0.02%,从而对中国制造业形成目前的"世界工厂"地位有一定促进作用。本国资本投入和科技投入对于因变量的作用却并不显著,意味着我国的资本密集型和技术密集型产业在世界市场中的竞争并不占优势。外商直接投资的系数却显著为负,多少让人费解,可能的原因是当前外商直接投资的主要目的是占据我国国内的巨大

表 12-2 模型的回归结果

解释变量	结果 1 (OLS)	结果 2 (stepwise)
常量 C	$-0.902\ 87^{***}$	$-0.763\ 25^{***}$
	$(-7.000\ 699)$	$(-7.325\ 48)$
劳动力投入 L_t	$0.032\ 692^{**}$	$0.023\ 573^{***}$
	$(3.541\ 682)$	$(6.468\ 095)$
本国资本投入 K_t	$-0.001\ 66$	
	$(-0.501\ 72)$	
外商直接投资 F_t	$-0.031\ 14^{**}$	$-0.027\ 51^{**}$
	$(-3.320\ 34)$	$(-2.619\ 36)$
科技投入 T_t	$-0.008\ 24$	
	$(-0.995\ 2)$	
能源消耗 S_t	$0.092\ 894^{***}$	$0.079\ 36^{***}$
	$(6.431\ 82)$	$(5.008\ 968)$
环境治理投资 E_t	$-0.023\ 23^{***}$	$-0.021\ 061^{**}$
	$(-6.993\ 91)$	$(-3.213\ 891)$
R^2	$0.994\ 913$	$0.995\ 542$
F 值	0.00	0.00
D-W 统计量	$2.338\ 994$	$2.065\ 897$

、*分别表示参数估计值在 5%、1%水平上显著，括号中数值是 t 值。

市场，再出口的比例下降。能源消耗对于因变量的作用显著为正，能源消耗每增加 1%，我国制成品出口额/世界制成品出口额将增加 0.08%，可见我国的"世界工厂"地位形成中，能源的大量消耗起着较大的作用。环境治理投资的系数显著为负，与我们的预期不一致，可能的原因是，环境治理投资增加了企业的成本从而对短期国际竞争不利。

毋庸讳言，仅用我国制成品出口额/世界制成品出口额来表示"世界工厂"地位似乎并不具有很强的说服力，只是在现有的文献中，我们很难找到一个公认的、更恰当的指标。同时，碍于难以寻找合适的指标和数据的可得性，一些可能会对"世界工厂"地位有影响的因素如国际分工方式、一国产业政策、金融体系等并未包含在模型中，这可能会导致回归结果有一定的偏差。不过我们仍可以初步得到如下结论：①以当前视角看，劳动力投入和能源投入对我国"世界工厂"地位有促进作用，而本国资本投入和科技投入作用并不显著，FDI 与环境治理投资则有负向作用。这种依靠劳动、能源而非资本、技术的发展方式是一种"粗放型"的增长，"世界工厂"有量无质。②从动态看，如果不改变这样的发展路径，势必不利于"世界工厂"地位的维持，毕竟劳动尤其是资源、环境的承载力是有限的。即使以一种"饮鸩止渴"似的方式发展，国际经济形势的变化也会对这一地位产生冲击。

12.3 我国保持"世界工厂"地位的可能性分析

从英国、美国、日本依次成为"世界工厂"的实际看，没有一个国家总是占据着

"世界工厂"地位，区别只在于占据的时间长短问题。考虑近两年来出现发达国家"再工业化"和一些跨国公司将工厂从我国转移到亚洲其他新兴经济体，结合上节中分析的影响我国"世界工厂"地位的因素，不禁让人疑问：这些现象会导致我国失去"世界工厂"地位吗？

12.3.1　中国的"世界工厂"地位所面临的挑战

经济危机发生以来，一方面，美国等发达国家面对国内种种困境开始将目光再次转向工业特别是制造业——高调鼓吹"再工业化"、"重振制造业"便是例证；另一方面，中国劳动力成本廉价的优势日益消减又使东南亚国家正雄心勃勃地要成为"替代者"。更让人忧心的是，中国近 30 年来的快速发展使得资源、环境问题已凸显，更不用提要面对技术创新不足、油价飙升、美元贬值、贸易保护等一系列问题了。处于发展"夹心层"的中国既要面对外部形势的挑战，又要受制于自身发展的诸多瓶颈，中国"世界工厂"的地位遭遇着严峻的挑战。

1）美国再工业化：重振雄风

随着美国总统奥巴马签署了制造业促进法案，美国的"再工业化"之路已经迈出了实质性的一步。这预示着美国政府重新认识金融业、房地产业等不足以支持美国经济重新复苏，制造业这样的实体经济才能对复苏起到坚实的推动作用。与美国政府的积极倡导相呼应，一些工业企业如卡特彼勒、福特汽车、通用电气、惠而浦、卡莱、玛斯特锁等已经开始将在中国的生产重新转回美国，一些欧洲公司也开始对美国表现出明显的兴趣。尽管以现有的态势不能判断这些跨国公司的回流是暂时的政策刺激，还是一种长久的趋势，我们却不能不考虑"回巢"现象背后的动因以及可能会对中国造成的影响。

究竟是什么原因导致美国制造业"回巢"呢？以下几点是分析者们比较认同的观点：①缘于成本的变化。在工资方面，美国蓝领工人工资增长相对缓慢甚至下降的同时我国的工资成本在上升，而且美国正在致力于推进新一代机器人技术和人工智能的研发和应用，若对传统劳动力形成替代，其生产制造优势将更加明显。在能源成本方面，美国正在重新获得能源成本优势，随着开采技术的重大突破，美国页岩气产量出现爆发式增长，天然气价格下降势必增强美国制造业竞争力。另外，我国厂房、原材料、燃料、运费等上涨速度快，综合来看，我国在成本上占据绝对优势的状况不复从前。②更好地响应市场。制造工序回归本国可以更好地实现生产技术与消费市场的即时反馈和对接，也有利于解决产品质量、知识产权诉讼、库存增多、运货时间延长等问题。据美国咨询公司埃森哲的调查，受访的北美制造业经理人有约 61% 表示，正在考虑将制造产能迁回美国，以便更好地匹配供应地和需求地。③政策的鼓励支持。美国政府及其地方政府通过积极调整税收政策、贸易政策，出台吸引投资政策和加大对高端制造业支持力度来实施制造业振兴计划，从而对跨国公司回归本土有较大的吸引力。④规避贸易保护主义的战略途径：保护主义情绪抬头甚至导致身处美国的外国公司陷入贸易保护的重围，更不必提身处外国的公司了。由于其生产设施外包，美国制造商在很大程度上受到美国加大进口商品征税力度的影响，考虑到关税问题时，制造业"回巢"似乎更具经济效益。

"回巢"对中国会产生哪些影响呢？主要体现在三个方面：①FDI 等资本项目投资

减少。随着美国"再工业化"进程的确立，美国的资本和技术流出将开始逆转。联合国贸易与发展组织统计，2010 年中国大陆吸收 FDI 的总额和同比增长率均远低于美国，中国为 1010 亿美元和 6.3％，而美国为 1861 亿美元和 43.3％。如果针对我国国内市场的 FDI 并未减少，而针对加工贸易的 FDI 却在减少，那么我国在国际市场中的竞争会更加激烈。②增加我国贸易压力。一方面影响我国中长期对欧美出口，欧美制造商可以更贴近市场，其制造的产品增加会对我国产品产生"挤出效应"；另一方面美国将利用其技术、产品等优势在竞争规则和国际贸易规则上做文章，制造贸易壁垒，加剧两国贸易摩擦。③减少我国就业机会。美国积极推进"再工业化"很大程度上源于国内就业的压力，在现有的产业体系内就业机会的总量是一定的，"回巢"使美国就业机会增多就必定减少我国制造业的就业人数。而从劳动力的投入对促进我国制造业发展的作用来看，这一结果显然对我国不利。另外，人民币持续升值的压力增大进一步降低我国的成本优势，2011 年波士顿咨询公司的一份报告称："随着中国劳动力成本上涨和人民币升值，美国把制造业大量外包给中国的时代即将结束……到 2015 年，在美国销售的商品中，美国本土制造的产品将可能领先于中国。以现在的美国政策来看，美国经济借助制造业翻身概率极大，这会把世界制造业带到一个新的时期，中国制造会首先出现问题"。

2）新兴经济体：异军突起

中国作为最大的发展中国家，有着巨大的市场潜力和劳动力成本优势而一直备受跨国公司的青睐，在其自身攫取巨大利润的同时客观上也促进了我国制造业的发展。但是，中国劳动力成本不断上升从而导致综合成本增加使他们渐渐把目光转向了其他一些新兴经济体，比如印度、巴西、墨西哥等。单就亚洲地区而言，《2012 年世界投资报告》统计显示，2011 年流入东南亚的外国直接投资为 1170 亿美元，比上年增长了26％，而中国的这一增长率同期不到 8％。"中国制造"是不是正在向其他国家转移？谁会取代"中国制造"？

尽管对上述问题的答案见仁见智，但可以肯定的是，中国制造业，尤其是低端和中端制造业将面临更加激烈的竞争。一些跨国公司因中国劳动力、资本和汇率的成本快速上涨而"转战"东南亚，东南亚一些国家也在积极发展制造业。而印度作为与中国经济相似度特别高的国家，似乎成了取代中国的最大可能。印度除了目前工资水平低于中国，还具备工程技术（加工、制造、工程）、完善的原材料基础、成熟的供应基础和不断增长的国内需求等优势条件。越南、巴西等也在积极承接各种产业转移以图本国制造业的快速发展，在德勤发布的《2013 年全球制造业竞争力指数》中显示，五年后尽管中国仍居首位，但印度和巴西的排名紧随其后，分列第二、第三，越南也会在前十名榜内。这些国家与中国有更相似的比较优势，可见未来面临的制造业竞争会更加激烈。

3）中国自身的瓶颈：进退维谷

前面实证结果显示，中国的技术投入对于"世界工厂"地位所起的作用有限，但另外一个现象却是中国高技术制造业占世界市场的份额迅速提升，在 2006 年已超过美国跃居首位，这种矛盾原因何在？Gilboy 将中国高技术产品出口的爆炸式增长解释为由外资企业和加工贸易推动的，这种解释也得到后续研究者的支持。这意味着中国本土高技术制造业研发创新能力不足且处于国际生产分工的低端环节。中国依然是通过利用劳动力和自然资源都相对廉价的比较优势而没有获得技术优势，但是单纯依靠劳动力和自然资源非但不能获得持续的竞争力甚至会有损于技术能力的提高，因为创新动力不足。上面谈到的一些产业往亚洲其他国家转移的现象已经预示着中国劳动力和自然资源的优势正受到挑战，如果再不从技术上进行突破，制造业的发展后果可想而知，此其一。其二，中国制造业的万美元 GDP 能耗远高于发达国家，也远高于世界平均水平，加之中国每年的制造业增加值规模巨大，中国能源消耗的绝对量数值惊人。而且能源的价格一直都在攀升，这势必进一步带来中国制造业的成本压力而且也抑制其持续发展，毕竟能源的总量在一定时期内是稳定的。其三是环境的制约，每年的废水、废气以及固体废弃物的单位产值排放量可能有所减少但在总量上仍数值巨大，而环境治理投资占制造业增加值的比例却不升反降。目前环境问题日益受到重视，低碳、环保的理念已成共识，中国制造业的发展必须将环境因素纳入其中，不顾环境代价的增长注定不会持久。由此可见，中国制造业因无技术支持，尚不能与美国等发达国家争夺高技术产业市场。而在低技术产业市场上与新兴经济体竞争，则受制于成本、资源、环境的压力，处于一种"进退两难"的境地。

12.3.2　中国能否保持"世界工厂"地位？

面对这样的"内忧外患"，中国制造业能否保持以前的发展态势，进而维持住"世界工厂"的地位呢？依然从三个方面进行分析。

首先，尽管前面已经谈到"回巢"会对 FDI、贸易、就业机会方面产生不利影响，但是这是短期内显现的，更长时间内会造成什么样的影响还难以下定论，因为不能确定这种回流是受暂时政策刺激还是一种长期趋势。目前回归的规模还比较小，而且美国政府倡导的回流和再工业化不是简单地回归传统制造业领域，而要采取以创新为中心、以高端为重点的战略，重建制造业竞争力，进而创造新的经济增长点。因此对以劳动力、资源等大量投入推动的我国制造业负面影响有限。事实上，利用以往的数据分析看，我国制造业增加值各行业的构成比例与美国有较大差异。一个明显的事实是，美国与日本等作为发达国家其制造业增加值的行业构成比例十分类似：机械和运输设备行业占制造业增加值的比例较大，化学品行业以及食品饮料业占据的比例略低，纺织品与服装行业比例则很低。而中国和印度作为发展中国家其制造业增加值的行业构成比例较为类似：机械和运输设备行业、化学品行业以及食品饮料业、纺织品与服装行业占制造业增加值的比例相差不大，较为均匀。可以认为我国与美国等工业发达国家在世界市场的竞争领域会有交叉但侧重点不同。

其次，目前从中国到东南亚国家的产业转移还没有像上一轮四小龙向中国内地的转移那样形成潮流，因为全世界尚没有像中国这样的经济体能够承接大量由中国转出的工厂，取代中国"世界工厂"并不容易，这一点可以从印度等国近年来的制造业增加值总量得到佐证（图 12-3）。我国不仅在总量上占据优势，在制造业增加值年增长率上，中国的增长速度也快于其他新兴经济体，尽管印度与中国的增长趋势相同，但是增长率数值还是低于我国（图 12-4）。而且仍拿印度来说，其基础设施落后而严重影响投资环境、行政效率低下、政策风险较大、贫困人口过多而导致的低购买力等都是其制造业发展的障碍，且非朝夕可以扫除。目前"中国制造"的出口量和国际市场占的份额远超"印度制造"，是后者的 7 倍之多，以此判断，在国际市场上，印度短期内不太可能撼动中国的地位。至于最近外资对中国投资放缓可能是由于中国国内的经济放缓以及全球经济形势严峻，而非他国在取代中国。

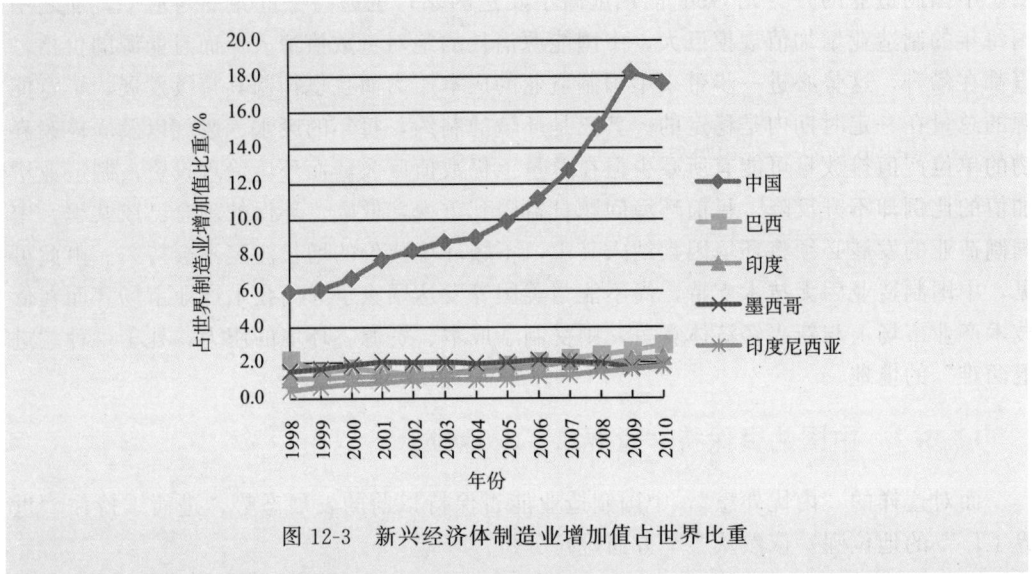

图 12-3　新兴经济体制造业增加值占世界比重

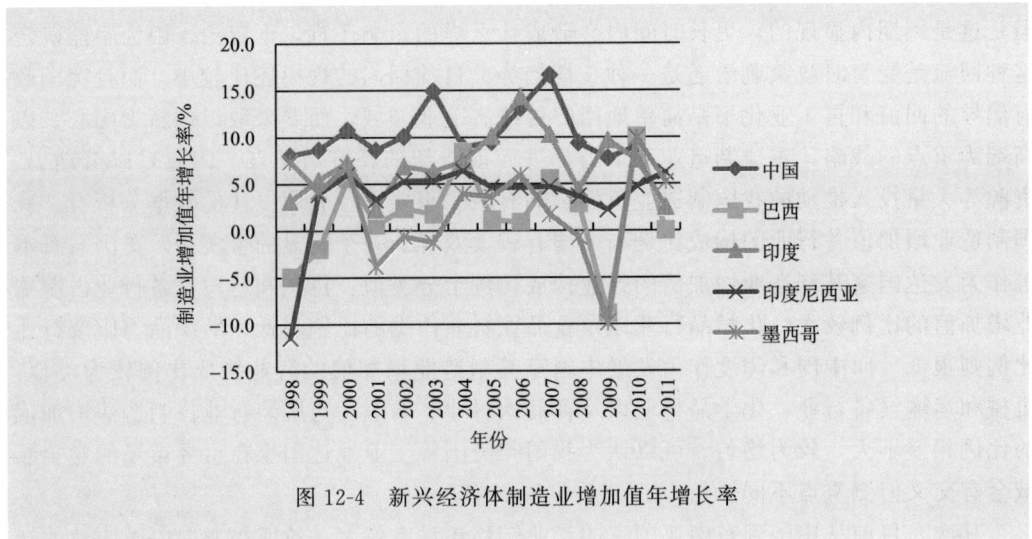

图 12-4　新兴经济体制造业增加值年增长率

最后，中国仍有强大吸引力：一是市场潜力巨大，如果以中国国内市场为主要目标，即使生产成本日益上升，企业仍有动力进驻中国，以抢占中国消费支出份额；二是，劳动力成本虽上升但劳动力素质也在提高，性价比依然很高，中国有大量受过高等教育的廉价技术熟练工人，而且中国的西部地区仍有成本优势可承接一些产业转移。最后齐全的产业门类、完整的供应链、良好的基础设施以及改革开放以来积累的政策环境等都是中国维持"世界工厂"的优势。无怪乎德勤发布的《2013 年全球制造业竞争力指数》显示，位居竞争力首位的是中国且预计五年后中国仍然稳居第一。它认为中国正集中力量将供应链本土化并建立创新中心，从而是唯一一个能够跟发达国家并驾齐驱，拥有同样供应商网络优势的新兴国家。

但是我们也不能就此乐观，即使中国目前有相对于其他经济体的较大优势，但其他国家也正在呈追赶态势。况且就如前面分析的那样，中国的技术、资源、环境的瓶颈也在制约着中国制造业的发展，而转型升级是必然的选择。目前的回流、转移、加薪潮等都在促使企业转型到高端产品，而这恰恰符合中国政府的抱负——不满足于成为"世界工厂"，而有志成为"世界制造业中心"。

12.4　从"世界工厂"走向"世界制造业中心"的策略分析

"世界工厂"的地位能否保持固然重要，但在我国制造业的产业链条不断拉长，规模优势日益显著的情况下，如何将规模优势转化为竞争优势，实现从"世界工厂"到"世界制造业中心"的升级，是一个更为重要的问题。

成为"世界制造业中心"作为我国的一个战略目标，涉及多方面的问题。比如如何平衡政府干预与市场机制、如何协调比较优势与完整制造业体系、如何提升企业竞争力等。这些问题的解决，需要政府、产业环境、企业自身三个方面共同努力。

12.4.1　政府层面

迈克·波特曾说：政府并不能控制国家竞争优势，它所能做的就是通过微妙的观念性的政策影响竞争优势。在钻石理论中分析了国家对企业国际竞争力的影响作用，各个国家的经济结构、价值观念、文化、政治体制以及历史的差异都影响着企业在国际竞争中的成败。因此政府的产业政策、举措在提升一国制造业竞争优势中扮演着重要的角色。作为"看得见的手"，它引导投资方向，激发创新动力，提供制度保障，输送技能人才。要成为"世界制造业中心"，政府应该为企业发展提供良好的宏观环境。

1）自觉引导市场，建立创新体系

市场和市场机制的运作是一个自发过程，但可以进行必要的引导和促进。譬如，对于新兴产业中的高技术和高技术产品，通过军事采购或政府采购的形式进行资助、引导，从而拉动整个产业和市场的发展。再如将市场上潜在的产品和技术纳入到政府或者军事的采购清单中，从而提供大量的资金和相当规模的市场来促进其发展。在引导市场的过程中还要注意市场保护的问题。"以市场换技术"行不通时，唯有转变思路，可通过技术标准、安全标准、环保标准等以及定向市场需求来构筑无形的市场保护网络，为本土企业争取生存和发展的空间。

在自主创新和产业技术水平方面，要缩小与发达国家的差距。首先，利用企业、大学、科研机构、中介组织等的整合互动，完善创新基础设施建设，建设中介服务和信息服务网络，提供公共研发平台，推动创新知识的不断产生和流动，形成活跃的创新氛围。其次，形成鼓励创新的市场环境，建立以企业为主体的技术创新体系，利用财税、金融和政府采购等政策，为企业的技术创新提供资金、信息等方面的支持；保护知识产权；建立风险管理机制，为勇于冒险创新的企业解除后顾之忧。最后，制定优惠政策，吸引大型跨国公司来华建立研发机构，以利用"技术溢出效应"。

2）建立产业集团制度，扶持中小型企业

在制造业发展中，应该重视龙头企业或者主导企业的作用。一方面，鼓励民营资本以多种方式参与国有企业结构调整和资产重组；另一方面，全力打造一批技术研发能力强、核心业务突出、行业份额较大的大产业集团。

在鼓励形成大产业集团的同时，政府也要扶持中小型制造业企业。中小型企业不仅在解决就业问题上发挥着重要作用，同时也为大企业的发展提供产业支持，是产业配套和加工的主体。政府和行业组织要为企业提供优良的社会公共服务和中介服务，包括建立社会化的培训、咨询、技术、信息等服务体系。

3）技能人才的培养和培训

制造业的竞争是产品的竞争，实质上还是人才的竞争。目前，我国一方面制造业缺乏大量的中高技能人才；另一方面每年高校毕业生就业形势堪忧。人才的供给与需求不匹配，既造成了人才的浪费也阻碍着制造业的进一步升级。因此改革人才培养方式，为实现制造业强国目标提供充足的人力资源势在必行。政府应建立开放式、多渠道的现代教育体系，加强智能教育、通才教育、素质教育、终身教育；充分利用信息通信网络和软件产业，大力举办联合大学、虚拟学校、远程教学，迅速扩大教育的广度和深度；改革教育内容，真正做到需有所教，学有所用。只有拥有人力资源优势才能使我国进入高层次国际分工领域，升级为"世界制造业中心"。对已就业者要提供培训机会和途径，与企业合力提升职工的技能，因为培训作为一种投资，其回报几乎总是高于成本的。

4）实现金融实力的坚强支撑

资本从来都是发展经济的重要生产要素，尤其对发展现代制造业而言。我国劳动密集型产业的优势日益消失，大力发展资本劳动密集型、资本技术密集型、资本资源密集型产业势在必行。这些产业规模经济显著，往往需要巨额投资，若无高效完善的金融体系的支持，其发展只能是空谈。通过建立多层次资本市场体系大力发展资本市场，包括扩大直接融资，完善资本市场结构，丰富资本市场产品，拓展债券市场，完善交易、登记和结算体系，稳步发展期货市场，发展拥有长期资金来源的契约型金融机构等措施以拓宽企业融资渠道，为企业发展提供资本支持。

5）注重环境保护，降低能源消耗

必须防止因不合理的发展导致环境遭到不可逆转的破坏。对矿产资源、能源的大量消耗，对环境的任意破坏不仅将制约制造业的发展，更有甚者会得不偿失。鼓励本国企业引进污染治理技术、先进设备等，对污染物的排放加强监控，同时对跨国公司向我国转移污染严重、在其国已淘汰的生产项目，要加强筛选和取舍。

6）充分利用大国条件及"后发优势"

作为一个大国，我国不仅有广阔的市场，同时在政策的实施上也有更大的灵活性，而且可以利用各地区的优势因地制宜，这是一些小国家不能比拟的。作为一个发展中国家，自主创新固然不可或缺，但对发达国家中现成的技术、经验管理方法可以通过引进、学习方式为我所用,而不必再花费同样多的人财物进行重复开发和探索。充分利用这种"后发优势"可以加快国内产业的培育。

12.4.2　产业层面

要成为"世界制造业中心",意味着制造业作为一个整体有着竞争优势,因此各产业应该协调发展,在发展策略、区域布局、组织机构等方面要有妥善的安排。

1) 分层次的产业发展策略

在整个制造业发展的横截面上,要有重点、有层次地发展不同产业。首先,要大力培育战略产业,这类产业有超强的导向、渗透、扩散作用并具有广阔的市场前景和科技进步能力,而且能够动态创新。在国际市场上赢得和保持制造业竞争优势需要相关战略产业的支撑。因此应着重培育信息产业、生物技术产业、新材料、新能源、航空航天产业等关系国家经济命脉和国家安全的产业。其次,对于发展前景较好但缺乏技术优势的产业,如交通运输业、装备制造业等大多属于技术密集型和资本密集型的产业,要积极引进国外先进技术,把学习吸收与自主创新结合起来,实现跨越式的增长。最后,对于中国具有比较优势和巨大国内市场的产业,如服装纺织业等大多属于劳动密集型的产业,要保持其竞争优势,稳步发展。在一个产业内部,要积极往产品链的上游如产品设计、原料采购、仓储运输、订单处理和产品链的下游如批发经营、终端销售、售后服务等这些附加值高的环节延伸拓展,从过去的追求劳动成本节省转向整条产业链的综合成本节省。这就需要加大技术、人才、资本的投入,使中国制造业实现从低端到高端的演进。

2) 充分发挥产业集聚的作用

我国地域广阔,产业布局存在地区性和差异性,现已形成多个具有各自特征的产业区和经济带,目前的珠江三角洲、长江三角洲、环渤海地区三大经济圈制造业的发展各具特色。这是充分利用中心城市的"集聚效应"和对外围城市的"扩散效应"的结果。产业集聚的实施可以从点到片,逐步覆盖到面,分步实施,梯度推进。首先,重点培植一批世界级的核心龙头企业,形成中国制造"点"的强大集聚力。通过发展大企业集团、研发一批拥有自主知识产权的关键技术、生产一批具有国际市场竞争力和规模化经营的"中国制造"名牌产品,以名牌产品创造名牌企业,引进一批重点项目等方式将企业做大做强。其次,围绕主导产业依托龙头企业的联合,实现产业链延伸。顺应制造业分工细化趋势,增强工业配套能力,从全国乃至世界各地吸引配套企业、加工企业进入产业集群,形成生产环节上下游连贯配套。最后,围绕各区域产业圈(经济圈)建设,整体规划并协调各区域制造业的布局发展,互连互动,优势互补,推动三大经济圈早日实现一体化,实现中国制造"面"的整体提升。

3) 合理安排制造业的组织结构

一方面,在强调企业做大做强的同时,也要重视中小企业的发展。我国制造业组织结构存在"大而全"、"小而全"现象,未曾集中资源发展零部件和元器件产业。缺乏专业化生产的、强大的零部件制造产业,仍需进口一些重点配套产品的状况,严重影响我国制造业竞争力的提升。亟须发展一批有技术特色的专业化协作配套的中小企业,可以提高零部件制造技术水平，优化产品结构，解决产品低水平重复问题。另一方面，在空间上有针对性地推进企业布点和项目投入，充分预留产业链伸展的空间，推动企业集中于产业基地和核心区域，改变产业布局分散、规模经营不足、产品趋同的问题。

12.4.3　企业层面

直面国际竞争的是企业，是一个个具体的企业构成了一个国家的制造业，能否成为"世界制造业中心"关键就在于是否拥有一批具有国际竞争力的企业。作为一个企业，为寻求和保持竞争优势，在世界市场竞争中有一席之地，应该做到以下几点。

1) 加大技术投入，创造自有品牌

不满足于附加值极低的生产环节，而渴望分享产业"微笑曲线"两端的高附加值，一直是我国企业的追求。要增加高附加值产品比重，就必须进行产品转型升级，这最终依赖于技术的提升。引进和学习发达国家的先进技术是我国企业技术进步和新产品开发的捷径；通过"引进—模仿—创新"的发展阶段才能有赶超的可能。日本企业的发展就是很好的借鉴。但我国企业目前存在的问题是引进有余而吸收不足，更谈不上在此基础上的创新，往往停留在模仿的阶段上，这就失去了发展的后劲，止步于"追随者"的角色。因此企业在高价引进技术之后应积极组织研发、生产人员进行消化、改进、创新。加大消化吸收和再创新的力度，可以学习日本的"生产现场创新原则"。这种创新产生于日常生产活动，目的是解决生产中出现的"日常性"问题。质量体系、员工参与、柔性专业化等都属于生产现场创新，不要求把重点放在创造新技术上，对某些技术进行较小的改进，是一国尤其是发展中国家提高生产能力的关键和源泉。待企业发展到一定阶段，有了一定的技术基础，可以将重点侧重于自主研发，形成拥有自主知识产权的品牌。作为企业个体，要充分利用国家的创新优惠政策，比如研发费用可在所得税中加计扣除政策、创新型产品的优先采购政策等。

2) 采取整合战略，扩大企业规模

制造业是规模效益最为显著的产业，我国制造企业和国际同行比较规模普遍偏小，难以发挥规模经济效益。因此对于有实力的大企业而言，应结合自身优势实施并购行为或寻求企业之间的战略协作，不仅要在国内产业内部进行整合并购以提高行业集中度，更要适时走出去进行国际的整合，拓展国际市场和提升国际竞争能力。

3) 提升生产要素，充分利用资源

企业内部的生产要素主要有人力、资本、技术、信息、管理等，掌握的生产要素的多寡不能决定竞争优势，是否存在提升生产要素标准的机制才至关重要。因此要求企业建立合理的管理机制、激励机制和监督机制，加强对各生产要素的组织与管理，促进各要素的互动与协调。在这一过程中，自发实现环境保护和能源利用率提高的结果。

4) 融入国际网络，分散市场风险

经济全球化使本地化的企业不得不面对与世界级的制造企业同台竞争的挑战，这要求企业冲破狭隘的市场竞争论，树立一种"世界级"的观念。将自身经营活动融入到国际网络，置身于世界标准之中，把世界一流企业作为自己的竞争对手和努力的目标，才会具有不断学习、不断改进的动力，从而获得在国际市场上的竞争资格和竞争能力，并有向世界级企业转变的可能。在继续扩大传统市场和周边市场的同时，进一步开辟中东、俄罗斯、非洲等多元化市场，以分散制造业外贸风险。

12.5　结　　论

从我国首次被称为"世界工厂"到现在不过十余年时间，尽管我国被认可为制造业大国，但尚不是制造业强国。在世界经济中的作用与以往出现过的"世界工厂"相比也趋于弱化。即便这样，在发达工业国家意图调整产业发展战略和更充分地发挥比较优势从而主动放弃"世界工厂"地位的背景下，我国工业尤其是制造业与其他新兴经济体相比的突出表现还是足以使我国称得起"世界工厂"的。

"世界工厂"不过是一个称号，如果只是一个实质上依靠廉价劳动力的大量投入、资源的过度消耗和环境的恣意破坏且最终只能拥有产品价值极小部分的"加工厂"，这种称号非但不令人自豪反而引人担忧，不要也罢。失去这样的"世界工厂"地位不仅是历史发展及比较优势理论的客观要求，也是我国决策层及产业界的主观愿望。事实上，我国成为"世界工厂"的因素中，劳动力的大量投入和能源的大量消耗占据着重要部分，而技术的作用并不明显，既与以往英、美、日作为"世界工厂"有很大的差异，也不符合经济持续增长的要求。目前国内出现的跨国公司将企业重新转移到母国的"回巢"现象和转至其他新兴经济体的"转移"现象，以及我国本身存在的技术、能源、环境瓶颈等无疑对我国"世界工厂"地位有所冲击，但短期内还并不会被撼动。这就要求我国从政府、产业环境、企业三方面共同努力，从"世界工厂"走向"世界制造业中心"。否则中国"世界工厂"的地位在未来某一时刻被取代将是不可避免的事实，而且丧失的速度可能会比我们想象得更快。

初稿提供者：季良玉

统稿：李廉水　周彩红

参　考　文　献

宾建成. 2013. 新国际分工体系下中国制造业发展方向与对策. 亚太经济，(1)：121-127.

宾建成，詹花秀. 2012. 美国重振制造业对我国的影响与对策. 探索，(6)：93-97.

茶洪旺. 2009. 中国迈向制造业强国之路. 中国国情国力，(11)：22-25.

陈曦. 2012. 美国想说回去不容易——访商务部研究院跨国公司研究中心主任何曼青. 装备制造，(10)：76-80.

陈志友. 2008. "世界制造业中心"转移的阶段性特征与中国制造业的发展. 科技管理研究，(08)：128-130.

程恩富，丁晓钦. 2003. 世界工厂与知识产权优势——著名经济学家程恩富访谈. 社会科学家，(3)：4-9.

邓常春. 2005. 印度：从"世界办公室"到"世界工厂"？——印度制造业的发展潜力. 西南民族大学学报（人文社科版），26（9）：74-76.

耿凤英. 2011. 理性看待中国的"世界工厂"地位. 特区经济，(6)：262-264.

何哲，孙林岩，李刚. 2008. 中国制造业发展战略的研究评述和展望. 科学学研究，26 （A01）：
　　83-92.

贺靖媛. 2013. 美国在华制造业撤资回流动因及影响研究——以上海地区为例. 上海：上海外国语大
　　学：16-20.

胡俊文. 2004. 点-片-面产业集聚：中国制造向"世界制造中心"跨越的战略选择. 亚太经济，（4）：
　　43-46.

胡一帆. 2012. 美国制造业回巢之于中国——昙花一现还是星火燎原. 金融发展评论，（9）：20-26.

黄泰岩，吕政. 2002. "世界工厂"与中国经济——与吕政研究员对话. 经济理论与经济管理，（10）：
　　33-37.

金碚. 2003. 世界分工体系中的中国制造业. 中国工业经济，（5）：5-14.

李刚，金碚. 2009. 中国制造业发展现状的基本判断. 经济研究参考，（41）：46-49.

李谨言. 2007. 印度制造 5 年赶超中国？——工业基础薄弱，难成新"世界工厂". 国际展望，（19）：
　　46-47.

李敏. 2005. 中国企业：世界工厂与超越世界工厂. 生产力研究，（1）：98-101.

刘昌黎. 2004. 日本世界工厂的发展及其经验. 日本学论坛，（1）：9-15.

刘丁有. 2009. 中国经济复苏历程中的"世界制造业中心"转移问题. 开发研究，（5）：20-25.

刘晓波. 2010. 中国预防"世界工厂"衰退的创新发展策略研究. 特区经济，（10）：233-234.

吕克勤. 2003. "中国制造"与世界工厂. 上海经济研究，（5）：11-16.

吕政. 2001. 中国能否成为世界工厂. 经济与管理研究，（6）：3-8.

米建伟，陈强. 2012. 美国制造业"回巢"的原因及其影响. 发展研究，（12）：4-8.

覃乾. 2011. 美国"再工业化"挑战中国制造. 装备制造，（5）：62-68

史耀波. 2011. 世界工厂：中国在国际分工中的角色转变. 国际经济合作，（8）：28-30.

宋泓. 2005. 中国成为"世界制造业中心"的条件研究. 管理世界，（12）：85-94.

王勇，张冠峰. 2006. "世界工厂"的反思与我国的自主创新之路. 经济与管理研究，（7）：89-92.

肖志勇，陈咏梅. 2003. 第四次世界工厂的转移能在中国发生吗？. 北方经济，（3）：41-42.

辛迪. 2012. 中国制造面临双重挑战须未雨绸缪求新出路. 科技与企业，（9）：1-2.

邢伯春. 2003. 中国成为世界工厂问题讨论综述. 经济理论与经济管理，（1）：76-80.

杨明强. 2012. 美资制造业回流的成因分析及对策. 江苏商论，（9）：153-156.

杨晓平，王志乐. 2002. 中国还没有成为世界的工厂. 开放潮，（4）：29-30.

姚冬琴，崔晓林，陈海东，等. 2013. 中国"世界工厂"地位 10 年内不会动摇. 中国经济周刊，
　　（9）：64-67.

云霞，覃智勇. 2009. 从"中国制造"到"中国创造"——访南京信息工程大学校长李廉水. 数据，
　　（05）：15-17.

张慧毅. 2009. 中国成为"世界制造业中心"的路径依赖研究. 科技管理研究，（05）：3-5.

张为付. 2004. 世界制造中心形成及变迁机理研究. 世界经济与政治，（12）：67-73.

张为付. 2006. 中国"世界制造中心"问题研究综述. 产业经济研究，（1）：62-68.

郑洪涛. 2003. "世界工厂"的反思与中国经济发展. 经济经纬，（5）：44-45.

第13章

中国制造业能够治好"污染"吗？

改革开放后，中国工业化和城市化进程加速，制造业发展速度突飞猛进，极大地促进了中国经济的增加，为社会发展贡献了巨大力量。据美国研究机构"IHS（Information Handing Services）环球透视"发表的数据显示，2010 年中国制造业产值高达 1.955 万亿美元，占全球制造业总产值的比例为 19.8%，首次超过了美国（19.4%）。作为一个制造业生产大国，制造业是中国工业化的原动力和国民经济的核心。中国制造业的总产值占整个工业总产值的 4/5，约占全国 GDP 的 42.5%，为国家财政提供 50% 以上的收入。此外，制造业还是中国对外贸易的主体，进入 20 世纪 90 年代以来，制造业的出口一直维持在 80% 以上，占中国外汇收入的 75%。2011 年我国制造业就业人数已经达到近 9000 万人，约占全部就业人口的 10% 以上，占全部非农就业人口的近 20%。

但中国制造业的发展对环境造成的严重破坏也是不容忽视的。据《中国统计年鉴 2012》，2011 年中国制造业综合能源消耗量 230 167.55 万吨标准煤，占全国能源消费总量（348 001.66 万吨标准煤）的 66.14%；制造业废水排放量为 2 308 381 万吨，占全国废水排放总量（6 591 922.44 万吨）的 35.02%。一定程度上导致中国大多数地区空气质量迅速下滑，水质不断恶化，土壤重金属污染严重，环境牺牲代价不可估量。出现这种情况的原因：一是因为中国制造业集聚了大量污染密集型行业，例如，中国是世界上最大的钢铁、水泥、煤炭、化肥和电视机生产国，中国是电力和化纤的第二大生产国；二是中国一直走粗放式发展模式，制造业能效低下，诸如煤炭、水泥、造纸、化工生产等许多制造业领域的设备陈旧，效率不高（Liu and Diamond，2005）；三是中国能源消费结构不合理，持续依赖煤炭能源加剧了空气污染。在经济改革的过程中，中国的煤炭消费量持续攀升，由 1980 年的 6.1 亿吨，快速上升到 2012 年的 25.04 亿吨，成为世界上最大的煤炭消费国。空气中 70% 的烟和尘埃颗粒、90% 的二氧化硫都来源于煤炭的燃烧。2005 年煤炭仍然占中国一次能源消费（China's primary energy consumption）总量的 68.9%。

中国要变强，人们要富裕，离不开制造业的发展。那么在今后的发展过程中，中国制造业能治理好"污染"吗？如何"治理"好污染是处于工业化阶段的中国目前亟须解决的问题。为此，本章首先分析中国制造业污染的现状，然后探索英、美、日、德等发达国家制造业治理"污染"的成功经验，以期为中国制造业"污染"治理和清洁制造业发展提供借鉴。

13.1　中国制造业污染现状分析

制造业发展过程中，能源消费量巨大，废水、废气和固体废物排放严重，对环境造成了严重的破坏。为此，我们从制造业能源消耗、废水排放、废气排放和固体废物排放四个方面分析我国制造业污染现状。中国的制造业、工业和全国的能源消费数据和排放数据来源于《中国能源统计年鉴》（2004～2011 年）、《中国环境统计年鉴》（2004～2011 年）以及《中国制造业发展研究报告》（2005～2012 年）。

13.1.1　中国制造业能源消费

为了清楚地展示中国制造业能源消费情况，从中国制造业能源消费总量、中国制造业主要能源消费量和中国制造业能源消费结构三个方面给出中国制造业能源消费概貌。

1）中国制造业能源消费总量情况

中国制造业能源消费总量、增长率及其占工业和全国的比例如表 13-1 所示。从中可知，2003 年以来，制造业一直是中国能源消费的主要部门，占全国主要能源消费总量的一半以上，占工业部门主要能源消费总量的 4/5 以上，一定程度上说明制造业是中国污染的主要祸首之一。且中国制造业能源消费总量一直呈上升趋势，占工业和全国的比重也有所上升，说明中国制造业能源需求增长速度远大于工业平均速度和全国平均速度，制造业带来的污染可能会更甚。

表 13-1　中国制造业能源消费总量、增长率及其占工业和全国比例（2003～2010 年）

	2003 年	2004 年	2005 年	2006 年	2007 年	2008 年	2009 年	2010 年
制造业能源消费总量 /万吨标准煤	93 163.9	115 261.4	127 684	143 052	156 219	172 107	180 596	189 415
增长率/%	—	23.72	10.77	12.04	9.204	10.174	4.934	4.884
占工业比重/%	77.9	80.5	80.8	81.7	82.15	82.23	82.39	81.64
占全国比重/%	54.5	56.7	57.2	58.1	58.82	59.05	58.89	58.29

2）中国制造业主要能源消费量情况

中国制造业主要能源消费量、增长率及其占工业和全国的比例如表 13-2 所示。从中可知，2003 年以来，中国制造业的煤炭、焦炭、原油、天然气和电力消费量基本呈直线上升趋势，汽油、柴油和燃料油基本呈先降后升的趋势，唯有煤油消费量呈下降趋势。制造业煤炭、焦炭、原油、燃料油和电力的消费量占工业的比重和占全国的比重有所上升，而汽油、煤油和天然气的消费量占工业的比重和占全国的比重有所下降，制造业柴油消费量占工业的比重上升，但占全国的比重有所下降。

表 13-2　中国制造业主要能源消费量、增长率及其占工业和全国比例（2003～2010 年）

	2003 年	2004 年	2005 年	2006 年	2007 年	2008 年	2009 年	2010 年
煤炭消费量/万吨	58 661	73 097.3	81 462.1	88 409	94 188.4	108 177	112 006	118 822
增长率/%	—	24.61	11.44	8.53	6.54	14.85	3.54	6.09
占工业比重/%	39	40.6	40.2	39.2	38.4	40.73	40.02	40.14
占全国比重/%	35.8	37.8	37.6	37	36.42	38.48	37.86	38.05
焦炭消费量/万吨	13 951.3	16 795.1	21 731	27 098.4	29 826	29 538.5	31 572	33 381
增长率/%	—	20.38	29.39	24.70	10.07	−0.96	6.88	5.73
占工业比重/%	98.6	98.9	99	99.2	99.15	99.27	99.46	99.4
占全国比重/%	96.2	97.3	97.9	98.2	98.32	98.79	99.13	99.09
原油消费量/万吨	20 793.8	27 302.5	28 563.6	30 898.5	32 655.3	34 027.8	36 891.9	41 692.6
增长率/%	—	31.30	4.62	8.17	5.69	4.20	8.42	13.01
占工业比重/%	84	95.4	95.3	96.3	96.42	95.86	96.76	97.6
占全国比重/%	83.4	95	94.9	95.8	95.96	96.31	97.15	97.24

续表

	2003 年	2004 年	2005 年	2006 年	2007 年	2008 年	2009 年	2010 年
汽油消费量/万吨	484.6	403.9	380.8	386.6	478.3	492.78	571.16	509.92
增长率/%	—	−16.65	−5.72	1.52	23.72	3.03	15.91	−10.72
占工业比重/%	78.4	79.6	82.5	82.5	83.25	84.08	85.11	73.96
占全国比重/%	11.9	8.6	7.8	7.4	8.67	8.02	9.25	7.4
煤油消费量/万吨	79.1	53.8	50.7	42.2	39.6	43.46	27.28	35.75
增长率/%	—	−31.98	−5.76	−16.77	−6.16	9.75	−37.23	31.05
占工业比重/%	90.2	88.4	88.3	87.5	87.61	88.54	85.14	88.93
占全国比重/%	8.6	5.1	4.7	3.8	3.19	3.36	1.9	2.05
柴油消费量/万吨	1 208.6	1 268.3	1 296.6	1 240.3	1 117.7	1 688.64	1 596.84	1 501.33
增长率/%	—	−40.70	−7.84	−19.15	−16.05	5.33	−43.45	7.89
占工业比重/%	66	63.3	62	63.2	64.88	67.09	67.99	69.38
占全国比重/%	14.4	12.8	11.8	10.5	8.95	12.48	11.61	10.26
燃料油消费量/万吨	1 986.8	2 049.9	1 828.8	2 013.7	1 982.8	1 604.91	1 268.49	2 220.15
增长率/%	—	3.18	−10.79	10.11	−1.53	−19.06	−20.96	75.02
占工业比重/%	61.4	57.4	60.5	66.3	75.27	78.69	83.37	93.39
占全国比重/%	47.1	42.9	43.1	46.1	48.63	49.58	44.86	59.08
天然气消费量/亿立方米	175	198.8	239.2	287.2	333.2	337.92	321.14	357.7
增长率/%	—	13.60	20.32	20.07	16.02	1.42	−4.97	11.38
占工业比重/%	65.3	67.7	67.6	69.4	65.38	63.57	55.57	52.53
占全国比重/%	51.6	50.1	49.9	51.2	47.93	41.57	35.87	33.45
电力消费量/亿千瓦时	9 517	11 303	13 094.8	15 371.5	18 105.5	18 588.9	19 686	22 870
增长率/%	—	18.77	15.85	17.39	17.79	2.67	5.90	16.17
占工业比重/%	68.5	69.5	70.9	72.3	73.51	73.22	73.31	74.08
占全国比重/%	50	51.4	52.5	53.8	55.35	53.82	53.16	54.54

3）中国制造业能源消费结构情况

中国制造业主要能源消费结构如表 13-3 所示。从中可知，2003 年以来，煤炭一直是中国制造业的主要能源，占制造业所有能源消费量的近 2/3；其次是原油，占制造业所有能源消费量的 1/5 左右；再次是焦炭和电力，占所有能源消费量的 1/10 多；汽油、煤油、柴油、燃料油和天然气的消费量占所有能源消费量的比重极小，五者之和不超过 1/20。说明 2003 年以来中国制造业能源结构没有得到优化，煤炭、焦炭等高污染能源仍然是中国制造业最重要的能源。

将中国制造业主要能源消费结构与工业和全国能源消费结构（表 13-4 和表 13-5）进行比较，发现煤炭占制造业所有能源消费量的比重，低于煤炭占工业所有能源消费量的比重和占全国所有能源消费量的比重；焦炭、原油和电力占制造业所有能源消费量的比重，高于焦炭、原油和电力占工业所有能源消费量的比重和占全国所有能源消费量的比重。说明制造业的能源结构优于工业和全国的能源结构，但都明显地过分依赖煤炭。

表 13-3　中国制造业主要能源消费结构（2003～2010 年）　　　（单位：%）

	2003 年	2004 年	2005 年	2006 年	2007 年	2008 年	2009 年	2010 年
煤炭	62.97	63.42	63.80	61.80	60.29	62.85	62.02	62.73
焦炭	14.98	14.57	17.02	18.94	19.09	17.16	17.48	17.62
原油	22.32	23.69	22.37	21.60	20.90	19.77	20.43	22.01
汽油	0.52	0.35	0.30	0.27	0.31	0.29	0.32	0.27
煤油	0.08	0.05	0.04	0.03	0.03	0.03	0.02	0.02
柴油	1.30	1.10	1.02	0.87	0.72	0.98	0.88	0.79
燃料油	2.13	1.78	1.43	1.41	1.27	0.93	0.70	1.17
天然气	0.19	0.17	0.19	0.20	0.21	0.20	0.18	0.19
电力	10.22	9.81	10.26	10.75	11.59	10.80	10.90	12.07

表 13-4　中国工业主要能源消费结构（2003～2010 年）　　　（单位：%）

	2003 年	2004 年	2005 年	2006 年	2007 年	2008 年	2009 年	2010 年
煤炭	71.88	72.50	72.63	72.26	72.28	73.38	73.31	72.35
焦炭	6.76	6.84	7.87	8.75	8.86	8.22	8.32	8.21
原油	11.83	11.52	10.74	10.28	9.98	9.81	9.99	10.44
汽油	0.30	0.20	0.17	0.15	0.17	0.16	0.18	0.17
煤油	0.04	0.02	0.02	0.02	0.01	0.01	0.01	0.01
柴油	0.88	0.81	0.75	0.63	0.51	0.70	0.62	0.53
燃料油	1.55	1.44	1.08	0.97	0.78	0.56	0.40	0.58
天然气	0.13	0.12	0.13	0.13	0.15	0.15	0.15	0.17
电力	6.64	6.55	6.62	6.81	7.26	7.01	7.03	7.55

表 13-5　中国主要能源消费结构（2003～2010 年）　　　（单位：%）

	2003 年	2004 年	2005 年	2006 年	2007 年	2008 年	2009 年	2010 年
煤炭	68.20	68.52	68.66	68.18	68.11	69.26	69.16	68.05
焦炭	6.04	6.12	7.03	7.87	7.99	7.37	7.45	7.34
原油	10.38	10.18	9.54	9.20	8.96	8.70	8.88	9.34
汽油	1.69	1.66	1.55	1.49	1.45	1.51	1.44	1.50
煤油	0.38	0.37	0.34	0.32	0.33	0.32	0.34	0.38
柴油	3.49	3.51	3.48	3.37	3.29	3.33	3.22	3.19
燃料油	1.76	1.69	1.34	1.25	1.07	0.80	0.66	0.82
天然气	0.14	0.14	0.15	0.16	0.18	0.20	0.21	0.23
电力	7.92	7.79	7.90	8.15	8.61	8.51	8.66	9.14

13.1.2　中国制造业废水排放

中国制造业废水排放量、增长率及其占工业和全国的比例如表 13-6 所示。从中可知，

2003 年以来，制造业一直是中国废水排放的主要部门，占全国废水排放总量的 1/3 左右，占工业部门废水排放总量的 4/5 以上。但值得欣慰的是，近年来中国制造业废水排放量趋于减少，且占工业和全国废水排放量的比例大幅下降，说明制造业废水"清洁化"速度快于工业的平均速度和全国的平均速度。

表 13-6　中国制造业废水排放量、增长率及其占工业和全国比例（2003～2011 年）

	2003 年	2004 年	2005 年	2006 年	2007 年	2008 年	2009 年	2010 年	2011 年
制造业废水排放量/万吨	1 748 476	1 879 418	2 405 313	2 049 203	2 132 807	2 068 483	2 022 463	2 051 502.15	1 727 356
增长率/%	—	7.49	27.98	−14.81	4.08	−3.02	−2.22	1.44	−15.80
占工业比重/%	82.36	84.99	98.94	85.31	86.47	85.58	86.29	86.39	74.83
占全国比重/%	38.07	38.96	45.86	39.83	38.30	36.18	34.33	33.24	26.20

13.1.3　中国制造业废气排放

中国制造业废气排放量、增长率及其占工业的比例如表 13-7 所示。从中可知，2003 年以来，制造业一直是中国工业废气排放的主要部门，占全国工业部门废气排放总量的 2/3 以上，有些年份甚至超过 4/5。虽然中国制造业废气排放占工业的比例很高，且制造业废气排放总量呈不断攀升的趋势，但中国制造业废气排放占工业的比例有所下滑，说明制造业废气"清洁化"速度快于工业的平均速度。

表 13-7　中国制造业废气排放量、增长率及其占工业比例（2003～2011 年）

	2003 年	2004 年	2005 年	2006 年	2007 年	2008 年	2009 年	2010 年	2011 年
制造业废气排放量/亿标准立方米	148 678.2	192 530.14	210 987	216 944	254 316	331 103	359 402	420 974.66	462 774
增长率/%	—	29.49	9.59	2.82	17.23	30.19	8.55	17.13	9.93
占工业比重/%	74.75	81.00	78.44	65.54	65.52	81.98	82.42	81.09	68.61

13.1.4　中国制造业固体废物排放

中国制造业固体废物排放量、增长率及其占工业的比例如表 13-8 所示。从中可知，

2003 年以来，制造业一直是中国固体废物排放的主要部门，占工业部门固体废物总量的 70％左右，2005 年高达 84.63％。虽然中国制造业固体废物排放量占工业的比例很高，且制造业固体废物排放总量一直呈上升趋势，但其占工业的比重却有所下降。说明制造业固体废物"清洁化"速度快于工业的平均速度。

表 13-8　中国制造业固体废物排放量、增长率及其占工业比例（2003～2011 年）

	2003 年	2004 年	2005 年	2006 年	2007 年	2008 年	2009 年	2010 年	2011 年
制造业固体废物排放量/万吨	1490.12	1348.07	1400.41	969.60	869.47	560.42	492.36	359.30	220.94
增长率/%	—	−9.53	3.88	−30.76	−10.33	−35.54	−12.14	−27.02	−38.51
占工业比重/%	76.77	76.51	84.63	74.46	72.66	71.68	69.30	72.12	51.00

13.2　发达国家制造业污染治理分析

英国是世界上第一个迈入工业化的国家，率先成为"世界制造中心"。紧随其后，美国、日本和德国等相继进行了工业化，成为第二代、第三代"世界制造中心"，一跃成为世界上最富裕的国家。但是这些国家在进行工业化时，环境污染问题随处可见，严重危害着人们的身体健康。花费巨大的金钱和时间投资后，才重新拥有了阳光充足的城市、碧波荡漾的河水。为了让正处于工业化阶段的中国少走弯路，以最小的代价"治理"好污染。本节以英国、美国、德国和日本为研究对象，分析这些国家在工业化进程中的污染情况以及污染成因，探究污染治理的措施，以期为我国新型工业化中制造业污染防治提供经验，从而尽可能地避免走"先污染，后治理"的道路。

13.2.1　发达国家制造业污染状况

19 世纪中期，英国实现了由农业——乡村社会向工业——城市社会的转变，成为世界第一个"世界制造中心"。首先感受到大工业无比的威力，但也第一个尝到了伴它而生的苦果。环境严重污染，特别是水体污染和空气污染，严重危害到英国人的身体健康，甚至生命。例如，1832～1886 年，因伦敦水体污染，曾导致 4 次霍乱流行，仅 1849 年一次就死亡 14 000 人（梅雪芹，2000）。1858 年 6 月泰晤士河臭气冲天，简直到了骇人听闻的地步，就连河边议会大厦的窗上也不得不挂起了一条条浸过消毒药水的被单。1873 年、1880 年和 1892 年，伦敦相继发生由燃煤造成的毒雾事件，先后夺去了 1800 人的生命。1952 年 12 月的"伦敦烟雾事件"，一场毒雾夺走了超过 1.2 万人的生命，还有更多人患上了支气管炎、冠心病、肺结核乃至癌症。

19 世纪末 20 世纪初，美国完成了其工业化过程，拥有了较为完整的工业体系，工业总产值超过老牌资本主义国家——英国，跃居世界首位，代替英国成为第二代"世界制造中心"。但是在这一荣耀的背后却是对自然资源的巨大消耗和浪费，以及对生态环境的严重破坏。第二次世界大战以后，美国经济持续繁荣，社会变得更加富裕，消费主义盛行，且当时自由放任思想在美国仍占主导地位，环境保护并未得到公众广泛的重视和响应，导致资源巨大消耗和浪费，空气、水、土地等显著污染，"公害事件"层出不穷。1943 年的"洛杉矶光化学烟雾事件"就是典型的空气污染事件。

19 世纪 30 年代中期到第一次世界大战前夕，德国通过两次工业革命实现了工业化。第二次世界大战后，德国急于改变战后落后面貌，积极发展经济，忽视了环境保护。二氧化碳、二氧化硫等气体的排放量大幅增加，垃圾堆放场周围的土壤和地下水受到污染，水域中的生物急剧减少，自然环境受到破坏，民众深受其害。到 20 世纪 70 年代初时，德国环境污染极其严重，公害事件层出不穷。例如，在德国工业重地鲁尔区，空气污染极度严重，人们看不到蔚蓝的天空，早晨穿的白衬衫到晚上就脏乎乎的。德国三大河流之一的莱茵河，因沿岸企业把工业废水直接排入河中，致使河流污染严重，河水发臭、变色、鱼虾绝迹，甚至莱茵河的支流也无一幸免。有人形象地比喻，把照片底版扔到莱茵河里都能显影，甚至将莱茵河称为"死亡之流"。

20 世纪初，日本环境开始不断恶化。"烟都大阪"深受煤烟污染影响。据大阪市立卫生试验所调查，1912～1913 年，大阪每年降落的煤尘量为 452 吨/平方千米，1924～1925 年上升至 493 吨/平方千米。大阪市民即使在炎热的夏天都不能开窗。第二次世界大战后，日本经济快速恢复和发展，特别是 20 世纪 60 年代，日本经济以两位数的速度增长，制造业突飞猛进，取代美国成为第三代"世界制造中心"。但日本的产业污染变动更加严重，到 60 年代中期，日本产业污染达到顶峰，给环境造成巨大的破坏，严重影响日本人民的健康。著名的"四大公害"事件，就是对当时日本产业公害后果的真实写照。日本在创造世界经济奇迹的同时也成为世界著名的"公害岛国"。

13.2.2　发达国家制造业污染的成因

发达国家在工业化进程中，制造业带来的污染极其严重，究其主要原因如下。

1）制造业能源需求剧增，资源被过度不恰当开采和使用

在工业化进程时，英、美、德、日制造业走的是"粗放式"发展道路，能源需求不断攀升，资源被过度不恰当开采和使用，导致环境污染加剧。例如，1829～1879 年，伦敦煤的消费大致增长了 5 倍，每年上升超过 1000 万吨（王觉非，1997）。第二次世界大战后日本资源开采大幅增加（图 13-1），1953 年到 70 年代中期，日本的金属、非金属、原油和天然气采选业的工业总产值都大幅上涨，煤炭工业总产值下滑除外。日本采矿业的工业总产值数据依据 *Historical Statistics of Japan* 整理所得。

同时，资源开采过程中，因一味追求开采数量和速度，无视对环境的影响，导致诸如重金属污染等各种环境污染问题。例如，日本"四大公害"中的三起就是重金属污染，其中 1953 年的"水俣病"实际为有机汞的中毒，"疼痛病"实际是典型的慢性镉中毒。因为三井金属矿业公司在日本富士县神通川上游发现了一个铅锌矿，于是在那里建

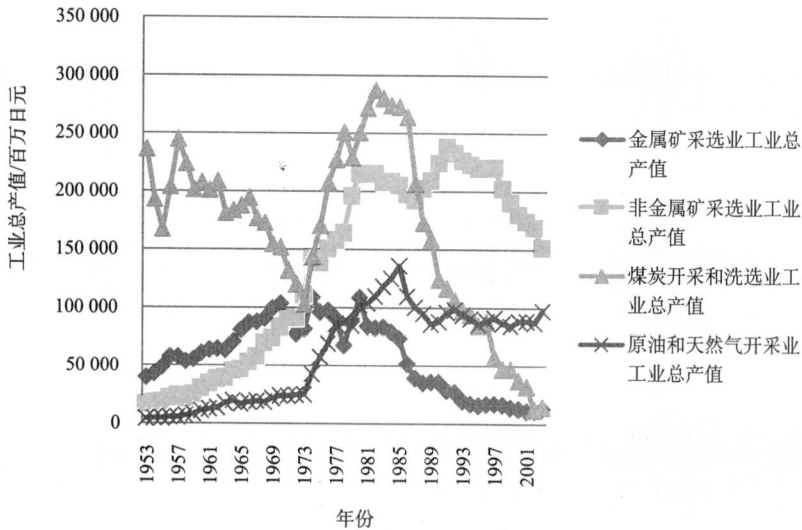

图 13-1　日本采矿业的工业总产值（1953～2003 年）

了一个铅锌矿厂，在洗矿石时，将含有镉的大量废水直接排入神通川，使河水遭到严重的污染。河两岸的稻田用这种被污染的河水灌溉，有毒的镉经过生物的富集作用，使产出的稻米含镉量很高。人们长年吃这种被镉污染的大米，喝被镉污染的神通川水，久而久之，就造成了慢性镉中毒。

　　2）制造业的能源消费结构不合理，煤炭占整个能源结构的比例过高

　　煤炭等化石能源占制造业能源消费总量的比例过高，特别是煤的比例。例如，最早进行工业化的英国，1848 年英国煤的产量占全世界总产量的 2/3。1952 年 12 月的"伦

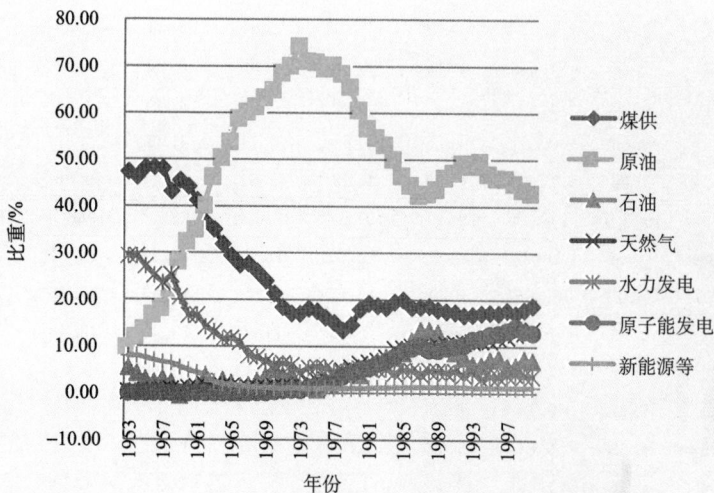

图 13-2　日本主要能源供应结构（1953～2000 年）

敦烟雾事件"就是典型的因大量使用煤而产生的恶性污染事件。1970 年，德国能源结构"以煤为主"，煤占整个能源结构的比重为 81.9%（陈海嵩，2009）。从 20 世纪 50 年代初到 90 年代末，煤是日本最重要的能源之一（主要能源供应结构见图 13-2 和表 13-9），特别是 20 世纪 50 年代到 60 年代初，煤占整个能源结构的比重为 40% 以上，位居榜首。日本能源供应数据依据 Historical Statistics of Japan 整理所得。

表 13-9　日本主要能源供应结构（1953～2000 年）　　　（单位：%）

主要能源	1953 年	1954 年	1955 年	1956 年	1957 年	1958 年	1959 年	1960 年
煤供	47.33	46.25	48.29	48.35	48.06	43.13	45.50	44.21
原油	9.85	12.08	13.72	16.82	18.22	22.36	28.15	32.41
石油	5.42	4.17	2.93	2.29	3.02	2.21	−0.55	0.93
天然气	0.20	0.24	0.37	0.41	0.56	0.73	0.84	0.98
水力发电	29.28	29.28	27.11	25.15	23.59	25.20	20.56	16.60
核能发电	—	—	—	—	—	—	—	—
新能源等	7.93	7.99	7.57	6.99	6.56	6.37	5.50	4.87
主要能源	1961 年	1962 年	1963 年	1964 年	1965 年	1966 年	1967 年	1968 年	1969 年	1970 年
煤供	41.26	36.53	34.99	31.80	29.30	27.35	27.63	25.97	24.02	21.30
原油	35.00	40.17	46.33	50.41	53.76	58.77	60.15	61.29	63.24	64.88
石油	1.49	3.56	1.59	2.74	2.12	0.06	1.61	2.56	3.58	4.99
天然气	1.27	1.58	1.63	1.45	1.33	1.25	1.14	1.08	1.11	1.34
水力发电	16.72	14.19	13.15	11.61	11.78	10.93	8.07	7.69	6.76	6.03
核能发电	—	—	—	—	0.00	0.09	0.07	0.11	0.09	0.35
新能源等	4.26	3.97	2.31	1.99	1.71	1.55	1.34	1.30	1.21	1.10
主要能源	1971 年	1972 年	1973 年	1974 年	1975 年	1976 年	1977 年	1978 年	1979 年	1980 年
煤供	18.37	17.00	16.96	18.08	17.51	16.19	15.05	13.45	14.61	17.93
原油	68.55	70.06	74.26	71.07	70.85	69.52	70.22	68.42	65.57	60.58
石油	3.67	3.98	1.13	1.09	0.74	2.91	3.34	4.35	4.30	3.89
天然气	1.32	1.24	1.63	2.16	2.68	2.88	3.80	4.82	5.54	6.34
水力发电	6.37	6.00	4.40	5.35	5.59	5.38	4.65	4.41	4.87	5.37
核能发电	0.59	0.66	0.61	1.25	1.65	2.11	1.95	3.57	4.09	4.87
新能源等	1.12	1.06	1.02	0.99	0.98	1.01	1.00	0.98	1.03	1.03
主要能源	1981 年	1982 年	1983 年	1984 年	1985 年	1986 年	1987 年	1988 年	1989 年	1990 年
煤供	19.19	18.69	18.30	19.51	19.92	18.34	18.42	18.61	17.85	17.49
原油	56.70	54.71	53.17	50.08	46.60	44.59	42.43	42.76	43.72	46.19
石油	5.67	6.93	7.74	7.60	8.62	11.27	13.49	13.46	12.97	10.29
天然气	6.58	6.98	7.67	9.54	9.69	10.11	9.94	9.83	10.29	10.55
水力发电	5.44	5.17	5.14	4.24	4.84	4.73	4.17	4.78	4.70	4.39
核能发电	5.35	6.38	6.81	7.80	9.10	9.67	10.27	9.28	9.17	9.74
新能源等	1.06	1.16	1.18	1.23	1.23	1.28	1.29	1.28	1.30	1.33

续表

主要能源	1991 年	1992 年	1993 年	1994 年	1995 年	1996 年	1997 年	1998 年	1999 年	2000 年
煤供	17.31	16.67	16.79	17.10	17.22	17.09	17.70	16.97	17.82	18.70
原油	47.26	49.28	48.70	49.61	46.98	46.07	46.01	44.98	43.61	42.93
石油	8.66	7.61	6.13	5.99	7.15	7.49	5.72	5.86	7.32	6.95
天然气	10.83	10.92	11.12	11.26	11.29	11.87	12.06	12.73	13.04	13.71
水力发电	4.66	3.91	4.52	3.02	3.62	3.48	3.91	4.08	3.72	3.59
核能发电	9.99	10.36	11.52	11.86	12.55	12.81	13.39	14.21	13.32	12.92
新能源等	1.30	1.26	1.21	1.16	1.18	1.18	1.22	1.16	1.17	1.19

3）环保技术落后，污染物处置不恰当

因企业只注重利润，无视环境污染问题，环境保护技术和设备市场需求几乎为零，导致企业缺乏环保技术创新动力，环保技术投资甚少，环保技术明显落后于制造技术。大量污染物得不到有效的处置，污染物排放达标率低下，对水体、空气和土壤造成了严重的污染。

4）环境规制缺乏，环境监管不到位

工业化和城市化早期，英、美、德、日环境规制缺乏，大量企业为了节约成本，将废水直接排入河流和大海，废气未经处理直接排放，固体废物未经处理直接堆放或掩埋，导致环境迅速恶化，污染极其严重。例如，英国在开办工厂大工业时，为了使用水力发电和便于废水处理，工厂都设在大流量的激流旁，水体很快被污染。这种情况下，英、美、德、日政府开始着手制定相关环境保护法律法规控制污染。但早期环境规制强度较弱，环境监管不到位，污染问题持续，恶性污染事件时有发生。

5）一切向钱看，环境保护意识薄弱

处于工业化进程中的国家，政府以 GDP 增长和提高人民的物质生活水平为目标，忽视环境；企业往往以扩大再生产为第一要务，而对环保设施的投入非常少；大众因物质生活水平普遍比较低下，将物质需求置于首位，消耗主义生活方式盛行，毫无环境保护意识。整个社会，从上至下，将经济发展和物质需求置于首位，无视环境污染。例如，在工业化时期，英国社会形成了追求财富的洪流。反谷物法运动的著名领导人理查德·科布登深知："对人的能力只有一种看法或一个标准——赚钱"。第二次世界大战后，美国盛行的消费主义生活方式对资源造成了极大浪费，对环境也产生了极为不利的影响。

13.2.3   发达国家制造业污染治理措施

制造业的快速发展给英、美、德、日带来巨大财富的同时，伴随自然资源过度开采和使用等，使人类赖以生存的自然资源和生态环境遭受严重破坏。在付出血的惨痛教训后，英、美、德、日开始觉醒，陆续走上了污染治理的救赎之路。纷纷通过节约资源，提高资源使用效率，调整能源消费结构，提升技术水平，加大环境保护方面的预算和支出，进行产业结构调整和升级措施，进行污染治理。据 *Economic Report of the President*（1966,

1980）显示，1960～1969 年美国政府在环境保护方面的支出从 17.57 亿美元上升到 28.48 亿美元，十年增长了 62.09%。

1. 提高能源效率，发展循环经济

GDP 单位能源消耗是指平均每千克石油当量的能源消耗所产生的按购买力平价计算的 GDP。图 13-3 显示了 1980 年以来，英、美、德、日四国的 GDP 单位能源消耗情况，其中按 PPP（购买力平均）计算的 GDP 是指采用购买力平价汇率将国内生产总值换算为 2005 年不变价国际元。国际元对 GDP 的购买力相当于美元在美国的购买力。从图 12-3 可见，1980 年以来，四国的 GDP 单位能源消耗都大幅提升，其中英国的 GDP 单位能源消耗增长幅度最大，其次是德国，日本一直维持在一个较高的水平上，美国的 GDP 单位能源消耗最小，且增长速度缓慢。

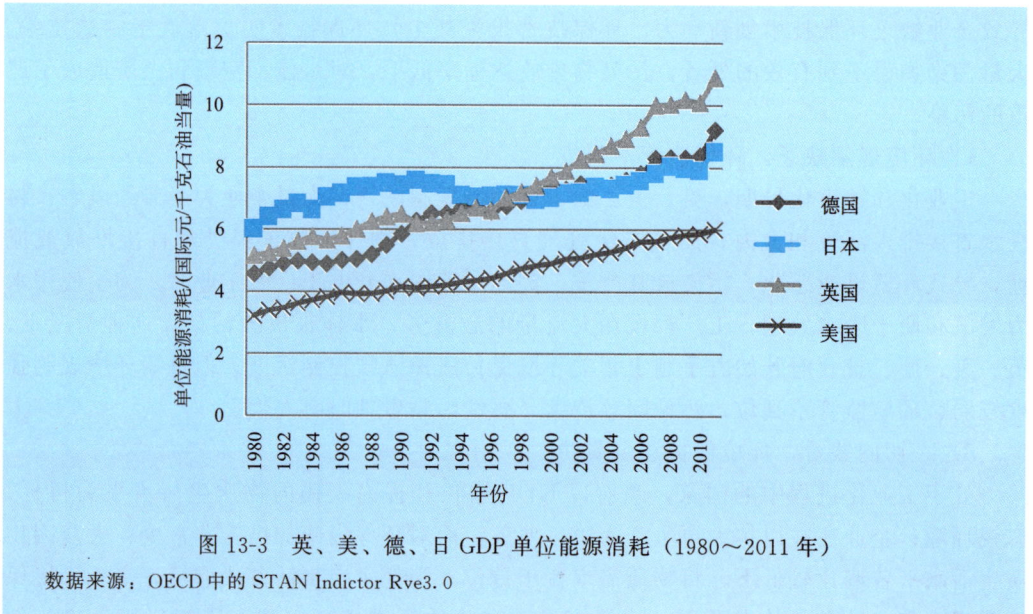

图 13-3　英、美、德、日 GDP 单位能源消耗（1980～2011 年）

数据来源：OECD 中的 STAN Indictor Rve3.0

在发展环境经济中，德国主要采取了这样几条原则：一是生产者负责的原则，即谁生产、谁负责回收。如汽车生产商有责任回收报废的汽车，并承担处置费用。这样就促使生产厂商从一开始就注意环保，考虑到将来商品报废后的回收问题。二是行业自律的原则，政府鼓励工业界自觉自愿地执行《循环经济法》，如德国饮料包装行业规定，72% 的包装物必须进行二次利用。三是透明原则，即生产厂商有责任公开商品的生产过程，使消费者有选择商品的权利。

2. 调整能源结构，提升可再生能源的使用

污染的严重迫使英、美、德、日四国不断调整能源结构，减少煤的使用量，增加油、气和可再生能源的使用。日本制造业能源结构变化如图 13-2 和表 13-9 所示，从中可见，20 世纪 50 年代日本制造业能源结构"以煤为主"，其占整个能源结构的比重为

47.33%，位居榜首；1962 年日本油的供应量首次超过煤，日本能源结构逐渐变成"以油为主"，2000 年煤占整个日本能源结构的比重下降到 18.7%，而油则占到 42.93%，稳居第一；同时核能及可再生能源的占比逐渐上升。1970 年、2005 年德国能源结构见表 13-10。从中可知，1970 年德国能源结构"以煤为主"，其占整个能源结构的比重为81.9%；2005 年，德国能源结构"以油为主"，煤消耗占比仅为 24.1%，而油的占比则从 1970 年的 9.1% 上升到 2005 年的 36.0%（陈海嵩，2009）。

表 13-10　德国能源结构的变化

能源类别	1970 年	2005 年
硬煤	28.8%	12.9%
褐煤	53.1%	11.2%
矿物油	9.1%	36.0%
天然气	5.5%	22.7%
核能	0.6%	12.5%
可再生能源	1.2%	4.6%
其他	1.7%	0.1%

3. 加强科技创新，发展清洁技术、新能源技术等

大力发展清洁技术，减少污染排放。具体可通过改善燃烧系统，以减少污染物的产生，或者部分尾气重新燃烧，使燃料燃烧更完全，减少 CO 和碳氢化合物的产生，或者提高燃料质量等减少污染物的产生。大力发展新能源技术等，探索更清洁的能源，从根本上减少能源消耗和污染产生量。

加强信息系统应用，构建污染监控和共享信息系统，提高监控能力，共享资源。例如，德国与瑞士、法国等国合作，在莱茵河不同区域设立监测点，随时监测水质的变动，同时建立了信息及时共享系统及应急机制，以应对突发污染事件。

4. 实施环境规制，加大环境监管力度

英、美、德、日四国采用环境规制控制污染排放，加大环境监管力度。环境规制是以环境保护为目的，以有形制度或无形意识为存在的，对组织等行为进行约束的一种力量，其外延上包括显性环境规制和隐性环境规制两大类，其中显性环境规制主要有命令-控制型环境规制、以市场为基础的激励型环境规制、自愿性环境规制。

1）英国最早进行环境立法，设立大量环境保护机构，充分发挥非政府组织在环境治理中的作用

（1）19 世纪中期，英国污染极度严重，公害事件层出不穷，迫使政府不得不颁布大量的污染治理法律，设立污染监管机构，充分发挥非政府机构在污染治理中的作用。例如，1821 年关于蒸汽机和水车头的法律就包含了防治大气污染的规定。1848 年颁布了《公共卫生法》，1863 年颁布了《制碱法》，1876 年颁布了《河流污染防治法》。进入20 世纪，英国污染没有得到扭转，反而进一步恶化，迫使政府又陆陆续续颁布了一些

环境保护和污染治理的法律法律。包括 1906 年的《制碱等工厂管理法》，1907 年的《公共卫生（食品）法》，1926 年的《公共卫生（消烟）法》，1932 年的《城镇与国家规划法》，1946 年的《原子能法》，1953 年的《农业土地法》、《烟尘污染控制法案》（1853 年，授权警察对窑炉、工厂、公船只等排放烟尘的设施采取措施）、《清洁空气法案》（1956年）（1968 年修订，管制其他大气污染立法中没有涵盖的居民、商业部门和工业燃烧燃料造成的空气污染），1957 年的《煤矿开采法》。

20 世纪 60～70 年代，因 1952 年 12 月的"伦敦烟雾事件"[①] 恶性空气污染事件，以及人们对环境问题的日益关注，英国政府进一步重视环境立法，这一时期颁布了十多部相关法律法规。如《清洁河流法》（1960 年）、《噪声控制法》（1960 年）、《水资源法》（1963 年）、《制碱法》（1863 年，要求减排 95％的污染排放）、《核设施安装法》（1965年）、《森林法》（1967 年）、《乡村法》（1968 年）、《农业法》（1970 年）、《油污染控制法》（1971 年）、《天然气法》（1972 年）、《有毒废物处置法》（1972 年）、《水法》（1973年）、《制碱法》（1874 年的第二部要求制碱厂采用最好的技术，以减少有毒有害气体排放，该法案第一次引入了排放限值要求；并成立制碱法稽查队）、《海洋倾废法》（1974年）和《污染控制法》（1974 年）。其中，《污染控制法》（1974 年）的颁布标志着英国环境保护及环境立法进入了一个新的阶段。

20 世纪 80 年代以后，英国继续加强环境立法。颁布了《食品与环境保护法》（1980年）、《天然气法》（1980 年）、《公路法》（1980 年）、《野生生物及乡村法》（1981 年）、《能源保护法》（1982 年）。此外，1982 年颁布的《刑法》，增加了对危害环境的犯罪行为实行刑事制裁的规定。《水法》（1983 年修正案）、《建筑物法》（1984 年）、《城镇与国家规划法》（1985 年修正案）、《野生生物及乡村法》（1985 年修正案）、综合性的法律《环境保护法案》（1990 年）、《城乡规划法案》（1990 年）、《自来水工业法案》（1991年）、《清洁大气法案》（1993 年）、《环境法案》（1995 年）、《污染预防法》（2001 年）等法律法规。总体而言，早期的英国环境法是没有形成体系的单行法规，随着环境规制体系的进一步完善，英国已经形成了一套完整的环境规制体系。

（2）设立大量环境保护机构。1996 年 4 月以前，英国的环境治理由各自独立的环境管理专业机构负责，包括国家河流管理局（NRA）、英国污染监察局（HMIP）、废物管制局（WRA）、环境事务部（DOE）以及下属的一些分支机构，这些机构专门从事特定范围环境管理和执法工作。1996 年 4 月 1 日，英格兰环境保护管理机构进行重大改组，将以上独立的机构合并，成立了统一的环境管理机构——英国环境署。这一新的管制机构在环境保护与环境管理方面采用了更为综合的方式，首次把土地、空气和水资源的管制纳入了一个统一的轨道。同时逐渐形成了由官办转为民办、由分散走向统一的英国环境治理新体制。

（3）发挥非政府组织在环境治理中的作用。例如，英国标准协会（BSI）负责环境管理体系及审核体系标准的制定、修改和咨询；Resource（英国技术交流与咨询公司）是由英国贸工部提供资金，技术上由 BSI 支持的，可提供质量、环境、安全、标准、测

[①] 这场毒雾夺走了超过 1.2 万人的生命，还有更多人患上了支气管炎、冠心病、肺结核乃至癌症。

试、计量标准与认可，以及消费者保护、关税贸易、进出口程序和国际技术交流等多种项目服务的独立咨询机构。这些非政府组织在政府与企业之间架起了联络的桥梁，为政府环境治理进行了大量卓有成效的工作。

2）美国国家环境保护局成立，环境保护法律法规数量激增

20 世纪 60～70 年代，美国在经济能力、环保意识以及政府态度上，都做好了全面治理污染的准备。美国国家环境保护局（U. S. Environmental Protection Agency，EPA 或 USEPA）成立，环境立法数量激增。

（1）美国国家环境保护局成立。EPA 由美国总统尼克松提议设立，在获国会批准后于 1970 年 12 月 2 日成立并开始运行。EPA 在美国的地位非常高，环保局局长由美国总统直接指认，直接向美国白宫负责。EPA 不在内阁之列，但与内阁各部门同级。EPA 的具体职责包括：根据国会颁布的环境法律制定和执行环境法规；从事或赞助环境研究及环保项目；加强环境教育以培养公众的环保意识和责任感。

（2）环境保护法律法规数量激增。很早美国就出台了环境保护的相关法律，例如，1899 年颁布的《河川港湾法》，1912 年颁布的《公众保健法》，1924 年颁布的《油污染法》，1954 年的《原子能法》等。但 20 世纪 60～70 年代是美国环境保护立法最多的时期。

1969 年的《国家环境政策法》是美国历史上最重要的环境立法。首次建立起全国环境保护法的框架（Collin，2006）。明确联邦政府必须贯彻下列政策目标：发挥世世代代作为环境受托人的责任；保证全体美国人享有安全、健康、积极、具有美学和文化价值的令人愉悦的环境；在不造成环境退化、对健康或安全没有风险的前提下，达到对环境最大范围的有益使用；保存重要的历史、文化及自然遗产，并尽一切可能保持一个支持个体选择的差异性和多样化的环境；达到人口与资源利用之间的平衡，允许高标准生活和舒适人生的广泛共享；提高可更新资源的质量并达到对不可再生资源的最大限度地循环使用。

除《国家环境政策法》（1969 年）外，美国还按照保护对象与防治对象，制定了环境保护单行法规。常见的有空气污染治理相关法律、水污染治理相关法律、土地污染治理相关法律。例如，1963 年的《清洁空气法》、1965 年的《机动车空气污染控制法》、1967 年的《空气质量法》和 1970 年的《清洁空气法》。这些法律对空气污染的污染源、治理范围、污染治理的要求等做了全面的界定，奠定了日后美国空气污染控制政策的基调与走向，也基本划定了空气污染治理的范围。又如，1965 年《水质法》、1968 年《自然和风景河流法》、1968 年《安全饮用水法》、1972 年《联邦水污染控制法》、1977 年的《清洁水法》等，其中《联邦水污染控制法》是治理水污染最重要的法案。这些法律对水质要求、河流保护、水源清洁等做了全面的规定和要求。

3）德国环境保护机构不断完善，环境保护法律不断颁布

20 世纪 70 年代，德国的环境污染持续恶化，严重影响到人们的生活质量。为此，1974 年，联邦德国出台了《联邦污染防治法》，主要对大型的工业企业进行约束，为其制定排放标准。随后大量环境保护法律颁布，环境保护机构不断完善。

（1）德国环境保护机构不断完善。德国 16 个州和各个县政府都设有官方的环保机构，另外，德国还有很多跨地区的环保研究机构。此外，德国还有隶属联邦内政部的环保警察，每名环保警察都要经过一年半的专业训练，其任务是：发现环境污染时，立即采取补救行动。从化学毒素外泄到不卫生食品的销售，都在他们的管辖范围之内。环保警察行动迅速，他们通过巡逻和使用遥测工具检查环境的污染情况，一旦发现环境污染的现象，立即采取有效的手段，把污染控制在最小范围内。

（2）大量环境保护法律获得颁布。空气净化法律法规方面，颁布了 3 个里程碑似的法律，分别是 1974 年的《联邦污染防治法》、1979 年的《关于远距离跨境空气污染的日内瓦条约》和 1999 年的《哥德堡协议》。其中，《联邦污染防治法》对哪些东西属于环境污染进行了明确的规定，现有的企业要在一定时间内加装过滤装置，达到排放标准，新成立企业在申请时就必须严格遵守该法律的规定。《关于远距离跨境空气污染的日内瓦条约》为区域空气污染控制做出规定。《哥德堡协议》为德国二氧化硫排放、氮氧化物排放等设定了目标。此外，德国还制定了许多其他环境法律，例如，20 世纪 70 ～80 年代的《联邦自然保育法》、《废弃物清理法》（后于 1994 年修订为《循环经济与废弃物法》）、《联邦森林法》等，1990 年颁布的《环境影响评价法》，1990 年颁布、1991 年生效的《环境责任法》和 1994 年的《环境信息法》等。同时德国也开始酝酿对环境法的整合工作，以弥补数量不断增多的环境法之间不协调、重叠和冲突的情况。

4）日本公害防治机构成立并升格，公害防治立法得以制定和完善

日本政府的公害控制开始于 20 世纪 50 年代末（沈美华，2008）。1958 年由于从本州制纸江户川工厂流出的废液使渔业遭受损害，围绕着损害赔偿问题，发生了渔民闯入工厂的所谓江户川工厂事件。以该事件为直接契机，所谓的水质二法（关于公共水域的水质保全的法律、关于工厂排水等的限制的法律）被制定出来，这成为战后公害立法的先驱。此后，煤烟控制法、建筑物用地下水采取控制法等公害法得以制定。进入 60 年代后半期以后，公害对策基本法等许多法律被制定出来，公害法得到完善。

（1）公害防治机构成立并升格。1965 年，在国会内设置"公害对策特别委员会"；1970 年 7 月，成立了由首相直接领导的"中央公害对策本部"；1971 年 7 月，成立了环境厅，由总理大臣直接领导，环境厅长官以内阁大臣身份参加内阁，并于 2001 年 1 月 6 日将环境厅升格为环境省。

（2）公害防治立法得以制定和完善。立法是日本保护环境的基本手段，主要包括环境保护的基本法律、环境保护单行法规、环境保护的各种标准以及其他的相关法规。例如，1967 年的《公害对策基本法》、1972 年的《自然环境保全法》、1993 年的《环境基本法》、2000 年的《推进建立循环型社会基本法》等环境保护的基本法律；《大气污染防治法》、《水质污染防治法》、《水质保护法》、《噪声控制法》、《废弃物处理法》、《工厂废物控制法》等环境保护单行法规；《大气的质量标准》等环境保护标准；《节能法》、《再循环法》等旨在推动日本社会、经济和环境可持续发展的其他相关法规。

5）英、美、德、日四国环境规制强度增大

常见的环境规制强度测度方法主要有三种：①污染减排成本和费用或者环境保护投资，这是最常见的环境规制强度测度方法之一，例如 Grossman 和 Krueger（1991）、

Eskeland 和 Harrison（2003）、Marconi（2012）、Levinson 和 Taylor（2008）、Cole 等
（2010）、Leiter 等（2011）的研究中均是采用这种方法的；②污染排放，通过测量废气、
废水和固体废弃物的排放量来衡量，但是不同的文献使用的排放物不同，例如，Xing 和
Kolstad（2002）、Kellogg（2006）采用二氧化硫排放量，Hoffmann 等（2005）采用二氧
化碳排放量，Dean 等（2009）采用氧化物排放量；③环境指数，例如，Tobey（1990）采
用环境政策严格性量表，Cave 和 Blomquist（2008）采用有毒物质排放指数，Mulatu 等
（2010）采用环境可持续指数。

（1）环境保护费用增加。20 世纪 70 年代，世界上大多数发达国家的环境保护费用
占其 GDP 的 1%~2%，其中英国为 2.4%，美国为 2%，德国为 1.4%，日本为 2.1%
（王炎庠，1984）。

1973～1994 年的美国污染减排成本和费用（pollution abatement costs and expendi-
tures，PACE）见图 13-4。1974～1982 年，PACE 费用一直保持在 30 亿美元以上，其
中空气污染治理费用投入最大，其次是水污染治理和固体废弃物污染治理。数据根据美
国统计署编制的 *Pollution Abatement Costs and Expenditures*（1973～1994 年）整理
所得。

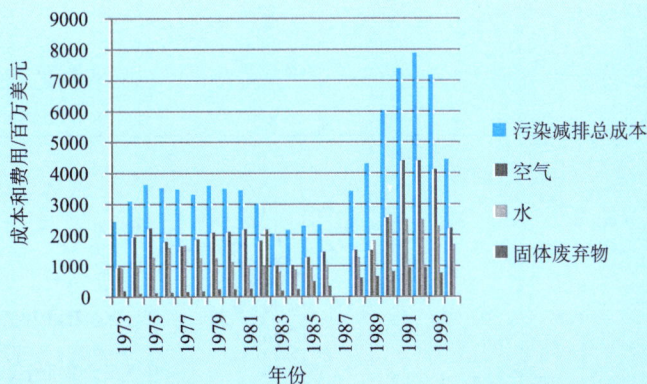

图 13-4　美国污染减排成本和费用（1973～1994 年，其中 1987 年数据缺失）

1971～2006 年的日本环境保护费用见表 13-11 和图 13-5。从中可见，20 世纪 70 年
代，日本投入大量资金进行污染治理，环境保护费用不断攀升，环境保护费用增长率惊
人，特别是 1972 年、1973 年，增长率达 51.97% 和 61.67%。之后，虽然日本环境保
护费用增幅缓慢或略有下降，但环境保护费用占 GDP 的比重却一直维持在较高的水平
上。数据依据 *Historical Statistics of Japan* 整理所得。

（2）单位 GDP 的 CO_2 排放量显著减少。图 13-6 显示了 1960 年以来，英、美、德、
日四国单位 GDP 的 CO_2 排放情况。从中可见，美国单位 GDP 的 CO_2 排放量最高，日
本一直保持着较低的水平，而英国单位 GDP 的 CO_2 排放量下降速度最快。即日本的环
境规制强度最高，英、德次之，美国最弱。数据来源于 OECD 中的 Indictor for CO_2
Emission，2005 年不变价格。

表 13-11   日本环境保护费用、增长率及其占 GDP 的比重（1971～2006 年）

年份	环境保护费用/10亿日元	环境保护费用增长率/%	环境保护费用占GDP的比重/%	年份	环境保护费用/10亿日元	环境保护费用增长率/%	环境保护费用占GDP的比重/%
1971	1 114		0.58	1989	13 295	3.48	3.25
1972	1 693	51.97	0.81	1990	13 402	0.80	3.12
1973	2 737	61.67	1.22	1991	14 513	8.29	3.24
1974	3 421	24.99	1.54	1992	15 514	6.90	3.43
1975	3 751	9.65	1.65	1993	17 148	10.53	3.79
1976	4 856	29.46	2.05	1994	25 124	46.51	5.51
1977	6 267	29.06	2.55	1995	25 987	3.43	5.59
1978	8 682	38.54	3.39	1996	27 441	5.60	5.63
1979	11 253	29.61	4.12	1997	28 211	2.81	5.71
1980	11 664	3.65	4.08	1998	27 222	−3.51	5.66
1981	12 030	3.14	4.05	1999	30 213	10.99	5.96
1982	11 923	−0.89	3.90	2000	30 420	0.69	5.95
1983	11 769	−1.29	3.76	2001	30 484	0.21	6.08
1984	11 469	−2.55	3.52	2002	29 099	−4.54	5.84
1985	11 172	−2.59	3.26	2003	27 423	−5.76	5.46
1986	10 944	−2.04	3.12	2004	25 772	−6.02	5.13
1987	10 879	−0.59	2.97	2005	23 654	−8.22	4.68
1988	12 848	18.10	3.31	2006	21 342	−9.77	4.19

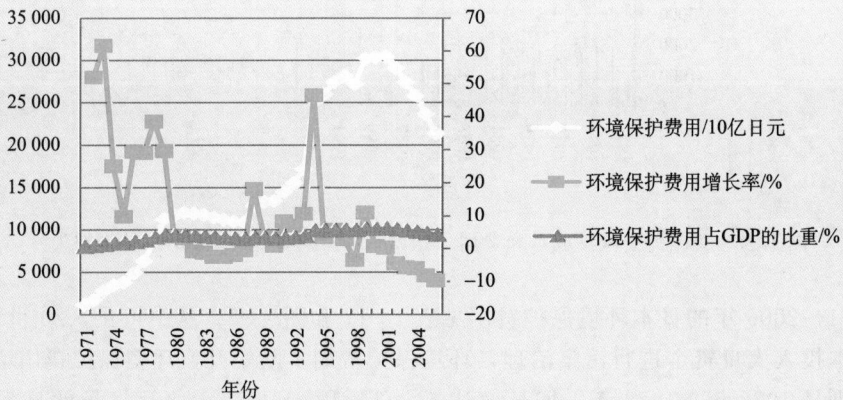

图 13-5   日本环境保护费用、增长率及其占 GDP 的比重（1971～2006 年）

5. 变革观念，加强环保意识

英、美、德、日四国人们的环保意识是通过惨痛教训而逐渐形成的。如今英国人一般都拥有良好的环保意识，饮食简单、不尚浮华，穿着方面以节俭、方便、实用为宗旨，居住方面崇尚绿化面积，而不太介意住房面积的大小。据 2003 年德国联邦环保部公布的民意调查显示，85％的人把环保问题视为仅次于就业的国内第二大问题，75％的

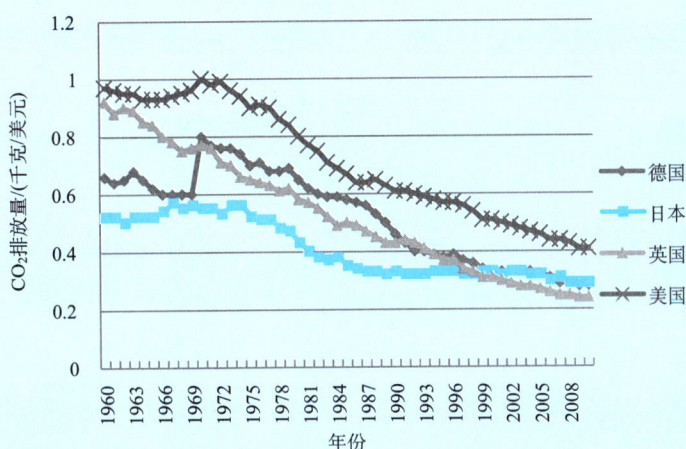

图 13-6　英、美、德、日四国单位 GDP 的 CO_2 排放变化（1960～2010 年）

人希望德国应该在环境政策上继续维持在欧盟的领先地位。

6. 调整制造业内部产业结构，减少污染密集型制造业

（1）关闭国内污染严重的企业。对于污染严重的重金属矿厂，或者造纸、化学等污染严重的企业，英、美、德、日都不计经济代价的叫停。例如，德国在治理莱茵河污染时，首先从源头上做起，关停鲁尔区大多数重污染企业，使鲁尔工业区于 20 世纪 80 年代初期正式退出重工业区的舞台，逐渐向文化产业转型。

（2）减少污染密集型产业占 GDP 的比重。Tobey（1990）将间接和直接污染减排成本占总成本的比重大于等于 1.85% 的产业定义为污染密集型产业，确定了造纸（paper and pulp products）、采矿（mining of ores）、钢铁（primary iron and steel）、有色金属（primary nonferrous metals）和化学（chemicals）5 个污染密集型产业。下述分析中污染密集型产业相关指标为 Tobey（1990）定义的 5 个污染密集型产业的加总数据。将上述 5 个污染密集型产业的工业总产值进行加总，然后除以 GDP，得到英、美、德、日四国污染密集型产业占 GDP 的比重，见图 13-7。从中可见，从 20 世纪 80 年代以来，四国的污染密集型产业占 GDP 的比重均有所下降，其中日本的下降趋势表现最为明显，1980 年污染密集型产业占 GDP 的比重为 21.23%，而 2002 年仅为 11.65%。数据根据 OECD 中的 STAN Industry Rev3.0（2008）整理所得。

（3）增加污染密集型产品进口。1993～2008 年，英、美、德、日四国污染密集型产业进口见图 13-8。从图 13-8 可见，四国的污染密集型产业的进口都大幅增加，美国的增长最显著，其次是德国、日本和英国。数据根据 OECD 中的 STAN Industry Rec3.0（2008）整理所得。

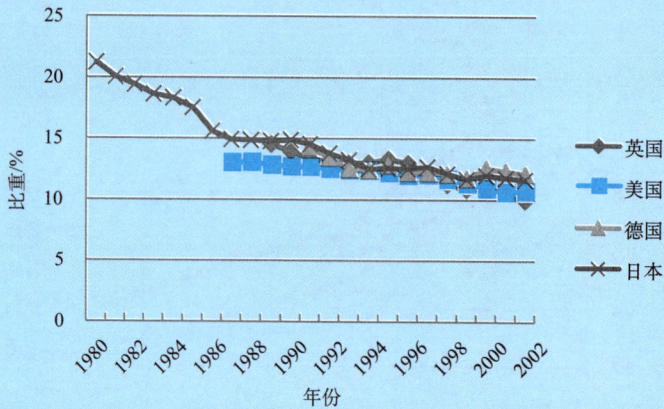

图 13-7　英、美、德、日四国污染密集型产业占 GDP 的比重

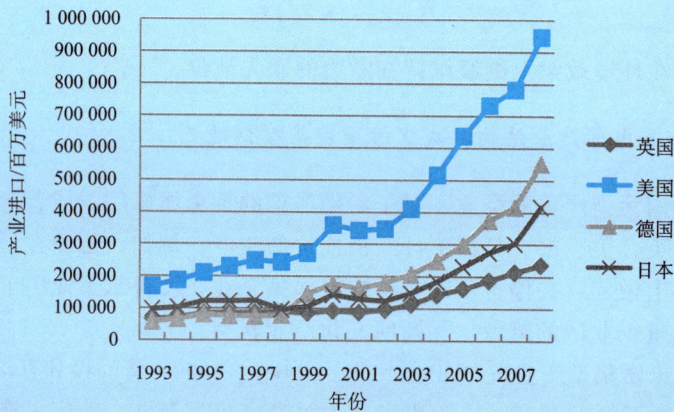

图 13-8　英、美、德、日四国污染密集型产业进口（1993～2008 年）

13.3　中国制造业需走清洁发展道路

　　纵观发达国家"先污染，后治理"的道路，人们付出了极其惨重的代价，环境遭受严重污染，多少人因此失去了健康，甚至宝贵的生命。对目前正处于新兴工业化成熟期，还没有进入工业化发达经济阶段的中国而言，需吸取发达国家的经验和教训，尽可能从源头解决污染。为此，中国在今后的新型工业化进程中，制造业必须摆脱传统的粗放式发展方式，走清洁发展道路。中国制造业实现清洁发展的主要措施如下所述。

　　1）提高能源效率，加快调整制造业能源消费结构

　　提升燃油品质，转变制造业"以煤为主"的能源消费结构，减少煤炭、石油等化石能源的比重，加大天然气、煤制甲烷、核能等清洁能源供应。

2)调整制造业内部产业结构,严控高能耗、高污染制造业行业

大力发展通用设备制造业,专用设备制造业,交通运输设备制造业,电气、机械及器材制造业,通信设备、计算机及其他电子设备制造业,仪器仪表及文化办公用机械制造业,这些制造业污染排放强度历年均值明显低于制造业其他行业(王文治,2013)。减少纺织业、造纸印刷以及文教用品制造业,石油加工、炼焦及核燃料加工业,化学工业,非金属矿物制品业,金属冶炼及压延加工业这些高污染制造业的投入。严格控制和防止中国成为发达国家污染型制造业的"避难所",使中国制造业内部产业结构更趋清洁化。

3)加强环境立法,提高执法力度

依据环境立法和排放标准等,做到"有法可依,有法必依,执法必严,违法必究"。严格控制制造业污染的排放,大力推行清洁生产,关闭污染严重的中小型制造业企业,全面整治燃煤小锅炉,加快重点制造业行业脱硫脱硝除尘改造等。

4)将环保与经济发展置于同等地位,加大环境保护投资

近年来,中国大多数省份的环境污染治理投资总额有所增加,但单位工业总产值污染治理投资额却呈下降趋势,海南、内蒙古、云南、山西和青海五省(区)除外(依据《中国环境统计年鉴》(2005~2012年)分析所得)。环境保护力度不够,应将环境保护置于与经济发展同等的地位,加大环境保护投资。

5)提高、改进和推广清洁生产技术,建立区域污染联防联控机制

制造业走清洁发展道路需要科技创新和先进技术的支持,故需积极引进节能、降耗新技术和无污染或少污染的科研成果,提高、改进和推广清洁生产技术。制造业走清洁发展道路也需要规范管理和严格的制度来保证,建立区域污染联防联控机制,协同管理。

6)提高环境保护意识,树立清洁生产观念

提高制造业行业的科技人员、职工、企业管理者和企业家的环境保护意识,认清清洁生产对企业生存发展的重要性和对社会可持续发展肩负的重大责任,把提高资源利用效率和环境影响因素纳入企业发展之中,牢固树立清洁生产观念。

初稿提供者:余莱花

统稿:李廉水、周彩红

参 考 文 献

陈海嵩.2009.德国能源问题及能源政策探析.德国研究,(1):9-16,78.

梅雪芹.2000.19世纪英国城市的环境问题初探.辽宁师范大学学报,(3):105-108.

沈美华.2008.20世纪50~70年代日本的产业公害问题及其对策.聊城大学学报(社会科学版),(6):82-87.

王觉非.1997.近代英国史.南京:南京大学出版社:236.

王文治.2013.中国制造业何以实现清洁增长?.中国环境报,2013-03-13002.

王炎庠.1984.世界主要国家的污染治理费用和污染损失.环境科学动态,(4):1-5.

Cave L A, Blomquist G C. 2008. Environmental policy in the European Union: fostering the development of pollution havens?. Ecological Economics, 65 (2): 253-261.

Cole M A, Elliott R J R, Okubo T. 2010. Trade, environmental regulations and industrial mobility: an industry-level study of Japan. Ecological Economics, 69 (10): 1995-2002.

Collin R W. 2006. Environmental Protection Agency: Cleaning up America' Act. Santa Barbara, CA: Greenwood Press.

Dean J M, Lovely M E, Wang H. 2009. Are foreign investors attracted to weak environmental regulations? Evaluating the evidence from China. Journal of Development Economics, 90 (1): 1-13.

Eskeland G S, Harrison A E. 2003. Moving to greener pastures? Multinationals and the pollution haven hypothesis. Journal of Development Economics, 70 (1): 1-23.

Fischer W, Krengel J, Wietog J, et al. 1982. Sozialgeschichtliches Arbeitsbuch. Beck: 18.

Grossman G M, Krueger A B. 1991. Environmental impacts of a North American free trade agreement. National Bureau of Economic Research, 3914.

Hoffmann R, Lee C G, Ramasamy B, et al. 2005. FDI and pollution: a granger causality test using panel data. Journal of International Development, 17 (3): 311-317.

Hohorst G, Kocka J, Ritter G A. 1978. Sozialgeschichtliches Arbeitsbuch Bd. 2: Materialien zur Statistik des Kaiserreichs 1870-1914. München.

Kellogg R. 2006. The Pollution Haven Hypothesis: Significance and Insignificance//2006 Annual meeting, July 23-26, Long Beach, CA. American Agricultural Economics Association (New Name 2008: Agricultural and Applied Economics Association).

Leiter A M, Parolini A, Winner H. 2011. Environmental regulation and investment: evidence from European industry data. Ecological Economics, 70 (4): 759-770.

Levinson A, Taylor M S. 2008. Unmasking the Pollution Haven Effect. International Economic Review, 49 (1): 223-254.

Liu J, Diamond J. 2005. China's environment in a globalizing world. Nature, 435 (7046): 1179-1186.

Marconi D. 2012. Environmental regulation and revealed comparative advantages in Europe: is China a pollution haven? Review of International Economics, 20 (3): 616-635.

Mulatu A, Gerlagh R, Rigby D, et al. 2010. Environmental Regulation and Industry Location in Europe. Environ Resource Econ, 45 (4): 459-479.

Rome A. 2001. The bulldozer in the countryside: suburban sprawl and the rise of American environmentalism. Cambridge University Press.

Tobey J. 1990. The effects of domestic environmental policies on patterns of world trade: an empirical test. Kyklos, 43 (2): 191-209.

Xing Y, Kolstad C D. 2002. Do lax environmental regulations attract foreign investment? Environmental and Resource Economics, 21 (1): 1-22.

第14章

中国制造业如何走出"低端锁定"？

如何突破跨国公司对中国制造业的"低端锁定"是亟待解决的重要课题。首先构建指标遴选出位居"低端锁定"的 12 个行业，以此为基础采用面板数据模型检验提出的假设。计量检验表明，FDI 利润额、研发强度与市场需求的交互项对"低端锁定"的影响显著，结合突破"低端锁定"的潜力分析提出政策建议：①强调政策的公平性，政策制定不能因行业间的要素密集度而有所倾斜；②注重研发支出，以技术创新能力的增强作为突破"低端锁定"的内在动力；③重视需求侧管理，将市场需求的扩大作为破解"低端锁定"的外在推进剂。

14.1 引　言

我国制造业的"低端锁定"已成为学术界关注的热点问题。"低端锁定"是指在全球价值网络条件下，跨国公司利用核心能力来约束中国企业的知识创造与企业能力的提升，进而导致中国企业在价值链中处于低端位置。跨国公司在此国际分工中位居主导地位，中国企业只能获取较少的利益。显然，这一概念的界定是基于全球价值链的视角。基于此，即使是战略新兴产业或是高技术产业，如果在全球价值链分工中处于低端位置，仅从事加工、组装、制造环节的低附加值活动，则也可能处于"低端锁定"的位置。以风电设备产业为例，当前尽管我国风电设备制造业发展迅速，但大功率的风机轴承、控制系统等关键技术滞后，关键设备主要依赖进口。由于技术与市场的两头在外，价值链中的低端位置加之过度竞争导致该行业国内产能过剩，净利润下滑。统计数据显示，国内三大风电设备制造商金风、华锐、东方电气，自 2008 年起净利润增长率处于明显下降态势。

处在"低端锁定"的制造业面临两大困境：一是价值链主导地位的跨国公司封锁，国内企业举步维艰。具体表现为设置知识创新障碍；通过设计技术标准、环保、专利授权等参数极力压缩中国制造企业利润空间；通过强化全球资源配置而扭曲中国产业结构，造成环境污染；通过技术、营销渠道等封锁使得利益分配不均，贸易争端不断。二是价值链从属地位的中国制造企业产能过剩，成本压力转移困境重重。加工制造环节的进入壁垒低，加之一些产业受到政府的补贴支持，相当一部分低端制造业存在过度竞争的现象，导致产能过剩。在习惯性的向下竞争策略的引导下，企业的工资被压低、环境污染进一步恶化。处于这一困境的低端制造业在面临人民币汇率升值、土地成本飙升、"人口红利"消失时，大批企业难以持续经营，进而导致现阶段部分低端制造业转移至柬埔寨、缅甸等东盟中的落后但劳动力、土地成本较为低廉的国家，制造业面临空心化的风险。

因而，如何避免制造业的"低端锁定"已是亟待解决。本报告拟通过以下思路突破这一困境：①通过指标遴选处于"低端锁定"的制造业；②设定研究假设分析影响制造业"低端锁定"的关键因素；③分析突破"低端锁定"的潜力与路径。

14.2　文　献　述　评

涉及"低端锁定"的研究主要关注三个方面：GVC 治理对价值链攀升的驱动作用；"低端锁定"的形成及突破路径研究；价值链攀升的影响因素研究。

14.2.1　GVC 治理对价值链攀升的驱动作用

Pietrobelli 和 Rabellotti（2011）认为，全球价值链的整合在获取知识、推进学习与创新方面的作用日益重要。由于 GVC 控制存在不同形式，企业的学习机制也可能因此而异。研究虽然未直接分析 GVC 治理与"低端锁定"的关系，但是考虑到 GVC 与创新系统可能存在交互作用，进而间接作用于产业升级，因而相关研究仍然具有一定的借鉴性。Contreras 等（2012）以墨西哥汽车产业为例的研究表明，GVC 可以使得本地知识密集型小公司提供更高价值的服务。Tran 等（2013）指出，在大量生产商和贸易商的下游，零散型的 GVC 治理对利润丰厚的市场是不利的，并对小规模生产商有着意想不到的效果，由此可知，GVC 治理模式对于生产商利润有着显著影响。

14.2.2　"低端锁定"的形成及突破路径研究

相关研究集中于：①对外开放的作用。时磊（2006）采用修正后的 Lucas 人力资本模型分析了制造业技术的"低端锁定"问题，认为人力资本培养方式及对外开放程度影响了制造业技术的升级，政府可制定适度的行业保护和贸易保护政策推进技术升级；随后时磊和田艳芳（2011）以微观企业数据为基础，运用计量检验模型分析了 FDI 对非合资企业技术水平产生的负向外溢效应，这也证实了 FDI 可能通过"市场窃取效应"导致东道国企业的"低端锁定"。由此政府需要重新评估外资政策，深入研究地方政府招商引资内在冲动的激励。与时磊等的研究视角类似，陈爱贞和刘志彪（2011）也分析了对外开放对于"低端锁定"的影响，结果表明，尽管装备制造业垂直分工程度呈上升趋势，但外溢效应比较显著，阻碍了国内价值链的延伸；而以外资为主力的"为出口而进口"的贸易模式增强了这种锁定效应。为突破"低端锁定"，可整合价值链资源、延伸国内价值链、促进国内价值链与全球价值链衔接。②技术、市场需求与制度等因素的作用。例如，白雪洁和李媛（2012）以我国风电设备制造业为例，研究了战略新兴产业面临"低端锁定"的技术与市场需求两大原因，进而提出关键共性技术的战略性攻关、赋予龙头企业创新责任与创新激励等政策是实现价值链攀升的路径；卢福财和胡平波（2008）通过博弈模型分析指出，中国企业突破"低端锁定"的主要障碍表现为国内消费市场结构与规模、企业心智模式与创新能力等；与上述研究观点相似的还有李美娟（2010）、胡大立（2013）等。制度缺陷也是"低端锁定"的原因之一，主要表现在政府的不合理干预或者制度质量等，因此，以制度红利替代人口红利是突破"低端锁定"的有效途径。

14.2.3　价值链攀升的影响因素研究

相当一部分学者针对中国制造业的价值链攀升问题展开研究，鉴于突破"低端锁定"即为实现价值链的攀升，因而分析影响价值链升级的因素具有一定的借鉴意义。①单因素分析。张珉和卓越（2010）以我国制造业企业为例，研究了 GVC 治理模式对价值链攀升的影响；周鹏等（2011）的多元回归分析表明，生产性服务业与制造业价值链升级间的相关程度明显；蒋雪梅（2013）比较了中国各省份移动通信产业链设备制造业的知识创新研发投入、专利数和科技投入产出比，由因子分析结果，知识创新能力不足是我国通信制造业处在全球价值链低端的重要原因。②多因素分析。价值链升级可能受多种因素的共同推力影响。同样是以长三角制造业为研究对象，周彩红（2009）的计量检验结果显示，扩大吸引外资、积极开展对外贸易、增加研发投入和强化区域分工等可以推动制造业价值链攀升；而张艳辉（2010）基于生产函数的分析则验证了长三角劳动力对价值链提升的贡献度高于技术研发，这一结果也反映出低廉的人力资本仍然是当前长三角嵌入全球价值链的主要优势，并得到了丁蕾（2010）研究结论的支持。不同于以上研究，简晓彬和周敏（2013）的分析表明，企业规模的壮大有助于制造业价值链攀升，制造业价值链攀升与地区专业化、企业规模三者之间存在长期的均衡关系，但地区专业化对制造业价值链攀升并无明显的促进作用。显然，研究变量的选择差异是实证分析迥异的重要原因。另有部分学者考虑了全球生产网络参与度或制度因素，例如，崔焕金和张强（2012）与邱斌等（2012）均将全球生产网络参与程度（或全球价值链分工程度）、国有经济比重（或经济自由度）作为两个重要的解释变量，研究其对价值链提升的贡献。但前者的研究结论认为，全球价值链分工驱动明显弱化了技术的溢出效应，成熟的市场制度对中国企业技术创新的支持作用巨大；后者的研究结论相反，即全球生产网络促进了我国制造业价值链提升，经济自由度对我国制造业价值链提升的积极作用并不显著。Manning 等（2012）则通过研究全球咖啡产业指出，消费国的体制变化是价值链可持续标准变化的重要原因，从而间接验证体制对价值链升级的影响（表 14-1）。

表 14-1　影响"低端锁定"或价值链攀升的因素

作者	研究对象	影响因素	评论
张珉，卓越（2010）	制造业	不同 GVC 治理模式	FDI、技术创新能力、资
周鹏等（2011）	生产性服务业与制造业	生产性服务业	本与劳动力是影响"低端
蒋雪梅（2013）	通信制造业	知识创新能力	锁定"的重要因素
周彩红（2009）	长三角制造业	吸引外资、区域对外贸易、区域技术创新水平和区域产业分工	
张艳辉（2010）	长三角制造业	劳动力、资本、技术研发	
丁蕾（2010）	高技术加工贸易价值链	劳动力、加工贸易进出口规模	
崔焕金，张强（2012）	工业部门	全球生产网络参与程度、国有经济比重	
邱斌等（2012）	制造业	全球价值链分工程度、经济自由度	

续表

作者	研究对象	影响因素	评论
Manning 等（2012）	咖啡产业	消费国体制	
时磊（2006）	制造业	人力资本培养方式、对外开放程度	
时磊，田艳芳（2011）	FDI、合资、非合资企业	FDI	
陈爱贞，刘志彪（2011）	装备制造业	对外开放	
白雪洁，李媛（2012）	风电设备制造业	技术与市场需求	
卢福财，胡平波（2008）	中国企业	国内消费市场结构与规模、企业资金缺乏、企业心智模式与创新能力等	
李美娟（2010）	中国企业	企业心智模式、市场势力和国内需求市场	
胡大立（2013）	产业集群	企业家的心智模式、产业集群的比较优势、市场开拓能力、全球价值链治理者封锁与控制	

综上可见，当前相关文献已从对外开放、要素禀赋、市场需求、制度等多个维度分析了影响"低端锁定"的因素，提出突破锁定或价值链攀升的路径。但总体看来，尚有两点缺憾：①多数研究对于"低端锁定"的研究限于定性分析，缺乏相关指标判定哪些行业属于"低端锁定"位置。实质上，无论是劳动密集型产业还是资本、技术密集型产业，从全球价值链的维度来看，均有可能处于"低端锁定"的位置。通过量化的指标遴选"低端锁定"的制造业，将有助于把握这一大类行业的异质性，可以提出针对性的政策建议。②缺乏影响"低端锁定"因素的实证研究。基于以上两点分析，本章拟先通过指标遴选处于"低端锁定"的制造业，并提出研究假设，分析其影响因素。

14.3　中国制造业"低端锁定"的判定

判定细分制造业是否处于"低端锁定"的前提是把握这一概念的异质性：①"低端锁定"不同于"低端"。大量的研究关注价值链的低端问题，并通过垂直化比率、出口复杂程度来测度行业在全球价值链中的位置。显然，以上指标具有静态性。由于"低端锁定"指的是国内企业由于跨国公司或者自身原因被"锁定"于低附加值、低创新能力的价值链低端生产制造环节，无法向价值链高端跃升，因而，"低端锁定"是一动态性的概念，强调一段时间内本土制造企业的低附加值、低创新能力。②"低端锁定"是一复合性概念。考虑到部分制造业细分产业（如劳动密集型制造业）在全球价值链上位居低端可能由其比较优势决定，而不是因跨国公司对其技术、营销等的封锁，因此在判定一行业是否位居"低端锁定"时，往往要结合其他指标综合分析。

借鉴 Greenaway 等（1995），Celi（1999）的研究，采用进出口商品的单位价值比率来测度制造业细分行业是否位居全球价值链的低端。如果该行业低于 0.75，则可以判定其处于价值链低端位置。另选择资产总额及劳动力的综合研判该行业是否面临"低端锁定",这是因为资产总额及劳动力均反映了行业规模扩张态势。倘若由总资产及劳动力来测度的行业规模扩大,而进出口商品的单位价值比率连续几年低于 0.75,则判定为"低端锁定"行业;如果总资产与劳动力呈现反向运动态势,则可能资产与劳动力形成了替代,行业规模是否扩大有待于进一步甄别。

设 $RUV_{XM}=UV_{ij,k,t}^{X}/UV_{ij,k,t}^{M}$,其中 $UV_{ij,k,t}^{X}$、$UV_{ij,k,t}^{M}$ 分别表示第 t 年 k 产品 i 国对 j 国的出口价格和自 j 国的进口价格。水平型产业内贸易为 $1-\alpha \leqslant RUV_{XM} \leqslant 1+\alpha$;上垂直型产业内贸易为 $RUV_{XM}>1+\alpha$,表明在产业分工中处于高端位置;下垂直型产业内贸易 $RUV_{XM}<1-\alpha$,表明在产业分工中处于低端位置,α 一般设为 0.25。沿用邱斌等(2012)的研究,采用联合国 UN COMTRADE 数据库中的 SITC(Rev.3.0)五位码行业分类标准,并对 2000~2011 年间中国与世界进出口数据计算。之后根据盛斌(2002)总结的关于 SITC(Rev.3.0)分类标准和国家统计局公布的国民经济标准行业分类标准 GB/T 4754—2002 之间的对照表,将 SITC(Rev.3.0)五位码归类到国民经济标准行业分类的两位码。除去数据缺失的烟草制造业、服装及鞋帽制造业、家具制造业、文教体育用品制造业、电子及通信设备制造业,共 22 个行业,其出口/进口单位价值比见表 14-2。

表 14-2 中国制造业细分行业产品出口/进口单位价值比

行业	2003 年	2004 年	2005 年	2006 年	2007 年	2008 年	2009 年	2010 年	2011 年
食品加工制造业	1.3914	1.6938	1.8021	1.7309	1.5016	1.2035	1.7272	1.8507	1.6257
饮料制造业	0.0008	0.0005	0.0005	0.0007	0.0006	0.0006	0.0006	0.0007	0.0007
纺织业	1.1365	1.5414	1.2227	1.1800	0.9865	1.1744	0.9802	0.9705	1.0190
皮革、毛皮、羽毛(绒)及其制品业	1.7996	3.6412	3.2496	2.8949	2.5427	3.4303	1.2092	1.1234	1.1566
木材加工及木、竹、藤、棕、草制品业	2.6395	2.0748	1.9896	1.9013	1.2032	1.5357	1.9927	1.6395	1.4913
造纸及纸制品业	2.5840	2.8591	3.1197	2.9298	2.6311	2.8037	3.8246	2.9863	3.2235
印刷业和记录媒介的复制业	0.3876	0.3457	0.3098	0.2755	0.2697	0.2681	0.2037	0.1802	0.1819
石油加工、炼焦及核燃料加工业	0.9228	1.1967	0.9845	0.7912	0.8243	0.8845	1.1287	1.0377	0.9778
化学原料及化学制品制造业	0.9748	0.8872	1.0453	0.9304	0.8186	0.9160	0.9829	0.8781	0.8880
医药制造业	0.0999	0.1228	0.1489	0.1447	0.1292	0.1442	0.0759	0.0760	0.1267
化学纤维制造业	0.8348	0.8224	0.7729	0.7202	0.7618	0.6855	0.5896	0.5729	0.5893
橡胶制品业	0.6573	0.6467	0.7003	0.7272	0.1420	0.5416	0.7421	0.5616	0.5280
塑料制品业	0.3947	0.3650	0.3501	0.3323	0.3094	0.3032	0.2903	0.2839	0.3014

续表

行业	2003 年	2004 年	2005 年	2006 年	2007 年	2008 年	2009 年	2010 年	2011 年
非金属矿物制品业	0.8083	0.9358	0.1600	0.1204	0.1066	0.1275	0.2733	0.2004	0.2279
黑色金属冶炼及压延加工业	0.8966	0.8775	0.6525	0.5472	0.5803	0.7381	1.0481	0.7557	0.8312
有色金属冶炼及压延加工业	0.7557	0.8023	0.7705	0.6437	0.5931	0.6026	0.9402	0.5329	0.4884
金属制品业	0.2557	0.2501	0.2357	0.2038	0.1827	0.2125	0.2104	0.2015	0.2086
通用设备制造业	0.4113	0.4516	0.4992	0.4964	0.3939	0.0528	0.3974	0.3215	0.3382
专用设备制造业	0.5902	0.4819	0.4719	0.4608	0.5814	0.6076	0.6998	0.3238	0.5701
交通运输设备制造业	0.3355	0.3062	0.2326	0.1927	0.6489	0.9981	0.3453	0.8252	0.5640
电气机械及器材制造业	0.4067	0.3890	0.1347	0.1353	0.4808	0.4706	0.4214	0.2675	0.1968
仪器仪表及文化、办公用机械制造业	0.3032	0.3327	0.2878	0.3052	0.3597	0.3995	0.3902	0.6802	0.4074

由表 14-2 可知，可以依据在全球价值链中的位置演变将制造业分为六类：①上垂直型制造业。这一类行业的产品出口/进口单位价值比时间序列一直高于 1.25，具体包括食品加工制造业，造纸及纸制品业，木材加工及木、竹、藤、棕、草制品业，约占行业总数的 14%，表明其在全球价值链中处于高端位置。②中端制造业。即产品出口/进口单位价值比时间序列均大于 0.75 而小于 1.25，属于这一类的行业有纺织业，石油加工、炼焦及核燃料加工业，化学原料及化学制品制造业三类行业。③高端-中端制造业。这一类行业在价值链中的位置最初位居上垂直型，之后跌入价值链的中端，皮革、毛皮、羽毛（绒）及其制品业为其典型。④下垂直型制造业。即产品出口/进口单位价值比的时间序列均低于 0.75。位居价值链低端的制造业数量较多，包括饮料制造业、印

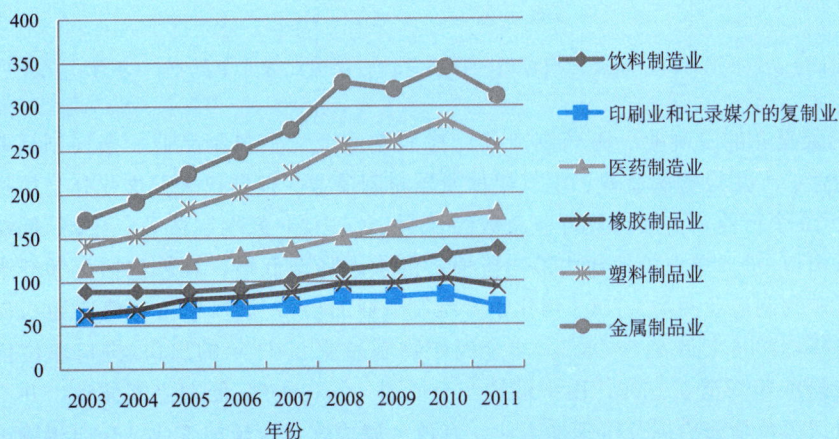

图 14-1　下垂直型制造业劳动力时间序列（饮料制造业等 6 个行业）（单位：万人）

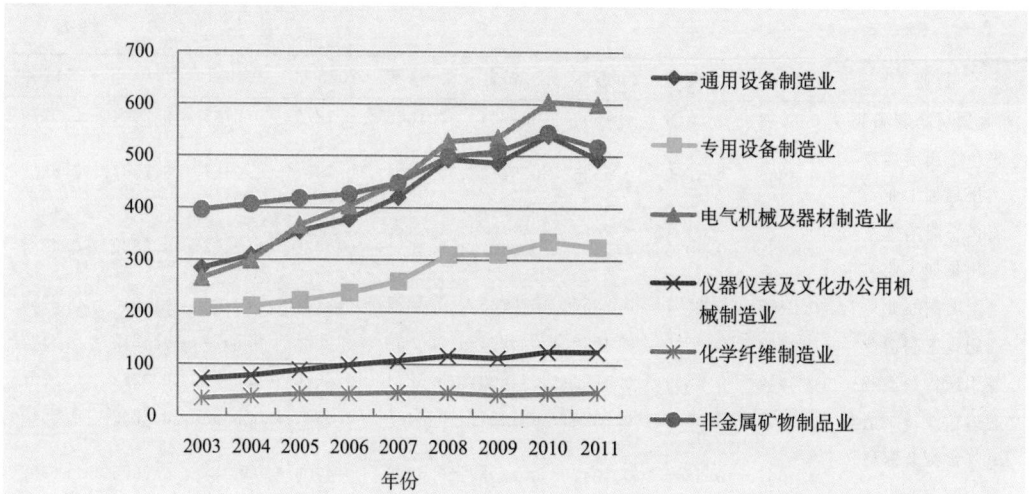

图 14-2 下垂直型制造业劳动力时间序列（通用设备制造业等 6 个行业）（单位：万人）

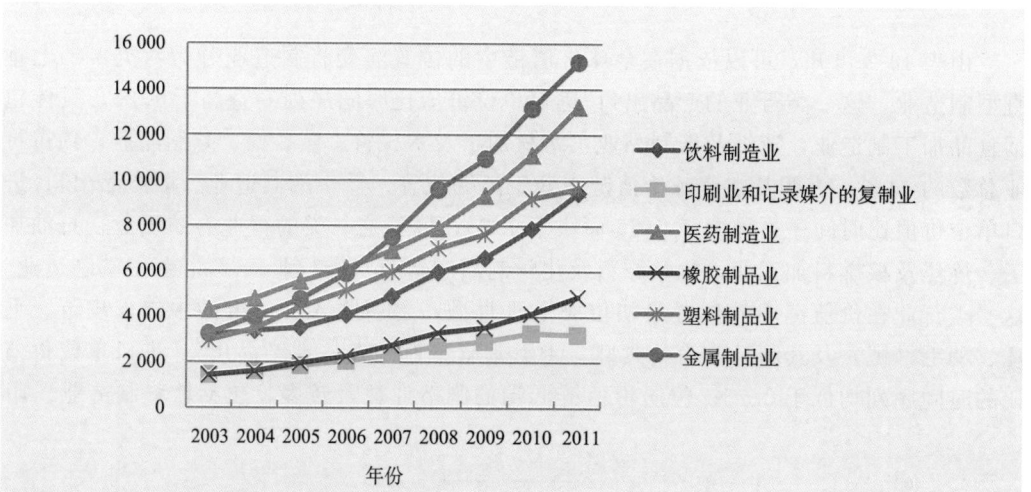

图 14-3 下垂直型制造业总资产时间序列（饮料制造业等 6 个行业）（单位：亿元）

刷业和记录媒介的复制业、医药制造业、橡胶制品业、塑料制品业、金属制品业、通用设备制造业、专用设备制造业、电气机械及器材制造业、仪器仪表及文化办公用机械制造业，共计 10 个行业，占制造业行业总数约 45%。⑤中端-低端制造业。中端-低端制造业是指产品出口/进口单位价值比从最初价值链的中端降至低端，具体包括化学纤维制造业与非金属矿物制造业两类。2003 年化学纤维制造业的出口/进口单位价值比为 0.8348，之后连年下降，2006 年跌至 0.7202；非金属矿物制品业 2003 年的出口/进口单位价值比为 0.8083，2005 年降至 0.1600，由中端转变至低端。⑥在中端-低端之间波动，并不稳定的行业，包括黑色金属冶炼及压延加工业、有色金属冶炼及压延加工业、交通运输设备制造业。例如，黑色金属冶炼及压延加工业，2003 年出口/进口单位价值比为 0.8966，2005 年指标值跌为 0.6525，2009 年又升至 1.0481。显然，可能面临"低端锁定"的行业为

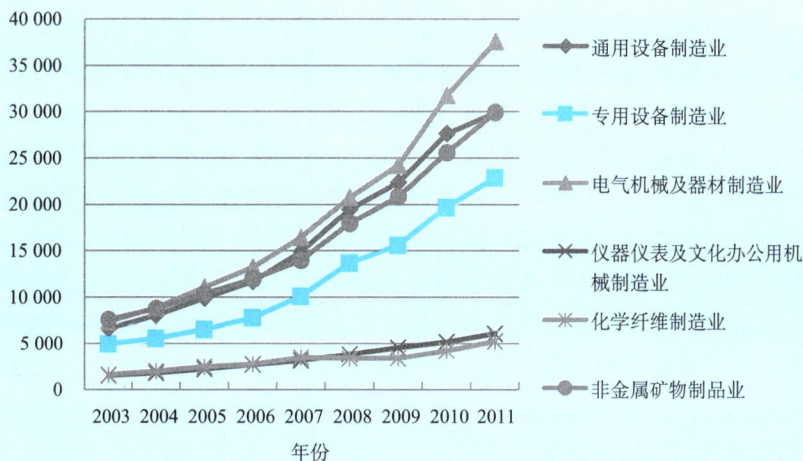

图 14-4　下垂直型制造业总资产时间序列（通用设备制造业等 6 个行业）（单位：亿元）

下垂直型及中端-低端型两大类行业，共 12 个行业。进一步地，结合以上行业的劳动力与资产的绝对值时间序列可知（图 14-1～图 14-4）：2000～2011 年期间 12 个行业资产均呈现上升态势；而从劳动力的绝对值来看，尽管极少数年份劳动力人数略有下降，但整体来看，劳动力人数仍然向上攀升，表明无论是从劳动力人数还是资产总量来看，低端制造业均呈现扩张态势。因而，结合产品的进出口单位价值比可以判定该 12 个行业处于"低端锁定"状态。

14.4　实证分析：影响"低端锁定"的因素

14.4.1　研究假设及模型设定

1. 研究假设

依据文献研究与 GVC 分工的实际，影响制造业"低端锁定"的因素主要包括制造业 FDI 利润总额、资本劳动比、研发强度、市场需求等因素。

1）制造业 FDI 利润总额

制造业 FDI 利润总额在一定程度上反映了我国制造业在全球生产网络的参与程度。一方面，FDI 利润的上升表明 FDI 进入的不断深化，FDI 可能通过技术溢出效应带动中国制造业的技术进步，并可能最终实现价值链地位提升；另一方面，由于全球生产网络是以能力要素驱动而形成的（王伟，2005），处于网络高端的外商直接投资企业将集中经营少数几个或单个最有价值的核心能力，从而获取高额利润，而位居网络低端的中国生产商承接的是低价值的要素，获取低额利润。FDI 利润额越高，在主体的互补性能力要素不对称的条件下，外方越有可能利用全球生产网络形成对中国制造商的利润挤压，中国制造业突破"低端锁定"的可能性越小。

H1：FDI 利润越高，"低端锁定"的强度越大。

　　2）资本劳动比

　　在 GVC 分工的初期，中国制造企业可以利用廉价劳动力获取比较优势，但是伴随收入的增长及通货膨胀，劳动力成本也不断提升，"人口红利"逐步消失，此时以劳动力、土地为主的初级要素生产模式逐步过渡到以资本、技术、信息等高级要素为导向的生产模式。在价值链的两端，随着要素的高级化，中国制造企业与跨国公司的谈判力增加，可以利用日益高级化的优势要素加强对价值链的两端进行控制。需要指出的是，资本劳动比对于"低端锁定"的影响可能受到 FDI 利润额与研发强度的调节。FDI 利润额越高，则可能在一定程度上弱化资本劳动比对突破"低端锁定"的正向影响；再则，随着资本劳动比的上升，企业以资本来替代劳动力，此时，制造业更有可能增加研发投入。在行业的研发强度增加的情况下，则强化了资本劳动比对于破解"低端锁定"的影响。

　　H2：FDI 利润增加，会弱化资本劳动比对于突破"低端锁定"的影响。

　　H3：行业的研发强度增大，会进一步强化资本劳动比对于破解"低端锁定"的影响。

　　3）技术创新能力

　　发展技术是摆脱"低端锁定"和贫困式增长的途径之一。在全球价值链中，跨国公司凭借其对技术的领导权而实施"技术封锁"，对已经输入到中国的技术进行后续改造、产品升级换代以及市场销售范围等限制，设计各种参数来控制中国企业实施技术赶超、价值链攀升（刘志彪和张杰，2007）。由此，提升技术创新能力，依靠内源性技术创新是要素高级化的表现形式之一，有助于中国企业增强市场掌控力，走"高端"嵌入全球价值链（胡大立，2013）。需要明确的是，技术创新对于"低端锁定"的影响可能并不是孤立的，由于价值链终端产品的收益最终反映为市场的需求强度，只有当消费者对创新产品有购买支付能力的意愿需求时，创新产品的价值才得以体现。随着国内劳动力成本的上升以及社会保障制度的健全，居民的消费能力得到一定幅度的提升，这在一定程度上起到支持国内企业技术、品牌等向高端价值发展的功能（卢福财和胡平波，2008）。通过市场需求的扩张来形成引致创新的内生机制，进而推进生产要素的高级化，突破跨国公司的"低端锁定"。因此有：

　　H4：国内制造业的市场需求扩大，将在一定程度上强化技术创新能力对破解"低端锁定"的影响。

　　2. 模型设定

　　基于以上研究假设，建立面板数据模型：

$$\ln(LOCK_{it}) = \alpha_0 + \beta_1 \ln(FDIP_{it}) + \beta_2 \ln(K/L)_{it} \times FDIP_{it} + \beta_3 \ln(K/L)_{it} \times RDQ_{it} + \beta_4 \ln RDQ_{it} \times DEM_{it} + \beta_5 DUM_{it} + \varepsilon_{i,t}$$

其中，$LOCK_{it}$ 表示"低端锁定"的程度，以产品出口/进口单位价值比来测度；$FDIP_{it}$ 为 FDI 利润总额；$(K/L)_{it}$、RDQ_{it} 均反映了资源禀赋程度，分别为资本劳动比及行业的研发强度，其中资本劳动比为固定资本净值余额（亿元）/年末从业人数（万人）；行业的研发强度用行业研发内部支出（万元）/行业利润（百万元）（以大中型工业企业为统计口径）；DEM_{it} 为市场需求，以产品销售收入（亿元）来测度；另考虑"低端锁定"

的强度可能因行业资本和技术密集度而表现出异质性，因而模型中采用行业类别的哑变量 DUM_{it}，其中 1 表示劳动密集型制造业，0 表示资本密集型及资本技术密集型制造业。相关数据来自于 UN COMTRADE 数据库、《中国统计年鉴》、《中国科技统计年鉴》。

14.4.2 实证研究结果

1）描述性统计

变量的描述性统计如表 14-3 所示。出口/进口单位价值比的均值低于 0.5，且 2003～2007 年期间呈现持续下降态势；2008～2009 年略有反弹，但 2011 年又降至 0.3064，显著低于 2003 年的 0.4292，表明我国制造业的"低端锁定"强度有增加趋势。从均值来看，外商直接投资的利润额除 2011 年外，其余各年均持续增长，其中 2007 年、2010 年增幅分别为 59.75％、43.39％，为所有年份中增幅最大，这也意味着外国生产厂商在全球价值链中占据明显优势。制造业资本劳动比也呈持续上升态势，由 2003 年的 8.8108（亿元/万人）上升至 2011 年的 17.1935（亿元/万人），表明制造业逐步以资本替代劳动，存在要素密集度转变及技术攀升的可能性。不同于以上指标，研发强度尽管有波动态势，但是总体上由 2003 年的 29.8869 降至 2011 年的 19.4228，尤其是 2009～2011 年研发强度较之于以往年份跌幅更为明显。市场需求变量值得关注，从绝对值来看，2003 年产品销售收入均值为 3218.926 亿元，2003～2011 年增幅明显，2011 年为 20 444.45 亿元；从增幅比率来看，2003～2011 年年增幅基本在 25％以上，只有 2011 年为最低 20.52％，表明低端制造业整体市场需求强劲。

表 14-3　变量的描述性统计

变量		2003 年	2004 年	2005 年	2006 年	2007 年	2008 年	2009 年	2010 年	2011 年
LOCK	均值	0.4292	0.4289	0.3393	0.3270	0.3098	0.3178	0.3578	0.3058	0.3064
	最小值	0.0008	0.0005	0.0005	0.0007	0.0006	0.0006	0.0006	0.0007	0.0007
	最大值	0.8349	0.9358	0.7729	0.7272	0.7618	0.6855	0.7421	0.6802	0.5893
FDIP	均值	66.2217	81.0908	108.8933	140.6567	203.1850	242.89	280.9683	402.8842	399.1908
	最小值	17.05	21.0300	10.56	27.67	60.38	47.37	68.95	90.65	94.62
	最大值	166.43	194.35	255.39	329.41	473.83	648.84	782.36	1063.12	959.41
K/L	均值	8.8108	9.3314	10.0901	10.8146	11.5308	12.473	14.1048	15.1847	17.1935
	最小值	5.0704	5.1907	5.6484	5.8301	6.1070	6.8032	8.0313	9.1338	9.4862
	最大值	22.2791	22.7411	25.0737	26.4975	28.1638	29.1793	30.9566	30.9838	35.4005
RDQ	均值	29.8869	35.1206	37.7817	37.5402	32.2058	39.9012	16.8584	14.0121	19.4228
	最小值	8.7858	8.4856	13.8525	11.0081	13.7812	10.8480	6.7482	6.2731	6.9529
	最大值	61.5096	65.2060	79.6667	72.4582	56.2488	128.6324	29.93	21.689	30.6469
DEM	均值	3218.926	4162.885	5465.681	7016.308	9155.672	11738.65	13207.62	16963.92	20444.45
	最小值	980.31	1137.59	1386.55	1653.2	2039.27	2593.35	2873.13	3468.31	3784.27
	最大值	7487.04	1005.65	13363.92	17649.46	23213.79	29374.91	32386.51	42152.59	50148.85

2) 回归结果

首先进行相关性检验，各解释变量之间相关系数绝对值均未超过 0.5，相关性较弱。表 14-4 为面板数据回归结果，可以看出，外商直接投资利润额、研发强度与市场需求的交互作用对"低端锁定"强度的影响在 1% 的显著性水平上显著，满足假设 H1、假设 H4；而资本劳动比与外商直接投资额的交互项、资本劳动比与研发强度的交互项对于"低端锁定"强度的影响较弱，假设 H2、假设 H3 未能得到验证，说明资本劳动比对"低端锁定"的影响受 FDI 利润、研发强度的传导作用不强。

表 14-4　面板数据回归结果

解释变量	系数	标准差	T 值	$P > \mid t \mid$
常数项	0.9628***	0.2635	3.65	0.000
FDIP	−0.3149***	0.1184	−2.66	0.009
$(K/L) \times FDIP$	0.0192	0.0276	0.69	0.489
$(K/L) \times RDQ$	−0.0522	0.0421	−1.24	0.218
$RDQ \times DEM$	0.0373***	0.0130	2.86	0.005
DUM	−0.0742	0.0480	−1.54	0.126
F 检验	11.84			
R^2	0.4696			
样本数	108			

*** 表示在 1% 的显著性水平上通过变量 t 值显著性检验。

此外，行业类别对于"低端锁定"的强度影响也不显著，表明所处行业类别对于"低端锁定"的影响并不具有异质性，这一点区别于邱斌等（2012）的研究结论，给予的启示是我国的部分资本密集型、技术密集型行业在参与全球生产网络的过程中并没有明显的价值链地位提升，政府也需要关注这些类型的行业而不仅仅是劳动密集型行业。

从回归的系数来看，外商直接投资利润对出口/进口单位价值比的影响是负向的（−0.3149），即随着 FDI 利润的增加，"低端锁定"越强。在各解释变量的系数中，外商直接投资利润的系数最小，影响力最强；研发强度与市场需求的交互项与出口/进口单位价值比呈现正相关关系，即扩大市场需求将有助于强化研发强度对破解"低端锁定"的作用。

14.5　突破制造业低端锁定的潜力分析

通过以上分析，当前有 12 个制造业处于"低端锁定"状态。进一步地，结合资本劳动比、研发强度与市场需求等分析中国制造业是否存在突破"低端锁定"的潜力。

14.5.1　行业的资本劳动比

2003～2011 年，处于"低端锁定"行业的资本劳动比均向上攀升，未出现短期波动。各行业中，资本劳动比均值最低的是仪器仪表及文化办公用机械制造业，资本劳动比由 5.07（亿元/万人）上升至 2011 年的 9.4862（亿元/万人）；最高的为化学纤维制造业，由 2003 年的 22.38（亿元/万人）升至 2011 年的 35.4005（亿元/万人）。由处于"低端锁定"制造业的资本劳动比可以看出，制造业的生产力是上升的，即具备突破"低端锁定"的必要条件。

14.5.2　行业的研发强度

本报告中的研究强度为行业的研发内部支出（万元）/行业利润（百万元）。由图 14-5、图 14-6 可知，2003～2011 年除印刷业和记录媒介的复制业研发强度整体走势不明显外，其余 11 个位居"低端锁定"的制造业研发强度均在波动后于 2009 年、2010 年连续两年下降，2011 年略有所反弹。其中专用设备制造业与电气机械及器材制造业

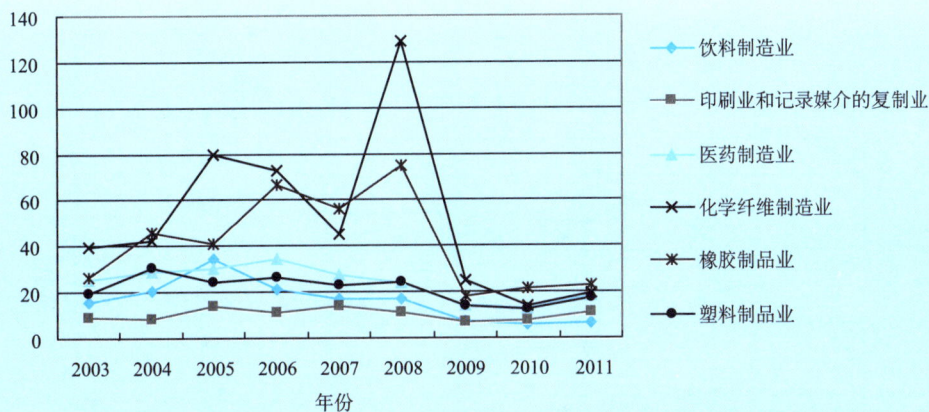

图 14-5　下垂直型制造业研发强度时间序列（饮料制造业等 6 个行业）

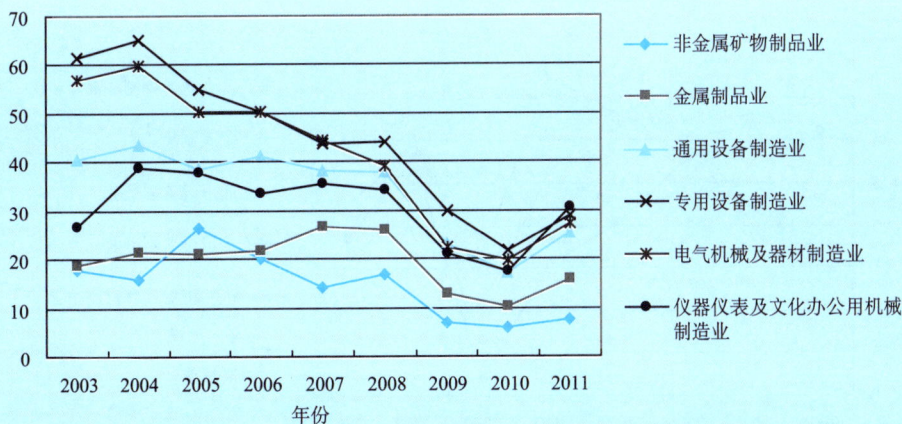

图 14-6　下垂直型制造业研发强度时间序列（非金属矿物制品业等 6 个行业）

两个行业在多数年份跌幅明显，两个行业分别由 2003 年的 61.5096、40.7203 降至 2011 年的 28.8312、25.5974。研发强度的走势在一定程度反映了支撑行业利润的研发支出呈下降态势，表明行业的技术创新可能性较小，由此，从这一指标来看，行业的"低端锁定"仍然可能持续一段时间。

14.5.3　市场需求强度

本书结合产品销售收入绝对值及其增长率分析"低端锁定"制造业市场需求状况。从绝对值来看，12 个行业产品销售收入无一例外地随着时间推移而增加，产品销售收入较多（按均值）的制造业分别为电气机械及器材制造业（25 092.52 亿元）、通用设备制造业（19 914.56 亿元）、非金属矿物制品业（18 045.63 亿元）、专用设备制造业（12 229.8 亿元）；产品销售收入较少的制造业为印刷业和记录媒介的复制业（2212.89 亿元）、仪器

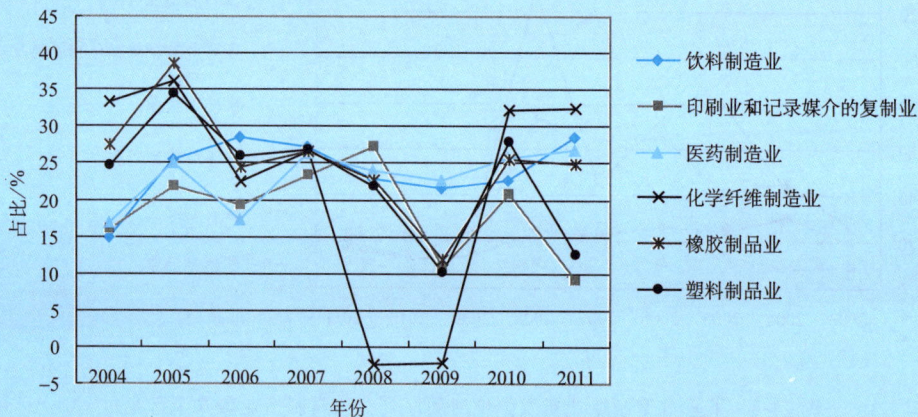

图 14-7　下垂直型制造业市场需求年增幅时间序列（饮料制造业等 6 个行业）

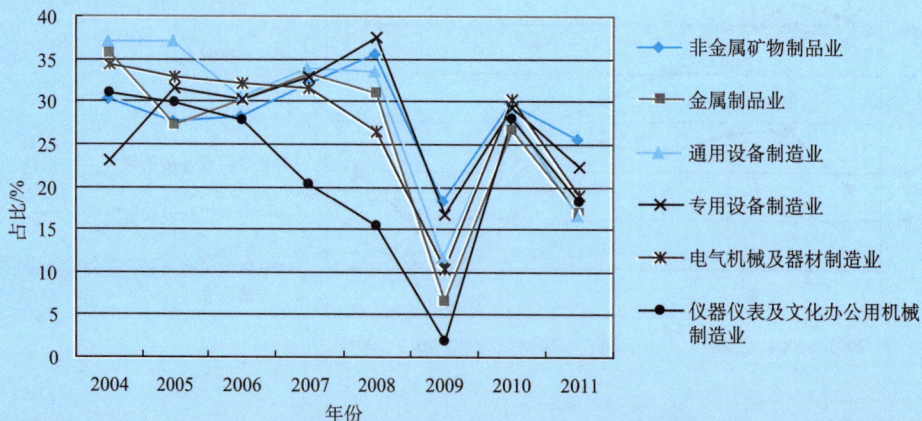

图 14-8　下垂直型制造业市场需求年增幅时间序列（非金属矿物制品业等 6 个行业）

仪表及文化办公用机械制造业（4192.49 亿元）。由于趋势的雷同及行业的异质性，需要进一步综合市场需求增长率分析。由图 14-7、图 14-8 可知，12 个行业中仅医药制造业、饮料制造业、化学纤维制造业在各年份呈现上升或波动态势，另 9 个行业总体有下降的趋势，尤以 2008 年跌幅最为明显。由此可知，这 9 个行业的市场需求潜力有待于进一步挖掘。

14.6　主要结论与政策建议

本书首先结合出口/进口产品单位价值比与行业规模指标遴选存在"低端锁定"的制造业，并采用面板数据模型对影响"低端锁定"的因素进行实证研究。计算结果表明：

当前在全球价值链中位居高端的制造业仅有食品加工制造业，造纸及纸制品业，木材加工及木、竹、藤、棕、草制品业 3 个行业，约占行业总数的 14%；另有黑色金属冶炼及压延加工业、有色金属冶炼及压延加工业、交通运输设备制造业 3 个行业出口/进口单位价值比在中端-低端之间徘徊，政府需给予关注。22 个制造业中，处于"低端锁定"的行业达到 12 个，约占整个制造业比重的 55%，已过半；且 12 个行业不仅包括劳动密集型行业，也包括资本及技术密集型行业。

影响"低端锁定"的因素中，FDI 利润额、研发强度与市场需求的交互项对"低端锁定"的强度影响较大。表明 FDI 投资已经形成对我国制造业的利润挤压；研发强度对突破"低端锁定"的正向作用因市场需求的存在而得到进一步强化。基于此，报告提出：

（1）强调政策的公平性，政策制定不能因行业间的要素密集度而有所倾斜。以往的研究认为，制造业在全球价值链中的位置会受到要素密集度的影响，而本研究发现，部分资本密集型、技术密集型制造业与劳动密集型制造业相同，并没有表现出对"低端锁定"强度影响的差异性，其重要的政策意义是：政府制定突破"低端锁定"的政策时，不能因行业间要素密集度的差异而有所倾斜。

（2）注重研发支出，以技术创新能力的增强作为突破"低端锁定"的内在动力。技术创新是突破"低端锁定"的高级要素及内源动力，只有增加研发支出，才有可能提升技术创新能力，并提高产品出口的复杂程度，形成产品更为持久的国际竞争力。我国橡胶轮胎、光伏设备等处于"低端锁定"的产品在国外面临的"双反"调查案就验证了技术创新在提升全球价值链地位中的重要性。

（3）重视需求侧管理，将市场需求的扩大作为破解"低端锁定"的外在推进剂。目前的研究较少关注需求侧管理，但是考虑技术创新对突破"低端锁定"的作用因市场需求而得到进一步强化，且从制造业发展的实际来看，位居"低端锁定"的制造业相当一部分面临因竞争过度而致使的产品滞销，因此加强需求侧管理可以在一定程度上推进制造业价值链的攀升，有助于突破"低端锁定"。

初稿提供者：张慧明

统稿：李廉水，周彩红

参 考 文 献

白雪洁，李嫒. 2012. 我国战略性新兴产业发展如何避免低端锁定——以风电设备制造业为例. 中国科技论坛，(3)：50-55.

陈爱贞，刘志彪. 2011. 决定我国装备制造业在全球价值链中地位的因素——基于各细分行业投入产出实证分析. 国际贸易问题，(4)：115-125.

崔焕金，张强. 2012. 全球价值链驱动模式的产业升级效应——对中国工业部门的实证研究. 首都经济贸易大学学报，(1)：32-38.

丁蕾. 2010. 我国高新技术型加工贸易的价值链提升——基于省际面板数据的实证分析. 未来与发展，(10)：13-16.

胡大立. 2013. 我国产业集群全球价值链"低端锁定"的诱因及其突围. 现代经济探讨，(2)：23-26.

简晓彬，周敏. 2013. 开放条件下制造业价值链攀升的影响因素研究——基于江苏制造业行业面板数据的分析. 商业经济与管理，255（1）：58-68.

蒋雪梅. 2013. 全球价值链下中国通讯制造业升级的实证分析——基于知识创新的视角. 商业经济，(1)：27-30.

李美娟. 2010. 中国企业突破全球价值链低端锁定的路径选择. 现代经济探讨，(1)：76-79.

刘志彪，张杰. 2007. 全球代工体系下发展中国家俘获型网络的形成、突破与对策——基于 GVC 与 NVC 的比较视角. 中国工业经济，(5)：39-47.

卢福财，胡平波. 2008. 全球价值网络下中国企业低端锁定的博弈分析. 中国工业经济，(10)：23-32.

邱斌，叶龙凤，孙少勤. 2012. 参与全球生产网络对我国制造业价值链提升影响的实证研究——基于出口复杂度的分析. 中国工业经济，(1)：57-67.

盛斌. 2002. 中国对外贸易政策的政治经济分析. 上海：上海人民出版社.

时磊. 2006. 制造业技术"低端锁定"和升级困境的摆脱——Lucas"人力资本"模型的修正与深化. 中国经济问题，(5)：55-62.

时磊，田艳芳. 2011. FDI 与企业技术"低端锁定". 世界经济研究，(4)：75-80.

王伟. 2005. 基于企业基因重组理论的价值网络构建研究. 中国工业经济，(2)：58-65.

张珉，卓越. 2010. 全球价值链治理、升级与本土企业的绩效——基于中国制造业企业的问卷调查与实证分析. 产业经济研究，(1)：31-38.

张艳辉. 2010. 全球价值链下长三角产业升级的实证分析——以电子及通讯设备制造业为例. 上海经济研究，(3)：51-59.

周彩红. 2009. 产业价值链提升路径的理论与实证研究——以长三角制造业为例. 中国软科学，(7)：163-171.

周鹏，赵玲，胡凯. 2011. 生产性服务业支撑制造业价值链升级的实证研究. 科技和产业，11（9）：9-11.

Celi G. 1999. Vertical and horizontal intra-industry trade：what is the empirical evidence for the UK？CELPE Discussion Papers No. 49.

Contreras O F，Carrillo J，Alonso J. 2012. Local entrepreneurship within global value chains：a case study in the mexican automotive Industry. World Development，40（5）：1013-1023.

Greenaway D，Hine R，Milner C. 1995. Vertical and horizontal intra-industry trade：a cross industry analysis for the UK. The Economic Journal，(105)：1505-1518.

Manning S，Boons F，von Hagen O，et al. 2012. National contexts matter：the co-evolution of sustainability standards in global value chains. Ecological Economics，(83)：197-209.

Pietrobelli C，Rabellotti R. 2011. Global value chains meet innovation systems：are there learning opportunities for developing countries? World Development，39 (7)：1261-1269.

Tran N，Bailey C，Wilson N，et al. 2013. Governance of global value chains in response to food safety and certification standards：the case of shrimp from vietnam. World Development，(45)：325-336.

第15章

中国制造业的竞争优势还能保持多久？

数据显示，2008～2010 年中国制造业产值年均增长速度高达 20.2％，而同期美国制造业的增长速度为 1.8％，日本为 4.25％。2010 年中国制造业总产值在全球制造业总产值中的比重为 19.8％，略高于美国 19.4％的比重，从而打破了美国 1895 年以来对制造业第一的垄断，已经发展为名副其实的制造业大国。但中国制造业生产效率目前仍远低于美国，从制造业人均产值衡量，中国目前仅为美国的 1/8。而且中国的制造业主要集中在低附加值行业，而美国制造业则主要集中在高附加值行业。因此，中国制造业的竞争优势到底还能保持多久呢？

15.1　产业国际竞争力的评价方法和指标

当代产业国际竞争力的研究热潮由波特（Porter）掀起。他在 The Competitive Advantage of Nations（1990）中既创造了钻石模型等理论框架对竞争力的来源进行解释，也采用了 10 个国家的进出口数据进行产业竞争力的实证评价。作为竞争力提法反对者的 Krugman（1994），提出“一国的竞争问题其实是纯粹的国内生产率问题”的观点，给出了他关于国际竞争力评价指标的看法。

顺应中国经济高速增长的实践需要，国内学者们迅速在本领域中跟上国际步伐并取得丰富成果。狄照昂、吴明录等承担的 1991 年国家科学技术委员会重大软科学课题“国际竞争力研究”，首次系统研究了国际竞争力及其评价方法；1996 年起，中国人民大学竞争力与评价研究中心每年发表中国国际竞争力评价报告；此外，金碚（1997）是最早应用国家竞争优势理论进行工业竞争力分析的国内研究者；任若恩（1998）则首开了国内学者应用生产率法进行产业国际竞争力研究的先河。总的来看，评价国际竞争力的方法主要有多因素法、生产率法、利润率法和进出口数据法。

1）多因素法

世界经济论坛（World Economic Forum，WEF）、瑞士洛桑国际管理学院（International Institute for Management Development，IMD）、波特的钻石模型和微观经济竞争力评价，以及中国人民大学竞争力与评价研究中心的中国国际竞争力评价报告，应用的都是这一类方法。虽然 WEF 和 IMD 给出了大量的评价指标，但其指标有的是从国家这一宏观范围进行评价，有的是从企业微观层次上进行评价的。由于其指标众多、无穷无尽，而且作用各不相同，复杂且难以准确确定权重，很难在产业国际竞争力评价中准确应用，难以准确反映产业国际竞争力。

2）生产率法

生产率定义为投入与产出之比，生产率法的完善指标是克鲁格曼提出的生产率/工资率，它不仅考虑了产出——生产率，而且考虑了投入——成本，即隐含了市场份额和利润指标。任若恩是国内以生产率指标进行产业国际竞争力评价的先行研究者。他运用“国际产出与生产率比较项目”（ICOP）组所提出的“生产率法”，集中研究以生产率测量一国产业的国际竞争力。但产业生产率的计算是一个比较复杂的问题，生产率是投入和产出之比，将不同产业的产出在产品品种组合、产品质量等方面的差异考虑进去而计算出一个在不同国家、不同产业之间可比的产出数据，是一件非常复杂的工作。也许正是这一原因，波特在进行 10 个国家产业国际竞争力的比较研究时，并未使用他所认为的唯一有意义的生产率指标，而是和多数学者一样，使用了进出口数据。

3）利润法

利润水平既是产业进行竞争的目的，也是其竞争的结果。利润法评价产业国际竞争力的指标主要是产业利润和产业利润率。我国学者张金昌、陈立敏等认为：不管是改善竞争环境、提高劳动生产率还是增加市场份额，最终的指向都是利润的实现，所以利润法是衡量产业国际竞争力的较好方法。但是，由于随着当今企业的多元化经营普遍化，企业集团的产品多种多样，产业（产品组）的利润水平通常难于准确确定。另外，利润是一个会计核算的概念，存在一定不真实成分，故不太适宜采用。

4）进出口数据法

进出口数据法衡量的是产业国际竞争力的市场份额层次，其反映的是产业国际竞争力的状态和表现。从这一角度出发，理论界在评价一个国家某个产业是否具有国际竞争力时，通常采用进出口数据法（表 15-1），其主要常用指标有两个：一个指标是显示性比较优势（revealed comparative advantage，RCA）指数；另一个常用的指标是净出口（net export，NX）指数，也称贸易竞争力（trade comparativeness，TC）指数。我国著名学者金碚等就从进出口贸易角度，采用进出口数据法，对中国工业品国际竞争力进行了实证研究，并在国内形成较大影响，为我国很多学者广泛认同。本书将采用进出口数据分析法，并以目前常用的、成熟的显示性比较优势（RCA）指数和贸易竞争力（TC）指数作为评价指标。

表 15-1　评价产业国际竞争力指标体系

	反映情况	主要指标
指标 1	国际市场占有率	市场渗透率、进口所占比重 出口贡献率、出口增长优势
指标 2	净出口	贸易竞争力指数、相对竞争力指数、贸易分工指数
指标 3	出口所占比重	显示性比较优势指数、显示性竞争优势指数、 进出口显示性比较优势指数

15.2　中国制造业竞争力的国际比较分析

根据上节对各种评价方法的梳理，从数据的可得性等角度考虑，本书主要选取制造业增加值、显示性比较优势（RCA）指数、国际市场占有率（market share，MS）和贸易竞争力（TC）指数四个指标对我国的制造业国际竞争力进行分析。

15.2.1　制造业增加值比较分析

在制造业总量的比较中，制造业增加值的比较占据着非常重要的地位。制造业增加值，是指制造业企业在报告期内以货币形式表现的生产活动的最终成果，是企业生产过程中新增加的价值，反映了制造业生产活动创造的财富增加量。

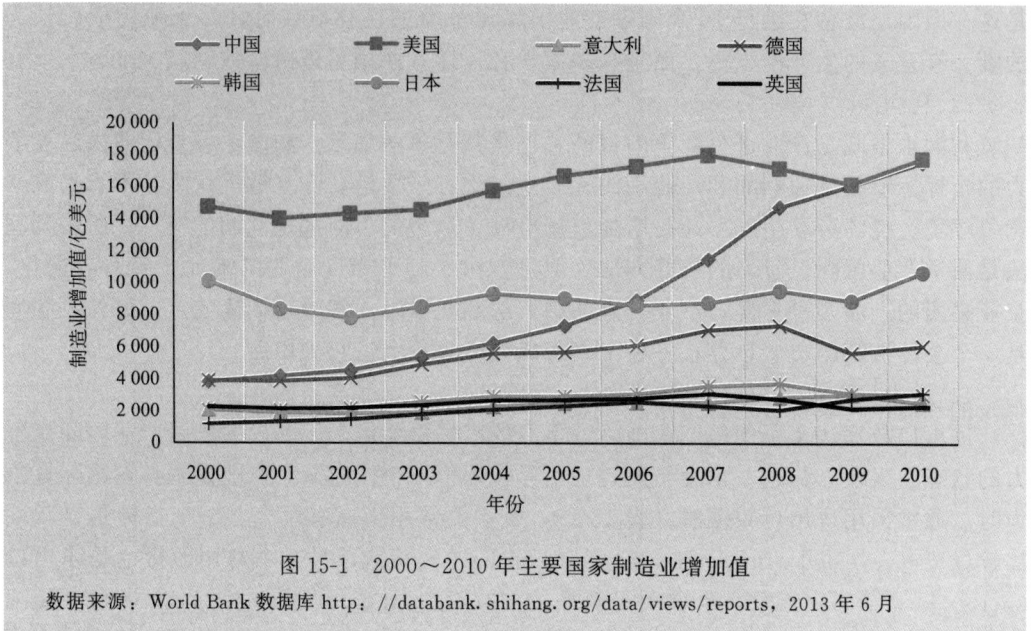

图 15-1　2000～2010 年主要国家制造业增加值

数据来源：World Bank 数据库 http：//databank. shihang. org/data/views/reports，2013 年 6 月

由图 15-1 可以看出，中国、美国、日本、德国、韩国、法国、意大利和英国是制造业增加值排在世界前八的国家。2009 年以前，美国制造业增加值一直排名世界第一。2009 年，中国超越美国，跃居制造业增加值世界第一位。2010 年，中国、美国和日本的制造业增加值均超过万亿美元大关，遥遥领先于其他国家。

如图 15-2 所示，整体而言，除中国和韩国以外，各国制造业增加值在 GDP 中比重是逐渐下降的，2008 年以后尤为明显。2009 年的反弹应是此前经济衰退对制造业施压后引发的修复性回升。

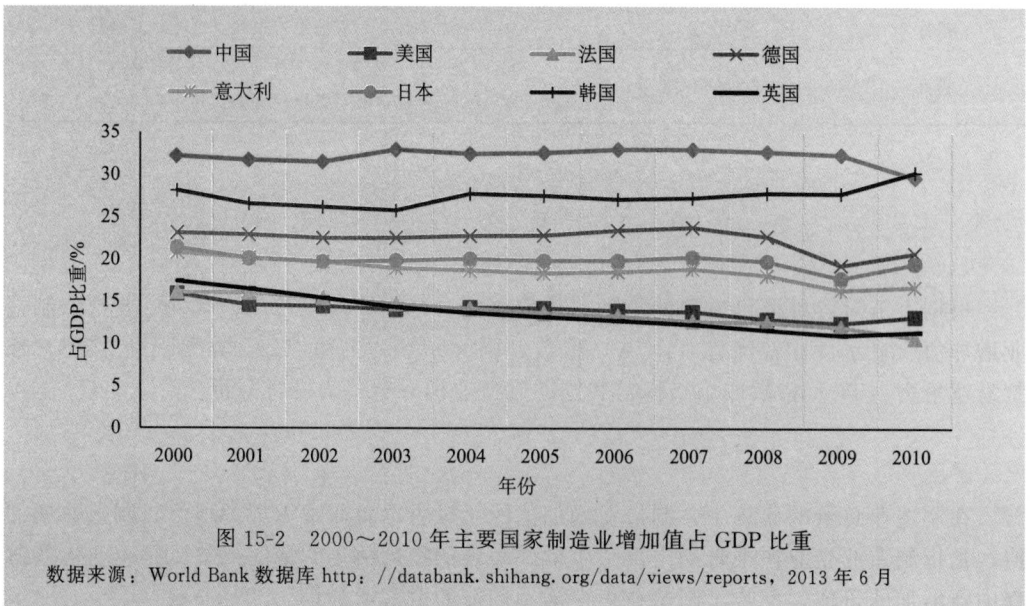

图 15-2　2000～2010 年主要国家制造业增加值占 GDP 比重

数据来源：World Bank 数据库 http：//databank. shihang. org/data/views/reports，2013 年 6 月

制造业增加值在中国 GDP 中仍扮演重要角色，比重约维持在 1/3，中国是制造业大国的说法依然不过时。发达经济体当中，德国是一个相对倚重制造业的国家，制造业在德国出口中也占有重要地位，至 2010 年制造业增加值占 GDP 比重仍超过 1/5。日本与德国的情况类似。制造业在第三产业高度发达的美国不具有很重要地位，比重只有约 1/8。

15.2.2　显示性比较优势分析

1965 年，Balassa 首先提出了显示性比较优势（RCA）指数方法。这是现今产业国际竞争力研究中一种常用的方法。这一指数旨在定量地描述一个国家内各个产业（产品组）的相对出口表现，也就是这些产业（产品组）出口竞争力横向的相对位置。因此，RCA 指数可以用来判定一个国家之内哪些产业（产品组）更具有出口竞争力，筛选出具有竞争力优势的产业（产品组）。"显性"或"显示性"（revealed）一词来源于这样一个思想：假定产品或产业的贸易模式能够反映相对成本和非价格因素的国际差异，那么这一指数就能够显示或者揭示一个国家产业（产品组）的国际竞争比较优势。显示性比较优势指标可以用来比较两国间的某产业的相对比较优势，也可以用来衡量一国某产业的国际竞争力，其含义是某国某种产品的出口在本国的总出口中的比重与世界该种产品的出口占世界总出口的比重。

RCA 指数的定义式是

$$RCA = \frac{X_i / \sum X_i}{Y_i / \sum Y_i}$$

其中，X_i 表示本国第 i 产业（产品组）的出口额；$\sum X_i$ 表示本国产品总出口额；Y_i 表示第 i 产业（产品组）的世界出口额；$\sum Y_i$ 表示世界产品出口总额。

RCA 指数实际上是计算本国的某一产业（产品组）出口份额与世界相同产业产品（产品组）出口份额的比值。RCA 值接近 1，表示中性的相对比较利益，无相对优势或劣势可言；RCA 值大于 1，则表示本国的某一个产业（产品组）的出口份额超过世界相同产业（产品组）的平均出口份额，在国际市场上具有比较优势，具有一定的国际竞争力；RCA 值小于 1，则表示本国的某一个产业（产品组）的出口份额低于世界相同产业（产品组）的平均出口份额，在国际市场上不具有比较优势，国际竞争力相对较弱。当 RCA 值大于 2.5，则表示出口产品具有极强的竞争优势；若 RCA 值介于 1.25～2.5，表示该产品具有比较强的竞争优势；若 RCA 值介于 0.8～1.25，则该出口产品具有中等比较优势。

表 15-2 反映了在 2000～2011 年中国制造业及具有比较优势的行业。这些行业的比较优势在逐年增加。其中，2011 年，中国服装、电脑及办公设备、办公及通信设备、通信设备、纺织品等行业具有极强的竞争优势；机械及运输设备、集成电器具有较强的比较优势；钢铁行业具有中等比较优势。

表 15-2   2000～2011 年中国制造业分行业显示性比较优势

年份	机械及运输设备	服装	电脑及办公设备	钢铁	办公及通信设备	通信设备	纺织品	集成电器	制造业
2000	0.81	4.72	1.30	0.79	1.17	1.76	2.70	0.45	1.21
2001	0.89	4.39	1.65	0.56	1.45	2.07	2.66	0.48	1.22
2002	0.99	4.04	2.21	0.46	1.78	2.35	2.67	0.58	1.23
2003	1.11	3.86	2.93	0.46	2.14	2.54	2.70	0.65	1.25
2004	1.18	3.70	3.15	0.80	2.33	2.75	2.68	0.76	1.27
2005	1.26	3.68	3.26	0.84	2.45	2.85	2.79	0.82	1.32
2006	1.31	3.86	3.25	1.09	2.48	2.85	2.79	0.94	1.36
2007	1.34	3.82	3.50	1.24	2.64	3.03	2.70	0.99	1.37
2008	1.43	3.73	3.65	1.36	2.77	3.08	2.96	1.18	1.44
2009	1.47	3.54	3.56	0.76	2.74	3.08	2.97	1.19	1.41
2010	1.48	3.58	3.66	0.90	2.70	3.00	2.96	1.26	1.43
2011	1.51	3.59	3.80	1.01	2.85	3.17	3.10	1.36	1.48

数据来源：WTO Statistics 整理得出 http：//www.wto.org/english/res_e/statis，2013 年 6 月。

15.2.3   国际市场占有率分析

国际市场占有率（MS），反映的是一个国家或地区出口的产品在国际市场上占有的份额或程度，计算公式为

$$某类产品的国际市场占有率 = \frac{一国某类产品的出口额}{世界该类产品的出口额}$$

其值越高，说明该国此种商品的国际竞争力越强。

1. 制造业商品出口国际比较

制造业产品是中国出口商品的主体，为国家换取了大量的外汇。中国财政收入的近一半来自于工业。2007 年，中国超越美国，成为制造业出口第一大国。

制造业商品出口概况：一国产业国际竞争力状况的最直观表现是进出口贸易的规模和结构。从 20 世纪 80 年代以来，中国对外贸易的国际地位发生了根本性的变化。中国制造业进出口总额在 2007 年跃居世界第一位，之后一直保持第一的位置，并且除 2009年受金融危机影响外，出口总额持续增长。图 15-3 反映了全球制造业出口前九名国家分别是中国、德国、美国、日本、韩国、法国、意大利、荷兰和英国。

在出口总额居世界首位的同时，中国制造业出口总额占全球比重也位居首位。图15-4 显示了全球制造业出口前九名国家的出口占全球比重。自 1980 年以来，中国制造业出口总额占全球比重一直呈上升态势。2000 年开始，美国、德国和日本的制造业出口总额占全球比重呈下降趋势。制造业出口总额占全球比重排在前三位的国家是中国、德国和美国。2011 年，中国制造业出口总额占全球比重领先于德国 4.48 个百分点，领先于美国 6.29 个百分点。中国制造业出口的领先优势比较明显。

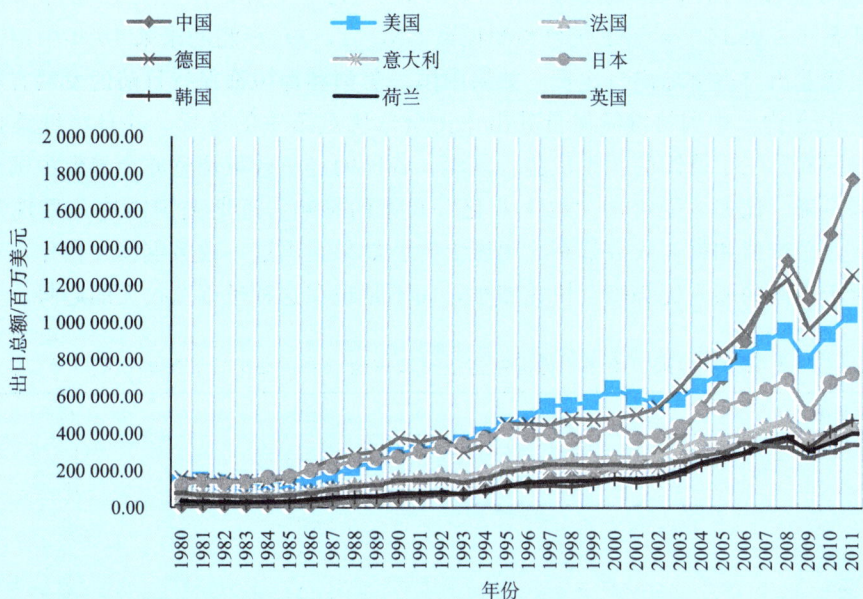

图 15-3　1980～2011 年主要国家制造业出口总额

数据来源：WTO Statistics 整理得出 http：//www. wto. org/english/res＿e/statis，2013 年 6 月

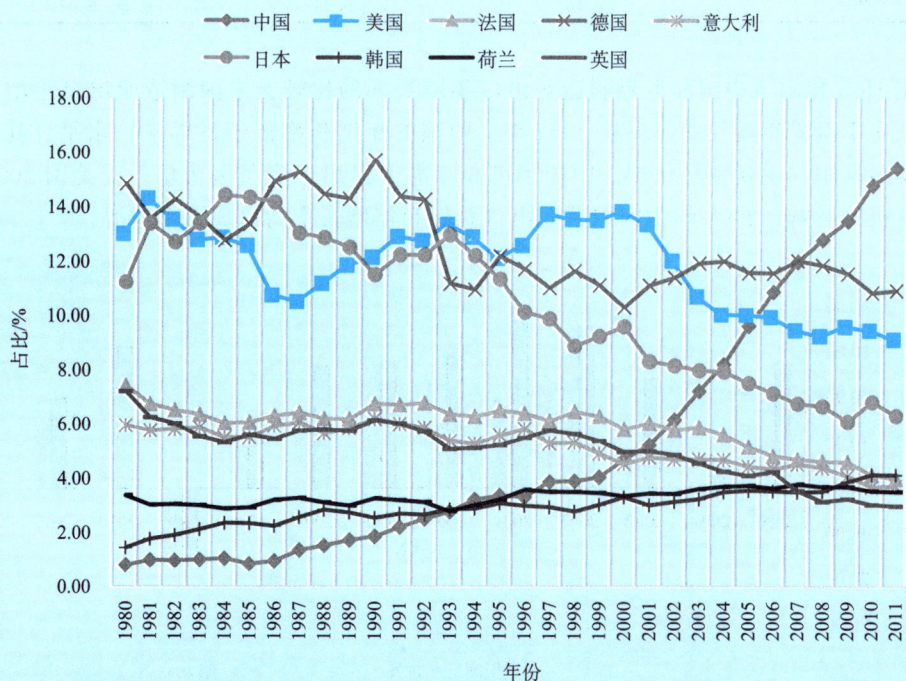

图 15-4　1980～2011 年主要国家制造业出口占全球制造业出口比重

数据来源：WTO Statistics 整理得出 http：//www. wto. org/english/res＿e/statis，2013 年 6 月

图 15-4 明显显示出中国制造业出口占全球比重逐年上升，并且从 1998 年开始呈大幅度上升态势。表 15-3 显示了灰色预测模型 GM（1，1）预测的未来 10 年中国、美国和德国制造业出口占全球出口比重。如果中国、美国和德国都保持目前的发展态势，可以看出，10 年内，中国将继续保持其出口占全球比重第一的位置，并且将继续拉大与第二位美国和第三位德国的领先优势。当然，各国的经济政策调整亦会导致中国目前的领先优势下降。比如，受美国"再工业化"政策的影响，近期美国制造业呈现复苏趋势，制造业总产值和就业人数都有大幅度上升。如果美国这一政策继续发挥作用，未来中国相对于美国的领先优势则会快速缩小，而不是现在这种呈逐渐拉大的趋势。

表 15-3　中国、美国和德国制造业出口占全球制造业出口比重的预测（单位:%）

年份	中国	美国	德国
2012	16.17	10.44	10.73
2013	17.98	10.35	10.62
2014	20.00	10.27	10.52
2015	22.25	10.19	10.41
2016	24.76	10.10	10.31
2017	27.54	10.02	10.20
2018	30.63	9.93	10.11
2019	34.07	9.85	10.00
2020	37.90	9.77	9.91
2021	42.16	9.69	9.81

图 15-5 显示了中国和世界制造业出口年增长率的比较。中国制造业出口年增长率一直领先于世界年增长率。只在 2009 年，中国的年增长率低于世界平均水平。其原因是，美国是中国主要贸易伙伴。中国制造业商品大量出口到美国市场。受美国 2008 年金融危机的影响，2009 年中国制造业出口总额和年增长率均出现大幅下滑。

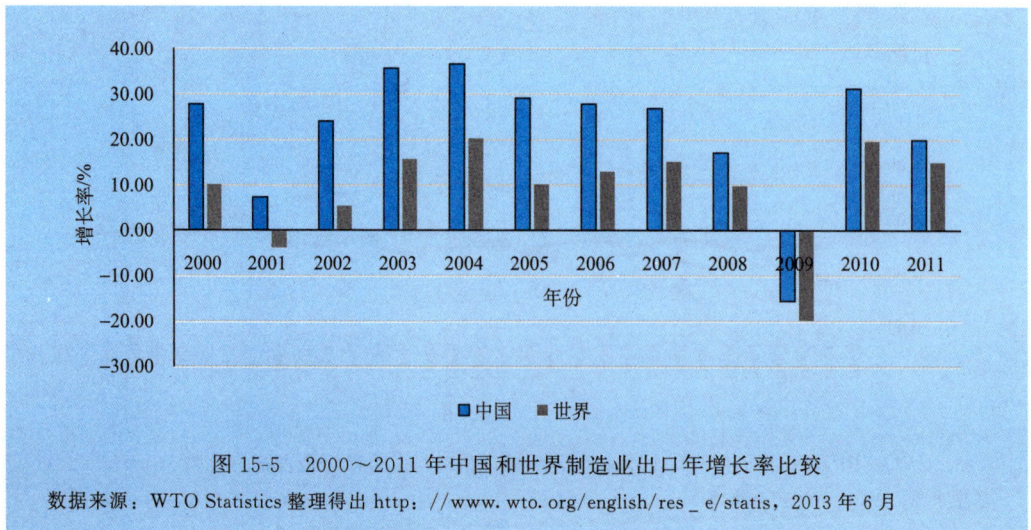

图 15-5　2000～2011 年中国和世界制造业出口年增长率比较

数据来源：WTO Statistics 整理得出 http://www.wto.org/english/res_e/statis，2013 年 6 月

　　图 15-6 反映了中国和世界制造业出口占其总出口的比重。1985 年开始,中国制造业出口占中国总出口的比重逐年上升。世界制造业出口占世界总出口的比重较为稳定,小幅度波动,2002 年开始呈下降趋势。1989 年,中国制造业出口占本国总出口比重超越世界制造业出口占世界总出口的比重,并且两者差距越来越大。

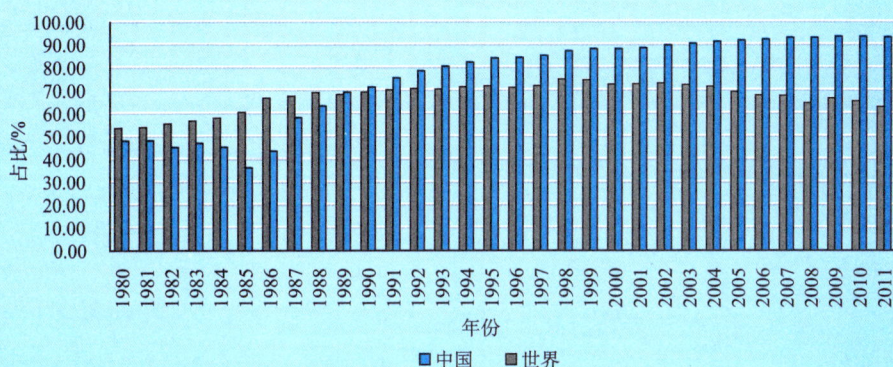

图 15-6　1980~2011 年中国和世界制造业出口占其总出口比重

　　一国产业国际竞争力状况的最直观表现是进出口贸易的规模和结构。中国制造业在机械及运输设备、服装、电脑及办公设备、钢铁、办公及通信设备、通信设备、纺织品等行业居世界领先地位。表 15-4 反映了 2000~2011 年制造业及分行业出口前十强的国家和地区。以上数据表明中国加入 WTO 后制造业国际竞争力显著提升。

表 15-4　2000~2011 年制造业及分行业出口前十强国家和地区

占全球比重排名	机械及运输设备	服装	电脑及办公设备	钢铁	办公及通信设备	通信设备	纺织品	集成电器	化工	制造业
1	中国	中国	中国	中国	中国	中国	中国	新加坡	德国	中国
2	德国	意大利	美国	日本	美国	中国香港	中国香港	中国	美国	美国
3	美国	德国	荷兰	德国	新加坡	美国	美国	韩国	中国	法国
4	日本	印度	新加坡	韩国	荷兰	韩国	韩国	日本	荷兰	德国
5	韩国	土耳其	德国	俄罗斯	韩国	墨西哥	墨西哥	美国	英国	意大利
6	法国	越南	日本	意大利	日本	荷兰	荷兰	马来西亚	日本	日本
7	荷兰	法国	墨西哥	乌克兰	德国	德国	德国	德国	瑞士	韩国
8	新加坡	西班牙	马来西亚	美国	马来西亚	日本	日本	菲律宾	韩国	荷兰
9	意大利	荷兰	泰国	法国	墨西哥	中国台湾	中国台湾	荷兰	新加坡	英国
10	墨西哥	印度尼西亚	捷克	荷兰	泰国	瑞典	瑞典	法国	西班牙	比利时

数据来源:WTO Statistics 整理得出 http://www.wto.org/english/res_e/statis,2013 年 6 月。

　　目前,美国、欧盟是中国制成品出口的主要地区,也是世界各国商品竞争最激烈的市场。我们可以从这些地区市场上各国制造业产品的竞争状况来观察中国制造业的国际竞争力情况 (表 15-5)。

表 15-5 美国、欧盟和中国制造业出口贸易按原产地和出口区域统计

	2011 年出口值/10 亿美元	比重/%		年变化率/%		
		2005 年	2011 年	2005～2011 年	2010 年	2011 年
美国						
世界	1048	100.0	100.0	6	18	11
北美	361	37.6	34.5	5	22	12
中南美	109	7.5	10.4	12	21	15
巴西	34	1.8	3.2	17	28	17
欧洲	222	23.5	21.2	4	6	7
欧盟（27）	201	21.8	19.2	4	5	7
独联体国家	10	0.6	0.9	15	14	44
俄罗斯	7	0.4	0.6	16	23	47
非洲	20	1.5	1.9	10	7	10
中东	47	3.7	4.5	10	7	16
亚洲	280	25.6	26.7	7	26	9
中国	62	3.9	5.9	14	29	10
日本	42	5.3	4.0	1	17	6
6 个东亚贸易体*	116	12.1	11.1	5	31	6
欧盟（27）						
世界	4622	100.0	100.0	6	11	15
北美	360	9.4	7.8	3	14	14
中南美	96	1.4	2.1	12	31	21
巴西	43	0.5	0.9	16	37	18
欧洲	3210	72.4	69.5	5	8	14
欧盟（27）	2917	66.5	63.1	5	8	14
独联体国家	182	2.7	3.9	13	22	31
俄罗斯	131	1.9	2.8	13	26	34
非洲	130	2.6	2.8	7	5	8
中东	132	2.9	2.8	6	8	11
亚洲	491	8.2	10.6	11	23	19
中国	162	1.7	3.5	19	32	24
日本	57	1.4	1.2	4	17	18
6 个东亚贸易体	—	—	—	—	—	—

续表

	2011 年出口值/10 亿美元	比重/%		年变化率/%		
		2005 年	2011 年	2005～2011 年	2010 年	2011 年
中国						
世界	1772	100.0	100.0	17	31	20
北美	440	31.0	24.8	13	30	16
中南美	88	2.4	4.9	32	62	34
巴西	30	0.6	1.7	38	70	30
欧洲	439	25.3	24.8	16	31	15
欧盟（27）	415	24.1	23.4	16	32	15
独联体国家	64	2.9	3.6	21	38	25
俄罗斯	36	1.8	2.0	20	71	31
非洲	65	2.5	3.6	25	21	22
中东	76	3.0	4.3	24	22	28
亚洲	594	33.1	33.5	17	30	23
日本	159	12.1	9.0	11	25	22
6 个东亚贸易体	247	14.3	13.9	16	28	22

＊6 个东亚贸易体指的是中国香港、中国、韩国、新加坡、中国台湾和泰国。

数据来源：WTO Statistics 整理得出 http：//www.wto.org/english/res_e/statis，2013 年 6 月。

美国、欧盟制造业是中国制造业的主要竞争对手。以下部分分析美国、欧盟和中国制造业主要贸易伙伴和对其出口占总出口比重。

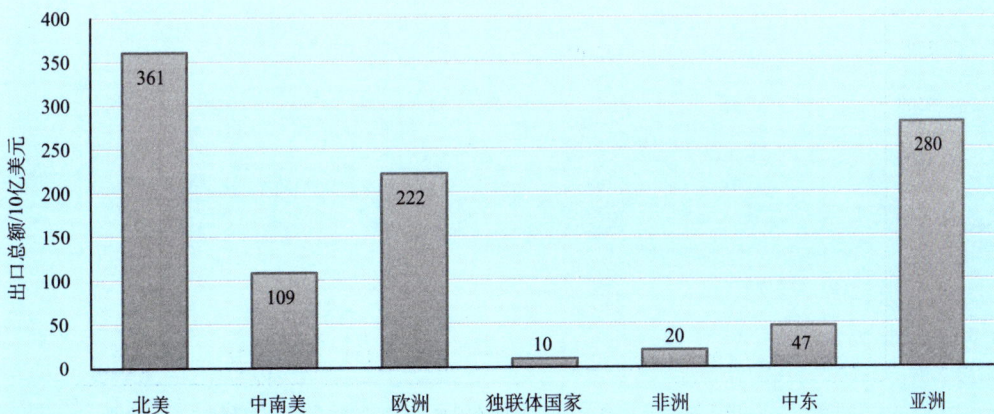

图 15-7　2011 年美国制造业对主要国家和地区出口总额

数据来源：WTO Statistics 整理得出 http：//www.wto.org/english/res_e/statis，2013 年 6 月

美国制造业商品主要出口到北美地区、巴西、中东、俄罗斯、独联体国家和非洲。对北美、巴西和中东地区的出口居前三位。美国制造业对中国出口甚少。如图 15-7 和图 15-8 所示。

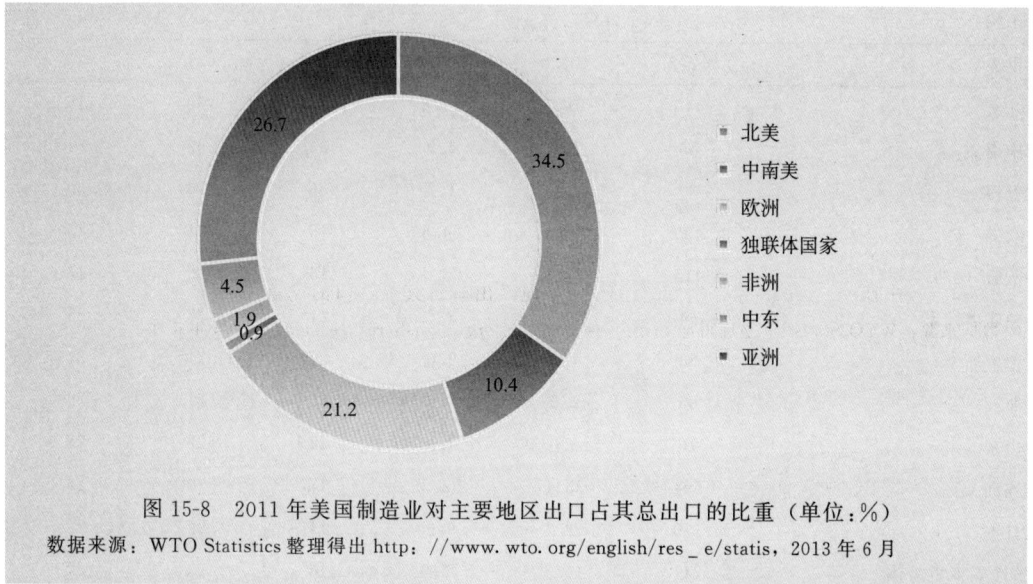

图 15-8　2011 年美国制造业对主要地区出口占其总出口的比重（单位：%）
数据来源：WTO Statistics 整理得出 http：//www.wto.org/english/res_e/statis，2013 年 6 月

欧盟制造业商品主要出口到欧洲、亚洲、北美市场。2011 年，欧盟制造业商品出口到欧洲的比重占其总出口的 69.5%。其次是出口到亚洲市场，占其总出口的 10.6%。中国是欧盟制造业第四大贸易伙伴。2011 年，欧盟制造业对中国出口达 1620 亿美元。如图 15-9 和图 15-10 所示。

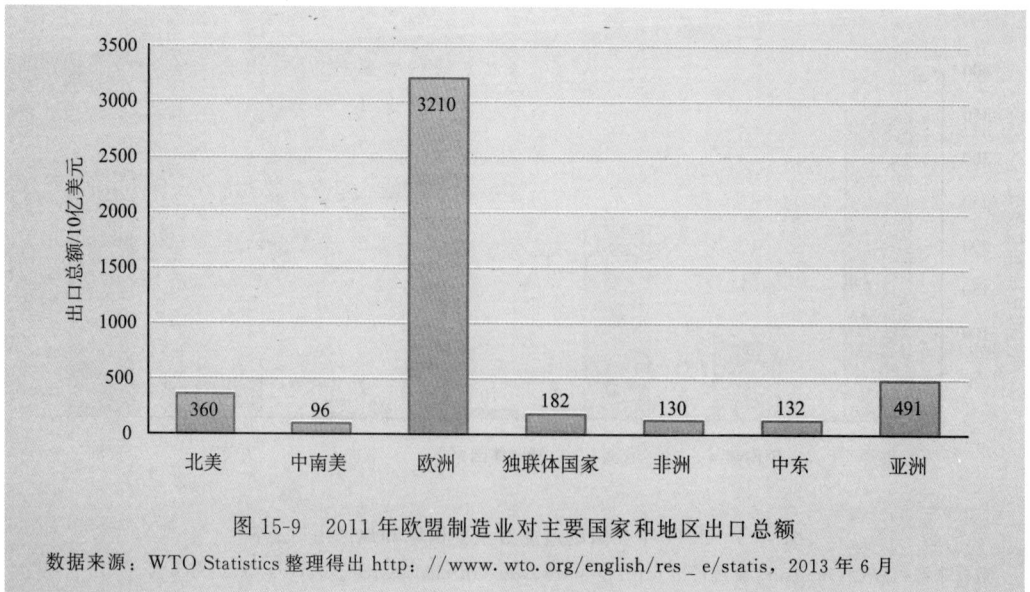

图 15-9　2011 年欧盟制造业对主要国家和地区出口总额
数据来源：WTO Statistics 整理得出 http：//www.wto.org/english/res_e/statis，2013 年 6 月

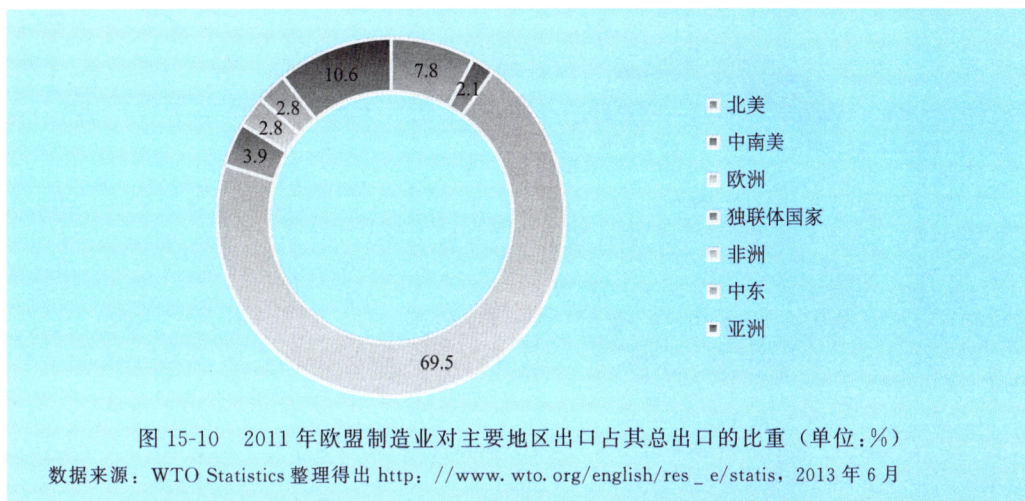

图 15-10　2011 年欧盟制造业对主要地区出口占其总出口的比重（单位：%）
数据来源：WTO Statistics 整理得出 http：//www.wto.org/english/res_e/statis，2013 年 6 月

中国制造业主要贸易伙伴是北美、欧盟，其次是东亚国家和日本。2011 年，中国制造业对北美和欧盟的出口额达 4400 亿美元和 4150 亿美元，占中国制造业总出口的 24.8%和 23.4%。中国制造业对 6 个东亚贸易体和日本的出口额是 2470 亿美元和 1590 亿美元。见图 15-11 和图 15-12。

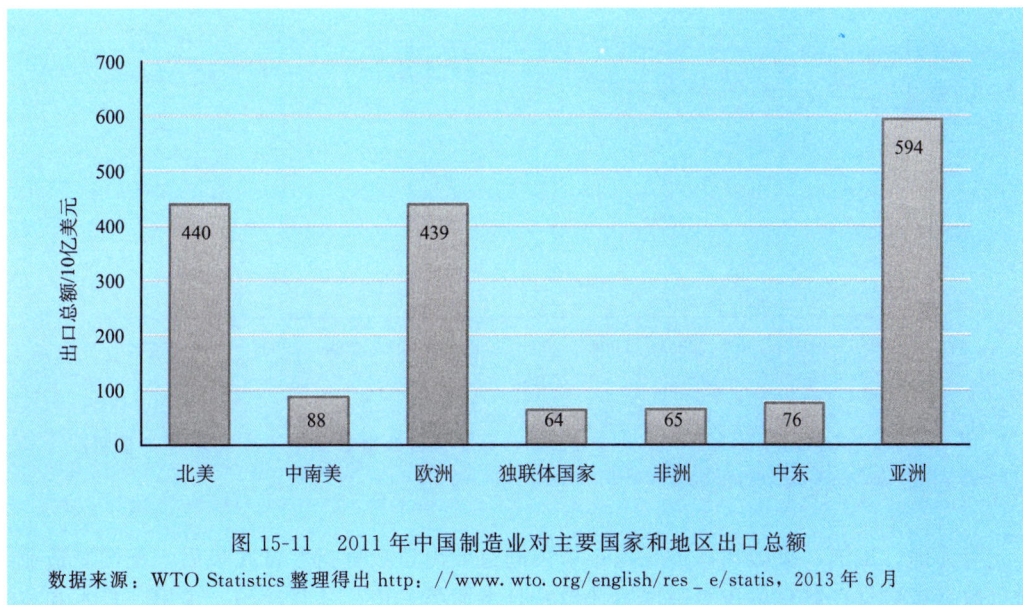

图 15-11　2011 年中国制造业对主要国家和地区出口总额
数据来源：WTO Statistics 整理得出 http：//www.wto.org/english/res_e/statis，2013 年 6 月

2. 制造业出口相关指数国际比较

由图 15-13 可以看出，与美国、德国、英国和日本相比，中国制造业出口产品单位价值偏低，但近年来呈增加趋势。2010 年，日本制造业出口产品单位价值超越德国，位居世界首位。日本和德国制造业出口产品单位价值遥遥领先于其他国家。这说明中国制造业出口的商品多是低附加值的廉价产品。

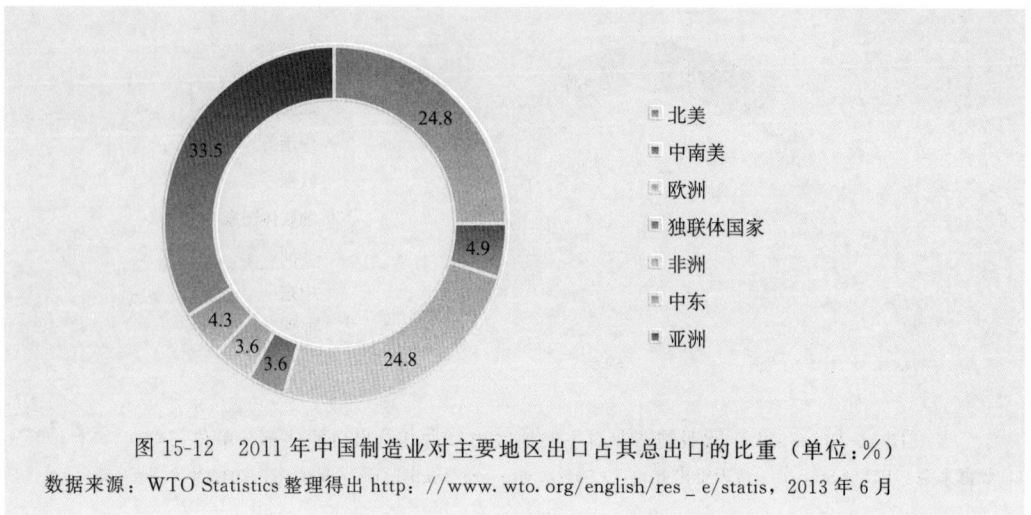

图 15-12 2011 年中国制造业对主要地区出口占其总出口的比重（单位：%）

数据来源：WTO Statistics 整理得出 http：//www.wto.org/english/res_e/statis，2013 年 6 月

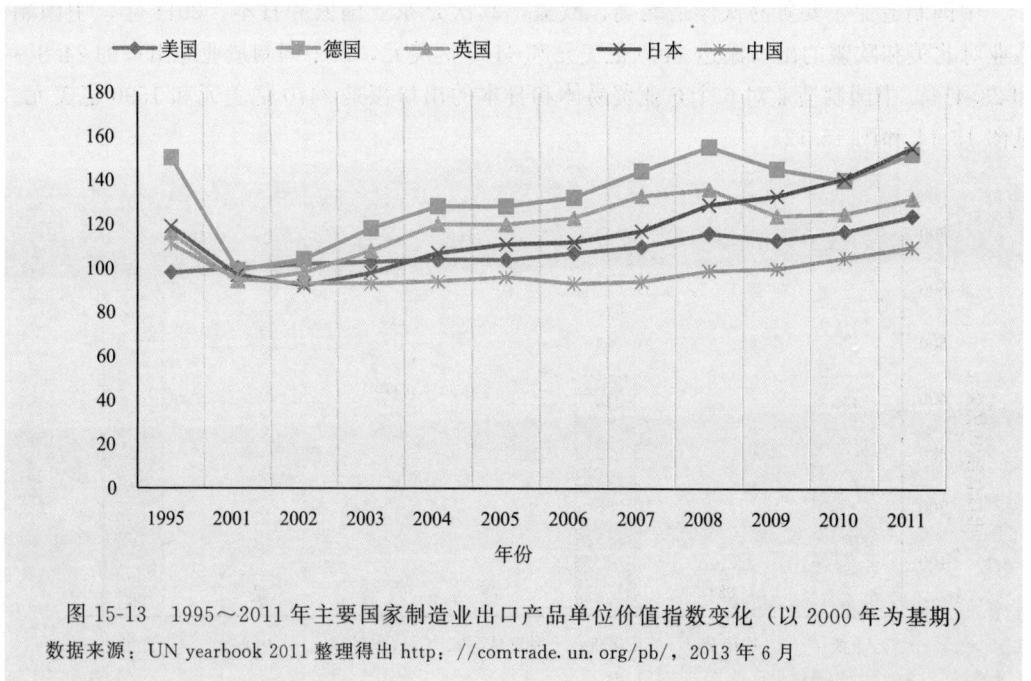

图 15-13 1995～2011 年主要国家制造业出口产品单位价值指数变化（以 2000 年为基期）

数据来源：UN yearbook 2011 整理得出 http：//comtrade.un.org/pb/，2013 年 6 月

与美国、德国、英国和日本相比，中国制造业出口数量指数排在最后。德国制造业出口数量指数排在第一位，美国居第二位，日本居第三位。并且德国、美国、日本和英国制造业出口数量指数总体呈上升趋势，中国呈下降趋势，与德国、美国、英国和日本的差距逐渐拉大（图 15-14）。制造业出口数量指数说明以 2000 年为基期出口数量的变化情况。

3. 中国制造业比较优势

改革开放以来，中国经济发展成就的最突出表现之一，是形成了规模巨大的工业特

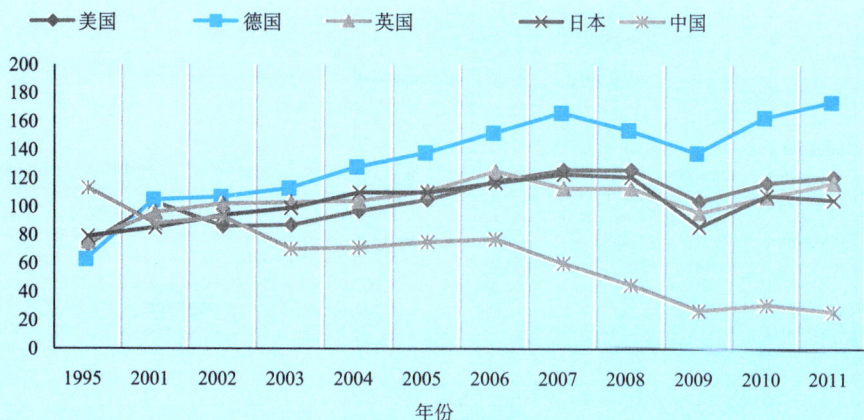

图 15-14　1995～2011 年主要国家制造业产品出口数量指数变化（以 2000 年为基期）
数据来源：UN yearbook 2011 整理得出 http://comtrade.un.org/pb/，2013 年 6 月

别是制造业生产能力。"中国制造"成为最重要的世界经济现象之一，它不仅彻底改变了中国的国内经济状况和国际经济地位，而且广泛而深刻地影响了全球经济以至世界各国消费者的生活。中国已成为世界重要的贸易顺差国之一，反映了中国工业制成品具有较强的国际竞争力。中国的纺织品、服装、办公及通信设备等行业竞争优势明显。

1）制造业出口

如图 15-15 所示，1980～2011 年，中国制造业出口总额和占全球比重逐年上升，尤其是在 2000 年以后，上升速度越来越大。2007 年开始，中国制造业出口总额突破万亿美元大关。2011 年，中国制造业出口占全球比重达到 15.39%。中国制造业出口年增长率也远远超过全球制造业年增长率，只在 2009 年受美国金融危机影响，年增长率出现负值（图 15-15）。图 15-16 显示了 2011 年主要国家和地区制造业出口总额。图 15-17 是 2011 年世界制造业出口地图。

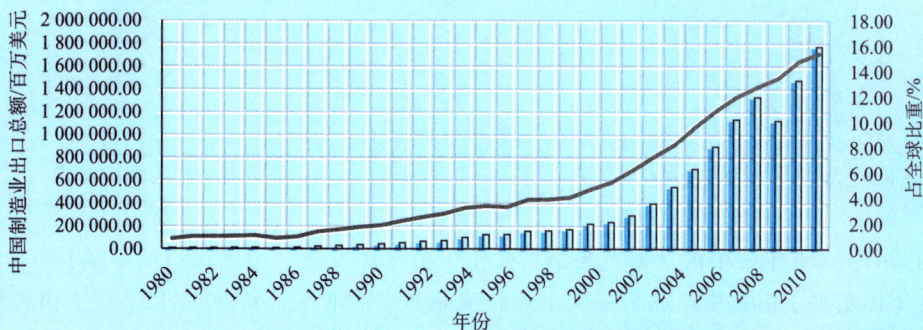

图 15-15　1980～2011 年中国制造业出口总额及占全球比重
数据来源：WTO Statistics 整理得出 http://www.wto.org/english/res_e/statis，2013 年 6 月

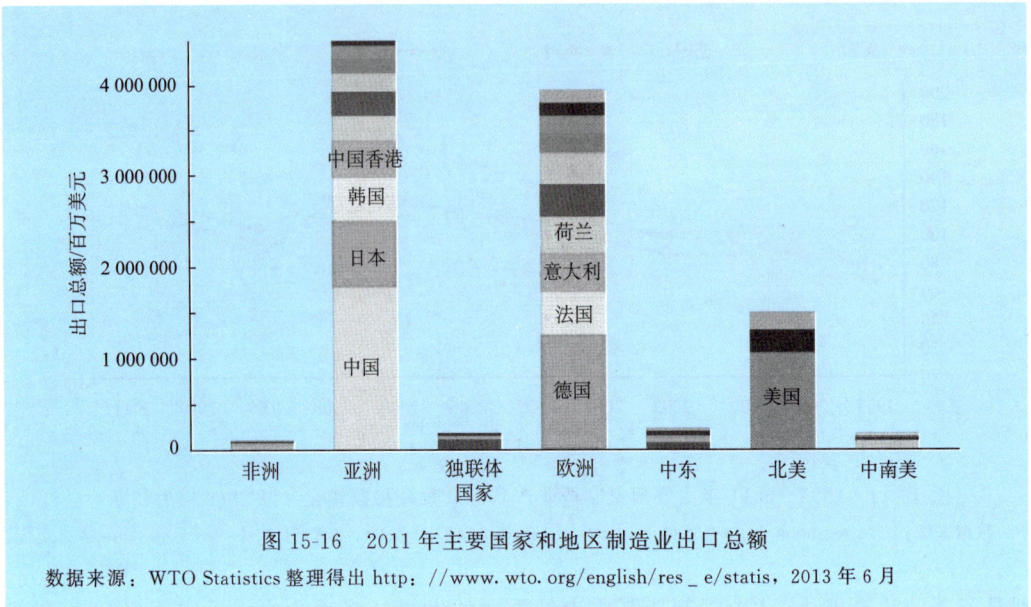

图 15-16　2011 年主要国家和地区制造业出口总额

数据来源：WTO Statistics 整理得出 http：//www.wto.org/english/res_e/statis，2013 年 6 月

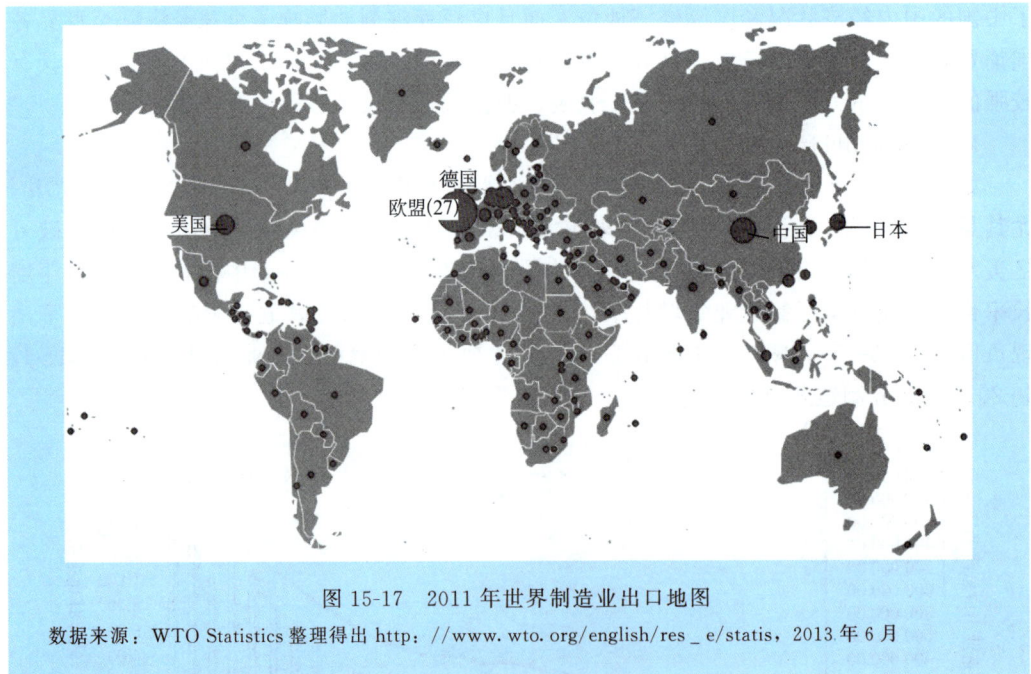

图 15-17　2011 年世界制造业出口地图

数据来源：WTO Statistics 整理得出 http：//www.wto.org/english/res_e/statis，2013 年 6 月

1980～2010 年，中国货物贸易结构发生了根本性变化。中国出口商品结构在 20 世纪 80 年代实现了由初级产品为主向工业制成品为主的转变，到 90 年代实现了由轻纺产品为主向机电产品为主的转变，进入 21 世纪以来，以电子和信息技术为代表的高新技术产品出口比重不断扩大。如表 15-6 所示。

2）各行业出口

（1）电脑及办公设备出口。2003 年，中国电脑及办公设备出口超越美国，居世界第

表 15-6　1980～2010 年中国出口商品结构

商品类型	1980 年		1990 年		2000 年		2010 年	
	金额/亿美元	比重/%	金额/亿美元	比重/%	金额/亿美元	比重/%	金额/亿美元	比重/%
出口商品	181.2	100.0	620.9	100.0	2 429.1	100.0	15 777.5	100.0
初级产品	91.1	50.3	158.9	25.6	254.6	10.2	817.2	5.2
工业制成品	90.1	49.7	461.8	74.4	2 237.5	89.8	14 962.2	94.8
化学品及有关产品	11.2	6.2	37.3	6.0	121.0	4.9	875.9	5.6
按原料分类制成品	40.0	22.1	125.8	20.3	425.5	17.1	2 491.5	15.8
机械及运输设备	8.4	4.7	55.9	9.0	826.0	33.1	7 803.3	49.5
杂项制品	28.4	15.7	126.9	20.4	862.8	34.6	3 776.8	23.9
未分类的其他商品	2.1	1.2	116.3	18.7	2.2	0.1	14.7	0.1
机电产品*	13.9	7.7	110.9	17.9	1 053.1	42.3	9 334.3	59.2
高新技术产品*	—	—	—	—	370.4	14.9	4924.1	31.2

*机电产品和高新技术产品中包含部分互相重叠的商品。

数据来源：中国海关统计 http：//www.customs.gov.cn/tabid/44604/Default.aspx，2013 年 6 月。

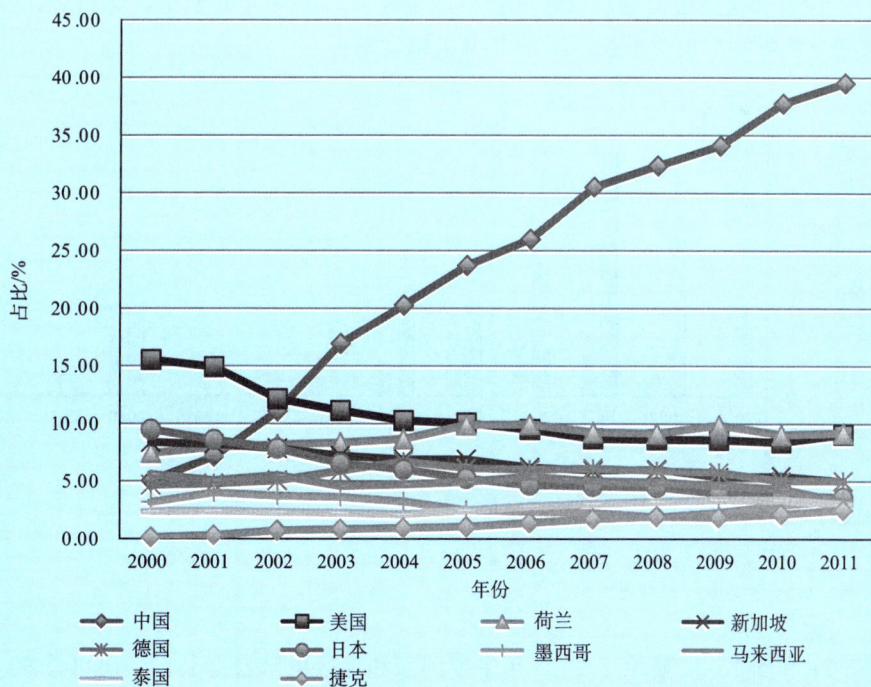

图 15-18　2000～2011 年世界电脑及办公设备出口前十强国家占全球比重

数据来源：WTO Statistics 整理得出 http：//www.wto.org/english/res_e/statis，2013 年 6 月

一位，并且占世界比重逐年增加，领先优势较大。2011 年，占世界比重达 39.49%，领先于居第二位的荷兰 30.28 个百分点，领先于居第三位的美国 30.42 个百分点（图 15-18 和图 15-19）。

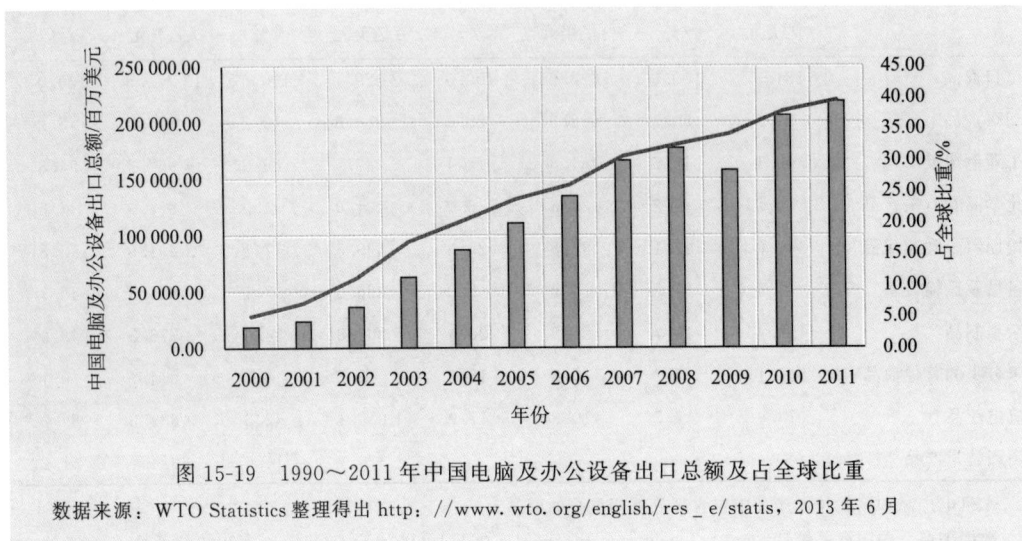

图 15-19　1990～2011 年中国电脑及办公设备出口总额及占全球比重

数据来源：WTO Statistics 整理得出 http：//www.wto.org/english/res_e/statis，2013 年 6 月

如图 15-20 所示，中国电脑及办公设备出口年增长率一直高于世界水平。在 2001～2003 年，中国电脑及办公设备出口年增长率增幅较大，2004 年开始呈下降趋势，2009 年受美国金融危机影响出现负增长，2010 年又大幅度增长。

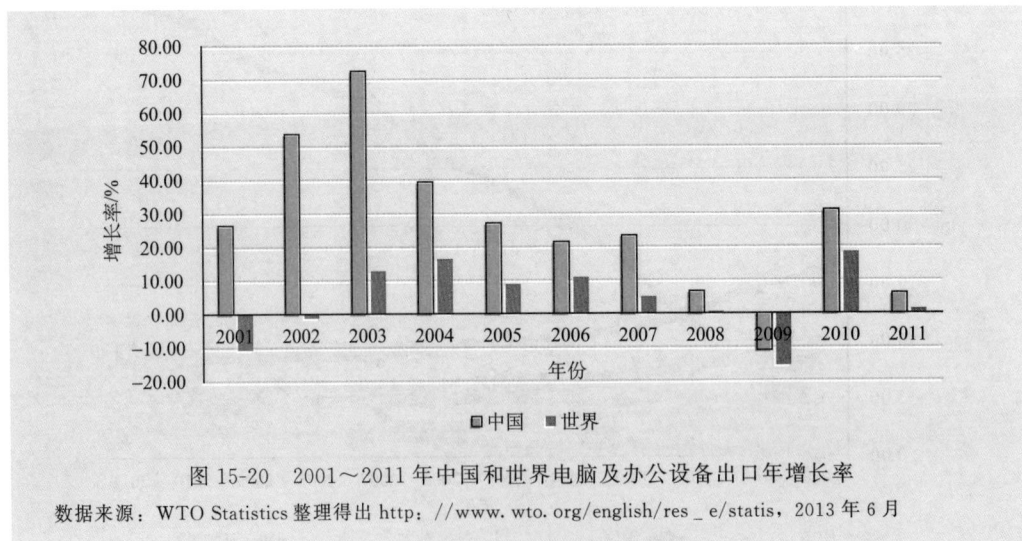

图 15-20　2001～2011 年中国和世界电脑及办公设备出口年增长率

数据来源：WTO Statistics 整理得出 http：//www.wto.org/english/res_e/statis，2013 年 6 月

图 15-21 和图 15-22 显示了 2011 年主要国家和地区电脑及办公设备出口总额。中国的出口总额远远高于其他。中国制造业在这一行业的领先优势非常明显。

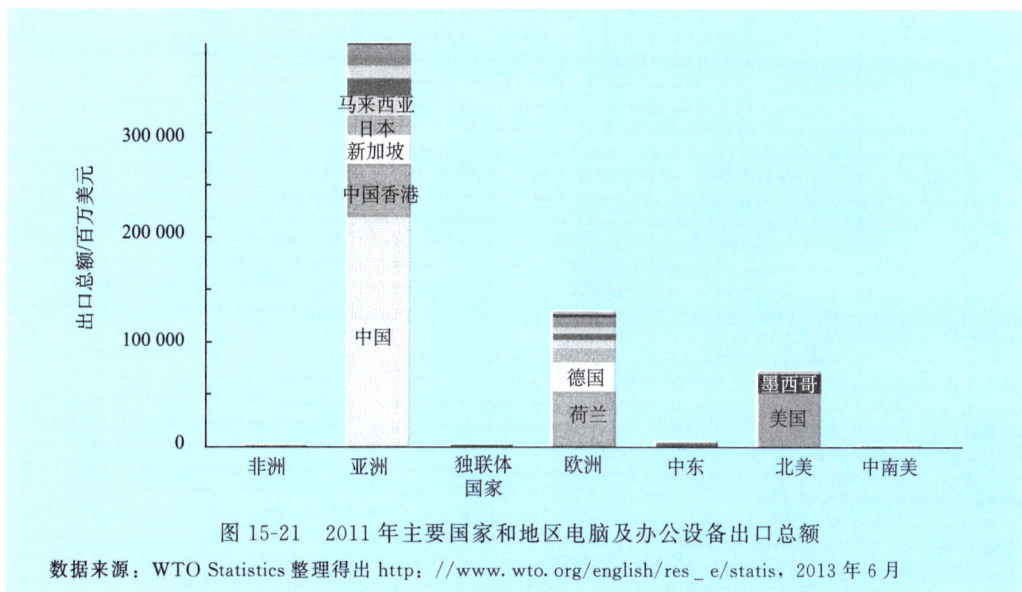

图 15-21 2011 年主要国家和地区电脑及办公设备出口总额

数据来源：WTO Statistics 整理得出 http：//www.wto.org/english/res_e/statis，2013 年 6 月

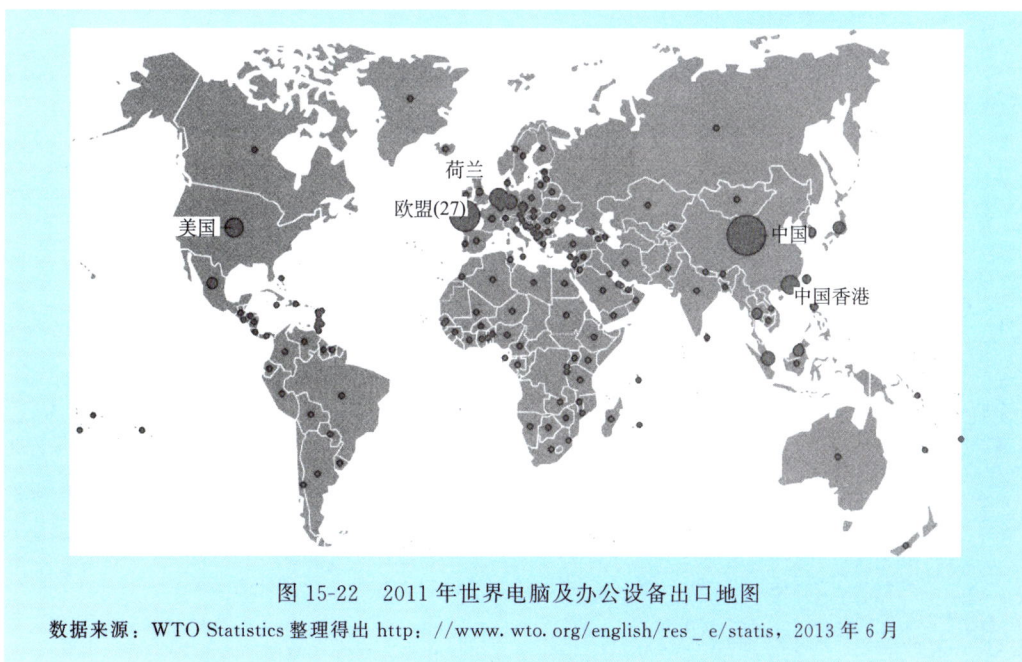

图 15-22 2011 年世界电脑及办公设备出口地图

数据来源：WTO Statistics 整理得出 http：//www.wto.org/english/res_e/statis，2013 年 6 月

（2）纺织品出口。中国纺织品生产水平一直领先于世界各国和地区。如图 15-23 和图 15-24 所示，2000～2011 年，中国纺织品出口占全球比重一直遥遥领先于其他制造业国家和地区。2011 年，中国纺织品出口占世界比重达 32.16％，领先于居第二位的德国 26.66 个百分点，领先于居第三位的印度 27.04 个百分点。中国纺织品出口竞争优势十分突出。

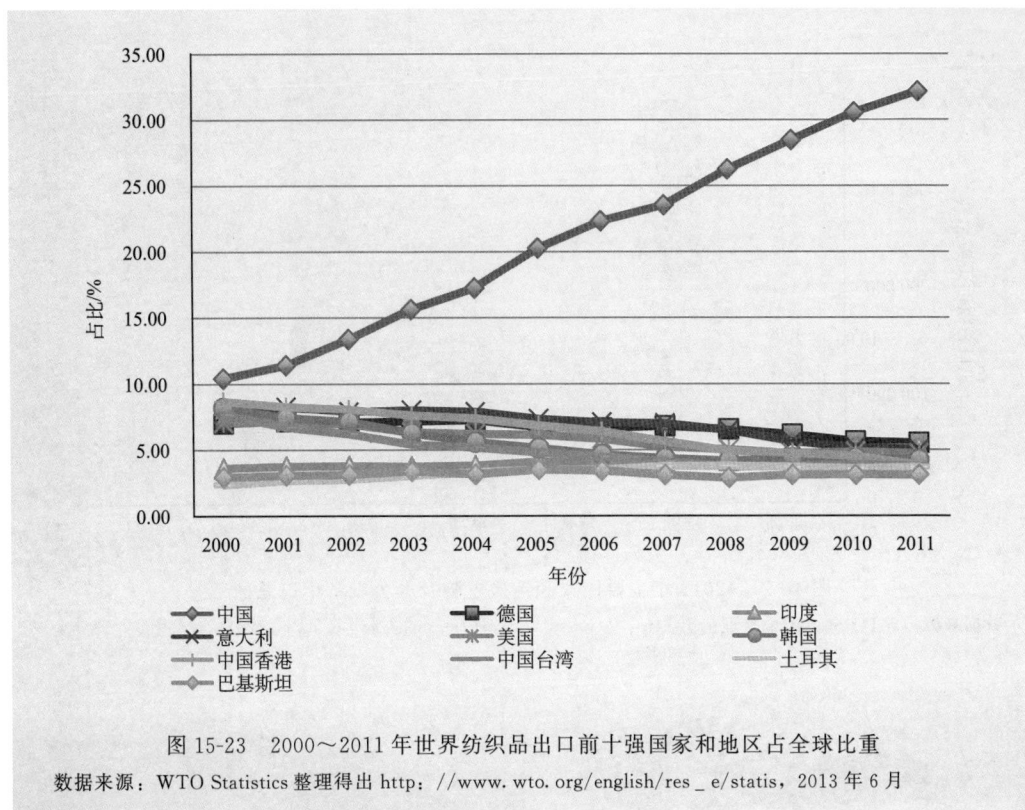

图 15-23　2000～2011 年世界纺织品出口前十强国家和地区占全球比重

数据来源：WTO Statistics 整理得出 http：//www. wto. org/english/res ＿ e/statis，2013 年 6 月

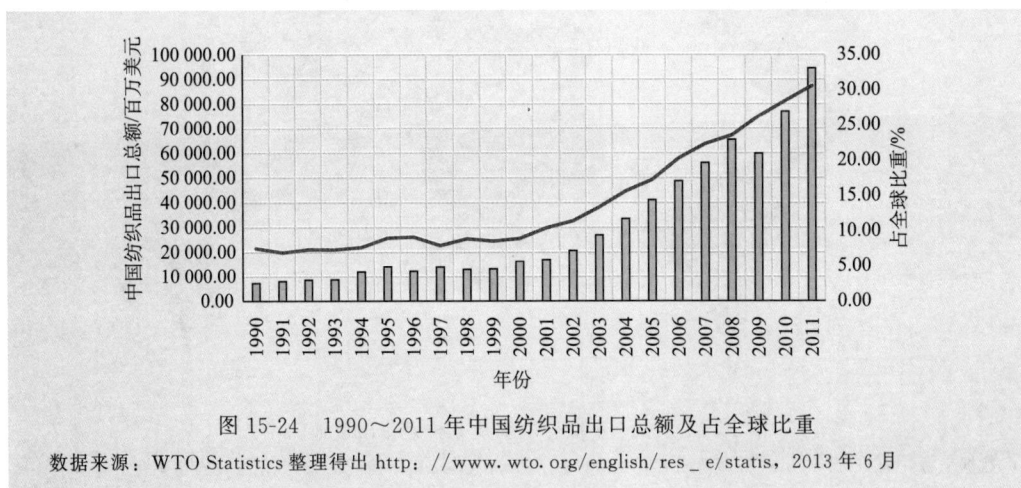

图 15-24　1990～2011 年中国纺织品出口总额及占全球比重

数据来源：WTO Statistics 整理得出 http：//www. wto. org/english/res ＿ e/statis，2013 年 6 月

　　除 2009 年外，中国纺织品出口逐年增加，年增长率远远高于世界平均水平。但近年来，中国纺织品出口年增长率与世界平均水平的差距在逐渐缩小（图 15-25）。其原因是，纺织品是劳动密集型行业，中国劳动力价格在增长。而印度、墨西哥、土耳其等新兴经济体的劳动力价格低于中国，其纺织品出口在逐年增加。图 15-26 显示了 2011 年主要国家和地区纺织品出口总额。图 15-27 是 2011 年世界纺织品出口地图。

图 15-25　2000～2011 年中国和世界纺织品出口年增长率

数据来源：WTO Statistics 整理得出 http：//www.wto.org/english/res_e/statis，2013 年 6 月

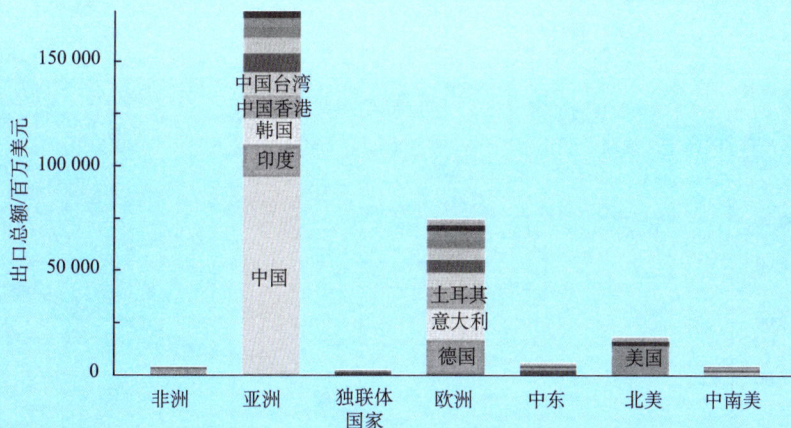

图 15-26　2011 年主要国家和地区纺织品出口总额

数据来源：WTO Statistics 整理得出 http：//www.wto.org/english/res_e/statis，2013 年 6 月

（3）通信设备出口。2000～2011 年，中国通信设备出口占全球比重逐年大幅度增长。2000 年仅占全球 6.81％，居世界第二。2011 年已达 32.95％，居世界第一，领先于居第二位的中国香港 21.66 个百分点。如图 15-28 和图 15-29 所示。

2001～2011 年，中国通信设备出口年增长率均高于世界平均水平，尤其是在 2001～2007 年，大幅度领先于世界平均水平。在 2008 年开始，领先幅度逐渐缩小（图 15-30）。图 15-31 显示了 2011 年主要国家和地区通信设备出口总额。图 15-32 是 2011 年世界通信设备出口地图。

（4）机械及运输设备出口。2000～2011 年，中国机械及运输设备出口占全球比重逐年增加。2000 年，占全球比重仅为 3.14％，2009 年，占全球比重为 14.05％，跃居世界第一位。2011 年，占全球比重达 15.69％，逐渐拉大与第二位德国的领先优势（图 15-33 和图 15-34）。

图 15-27　2011 年世界纺织品出口地图

数据来源：WTO Statistics 整理得出 http：//www.wto.org/english/res＿e/statis，2013 年 6 月

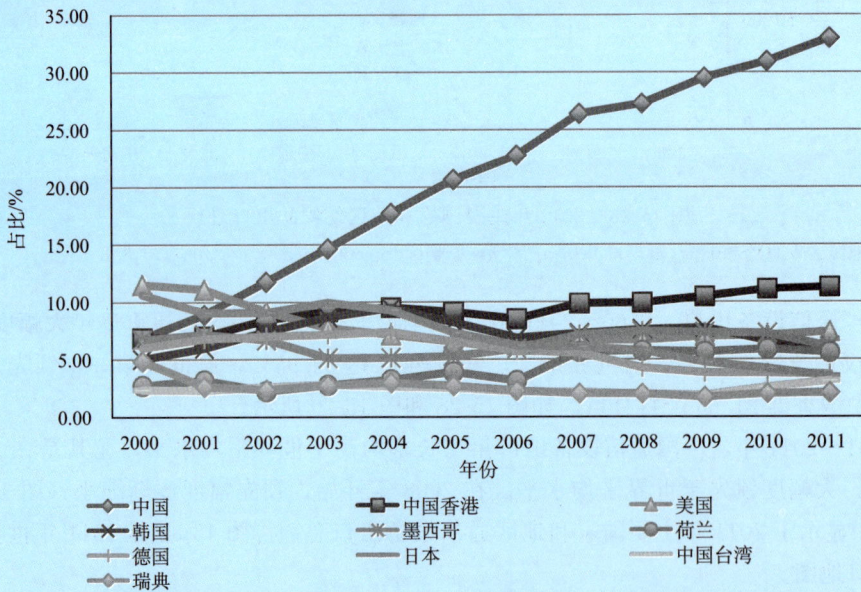

图 15-28　2000～2011 年世界通信设备出口前十强国家和地区占全球比重

数据来源：WTO Statistics 整理得出 http：//www.wto.org/english/res＿e/statis，2013 年 6 月

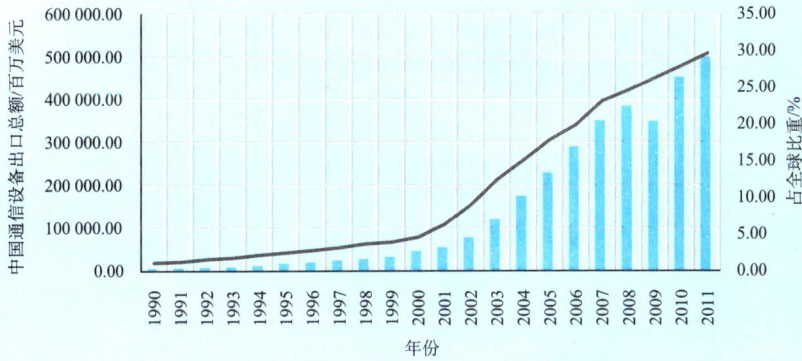

图 15-29　1990～2011 年中国通信设备出口总额及占全球比重

数据来源：WTO Statistics 整理得出 http：//www. wto. org/english/res_e/statis，2013 年 6 月

图 15-30　2001～2011 年中国和世界通信设备出口年增长率

数据来源：WTO Statistics 整理得出 http：//www. wto. org/english/res_e/statis，2013 年 6 月

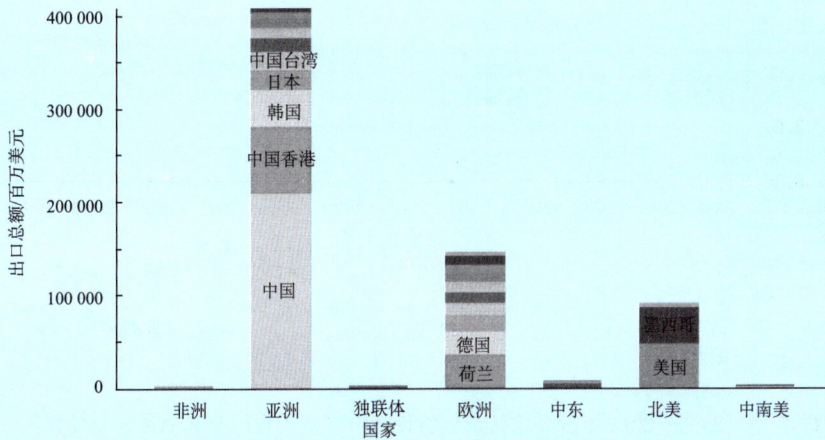

图 15-31　2011 年主要国家和地区通信设备出口总额

数据来源：WTO Statistics 整理得出 http：//www. wto. org/english/res_e/statis，2013 年 6 月

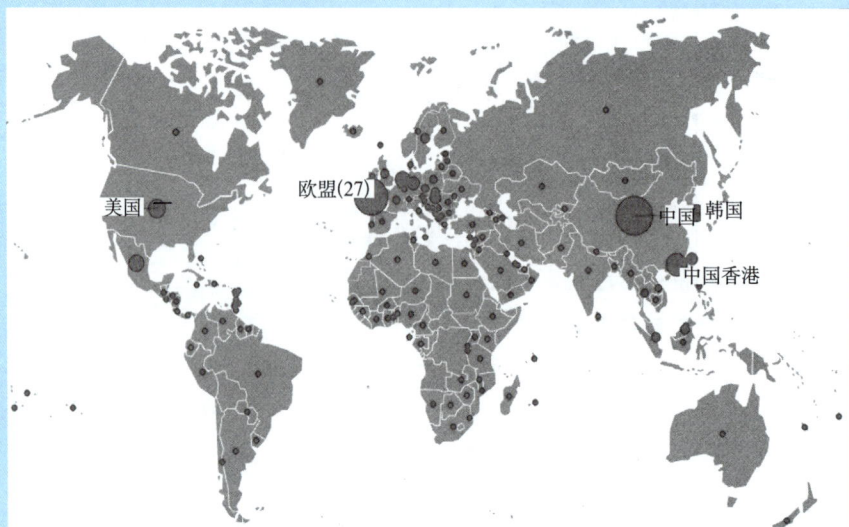

图 15-32　2011 年世界通信设备出口地图

数据来源：WTO Statistics 整理得出 http：//www.wto.org/english/res_e/statis，2013 年 6 月

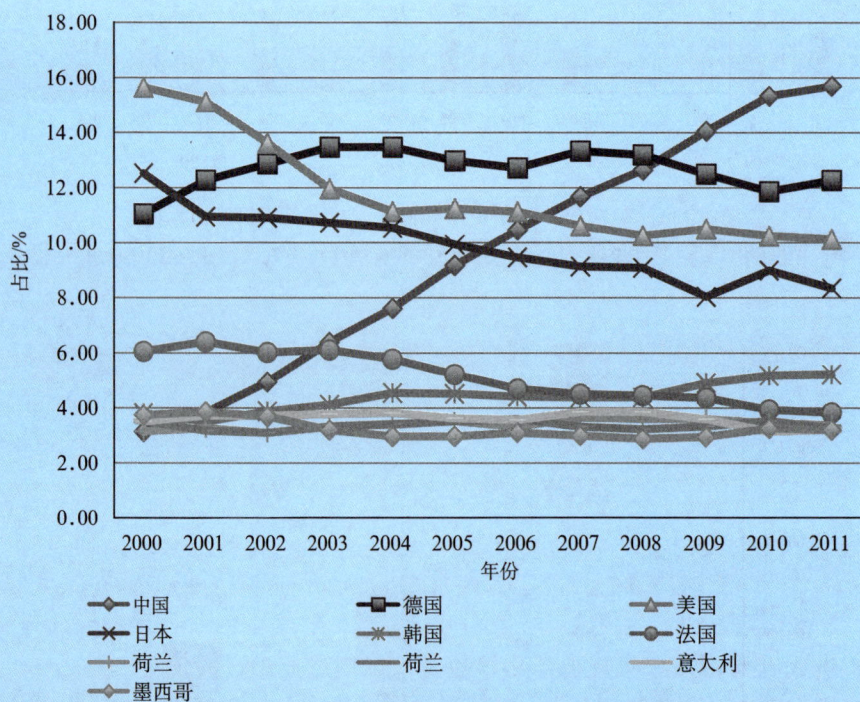

图 15-33　2000～2011 年世界机械及运输设备出口前十强国家和地区占全球比重

数据来源：WTO Statistics 整理得出 http：//www.wto.org/english/res_e/statis，2013 年 6 月

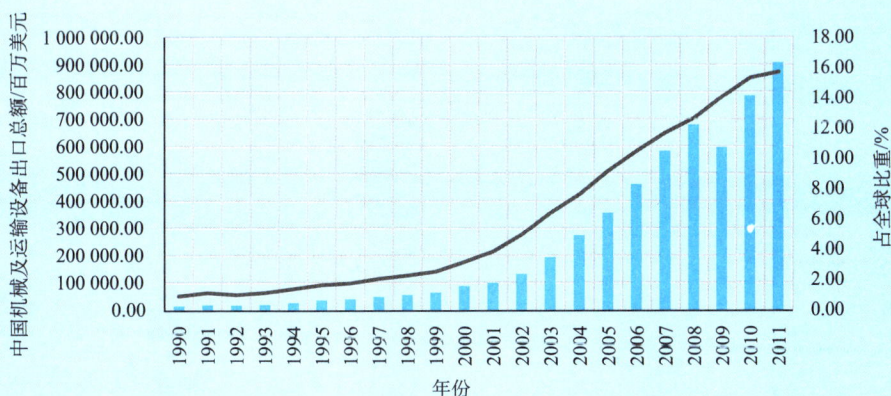

图 15-34　1990～2011 年中国机械及运输设备出口总额及占全球比重

数据来源：WTO Statistics 整理得出 http：//www. wto. org/english/res ＿ e/statis，2013 年 6 月

如图 15-35 所示，2001～2011 年，中国机械及运输设备出口的年增长率一直领先于世界平均水平。尤其是在 2003 年，中国的年增长率达到历史最高水平 47.88%，超出世界平均水平 33.37 个百分点。从 2004 年开始，两者之间的差距在逐年缩小。到 2011 年，差距已缩小到 2.72 个百分点。图 15-36 显示了 2011 年主要国家和地区机械及运输设备出口总额。图 15-37 是 2011 年世界机械及运输设备出口地图。

图 15-35　2001～2011 年中国和世界机械及运输设备出口年增长率

数据来源：WTO Statistics 整理得出 http：//www. wto. org/english/res ＿ e/statis，2013 年 6 月

（5）集成电器出口。集成电器出口也是中国制造业出口的优势产业之一。2000～2011 年，中国集成电器出口占全球比重逐年增加。2000 年，中国集成电器出口占全球比重仅为 1.74%。2011 年，占全球比重为 14.09%。增幅是 2000 年的 13 倍多。但中国集成电器出口落后于新加坡，居世界第二位（图 15-38 和图 15-39）。

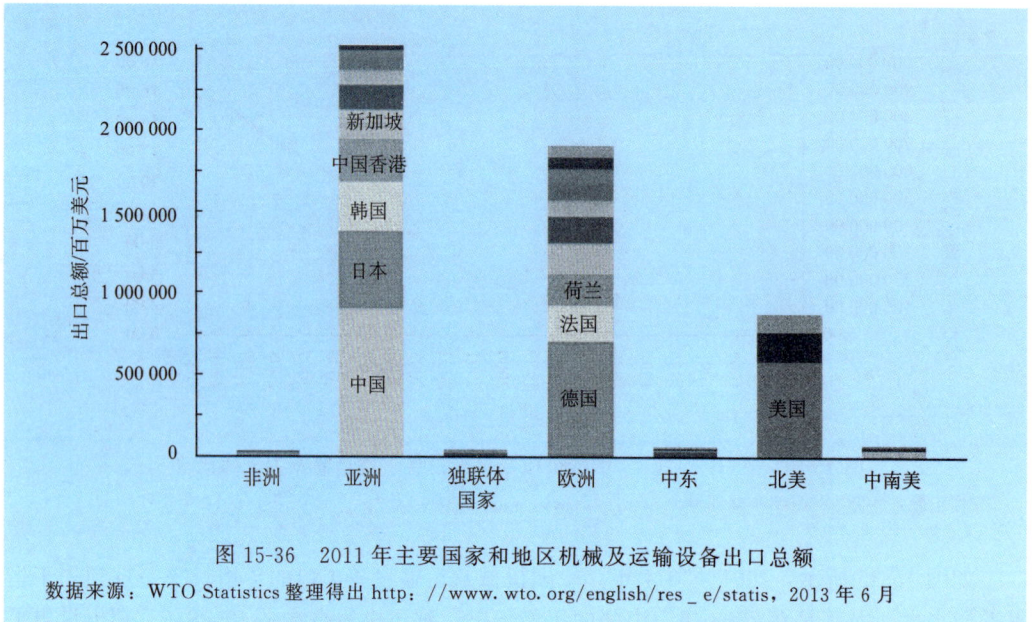

图 15-36　2011 年主要国家和地区机械及运输设备出口总额

数据来源：WTO Statistics 整理得出 http：//www.wto.org/english/res_e/statis，2013 年 6 月

图 15-37　2011 年世界机械及运输设备出口地图

数据来源：WTO Statistics 整理得出 http：//www.wto.org/english/res_e/statis，2013 年 6 月

　　2001～2011 年，中国集成电器出口年增长率一直领先于世界平均水平。2002 年，中国集成电器出口年增长率达到 47.55％，领先于世界平均水平 43.57 个百分点；2003 年，领先于世界平均水平 30.70 个百分点；2004 年，领先于世界平均水平 36.44 个百分点；2006 年，领先于世界平均水平 29.76 个百分点。近年来，两者差距逐渐缩小。2010 年，中国集成电器出口年增长率达到历史最高水平 56.03％，但仅领先于世界平均水平 19.27 个百分点。2011 年，两者差距继续缩小，仅为 8.68 个百分点（图 15-40）。图 15-41 显示了 2011 年主要国家和地区集成电器出口总额。图 15-42 是 2011 年世界集成电器出口地图。

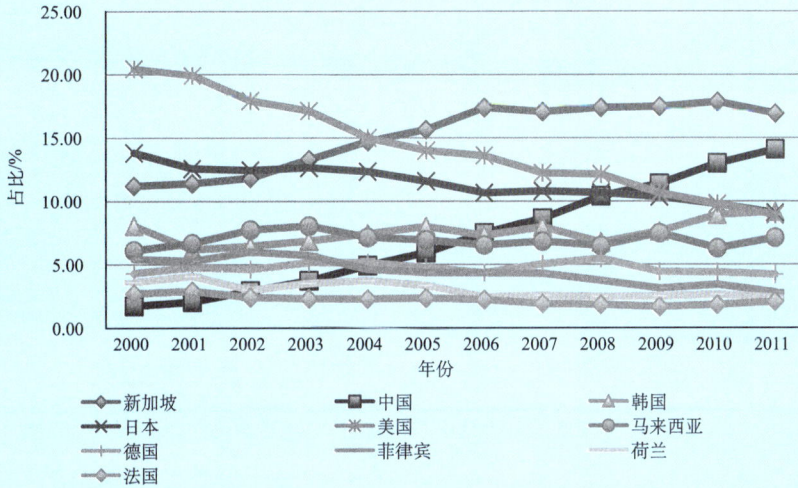

图 15-38　2000～2011 年世界集成电器出口前十强国家和地区占全球比重

数据来源：WTO Statistics 整理得出 http：//www.wto.org/english/res_e/statis，2013 年 6 月

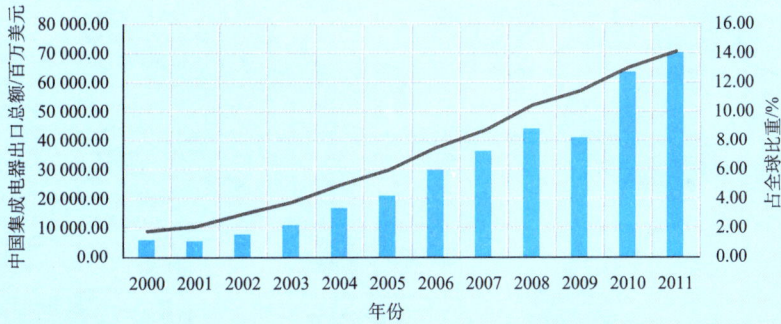

图 15-39　2000～2011 年中国集成电器出口总额及占全球比重

数据来源：WTO Statistics 整理得出 http：//www.wto.org/english/res_e/statis，2013 年 6 月

图 15-40　2001～2011 年中国和世界集成电器出口年增长率

数据来源：WTO Statistics 整理得出 http：//www.wto.org/english/res_e/statis，2013 年 6 月

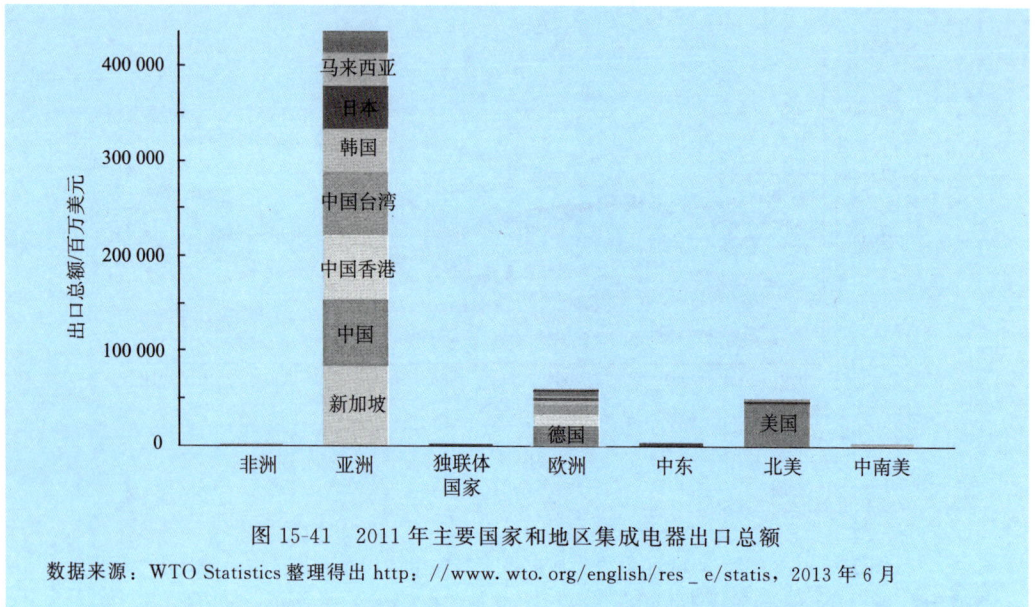

图 15-41　2011 年主要国家和地区集成电器出口总额

数据来源：WTO Statistics 整理得出 http：//www.wto.org/english/res_e/statis，2013 年 6 月

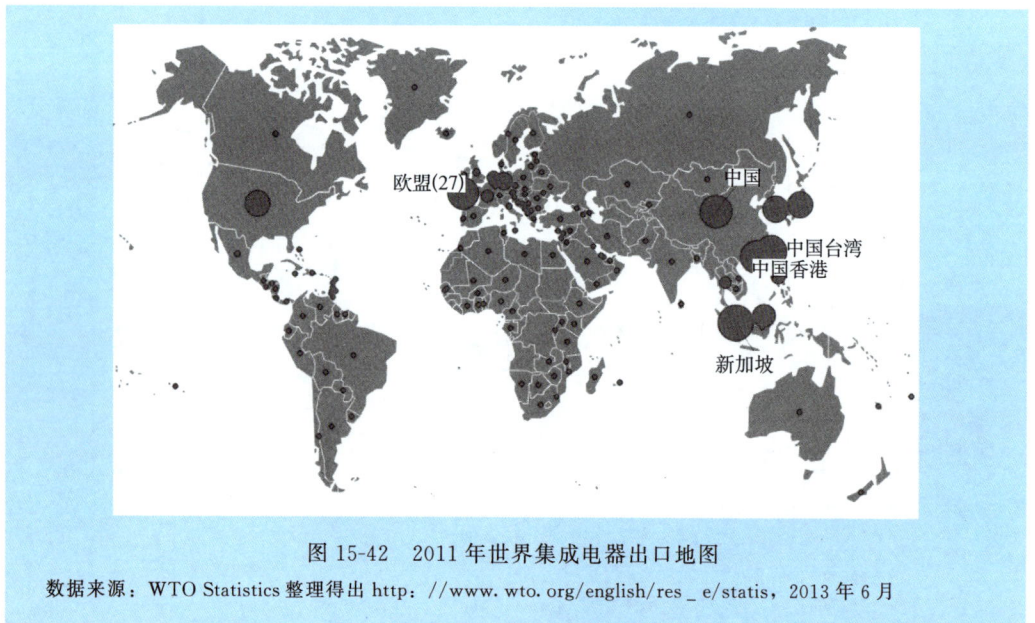

图 15-42　2011 年世界集成电器出口地图

数据来源：WTO Statistics 整理得出 http：//www.wto.org/english/res_e/statis，2013 年 6 月

（6）钢铁出口。钢铁产业是中国制造业具有竞争优势的产业之一。2000 年，中国钢铁出口占全球比重为 3.06%，位列世界第九。2007 年，中国钢铁出口位居世界第一。2011 年，中国钢铁出口占全球比重为 10.52%。同时期，日本和德国钢铁出口占全球比重分别居世界第二位和第三位。日本和德国钢铁出口占全球比重呈总体下降趋势（图 15-43 和图 15-44）。

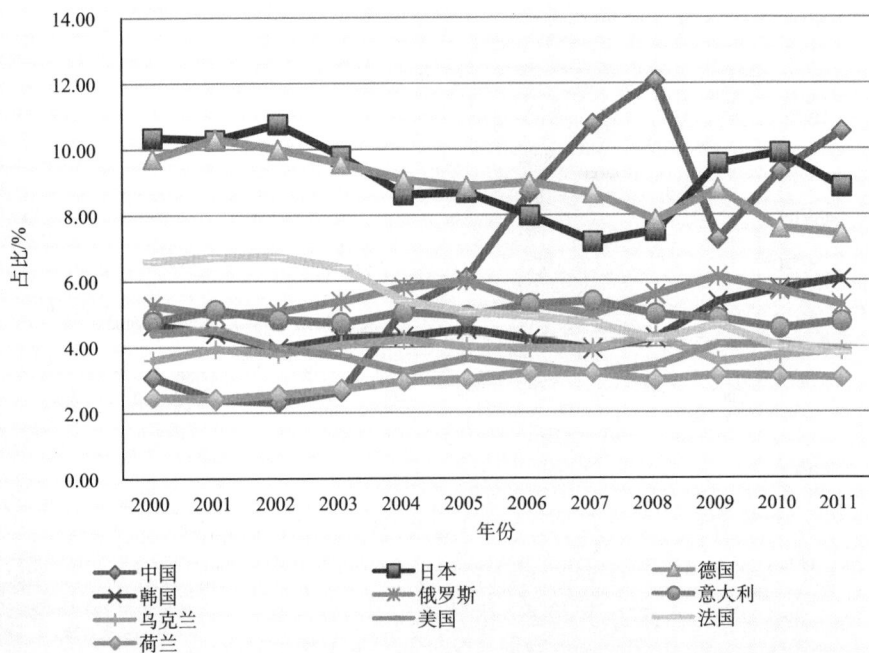

图 15-43　2000～2011 年世界钢铁出口前十强国家和地区占全球比重

数据来源：WTO Statistics 整理得出 http：//www.wto.org/english/res_e/statis，2013 年 6 月

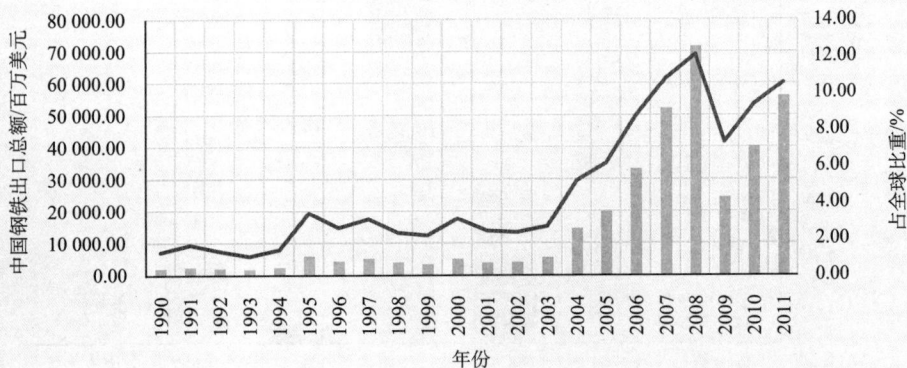

图 15-44　1990～2011 年中国钢铁出口总额及占全球比重

数据来源：WTO Statistics 整理得出 http：//www.wto.org/english/res_e/statis，2013 年 6 月

如图 15-45 所示，2001～2011 年，中国钢铁出口年增长率呈上下起伏状态。受"9·11"事件和全球金融危机影响，2001 年和 2009 年中国钢铁出口出现负增长，其他年份均是正增长。2004 年，中国钢铁出口年增长率达到历史最高水平 188.32%，领先于世界平均水平 140.20 个百分点。此后，两者的差距一直在波动中。2011 年，差距缩小为16.18 个百分点。图 15-46 显示了 2011 年主要国家和地区钢铁出口总额。图 15-47 是 2011

年世界钢铁出口地图。

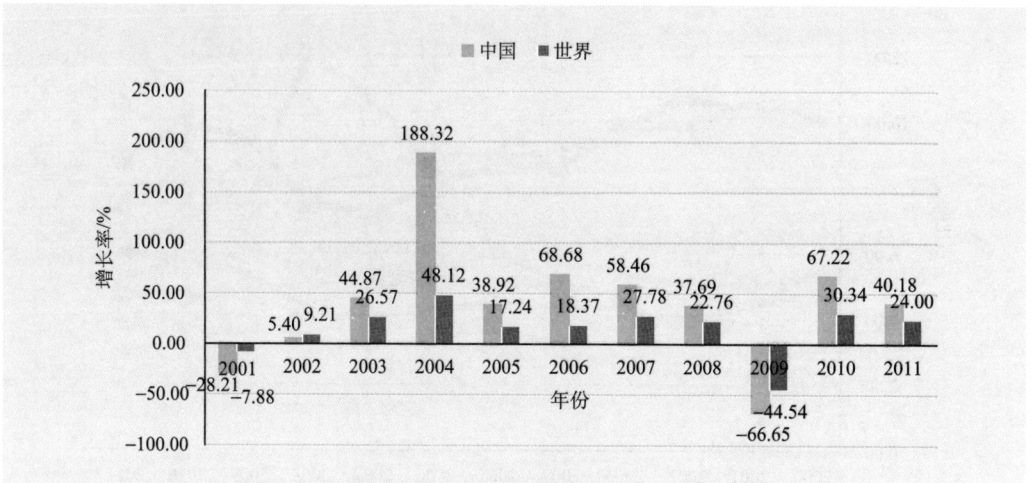

图 15-45 2001～2011 年中国及世界钢铁出口年增长率

数据来源：WTO Statistics 整理得出 http：//www.wto.org/english/res_e/statis，2013 年 6 月

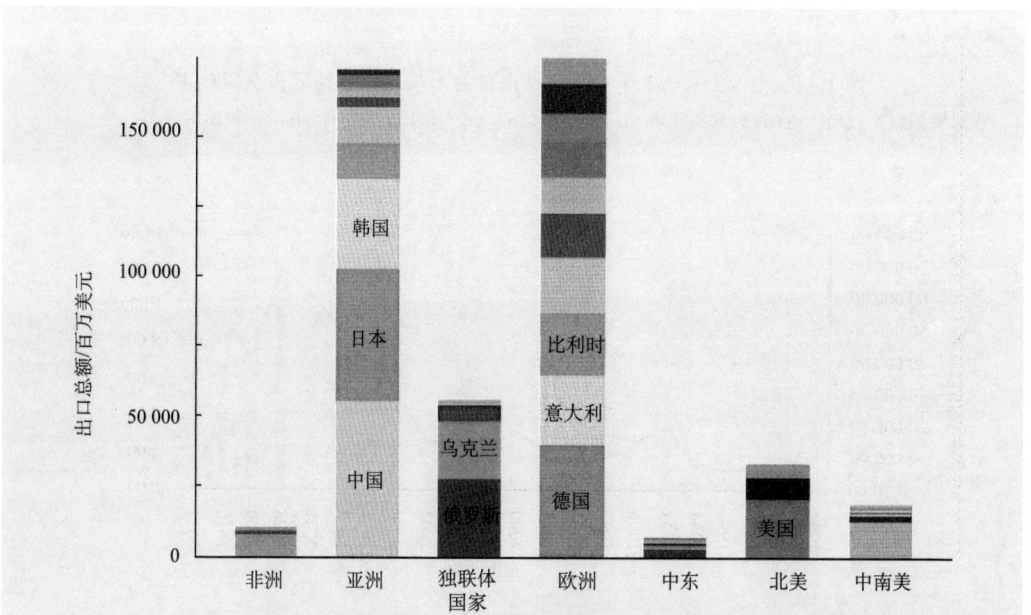

图 15-46 2011 年主要国家钢铁出口总额

数据来源：WTO Statistics 整理得出 http：//www.wto.org/english/res_e/statis，2013 年 6 月

15.2.4 贸易竞争力分析

"净出口指数"（NE），也称贸易竞争力指数（TC）。它用来反映本国生产的一种商品相对世界市场上供应的他国同种商品来说，是处于生产效率的竞争优势还是劣势以及

图 15-47　2011 年世界钢铁出口地图

数据来源：WTO Statistics 整理得出 http：//www.wto.org/english/res_e/statis，2013 年 6 月

优劣势的程度。净出口指数指标也是显示性比较优势计算指标的一种，如果不考虑世界贸易总额及其产业（产品组）份额，而只从本国的进口额与出口额来考虑问题，则可用净出口指数指标来计算体现显示性比较优势程度。Balassa 在比较了 RCA 指标法和净出口指数法后，认为由于 RCA 指标的计算对数据的要求相对较高，而净出口指数计算的数据相对易得，较为简便，而且能够与产业内部贸易指数 ITT 相联系，所以是较为常用的计算指标。目前国内学者对产业国际竞争力的评价也大都采用净出口指数作为常用的计算指标。净出口指数表示的是本国某产业产品出口额与进口额差值与产品进出口总额的比值。

其计算公式为

$$NX_i = \frac{X_i - M_i}{X_i + M_i}$$

其中，NX_i 表示第 i 种产品的净出口指数；X_i 表示第 i 种产品的出口额；M_i 表示第 i 种产品的进口额。

净出口指数：数值介于 +1 和 -1 之间。一般而言，净出口指数的值大于 0，表明第 i 种产品为净出口（出口大于进口）产品，即本国的这种产品生产效率高于国际水平，具有相对竞争优势，值越大，竞争优势越明显。当净出口指数等于 1 时，说明该国的该产业或产品具有完全的出口专业化，该产品只有出口而没有进口；净出口指数的值小于 0，表明第 i 种产品为净进口（进口大于出口）产品，即本国的这种商品生产效率低于国际水平，处于竞争劣势，其绝对值越大，竞争劣势越明显。当净出口指数为 -1 时，说明该产业具有完全的进口专业化，只有进口而没有出口。净出口指数越是趋向于 1 时，表明该国该产业或产品的国际竞争力比较强，出口多而进口少，处于出超状态；而净出口指数越是趋向于 -1 时，表明该国该产业或产品的国际竞争力比较弱，出口少而进口多，处于入超状态。

如表 15-7 所示，2000～2011 年，美国和英国制造业贸易竞争力指数一直为负。从 2005 年开始，法国制造业贸易竞争力指数也呈现负值。中国、德国、意大利、日本、荷兰和比利时制造业贸易竞争力指数一直大于零，具有相对竞争优势。日本制造业贸易竞争力指数一直领先于其他国家，居世界首位。韩国紧随其后。2006 年，中国制造业贸易竞争力指数超越德国，跃居世界第三。从 2009 年开始，中国制造业的贸易竞争力指数继续处于上升态势。

表 15-7 2000～2011 年制造业出口前十强国家和地区贸易竞争力指数

年份	中国	美国	法国	德国	意大利	日本	韩国	荷兰	英国	比利时
2000	0.13	−0.20	0.01	0.14	0.13	0.36	0.22	−0.87	−0.08	0.05
2001	0.11	−0.20	0.02	0.16	0.14	0.31	0.23	0.80	−0.09	0.06
2002	0.11	−0.24	0.03	0.19	0.13	0.33	0.22	0.01	−0.09	0.07
2003	0.09	−0.25	0.02	0.19	0.12	0.34	0.22	0.02	−0.11	0.07
2004	0.12	−0.26	0.01	0.20	0.11	0.34	0.25	0.03	−0.13	0.07
2005	0.17	−0.25	0.00	0.19	0.11	0.33	0.24	0.04	−0.11	0.06
2006	0.21	−0.25	0.00	0.19	0.11	0.33	0.24	0.04	−0.07	0.06
2007	0.25	−0.22	−0.02	0.19	0.12	0.34	0.23	0.05	−0.16	0.06
2008	0.29	−0.19	−0.03	0.19	0.13	0.34	0.24	0.04	−0.14	0.05
2009	0.25	−0.17	−0.04	0.18	0.11	0.28	0.27	0.04	−0.13	0.05
2010	0.25	−0.18	−0.04	0.18	0.08	0.32	0.26	0.05	−0.15	0.05
2011	0.26	−0.18	−0.05	0.18	0.11	0.29	0.28	0.06	−0.13	0.06

数据来源：WTO Statistics 整理得出 http：//www.wto.org/english/res _ e/statis，2013 年 6 月。

表 15-8 2000～2011 年中国与其他国家制造业贸易竞争力指数

年份	中国	俄罗斯	巴西	印度	墨西哥	土耳其
2000	0.13	0.16	−0.13	0.19	−0.04	−0.26
2001	0.11	0.05	−0.15	0.19	−0.04	−0.03
2002	0.11	−0.03	−0.06	0.15	−0.04	−0.06
2003	0.09	−0.05	0.03	0.12	−0.04	−0.07
2004	0.12	−0.06	0.08	0.08	−0.05	−0.12
2005	0.17	−0.15	0.08	0.03	−0.06	−0.13
2006	0.21	−0.27	0.03	−0.02	−0.06	−0.13
2007	0.25	−0.36	−0.01	−0.04	−0.05	−0.11
2008	0.29	−0.38	−0.17	−0.10	−0.05	−0.06
2009	0.25	−0.31	−0.25	−0.06	−0.05	−0.07
2010	0.25	−0.34	−0.30	−0.07	−0.04	−0.13
2011	0.26	−0.39	−0.32	−0.01	−0.04	−0.15

数据来源：WTO Statistics 整理得出 http：//www.wto.org/english/res _ e/statis，2013 年 6 月。

巴西、俄罗斯、印度和中国同为新兴市场国家。近年来,墨西哥和土耳其出口贸易发展迅速,已成为中国外贸的主要竞争对手。表 15-8 显示了中国与这些国家制造业贸易竞争力指数。不难发现,近几年,俄罗斯、巴西、印度、墨西哥和土耳其制造业贸易竞争力指数均呈负值。中国制造业的贸易竞争力指数遥遥领先于其他国家,竞争优势明显。

如表 15-9 所示,在 2000～2011 年,中国制造业分类商品贸易竞争力指数差异较大。集成电器贸易竞争力指数一直为负值,机械及运输设备、钢铁和办公及通信设备在部分年份出现贸易竞争力指数为负值,其他行业贸易竞争力指数均是正值。服装、电脑及办公设备、通信设备、纺织品等行业竞争优势较大。

表 15-9　2000～2011 年中国制造业分类商品贸易竞争力指数

年份	机械及运输设备	服装	电脑及办公设备	钢铁	办公及通信设备	通信设备	纺织品	集成电器	制造业	所有商品
2000	−0.05	0.44	0.26	−0.38	−0.01	0.22	0.11	−0.60	0.13	0.05
2001	−0.06	0.49	0.30	−0.55	0.03	0.28	0.14	−0.65	0.11	0.04
2002	−0.04	0.54	0.36	−0.61	0.06	0.39	0.22	−0.66	0.11	0.05
2003	−0.01	0.57	0.44	−0.64	0.10	0.40	0.31	−0.67	0.09	0.03
2004	0.03	0.61	0.49	−0.26	0.14	0.47	0.37	−0.64	0.12	0.03
2005	0.10	0.59	0.51	−0.15	0.17	0.53	0.45	−0.65	0.17	0.07
2006	0.12	0.58	0.54	0.20	0.18	0.55	0.50	−0.61	0.21	0.10
2007	0.17	0.56	0.57	0.36	0.21	0.61	0.54	−0.61	0.25	0.12
2008	0.21	0.57	0.58	0.45	0.24	0.63	0.60	−0.55	0.29	0.12
2009	0.18	0.58	0.57	−0.06	0.24	0.63	0.60	−0.54	0.25	0.09
2010	0.17	0.62	0.57	0.22	0.24	0.64	0.63	−0.48	0.25	0.06
2011	0.18	0.61	0.58	0.34	0.24	0.61	0.67	−0.48	0.26	0.04

数据来源:WTO Statistics 整理得出 http://www.wto.org/english/res_e/statis,2013 年 6 月。

15.3　结　　论

本书选用制造业增加值、显示性比较优势、国际市场占有率和贸易竞争力四个指标来分析中国制造业的竞争优势,得出以下结论:

(1)从制造业增加值角度看,中国已经成为名副其实的制造业大国。近年来,中国在制造业增加值与美国不相上下。其中,2009 年中国制造业增加值达到 16 123 亿美元,超越美国,位居世界第一位;2010 年,中国制造业增加值为 17 566 亿美元,略低于美国的 17 714 亿美元。

(2)从显示性比较优势方面看,2000～2011 年,中国制造业及具有比较优势的行业是纺织品、机械及运输设备、服装、电脑及办公设备、办公及通信设备、通信设备、钢铁和集成电器。其中,2011 年,中国服装、电脑及办公设备、办公及通信设备、通信设备、纺织品等行业具有极强的竞争优势;机械及运输设备、集成电器具有较强的比较优势;钢铁行业具有中等比较优势。

（3）在国际市场占有率方面，1980～2011 年，中国制造业出口总额快速增长，占全球出口总额比重逐年上升。2007 年开始，中国制造业出口总额突破万亿美元大关，跃居世界首位，迄今一直保持第一的位置。2011 年，制造业出口总额占全球比重排在前三位的国家是中国、德国和美国，其中中国制造业出口总额占全球比重达 15.39％，领先于德国 4.48 个百分点，领先于美国 6.29 个百分点。中国制造业出口的领先优势比较明显，尤其在纺织品、服装、钢铁、电脑及办公设备、通信设备、机械及运输设备、办公及通信设备等行业。

（4）在贸易竞争力方面，中国制造业的贸易竞争力指数处于上升态势。2006 年，中国制造业贸易竞争力指数超越德国，跃居世界第三，仅次于日本和韩国。相对于俄罗斯、巴西、印度、墨西哥和土耳其等新兴市场经济体国家负的制造业贸易竞争力指数，中国制造业的贸易竞争力指数遥遥领先，竞争优势明显。

上述比较分析结论表明，目前中国制造业具有较强的竞争优势，尤其在电脑及办公设备、纺织品、通信设备、机械及运输设备、集成电器和钢铁等行业竞争优势明显。从市场占有率、显示性比较优势和贸易竞争力指数等角度来看，未来 10～20 年，中国制造业在上述行业的竞争优势将继续保持。但随着劳动力成本的上升、人民币升值压力的加大、资源环境约束的增强等，单纯依靠数量扩张、劳动密集、低价竞争等因素获取优势的路径将受到挑战。因此，中国制造业保持长期竞争优势必须依赖技术创新的支撑与引领。

初稿提供者：吴优

统稿：李廉水，周彩红

参 考 文 献

保罗·克鲁格曼，茅瑞斯·奥伯斯法尔德. 2002. 国际经济学. 5 版. 北京：中国人民大学出版社.
金碚. 1997. 中国工业国际竞争力——理论、方法与实证研究. 北京：经济管理出版社.
迈克尔·波特. 2002. 国家竞争优势. 北京：华夏出版社.
任若恩. 1998. 关于中国制造业国际竞争力的进一步研究. 经济研究，2：3-13.
张金昌. 2002. 国际竞争力评价的理论和方法. 北京：经济科学出版社.
中国海关统计. http：//www. customs. gov. cn/tabid/44604/Default. aspx.
IHS Global Insight. http：//www. ihs. com/index. aspx.
UN yearbook2011. http：//comtrade. un. org/pb/.
World Bank 数据库. http：//www. wto. org/english/res _ e/statis.
WTO Statistics. http：//www. wto. org/english/res _ e/statis _ e/its2012 _ e/its12 _ toc _ e. htm.